TRIER
KAISERRESIDENZ UND BISCHOFSSITZ

RHEINISCHES LANDESMUSEUM TRIER

TRIER

KAISERRESIDENZ UND BISCHOFSSITZ

Die Stadt
in spätantiker und frühchristlicher Zeit

VERLAG PHILIPP VON ZABERN · MAINZ AM RHEIN

372 Seiten mit 60 Farb- und
277 Schwarzweiß-Abbildungen

Umschlag Vorderseite: Viergespann auf Kontorniat (Kat. 81 p).
Umschlag Rückseite: Die Jünglinge im Feuerofen auf der früh-
christlichen Elfenbeinpyxis aus dem Amphitheater (Kat. 71).
Vorsatz: Basilika (im Vordergrund) mit Blick auf die spätantike
Doppelkirche Dom-Liebfrauen, Zeichnung: L. Dahm (Kat. 53).
Nachsatz: Karte des Römischen Reiches nach den Reformen
Kaiser Diocletians (Kat. 14).
Frontispiz: Kameo mit kaiserlicher Familie (Kat. 34).

Ausstellung:
4. Mai bis 10. November 1984

Zum ersten Teil der Ausstellung erscheint ein eigener Katalog
mit dem Titel *Trier – Augustusstadt der Treverer.*

Selbstverlag des
Rheinischen Landesmuseums Trier

ISBN 3-8053-0800-0
Satz: Hagedornsatz, Berlin-Lankwitz
Lithos: Witzemann & Schmidt, Wiesbaden
Papier: Papierfabrik Scheufelen, Lenningen
Printes in Germany / Imprimé en Allemagne
Gesamtherstellung: Verlag Philipp von Zabern,
Mainz am Rhein.

Vorwort

Nach den glanzvollen Ausstellungen des Römisch-Germanischen Museums der Stadt Köln: Römer am Rhein, des Römisch-Germanischen Zentralmuseums zu Mainz: Gallien in der Spätantike und des Liebieghauses zu Frankfurt: Spätantike und Frühes Christentum (1983/84), nach der Eröffnung der Römischen Abteilungen und Sammlungen des Römisch-Germanischen Museums zu Köln, des Rheinischen Landesmuseums zu Bonn, der erneuerten Ausstellungen in Regensburg, in Stuttgart, des Limesmuseums in Aalen und endlich des Mittelrheinischen Landesmuseums in Mainz ist flächendeckend das Bild der römischen Grenzprovinzen mit einer fast atemberaubenden Vielfalt gezeichnet worden, das kaum mehr zu ergänzen ist. Auch die Provinzen des Imperiums waren in Wanderausstellungen in greifbarer Nähe zu Gast: Numider (Landesmuseum Bonn), Skythen (Köln), das Alte Ägypten und Tutanchamun (Berlin, Köln, Hildesheim), die Kopten (Essen).

Bei den erstgenannten Ausstellungen war die Augusta Treverorum durch ausgewählte Kleinfunde, Pläne und Abbildungen ihrer Großbauten vertreten, leuchtete aber auch auf durch die Deckenbilder aus dem Trierer Dom, den Kameo der Ada-Handschrift – Werke von imperialem Glanz.

Die Sonderausstellung »Trier – Kaiserresidenz und Bischofssitz«, nunmehr am geschichtlichen Ort selbst, unterscheidet sich wesentlich von den vorgenannten Ausstellungen und Museumsdarstellungen. Innerhalb der Mauern der antiken Stadt, im Blickfeld von Basilika und Kaiserthermen, nahe der Residenz gelegen, sind die großen Bauzeugnisse der bürgerlichen Blütezeit, der spätantiken Kaiserresidenz und der Bischofsstadt und frühchristlichen Gemeinde einbezogen, sind die Räume und die Menschen gegenwärtig durch die Gerätschaften und Ausstattungsteile der Sammlung.

Diese selbst ist improvisiert eingerichtet worden in dem sog. Neumagener Steinsaal und Erweiterungsbauten. Das verbindende geistige Band für diese Raumwahl ist die Tatsache, daß nach den Kriegen und Invasionen des 3. Jahrhunderts die zeitgenössischen Funde nicht nur die späte Zeit der bürgerlichen Blüte und deren Zusammenbruch zeigen, sondern auch den Wandel deutlich machen, indem die Denkmale der Gräberfelder der Stadt, zum Festungsbau in Neumagen verwertet, diesen Ort, das mosellanische Pergamon, als constantinische Festung in den Zusammenhang der Ausstellung rücken.

Das frühe Christentum ist nicht nur durch die legendär überlieferten Gründerbischöfe vertreten, sondern mehr noch sind es die großen Namen der orthodoxen Kirche, die engstens mit Trier direkt und indirekt in Verbindung stehen.

Agricius, der vierte Bischof der Trierer Liste, steht mit Constantin und Helena, der Mutter des Kaisers, in direktem Kontakt, Maximinus, sein Nachfolger im Bischofsamt, bietet dem Athanasius während der Verbannung nach Trier freundschaftliche Hilfe und Unterstützung. Bischof Paulinus widersteht der kaiserlichen Forderung, den Arianismus anzuerkennen und nimmt das Los der Verbannung auf sich. Ambrosius, in Trier geboren, ist als Bischof von Mailand berufen, Augustinus zu taufen, nachdem ein Bericht des Pontitian aus Trier die Bekehrung des Augustinus direkt mitgefördert hatte.

Hieronymus studierte in Trier christliche Autoren. Hier hatte Lactantius als Erzieher des Crispus am Hofe Constantins die Warnschrift »de mortibus persecutorum« verfaßt und deren Verbreitung eingeleitet. Kunstredner und Geistesgrößen weilen am kaiserlichen Hofe und bringen auch die Universität zu weithin leuchtendem Ruhm.

So sind mit der spätantiken Stadt, dem kaiserlichen Hof und der frühchristlichen Gemeinde Namen und Personen verbunden, deren Bedeutung wir oftmals nur erahnen

◁ Dame mit Schmuckkassette. Deckenmalerei
aus dem Wohnpalast unter dem Dom
(Kat. 61 b).

Geflügelter Putto. Malereifragment aus St.
Maximin (Kat. 122 c).

können, deren Wirkung aber über die Jahrhunderte anhalten sollte.

Schauplatz dieser Geschehnisse sind Stadt und Umland von Trier. Die literarische Überlieferung ergänzen die Monumente und Bodenfunde, die, besonders erweitert durch die Beobachtungen seit 1945, in über 150jähriger Grabungstätigkeit im Landesmuseum zusammengetragen worden sind. Sie führen uns direkt und materiell faßbar die Menschen der Zeit und ihr Wirken lebendig vor Augen.

Das Beute- und Raubgut aus Süd- und Innergallien, die Münzschatzfunde, die zerstörten Villen und Werkstattbetriebe illustrieren den Zusammenbruch der alten Ordnung, der bürgerlichen und wirtschaftlichen Blütezeit.

Säulen, Wandverkleidungen, Marmor- und Mosaikböden, Malereien als Ausstattungszubehör der kaiserlichen Bauten und Villen hoher Staatsbeamter sind ein Widerschein des neu gewonnenen Glanzes als Residenz der Caesaren und Augusti. Den Ruhm des Kaiserhauses künden die Münzbilder aus der Trierer Prägestätte mit Inschrift und kunstvollem Herrscherbild. Glänzendes Silbergeschirr, prunkvoller Schmuck, reich verzierte Fibeln und Gürtelschnallen, Kontorniaten und Medaillen, zierliche Elfenbeine, Paradelanzen und Waffen, Gläser und grobe keramische Erzeugnisse lassen Stil- und Geschmackswandel erkennen, die mit einem Zug zur Verrohung die allgemeine Verarmung und Barbarisierung zum Ausdruck bringen.

Bischof und Christengemeinde bewahren antike Tradition und Geisteswelt, technische Fertigkeiten und Errungenschaften, die sie über den Zusammenbruch des Reiches in das neu aufkommende germanische Zeitalter hinüberretten. Ihre Kunst- und Lebensäußerungen werden jedoch in zunehmendem Umfange von wirtschaftlicher Not und allgemeiner Armut geprägt, die die großen Friedhofskirchen, Mausoleen wie auch die einst so prachtvolle constantinische Doppelbasilika genauso bestimmen wie die Einzelgräber, die Grabsteine oder den persönlichen Schmuck.

Das Zustandekommen der Ausstellung und ihre Bereicherung werden der großherzigen Hilfe folgender Leihgeber verdankt:

Bonn, Rheinisches Landesmuseum (Dr. Chr. B. Rüger)
Göttingen, Archäologisches Institut der Universität (Prof. Dr. K. Fitschen)
Köln, Römisch-Germanisches Museum (Prof. Dr. H. Borger, Dr. H. Hellenkemper)
Kopenhagen, Ny Carlsberg Glyptotek (J. Christiansen)
Koblenz, Landesamt f. Denkmalpflege, Abteilung Bodendenkmalpflege (Dr. H.-H. Wegner)
London, British Museum
Luxemburg, Staatsmuseum (Dr. G. Thill, Dr. J. Krier)
Mainz, Römisch-Germanisches Zentralmuseum (Dr. K. Weidemann, Prof. Dr. E. Künzl)
München, Bayerische Hypotheken- und Wechselbank (Dr. H. Fey, Mitglied des Vorstandes)
München, Staatliche Münzsammlung in der Residenz (Dr. H. Küthmann, Dr. B. Overbeck)
Speyer, Landesamt für Denkmalpflege, Abt. Bodendenkmalpflege (Dr. H.-J. Engels)
sowie zahlreichen privaten Leihgebern.

Die Katalogtexte wurden von den Mitarbeitern des Rheinischen Landesmuseums Trier sowie von den Herren Dr. J. Krier vom Staatsmuseum Luxemburg, Prof. Dr. H. Heinen, Dr. K.-P. Goethert, Dr. I. König von der Universität Trier, Dr. B. Overbeck, Staatliche Münzsammlung in der Residenz München und Dr. H.-J. Engels, Landesamt für Denkmalpflege, Abteilung Bodendenkmalpflege in Speyer bearbeitet und verfaßt.

Ihnen allen sei an dieser Stelle herzlich gedankt.

Heinz Cüppers

Die Zeit der gallischen Usurpatoren (260–274)

INGEMAR KÖNIG

Die allgemein gewordene Krise, die seit der Regierungszeit der Severer die Wirtschaft, die Verwaltung, das Heer, ja sogar den Bestand der Randprovinzen des Reiches bedrohte, erfuhr im Jahre 260 einen neuen, unerhörten Höhepunkt: Mitte des Jahres war Kaiser Valerian in persische Gefangenschaft geraten. Das so offenkundig gewordene Unvermögen des Kaisers, der sassanidischen Expansion erfolgreich entgegenzutreten, hatte zur Folge, daß allenthalben Usurpatoren nach der Macht griffen. Obwohl die Dynastie Valerians durch die Mitregentschaft des Gallienus, das Caesariat des Valerian iun. und – nach dessen Tode – des Saloninus gesichert schien, war ihr Ansehen doch so geschwunden, daß der kaiserlichen Familie die Regierungsbefähigung generell bestritten wurde. Die Heere der bedrohten Provinzen machten erneut von ihrem seit dem Jahre 68 beanspruchten »Recht« Gebrauch, selbst einen geeigneten Kaiser zu bestimmen, und so konnte es nicht ausbleiben, daß auch die Rheintruppen ein »Recht« wahrten, das sie in der Vergangenheit schon mehrfach ausgeübt hatten.

Gallienus hatte sich in der Regierungszeit des Vaters selbst am Rhein aufgehalten und Köln zu einer Art Nebenresidenz werden lassen: Teile der Stadtmauer wurden erneuert (CIL XIII 8261), eine Münze eingerichtet, deren Stempelschneider zu großartigen Kunstwerken befähigt waren; möglicherweise wurden dort auch Prätorianer stationiert (CIL XIII 8267 b). Gallienus erkannte aber auch die Unmöglichkeit, den Limes auf die Dauer zu halten und begann, die natürlichen Grenzen von Rhein und Donau zu sichern (CIL XIII 5203, *Vindonissa*), was ihm in unseren Quellen den Vorwurf des Verrates an Rom eintrug. Als Gallienus den Rhein verließ und seinen jungen Sohn Saloninus, dem er einen Verwaltungsmann namens Albanus oder Silvanus als Berater beigab, die Bürde übertrug, die kaiserliche Autorität gegenüber den Rheintruppen zu wahren, ergriff noch im Sommer 260 Marcus Cassianius

Abb. 1 Bronze-Medaillon, Münzamt Köln.Imp(erator) Postumus Pius Aug(ustus). Postumus als Hercules mit dem Löwenfell, dessen Pranken unter dem Kinn verknüpft sind (Elmer 378). RLM Trier, Inv. 64, 21.

Latinius Postumus die Gelegenheit zur Usurpation. Wir wissen so gut wie nichts über die Herkunft dieses Mannes oder seine militärische Laufbahn vor der Usurpation, doch ist mit einiger Wahrscheinlichkeit anzunehmen, daß er von (germanischen) Auxiliartruppen unterstützt wurde.

Der neue Machthaber war im Gegenteil zu Saloninus und dessen Berater militärisch erfahren und kannte die Sorgen der Truppen, die um ihren unregelmäßig ausbezahlten Sold bangten, ihre Angehörigen bedroht sahen und die mitreißende Autorität eines siegreichen Feldherrn vermißten. Er beseitigte den Gallienus-Sohn und dessen Berater und erreichte bald seine Anerkennung in weiten Gebieten des Westens: Britannien, die Rheinlande, die *tres Galliae* und die hispanische Tarraconensis schlossen sich ihm an. Lediglich die nach Italien orientierte Narbo-

Römerbrücke (Kat. 13). ▷
Porta nigra.   ▷ ▷

nensis blieb der Zentrale Rom treu, und Teile der Germania superior verhielten sich neutral.

Postumus behielt als Residenz Köln bei, das nun für ca. 10 Jahre Hauptstadt eines Teilreiches wurde mit dem ungefähren Umfang, der etwa der spätantiken gallischen Präfectur entsprach. Seine vorzügliche Sorge galt der Sicherung der Rheingrenze, da sich in diesem Gebiet die Basis seiner Herrschaft befand. Nur so ließ sich auch das gallische Hinterland einigermaßen schützen. Auch dem Kampf gegen sächsische und friesische Piraten galt sein Augenmerk, um so Britannien und die Flotte im Ärmelkanal zu schützen. Änderungen in der zivilen Verwaltung sind nicht zu erkennen, außer daß er die Posten mit eigenen Vertrauensleuten besetzte; ebenso ist erkennbar, daß er kein von Rom losgelöstes eigenes Reich anstrebte. Die Tatsache, daß sich Gallienus erst im Jahre 265 zu einem Krieg gegen Postumus entschloß, diesen aber trotz einiger Erfolge abbrach, gab dem Usurpator die Möglichkeit, die Rheingrenze soweit zu sichern, daß sich für sein Gebiet die militärische und wirtschaftliche Lage stabilisierte. Wenn man die von P. Callu gebotene Übersicht der Münzschatzfunde aus der Zeit von 238 bis 275 nach Kaisern und Regierungsjahren aufgliedert, ergibt sich für die Gebiete Frankreich–Belgien–Deutschland folgendes Gesamtbild:

Gordian II	ca. 6 Jahre =	19	(ca. 3 p.a.)
Philippus	ca. 4 Jahre =	31	(ca. 8 p.a.)
Decius	ca. 2 Jahre =	21	(ca. 10 p.a.)
Gallus/Aemilian	ca. 2 Jahre =	25	(ca. 12 p.a.)
Valerian/Gallienus	ca. 7 Jahre =	181	(ca. 26 p.a.)
Postumus	ca. 9 Jahre =	217	(ca. 24 p.a.)
Victorinus	ca. 2 Jahre =	84	(ca. 42 p.a.)
Aurelian/Tetricus	ca. 3 Jahre =	270	(ca. 90 p.a.)

Natürlich kann diese Darstellung nicht die unterschiedlich starke Bedrohung (oder nur Angst) der Bevölkerung in den verschiedenen Gebieten des Westens aufzeigen; dies ist nur mit detaillierten Fundkarten möglich. Es ist anzunehmen, daß größere ummauerte Städte fernab vom Rhein vor umherschweifenden Germanenscharen damals noch sicher waren, selbst dann, wenn sie nicht von Kastellen beschützt wurden. Die *villae rusticae* hingegen waren den Überfällen ausgeliefert. Obwohl die Münzen des Postumus immer wieder Siege über Germanen verkünden, scheint der Kaiser keinen speziellen Schutz des Landes oder der großen Straßen entwickelt zu haben. Meilensteine an der linksrheinischen Heerstraße (Ber.RGK 27, 1938, 120 n. 259, Hagenbach; CIL XIII 9092, Altripp) und den ins Hinterland abzweigenden Verkehrsadern nach Tongern–Bavai, nach Trier–Arlon–Reims, Trier–Metz–Toul–Langres (Année épigr. 1969/70 n. 415, Scarponne-Dieulouard) sind so selten, daß man kaum von einer umfassenden Fürsorge sprechen kann.

Ob Postumus bereits den Gedanken gefaßt hatte, seine Residenz von Köln in das weniger exponierte Trier zu verlegen, das als Sitz der Provinzverwaltung der Belgica dafür geeignet war, ist nicht zu erweisen. Die ältere Forschung hat für diese These Argumente beigebracht, die allerdings nicht voll überzeugen:

1) Nahe dem Forum wurde eine Mosaikinschrift des späteren Gegenkaisers Marcus Piavonius Victorinus entdeckt, die zeigt, daß er unter Postumus den Rang eines *tribunus praetorianorum* bekleidete. Der Fundort mag suggerieren, dort den Verwaltungssitz der postumianischen Praetorianer zu sehen, doch ist zweierlei zu bedenken: Die heute zerstörte Inschrift M PIAONIVS VICTORINVS TRIBVNVS PRET[oria]NORVM D[– – – r]ESTITVIT läßt sich ergänzen *d[e suo* wie *d[omum*, Victorinus könnte das Haus wie nur das Mosaik wiederhergestellt haben. Das Gebäude selbst kann nach seinen Ausmaßen

Abb. 2 Aureus, Münzamt Trier. Victorinus Aug(ustus): Panzerbüste mit Paludamentum, auf dem Haupt Korinthischer Helm (Elmer 709). RLM. Trier, Inv. 52, 93.

Abb. 3 Inschriftteil des Mosaiks aus dem »Victorinus-Palast«. RLM. Trier.

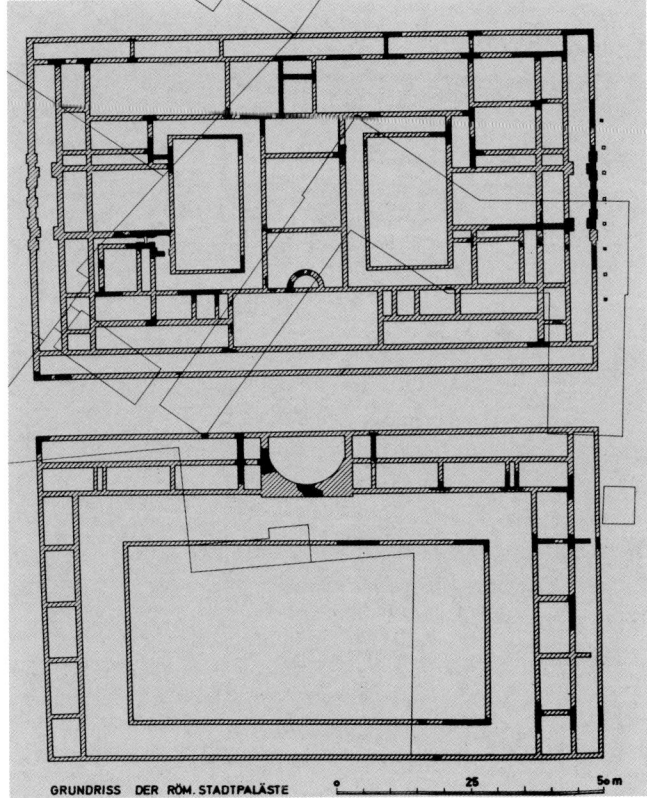

Abb. 4 Lage des »Victorinus-Palastes« am Trierer Forum.

wohl als »Palazzo« gelten, doch müßte die Prätorianerkaserne an einem bislang unbekannten Ort gesucht werden, da sich das Haus weder von der Lage – unmittelbare Nähe des Forums – noch von der Konstruktion her als Kaserne eignet. Zudem fehlen jegliche Anzeichen dafür, daß Postumus auch nur kurzfristig sich in Trier aufhielt oder irgendwelche *officia* dorthin verlagerte. Eher ist zu vermuten, daß Victorinus Besitzer des Hauses wurde, auch wenn sein Dienstort Köln war.

2) Die Historia Augusta sagt von der Mutter des Victorinus, der Victoria: *cusi sunt eius nummi aerei, aurei et argentei, quorum hodieque forma extat apud Treviros* (Tyr. trig. 31,3 = Mit ihrem Bild wurden Bronze-, Silber- und Goldmünzen geschlagen, deren Stempel noch heute bei den Treverern vorhanden ist). In diesem Zusammenhang wurde auf zwei Inschriften verwiesen, die eines Unbekannten, der in der Zeit der gallischen Usurpatoren *[proc(urator)] monetae Triveric(a)e* war (CIL VI 1641, Rom), und eine Weihung an Diana eines Anulinus Polibius *num(m)ularius s(acrae) m(onetae) Au[g(usti)]* (CIL XIII 11311, Trier). Außer der Tatsache, daß beide Personen dieses Amt in Trier ausübten, besagt dies nicht, daß es unter Postumus geschah; vor allem gegenüber der letztgenannten Inschrift sind nicht alle Bedenken gegen

diese Datierung auszuräumen, da hier von der *sacra moneta Au/g – – –* gesprochen wird, eine Bezeichnung, die erst im 4. Jh. geläufig wird (s. Kat. 7). Auch zeigt die Tatsache der von J. Lafaurie erarbeiteten Porträtabfolge Postumus–Marius–Victorinus für Köln, dgl. Laelian–Marius–Victorinus in einer nicht lokalisierbaren (Mainzer?) *moneta comitatensis*, daß erst unter Victorinus das Münzamt Trier eingerichtet wurde. So spricht vieles gegen die Annahme, daß Trier bereits unter Postumus Residenz wurde. Diesen Rang erhielt die Stadt erst unter Victorinus.

Postumus konnte sich bis 269 an der Regierung halten, doch war er, obwohl sich sogar der Reitergeneral des Gallienus, Aureolus, zu ihm bekannte, gegen Ende seiner Herrschaft nicht unumstritten: Ein gewisser Ulpius Cornelius Laelianus rebellierte in Mainz. Er wurde bald darauf beseitigt, doch als Postumus die Plünderung der Stadt untersagte, wurde er selbst von seinen Soldaten erschlagen.

Über seinen direkten Nachfolger Marius, der ein ehemaliger Lager-(Waffen-)schmied gewesen sein soll, ist nichts zu sagen. Erst dessen Nachfolger Victorinus (269–271), der gegen die Zerfallserscheinungen des Teilreiches ankämpfen mußte (Spanien ging verloren, die aufständische Stadt Autun konnte erst nach siebenmonatiger Belagerung eingenommen werden), gewinnt für Trier Bedeutung. Er verlegte seine Residenz aus Köln nach Trier, wo nun auch eine zweite »Reichsmünze« amtierte. Ob ihn die ruhigere Lage der Stadt allein zu diesem Schritt bewog, oder ob die oben angedeutete Möglichkeit, daß er hier ein Haus besaß, mit von Bedeutung war, ist nicht zu entscheiden. Jedenfalls ließ er in Trier die berühmt gewordenen Legions-Aurei von insgesamt 14 Legionen prägen, aus denen Abteilungen unter seinem Kommando standen. Man möchte sich gerne das Schauspiel einer Truppenparade in Trier als glanzvollen Höhepunkt der Siegesfeier über Autun vorstellen, jedoch berechtigt die Ausgabe der Münzen noch nicht zu dieser Annahme. Mit Victorinus aber begann Trier erstmals den Ruhm und Glanz einer Kaiserresidenz zu erahnen, auch wenn die Periode der Usurpatoren zu knapp war, sich in Repräsentationsbauten zu manifestieren.

Victorinus, dem die Quellen alle Eigenschaften eines echten Tyrannen zuschreiben – Völlerei, Trunksucht, ausschweifender Lebenswandel –, fiel einer »Beamtenverschwörung« zum Opfer. Allerdings soll seine Mutter Victoria, deren Wohnsitz man gerne in dem Trierer »Palazzo« sehen möchte, durch große Bestechungssummen die Wahl des in Bordeaux amtierenden Provinzgouverneurs Caius Pius Esuvius Tetricus als Nachfolger ihres Sohnes erreicht haben. Über eine mögliche Verwandtschaft beider Familien ist viel geschrieben worden. Allerdings waren die Beziehungen der Städte Trier–Bordeaux zu einander nie abgerissen, was auch die bekannte (christliche?) Grabinschrift der Treverin Domitia zeigt (CIL XIII 633, Bordeaux). Somit war diese Wahl nicht völlig abwegig, selbst wenn nun mit Tetricus ein Vertreter des senatorischen Adels und kein bekannter General zur Macht gelangte. Unter Tetricus erreichte das Teilreich einen letzten Höhepunkt, und zwar seine Ausweitung in rechtsrhônische Gebiete der Narbonensis, doch blieb die Autorität des Kaisers bei seinen Truppen gering. Wohl konnte er seinen gleichnamigen Sohn zum Caesar erheben, doch scheint er, an zivilen Aufgaben geschult, nicht die Belange des Militärs erkannt zu haben. Die gleiche Situation, die vormals Postumus die Usurpation ermöglichte, schien sich anzubahnen.

Trier hingegen erlebte damals – wenn wir die hier geprägten Goldmünzen so interpretieren dürfen – nicht nur das Schauspiel des *processus consularis* des neuen Kaisers und seines Sohnes, sondern auch die grandiose Zeremonie, mit der Tetricus seinen Sohn zum Caesar erhob, und zudem die Feiern im Zusammenhang mit dem Regierungsjubiläum der Quinquennalien. Aber dieses Ereignis stand bereits im Schatten des Unterganges.

Tetricus, so lassen sie Quellen erahnen, konnte sich bei den Truppen nicht mehr durchsetzen. Selbst der Statthalter der Belgica, Faustinus, rebellierte. So begann Tetricus mit dem Romkaiser Aurelian zu verhandeln. In einer 274 bei Châlons-s. Marne ausgetragenen Schlacht verriet Tetricus seine eigenen Truppen: das Teilreich hörte auf zu existieren. Zwar mußte Aurelian noch gegen Faustinus, der sich im Treverergebiet festgesetzt hatte, kämpfen, aber der Sieg des Kaisers war unvermeidlich. Wir hören allerdings nichts von einem Strafgericht über die Treverer; wir wissen aber, daß die dort befindliche Münze geschlossen wurde.

Trier fiel in seine frühere Stellung einer Provinzverwaltungsstadt zurück, aber es hatte seinen Wert als sichere Residenzstadt aufgezeigt. Die Einfälle der Germanen ins linksrheinische Gebiet, ins Moselland, hatten die Bedeutung der Usurpatoren erwiesen; die in Köln und Trier residierenden Kaiser hatten die Notwendigkeit aufgezeigt, die Belange größerer Reichssprengel befähigten kaiserlichen Repräsentanten, möglichst einem militärisch geschulten Mitregenten selbst anzuvertrauen. So war es nur konsequent, daß unter der Tetrarchie Trier seine »alte« Stellung als Residenzstadt zurückgegeben wurde.

Literatur

J. P. Callu, La politique monétaire des empereurs romains de 238 à 311 (Paris 1969). – E. Demougeot, La formation de l'Europe et les invasions barbares I (Paris 1969). – O. Doppelfeld, Von Postumus zu Konstantin: Über die Kunst und die Stellung Kölns im dritten Jahrhundert. Wallraf-Richartz-Jahrb. 18, 1956, 7–26. – O. Doppelfeld / G. Biegel / J. Bracker, Das römische Köln, in: Aufstieg und Niedergang der römischen Welt II 4 (Berlin 1975) 715–782. – J. F. Drinkwater, A History of the Gallic Empire of the Third Century A. D. (Oxford 1972). – G. Elmer, Die Münzprägung der gallischen Kaiser in Köln, Trier und Mailand. Bonner Jahrb. 146, 1941, 1–106. – N. Jankowski, Das gallische Gegenreich (259–274 n. Chr.) und seine soziale Basis im Spiegel der Historia Augusta. Helikon 7, 1967, 125–197. – I. König, Die gallischen Usurpatoren von Postumus bis Tetricus (München 1981). – H. Koethe, Zur Geschichte Galliens im dritten Viertel des 3. Jahrhunderts, BerRGK 32, 1942 (1950), 199–224. – J. Lafaurie, L'Empire gaulois. Apport de la numismatique, in: Aufstieg und Niedergang der römischen Welt II 2 (Berlin 1975) 853–1012. – H. v. Petrikovits, Fortifications in the North-Western Roman Empire from the Third to the Fifth Centuries A. D., Journ. Rom. Stud. 61, 1971, 178–218. – H. Schönberger, The Roman Frontiers in Germany: An Archaeological Survey, Journ. Rom. Stud. 59, 1969, 144–197. – B. Schulte, Die Goldprägung der gallischen Kaiser von Postumus bis Tetricus (Aarau–Frankfurt/M.–Salzburg 1983).

Vom Ende des Gallischen Sonderreiches bis zur Usurpation des Magnentius (274–350)

HEINZ HEINEN

1. *Vom Ende des Gallischen Sonderreiches bis zur Erhebung Diocletians (274–284)*[1])

Die Behandlung des Tetricus, des letzten bedeutenden Vertreters des Gallischen Sonderreiches, durch den Kaiser Aurelian nach dem Sieg bei Châlons-sur-Marne läßt erkennen, daß Aurelian nicht die Absicht oder nicht die Macht hatte, gegen den Usurpatoren und seine Anhängerschaft mit letzter Härte durchzugreifen. Der Kaiser mochte die Erkenntnis gewonnen haben, daß die gallischen Sonderkaiser durch die Abwehr der eindringenden Germanen dem Gesamtreich letzten Endes doch auch gute Dienste geleistet hatten. Gewiß wird auch die weiterhin andauernde Krisenlage der gallischen und germanischen Provinzen Aurelian Mäßigung auferlegt haben. War doch die Germanengefahr keineswegs gebannt und auch die Lage im Innern noch nicht entschärft. Gerade in Trier scheint die gallische Usurpation unter Faustinus noch einige Zeit über die Unterwerfung des Tetricus hinaus angedauert zu haben, bis Prägungen der Trierer Münzstätte für Aurelian zeigen, daß auch diese Region wiederum der Autorität der Reichszentrale unterstellt worden ist.[2]) Freilich mußte Trier, das längere Zeit für die Usurpatoren geprägt hatte, bald darauf Lyon den Rang als Münzstätte abtreten.

Die Konflikte der gallischen Usurpatoren mit der Reichsregierung, die Auseinandersetzungen von Rivalen innerhalb des Gallischen Sonderreiches, die Aufstände verarmter und bedrängter Bauern (Bagauden), nicht zuletzt die bis weit nach Gallien hineinreichenden Plünderungszüge germanischer Eindringlinge hatten bereits die vergangenen Jahrzehnte gekennzeichnet. Der 275, bald nach der Beseitigung der gallischen Usurpation, erfolgte Tod Aurelians sowie die kurzlebigen Regierungen der Kaiser Tacitus (275/76) und Florianus (276) haben eine rasche, durchgreifende Konsolidierung der Verhältnisse Galliens nicht

ermöglicht. In dieser unruhigen Situation erfolgten 275/76 erneute Germaneneinfälle, an denen neben Franken und Alamannen auch ostgermanische Stämme beteiligt waren. Frankentrupps stießen über die Untermosel nach Trier und weiter bis an die Loire vor. Auch an den Münzschatzfunden, die H. Koethe[3]) umfassend ausgewertet hat, läßt sich diese Invasionszone ablesen. Letzte Sicherheit, ob diese Münzhorte alle mit germanischen Einfällen zusammenhängen, gibt es nicht. In manchen Fällen dürfte die unter Aurelian eingetretene Münzverschlechterung und die deshalb lohnende Hortung des guten Geldes eine Erklärung bieten. Häufig werden auch innergallische Unruhen, so die bis in diocletianische Zeit andauernden Bagaudenaufstände, zur Vergrabung von Geld und Wertgegenständen geführt haben.

Wenn es auch nicht möglich und methodisch nicht vertretbar ist, die im Einzelfall ausschlaggebenden Ursachen der Unruhe und Zerstörung zu isolieren, so ergeben sich doch aus den Münzschatzfunden in der Gesamtbilanz ausreichende Beweise für eine katastrophale Situation, die im ganzen nordöstlichen Gallien besonders ab 275/76 zu beobachten ist und erst langsam in diocletianischer Zeit abklingt. Noch zu Anfang des 4. Jh. schildern die vor den Kaisern auftretenden Redner die z. T. noch immer nicht behobenen Schäden dieser Katastrophenzeit.[4]) Auch die Stadt Trier selbst scheint damals in Mitleidenschaft gezogen worden zu sein;[5]) von den Villen des Umlandes sind zahlreiche gebrandschatzt und danach nicht wieder aufgebaut worden. Alles in allem wird man sagen dürfen, daß die Jahre um 275/76 die größte Katastrophe des Trierer Landes vor der eigentlichen Völkerwanderung bedeuteten. Aus den Ruinen dieser Zeit und den Reformen Diocletians gehen das Reich, Gallien und Trier in gewandelter Form hervor.

Erste Ansätze zu einer Wiederherstellung geordneter Verhältnisse in Gallien sind unter dem energischen Kaiser

Probus (276–282) zu beobachten. Zur wirtschaftlichen Sanierung hat sicherlich beigetragen, daß auf dem gallischen Weinbau lastende Restriktionen nunmehr aufgehoben wurden. [6] Rebellionsversuche gallischer Usurpatoren (Proculus, Bonosus) konnten niedergeschlagen werden. Auch im Kampf gegen die Germanen hat Probus bedeutende Erfolge errungen. Symptomatisch für die Situation der Zeit ist es, daß die besiegten Germanen nicht einfach vernichtet, versklavt oder über die Grenze zurückgetrieben wurden, sondern daß man sie als Militärkolonen (laeti) im nordöstlichen Gallien ansiedelte, [7] ein Indiz für die miserable Lage der gallischen Wirtschaft und die sinkende Produktivität der geschrumpften einheimischen Bevölkerung.

Nach der Ermordung des Probus im Jahre 282 bei der Vorbereitung eines Feldzuges gegen die Perser gelangte der Prätorianerpräfekt Carus mit seinen Söhnen Carinus und Numerianus zur Herrschaft. Der Tod des Carus (283) und des Numerianus (284) bot dem damals etwa 40 Jahre alten Offizier Diocles, dem späteren Kaiser Diocletian, Gelegenheit, am 20. November 284 die Herrschaft im Ostteil des Imperium zu gewinnen und diese im folgenden Jahr durch einen Sieg über Carinus auf das Gesamtreich auszudehnen. [8]

Abb. 1   Büste des Diocletianus Aug(ustus) auf der Vorderseite einer in Trier geprägten Goldmünze. Der Kaiser ist mit Lorbeerkranz und Diadem dargestellt. Die Rückseite zeigt, daß die Münze anläßlich der Vicennalien (zwanzigjähriges Regierungsjubiläum) des Kaisers im Jahre 303 geprägt wurde. Rhein. Landesmuseum Trier, Inv. 64,14 (RIC. Trev. 76).

2. Diocletian und die erste Tetrarchie (284–305)

Mit dem Namen des wohl aus Dalmatien stammenden Kaisers Diocletian (C. Aurelius Valerius Diocletianus) ist die politische und administrative, wirtschaftliche und militärische Neuordnung des Reiches verbunden. Im Gegensatz zu früheren Auffassungen beruhen seine Reformen jedoch nicht so sehr auf der systematischen Realisierung eines frühzeitig entworfenen Gesamtplans, sondern sind zu einem großen Teil Reaktionen auf jeweils auftretende Situationen und Zwänge. Viele Züge der diocletianischen Politik setzen Maßnahmen fort, die schon durch seine Vorgänger getroffen worden waren. Das meiste ist unter Diocletians Nachfolgern, besonders unter Constantin d. Gr., fortgeführt und ausgestaltet worden, manches freilich auch geändert oder gar abgebrochen worden. Dies gilt vor allem für Constantins Entscheidung, von der Verfolgung auf Duldung und Förderung der Christen umzuschwenken.

Der doppelte Druck auf die Grenzen des Imperium Romanum, den im Westen die Germanen, im Osten das Großreich der persischen Sasaniden ausübten, hatte schon früher im Lauf des 3. Jh. eine Verdoppelung der kaiserlichen Präsenz erforderlich gemacht. Um dies zu gewährleisten, hatten manche Kaiser (Augusti) ihren Sohn bzw. ihre Söhne zu Caesaren ernannt und sich selbst vornehmlich den volkreicheren und stärker gefährdeten Ostteil des Reiches vorbehalten (vgl. z.B. Valerian und Gallienus, Carus, Numerianus und Carinus). Ähnlich verfuhr auch Diocletian. Freilich hatte er keinen Sohn, den er zu seinem Caesar und designierten Nachfolger hätte ernennen können. Deshalb wählte er seinen ebenfalls illyrischen Waffengefährten Maximian (M. Aurelius Valerius Maximianus) zum Caesar (21. Juli 285) mit der Aufgabe, die Verteidigung des Westens, speziell auch die Niederwerfung der Bagauden, zu übernehmen. Kaum war dieser Auftrag erledigt, zeichnete sich mit der Erhebung des Carausius eine weitaus größere Gefahr für die regierenden Herrscher ab (286). Carausius hatte im Auftrag Maximians zunächst eine Flotte gegen germanische Seeräuber gebaut, geriet dann aber in Konflikt mit dem Caesar. Seinem Abfall folgte das römische Britannien, dazu auch die gallische Hafenstadt Boulogne (vielleicht nicht vor 290). Der Usurpator Carausius hatte sich in seinem Herrschaftsbereich zum Augustus ausrufen lassen.[9]) Am 1. April 286 wurde der Caesar Maximian, dessen Aufgabe nunmehr in der Bekämpfung des Rebellen bestand, von Diocletian in den Rang eines Augustus erhoben. Allerdings behielt sich der rangältere Kaiser (senior Augustus) Diocletian durchaus das Recht vor, auch weiterhin in die Verhältnisse und Kriege des Westens einzugreifen, zumal die Angriffe von Franken und Alamannen, von Sarmaten und Goten zeitweilig die Präsenz der beiden Augusti an Rhein und Donau erforderlich machten. Der militärische Druck an der Reichsgrenze band die Kräfte Maximians und Diocletians in diesen Jahren so sehr, daß eine erfolgreiche Bekämpfung der Usurpation des Carausius nicht möglich war. Ohne eine größere Flottenoperation über den Ärmelkanal war dieser Aufstand nicht zu brechen, wie bereits der erfolglose Rückeroberungsversuch von 289/90 gezeigt hatte.

In der Zeit von 286 bis etwa 293 ist Trier offenkundig die wichtigste Residenz Maximians gewesen. Die Gefährdung der Rheingrenze und Nordgalliens überhaupt hatte die ständige Präsenz eines der Kaiser in dieser Region notwendig gemacht. Trier, in sicherer Distanz zum Rhein und zeitweilig schon Residenz im Gallischen Sonderreich, bot sich als günstig gelegener Standort Maximians an. Freilich wurde aus der bisher weitgehend garnisonslosen Hauptstadt der Provinz Gallia Belgica nunmehr ein Standort kaiserlicher Palast- und Begleittruppen. Diese militärische Funktion hat Trier als spätantike Kaiserresidenz in der Folgezeit behalten. Wir dürfen annehmen, daß die Moselstadt schon damals erste bauliche Veränderungen erfahren hat, die den neuen residentiellen, administrativen und militärischen Aufgaben der Metropole Rechnung trugen.

Bildeten die Usurpation des Carausius und die bedrohte Rheingrenze allein schon im Westen eine Doppelbelastung, so schufen um 291/93 in Ägypten ausbrechende Unruhen neben dem Konflikt mit den persischen Sasaniden einen weiteren östlichen Gefahrenherd. Angesichts dieser Situation erwählten die beiden Augusti je einen Caesar als Helfer, Diocletian den Galerius, Maximian den Constantius, den Vater Constantins d. Gr. Die Investitur des Constantius erfolgte am 1. März 293 in Mailand, diejenige des Galerius vermutlich am gleichen Tag, wohl in Sirmium (in der Nähe des heutigen Belgrad).[10])

Die Aktivitäten des neuen Caesars Constantius entfalteten sich vor allem im Nordwesten des Reiches: in Gallien, in den germanischen Provinzen und in Britannien. Noch 293 eroberte er das von Carausius kontrollierte Boulogne zurück, 296 gelang ihm die Niederwerfung des Carausius-Nachfolgers Allectus und der Wiederanschluß Britanniens an die Herrschaft der Tetrarchen. Ein in Trier geprägtes Goldmedaillon hält diesen Erfolg im Bild fest: Der siegreiche Constantius nimmt, hoch zu Roß, die Huldigung der auf die Knie gesunkenen Britannia entgegen und zieht in London ein. Im panegyrischen Propagandastil wird Constantius hier als der redditor lucis aeternae gefeiert, als der »Wiederbringer des ewigen Lichtes«, das das Römische Reich unter der segenbringenden Herrschaft der Tetrarchen immerfort umstrahlt und in dessen Glanz nun auch das der Finsternis der Usurpation entrissene Britannien heimkehrt (Kat. 26 b).

Auch im Osten des Imperium kämpften die Tetrarchen mit Erfolg: 297 wurde die Rebellion des Domitius Domitianus in Ägypten durch Diocletian beseitigt, 298 errang Galerius einen Sieg über den Sasaniden Narses. Die Regierung Diocletians und seiner Mitherrscher behauptete sich gegen Aufstände im Innern und gegen die Feinde an den Grenzen des Reiches. Hierzu gehörten auch die zahlreichen Kämpfe des Constantius gegen die Germanen in der Rheinzone. Erst die militärisch gesicherte Ruhe nach Innen und Außen konnte den Reformen Diocletians Erfolg und eine gewisse Dauerhaftigkeit verleihen. Als Erneuerer des Staates hatte sich Diocletian unter den Schutz des höchsten Staatsgottes Iuppiter gestellt, während der rangtiefere Maximian den Hercules als seinen Schutzgott erwählte, daher die Bezeichnung Iovier und Herculier für die beiden Linien der Tetrarchie (Kat. 21). Die bewußte Förderung von hergebrachter Ordnung und Altvätersitte (disciplina, mos maiorum), verbunden mit der heidnisch-religiösen Festigung der Herrscherstellung, führten zunächst zu kleineren Zusammenstößen mit Christen. Erst am 23. Februar 303 kam es zum Ausbruch der großen, mit dem Namen Diocletians verbundenen Christenverfolgung. Sie dauerte über die 305 erfolgte Abdankung Diocletians an und erreichte ein gewisses Ende mit dem Toleranzedikt des Galerius vom Jahre 311, wenngleich im Osten des Reiches unter Maximinus Daia (bis 313) keine vollständige Schonung der Christen eintrat.

Am 1. Mai 305 legten Diocletian und Maximian in Niko-
media die Herrschaft nieder. Die bisherigen Caesaren
Galerius und Constantius rückten in die freigewordenen
Augustus-Stellen nach und beriefen ihrerseits den Maximinus Daia und den Severus zu neuen Caesaren (zweite
Tetrarchie). Die erste Tetrarchie hatte ihre Bewährungs-
probe bestanden, doch die zweite begann mit einer Konstruktion, die die leiblichen Nachfolger zweier Tetrarchen, Constantin, den Sohn des Constantius, und Maxentius, den Sohn Maximians, übergangen hatte. Gegenüber
dem Adoptionssystem der Tetrarchie sollte sich jedoch in
der Folgezeit das alte dynastische Prinzip als stärker erweisen.

Die administrative Neuordnung des Reiches
und die neue Stellung Triers[11]
Die Bedeutung Triers und Galliens in der Zeit Diocletians,
Constantins und ihrer Nachfolger wird erst verständlich,
wenn wir uns die von Diocletian begonnene grundlegen-
de Neuordnung des Reiches vergegenwärtigen. Bereits
die Aufgabenverteilung zwischen Diocletian und Maximian hatte vorgesehen, daß der erstere vornehmlich im
Osten, der letztere im Westen operierte. Von Maximian
dürfen wir annehmen, daß er Trier vor allem zwischen
286 und 293 als Hauptresidenz benutzte. Die häufigen
Reisen und Kriegszüge dieses und der anderen Kaiser
führten natürlich dazu, daß sie nicht nur in ihren Haupt-
residenzen, sondern auch an anderen Orten Hof hielten.
Zu einer weitergehenden Unterteilung der Reichsgebiete
führte die Berufung der beiden Caesaren im Jahre 293:
Constantius erhielt Gallien, die germanischen Provinzen
und Britannien, das er freilich erst noch zurückzuerobern
hatte, während Maximian sich vor allem Italien, Africa
und die Iberische Halbinsel vorbehielt. Diese Einteilung
veränderte sich allerdings mit dem Beginn der zweiten
Tetrarchie (305), denn nun erhielt Constantius, der neue
Augustus des Westens, auch noch die hispanischen Provinzen. Trier als Residenz des Maximian von 286 bis 293,
dann des Constantius von 293 bis 306 erlangte eine führende Stellung im Westteil des Imperium. Dies fand auch
seinen Ausdruck in der Einrichtung einer Münzprägestätte in Trier, die ihre Tätigkeit nach der Berufung des
Constantius zum Caesar aufnahm. Sie prägte in allen drei
Metallen (Gold, Silber, Bronze) und überflügelte bald an
Bedeutung die beiden anderen großen Münzen des We-

stens, Lyon und London. Besonders eindrucksvoll ist die
reiche Trierer Goldprägung. Sie dokumentiert die lebhaf-
te politische, finanzielle und propagandistische Tätigkeit,
die von der Trierer Residenz ausging. Allein schon die
Lagerung so großer Edelmetallreserven in Trier setzt eine
verteidigungsstarke Garnison voraus, da man solche
Schätze weder den auswärtigen Feinden noch etwaigen
Usurpatoren preisgeben konnte.[12]
Doch abgesehen von seinem Residenzcharakter erhielt
Trier auch durch die administrative Neustrukturierung
des Reichsgebietes eine herausragende Bedeutung. Unsere Kenntnis der diocletianischen Neuordnung der Provinzen beruht im wesentlichen auf dem sog. laterculus Vero-
nensis, einem in Verona aufbewahrten Verzeichnis der
Provinzen, das in seinen Hauptzügen den unter Diocletian eingerichteten Zustand wiedergibt. Man darf vermuten, ohne dies sicher beweisen zu können, daß Diocletian
die Neueinteilung der Provinzen sowie die erstmalige
Einrichtung von Diözesen im Jahre 293 vornahm, vielleicht im Zusammenhang mit der Berufung der beiden
Caesaren Galerius und Constantius.[13]
Um eine schärfere administrative und finanzielle Erfas-
sung zu ermöglichen, wurden die alten Provinzen geteilt,
so daß die Zahl der diocletianischen Provinzen sich
schließlich auf über 100 belief. Zum Beispiel wurde die
Provinz Belgica in die Belgica Prima und die Belgica Secunda unterteilt, wobei die Belgica Prima die civitates
(Stammesterritorien) der Treverer (Trier), Mediomatriker
(Metz), Leuker (Toul) und Verodunenser (Verdun) umfaßte. Trier war Hauptstadt nicht nur der civitas Treverorum, sondern auch Metropole der neugeschaffenen Provinz Belgica Prima, was sich später noch an der Stellung
des Trierer Erzbischofs an der Spitze der Suffraganbistü-
mer Metz, Toul und Verdun ablesen läßt. Trier war über-
dies die Metropole einer der 12 neueingerichteten Diözesen (wobei Diözese hier zunächst einen rein staatlichen
Verwaltungssprengel bezeichnet), nämlich der dioecesis
Galliarum, welche neben den beiden Belgicae noch die
germanischen und lugdunensischen Provinzen, die Sequania sowie die Graischen und Poeninischen Alpen umfaßte. Schließlich wurde Trier im weiteren Verlauf des
4. Jh. Sitz des Prätorianerpräfekten, der von der Moselmetropole aus mehrere Diözesen verwaltete: Britanniae,
Galliae, Viennensis und Hispaniae (an die die nordafrika-

nische Provinz Mauretania Tingitana, um Tanger, angeschlossen war).[14] Mit anderen Worten: Durch die diocletianische Reform wurde Trier die Verwaltungszentrale einer von Nordengland bis Nordafrika reichenden Region und damit die politisch bedeutendste Stadt im Westen des Reiches außerhalb Italiens. Die Verbindung von (zeitweiliger) Kaiserresidenz und Prätorianerpräfektur (bis zum Beginn des 5. Jh.) erklärt die reiche urbanistische Entfaltung Triers in der Spätantike. Die Germaneneinfälle haben dann die politischen, wirtschaftlichen und kulturellen Grundlagen dieser Entwicklung dauerhaft zerstört.

Heeresreform[15]

Schon seit der Mitte des 3. Jh. hatte der massive Druck auf die Reichsgrenzen gezeigt, daß das rein linear entlang des Limes aufgezogene römische Heer konzentrierten Angriffen nicht standzuhalten vermochte. Sobald die Grenzverteidigung durchbrochen war, stand den eingedrungenen Barbaren nichts mehr im Wege. Daraus resultierten nicht nur Verwüstungen in den Randzonen des Imperium, sondern auch tief bis nach Italien und Spanien hineinreichende Einfälle. Diese Erfahrung hatte zur Folge, daß neben dem Grenzheer nun auch mobile Interventionstruppen aufgestellt wurden, um die pausenlos an den Gefahrenherden kämpfenden Kaiser zu unterstützen. Diese Heeresreform hatte schon unter dem Kaiser Gallienus (253–268) begonnen und erreichte ihren ersten Abschluß unter Constantin d. Gr. Diocletian scheint diese Entwicklung nicht besonders gefördert zu haben, sondern hat nach den erfolgreichen Vorstößen gegen die Reichsfeinde vor allem die Grenzregionen durch Truppenvermehrung besser gesichert. Die militärischen Befugnisse, welche die Statthalter (praesides) bisher innegehabt hatten, begannen nunmehr, zumindest in einer Reihe von Fällen, an Kommandanten von Militärbezirken (duces) überzugehen. Aus Trier ist beispielsweise eine Ehreninschrift des dux Valerius Concordius für den Caesar Constantius, den Vater Constantins d. Gr., erhalten (Abb. 4 s. S. 27). Wir haben allen Grund zu der Annahme, daß die häufige Präsenz der Kaiser in Trier sowie die hier eingerichtete Verwaltungszentrale für die Diözesen und die Prätorianerpräfektur die Moselstadt in eine bedeutende Garnison umgewandelt haben. Unter Diocletian begann die zunehmende Germanisierung des römischen Heeres, zunächst der Auxiliarverbände, die gegenüber den Legionen immer mehr an Gewicht gewannen.

Wirtschaft und Gesellschaft[16]

Die Erfordernisse der Grenzverteidigung, die stete Belastung durch Usurpationen und deren Niederringung, die Vergrößerung des Heeres und des Verwaltungsapparates stellten erhebliche Ansprüche an die Wirtschafts- und Finanzkraft des Reiches. Diese hatte bereits in der Krisenzeit des 3. Jh. schwere Rückschläge hinnehmen müssen. Namentlich in den Grenzzonen, so in den Rheinlanden und im nordöstlichen Gallien, hatten Barbareneinfälle, Usurpationen und Aufstände der Landbevölkerung zu trostlosen Zuständen geführt. Mit Hilfe angesiedelter Barbaren sollte vor allem im Norden und Osten Galliens die Ertragsfähigkeit der Landwirtschaft wieder gehoben werden. Das war freilich ein mühsamer Prozeß, der bestenfalls mittel- und langfristig Erfolg versprach. Aus den Quellen gewinnt man den deutlichen Eindruck, daß die verschuldeten, z. T. verwüsteten Städte Galliens den Wiederaufbau nicht aus eigener Kraft schaffen konnten, sondern in erheblichem Maße auf Hilfen der kaiserlichen Zentrale angewiesen waren. Um so leichter kann man ermessen, welchen Segen es für den Wiederaufbau und die urbanistische Weiterentwicklung Triers bedeutete, daß einige Kaiser der Tetrarchie die Moselmetropole zu ihrer Residenz wählten.

Größere Ansprüche an die Finanzen des Staates stellte jedoch die laufende Besoldung des Heeres und der mächtig angewachsenen Beamtenschaft. Die Mittel hierzu erhofften sich die Tetrarchen aus einer umfassenden Neuordnung des Steuerwesens, die zu einer effizienteren und, nach dem ausdrücklichen Wunsch der Kaiser, auch gerechteren Besteuerung führen sollte. Die angesichts steigender Preise wachsenden Schwierigkeiten bei der Besoldung der Truppen veranlaßten schließlich die Festsetzung von Höchstpreisen für Waren und Leistungen, auf deren Überschreitung die Todesstrafe stand (Höchstpreisedikt von 301). Neben der Bedarfsdeckung durch rigorose Steuerveranlagungen sicherte sich der Staat auch dadurch ab, daß er Teile der Produktion in eigene Regie nahm: Färbereien, Webereien, Waffenfabriken (die beiden letzteren auch für Trier belegt[17]).

Trier, das in seiner ersten Blütezeit (Ende 1. bis Mitte 3. Jh. n. Chr.) wesentlich durch einheimische Großgrundbesitzer und mächtige, im Fernhandel aktive Kaufleute geprägt und dominiert worden war, erhielt durch die Strukturreformen der diocletianischen Zeit einen völlig neuen Charakter: Der Kaiserhof, die Verwaltung der Diözesen und der Präfektur, die Palasttruppen brachten nicht nur einen Bevölkerungszustrom aus allen Provinzen (besonders des Westens), sondern schufen auch neue gesellschaftliche Verhältnisse in der Stadt. Barbareneinfälle und innere Unruhen hatten einen großen Teil der ehemals dominierenden Großgrundbesitzer für immer ruiniert. Der Wiederaufbau auf dem Lande verlief langsam, am raschesten noch im unmittelbaren Umkreis der gut geschützten Moselmetropole und entlang der militärisch gesicherten Verkehrsverbindungen. Viele Anwesen in den abseitigeren Lagen des Trierer Landes sind jedoch nach den Zerstörungen des 3. Jh. nicht wieder in Betrieb genommen worden (S. 75). Auch der private Großhandel, der durch die treverischen Denkmäler der voraufgehenden Jahrhunderte so eindrucksvoll dokumentiert wird (z. B. Igeler Säule, Neumagener Denkmäler), ist im spätantiken Trier nicht mehr in dieser Form nachweisbar. Vermutlich hat die staatliche Lenkung des Handels wenig Raum für unternehmerische Selbständigkeit und große Gewinnmargen gelassen, einmal ganz abgesehen davon, daß Barbareneinfälle und Aufstände bereits seit der Mitte des 3. Jh. den Handelsverkehr innerhalb Galliens und mit den übrigen Provinzen gewiß sehr beeinträchtigt haben werden.[18]

3. Die Auflösung der Tetrarchie und die Herrschaft Constantins d. Gr. (305–337)[19]

Bei der Berufung der Caesaren am Ende der ersten Tetrarchie war Constantin, der Sohn des nunmehrigen Augustus des Westens Constantius, übergangen worden (siehe oben). Im Kampf gegen seine Rivalen und Mitkaiser bahnte Constantin sich den Weg zur Alleinherrschaft, die er 324 mit dem Sieg über Licinius errang. Bereits 312, im Krieg gegen Maxentius, hatte sich Constantin dem Christentum zugewandt. Über eine reine Toleranzpolitik hinausgehend förderte Constantin das Christentum ganz bewußt, wurde jedoch zunehmend auch in innerkirchliche Konflikte hineingezogen (Donatistenstreit, christologische Auseinandersetzungen, Konzil von Nikaia 325). Nach Erringung der Alleinherrschaft wählte Constantin eine neue Residenz und entschied sich für das am Bosporus gelegene Byzanz, das unter dem Namen Konstantinopel (das heutige Istanbul) 324 neugegründet und 330 eingeweiht wurde. Die zunehmende Hinwendung zum Ostteil des Reiches führte langfristig zu einer Vernachlässigung des Westens und seit Anfang des 5. Jh. zu einer immer deutlicheren Aufgabe Galliens. Doch zunächst war diese Entwicklung nicht abzusehen. Im 4. Jh. erlebten Gallien und insbesondere Trier, durch viele Jahrzehnte hindurch die bevorzugte Residenz der für den Westen zuständigen Kaiser, eine letzte, intensive Blütezeit.

Als Diocletian und Maximian am 1. Mai 305 die Herrschaft niederlegten, rückte der bisherige Caesar Constantius zum Augustus des Westens auf; zu seinem Caesar wurde Severus ernannt, während sein leiblicher Sohn Constantin bei der Nachfolgeregelung keine Berücksichtigung fand. Trier scheint weiterhin die Residenz des Constantius geblieben zu sein, jedoch nur kurze Zeit,

Abb. 2 Büste Constantins des Gr. auf der Vorderseite eines 318/19 in Trier geprägten Bronzemedaillons. Der Imperator Constantinus wird mit den traditionellen Titulaturelementen römischer Kaiser vorgestellt: pius felix Augustus (fromm, glückhaft, Augustus). Die Rückseite zeigt, daß es sich um eine Siegesprägung handelt, deshalb ist Constantin als Feldherr mit Rüstung und Speer dargestellt. Rhein. Landesmuseum Trier, Inv. 18281 (RIC. Trev. 208).

denn noch im Jahre 305 brach Constantius zu einem Feldzug gegen die Pikten im Norden Britanniens auf. Unterdessen weilte sein Sohn Constantin gewissermaßen als Unterpfand für eine gedeihliche Zusammenarbeit zwischen Constantius und Galerius, dem neuen Augustus des Ostens, am Hofe des letzteren in Nikomedeia im nordwestlichen Kleinasien. Aus dem für ihn bedrückenden Verhältnis löste sich Constantin durch die Flucht zu seinem Vater nach Britannien. Als Constantius am 25. Juli 306 in York/Eburacum starb, riefen dessen Truppen unter völliger Umgehung der tetrarchischen Ordnung Constantin zum Augustus aus. Doch angesichts dieser Eigenmächtigkeit fand sich der nunmehr rangälteste Tetrarch Galerius lediglich dazu bereit, Constantin als Caesar anzuerkennen. Auf die durch den Tod des Constantius freigewordene Augustus-Stelle rückte hingegen der bisherige Caesar Severus vor. Dagegen erhob sich noch im gleichen Jahr 306 Maxentius, der Sohn des zurückgetretenen Augustus Maximian, der bei der tetrarchischen Nachfolgeregelung des Jahres 305 ebenfalls, wie Constantin, übergangen worden war. Daraufhin kam es in Italien zu einem bewaffneten Konflikt zwischen Maxentius und Severus, in dessen Verlauf der letztere das Leben verlor (307). Im Herbst des gleichen Jahres 307 verbündete sich Constantin mit der Familie Maximians, heiratete dessen Tochter Fausta (vielleicht in Trier)[20] und wurde, jedenfalls im Westen, erneut als Augustus anerkannt. Auf diesen Rang erhob auch Maxentius, offenbar seit 307, einen Anspruch, der freilich von Galerius nicht anerkannt worden ist. Im Westen stellten sich nunmehr die Verhältnisse so dar (von 307 bis 312), daß Maxentius Italien und die nordwestafrikanischen Provinzen besaß, während Constantin von Trier aus über Britannien, die germanischen Provinzen, Gallien und die Iberische Halbinsel herrschte.

Den Tod des in Britannien weilenden Constantius und die Schwierigkeiten der Nachfolge nutzten germanische Stämme jenseits des Rheines sofort für einen Einfall in Gallien. Constantin konterte unverzüglich mit einem Gegenschlag.[21] In den Jahren 307 bis 310 folgten weitere Expeditionen Constantins jenseits des Rheins, in deren Verlauf die fränkischen Könige Ascaricus und Merogaisus gefangengenommen und in der Arena (vielleicht in Trier?) den wilden Tieren vorgeworfen wurden.[22] Aus diesen Jahren datiert auch der Bau der Köln und Deutz/Divitia verbindenden Rheinbrücke[23] sowie – wenig später – des Deutzer Kastells, gewiß Indizien für das römische Selbstvertrauen, den Germanen auf rechtsrheinischem Gebiet entgegentreten und mit ihnen fertigwerden zu können. Insgesamt beruhte die constantinische Germanenpolitik auf dem Grundsatz, germanische Stämme und Führer jenseits des Rheins möglichst für ein friedliches Verhältnis, ja für Freundschaftsbündnisse zu gewinnen, im andern Fall jedoch gegen germanische Einfälle energisch, unter Umständen mit terrorartigen Abschreckungsmaßnahmen, einzuschreiten.

Begleitet wurde diese Politik durch eine Verstärkung der römischen Verteidigungsanlagen am Rhein sowie durch eine bessere militärische Absicherung des Hinterlandes.[24] Dazu gehörten die Umwandlung bisher offener Siedlungen (vici) in ummauerte Orte (castella) und die Anlage von befestigten Stellungen entlang der Land- und Flußverbindungen. Manche dieser Maßnahmen sind gewiß schon unter den Vorgängern Constantins in den unruhigen Jahrzehnten des 3. Jh. begonnen worden. Im einzelnen liefern die schriftlichen und archäologischen Zeugnisse keine jahrgenauen Daten für den Beginn solcher Verteidigungsanlagen im Moselraum. An Beispielen im näheren und weiteren Umkreis Triers sind hier vor allem folgende Kastelle zu nennen: Bitburg/Beda und Jünkerath/Icorigium an der Straße Trier–Köln, Neumagen/Noviomagus am Moselufer und an der Straße Trier–Bingen–Mainz, Pachten/Contiomagus in der Nähe eines Saarüberganges an der Straße Metz–Mainz und Arlon/Orolaunum in der belgischen Provinz Luxemburg, an der Römerstraße Trier–Reims. Kleineren Ausmaßes (rund 53 m Durchmesser) ist die in der 2. Hälfte des 3. Jh. begonnene Befestigungsanlage auf dem Kirchhügel St. Peter und Paul in Echternach, in unmittelbarer Nähe einer großen römischen Villa und eines Sauerüberganges an der Straße nach Bitburg. Zum Katalog der damals planmäßig ergriffenen Maßnahmen zur Verteidigung des Hinterlandes im Bereich von Mosel, Eifel und Hunsrück gehören auch mehr als 40 Bergbefestigungen, die als Refugium bei Germaneneinfällen dienen konnten und, z.T. jedenfalls, durch kleinere militärische Einheiten belegt waren. Ein archäologisch neuerdings gut untersuchtes Beispiel dieses Typus stellt die Entersburg bei Hontheim (Kreis Bernkastel-Wittlich) dar, von wo aus die unweit gelegene Römerstraße Trier–Andernach und das Üßbachtal gut überwacht werden konnten.[25]) In unmittelbarer Nähe zu Trier an einem Moselbogen entstand die Wehranlage von Pfalzel/Palatiolum, in deren Bering sich ein befestigter und luxuriös ausgestatteter Wohnpalast erhob. Wir dürfen diese Anlage, wie auch den Sommerpalast an der Saarmündung bei Konz, mit Mitgliedern der in Trier residierenden kaiserlichen Familien bzw. mit hochgestellten Beamten des Hofes in Verbindung bringen.

Für Trier selbst bezeugt ein Festredner des Jahres 310 ein umfangreiches Wiederaufbauprogramm, das hier, dem panegyrischen Stil und dem aktuellen Anlaß (Fünfjahresfeier der constantinischen Herrschaft) entsprechend, Constantin zugeschrieben wird, in Wirklichkeit jedoch z. T. auch auf dessen Vorgänger zurückzuführen sein wird. Nach den Worten des Redners erstehe die Stadt in ihrer gesamten Ausdehnung in so prächtiger Weise, daß sie sich gewissermaßen freue, einstmals zusammengesunken zu sein (vgl. unten Anm. 5). Er fährt fort: »Ich sehe den Circus Maximus, der, wie ich glaube, mit dem römischen wetteifert, ich sehe Basiliken und Forum, königliche (d. h. hier: kaiserliche) Werke, und den Sitz der Gerechtigkeit sich zu solcher Höhe erheben, daß sie den Sternen und dem Himmel würdig und nahe zu sein versprechen. Das alles sind ohne Zweifel Gaben deiner Gegenwart.« Der Panegyrist vergleicht dann weiter das Auftreten Constantins mit der segensreichen Erscheinung der Götter, da überall, wo der Kaiser häufig weile, Städte und Tempel emporwachsen.[26]) Nach diesen Worten scheint das Aufbauprogramm im Bereich des Forums, der angrenzenden Basiliken und des »Sitzes der Gerechtigkeit« (sedes iustitiae, heutige Basilika?) noch nicht abgeschlossen gewesen zu sein, denn der Redner verwendet das Wort »versprechen«. Wir wollen auch festhalten, daß Constantin durch den Panegyristen nicht nur an die Seite der Götter gerückt wird, sondern damals, in seiner heidnischen Phase, durchaus noch als Förderer heidnischer Tempel gerühmt wird. Ob dies auch für den sog. Lenus-Mars-Tempel am Trierer Irminenwingert und für den Kultbezirk im Altbachtal gilt, muß offen bleiben; unser Redner jedenfalls sagt nichts dazu, übrigens auch nichts zu den Kaiserthermen und zum Kaiserpalast unter dem heutigen Trierer Dom.

Hatte Constantin als Sohn des Constantius und vor allem auch seit seiner Ehe mit Maximians Tochter Fausta (307) noch ganz im Rahmen der herkulisch-tetrarchischen Dynastie gestanden, so wurde diese Linie 310 durch einen folgenschweren Konflikt zwischen Constantin und Maximian abgebrochen, in dessen Verlauf letzterer ums Leben kam. Daraus ergab sich nicht nur die Abwendung Constantins von Herkules und die Hinwendung zu Apollon als seinem neuen Schutzgott, sondern auch eine starke Belastung des Verhältnisses zu Maximians Sohn Maxentius in Italien. Im Jahre 312 führte dieser Streit zu einem Bürgerkrieg im Westen des Reiches: Constantin überschritt mit seinem Heer die Alpen, schlug die Generäle des Maxentius in Oberitalien und besiegte schließlich den Maxentius selbst in der Schlacht an der Milvischen Brücke vor den Mauern Roms (28. Oktober 312).

Dieser Sieg machte Constantin nicht nur zum alleinigen Herrscher des Westens, sondern bedeutete auch einen entscheidenden Schritt auf dem Wege des Kaisers zum Christentum. Bereits 311 hatte Galerius, der Augustus des Ostens, auf dem Sterbebett ein Toleranzedikt zugunsten der Christen erlassen. Constantin ging darüber hinaus und ließ vor der Schlacht an der Milvischen Brücke, vielleicht schon in Gallien, erkennen, daß er sich aufgrund einer persönlichen religiösen Erfahrung dem Christengott zugewandt habe. Wenn wir der christlichen Überlieferung (Euseb von Caesarea, Laktanz) Glauben schenken dürfen, hat Constantin in einer Vision das Kreuz bzw. das Christogramm (die Verbindung von X und P als den beiden Anfangsbuchstaben des griechischen Christusnamens) geschaut und dieses als siegbringendes Zeichen auf den Standarten und Schilden seiner Soldaten anbringen lassen. Jedenfalls steht außer Zweifel, daß Constantin in der Folgezeit eine Reihe christenfreundlicher Gesetze erlassen hat und immer stärker in die Rolle eines christlichen Kaisers hineingewachsen ist, bis hin zu der Pfingsten 337 im Angesicht des Todes empfangenen Taufe.[27])

Anfang des Jahres 313 kam es in Mailand zu einem Treffen Constantins mit Licinius, in dessen Verlauf nicht nur die Tolerierung des Christentums vereinbart, sondern auch ein Bündnis zwischen den beiden Herrschern geschlossen und durch die Heirat des Licinius mit Constantia, der Halbschwester Constantins, besiegelt wurde. Auf diese Weise gewann Licinius freie Hand gegen seinen Rivalen Maximinus Daia im Osten, der Mitte 313 ausgeschaltet wurde. Constantin dagegen wandte sich in den Jahren 313–315 wiederum verstärkt den Angelegenheiten des Westens und hier vor allem auch der Verteidigung der Rheinzone zu. Seine Anwesenheit in Trier ist in dieser Zeit mehrmals bezeugt.[28] Vielleicht haben die Festspiele, in deren Verlauf nach dem Zeugnis eines Redners von 313 zahlreiche germanische Kriegsgefangene den Bestien vorgeworfen wurden, zumindest teilweise in der kaiserlichen Residenz Trier stattgefunden.[29] Das bekannte Trierer Goldmedaillon mit der Büste Constantins auf der Vorderseite und einem Stadtbild auf der Rückseite verherrlicht römische Siege über die Barbaren und darf vielleicht mit den vorhin besprochenen Germanenkriegen Constantins in Verbindung gebracht werden.[30]

Charakteristisch für die wachsende Einbeziehung Constantins in die Angelegenheiten der christlichen Kirche ist der innerhalb der afrikanischen Christenheit ausgebrochene Donatistenstreit. Zu den letztlich erfolglosen Versuchen einer Schlichtung dieses Konflikts gehörte auch das Konzil von Arles in Südgallien im August 314, das Constantin einberufen hatte und an dem er persönlich teilnahm. Zu den Unterzeichnern der Konzilsbeschlüsse zählte auch Agricius, Bischof von Trier.[31]

Im Jahre 316 kam es zu einem ersten Krieg zwischen Constantin und Licinius, den beiden allein noch übriggebliebenen Augusti des Reiches. Ein Waffenstillstand setzte dem Kampf um die Alleinherrschaft vorläufig ein Ende, doch Constantin hatte insofern einen wichtigen Erfolg errungen, als nun auch die Balkandiözesen Pannonien und Moesien seinem Reichsteil zugeschlagen wurden. Die Stoßrichtung auf die Gebiete des Licinius im Osten blieb nunmehr vorherrschend in der weiteren Politik Constantins, der seit Anfang 316 Trier bis auf eine Ausnahme (Germanenfeldzug im Herbst/Winter 328/29) nie mehr aufgesucht hat. Trotz der Verlagerung des politischen und militärischen Schwerpunktes nach Osten hat Constantin nicht den Fehler begangen, Gallien und Trier die Auszeichnung kaiserlicher Präsenz völlig zu entziehen. Die Geschichte der Usurpationen und seines eigenen Aufstiegs hatte klar gezeigt, welche Bedeutung Gallien als dem Kernland des westlichen Reichsteiles zukam. Zunächst übernahm Crispus, der älteste Sohn Constantins

(aus der Ehe mit Minervina), die Vertretung des Vaters im Westen, soweit die allgemeine Reichslage dies zuließ. Nach der Familientragödie des Jahres 326, in der sowohl Crispus als auch dessen Stiefmutter und Constantins Gemahlin Fausta das Leben lassen mußten, wurde Constantinus, der nunmehr älteste Sohn Constantins (aus der Ehe mit Fausta), als neuer Caesar des Westens eingeführt und bezog, wohl spätestens ab 328 und bis zu seinem Tod im Jahre 340, die Residenz Trier.[32]

Inzwischen hatte, im Jahre 324, der letzte Kampf Constantins gegen Licinius begonnen. Er endete mit dem Sieg Constantins bei Chrysopolis (Bithynien) am 18. September 324. Bereits am 8. November 324 wurde Konstantinopel an der Stelle des alten Byzanz neugegründet und am 11. Mai 330 offiziell eingeweiht. Im Jahre 325 eröffnete Constantin des bekannte Konzil im nahegelegenen Nikaia. Die übrigen Jahre bis zu seinem Tode verbrachte der Kaiser vorwiegend im Illyricum (Balkan) und in Kleinasien. Zum geplanten Feldzug gegen die Perser kam es jedoch nicht mehr, da Constantin während der Vorbereitungen dazu am 22. Mai 337 in einem Vorort Nikomedeias verstarb.

Zu den Privilegien, mit denen Constantin die christliche, genauer, die katholische Kirche ausstattete, gehörten auch umfangreiche Stiftungen für den Neubau bzw. die Ausstattung von Gotteshäusern, so wie er (und andere Kaiser vor ihm) in seiner heidnischen Phase den paganen Tempelbau gefördert hatte. Wir dürfen deshalb ohne weiteres annehmen, daß der Kaiser den Kirchenbau gerade auch in seiner Residenz Trier begünstigt haben wird. Über konkrete Zeugnisse dazu verfügen wir leider nicht. Doch gewinnen in diesem Zusammenhang mittelalterliche Nachrichten an Glaubwürdigkeit, denen zufolge Constantins Mutter Helena ihren Trierer Palast zum größten Teil für die Bischofskirche zu Ehren des Hl. Petrus zur Verfügung gestellt haben soll.[33]

Freilich bedeutete Constantins Hinwendung zum Christentum durchaus nicht, daß er nunmehr eine heidenfeindliche Politik eingeschlagen hätte. Dies wäre für seine Stellung angesichts der damals noch starken paganen Kräfte sehr riskant gewesen. Vielmehr steuerte er, im Gegensatz zu seinen Söhnen, einen gemäßigten Kurs, der heidnische Kulte wenig einschränkte, auf den Münzen der kaiserlichen Prägestätten weiterhin heidnische Moti-

1. Solidus(?)
Constantins d. Gr.
(Kat. 22 A, 7 a).
2. Solidus Gratians
(Kat. 22 B, 4 a).
3. Solidus Valen-
tinians I.
(Kat. 22 B, 2 a)
4. Aureus
Constantius I.
(Kat. 22 A, 3 a).

Fingerringe aus Gold
(Kat. 33).

ve zuließ und der auch darin seinen Ausdruck fand, daß Constantin bis zu seinem Tode die höchste pagane Priesterwürde eines Pontifex Maximus bekleidete. So dürfen wir für die constantinische Zeit neben dem Aufschwung der noch relativ jungen Trierer Kirche einen weiterhin blühenden heidnischen Kultbetrieb in der Moselmetropole voraussetzen.

Seit dem 3. Jh., besonders seit Diocletian, war der Kaiser immer mehr zu einem der Masse der Untertanen entrückten Autokraten geworden, dem man nur noch in quasi-religiösen Formen nahen durfte. Die zunehmend schärfer ausgeprägte Vergottung der Herrscher und deren Angleichung an heidnische Gottheiten konnte der zum Christentum übergetretene Constantin freilich nicht fortführen. Doch behielt er die autokratische Stellung seiner Vorgänger und deren religiöse Absicherung durchaus bei, nur mit dem bezeichnenden Unterschied, daß es nunmehr der Christengott war, der sich dem Kaiser in visionären Erscheinungen offenbarte und zum Garanten seiner Herrschaft wurde. Diese Entwicklungslinie ist im byzantinischen Kaisertum konsequent ausgezogen worden.[34] Das spätantike Hofzeremoniell verlangte nach kaiserlichen Räumen, Bauten und Plätzen, die den Vollzug dieser Herrscherideologie gestatteten. Vermutlich hatten die Trierer Basilika (Palastaula) und die sie umgebenden Anlagen eine solche Aufgabe. Der Masse der Untertanen trat der Kaiser, in Trier wie auch anderswo, im Amphitheater und vor allem im Circus entgegen. In dem Trierer Repräsentationsbereich, der sich vom Dom und der Basilika über die Kaiserthermen bis hin zum Circus und zum Amphitheater erstreckte, haben wir jenen Rahmen vor uns, in dem sich kaiserliche Audienzen und Empfänge, Siegesparaden und Festreden, Schauspiele und Massenhinrichtungen von Kriegsgefangenen abspielten.[35]

Von den Verteidigungsanlagen, die das rheinische Hinterland und den Moselraum absicherten und damit auch zum Schutz der Residenz Trier beitrugen, ist bereits weiter oben die Rede gewesen (S. 22 f.). Hier ist nun nachzutragen, daß Constantin die spätrömische Heeresordnung insgesamt auf neue Grundlagen gestellt hat.[36] Als wichtigste Maßnahmen sind zu nennen: die Trennung von Grenztruppen (standortgebunden, der Territorialverteidigung dienend) und kaiserlichen Begleittruppen (comitatenses), die zu einem wirklichen Bewegungsheer ausge-

baut wurden. Für das comitatensische Heer wurden neue Oberkommandierende geschaffen: der magister equitum (Meister der Reiterei) und der magister peditum (Meister des Fußvolks).[37] Die Prätorianerpräfekten verloren die Befehlsgewalt sowohl über das Bewegungsheer als auch über die Grenztruppen, die nunmehr eigenen duces unterstellt wurden. Anstelle der aufgelösten Prätorianercohorten wurde die durchwegs berittene Palastgarde eingerichtet (scholae palatinae), die freilich nicht vom Heermeister, sondern vom magister officiorum, dem obersten Hofbeamten, befehligt wurde. Besonderer Reputation erfreute sich das weitestgehend aus Germanen zusammengesetzte gallische Bewegungsheer Constantins. Mit diesen ausgesprochenen Elitetruppen hat Constantin die entscheidenden Siege über Maxentius und Licinius errungen.[38] Dagegen verloren die herkömmlichen Legionen und die Grenztruppen im Vergleich mit dem comitatensischen Bewegungsheer immer mehr an Bedeutung. Das hatte freilich für Gallien und Trier zur Folge, daß mit dem Rückzug der Augusti und Caesaren gegen Ende des 4. Jh. die wirksame Verteidigung der nordwestlichen Reichsgebiete zusammenbrach.

4. Die Herrschaft der Constantin-Söhne bis zur Usurpation des Magnentius (337–350)[39]

Der Tod Constantins d. Gr. löste bald nicht nur Nachfolgekämpfe unter seinen eigenen Söhnen aus, sondern führte zunächst zum Untergang eines großen Teiles der Nachkommen der Theodora, jener Gattin des Constantius, um derentwillen Helena seinerzeit verstoßen worden war. Die Enkel Theodoras Gallus und Julian, der spätere Kaiser und sog. Abtrünnige, entgingen allerdings dem nach dem Tode Constantins d. Gr. durch (aufständische?) Soldaten veranstalteten Massaker. Wieweit die Constantin-Söhne, namentlich Constantius II., dahinterstanden oder die Aktion gar langfristig vorbereitet hatten, läßt sich aufgrund der Quellenlage nicht sicher entscheiden. Erst nach diesen Ereignissen nahmen die drei Söhne Constantins und bisherigen Caesaren am 9. September 337 den Augustus-Titel an. Constantius II. übernahm den Osten, wo der unter seinem Vater angelegte Perserkrieg auf ihn wartete. Constantinus, der älteste

Sohn Constantins, behielt den Westen und damit auch Trier, wo er bereits seit 328 residierte. Der jüngste Sohn Constans erhielt die Donauprovinzen, Griechenland, Italien und Africa, offenbar in einer gewissen Unterordnung unter Constantinus, der als ältester Sohn eine Vorrangstellung innehatte.

Dieses Einvernehmen währte jedoch nicht lange. Bereits 339 kam es zum Streit zwischen Constantinus und Constans: Im Frühjahr 340 rückte Constantinus in Italien ein und lieferte Constans bei Aquileia ein Gefecht, in dem er unterlag und das Leben verlor (März/April 340).

Nunmehr war Constans der alleinige Herr des Westens. Über seine bis zu seinem Tode im Jahre 350 dauernde Tätigkeit in bezug auf Gallien und Trier wissen wir aufgrund der sehr dürftigen Quellenlage nur wenig. Während der Perserkrieg die 40er Jahre im Osten ausfüllte, war Constans an mehreren Fronten des Westens im Einsatz. Wir hören zunächst von Germanenkämpfen am Rhein (341–42), in deren Verlauf die von Sachsen bedrängten salischen Franken auf römisches Reichsgebiet übernommen und in Toxandrien am Niederrhein angesiedelt worden sein sollen, eine letztlich nicht sicher zu bestätigende Vermutung.[40] Anfang 343 begab Constans sich nach Britannien, um dort die Ordnung wiederherzustellen. Im Laufe des gleichen Jahres kehrte er nach Gallien zurück, wo er, vermutlich in Trier, Athanasius, den verbannten Bischof Alexandreias, traf. Das Konzil von Serdica (modernes Sofia) brachte keine Lösung im arianisch-athanasianischen Streit; erst 346 ließ der arianerfreundliche Constantius Athanasius auf den inzwischen vakant gewordenen Bischofsstuhl Alexandreias zurückkehren.

Während Constans immer wieder auch in Italien und im Illyricum tätig war, scheint der Widerstand gegen ihn gerade in den Westprovinzen gewachsen zu sein. Anders ist der rasche und durchschlagende Erfolg des Usurpators Magnentius nicht zu verstehen: Am 18. Januar 350 wurde der Halbgermane Magnus Magnentius, der wohl in Amiens/Ambiani geborene Sohn einer fränkischen Mutter, in Autun/Augustodunum durch die Truppen zum

Abb. 4 Ehreninschrift des Militärbefehlshabers Valerius Concordius für den Caesar Constantius, den Vater Constantins des Gr. (Kat. 17).

Abb. 3 Büste des Constantin-Sohnes Constans auf der Vorderseite eines in Trier geprägten Silbermedaillons (Kat. 25a).

Doppelsolidus Constantins d. Gr. (Kat. 23 a 3). Rückseite mit Darstellung einer Befestigung mit Brücke (Trier?).

10facher Aureus Constantius I. (Kat. 26 b). Rückseite zeigt den Kaiser beim Einzug in das wiedergewonnene London (296 n. Chr.).

Silberlöffel aus dem Schatzfund von Hagenbach (Kat. 3).

Zwei Fibeln aus dem Schatzfund von Hagenbach (Kat. 3).

Gefäß aus dem Schatzfund von Hagenbach (Kat. 3).

Weinsieb aus dem Schatzfund von Hagenbach (Kat. 3).

29

Augustus ausgerufen, während Constans in der Umgebung der Stadt jagte. Magnentius war damals Befehlshaber palatinischer Truppen und fand sofort die Anerkennung führender Militärs und Beamter in Gallien, Britannien und Hispanien. Besonders auch Fabius Titianus, der ab 341 die Prätorianerpräfektur Gallien geleitet hatte, stellte sich auf die Seite des Usurpators. Constans wurde bald nach dem Aufstand auf der Flucht ermordet. Im Frühjahr 350 schloß sich auch Italien dem Usurpator an, kurz darauf folgte Africa.

Die nun beginnende Auseinandersetzung mit dem allein noch übriggebliebenen Constantin-Sohn Constantius band die Kräfte des Magnentius. Große Teile seines Gallienheeres gingen 351 in der äußerst blutigen Schlacht von Mursa in Pannonien zugrunde. Die hieraus resultierende Schwächung der Verteidigung Galliens provozierte verheerende Germaneneinfälle; sie stellen auch in der Geschichte Triers und der Rheinlande eine markante Zäsur dar (Kat. 177).

Anmerkungen:

[1] Vgl. L. Polverini, Da Aureliano a Diocleziano, Aufstieg und Niedergang der römischen Welt II 2 (Berlin 1975) 1013–1035, und A. Chastagnol, Sur la chronologie des années 275–285, in: P. Bastien u. a. (Hrsg.), Mélanges de numismatique, d'archéologie et d'histoire offerts à Jean Lafaurie (Paris 1980) 75–82. Zum ersten Regierungsjahr Aurelians (270/1; nach Polverini, a. O. 1018: 269) vgl. J. R. Rea, The Oxyrhynchus Papyri, Bd. XL (London 1972) 15–26.

[2] Siehe dazu I. König, Die gallischen Usurpatoren von Postumus bis Tetricus. Vestigia 31 (München 1981) 181.

[3] H. Koethe, Zur Geschichte Galliens im dritten Viertel des 3. Jahrhunderts, 32. BerRGK 1942 (1950) 199–224; Einwände bei Wightman, Trier, 54–58.

[4] Panegyrici latini 5 (Galletier 8), 7,1–4; vgl. auch 9 (Galletier 4), 18,1.

[5] Panegyrici latini 6 (Galletier 7), 22,4 zu Trier: ita cunctis moenibus resurgentem ut se quodam modo gaudeat olim conruisse (»so in ihrer ganzen Ausdehnung wiedererstehend, daß sie sich gewissermaßen freut, seinerzeit zusammengesunken zu sein«).

[6] Script. Hist. August., Probus 18,8; vgl. dazu P. Kneissl, Die utriclarii. Ihre Rolle im gallorömischen Transportwesen und Weinhandel, Bonner Jahrb. 181, 1981, 169–204. Kneissls These, daß damals erst der Weinbau an der Mosel eingeführt worden sei, ist jedoch nicht haltbar.

[7] Vgl. z.B. Script. Hist. August., Probus 15,6; Panegyrici latini 6 (Galletier 7), 6 und 8 (Galletier 5), 21,1. Über die weiteren Zusammenhänge (Ansiedlung von Germanen, deren Verwendung im römischen Heer usw.) informieren: D. Hoffmann, Das spätrömische Bewegungsheer und die Notitia Dignitatum. Epigraphische Studien 7, I–II (Düsseldorf 1969) Bd. I, 137–169 (Laeten und Gentilen); R. Günther, Einige neue Untersuchungen zu den Laeten und Gentilen

in Gallien im 4. Jahrhundert und zu ihrer historischen Bedeutung. Klio 59, 1977, 311–321; F. Petri, Die fränkische Landnahme und die Entstehung der germanisch-romanischen Sprachgrenze in der interdisziplinären Diskussion (Darmstadt 1977) und J. Mertens, Recherches récentes sur le limes en Gaule Belgique, in: W. S. Hanson, L. J. F. Keppie (Hrsg.), Roman Frontier Studies XII, 1979, Part II BAR Internat. Series 71, II (Oxford 1980) 423–470.

[8] Die Daten Diocletians, seiner Mitherrscher und der constantinischen Dynastie werden hier und im folgenden nach dem neuen Standardwerk von T. D. Barnes, The New Empire of Diocletian and Constantine (Cambridge/Mass., London 1982) geboten.

[9] Vgl. zu Carausius die neueren Forschungsergebnisse von P. J. Casey, Carausius and Allectus. Rulers in Gaul?. Britannia 8, 1977, 283–301, und R. A. G. Carson, Carausius et fratres sui: a Reconsideration, in: Studia Paulo Naster Oblata, Bd. I. Orientalia Lovaniensia Analecta 12 (Löwen 1982) 245–258 und Taf. XXIX–XXXI. Siehe auch T. D. Barnes, New Empire, 10f.

[10] So T. D. Barnes, New Empire, 62 Anm. 73 gegen die These, Galerius sei erst am 21. Mai 293 in Nikomedeia zum Caesar erhoben worden.

[11] Vgl. J. W. Eadie, The Breviarium of Festus, London 1967, Appendix: The Provincial Lists, 154–171, und T. D. Barnes, New Empire, 195ff. (The Administration of the Empire).

[12] Vgl. M. R.-Alföldi, Die constantinische Goldprägung. Untersuchungen zu ihrer Bedeutung für Kaiserpolitik und Hofkunst (Bonn 1963); C. H. V. Sutherland, The Roman Imperial Coinage, VI: From Diocletian's Reform (A. D. 294) to the Death of Maximinus (A. D. 313), (London 1973), besonders 141–228, und K.-J. Gilles, hier S. 49–59, Kat. 22–24.

[13] Vgl. T. D. Barnes, New Empire, 224f.

[14] Zahl und Amtsbereich der Prätorianerpräfekten unter Diocletian und Constantin sind umstritten. Die Herausbildung regional fest umrissener Prätorianerpräfekturen hat erst nach Constantins Tod eingesetzt. Vgl. T. D. Barnes, New Empire, 123–139.

[15] Vgl. dazu vor allem D. van Berchem, L'armée de Dioclétien et la réforme constantinienne. Institut Français d'Archéologie de Béyrouth. Bibliothèque archéologique et historique, 56 (Paris 1952) und D. Hoffmann, Das spätrömische Bewegungsheer und die Notitia Dignitatum. Epigraphische Studien 7, I–II (Düsseldorf 1969), grundlegend.

[16] Maßgeblich A. H. M. Jones, The Later Roman Empire, 284–602: A Social, Economic and Administrative Survey, 2 Bände (Oxford 1964). Vgl. auch T. D. Barnes, New Empire, 226–237 (The Imperial Census).

[17] Webereien: Not. dignit. occid XI 58 (Procurator gynaecii Triberorum, Belgicae primae) und XII 26 (Procurator rei privatae gynaeciorum Triberorum); Waffenfabriken: Not. dignit. occid. IX 37 (Triberorum scutaria); 38 (Triberorum balistaria) und XI 77 (Praepositus branbaricariorum [lies: barbaricariorum] sive argentariorum Triberorum).

[18] Vgl. Wightman, Trier, 58–70 (zu Trier in der Spätantike) und 162–182 (zur spätantiken Besiedlung und zu den Befestigungen des Trevererlandes). Siehe auch dies., The Fate of Gallo-Roman Villages in the Third Century, in: A. King und M. Henig (Hrsg.), The Roman West in the Third Century. Contributions from Archaeology and History. BAR Internat. Series 109,1 (Oxford 1981) 235–243.

[19] Zur Orientierung über Constantin d. Gr. vgl. neuerdings T. D. Barnes, New Empire, sowie dens., Constantine and Eusebius (Cambridge/Mass., London 1981); wichtig auch J. Vogt, Constantin der Große

und sein Jahrhundert (München 1960) 2. Aufl., sowie der Sammelband von H. Kraft (Hrsg.), Constantin der Große (Darmstadt 1974). Das klassische Werk J. Burckhardts, Die Zeit Constantins des Großen (Basel 1880, 2. Aufl.) ist mehrfach nachgedruckt worden, zuletzt München 1982 (mit einem wertvollen, über die neuere Forschung ausführlich informierenden Nachwort von K. Christ). Zu den für Constantin nachweisbaren Aufenthaltsorten vgl. die chronologische Übersicht bei T. D. Barnes, New Empire, 68–80.

[20]) T. D. Barnes, New Empire, 69.

[21]) Zu Constantins Germanenpolitik vgl. P. A. Barceló, Roms auswärtige Beziehungen unter der Constantinischen Dynastie (306–363). Eichstätter Beiträge 3 (Regensburg 1981) 12–23.

[22]) Panegyrici latini 4 (Galletier 10), 16,5; 6 (Galletier 7), 11,5; 7 (Galletier 6), 4,2; Eutrop 10,3,2.

[23]) In einer auf die vorhergehenden Jahre bezugnehmenden, 310 gehaltenen Festrede für Constantin wird mehrmals die schon vor 310 in Bau befindliche Rheinbrücke erwähnt: Panegyrici latini 6 (Galletier 7), 11,3 (coepto ponte); 13,1 (ponte faciundo); 13,2 (novo ponte). Siehe zum dendrochronologischen Befund E. Hollstein, Mitteleuropäische Eichenchronologie. Trierer dendrochronologische Forschungen zur Archäologie und Kunstgeschichte. Trierer Grabungen und Forschungen 11 (Mainz 1980) 74.

[24]) Vgl. H. von Petrikovits, Altertum, in: F. Petri und G. Droege (Hrsg.), Rheinische Geschichte, I 1 (Düsseldorf 1978) 218–230, und die oben Anm. 7 zitierte Literatur.

[25]) Vgl. zu diesen spätantiken Befestigungsanlagen den Ausstellungskatalog Römer an Mosel u. Saar, S. 331–336, Nr. 291–293 und 295 (K.-J. Gilles) sowie Nr. 294 (J. Krier); hier Kat. 164–170.

[26]) Panegyrici latini 6 (Galletier 7), 22, 4–6.

[27]) Vgl. außer den oben Anm. 19 angegebenen Werken vor allem noch H. Dörries, Das Selbstzeugnis Kaiser Konstantins (Göttingen 1954) und H. Kraft, Kaiser Konstantins religiöse Entwicklung (Tübingen 1955).

[28]) Siehe T. D. Barnes, New Empire, 71–73.

[29]) Panegyrici latini 12 (Galletier 9), 23; vgl. unten Anm. 35.

[30]) Vgl. Kat. 23 a 3.

[31]) Zu seiner Person vgl. N. Gauthier, L'évangélisation du pays de la Moselle (Paris 1980) 43–47; vgl. auch S. 60.

[32]) Vgl. die Daten für Crispus und Constantinus sowie die Belege für deren Aufenthalte in Trier bei T. D. Barnes, New Empire, 83–85. Siehe auch die ausführliche Darstellung von H. A. Pohlsander, Crispus: Brilliant Career and Tragic End. Historia 23, 1984, 79–106 und Abb. 1–10.

[33]) Zum Palastbau unter dem Trierer Dom und zu den constantinischen Deckenmalereien vgl. Kat. 61 ff. Zu den mittelalterlichen Nachrichten vgl. J. Zink, Die Baugeschichte des Trierer Doms, in F. J. Ronig (Hrsg.), Der Trierer Dom (Neuss 1980) 17 ff.

[34]) Vgl. O. Treitinger, Die oströmische Kaiser- und Reichsidee nach ihrer Gestaltung im höfischen Zeremoniell (Jena 1938) und A. Alföldi, Die monarchische Repräsentation im römischen Kaiserreiche (Darmstadt 1970).

[35]) Jubelnd dankt ein Panegyrist des Jahres 313 Constantin für die Festspiele, in denen der Kaiser zum Vergnügen (voluptas) der Zuschauer gefangene Germanen massakrieren ließ (Panegyrici latini 12 [Galletier 9], 23). Diese Rede ist in Trier gehalten worden und die Annahme liegt deshalb nahe, daß auch die genannten Festspiele, jedenfalls zum Teil, in Trier veranstaltet worden sind.

[36]) Vgl. dazu die oben Anm. 15 angegebene Literatur.

[37]) D. Hoffmann, Der Oberbefehl des spätrömischen Heeres im 4. Jahrhundert n. Chr., in: D. M. Pippidi (Hrsg.), Actes du IXᵉ Congrès International d'Etudes sur les Frontières Romaines, (Bukarest, Köln 1974) 381–397.

[38]) D. Hoffmann, Das spätrömische Bewegungsheer, I, 131–208 (Die Gallienarmee).

[39]) Zur Chronologie dieser Jahre vgl. die Tabellen von T. D. Barnes, Imperial Chronology, A. D. 337–350, Phoenix 34, 1980, 160–166. Wertvoll ist J. P. C. Kent, The Roman Imperial Coinage, VIII: The Family of Constantine I. A. D. 337–364 (London 1981) nicht nur wegen der Vorlage und Interpretation des numismatischen Materials, sondern auch dank der historischen Einleitung, 3–18.

[40]) Vgl. zum Problem fränkischer Siedlungen auf römischem Boden allgemein die oben Anm. 7 zitierte Literatur.

Silberne Votivbleche aus dem Schatzfund von Hagenbach (Kat. 3).

Silberne Votivbleche aus dem Schatzfund von Hagenbach (Kat. 3).

Das römische Trier seit der Mitte des 4. Jahrhunderts

LOTHAR SCHWINDEN

1. Usurpatoren (350–355) und Kaiser Julian (355–363)

Die Geschichte des römischen Reiches in der Spätantike und in besonderem Maß die der westlichen Reichshälfte hat mit dem Jahre 350 einen tiefen Einschnitt erlebt. Die Ordnung Constantins, bis dahin im Westen immer noch spürbar, hatte mit dem Sturz und der Ermordnung des Constantin-Sohnes und westlichen Herrschers Constans ein Ende gefunden. Am Beginn einer neuen Epoche, die mit dunklen Vorzeichen eingeleitet wurde, standen statt der illyrischen Herrscher germanische Usurpatoren. Magnentius, Sohn eines britannischen Vaters und einer fränkischen Mutter, geboren zu Amiens, behauptete das frühere Westreich des Constans mit Ausnahme des Bal-

kans gegen den nunmehrigen legitimen Alleinherrscher, den letzten Sohn Constantins, Constantius II. In Rom strebte Nepotianus, ein Vetter der Constantin-Söhne (Kat. 21) kurz und erfolglos nach der Herrschaft. Vetranio, illyrischer Heermeister, erkannte als rangzweiter Augustus, mit dem Lorbeerkranz sich begnügend und auf das Diadem des ersten verzichtend, Constantius II., den letzten der Constantin-Söhne an und legte wenig später seinen usurpierten Rang wieder ab. Derartig verwirrend und Schlag auf Schlag jagten sich die Ereignisse in den ersten beiden Monaten des Jahres 350. Von den Folgen und Wirren mußte auch Gallien und insbesondere die nunmehr schon alte kaiserliche Residenz in Trier betroffen sein.

Magnentius suchte wie auch spätere Usurpatoren die Anerkennung des rechtmäßigen »Mitkaisers«, und das wie die meisten Usurpatoren im 4. Jahrhundert ohne Erfolg. Nach dem Sieg des Augustus Constantius II. über Magnentius bei Mursa (Pannonien) beschränkte sich dieser bis zu seinem Selbstmord (28. Sept. 353) mit seinem Bruder Decentius als Caesar auf Gallien. Die Auseinandersetzungen zwischen Magnentius und Constantius brachten große Verluste auf beiden Seiten mit sich, die zumindest für den gallischen Teil mit den gallischen und germanischen Truppen wohl lange Zeit nicht auszugleichen waren. Die Wirren dieser Zeit, augenfällig dokumentiert durch Münzverwahrfunde, mögen nicht allein auf ein Schreckensregiment des usurpierenden Magnentius und dessen Bruder zurückzuführen sein. Die politisch instabile Lage wurde ebenso weidlich von den am Rhein lauernden Franken und Alamannen wie auch von Straßenräubern und ähnlichem Gesindel (s. unten) ausgenutzt.

Trier findet einmal in einer kurzen Notiz des Ammianus Marcellinus in seiner Römischen Geschichte (XV 6, 4) zur Hinrichtung eines gewissen Poemenius Erwähnung. Diesen hatten die Trierer zu ihrem Führer in der Verteidi-

Abb. 1   Solidus des Magnentius.

gung ausgewählt, als sie die Stadt dem usurpierten Caesar Decentius früh im Jahr 353 verschlossen und Partei für Constantius II. ergriffen hatten. Eine genauere Schilderung dieser Auseinandersetzung, auf die Ammian sich an dieser Stelle bezieht, ist leider verlorengegangen. Erkennbar wird jedoch auch hier, daß die Stadt eine intakte Befestigung hatte und in ihrer Haltung zumindest jetzt eindeutig kaisertreu war. Ein archäologischer Befund aus dem Süden Triers, im Töpfereiviertel vor der Südwestecke der Stadtmauer, mag auf dieses Ereignis hindeuten. In einem dortigen römerzeitlichen Keller wurde eine Fülle von Negativmodeln für Reliefschalen (s. Abb. 2), Reliefplatten, Terrakotten und Lampen gefunden. Die Einfüllung, die wegen ihres Bildgutes zur heidnischen Mythologie und zum Aberglauben auch religionsgeschichtlich interessant ist, ist durch eine bis Magnentius reichende Münzreihe datiert (Trierer Zeitschr. 36, 1973, 131). Damit ist der archäologische Beweis der literarischen Nachricht Ammians zu Trier gegeben, sei es nun, daß die Verteidiger für ein freies Sicht- und Schußfeld die Gebäude vor der Stadt selbst niedergelegt haben oder daß Decentius sie bei seiner Belagerung zerstört hatte.

Eine Reihe von Münzschatzfunden, deren Vergrabungszeit um 353 liegt, stammt aus dem unteren Alftal, einem links der Mosel gelegenen Seitental, von den Gemarkungen Kinderbeuren, Bengel und Reil (Krs. Bernkastel-Wittlich). Weitere Münzschätze und Münzreihen, mit 353 oder im Zeitraum 351–353 endend, wurden in der Nähe aus Siedlungen in Bengel, Reil, Traben-Trarbach und Lösnich gefunden, darunter einmal aus einer spätantiken Schmiede von Bengel, deren Brandschicht dem bekannten Zerstörungshorizont von 353 zuzuweisen ist. Weitere Siedlungen mit Münzschätzen, endend mit der Zeit des Magnentius sind auch weiter westlich bekannt geworden, darunter ein Schatzfund aus Baldringen (Krs. Trier-Saarburg) wie auch solche aus dem luxemburgischen Raum (R. Weiller, FMRL I 142; I 228, II 142, III 162 Marscherwald).

Neue Grabungen des Staatsmuseums Luxemburg in Dalheim (Luxemburg) lassen immer deutlicher werden, daß hier auch eine ganze Ortschaft (vicus) von den Verheerungen um 353 heimgesucht wurde. Ebenso reichen die Münzreihen einiger Höhenbefestigungen bis 354, so die der Alteburg bei Zell (Krs. Cochem-Zell) und der Entersburg bei Hontheim (Krs. Bernkastel-Wittlich). Um die Stadt Trier lag also kurz nach der Mitte des 4. Jahrhunderts ein großer Teil des Umlandes wüst danieder. Der Stadt fehlte eine funktionierende Infrastruktur des Umlandes. So war sie allein schon von diesem Tatbestand betroffen, selbst wenn sie im Innern ihrer Mauern nicht verwüstet gewesen sein sollte.

Für ganz Gallien beobachteten Ammian und der neu ankommende Caesar Julian 355 diesen desolaten Zustand. Ammian (XV 5, 2) bemerkt kurz: »Nach fortdauernder Nachlässigkeit erlitt Gallien von ungehemmt umherwütenden Barbaren, ohne Hilfe gelassen, ein furchtbares Blutbad, Raub und Feuersbrünste.« Julian teilt in einem Rechtfertigungsbrief an die Athener mit, daß nach den Verwüstungen der Barbaren das Land brach lag, daß es der gallischen Bevölkerung nicht mehr möglich war, ihr Vieh zu weiden und daß die Städte verlassen waren; 45 Städte etwa waren zerstört, daneben zahlreiche kleinere Burgi und Kastelle.

354 und 355 hielt sich Constantius II. nach dem Sieg über

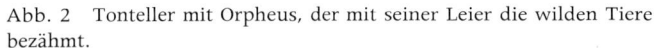

Abb. 2 Tonteller mit Orpheus, der mit seiner Leier die wilden Tiere bezähmt.

Achatschale (Kat. 35).

Magnentius selbst im südgallischen und norditalischen Raum auf und organisierte von hier aus Feldzüge gegen die Alamannen. Den Sieg feierte er in Mailand und nahm den Siegestitel Alamannicus maximus an. Über Trier kam womöglich Silvanus auf seinem Zug gegen die Franken, wozu ihn Constantius II. von Mailand aus geschickt hatte. Als Sohn fränkischer Eltern war er im römischen Gallien aufgewachsen und als Christ bis zum magister militum im Generalsrang aufgestiegen. Silvanus mag zur Usurpation in Köln (August 355) auf Grund für ihn ungünstiger Strömungen am kaiserlichen Hof bereit gewesen sein. Die kurze illegale Herrschaft wurde von dem magister equitum (Reitergeneral) Ursicinus im Auftrage des Augustus Constantius II. bereinigt. An dieser Aktion war der spätere Geschichtsschreiber Ammianus Marcellinus beteiligt, von dem wir überhaupt maßgebliche Informationen über die Ereignisse im Römischen Reich aus der Zeit von 353 bis 378 besitzen. Auch wenn diese Aktion zur Zufriedenheit des Kaisers verlaufen war, nutzten die Franken doch die politische Unsicherheit gerade an diesem Punkt der Grenze, so daß es im November 355 zur Einnahme Kölns kam. Mit den Franken hatten auch wieder einmal die Alamannen den Rhein überschritten.

Die Wahl des kaiserlichen Vertreters, der die sacra praesentia in Gallien verkörpern sollte, fiel auf Julian, einen der beiden letzten noch lebenden Vettern des Kaisers (Kat. 21). Der Kaiser wagte es wohl nicht, selbst in Anbetracht der allgemein unsicheren Situation an einen am Rande des Reiches liegenden Krisenherd zu eilen. Fremde, zuletzt Silvanus, hatten sein Vertrauen nicht gerechtfertigt. Daneben mag, wie immer wieder vermutet wird, auch die Absicht eine Rolle gespielt haben, einen Konkurrenten aus der kaiserlichen Familie auf einen Randposten abschieben zu können.

In einer gemeinsamen Operation schritten der Kaiser von Süden und Julian von Westen gegen die weit ins Reich eingedrungenen Alamannen und Franken vor. Auf der Marschstrecke Julians am Rhein entlang nach Köln will der begleitende Ammian (XVI 3, 1) nur noch Remagen und einen Turm in der Nähe von Köln unzerstört gesehen haben.

Die Aufgabe, gegen die germanische Bedrohung einzuschreiten, bewerkstelligte Julian mit Erfolg; 356 erobert er Köln (s. oben) zurück; 357 siegt er in einer entscheidenden Schlacht gegen die Alamannen bei Straßburg, überschreitet bei Mainz selbst den Rhein und sichert auch am Niederrhein die Grenze gegen die Franken. Paris wird für drei Winter zur Residenz Julians. Erklärt wurde die Wahl dieses Ortes als geeignete Zentrale zum Abwehrkampf am Unter- und Oberrhein wie auch als geeignete Zwischenstation für den Britannienhandel. Es mögen gerade in Anbetracht der alten Residenz Triers noch andere Gründe geben, die zu einer Wahl so weit im Hinterland veranlaßten. Wenn die Regionen hinter den germanischen Provinzen und diese selbst soweit beruhigt gewesen wären, wäre Trier für beide Ansprüche, ein halbes Jahrhundert so bereits bewährt, doch besser geeignet gewesen als politische Zentrale in der Nähe der Grenzprovinzen. Im Britannienhandel hatte Trier seit mehr als zwei Jahrhunderten bereits Erfahrungen. Dürften nicht, wie jetzt im Zusammenhang mit der Trierer Münzprägung bzw. ihrer Unterbrechung von K. J. Gilles geäußert (s. S. 56 f.), die Gründe für einen weit zurückliegenden Etappen- und Verwaltungsort in einer ungünstigen Situation selbst im weiteren Grenzgebiet gegenüber den germanischen Völkern liegen? Nach der Vermutung H. Nesselhaufs in seiner Untersuchung über die spätrömische Verwaltung mag Julian auch unter dem Druck des Constantius II. »seinen Sitz in der traditionslosen Stadt Paris inmitten Galliens« genommen haben.

Von besonderem Interesse ist eine Notiz Ammians (XVI 3, 3), nach der Julian durch das Treverergebiet nach Sens marschierte, wo er das Winterquartier für seine Truppen 356/357 aufschlug. Nicht zu entscheiden ist, ob mit dieser Berührung des Trierer Landes auch eine Unterstützung der daniederliegenden Stadt verbunden war. Weitere Besuche Julians bei den Treverern erwähnt Ammian nicht, obwohl Julian bestimmt öfters das Moselland auf seinem Weg von Paris an die Rheingrenze als Durchmarschgebiet gewählt haben dürfte. So ist anzunehmen, daß gerade mit dem Besuch noch im ersten Jahre seiner Amtstätigkeit in Trier auch besondere Maßnahmen verbunden gewesen sein mögen. Ein Rätsel bleibt es nach der Rede des griechischen Redners Libanios auf den verstorbenen Julian, ob Trier eine der beiden großen Städte gewesen sein mag, die von Julian wieder mit neuem Leben erfüllt worden seien. Julian selbst nennt in seinem Brief an die Athener zwei andere Städte.

Daß es an allen Punkten des Reiches brannte, als Julian nach Gallien kam, zeigt ein von in der Belgica I ansässigen Laeti geführter Raubzug, bei dem diese bis nach Lyon vorstießen. Auf seinem Rückzug von Köln 356 ins Winterlager stieß Julian mit 600 beutemachenden Franken zwischen Jülich und der Maas zusammen. Ein auf die Situation bezeichnendes Licht fällt auch durch einen vor 355 in Trier ansässigen Franken namens Charietto, der nächtliche Attacken gegen die über den Rhein kommenden und in Gallien plündernden Germanen führte. Seine ursprüngliche Privattruppe machte sich Julian zunutze, indem er sie seinem Heer einfügte und gegen die germanischen Chamaven und Alamannen einsetzte. Mit dem obskuren Titel eines Feldherrn in beiden Germanien (comes per utramque Germaniam) diente er noch 367 unter Valentinian I. Seine Charakterisierung als stattlicher und kühner Kämpfer bei Ammian (XVII 10, 5; XXVII 1, 5) und später Zosimus (III 7) mag darüber hinwegtäuschen, daß auch dieser in Trier ansässige Franke während der Wirren vor Erscheinen Julians 355 mit seiner Bande zu den üblichen Straßenräubern gehörte. Absolut sicher wurden auch in der Folgezeit die Straßen nicht mehr, wenn von Ammian (XXVIII 2, 10) etwa zu erfahren ist, daß selbst ein Schwager Valentinians, der Stallmeister Constantinianus 369 in die Hände frecher Räuber fiel, die diesen umbrachten. Die Sicherung der Rheingrenze zur Gewährleistung der Zufuhr von Getreide aus Britannien war unbedingt notwendig. 359 war der Transport von der Nordsee über den Rhein bis in den Bereich von Bonn, Andernach und Bingen, wo Getreidespeicher angelegt wurden, einmal gelungen.

Schwer zu beurteilen ist, wie weit ein Mißtrauen von Seiten Constantius II. gegenüber Julian herrschte. Wie stark die Anhängerschaft des Caesars im Westen war, zeigte sich jedenfalls, als Constantius II. im römischen Heer des Westens dienende Germanen zur Verstärkung gegen die Perser anforderte. Sich zur Wehr setzend, erhoben sie nach germanischer Sitte den Caesar im Februar 360 in Paris auf den Schild und riefen ihn zum Augustus aus. Die Anerkennung des legitimen Augustus Constantius II., der im Osten gegen die Perser stand, blieb aus, auch nach der eigenen Proklamation Julians zum Augustus im November 360. Vor der entscheidenden Schlacht

starb Constantius 361; damit war Julian Alleinherrscher bis zu seinem tragischen Tod 363.

Während der drei Jahre, in denen Julian als Augustus den Purpur trug, konnte er wenigstens am Rhein die Früchte seiner militärischen Maßnahmen ernten. Erstmals seit Constantin blieb die Rheingrenze ruhig. Militärisch war wieder ein Zustand hergestellt, der dem unter Constantin erreichten nahe kam. Nichtsdestotrotz hatte das Land unter den Wirren der 50er Jahre allzusehr bluten müssen: Steuern, Plünderungen und Eroberungen wie zwangsweise Unterstützung allzu ehrgeiziger Usurpatoren und ihrer Truppen.

Jovians achtmonatige Herrschaft bildete ein kurzes Intermezzo. Mit Angelegenheiten an der Grenze zu den Persern hin beschäftigt, ist seine Person ohne nachhaltigen Eindruck auf Gallien und das Trierer Land geblieben.

2. Trier unter Valentinian I. (367–375)
   und Gratian (375–383)

Valentinian I. (364–375) wurde durch das Heer in Nicaea zum Augustus ausgerufen, nicht ohne den Einfluß eines altgläubigen Beamten und Freundes Julians, Flavius Sallustius, der noch 363 als praefectus praetorio Galliarum nachzuweisen ist. Auf Betreiben des Heeres ernannte Valentinian einen Mitaugustus, seinen Bruder Valens (364–378). Unter Valentinian und seiner Familie erlebte Trier eine zweite Blüte als kaiserliche Residenz wie zu Beginn des Jahrhunderts unter Constantius I. und Constantin. Eine Wiederbelebung erfuhr aber auch der gesamte römische Staat, vor allem auf geistigem Gebiet. Gerade die Nachblüte der lateinischen Kultur hat die geistige antike Tradition dem europäischen Mittelalter bewahrt. »Der pannonische Bauer hat wirklich Rom gerettet und sein Erbe für Europa fruchtbar gemacht«, urteilt E. Kornemann über Valentinian I. Auch wenn die außenpolitischen Erfolge unbestreitbar größer waren – er hielt das Westreich in den alten Grenzen – so kümmerte er sich dennoch auch um die sozialen und rechtliche Belange der einfachen Bevölkerung und führte damit ein politisches Schwerpunktprogramm Julians weiter.

Bis zum Herbst 365 blieb Valentinian zur Übernahme der

Regierungsgeschäfte in Mailand, trat dann (Okt. 365) das Erbe Julians in Gallien an, sogleich mit neuen Übergriffen der Alamannen, die das Interregnum ausnutzten, konfrontiert. Nach dem General der Infanterie (magister peditum) Dagalaifus setzte er erfolgreicher Jovinus, General der Reiterei (magister equitum), ein, der drei größere Alamannenverbände, von Reims aus kommend u. a. bei Scarponna (Scarponne) zwischen Metz und Toul schlug.

Nachdem Valentinian sich bis zum Herbst 367 im mittleren Gallien (Paris, Reims und Amiens) aufgehalten hatte, wagte er sich im Oktober 367 in das näher an der Rheingrenze gelegene Trier, das nun wieder nach einer auch für die Stadt schweren Zwischenzeit kaiserliche Residenz werden sollte und dem eine neue Blüte bevorstand. Schon der zweijährige Aufenthalt weiter westlich im gallischen Hinterland legt nahe, daß die Stadt Trier einer Reorganisation und einer Wiederaufbauphase im Palastbereich bedurfte, bevor der Augustus bereit war, hier auf Dauer seine Residenz zu errichten. Diese Vermutung wird bestätigt durch die Beobachtungen von K. J. Gilles zur Wiederaufnahme der Münzprägung in Trier (s. S. 57f.). Zu den Vorbereitungsmaßnahmen gehört die Wiedererrichtung der Münzprägestätte, die auch die Ankunft des Kaisers mit einer speziellen Prägung feierte. Nach Constantin ist Valentinian wieder der erste, der als alleiniger oder wie jetzt als älterer (senior) Augustus seine Residenz im Westen wählt. Damit wird die Bedeutung Triers als politische und militärische Zentrale noch stärker hervorgehoben. Diese Bedeutung soll sich gerade in der Bautätigkeit niederschlagen. Schließlich bleibt Valentinian I. mit Ausnahme seiner Feldzüge zum Rhein und seiner Reisen in Regierungsangelegenheiten nach Mailand bis zu seinem Todesjahr 375 in Trier.

Von hier aus organisierte Valentinian I. nunmehr seine Feldzüge gegen Franken und Alamannen. Die Taktik war dieselbe wie die seiner Vorgänger: Abschreckungsfeldzüge, Entzweiung der germanischen Stämme und Befestigung der Grenze mit einem tief gestaffelten System von Wehrbauten, letzteres jedoch noch intensiver von Valentinian als von seinen unmittelbaren Vorgängern betrieben. 369 nimmt Valentinian II. den Siegestitel Francicus maximus an. Valentinians Sohn, der junge, zum Augustus erhobene Gratian mag in Begleitung seines Erziehers, des

Rhetors Ausonius an verschiedenen Feldzügen beteiligt gewesen sein. Direkt konnten germanische Eindringlinge unter Valentian I. nie die Residenzstadt Trier bedrängen.

Valentinian starb am 17. Nov. 375 in dem an der Donau gelegenen Grenzkastell Brigetio in Pannonien. Gratians Stiefbruder, Valentinian II., erst vierjährig, wurde unter dem fränkischen Heerführer Merobaudes zum dritten Augustus in Aquincum (Budapest) ausgerufen. Er erhielt die Reichsteile Illyricum, Italien und Africa, stand allerdings unter der Vormundschaft des ebenfalls noch jungen Gratian. Gratian war damit der maßgebliche Mann des gesamten Westreiches, geleitet von dem Einfluß seines Lehrers Ausonius.

Mit der verantwortlichen Übernahme der Regierungsgeschäfte des mit 16 Jahren noch jugendlichen Gratian nimmt auch Ausonius mehr eine politisch beratende Stellung ein und bekleidet selbst hohe Regierungsämter. Unter diesen beiden wird das Werk Valentinians I. fortgeführt, Trier wieder zur blühenden Residenz auszubauen und das Land auch wirtschaftlich einer neuen Blüte zuzuführen (s. unten). Die kirchenpolitischen Entscheidungen der Augusti, vor allem die Gratians, standen unter dem Einfluß des früheren Beamten und Statthalters Ambrosius, der wahrscheinlich in Trier geboren war und als Bischof von Mailand (374–397) auch mehrfach hierher zurückkehrte. 381 sprach Gratian ein allgemeines Opferverbot aus und mit dem Konzil von Constantinopel wurde die orthodoxe christliche Lehre zur allgemeingültigen Religion im Staate erklärt. 382 entfernte er den Altar der Göttin Victoria aus der Curie in Rom. Den Titel des pontifex maximus legte Gratian 383 (?) ab.

Ursachen für den Untergang des Römischen Reiches werden bei einer Betrachtung der reichsweiten römischen Geschichte häufig in der Bedrohung im Osten oder an der Donaugrenze gesehen. 375, das Todesjahr Valentinians I., gilt als ein Anfangsdatum der Völkerwanderungszeit. Die iranisierten Ostgermanen bedeuteten eine überstarke Macht für die römischen Verteidiger. Die Schlacht von Adrianopel (9. Aug. 378), die Valens den Tod brachte, bedeutete für die Germanen den Durchbruch im römischen Osten.

Der Einbruch der Westgoten in das römische Thrakien war auch für Gratian an der Rheingrenze von entscheidender Bedeutung. Der Oberrhein wurde wieder einmal von den Alamannen bedroht, nachdem diese von dem Vorhaben des Kaisers Gratian erfahren hatten, seinem Onkel Valens persönlich militärische Unterstützung zu bringen. Das Vorhaben verschiebend, erreichte Gratian einen Sieg über die Germanen bei Colmar und nutzte die Chance, die Germanen bis weit über den Rhein in den Schwarzwald hinein zu verfolgen. Diese erfolgreiche Aktion war der letzte Feldzug eines römischen Kaisers über den Rhein hinweg.

Nach dem römischen Debakel bei Adrianopel mit dem Tod des Valens unter dem Eindruck plündernder Westgoten in Pannonien wie die Rheingrenze bedrohender Alamannen ernannte Gratian den Sohn des im Westen äußerst erfolgreichen Reitergenerals und Britannienbefreiers Theodosius zum Augustus (19. Jan. 379). Damit war der andere Zweig der valentinianisch-theodosianischen Dynastie begründet (Kat. 146).

3. Das Ende der kaiserlichen Residenz und der römischen Herrschaft in Trier

Mit Magnus Maximus folgte im Westen nach Gratians Sturz und Ermordnung (383) ein entfernter Verwandter und ehemaliger Soldat des Vaters des Augustus Theodosius. Die Usurpation des Maximus leitet im Westen schließlich eine Epoche ein, die gekennzeichnet ist von der römischen Ordnung entgegentretenden Usurpationen. Unter diesen Voraussetzungen werden die inneren Verhältnisse im Westen des Reiches immer unsicherer und sie lassen die Grenze zu den Germanen immer brüchiger werden. Nicht zuletzt ist hiervon natürlich Trier betroffen, das unter Valentinian und Gratian eine wie seit Constantin nicht mehr gekannte Ruhe wiedergefunden hatte und nach Ausonius (ordo urbium nobilium, s. unten) »ohne Sorgen mitten im Schoße des Friedens ruhte«. Auch Maximus wählt Trier als Residenz und Heerlager. Der Usurpator mag auch nur annähernd ein so düsteres Bild abgegeben haben, wie es Drepanius Pacatus in einer Lobrede auf Theodosius zeichnet. Von Teilen der Kirche wie des Heeres abgelehnt, wurde der Usurpator unter dem Druck des Theodosius nach verlorener Schlacht von eigenen Soldaten ermordet.

Für den legitimen Augustus des Westens Valentinian II. war damit der Weg geöffnet. In seiner Begleitung befand sich der Franke Arbogast. Valentinians Ankunft in Trier wurde in einer Goldprägung mit der Legende »felix adventus Augusti« gefeiert; Valentinian blieb nur kurz 389/390 in Trier. Er ist der letzte römische Kaiser, der Trier zumindest zeitweilig zu seiner Residenz erkor. Der baldige zwielichtige Tod Valentinians II. (392) brachte mit dem Einfluß Arbogasts dem Usurpator Eugenius (392–394) den Kaiserthron im Westen. Gegen diesen setz-

Abb. 3   Büste des Kaisers Gratian (Kat. 147).

te sich Theodosius 394 erfolgreich zur Wehr, nachdem dieser sich noch einmal allzusehr für die heidnische Reaktion stark gemacht hatte.

Denkbar erscheint, daß Theodosius nach dem Tod des Usurpators Eugenius Triers bedeutende Rolle noch einmal hervorheben wollte (s. S. 220). Darauf deutet hin, daß Theodosius die Münzstätte Trier zu restituieren beabsichtigte (K. J. Gilles, Trierer Zeitschr. 46, 1983, 225–229), ein Vorhaben, dessen Realisierung sein naher Tod (17. Jan. 395) jedoch verhinderte.

Nach dem Tod des Theodosius muß die Präfektur (s. unten) zu einem nicht exakt zu fixierenden Zeitpunkt aus Trier abgezogen und nach Arles verlegt worden sein. Unter dem jungen Augustus des Westens, Honorius, der 393 mit bereits acht Jahren den Kaiserpurpur angenommen hatte, ist der Vandale Stilicho für diese Entwicklung verantwortlich, die für das Wirtschaftsleben des gesamten Rheinlandes einer Katastrophe gleichkam, da nach H. Aubin »der größte Aktivposten in der Zahlungsbilanz ausfiel«. Der Abzug der Präfektur wirkte sich allerdings nicht nur wirtschaftlich aus; ebenso wurde damit die Rheingrenze entblößt. Neujahr 407 überschritten germanische Stämme in der Nähe von Mainz den Rhein und wüteten schlimm im gallischen Gebiet. Während Metz fiel, konnte sich die Bevölkerung Triers ins Amphitheater retten. Ausgrabungen im Amphitheater von 1966 haben an den Toren eine notdürftige Herrichtung von Befestigungswerken erbracht und die Bemerkung Fredegars aus dem 7. Jahrhundert insoweit bestätigt, als er ausdrücklich Befestigungsarbeiten nennt.

Die Situation nach den germanischen Zerstörungen in der Stadt schildert der aus dem Rheinland stammende Salvian in seiner Schrift »De gubernatione Dei« (Von der Weltregierung Gottes), die Katastrophen des frühen 5. Jahrhunderts theologisch als Strafe Gottes erklärend. Nach drei unmittelbar aufeinanderfolgenden Zerstörungen in Trier sieht Salvian (VI 82–85): »Verwüstet ist durch drei Zerstörungen die allererste Stadt in Gallien, und obwohl die Stadt eingeäschert war, erwuchsen nach ihrem Untergang noch neue Übel. Denn die, die der Feind bei seiner Zerstörung nicht umgebracht hatte, überhäufte nach dem Fall der Stadt anderes Unheil, da das, was bei der Zerstörung dem Tod entronnen war, danach nicht das Unheil überlebte. Die einen starben an allzu tief geschlagenen Wunden eines langsamen Todes, andere durch die Flammen der Feinde versengt, quälte auch danach noch furchtbare Qual. Die einen gingen vor Hunger zugrunde, andere wegen ihrer Nacktheit, manche siechten dahin, manche erstarrten, und so stürzten sie alle in den gemeinsamen Tod auf verschiedene Arten des Sterbens. Und was weiter? Durch den Fall dieser einen Stadt wurden auch andere Städte zu Boden geworfen. Es lagen ja überall, wie ich selbst gesehen und ertragen habe, die Kadaver beiderlei Geschlechts herum, nackt, zerrissen, die Augen der Stadt befleckend, von Vögeln und Hunden zerfleischt. Zu einer Seuche wurde der todbringende Gestank der Leichen. Von Tod wurde Tod ausgehaucht. Und so erduldeten auch die, die bei der Zerstörung dieser Stadt nicht zugegen waren, das Unheil eines anderen Verderbens. Und was geschah danach, frage ich, was nach alledem? Wer kann diese Form von Wahnsinn ermessen? Wenige Vornehme, die das Verderben überstanden hatten, verlangten gleichsam als bestes Heilmittel für die zerstörte Stadt Circusspiele von den Kaisern.« Trier erholte sich in der 1. Hälfte des 5. Jahrhunderts jedoch scheinbar immer wieder von diesen Schicksalsschlägen, wie auch aus der Bemerkung Salvians herauszulesen ist, daß nach dieser Vernichtung wieder von einer Gruppe der städtischen Aristokratie Spiele gefordert wurden, wenn auch Salvian das in einem anderen Licht sieht und äußerst verwerflich findet.

Eine den Münzversteckfunden der 2. Hälfte des 3. Jahrhunderts und der Mitte des 4. Jahrhunderts vergleichbare Serie von Münzschätzen, in ihrer Häufigkeit jedoch seltener und in ihren Geprägen bis zu Arcadius (383–408) reichend, tauchte aus dem Trierer Boden auf. Trierer Großbauten wie die Kaiserthermen und die Barbarathermen weisen erst Zerstörungsspuren gegen die Mitte des 5. Jahrhunderts auf. Auch die Aufmerksamkeit der Usurpatoren Trier gegenüber mag ein schlagartiges Ende der Stadt verhindert haben.

Die Usurpatoren Constantin III. (407–411), Jovinus (411–413) und Sebastianus (412–413) prägten noch in Edelmetallen mit dem Zeichen der Trierer Münzstätte; ob jene Münzen allerdings in Trier geprägt wurden, ist bislang nicht sicher nachgewiesen. Die letzte sichere Münze in Bronze aus Trier ist die des Usurpators Eugenius (392–394). Constantin III. zeigte besondere Anstrengungen, als

41

legitimer Mitkaiser für seinen Bereich anerkannt zu werden, wenn er sich nach einer Trierer Inschrift 409 zum Kollegen des Honorius im Consulat macht (Gauthier Nr. 93) und auf seinen Konkurrenten Honorius Münzen mit Trierer Prägezeichen herausgibt (K. J. Gilles, Trierer Zeitschr. 46, 1983, 225–229).

Unter den Wirren des beginnenden 5. Jahrhunderts bleibt der Einfluß römischer Herrscher auf den Westen schwach und den gallischen Usurpationen ist der Weg freigemacht. Eine der herausragendsten Gestalten römischerseits war der General (maigster utriusque militae per Gallias) Flavius Aetius, der sogenannte »letzte Römer«, der zwar nach innen nicht immer klug und richtig agierte, außenpolitisch aber erfolgreich war und die Franken zumindest teilweise aus linksrheinischem Gebiet vertreiben konnte. Die Zeit vor der Mitte des 5. Jahrhunderts brachte unter Aetius auch Trier eine kurze Phase relativer Sicherheit, die sich auch durch eine vermehrte Prägetätigkeit der Trierer Münzstätte, womöglich in Trier, auf Valentinian III. andeutete. Nicht zu vergleichen mit den Erfolgen des vorangegangenen Jahrhunderts sind jedoch die Meldungen des Panegyrikers Merobaudes 446, daß die Rheingrenze wiederhergestellt sei.

Während Köln und Mainz bereits fest in fränkischer Hand waren, wurde Trier noch von dem fränkischen Nachkommen Arbogast als römische Enklave gehalten. Mit dem Titel comes beanspruchte er, römische Autorität aufrecht zu halten und gegen seine Landsleute zu verteidigen. Römische Erziehung und Geisteshaltung offenbart er durch den brieflichen Kontakt mit dem Schriftsteller und Bischof Sidonius Apollinaris (471 oder 477 n. Chr.) und dem Bischof von Toul, Auspicius. Möglich, daß dieser letzte Repräsentant römischer Herrschaft, der auch römische Kultur in einer grundlegend gewandelten Umwelt verkörperte, noch aus einer der vornehmen Familien des 4. Jahrhunderts in Trier stammte.

4. Die Stadt Trier und das Trierer Land in der letzten Phase der römischen Herrschaft

Triers herausragende Stellung im Westen des römischen Reiches wurde schon deutlich, als bei der Neugliederung des Reiches die kleinere der beiden belgischen Provinzen wegen ihrer alten Hauptstadt Trier als erste gezählt wurde (Belgica prima). Durch eine Dezentralisierung der Verwaltung von der Hauptstadt des Reiches weg auf mehrere große Verwaltungsstätten, so in das spätantike Trier etwa neben Mailand, war der kaiserliche Hof selbst von einem großen Teil des früher fest anhängenden Beamtenapparates befreit und der Kaiser mit einem kleinen Hof wesentlich beweglicher. Mit Valentinian waren nach Trier seine Palasttruppen, Heermeister und die obersten Hofbeamten gekommen, so daß wichtige stellvertretende Ämter in Gallien nicht mehr besetzt bleiben mußten; für die Dauer der Residenz des Kaisers in Trier entfielen das Amt des obersten gallischen Finanzbeamten (comes largitionum per Gallias) und das eines gallischen Heerführers, da beide Ränge durch den kaiserlichen Hof in der Provinz vertreten waren. Der magister equitum Galliarum wurde erst in den letzten Regierungsjahren Gratians wohl zur besonderen Verteidigung des Mittel- und Niederrheins wieder besetzt. Er wird seine Kanzlei in Trier gehabt haben.

Trier war vor allem Sitz des vom Hof losgelösten, eigenständigen praefectus praetorio Galliarum, dessen Amt seit Constantin von der Funktion wie vom Sprengel her neu festgelegt worden war. Sein Amtsbereich umfaßte ein Gebiet, das von Britannien über Gallien und Spanien bis nach Nordafrika ins heutige Marokko reichte (Kat. 14). Ihm unterstand die zivile Verwaltung, er übte eine umfassende Gerichtsbarkeit aus und trieb schließlich in seiner Präfektur die wichtigste Steuer, die annona, ein. Hierzu gehörte allein schon ein riesiger Beamtenapparat, den H. Nesselhauf in seiner Untersuchung über die spätrömische Verwaltung für die Präfektur in Trier auf ca. 2000 Beamte ansetzt. Nach Abzug der Präfektur aus Trier nach Arles (s. oben) wurde die nördliche der beiden gallischen Diözesen, der Trier zugehörte, vom Stellvertreter der Präfektur, dem Vikar aus Vienne mitverwaltet.

Die herausragende Stellung Triers auch während der 2. Hälfte des 4. Jahrhunderts ist in der literarischen wie bildenden Kunst gebührend gefeiert worden. Ammianus Marcellinus (XV 11, 9) nennt die erhabene Stadt der Fürsten (domicilium principum clarum). Nach Ausonius (Mosella 420 ff.) wird die Mosel dadurch geadelt, daß sie von den Mauern der Kaiserstadt aus zum Rhein hin ihren Lauf nimmt.

Sein schönstes Lob schließlich setzte Ausonius in seinem

Gedicht auf die vornehmsten Städte des Reiches (ordo urbium nobilium), zu denen er nach den fünf Großstädten Rom, Konstantinopel, Karthago, Antiochia und Alexandria auch Trier zählt und es wegen seiner Bedeutung als nächste vor anderen wie Mailand, Aquileia oder Arles aufführt, in Verse:

Armipotens dudum celebrari Gallia gestit
Trevericaeque urbis solium, quae proxima Rheno
pacis ut in mediae gremio secura quiescit,
imperii vires quod alit, quod vestit et armat.
Lata per extentum procurrunt moenia collem,
largus tranquillo praelabitur amne Mosella,
longinqua omnigenae vectans conmercia terrae.

Jetzt muß ich endlich das waffenmächtige Gallien rühmen
und die Kaiserstadt Trier, die trotz der Nähe des Rheines
ohne Gefahr im Schoße des tiefsten Friedens sich ausruht,
da sie die Kräfte des Reiches bekleidet, ernährt und bewaffnet.
Weithin ziehn sich die Mauern der Stadt am Fuße des Hügels;
breit fließt hier vorbei gemächlichen Laufes die Mosel,
bringt von weither die Güter der alleserzeugenden Erde.
(metrisch übersetzt von W. Binsfeld)

Geradezu eine Illustration zu Ausonius Worten stellt das Bild der Treveris aus dem Kalender von 354 n. Chr. dar (Kat. 59). Treveris, als Amazone einen gefesselten Barbaren am Haarschopf fassend, wird nicht nur waffenstarrend, sondern ebenso mit Symbolen für den Reichtum der Stadt (Trinkhorn, Kantharos und Becher, juwelenbesetzt) gezeigt. In diesem Kalender tritt die Stadt neben die beiden alten Kultur- und Religionszentren Rom und Alexandria wie neben die andere politische Metropole, Constantinopolis.
Die Wirtschaftskraft der Stadt ist allerdings trotz dieser Bilder nicht überzubewerten. Die Stadt und das Land produzieren selbst wohl weniger als in der Zeit der bürgerlichen Blüte des 2. und 3. Jahrhunderts. Trier ist mehr, wie J. Steinhausen (Siedlungskunde 434) es nennt, »Konsumentenstadt«. Für Trier und seine Wirtschaftsbeziehungen kaum beachtet und erst einmal auf ihren histori-

schen Gehalt zu überprüfen ist die Notiz einer als Handelsgeographie gedachten Weltbeschreibung (expositio totius mundi et gentium). Der aus dem östlichen Reichsgebiet stammende Verfasser, dessen griechischsprachiger Text aus der Zeit um 359/360 n. Chr. (?) in zwei lateinischen Versionen erhalten ist, und der für den westlichen Bereich seine Informationen aus zweiter Hand bezieht, schreibt zu Gallien und Trier (Kap. 58): »Nach der pannonischen kommt die gallische Provinz, die ob ihrer herausragenden Größe ständig eines Imperators bedarf und so einen solchen auch hat. Wegen der Anwesenheit seiner Majestät hat sie alles in großem Überfluß, aber zu höchsten Preisen. Eine hochbedeutende Stadt sei da, Triveris genannt, wo auch der Herrscher residieren soll. . . . Arles, das aus aller Welt Waren empfängt, gibt sie der erwähnten Stadt weiter.«
Als Quelle für die Wirtschaftskraft Triers sind auch die entsprechenden Ausführungen in der notitia dignitatum, eines Verzeichnisses der zur römischen Reichsverwaltung gehörenden Dienststellen aus der Zeit um 425 bis 430 n. Chr., jedoch z. T. einen früheren Zustand beschreibend, heranzuziehen. Danach weist gerade die nördliche gallische Diözese viele Dienststellen der Finanzverwaltung auf. Neben Lyon und Reims ist Trier ein Zentrum für staatliche Zeug- und Waffenfabriken. Für Trier werden einmal die Leiter kaiserlicher Webereien (procurator rei privatae gynaeciorum Triberorum; procurator gynaecii Triberorum) und der Leiter von Gold- und Silberwerkstätten (praepositus barbaricariorum sive argentariorum Triberorum) genannt. Unter Ausschaltung großer Transporte arbeiteten diese »Fabriken« in der Nähe des Hofes zur Herstellung der Amtstrachten, zur Ausstattung der hohen Würdenträger an der Residenz und zur Befriedigung der Bedürfnisse von Kaiser und Hof. Waffenfabriken, in Trier solche zur Herstellung von Schilden und Wurfmaschinen (Triberorum scutaria; Triberorum ballistaria), lagen in sicherem Abstand und doch in der Nähe der Grenzen.
Die Bedeutung der Stadt wird ebenso wie durch die literarischen Quellen durch viele, z. T. heute noch sichtbare Bauwerke unterstrichen. Ein neues Bauprogramm ist unter Valentinian und Gratian zu beobachten, wenn auch nicht in der Intensität wie in der constantinischen Ära. Ausonius Lob- und Dankrede, anläßlich der Verleihung

der Consulatswürde vor Gratian 379 gehalten, würdigt die Wiedererrichtung des Palatiums, die Wiederbelebung des Forums und der Basiliken und die zu neuer Bedeutung gelangte Curie (gratiarum actio I 3).

Das ist nicht in einer mit Lob verschwenderischen Rede ein rein topischer Rückgriff auf den Panegyricus von 310, vielmehr Ausdruck einer real gegebenen Situation in Trier, die mit der unter Constantin vergleichbar ist. Hierzu gehören die weitreichenden Umbauten an den Kaiserthermen. Diese Umbauten stehen wohl im Zusammenhang mit umfassenderen Veränderungen im Palastbereich. In die Erwägungen über die Funktion der veränderten Palastbauten muß die Unterbringung der kaiserlichen Leibgarde wie die Präfektur mit einbezogen werden. Zu dem Neubauprogramm gehören auch 1982 östlich der Basilika angeschnittene und aufgedeckte Baureste, von dem Ausgräber H. Cüppers erst einmal vorsichtig in Verbindung gebracht mit der kaiserlichen Truppe.

Circus und Amphitheater (Kat. 67, 78) werden in ihrer Rolle für die kaiserliche Repräsentation aus verschiedenen Textstellen deutlich. Gratian läßt in seiner eindeutigen Favorisierung des christlichen Glaubens auch die Wiedererrichtung der ersten Kirche, des Domes, zu seiner Angelegenheit werden. Die Horrea, im 4. Jahrhundert errichtet, stehen in engem Zusammenhang mit der durch den Hof bestimmten wirtschaftlichen Rolle Triers (Kat. 88 f.; s. oben). Von der Mauertechnik her sind sie eng verwandt mit der nach der Jahrhundertmitte veränderten Palastanlage im benachbarten Pfalzel (Kat. 163). Neben einer zweiten kaiserlichen Villa vor den Toren der Stadt, der Villa von Konz (Kat. 161), die auch Ausonius in seinem Mosellied besingt und in der Valentinian den Sommer 371 verbracht haben mag, liegen weitere großen Villen mit Mosaiken in unmittelbarer Stadtnähe, die Villen in Trier-Zewen, Trier-Euren (Kat. 162) sowie die unter den späteren Kirchen St. Marien, St. Martin, St. Maximin (Kat. 118) und St. Matthias (Kat. 92).

Die intensive Besiedlung der Stadt bis zum Ende des 4. Jahrhunderts ist an vielen Stellen in der Stadt archäologisch nachgewiesen, so in der westlichen Randzone des Palastbereiches, westlich des Forums bis zum Moselufer und südlich der Kaiserthermen am Tempelbezirk Altbachtal. Während des 4. Jahrhunderts wurden die Straßen des Stadtgebietes mit Ausnahme einiger weniger Straßen in Randzonen der Stadt mit Kalksteinplatten ausgelegt, in mehr als 60 Profilen archäologisch nachgewiesen. Von ausgedehnten Gärten am Rande der Stadt, die durch Bodenfunde niemals mehr nachweisbar werden, erfahren wir aus einer Erzählung des Ponticianus, die den hl. Augustinus zum christlichen Glauben finden ließ und die er in seinen Bekenntnissen (confessiones VIII 6; s. S. 65) wiedergibt. Die Großbauten wurden noch weiter nach Abzug des Hofes und der Verwaltung genutzt. Die späteste römische Keramik aus den Barbarathermen (420–450 n. Chr.) deutet nach H. Cüppers (Hussong-Cüppers, Kaiserthermen 127) darauf hin, »daß in der nächsten Nähe des in jeder Hinsicht wichtigen Moselüberganges der Römerbrücke ein befestigter Posten eingerichtet worden war, der die Kontrolle und notfalls auch die Sperrung und Verteidigung zu übernehmen hatte.«

Trier ist im ausgehenden 4. Jahrhundert immer noch ein Zentrum der Wissenschaften und der Bildung. Hierhin führt nicht nur der Weg christliche Vertreter hohen Ranges wie Martin von Tours, Ambrosius von Mailand und den Kirchenlehrer Hieronymus, der hier Werke des Hilarius von Poitiers kopierte (s. S. 64). Um dieselbe Zeit weilte der große heidnische Redner Q. Aurelius Symmachus am Hofe Valentinians, knüpfte engen Kontakt zu Ausonius und nahm wohl mit diesem zusammen an Valentinians Feldzug gegen die Alamannen teil. Dieses Erlebnis verwertete er in einer zweiten Lobrede auf Valentinian am 1. Jan. 370, nachdem er zuvor am 25. Febr. 369 aus Anlaß des fünfjährigen Regierungsjubiläums Valentinians diesen und seinen Mitaugustus Gratian in einer Prunkrede gefeiert hatte. Größten Einfluß auf das spätantike geistige Leben in Trier ging von dem Prinzenerzieher und hohen kaiserlichen Beamten Ausonius aus, der in seiner exzeptionellen Stellung und seiner reichen Dichtkunst hier nicht mehr weiter hervorgehoben werden muß. Seine »Mosella« wie seine Dichtkunst im allgemeinen sind auch im Hinblick auf den ideologischen Anspruch in ihrer Betonung von Ruhe, Frieden und üppigem Wohlstand interessant. Literarische Versuche und ein großes Interesse an der gallischen Geschichte zeigte der vermutlich aus Trier stammende Protadius, der wie seine Brüder Florentinus und Minervius in freundschaftlicher Beziehung zu Symmachus stand und mit diesem brieflichen Kontakt pflegte. Wie so viele aus dem senatorischen

Adel Galliens verließ er 395 Gallien und ging nach Mailand; um 400 ist er Stadtpräfekt von Rom und lebt noch 417 in seiner Villa bei Pisa.

Hochschulen mit hier lehrenden Grammatikern und Rhetoren sind gerade aus valentinianisch-gratianischer Zeit gut belegt. Ausonius erwähnt belgische Oratores in seiner Mosella; in einem in Versform abgefaßten Brief für einen Grammaticus Ursulus, der womöglich Trierer Herkunft ist, wird ein collega nobilis Harmonius genannt, der das zerstreute Homer-Werk sammelte und kommentierte. Die besondere Stellung Triers wird deutlich aus einem Erlaß Gratians von 376, der die Besoldung der Grammatiker und Rhetoren in Gallien regelt, die trierischen von der allgemeinen Verordnung jedoch ausnimmt und sie wegen der Stellung der Stadt höher einstuft. Die Vorzugsstellung Triers mag nicht ohne Einfluß des Ausonius erfolgt sein, auch wenn er nicht selbst Lehrer an der Hochschule war.

Von den Kunstwerken, die unter dem Eindruck dieser geistigen Atmosphäre in Trier geschaffen wurden, von den Mosaiken über die Gläser bis hin zu den vielfältigen Zeugnissen der Kleinkunst mag die Ausstellung ein Bild geben. Eines der vielen untergegangenen Kunstwerke ist durch die schöne Darstellung des Ausonius (cupido cruciatur) im Wort festgehalten: eine prächtige Wandmalerei im Speisezimmer einer trierischen Villa mit dem Motiv des durch die unglücklich liebenden Frauen bestraften Amor.

Die Haltung in religiösen Fragen, zu Heidentum, rechtgläubigem Christentum und Arianismus war für die Herrscher nicht nur eine Frage der Überzeugung; sie mußten auch aktuellem politischem Kalkül folgen. Constantius II. favorisierte eindeutig den Arianismus und verfolgte die alten Religionen mit mehreren Gesetzen zur Schließung der Tempel und zum Verbot aller heidnischen Opfer. Der Usurpator Magnentius suchte Verbindung zur kirchlichen Leitfigur gegen den Arianismus, Athanasius, förderte in Gallien allerdings auch die heidnischen Kulte. Den Verboten der heidnischen Kulte scheinen wie auch andere Maßnahmen, etwa solchen gegen Arenaspiele, nicht immer ein durchschlagender Erfolg beschieden gewesen zu sein, wenn sie immer wieder durch neue Verordnungen ins Gedächtnis gerufen werden mußten. Der ungeschickten Politik der Constantin-Söhne gegen das Heidentum erwuchs aus der altgläubigen stadtrömischen Aristokratie eine starke Opposition. Julians philosophische Bildung und eine daraus resultierende antichristliche Haltung in religionspolitischen Entscheidungen, die ihm den Beinamen »Der Abtrünnige« (Apostata) einbrachte, kam erst mit seiner neuen Stellung als Augustus voll zum Tragen.

Der Aberglaube, aus den heidnischen Vorstellungen erwachsend, gelangte gerade im fortgeschrittenen 4. Jahrhundert zu einer Blüte, gegen die sich selbst der christliche Glaube nicht abzuschotten wußte, der vielmehr in breiten Schichten der christlichen Anhängerschaft umge-

Abb. 4 Herme aus der Villa von Welschbillig mit Darstellung eines Barbaren (Kat. 151 d).

Abb. 5   Verschollener Sarkophagdeckel, angeblich aus Trier, St. Maximin (s. S. 241).

deutet Beachtung finden konnte. Hellenisierte ägyptische Ideen wie altrömischer Volksglaube lebten neu auf. Im Rom der 2. Hälfte des 4. Jahrhunderts geprägte Geschenkmünzen, sogenannte »Kontorniaten«, rufen nicht nur die alte Geschichte Roms wieder ins Leben, sie beweisen durch ihr Bildwerk auch die unverblaßten Spielleidenschaften der Bevölkerung und lassen alte, abergläubische Symbole übelabwehrenden bzw. glückbringenden Charakters wieder zu neuer Bedeutung gelangen. In nicht geringer Zahl gibt solche Kontorniaten auch der Trierer Boden preis (Kat. 81). Beweise eines weitverbreiteten Aberglaubens sind Verfluchungstäfelchen (Kat. 74 f.) und andere, manchmal rätselhafte Objekte, wie sie etwa im Arenakeller des Amphitheaters in Trier verborgen waren. Die Vielzahl vom Amuletten bestätigen wie die Anspielungen des Ausonius in seiner Mosella den Wunderglauben der Bevölkerung (Gagat, Kat. 64).

Nach Ausweis der frühchristlichen Grabinschriften, von denen bis heute bereits über 900 bekannt geworden sind (Kat. 101 ff.), überragt Trier alle christlichen Gemeinden anderer Städte der gallischen und germanischen Provinzen. Im Umland außerhalb der Stadt begegnen frühe Christen dagegen ausgesprochen selten, so noch in Neumagen und in Pachten. Selbst in der Stadt sind Zeugnisse für die Anhängerschaft heidnischer Glaubensvorstellungen und Mysterien zu finden. Dazu gehört das Mysterienmosaik aus der Nähe des Kornmarktes (Kat. 150; Abb. 6) als ebenso eindeutiger Beleg wie die späten Zeugnisse aus dem Kultbezirk im Altbachtal. Der in diesem Zusammenhang zu nennende Altar der Trierer Haruspices mag allenfalls noch dem beginnenden 4. Jahrhundert, falls nicht eher sogar dem endenden 3. Jahrhundert zuzuordnen sein, wenn auch Haruspices noch bis in die zweite Hälfte

des 4. Jahrhunderts regen Zulauf behalten. Ausonius etwa, wenn auch maßgeblicher Mann am Hofe des konsequent christlichen Kaisers Gratian, der als Halbchrist mit seiner Ausbildung noch tief im antiken Kulturerbe verwurzelt ist, denkt nicht daran, mit seiner Verskunst das Christentum zu feiern, wenn er, wie ein altgläubiger Autor die Mosellandschaft, die Stadt Trier und den hier residierenden Kaiser preist.

Münzfunde aus verschiedenen Tempeln, bis zu Arcadius und Honorius reichend, zeigen, daß die Edikte des Theodosius auch am Ende des 4. Jahrhunderts nicht von durchschlagendem Erfolg auf dem Land waren, daß vielmehr die Kultstätten noch geraume Zeit bis zu einer Veränderung in der Bevölkerungsstruktur weiterlebten. Nur wenige Tempel wurden gewaltsam zerstört so wie der Tempelbezirk von Otrang; und dabei ist der Eingriff plündernd eingefallener Germanenscharen wahrscheinlicher als eine gegen die alte Religion gerichtete Aktion. Für das religiöse Leben des Landes mag der Tempelbezirk von Möhn (Krs. Bitburg-Prüm) stehen, in dem mit mehreren Höhepunkten von früheströmischer Zeit bis zum Anfang des 5. Jahrhunderts kultische Verehrung stattfand. 20% aller Münzen stammen aus dem Zeitraum von 364 bis zu Honorius und Arcadius. Von 1277 Münzen aus dem Tempelbezirk Steinsel (Luxemburg) gehören allein 55,28% der Periode 351–402 an, ein beredtes Zeugnis angestiegener heidnischer Volksfrömmigkeit unter dem drohenden Druck der christlichen Anhängerschaft. Das Ende ist in diesen ländlichen Heiligtümern sauberer abzulesen als in dem großen städtischen Tempelbezirk, der bis in fränkische Zeit nach Aufgabe des Kultbetriebes besiedelt wurde. Ähnliche Münzreihen wie aus Möhn finden sich in vielen Tempeln der Eifel und des Moselraumes (s.

Abb. 6 Mysterienmosaik (Kat. 150).

S. 75 f.). Seltener leben die Tempel südlich der Mosel im 4. Jahrhundert weiter, was jedoch nicht auf eine frühere Christlichkeit des Hunsrücks schließen lassen darf; dieser Landstrich war gerade in der Spätantike dünner besiedelt als die nördlich der Mosel gelegene Eifel (s. S. 75 f.). Auch innerhalb der Langmauer (Kat. 152) lebten heidnische Heiligtümer weiter, was für eine Toleranz (oder ein Desinteresse?) der christlichen Kaiser gegenüber den Landgebieten sprechen sollte, wenn dieser Bezirk wirklich kaiserliche Domäne war.

Zur Besiedlung des Trierer Umlandes (s. S. 75 f.) ist zu bemerken, daß bereits nach 275 viele Villen nicht wieder aufgerichtet wurden, die zweite Zäsur mit den Wirren 350–355 anzusetzen ist und das Ende vieler übriggebliebener Villen zu Beginn des 5. Jahrhunderts liegt. Prächtige Herrensitze leben jedoch noch nach der Mitte des 4. Jahrhunderts weiter, so die Villen von Euren, Konz, Nennig und die jüngst erforschte Villa von Echternach. Die Besiedlung des freien Landes ist in der Nähe der befestigten Orte und der großen Verbindungsstraßen weiterhin relativ dicht. Manche Siedlungen mögen zu Beginn des 5. Jahrhunderts nicht unbedingt zerstört worden sein.

Der seltene Fund eines aus Eisenringen geflochtenen Kettenhemdes in einem Grab Ende des 4. Jahrhunderts aus Weiler-la-Tour (Luxemburg) mag vielleicht im Besitz eines hier angesiedelten Laeten gewesen sein (Kat. 187).

Spätantike Höhenbefestigungen (Kat. 164) lagen z. T. an den Hauptverkehrswegen zur Sicherung derselben. Andere, zurückgezogen in Eifel und Ardennen wie im Saarland, scheinen oft unter Ausnutzung alter, bereits vorrömischer Befestigungen von der ansässigen Bevölkerung angelegt worden zu sein. Die Befestigungen waren, soweit sie an den Hauptverkehrsstraßen lagen, wie die Villen den germanischen Angriffen und Zerstörungen seit der 2. Hälfte des 4. Jahrhunderts zuerst ausgesetzt.

Die Ende 3./Anfang 4. Jahrhundert befestigten Orte wie Arlon, Saarbrücken, Pachten, Neumagen, Jünkerath und Bitburg bestanden während des ganzen 4. Jahrhunderts (Kat. 165 ff.). Jünkerath scheint zu Beginn des 5. Jahrhunderts zerstört worden zu sein. In Bitburg und Neumagen wie in der Stadt Trier dagegen haben sich eine romanische Bevölkerung und das Christentum über die Zeit der fränkischen Landnahme hinaus gehalten. In Echternach

ist nach Zerstörung der großen Villa zu Beginn des 5. Jahrhunderts eine Besiedlung auf dem befestigten Pfarrhügel noch bis weit ins 5. Jahrhundert hinein nachgewiesen.

Literatur

Mit ausführlichen Bibliographien: Wightman, Roman Trier 257–302. – H. v. Petrikovits, Altertum. Rheinische Geschichte, hrsg. von F. Petri – G. Droege, Bd. 1, 1 (Düsseldorf 1978) 300–349, bes. 334 ff.
Allgemein: Steinhausen, Siedlungskunde (mit guter Aufarbeitung der literarischen Quellen). – Hussong-Cüppers, Kaiserthermen. – R. Weiller, Die Fundmünzen des römischen Luxemburg I–III (Berlin 1972–1983; abgekürzt FMRL). – H. Heinen, Grundzüge der wirtschaftlichen Entwicklung des Moselraumes zur Römerzeit, Trierer Zeitschr. 39, 1976, 75–115. – N. Jankowski, Restaurationsversuche römischer Herrschaft in den linksrheinischen Gebieten unter Julianus, Ethnographisch-Archäologische Zeitschr. 17, 1976, 331–343. – E. M. Wightman, North-East Gaul in the Late Antiquity: The Testimony of Settlement Patterns in an Age of Transition, Berichten van de Rijksdienst voor het Oudheidkundig Bodemonderzoek 28, 1978, 241–250. – H. O. Kröner, Ausonius und Trier, Trierer Beiträge 6, 1979, 10–18. – Der Trierer Dom. Rheinischer Verein für Denkmalpflege und Landschaftsschutz, Jahrb. 1978/79 (Neuss 1980). – J. Krier u. a., Carte Archéologique du Grand-Duché de Luxembourg. Feuille 19 – Mertert/Wasserbillig (Luxemburg 1983).
Numismatische Aussagen zur 2. Hälfte 4. Jh.: W. Binsfeld, Trierer Zeitschr. 36, 1973, 119–132; 38, 1975, 101–108; 40/41, 1977/78, 127–136. – K. J. Gilles, Trierer Zeitschr. 43/44, 1980/81, 317–339; 46, 1983, 225–229.
Bildung: J. Steinhausen, Rheinischer Verein für Denkmalpflege und Heimatschutz 1952, 27–46. – W. Binsfeld/H. Cüppers, Trierer Zeitschr. 35, 1972, 135–140. – W. Binsfeld, Landeskundliche Vierteljahresblätter 19, 1973, 3–5. – H. Cüppers, Archiv für mittelrheinische Kirchengeschichte 26, 1974, 9–23.
Weberei: J. P. Wild, British Archaeological Reports – S 15, 1976, 51–58. – D. De Jonghe – D. Tavernier, Trierer Zeitschr. 40/41, 1977/78, 145–174.
Kettenhemd: J. Krier, Hémecht 34, 1982, 93–110. – G. Waurick, ebenda 111–130.
Befestigungen: K. J. Gilles, Archäologisches Korrespondenzblatt 3, 1973, 67–74. – ders., Trierer Zeitschr. 37, 1974, 99–112. – ders., Spätrömische Höhensiedlungen in Eifel und Hunsrück, Trierer Zeitschr. Beiheft 7 (im Druck).
Tempelbezirk Steinsel: J. Krier – R. Weiller, Hémecht 34, 1982, 255–269.
Echternach: J. Metzler – J. Zimmer – L. Bakker, Ausgrabungen in Echternach (Luxemburg 1981). – dieselben, Francia Beiheft 11, 1983, 30–45. – J. Krier, Römer an Mosel u. Saar Nr. 55, 294.
Dalheim: J. Metzler – J. Zimmer, Hémecht 30, 1978, 351–382. – R. Weiller, ebenda 383–385. – ders., FMRL III Nr. 41 ff.
Bitburg/Neumagen: W. Binsfeld, Archäologisches Korrespondenzblatt 9, 1979, 431–434. – K. J. Gilles, Trierer Zeitschr. 45, 1982, 293–308. – ders., Römer an Mosel u. Saar Nr. 290 ff.

Die römische Münzstätte Trier von 293/4 bis zur Mitte des 5. Jahrhunderts

KARL-JOSEF GILLES

a) Die Münzprägung bis 274 n. Chr.

Nachdem in Trier vielleicht schon in augusteischer Zeit kurz nach Gründung der Stadt, nach 10 v. Chr. vorübergehend Bronzemünzen mit dem Namen des Germanus Indutilli L(ibertus) geschlagen worden waren, die der Numismatiker zu den letzten Prägungen der Treverer zählt, da sie auf der Basis des Quadrans offensichtlich die keltischen Kleinbronzen zu ersetzen und zum römischen Münzsystem überzuleiten hatten, sollten fast drei Jahrhunderte vergehen, bis unter den Kaisern des Gallischen Sonderreiches (260–274) in Trier erneut Münzen geprägt wurden. Zwei Inschriften, die einen Verwalter oder Vorsteher (CIL. VI 1641: procurator monetae Triverice) und einen Kontrolleur oder Prüfer der Trierer Münze (CIL. XIII 11311: numularius sacrae monetae Augusti nostri) nennen, und die Scriptores Historiae Augustae (Trebellius Pollio, Tyr. trig. 31, 4) bezeugen für das letzte Drittel des 3. Jahrhunderts in Trier eine Münzstätte. Aus den Münzen, die wir heute dem Trierer Münzamt zuschreiben wollen, geht allerdings im Gegensatz zu den beiden Inschriften wegen fehlender Emissionszeichen nicht hervor, daß in Trier in den frühen 70er Jahren des 3. Jahrhunderts zumindest auf die dort residierenden Usurpatoren Victorinus (269–271) und Tetricus I. (271–274) sowie dessen Sohn Tetricus II. in einer Offizin oder Prägeanstalt Gold- und (mit einer schlechten Silberlegierung überzogene) Bronzemünzen, also Aurei und Antoniniane, geschlagen wurden. Bisher mangelt es an sicheren Kriterien, die einzelnen Gepräge der einen oder anderen gallischen Münzstätte zuzuschreiben. Nur wenige Wochen nach der Niederlage des Tetricus I. und der Rückführung der gallischen Reichsteile durch den siegreichen Kaiser Aurelianus (270–275) wurde das Trierer Münzamt geschlossen und nach Lyon verlegt, nachdem zuvor noch eine Emission mit seinem Bildnis und Namen herausgebracht worden war.

b) Die Wiedereröffnung der Münzstätte

Kurz vor Abschluß der diocletianischen Münzreform wurde im Spätjahr 293 oder Anfang 294, nachdem der zum Caesar der westlichen Reichsteile erhobene Constantius Chlorus Trier zu seiner Residenz gewählt hatte, in Trier die Münzprägung wieder aufgenommen. Da auf Constantius I. wie auf den offenbar gleichzeitig am 1. 3. 293 zum Caesar ausgerufenen (Maximianus) Galerius von Beginn an in der Trierer Münzstätte mitgeprägt wurde, muß die Eröffnung der Prägeanstalt nach diesem Zeitpunkt anzusetzen sein. Da andererseits ein Antoninian der ersten Emission Constantius I. im Consulargewand zeigt, er aber das Amt des Consuls erst im Jahre 294

Abb. 1   Trierer Antoniniane der ersten drei Emissionen (293/4 n. Chr.). M. 3 : 2 (Kat. 24 b).

49

bekleidete, sollte die Wiedereröffnung des Trierer Münzamtes in den letzten Monaten des Jahres 293 oder am Anfang des Jahres 294 erfolgt sein.

Schon bald entwickelte sich das neue Münzamt zu einer der Hauptmünzstätten des römischen Reiches, obgleich es meist nur mit zwei Offizinen, also Prägeanstalten, arbeitete. Während eines Zeitraums von knapp anderthalb Jahrhunderten wurden in Trier mit kürzeren Unterbrechungen auf 39, vielleicht auch 40 Kaiser bzw. Usurpatoren, Kaiserinnen und Kaisersöhne insgesamt mehr als 520 Gold-, 310 Silber- und 1250 Bronzemünzen mit verschiedenen Vorder- und Rückseiten geschlagen.

Die Wiedereröffnung des Münzamtes erfolgte von der Münzstätte Lyon, die Arbeitskräfte von einer oder zwei Prägeanstalten nach Trier abstellen oder abgeben mußte. Bis zu der einschneidenden Münzreform Diocletians im Jahre 294 wurden in Trier noch eine Gold- und drei »Antoninian«-Emissionen (Abb. 1, 1–4) herausgebracht, die im Gegensatz zu den Prägungen der gallischen Kaiser die ersten Trierer Münzstättenzeichen (PT, PTR, C, D–PTR) führen. Nach der Reform von 294 wurde in Trier, wie die folgende Übersicht zu den einzelnen Nominalen zeigt, neben Gold und Bronze auch nahezu reines Silber geprägt.

c) In Trier geprägte Nominale

Die Goldprägung blieb in Trier wie auch in den anderen Münzstätten von der diocletianischen Münzreform zunächst unberührt. Man prägte weiterhin den Aureus zu 5,45 g, d. h. 1/60 des röm. Pfundes (Abb. 2, 1). Constantin d. Gr. senkte dann 307 das Gewicht der Goldmünzen und gab den Solidus zu 1/72 des röm. Pfundes heraus = 4,54 g (Abb. 2, 2), der die zweite Standardgoldmünze der römischen Kaiserzeit wurde und letztlich das gesamte frühmittelalterliche Münzwesen beeinflußte. Verschiedentlich wurden auch Vielfache und Teilstücke des Solidus, also Multipla (Abb. 2, 3) und Drittelsolidi, Trienten oder Tremisses (Abb. 2, 4), geschlagen. Aus der Frühzeit der Münzstätte sind durch den bekannten Schatzfund von Arras zahlreiche 10fache und 5fache Aurei (vgl. Nr. 26, a–h) überliefert. Durch unglückliche Umstände sind aber größere Teile dieses Schatzfundes verloren, was insbesondere die Trierer Numismatik trifft, da die überlieferten 5- bzw. 10fachen Aurei bis auf zwei alle in Trier geprägt waren und zu den verschollenen Münzen auch zwei 100fache Aurei zählen sollen. Die letzten mit Trierer Münzstättenzeichen geschlagenen Goldmünzen tragen den Namen des Usurpators Jovinus (411–413).

Mit der Reform Diocletians wurde der altbewährte Denar und sein Doppelstück, der Antoninian (Abb. 3, 1), abgeschafft, deren Feingehalt im Laufe des 3. Jahrhunderts zusehends verfallen und deren Gewicht mehr und mehr abgesunken war. Statt dessen wurde 294 wieder nahezu reines Silber, der sog. Argenteus (Abb. 3, 2) zu 1/96 des röm. Pfundes = 3,41 g, im 1. Jahrzehnt des 4. Jahrhunderts kurzzeitig auch sein Halbstück (Abb. 3, 3) geprägt. Nach 310 kommt im gesamten Imperium die Silberprägung zum Erliegen und wurde erst nach 336 n. Chr. durch die Einführung einer neuen Silbermünze wieder belebt. Es kommt zur Ausprägung der Miliarense zu 1/60 des röm. Pfundes, was etwa 5,45 g entsprach (Abb. 3, 4). Wenig später wurde noch eine zweite, um mehr als die Hälfte leichtere Silbermünze, die sog. Siliqua zu 1/144 des röm. Pfundes = 2,27 g eingeführt (Abb. 3, 5). Diese beiden in Trier zahlreich geschlagenen Silbermünzen finden bis ins späte 4. Jahrhundert eine weite Verbreitung. Die Silberprägung läßt sich im Gegensatz zur Gold- und Bronzeprägung noch bis in die Mitte des 5. Jahrhunderts nachweisen. Allerdings sind die letzten in Trier geschlagenen Münzen untergewichtige Prägungen oder Teilstücke von Siliquen auf Valentinian III. (425–455) und Theodosius II. (408–450).

Abb. 2 In Trier geprägte Münzsorten (Nominale) in Gold. M. 3:2. (Kat. 23a).

Abb. 3 In Trier geprägte Münzsorten (Nominale) in Silber. M. 3:2. (Kat. 23 b).

Die Zahl der in Trier tätigen Offizinen oder Prägeanstalten wechselte – vor allem in Bezug auf die verschiedenen Metalle – recht häufig. Gold wurde zunächst, also von Beginn der Prägetätigkeit im Jahre 293/4 bis zu einer Unterbrechung nach 355 nur in einer Offizin geschlagen. Die Aurei führen als Münzstättenzeichen PT, PTR und TR (Abb. 5, 1–3), wobei TR zweifelsohne für Treveris, PT für Percussum Treveris, in Trier geschlagen, steht. Die nach 307 herausgebrachten Solidi tragen die Münzstättenzeichen TR oder SMTR (Abb. 5, 4 u. 8) für Sacra Moneta Treveris. Nach der Wiedereröffnung der Münzstätte im Jahre 366/7 lassen sich in Trier für die Goldprägung sogar drei Offizinen nachweisen, die mit TROBC, TROBS oder TROBT (Abb. 5, 5–7) signieren. TR steht wieder für Treveris, OB für Obryzum, d. h. für geläutertes oder reines Gold, C für Capitalis, für die erste oder Hauptoffizin, und

Wie die Silberprägung stellte Diocletian mit seiner Reform auch die Erzprägung auf eine neue Basis und brachte den sog. Follis mit einem Gewicht von ± 10 g heraus, der in den ersten Jahren häufig noch mit einer dünnen Silberhaut überzogen war. Ab 307 wurde der Follis in Gewicht und Größe im Laufe von 35 Jahren 9mal reduziert, so daß er letztlich nach 341 nur noch einer massenhaft ausgeprägten Kleinbronze von 1,3 g entsprach (Abb. 4, 1–3). Um 346/348 wurden im Rahmen einer neuerlichen Reform statt des kleinen zur Bedeutungslosigkeit herabgesunkenen Follis zwei neue Münzsorten, die Pecunia maiorina, kurz Maiorina genannt zu 1/60 des röm. Pfundes = 5,45 g (Abb. 4, 4) und ihr Halbstück der Centenionalis zu 1/120 des röm. Pfundes = 2,72 g eingeführt (Abb. 4, 5). Im Jahre 353 waren in Trier für einige Monate unter dem Usurpator Magnentius sogar 1½fache Maiorinen (Abb. 4, 6) geschlagen worden. Danach bleiben die Münzsorten bis in die 80er Jahre des 4. Jahrhunderts nahezu unverändert. Erst nach einer Herabsetzung des Münzfußes wurden nach 390 die größeren Bronzeprägungen allmählich von den bis dahin lediglich in den 50er Jahren herausgebrachten Halbcentenionales (Abb. 4, 7) verdrängt. Nach 394 läßt sich in Trier, soweit der jetzige Forschungsstand ein Urteil erlaubt, keine Ausprägung von Bronze mehr belegen.

Abb. 4 In Trier geprägte Münzsorten (Nominale) in Bronze. M. 3:2. (Kat. 23 c).

Abb. 5 Goldmünzen mit verschiedenen Trierer Münzstättenzeichen. M. 3:2 (Kat. 24a).

nur für die Jahre 295–7 und 337/8 nachgewiesen. Analog zur letzten Emission der Antoniniane stehen C und D für die erste bzw. zweite Offizin (Abb. 6, 1–2). Als Münzstättenzeichen finden wir bei (Halb-)Argentei ferner TR und PTR (Abb. 6, 3–4) für Percussum Treveris. Die nach 336 eingeführten Miliarensen und Siliquen zeichnen mit TR, TRP oder SMTR (Abb. 6, 5–6). Nach der Wiedereröffnung der Münze wird die Signatur SMTR rasch durch TRPS (Abb. 6, 7) verdrängt. Das TR entsprach wiederum Treveris, PS bedeutete soviel wie Pusulatum, also reines Silber und war dem »OB« bzw. »COM« der Trierer Goldprägungen vergleichbar. Lediglich die Siliquen der Usurpatoren Constantinus III. (407–411) und Jovinus (411–413) signieren abweichend mit TRMS = Treveris moneta sacra (Abb. 6, 8). Die letzten um 445 n. Chr. noch in Trier geschlagenen Teilsiliquen zeigen im Abschnitt wiederum ein TRPS.

Bei der Bronzeprägung ergeben sich hinsichtlich der Anzahl der tätigen Offizinen die größten Schwankungen.

Abb. 6 Silbermünzen mit verschiedenen Trierer Münzstättenzeichen. M. 3:2 (Kat. 24b, 5–12).

entsprechend S und T für Secunda und Tertia, für die zweite und dritte Offizin. Nach 383, also mit Beginn der Usurpation des Magnus Maximus wurde Gold wiederum nur in einer Offizin geschlagen. Als Münzstättenzeichen erscheinen TROB und SMTR. Nach dem Tode des Maximus im Jahre 388 ändert sich das Münzstättenzeichen grundlegend. Die Ortsangabe TR ist links und rechts im Feld verteilt, während im Abschnitt COM erscheint (Abb. 5, 9), das für comes aurei, den Verwalter des Goldes, steht, der sich für den Feingehalt des Goldes verbürgte. Das »COM« ersetzte somit das »OB« der älteren Goldprägungen. Allerdings wird für die letzten Solidi mit Trierer Münzstättenzeichen der beiden Usurpatoren Constantinus III. (407–411) und Jovinus (411–413) teilweise wieder an ältere (TROBS) angeknüpft.

Silber wurde mit Ausnahme zweier kurzer Zeitabschnitte nur in einer Prägeanstalt geschlagen. Zwei Offizinen sind

Zunächst war die Bronzeprägung in einer oder zwei Offizinen aufgenommen worden. Für einen kurzen Zeitraum lassen sich zwischen 295 und 297 sogar drei Prägeanstalten, von 297–303 wiederum zwei und von 303–315 lediglich eine nachweisen. Ab 315 arbeiten dann bis zur Unterbrechung der Münzprägung in Trier nach 355 durchgehend zwei Offizinen, ebenso nach der Wiedereröffnung um 366/7 bis nach 380. Danach ist bis zum Ende der Bronzeprägung um 394 nur noch eine Offizin nachweisbar. Woher die Mitarbeiter der neuen Prägeanstalten kamen, ist derzeit ebensowenig geklärt, wie die Frage, wohin sie nach ihrer Auflösung abgezogen wurden.

Im späten 3. Jahrhundert waren die einzelnen Offizinen durch die Buchstaben im Feld (A, B, C) gekennzeichnet (Abb. 7, 1–3). Nach 297 signieren die beiden noch tätigen Offizinen mit ITR bzw. IITR (Abb. 7, 4–5) und ATR bzw. BTR (Abb. 7, 6–7). Erst nach 318 treten die »klassischen« Münzstättenzeichen PTR und STR (Abb. 7, 8–9) für Prima bzw. Secunda Treveris auf. 330 erfolgt dann eine Umstellung des Offizinzeichens, das nun der Herkunftsangabe nachgestellt (TRP und TRS) wird (Abb. 7, 10–11). Auch nach der Wiedereröffnung der Münzstätte nach 366 werden die Zeichen zunächst beibehalten. Als um 380 eine Offizin aufgelöst und eine Differenzierung nach Prägeanstalten überflüssig wird, signieren die Trierer Bronzeprägungen mit TRP, TR oder SMTR(P) (Abb. 7, 12–13).

Wo die Münzstätte oder ihre einzelnen Offizinen in Trier gelegen haben, ist unbekannt. Nichts würde bisher – von einem Prägestempel (Kat. Nr. 27) einmal abgesehen – auf die Existenz einer Münzstätte hindeuten, wäre das Trierer Münzamt nicht auf den Münzen, die es herausbrachte, selbst überliefert. Daß nicht alle Münzen mit Trierer Münzzeichen unbedingt in Trier hergestellt wurden, zeigt eine Gußmünze des Urbs-Roma-Typs (Kat. Nr. 28) mit dem Zeichen TRS, die offensichtlich wie ähnliche bislang unbeachtete Münzen dazu beitragen sollte, den im mittleren Drittel des 4. Jahrhunderts herrschenden Kleingeldmangel zu beseitigen.

Abb. 7 Bronzemünzen mit verschiedenen Trierer Münzstättenzeichen. M. 3 : 2. (Kat. 24 c).

53

e) *Kaiser auf Trierer Münzen*

Mit Ausnahme des Jovianus (363–364) sind alle vom späten 3. bis zur Mitte des 5. Jahrhunderts n. Chr. im Westteil des Reiches, respektive in Gallien herrschende Kaiser und Usurpatoren auf Trierer Prägungen überliefert. Dennoch wurde auf einzelne Herrscher, wie aus Tab. 1 und 2 hervorgeht, in Trier nur während einer kurzen Zeitspanne ihrer Regierung geprägt, wobei man bisweilen die Edelmetallprägung einschränkte oder wie bei Maxentius (306–312), Licinius II. (317–323) oder Delmatius (335–

Tab. 1   Kaiser auf Trierer Prägungen (293/4–355), vgl. Abb. 8.

	Kaiser	Prägezeiten in Trier	Gold	Silber	Bronze
1 a	Diocletianus	293–305	X	X	X
b	Diocletianus Sen Aug	305–307			X
2 a	Maximianus (Herculius)	293–305 (308)	X	X	X
b	Maximinaus Sen Aug	305–307			X
c	Divus Maximianus († 310)	318			X
3 a	Constantius I. Caes	293–305	X	X	X
b	Constantius I. Aug	305–306	X		X
c	Divus Constantius I.	307–313	X		X
d	Divus Constantius I.	318			X
4 a	Maximianus (Galerius) Caes	293–305	X	X	X
b	Maximianus Gal. Aug	305–308	X	X	X
5 a	Severus Caes	305–306	X		X
b	Severus Aug	306–307	X		X
6 a	Maximinus Caes	305–308	X	X	X
b	Maximinus Aug	309–313	X	X	X
7 a	Constantinus I. Caes	306–307	X	X	X
b	Constantinus I. Aug	307–337	X	X	X
c	Divus Constantius I.	337–340			X
8 a	Fausta Nobil Femina	307–308		X	
b	Fausta Aug	324–326	X		X
9	Maxentius	307–308			X
10	Licinius I.	309–321	X	X	X
11	Crispus	316–326	X		X
12 a	Constantinus II. Caes	316–337	X	X	X
b	Constantinus II. Aug	337–340	X	X	X
13	Divus Claudius II. († 270)	318		X	
14	Licinius II.	319–321			X
15	Helena Aug	324–328/337–340			X
16 a	Constantius II. Caes	324–337	X	X	X
b	Constantius II. Aug	337–350/353–355	X	X	X
17	(Urbs Roma)	330–340			X
18	(Constantinopolis)	330–340			X
19 a	Constans Caes	333–337	X	X	X
b	Constans Aug	337–350	X	X	X
20	Delmatius	335–337			X
21	Theodora	337–340			X
22	Magnentius	350–353	X	X	X
23	Decentius	351–353	X	X	X
24	Gallus	353–354	X		X

Abb. 8   Römische Kaiser auf Trierer Prägungen (293/4–355 n. Chr.). (Kat. 22A).

337) gänzlich ausschloß. Daneben erscheinen vornehmlich auf Bronzeprägungen die Kaiserinnen Fausta und Helena, die Gemahlin und Mutter Constantins d. Gr. sowie posthum zwischen 337 und 340 Helena und Theodora, die zweite Gemahlin Constantius I. und Großmutter der späteren Kaiser Gallus (351–354) und Julianus (355–363). Posthume Bronzemünzen wurden auch auf Claudius II. (268–270), von dem Constantin d. Gr. die Abstammung seiner Familie herleitete, auf Constantius I. (293–306), auf Maximianus († 310) und auf Constantin d. Gr. (307–337) geschlagen. Ferner sind für das Trierer Münzamt Folles auf die Stadtgöttinnen Roms und Constantinopels (ca. 330–337) sowie eine Siliquaemission auf Roma (nach 380) nachgewiesen.

f) Die Bedeutung der Trierer Münzstätte

Welche Bedeutung dem Trierer Münzamt in der 1. Hälfte des 4. Jahrhunderts in der Geldversorgung der Westprovinzen zukam, läßt sich am besten daran ablesen, daß Trierer Gepräge bei den Fundmünzen Britanniens, Galliens oder der germanischen Provinzen in der Regel einen Anteil von 60% und mehr erreichen. 30% teilen sich die gallischen Nachbarmünzstätten Lyon und Arles, während die restlichen 10% auf die übrigen Münzstätten des Reiches gehen. Trierer Gold- und Silberprägungen stehen dagegen für diesen Zeitraum etwas zurück. Dennoch müssen Jahr für Jahr Millionen von Münzen die Sacra Moneta Treveris verlassen haben. Sie wurden über das ganze Reich verteilt und zirkulierten bis weit in den Osten nach Kleinasien, Ägypten, Palästina, Syrien und Mesopotamien.

Nach 355 ruhte in Trier offensichtlich für einige Jahre die Münzprägung, wohl infolge eines verheerenden Germaneneinfalles, bei dem auch die Stadt in Mitleidenschaft gezogen wurde. Der genaue Zeitpunkt der Schließung oder des vorläufigen (gewaltsamen) Endes des Trierer Münzamtes ist nicht bekannt. Er fällt wohl in die Mitte oder die zweite Hälfte des Jahres 355, da nach dem Tode des Gallus im Winter 354 noch eine, vielleicht auch zwei Emissionen auf Constantius II. herausgebracht wur-

Tab. 2   Kaiser auf Trierer Prägungen (366/7–ca. 445), vgl. Abb. 9.

	Kaiser	Prägezeiten in Trier	Gold	Silber	Bronze
1	Julianus Aug	360–363 (?)	X	X	
2	Valentinianus I.	367–375	X	X	X
3	Valens	367–378	X	X	X
4	Gratianus	367–383	X	X	X
5	Valentinianus II.	375–383/388–392	X	X	X
6	Theodosius I.	378–383/388–392/394–395	X	X	X
7	(Roma)	um 380		X	
8	Magnus Maximus	383–388	X	X	X
9	Flavius Victor	383–388	X	X	X
10	Arcadius	388–392/394–395	X	X	X
11	Eugenius	392–394	X	X	X
12	Constantinus III.	407–411	X	X	
13	Jovinus	411–413	X	X	
14	Sebastianus	412–413		X	
15	Priscus Attalus	414–416 (?)	?	?	?
16a	Honorius (Constantinus III.)	407–409		X	
b	Honorius (Eigenprägung)	um 420		X	?
17	Johannes	423–425		X	
18	Theodosius II.	425–ca. 445		X	?
19	Valentinianus III.	425–ca. 445		X	?

Abb. 9 Römische Kaiser auf Trierer Prägungen (366/7– ca. 445 n. Chr.). (Kat. 22 B).

den. Für den im November 355 zu Caesar erhobenen Julianus, der während seiner Abwehrkämpfe in Gallien im Herbst 356 auch Trier durchzog und sein Winterlager in Sens, 95 km sw von Paris, aufschlug, sind bislang noch keine Trierer Prägungen nachgewiesen. Sowohl für die Nachbarmünzstätte Lyon als auch Arles, die beide bis zu diesem Zeitpunkt nicht die Bedeutung des Trierer Münzamtes erreichten, das sich bis 355 durch eine intensive Prägetätigkeit auszeichnete, lassen sich für den Zeitraum zwischen 355 und 360 mindestens zwei bzw. drei Emissionen belegen, für Trier nicht eine. Auch für die Zeit nach 360, als sich Julian zum Augustus ausrufen ließ, bis zu seinem Tode 363, liegen aus Arles und Lyon 9 bzw. 7 Bronzeemissionen vor. Für Trier sind sie bislang ebensowenig belegt, wie für Julians Nachfolger Jovianus

(363/4), für den sich zumindest eine Emission in Arles und Lyon nachweisen läßt. Wir kennen allerdings für Julianus als Augustus eine Gold- und zwei Silberemissionen mit »Trierer Münzstättenzeichen«, wobei aber zu fragen ist, ob diese tatsächlich im Trierer Münzamt oder nicht von einer mobilen Münzstätte, einer moneta comitatensis geschlagen wurden, zumal unmittelbar vor wie nach ihrer Ausprägung die Arbeit in der Münze geruht und eine zeitgleiche Bronzeprägung – wie in den beiden anderen gallischen Münzstätten – nicht stattgefunden hätte. Nicht auszuschließen ist auch, daß diese Münzen nach Julians Selbsternennung zum Augustus aus politischen Gründen, insbesondere zu Propagandazwecken in einer der Nachbarmünzstätten mit Trierer Münzstättenzeichen geschlagen wurden.

Daß die Münzprägung auch noch nach dem Tode des Jovianus im Jahre 364 in Trier ruhte, läßt sich daran ablesen, daß für die Trierer Münze vor der Ausrufung Gratians zum Augustus am 24. 8. 367 lediglich zwei Bronzeemissionen nachweisbar sind, in Lyon und Arles dagegen 9 bzw. 8. Die Trierer Münze sollte daher erst kurz vor der Ernennung Gratians im Jahre 366/7 ihre Tätigkeit wieder aufgenommen haben. Es liegt nahe, die Wiedereröffnung des Trierer Münzamtes mit der geplanten Übersiedlung Kaiser Valentinians nach Trier in Verbindung zu bringen. Als Valentinian schließlich im Oktober 367 seine Residenz nach Trier verlegte, arbeitete das dortige Münzamt schon einige Monate und sollte wie die Stadt, deren Großbauten teilweise seit constantinischer Zeit als riesige Bauruinen daniederlagen, zu einer neuen Blüte gelangen.

Für eine Wiedereröffnung des Trierer Münzamtes wenige Monate vor der Ankunft Valentinians läßt sich als weiteres Argument eine Emission von Goldmultipla (RIC. IX, 8 a–b) anführen, die die glückliche Ankunft des bzw. der Kaiser (FELIX ADVEN-TVS AVGGG) festhalten. Goldprägungen mit vergleichbarer Rückseitenlegende liegen aus anderen Münzstätten nicht vor, so daß die auf den Münzen erwähnte Ankunft auf Trier zu beziehen ist. Bezeichnenderweise zeigen die Multipla das nur kurze Zeit verwendete Münzstättenzeichen SMTR, das zweifelsohne am Anfang der valentinianischen Prägetätigkeit in Trier steht, ehe es durch die Zeichen des erweiterten Münzamtes (TROBC, TROBS und TROBT) abgelöst wird. Eine Wiederaufnahme der Prägetätigkeit in Trier um 366/7 läßt auch die ungewöhnliche Zusammensetzung eines um 367 bei Konz vergrabenen Schatzfundes erklären (vgl. W. Binsfeld, Trierer Zeitschr. 38, 1975, 103 ff.), der unter 29 Solidi auffälligerweise nur einen des Trierer Münzamtes aufwies. Dieser Solidus trug ein Münzstättenzeichen (TR ·), das nur für wenige Wochen vor der Ernennung Gratians zum Augustus Verwendung fand.

Das Trierer Münzamt gewinnt schon bald nach Rückkehr der Residenz auf dem Gebiet der Gold- und Silberprägung die führende Stellung unter den westlichen Münzstätten zurück, was auch durch die Existenz von drei Offizinen dokumentiert wird. Die Ausprägung von Bronze blieb dagegen relativ bescheiden. Nur selten erreichen Trierer Bronzemünzen in hiesigen Fundkomplexen einen Anteil von mehr als 10%. Dagegen wird der hiesige Geldverkehr von Bronzeprägungen aus Lyon und Arles regelrecht überschwemmt, die zusammen mehr als 60% der Fundmünzen ausmachen.

g) Das Ende der römischen Münzprägung in Trier

Die letzten im ausgehenden 4. Jahrhundert mit Sicherheit in Trier geschlagenen Münzen tragen den Namen des Usurpators Eugenius (392–394). Möglich ist, daß nach seinem Tode in Trier noch einmal die Münzprägung auf die rechtmäßigen Kaiser Theodosius und Arcadius wieder aufgenommen wurde. Umstritten bleiben hingegen für das Trierer Münzamt Prägungen auf Honorius (393–423). Trotz langjähriger Sammeltätigkeit sind für den im Januar 393 zum Augustus erhobenen Honorius bislang weder Trierer Gold- noch Bronzeprägungen nachgewiesen, obwohl inzwischen aus dem Trierer Stadtgebiet sechs Exagien, Eichgewichte zur Justierung von Goldmünzen auf Honorius Namen vorliegen (vgl. Kat. Nr. 29). Ob diese, wie bisher angenommen, ausschließlich in der Münzstätte selbst oder nicht auch im privaten Bereich wie etwa bei Goldschmieden oder Händlern Verwendung fanden, sollten die Neufunde zu bedenken geben. Die einzelnen Exagien können aber frühestens nach der Niederlage und dem Tode des im Westteil des Reiches herrschenden Usurpators Eugenius im Herbst 394 im Zuge einer von Theodosius I. angestrebten Restituierung Galliens nach Trier gelangt sein. Doch machten der plötzliche Tod des Theodosius am 17. 1. 395 und eine neue Politik seiner Nachfolger dieses Vorhaben zunichte. Trier verlor noch im selben Jahr neben der Residenz, die nach Mailand verlegt wurde, die oberste gallische Zivilverwaltung mit dem Praefectus praetorio Galliarum an Arles und im Zuge dieser Reform vermutlich auch sein Münzamt.

Danach wurden in Trier zumindest für ein Jahrzehnt keine Münzen mehr geprägt. Nicht endgültig geklärt ist bislang, ob die mit Trierer Münzstättenzeichen auf die Usurpatoren Constantin III. (407–411), Jovinus (411–413) und Sebastianus (412–413) geschlagenen Gold- und Silbermünzen tatsächlich in Trier oder nicht in einer mobilen Münzstätte hergestellt wurden, wobei der Münzmeister, der wie die Stempelschneider während der Bürgerkriege dieser Jahre zum Gefolge des Kaisers gehörte, je nach Aufenthalt des Kaisers und des Heeres in Nord-,

Mittel- oder Südgallien die Zeichen der alten Münzstätten Trier, Lyon und Arles verwendet hätten. Die Entlohnung der Söldner und Verbündeten erforderte in dieser unruhigen Zeit eine rasche Ausmünzung von Edelmetall, wobei eine Heranschaffung aus einer entfernten Münzstätte damals sicherlich ein zu großes Risiko bedeutet hätte. Zeitweise ließ Constantin III. sogar auf Honorius Namen Siliquen mit Trierer Münzstättenzeichen TRMS schlagen, um somit dessen Anerkennung zu erreichen.

Sicherlich ist die Prägetätigkeit in den letzten Regierungsjahren des Honorius in Trier offiziell noch einmal aufgenommen worden. Von dieser Emission, die mit TRPS signiert, sind bislang nur in Britannien Prägungen bekannt geworden. Die letzten in Trier geschlagenen Münzen sind Teilsiliquen der Kaiser Theodosius II. (408–450) und Valentinian III. (425–455), so daß wir das Ende der Prägetätigkeit um 445 ansetzen dürfen.

Nach der Einstellung der offiziellen Bronze- und Silberprägung nach 394 bzw. 445 kommt es im Geldverkehr zu einem merklichen Engpaß. Dem Kleingeldmangel versuchte man offenbar mit einer Art von Notgeld, Bleimünzen in Größe der nach 383 in Trier geschlagenen Halbcentenionales mit oder ohne Prägung, zu begegnen. Herstellungsort dieser spätrömischen Bleimünzen der 1. Hälfte des 5. Jahrhunderts war zweifellos Trier, in dessen Stadtbereich oder näherem Umland sie sich bislang konzentrieren. Neben die Bleiprägungen tritt nach 450 eine Vielzahl barbarisierter Silbermünzen von geringem Gewicht (0,35–0,12 g), die, nachdem die nördlichen Teile des römischen Reiches von der Zufuhr neuer Münzen abgeschnitten worden waren, wie gewisse Fundkonzentrationen an Rhein und Mosel erkennen lassen, teils auch in Trier, vielleicht noch in den 70er Jahren des 5. Jahrhunderts unter einem Comes namens Arbogast geschlagen wurden, der die Stadt mit einem Landstrich an oberer Mosel und Maas gegen die Franken verteidigte. Mit der fränkischen Landnahme, die im Rheinland um 480 mit der Einnahme Triers abgeschlossen war, fand auch die Münzprägung in Trier ein vorläufiges Ende. Allerdings sollten weniger als sechs Jahrzehnte vergehen, bis in Trier, nun für die »Civitas Treveris« erneut Münzen geprägt werden.

Literatur

H. A. Cahn, Die Trierer Antoniniane der Tetrarchie. Schweiz. Num. Rundschau 37, 1955, 5 ff. – Ders., Nachträge zu den Trierer Antoninianen der Tetrarchie. Schweizer Münzblätter 15, 1965, 121 ff. – K.-J. Gilles, Die Trierer Münzprägung im frühen Mittelalter (Koblenz 1982). – Ders., Trierer Antoniniane der Tetrarchie (293/4 n. Chr.). Petermännchen 12, 1981, 1 ff. – Ders., Zur Münzprägung des Honorius in Trier. Trierer Zeitschr. 46, 1983, 225 ff. – H. v. Koblitz, In der Münzstätte Trier geprägte Münzen von Valentinian sen. bis zum Aufhören der Prägung. Trierer Zeitschr. 3, 1928, 24 ff. – Late Roman Bronze Coinage I u. II. (London 1960) (abgek.: LRBC). – The Roman Imperial Coinage V, 2–IX. (London 1933–1981) (abgek.: RIC). – P. N. Schulten, Die römische Münzstätte Trier von der Wiederaufnahme ihrer Tätigkeit unter Diocletian bis zum Ende der Folles-Prägung (Frankfurt 1974). – C. F. Zschucke, Die römische Münzstätte Trier von der Münzreform der Bronzeprägung unter Constans 346/8 n. Chr. bis zu ihrer Schließung im 5. Jahrhundert (Trier 1982).

Das christliche Trier und seine Bischöfe

WOLFGANG BINSFELD

Im Jahre 314 nahm Bischof Agricius (Agroecius) von Trier mit einem weiteren Kleriker, dem Exorzisten Felix, an einer wegen der wiedertäuferischen Donatisten einberufenen Synode in Arles teil. Das ist der erste historische Fixpunkt für das Christentum in Trier. Nach der sehr zuverlässigen ersten Fassung der Trierer Bischofsliste hatte Agricius schon drei Vorgänger: Eucharius, Valerius und Maternus. Danach kommen wir mit der christlichen Gemeinde – als einzige Stadt Deutschlands – in die Zeit vor Konstantin, dem ersten christlichen Kaiser, und zwar noch in das 3. Jahrhundert hinein. Das mag spät scheinen angesichts der Legende, die die drei ersten Bischöfe mit dem Apostel Petrus in Verbindung bringt, ist aber früh in der historischen Entwicklung: Allem Anschein nach hatte Gallien 177/78 nur einen einzigen Bischof in Lyon. Die am Ende des 2. Jahrhunderts »in den germanischen Provinzen (und) bei den Kelten gegründeten Gemeinden« (Irenäus) entziehen sich unserer Erklärung, und unseres Wissens war noch um 250 der nördlichste Bischofssitz in Paris. Am Rhein ist der erste Bischof Maternus von Köln; er nahm mit Agricius an der Synode von Arles teil und schon an einer früheren, die in gleicher Sache im Jahre (und als Folge) des »Toleranzediktes« 313 stattfand. Selbst wenn er mit dem Maternus der Trierer Liste identisch ist, kann er von Trier nach Köln gegangen sein und muß nicht notwendig aus der Reihe der Trierer Bischöfe gestrichen werden. Jedenfalls sind nach einhelliger Überlieferung Eucharius, Valerius und Maternus bei St. Matthias begraben worden, für die beiden ersten bezeugt das eine spätestantike Inschrift des Bischofs Cyrillus (Gauthier 19); die ursprüngliche Grabkammer des Eucharius ist möglicherweise gefunden (Kat. 92).
Der anfangs genannte Agricius war nach mittelalterlichen Berichten aus Antiochia in Syrien gekommen und hat in Trier unter Konstantin und seiner Mutter Helena den Dom erbaut. Die erste Behauptung konnte historisch ge-

stützt, die zweite im Bereich Dom-Liebfrauen archäologisch eindeutig bestätigt (Kat. 61) werden. Über den

Abb. 1 Althanasius, Relief um 1750 in der Porta Nigra.

vorkonstantinischen Versammlungsraum sind bisher nur Vermutungen geäußert worden.

Nach dem Tode des Agricius wurde Maximinus sein Nachfolger (um 330). In einer religiös bewegten Zeit bewährte er sich als bedeutender Hort der Rechtgläubigkeit. Die Auseinandersetzungen zwischen Orthodoxen und Arianern schlugen Wellen bis nach Trier, 335 ließ Constantin den Vorkämpfer der Orthodoxie, den berühmten Athanasius von Alexandrien, in diese Stadt verbannen. Nach dem Tode des Kaisers übernahmen seine drei Söhne das Reich, der orthodoxe Constantin II. in Trier ließ Athanasius in seine Heimat zurückkehren. Im Osten aber schickte der »arianisch« gesonnene Constantius II. den Bischof Paulus von Konstantinopel ins Exil, während dessen Maximin die liturgische Gemeinschaft mit ihm bewußt aufrechterhielt. Einer Delegation von »arianischen« Bischöfen des Ostens, die 342 Kaiser Constans (er hatte nach dem Tode seines Bruders Constantin II. das Westreich übernommen) in Trier das »arianische« Glaubensbekenntnis (die sog. Formel 4) der Synode von Antiochia (341) überbrachte, verweigerte Maximin dagegen diese Gemeinschaft. Den konfessionellen Wirren sollte eine Synode in Serdica (heute Sofia) ein Ende bereiten, an deren Zustandekommen Maximin maßgeblich beteiligt war. Athanasius reiste dorthin – mit dem altehrwürdigen Hosius von Cordoba – über Trier. Vielleicht ist es dieser Aufenthalt, bei dem er in der unfertigen Bischofskirche einen Gottesdienst erlebte. Die Synode von Serdica (343) fiel sogleich in die beiden Parteien auseinander, die »Arianer« erklärten Maximin wegen seines Verhaltens für abgesetzt – natürlich ohne Erfolg. Es ist aufschlußreich, in den Konzilsakten festzustellen, wie sich in Gallien inzwischen ein dichtes Netz von Bistümern bis hin nach Tongern (Nordbelgien) entwickelt hatte; am Rhein lagen oberhalb Kölns die Sitze Mainz, Worms, Speyer, Straßburg und Augst bei Basel, an der oberen Mosel Metz.

Etwa vier Jahre nach Serdica starb Maximin, er wurde bei der noch heute nach ihm benannten Kirche (Kat. 118) in der Nähe seines Vorgängers beigesetzt – wenn die mittelalterliche Tradition nicht irrt, in dem Sarkophag mit dem Guten Hirten (Kat. 121). Nach ihm wurde Paulinus »Bischof der Metropole Galliens«, er führte die streng orthodoxe Überzeugung fort und hielt mit Athanasius Verbindung. Er widersetzte sich als einer von Wenigen – darunter der Bischof von Rom – dem Absetzungsbeschluß über Athanasius und wurde daher 353 – es ist das Jahr, in dem der Usurpator Magnentius Trier belagerte – von einer Synode in Arles abgesetzt und von Kaiser Constantius II. nach Phrygien in Anatolien verbannt. Dort starb er im Jahre 358. Als Märtyrer verehrt, wurde er (nach einer Nachricht des 10. Jahrhunderts bald nach seinem Tod, nach Autoren des 11. erst eine Generation später unter Bischof Felix) in einem Sarg aus Zedernholz (Kat. 127) nach Trier überführt, wo er in der Kirche ruht, die seinen Namen trägt (Kat. 126).

Auf den »Märtyrer«-Bischof Paulinus folgte 358/59 Bonosus. Er erlebte die Zeit Julians des Abtrünnigen, dann aber Valentinians I., der mit seinem Sohn Gratian in Trier residierte und verschiedene Baumaßnahmen durchführte

Abb. 2   Hieronymus, Relief um 1750 in der Porta Nigra.

Kaiserthermen, Außenansicht (Kat. 85).   ▷

Kaiserthermen, Innenansicht (Kat. 85).   ▷ ▷

(Kat. 61, 85). Um 370 hielt sich in der Stadt eine Zeit lang Hieronymus auf und benutzte eine gut bestückte (ob die bischöfliche?) theologische Bibliothek – damals noch Student, später der bedeutende Übersetzer und Kommentator der Bibel.

Nachfolger des Bonosus wurde nach dessen Tod um 373

Britto (oder Brittonius). Er nahm 374 an einer Synode in Valence teil, die sich mit dem Problem der zeitweilig vom Glauben abgefallenen Christen befaßte. Um diese Zeit war St. Martin, Bischof von Tours, zum ersten Mal in Trier, um Valentinian I. aufzusuchen. Nach des Vaters Tod wurde 375 Gratian Kaiser im Westen, der Schüler des Dichters

Abb. 4   Ambrosius, Relief um 1750 in der Porta Nigra.

◁   Abb. 3   Martinus, Relief um 1750 in der Porta Nigra.

64

Ausonius. Unter seiner Herrschaft ist das Heidentum in der Stadt Trier (noch nicht auf dem Lande) zumindest offiziell erloschen. In diesen Jahren, jedenfalls zu Brittos Zeit, existierte, wie wir von Augustinus wissen, am Ostrand der Stadt schon eine klöstliche Gemeinschaft von Mönchen. 381/82 nahm Britto an einer Synode zu Rom teil, er wird unter den Bischöfen an dritter Stelle nach Papst Damasus und Ambrosius von Mailand genannt. Im Jahre 383 wurde Gratian ermordet, der Usurpator Maximus nahm in Trier seine Stelle ein. Im Auftrag von Gratians kaiserlichem Bruder kam Bischof Ambrosius von Mailand persönlich nach Trier, um den Leichnam seines Schützlings herauszufordern. Damit kehrte der redegewaltige und tatkräftige Kirchenfürst in die Stadt zurück, in der er (etwa 339) als Sohn des Präfekten für das Westreich geboren war. Schon 384 befaßte sich Maximus gerichtlich mit allzu asketischen Sektierern um den spanischen Bischof Priszillian, die in einem kirchlichen Verfahren zu Ketzern erklärt worden waren. Martin von Tours und Ambrosius von Mailand reisten wieder an, um den Usurpator zu beschwören, nicht in einer geistlichen Angelegenheit als weltlicher Herrscher die Todesstrafe zu verfügen. Vergeblich, Priszillian und ein Teil seiner Anhänger wurden 384/85 hingerichtet. Britto gehörte offenbar zu den gallischen Bischöfen, die ein solches Verfahren billigten. Er starb wenige Monate danach, aber die erregte Diskussion über Für und Wider ebbte nicht ab. 385/86 wurde von einer Bischofsversammlung in Gegenwart von St. Martin, der sich sonst von diesen Bischöfen sehr wohl distanzierte, Felix geweiht, der zur Auffassung seines Vorgängers tendierte.

Felix war »ein heiligmäßiger Mann, der es verdient hätte, zu einer besseren Zeit Bischof zu werden« (Sulpicius Severus); aber daß er mit den Verderbern Priszillians in (wohl allzu enger) Verbindung gestanden hatte, konnte man ihm in Rom und in Mailand nicht verzeihen. Noch 398 erwartete eine Synode in Turin seine Absetzung; damit verschwindet der unglückliche Felix aus der Geschichte, bestattet wurde er bei St. Paulin.

Seine Nachfolger Mauritius, Le(g)ontius und Severus sind uns bloße Namen, mit denen wir nichts Sicheres verbinden können. Kein Wunder, sie lebten in einer gefahrvollen Zeit ständiger Germaneneinfälle, bei denen Trier viermal verwüstet wurde. Der nächste Bischof Cyrillus ließ in den 50er Jahren des 5. Jahrhunderts die Anlage mit den Gräbern der ersten Bischöfe Eucharius und Valerius wiederherstellen (s. oben). Ihm folgte Iamlychus; er wird in den 70er Jahren von Bischof Auspicius von Toul mit dem Ehrentitel »noster papa« versehen und vom Dichter Venantius Fortunatus als »Mann von größter Vollkommenheit« bezeichnet. Er war der Bischof, der das Ende des römischen Trier und des Römischen Reiches überhaupt erlebte. Die Vermutung, er sei in Chalon-sur-Saône gestorben und begraben, ist nicht mehr recht wahrscheinlich. Vielleicht ist er es, den ein heute verstümmelter Trierer Grabstein »Perle der Bischöfe« (Gemma sacerdotum: Gauthier 230) nennt.

Literatur

W. Neuß, Die Anfänge des Christentums im Rheinlande² (Bonn 1933). – E. Winheller, Die Lebensbeschreibungen der vorkarolingischen Bischöfe von Trier (Bonn 1935). – F. Ewig, Trier im Merowingerreich (Trier 1954) und Spätantikes und fränkisches Gallien II (München 1979). – F. Pauly, Aus der Geschichte des Bistums Trier II (Trier 1969). – W. Binsfeld, Kölner Domblatt 38/39, 1974, 147 ff. – H. v. Petrikovits, in: Reallex. f. Ant. u. Christentum s. v. Germania (1977). – H. Ch. Brennecke, Zeitschr. f. Kirchengesch. 1979, 30 ff. – N. Gauthier, L'évangélisation des pays de la Moselle (Paris 1980). – K. Girardet, Chiron 4, 1974, 577 ff. (Trier 385). – M. Heinzelmann, Bischofsherrschaft in Gallien (München 1976) 62 (zu Iamlychus).

Das spätantike Trier aus der Vogelperspektive (Zeichnung: L. Dahm). ▷

Die spätantike Stadt – Kaiserresidenz und Bischofssitz

HEINZ CÜPPERS

Nach der Stadtgründung hatte die Ansiedlung seit der 2. Hälfte des 1. Jahrh., in Verbindung mit dem wirtschaftlichen allgemeinen Aufschwung eine schnelle Ausweitung an Wohnquartieren und eine starke Bevölkerungszunahme zu verzeichnen, eine Ausweitung, die sich nicht zuletzt im Bau der großen Forumsanlage ablesen läßt. Mit dem wirtschaftlichen Aufschwung geht auch eine allgemeine Steigerung des Lebensstandards einher, die steigenden Ansprüche werden von dem Gemeinwesen, aber auch dem Staate mit getragen und durch öffentliche Bauten werden auch die besonderen Funktionen der Stadt als Oberzentrum eines weiten Umlandes herausgestellt. Am Ostrand, relativ weit von den dicht bebauten Siedlungsflächen und Wohnquartieren, werden Amphitheater und Circus mit großflächigen Terrainbewegungen erstellt. Im Bachtal des Olewiger- und Altbaches werden Tempel- und Kultstätten einheimischer Gottheiten zusammengefaßt. Südlich des Brückenkopfes entstehen die Barbarathermen, auf das kunstvollste mit Bildwerken, Säulen, marmornen Wand- und Bodenbelägen ausgestattet.

Diese Aneinanderreihung bedeutender Anlagen, die zur Zeit ihrer Erbauung jeweils den letzten Stand der Bautechnik und auch der dekorativen Gestaltung repräsentieren, werden großartige Tempelbauten zugefügt, wie der Tempel am Herrenbrünnchen (oberhalb des Altbachtales und des Tempelbezirkes), des Lenus Mars (am westlichen Moselufer), kombiniert mit Theater, Heilquelle, Kultbezirk und Sanatorium.

In den Randzonen der Talsiedlung haben sich mannigfache Aktivitäten handwerklicher Produktion entwickelt, die das Wirtschaftsleben fördern, Güteraustausch, Import und Export beleben und stärken. Hier ist die ausgedehnte Töpferei- und Ziegelproduktion im südlichen Stadtgebiet zu erwähnen, die in Flußnähe und westlich der Straße von Metz, Konz nach Trier, seit dem 1. Jahrh. angesiedelt, verstärkt durch neue Töpferfamilien und Ziegelbäcker den steigenden Bedarf zu decken sucht.

Am stadtseitigen Ufer schließen Barbarathermen, Römerbrücke und ein ausgedehnter Heiliger Bezirk mit Tempel des Asklepios an, dem benachbart der Hafen mit dicht bebauten Wohnquartieren von Kleinhändlern und Handwerkern folgen.

Der blühenden Entwicklung entspricht auch der Neubau einer festen Steinpfeilerbrücke, die in der Anordnung der Pfeilerabstände auch eine »Fluß- und Uferzone« gestaltende Planung verrät. Auf eine Fläche von etwa neun zu zehn Insel- und Wohnquartieren ist Wohnbebauung, sind öffentliche Großbauten und Verwaltungsgebäude angelegt. Der anspruchsvolle, städtische Charakter dieser Siedlung ist nicht nur im Plankonzept fixiert, er wird auch in der aufwendigen Ausstattung der Straßen mit ihren Laubengängen, Pfeilern und Säulen, den Hausquartieren mit kunstvoll verzierten Türen und Toreinfahrten, mit den verputzten und bunt bemalten Fassaden, der Ausstattung mit Laufbrunnen, Zisternen und Wasserbecken sichtbar. Die endgültige Festlegung der Stadtgestaltung erfolgte durch die Errichtung der Stadtmauer, die gegen Ende des 2. Jahrhunderts mit einer Länge von über 6418 m und den monumentalen Stadttoren der Nordseite (Porta Nigra), der Südseite (der Porta Media) und dem Brückentor am Westufer als eine eindrucksvolle Kraftanstrengung auch riesige Geldmittel erfordert gemacht haben muß.

Dem Straßenraster entsprechend waren die Mauerstrecken mit ihren Zinnen unterbrochen durch in den Mauerverlauf eingebundene Rundtürme, die um wenigstens ein Geschoß von drei Metern höher ragten und ebenso bedrohlich wie schön die Ansicht bestimmten. In ihrem Verlauf von der Uferzone zur Mittelterrasse und dem Geländeanstieg des Petrisberges und des Heiligkreuzerberges folgend, mußte die Befestigung als ein erstaunliches Monument auf Freund und Feind wirken. Der Mauerring umschließt große Flächen, die, auf Zuwachs der Bebauung berechnet, nur vereinzelt außerhalb des Siedlungskernes mit Villen oder Gewerbebetrieben besetzt, sich mehr als Grünflächen oder als Gartenland darboten.

An den Haupt- und Fernstraßen, im Vorgelände der Mauer, lagen ausgedehnte Gräberfelder, Friedhöfe wie heutigentags mit umgrenzten Einzel- und Familiengrabstätten, mit Stelen, Inschriften und figürlichen Darstellungen verziert. Seit dem 2. Jahrhundert aber waren zunehmend aufwendige, große Monumente entstanden, die als Cippus, Altar, Turmaufbau und Pfeiler, zum Teil schon weit vor der Stadt, an den ländlichen Gütern, an der Fernstraße, hier und dort den Wohlstand propagierten und die Nähe der berühmten Stadt ankündigten. An den Berghängen lagen, das Landschaftsbild reizvoll belebend, tempelartige Grabanlagen, wie das Grutenhäuschen bei Igel, oder standen große Statuen, Tierkampfgruppen auf hohem Sockel und kündeten von dem Reichtum der Auftraggeber, der Leistungsfähigkeit und Gestaltungsvielfalt der örtlichen Bildhauerwerkstätten.

Die kriegerischen Ereignisse der Germaneneinfälle haben dieser Blüte und diesem Wohlstand ein plötzliches Ende bereitet. Soweit die Funde erkennen lassen, wurden nicht nur die Gräberfelder und die Grabdenkmäler demoliert, sondern auch die Töpferei- und Ziegeleibetriebe gingen in den Jahren um 260 n. Chr. in Flammen auf, sowohl außerhalb wie auch in dem Gebiet innerhalb der Stadtmauer. Für die privaten Wohnbauten und die großen palastartigen Villen und Verwaltungsbauten ist eine Ausplünderung und die Brandzerstörung in dieser Zeit zu vermuten und im Einzelfall auch nachzuweisen.

Zahlreiche Wohnanlagen zeigen dicke Zerstörungsschichten mit Brandschutt, Mauerabbruch und den zertrümmerten Ziegeln der Dachdeckung. Die inschriftlich bezeugte Restaurierung eines Mosaiks in der palastartigen Villa westlich des Forums durch den tribunus praetorianorum M. Piavonius Victorinus könnte von einer willkürlichen Einzelbeschädigung, einem Brandunglück bedingt gewesen sein, aber auch das Musenmosaik der Neustraße, das Polydusmosaik von der Weberbach-Kaiserthermen weisen Brandschäden auf und datieren vor die Zeit der Katastrophe.

Die peristyle Anlage bei der Basilika und der zugehörige Saalbau dürften ebenfalls in jenen Jahren in ihrem Baubestand erheblich beschädigt worden sein. Nur so erklärt sich, daß der Saalbau aufgegeben und eine aus Säulen und anderen Spolien errichtete Anlage hier errichtet worden ist, der durch die constantinische Basilika, auf wesentlich höherem Niveau, überbaut worden ist.

Nach dem Alamanneneinfall von 275 n. Chr. waren die allgemeinen Verhältnisse auf Jahre so desolat, daß nicht nur die Bevölkerung des Landgebietes ihre zerstörten Höfe aufgab und abwanderte, auch im Stadtgebiet müssen größere Verluste eingetreten sein, die vielfältige Veränderungen nach sich zogen.

In dem Töpfereigebiet bricht die Produktion reliefgeschmückter Keramik ab, sei es, daß die Ateliers zerstört, die Meister und Reliefhersteller abgewandert oder keine Klientel mehr für ihre Produkte gefunden hätten.

Im Gefolge der diocletianischen Reformen war Trier zum Sitz des Caesars M. Aurelius Maximianus 285 n. Chr. bestimmt worden, der am 1. Januar 287 als Augustus und Mitherrscher in Trier sein Consulat antrat und bei der Feier wegen der Nähe feindlicher Horden das Festgewand mit der Rüstung tauschte, um den Feind zu vertreiben. 293 tritt Constantius Chlorus als Caesar in Trier seine Herrschaft an.

Mit dieser neuen Stellung der Stadt als Residenz ist auch verbunden, daß zahlreiche Amtsstellen wieder eingerichtet und neue der Stadt zugewiesen wurden, deren Unterbringung in schnell hergerichteten Bauten, soweit diese verfügbar waren, erfolgte.

Der Ausbau der Residenz der constantinischen Zeit wurde nicht in den reichlich vorhandenen Freiflächen im Norden oder Osten des ummauerten Stadtgebietes vollzogen, sondern auf der bevorzugten und verkehrsgünstig gelegenen Mittelterrasse, dem bereits zuvor dicht bebauten Siedlungsgebiet.

Kaiserthermen, Basilika und private Wohnpaläste im Bereich der späteren constantinischen Doppelbasilika (Dom und Liebfrauenkirche) markieren die Großbauten der kaiserlichen Residenz, zu der allerdings auch ausgedehnte Flächen älterer Bebauung (mit Häusern und Palästen, die repariert oder umgebaut worden sind) hinzuzurechnen sind.

Ungeklärt ist die Frage, ob dieses sehr ausgedehnte Areal

Polydus-Mosaik aus dem Bereich der Kaiserthermen (Kat. 79).

Amphitheater (Kat. 66). ▷

von den teilweise hier zu vermutenden privaten Grundstückseigentümern konfisziert (auf dem Wege der Enteignung übernommen) oder durch Tausch in Staatsbesitz überging, oder ob durch Zerstörung und Abwanderung die Bewohnerzahl soweit reduziert war, daß diese Flächen zur Disposition standen.

Östlich der Achse Kaiserthermen – Basilika wurden große, palastartige Villen festgestellt, die z. T. in diesen Jahrzehnten durch Umbauten verändert und in ihrer Ausstattung durch Mosaiken und Wandmalerei verschönert worden sind. Hier ist das »Priesterhaus« beim Zierteich (Löschteich) im Stadtpark zu erwähnen, dessen »Grüne Wand« übermalt worden ist und weißgewandete Figuren mit buntverzierten Clavi (buntfarbene Zierbesätze) im Stil des 4. Jahrhunderts zeigt.

Auch die große Villenanlage unter dem Landesmuseum wurde vergrößert ausgebaut und mit dem kunstvollen Musenmosaik des Monnus ausgestattet, ein Bildteppich als Lehrprogramm der klassischen Bildung.

Die Serie großer öffentlicher Bauten westlich des Forums besteht, in ihrer Grundrißanordnung nur unwesentlich verändert, weiter. Am Moselufer wurden die Barbarathermen weiter genutzt, und es ist davon auszugehen, daß neben den peripher gelegenen Tempeln des Lenus Mars (am westlichen Moselufer) mit Kapellenbezirk, Sanatorium und Kulttheater, auch der Asklepios-Tempel an der Römerbrücke, der Tempelbezirk am Altbachtal und der Tempel am Herrenbrünnchen weiter dem Kult dienen oder durch Anlagen ergänzt werden.

Circus und Amphitheater erleben in constantinischer Zeit eine neue und intensive Benutzung, die sowohl mit ergänzenden Installationen (Holzeinbauten im Kellerbereich des Amphitheaters) oder zusätzlich aufgestellten Ehrenmalen, Inschriften und Skulpturen sich zu erkennen geben.

Die umfassenden Baumaßnahmen, die den Stadtkern zu einer einzigen großen Baustelle verwandelten, sind aber immer örtlich scharf umgrenzt, denn zugleich waren zahlreiche Behörden und Verwaltungen des Hofes und des Staates tätig und setzen den Fortbestand einer genügend großen Zahl von Gebäuden voraus.

So ist der Befund westlich der Basilika von Interesse, der deutlich demonstriert, daß hier ältere Gebäudeteile der »peristylen Anlage« weiter in Nutzung waren und erst nach Fertigstellung der Basilika und einer damit verbundenen Terrainanhebung ebenfalls umgebaut und auf die neue Benutzungsebene angeglichen worden sind. Zugleich mit dem Umbau wurden schwarz-weiße geometrische Mosaiken verlegt und ein größerer Apsidensaal westlich der Hof- und Portikushalle errichtet. Auch die Vorstellung, daß in den großartigen Planentwurf der Basilika mit Eingangshalle und Querbau eine Portikus und Kryptoportikus (als »Altbau«) inkorporiert wurde, paßt nicht zu der sonst geläufigen Praxis. Die Vorhalle wurde mit einem nach Westen gerichteten Narthex und Apsis erweitert und bildet zugleich die südliche Begrenzung der Hof- und Portikusfläche an der Westseite der Basilika mit den Durchgängen zu Verwaltungsräumen.

Hierfür wurde, neben der älteren Straßenführung endend, die Kryptoportikus um zwei Joche gekürzt und aufgefüllt, und eine Heizung unter Querbau und Apsis eingerichtet. Eine breite Türe führt nach Süden in den Bereich der Portikus, die auf gleichem Estrichniveau weiter benutzt, jedoch erweitert, mit einer neuen östlichen Außenwand versehen werden mußte. Diese ist nach den erhaltenen Maueransätzen und Ausbruchgruben als geschlossene Wand zu betrachten, in der Fensterarkaden mit Pfeilerstützen die vorgelagerte Platzfläche, vor den Südportalen der Vorhalle, säumten.

Auch die östlich und westlich der Basilika gelegenen Hofflächen waren mit einigermaßen »geschlossenen« Portiken eingefaßt. Neben einem durchlaufenden profilierten, aus Kalksteinquadern bestehenden Mauersockel sind Säulen gesichert, die wohl im Wechsel mit Pfeilern eine Fensterarkadierung bildeten, die in kalter Jahreszeit durch Vorhänge etwas geschlossen werden konnte und als Vorraum und Zugang zu den nach Westen anschließenden Räumen diente.

Der Bereich der privaten Wohnpaläste der kaiserlichen Familie liegt nördlich in seit dem 2. Jahrhundert n. Chr. bereits mit Wohnanlagen besetztem Terrain. Die seit 1940 in Gang befindlichen Grabungsuntersuchungen haben wichtige Einzelbeobachtungen zu den vorconstantinischen Anlagen erbracht, die jedoch keine »Gesamtgrundrisse« der Hausanlagen zu rekonstruieren erlauben. Immerhin ist gesichert, daß in dem westlichen Wohnquartier schon ein frühchristlicher Andachtsraum bestanden hat, der in der großen Südbasilika nach 326 n. Chr. weiter lebte. Auch für den östlichen Bereich erschließt der Ausgräber Th. Kempf rechteckige »Saalkirchen«, die in Verbindung mit der Kaiserin Helena die Möglichkeit christlicher Andachts- und Gebetsübungen erlauben. Zu dem »Palast- und Wohnbereich« ist auch eine Badeanlage zu rechnen, die bei einem Neubau des Generalvikariates, östlich des Kreuzgang- und Gartenbereiches, gelegen ist. Für das übrige Stadtgebiet weisen die bei Kanalverlegung und einigen großflächigen Ausschachtungen nach dem Kriege gemachten Beobachtungen immer wieder darauf hin, daß ältere Baugefüge mit z. T. kleinen Raumfolgen verändert und insgesamt größere Raumfolgen die fest umgrenzten Wohnquartiere füllen, eine Erscheinung die schon im 3. Jahrhundert einsetzte.

Neben der Errichtung der großen Magazin- und Getreidehallen der Horrea von St. Irminen, nahe dem hier gelegenen Moselhafen der antiken Stadt, sind sowohl östlich wie auch nördlich neue Bauten von relativ großem Grundstückszuschnitt errichtet worden (so an der Böhmerstraße), die, mit eigenen Privatbädern ausgestattet, einen gewissen Wohlstand der Eigentümer erkennen lassen.

Auch am östlichen Rand des Tempelbezirkes am Altbachtal entstehen nach der Jahrhundertmitte noch großräumige, private Wohnanlagen in ausgesucht schöner Lage mit Blick auf die Stadt, deren Auftraggeber vielleicht in der Beamtenschicht der Spätzeit zu suchen sind. Daß neben der schnell an Bedeutung und Einfluß gewinnenden wachsenden christlichen Gemeinde, die sich auch aus dem Stadtbürgertum ebenso rekrutiert wie aus dem Beamten- und Hofstaat, auch das Heidentum noch lebendig ist, wird aus dem Ledamosaik vom Kornmarkt (Kat. 150) erschlossen.

Nach dem Abbruch der privaten kaiserlichen Wohnpaläste und der Errichtung der Doppelbasilika wird, soweit eine direkte Wechselbeziehung wirklich bestand, mit dem Umbau der Kaiserthermen ein Ersatz geschaffen, der wenigstens den Anteil der kaiserlichen Repräsentation zu veranschaulichen vermag. Die Palästra der Thermen wird um die Fläche des Frigidariums erweitert, das Tepidarium rückt als Kuppelbau mit seiner Außenfront an eine große Platzfläche. Eine noch recht große Badeanlage wird an der NO-Seite neu erstellt und weist auf private Benutzung hin, die mit dem Amts- und Wohnpalast eines kaiserlichen Prinzen, Mitherrschers oder aber eines hohen Reichsbeamten zu erklären wäre. In gleichem Sinne wäre auch eine östlich der Basilika in Resten noch aufgenommene Badeanlage direkt mit dem Kaiser zu verbinden unter der Voraussetzung, daß ausgedehntere private Wohnbauten hier, unter dem kurfürstlichen Palais bestanden hätten.

Für die spätantike Stadt sind aber noch gewichtige Elemente zu erwähnen, die das gesamte Stadtbild mit beeinflußten. Als späteste und oberste Straßenschicht sind immer wieder großformatige Kalksteinplattenbeläge beobachtet worden, zu denen vereinzelt Straßenbeläge aus Lava- und Basaltplatten (so aus dem Gebiet des Altbachs, jetzt im Amphitheater verlegt) oder in Wechsel von Blausteinplatten mit dickeren, polygonalen Basaltsäulen, als »Bindern« beim Forum (Ostseite, heute Turnhalle Angela-Merici Gymnasium), beobachtet worden sind.

Östlich der Basilika wird ein großer Platz geschaffen und mit Pfeilerhallen und Säulenportiken gesäumt, die die Fläche öffentlicher und staatlicher Bauten vermehren.

Nicht minder das Stadtbild prägend sollten sich die Veränderungen im suburbanen Bereich, dem Gelände vor der Stadtmauer und am Moselufer auswirken.

Die im Norden und Süden gelegenen Brandgräberfelder werden offenbar mehr oder weniger einplaniert, die einst ebenso kunstvollen wie monumentalen buntfarbenen Grabdenkmäler, Altäre, Pfeiler und Turmaufbauten sind abgetragen und verbaut, ein doppeltes, stellenweise auf drei Gräben erweitertes Annäherungshindernis umzieht die Stadtmauer an der Nord, Ost- und Südseite.

Die etwas peripher gelegenen Villen sind seit dem Ende des 3. Jahrhunderts zu frühchristlichen Grabkirchen und Bischofsgräbern umgewandelt: St. Eucharius, Villa Albana (im Süden), Villa bei St. Maximin, kleine Grabbasilika südlich beim Versorgungsamt (seit dem 2. Viertel des 4. Jahrhunderts), Villa bei St. Marien (4. Jahrhundert), Villa bei St. Martin (Ende 4. Jahrhundert) und Grabkirche des Heiligen Paulinus (seit dem Ende des 4. Jahrhunderts) und haben mit Grabkammern, Gedächtnisanlagen und ausgedehnten Friedhofsbereichen oftmals eine eigene Entwicklung bis hin zu den Klosteranlagen des frühen und hohen Mittelalters genommen. Auch im näheren Umland bilden sich Sonderbereiche aus, die als mit Bauanla-

gen bestandene Flächen die Landschaft mit beeinflussen.
So sind bei Pallien und auch im Hanggelände der Römerstraße Gräberfelder und Mausoleen gelegen, weiter am Irrbach und an der Römerstraße bei Euren.

Der kaiserliche Sommerpalast bei Konz, erhöht über dem Moseltal und der Saarmündung, seit der Mitte des 4. Jahrhunderts die festungsartige Palastanlage bei Pfalzel und auch eine große Villa bei der Kirche in Euren sind hier zu erwähnen.

So läßt sich, bei aller Lückenhaftigkeit der Beobachtungen und rekonstruierbaren Bauanlagen für das 4. Jahrhundert ein Stadtbild entwerfen, das alle Elemente einer großen und bedeutenden Ansiedlung bietet, die durch die monumentalen Bauten der bürgerlichen Blütezeit und der kaiserlichen Residenz aber in besonderem Maße ausgezeichnet ist.

Die Kartierung der Bauten verdeutlicht aber auch, daß weite Flächen mit Plätzen und öffentlichen Gebäuden von jeglicher »Wohnbenutzung« auszunehmen sind. So wäre die Frage nach der Zahl der Bewohner zu stellen. Etwa ein Drittel der nachweislich besiedelten und bebauten Fläche des Stadtgebietes ist mit öffentlichen Nutzungen beansprucht worden. Andere Wohnquartiere sind von großflächigen Villen besetzt, in denen eine Familie mit Dienerschaft anzunehmen ist, die kaum pro Familieneinheit mehr als 30 Personen betragen dürfte.

Das Platzangebot im Amphitheater ist mit 19–20 000 Personen anzusetzen und für die Aufnahmefähigkeit der constantinischen Doppelbasiliken wird die Zahl von 1500

Gläubigen genannt. So wird man trotz der Größe der von der Stadtmauer umschlossenen Fläche von ca. 285 ha sehr zurückhaltend in der Schätzung der Bevölkerungszahl sein müssen, wohl bedenkend, daß schon die Versorgung einer Stadtbevölkerung von 30 000 Einwohnern beachtlichen administrativen Aufwand und gut funktionierende Transportkapazitäten verlangt, die selbst bei einer militärischen Organisationsstruktur problematisch ist.

Andererseits kamen damals der Stadt Funktionen zu, die neben der Reichs- und Provinzverwaltung, dem Hofstaat auch die Aufgaben des Oberzentrums für ein weites, allerdings nicht allzu dicht besiedeltes Umland wahrzunehmen hatte, eine Funktion, die auch heute unverändert vorgegeben ist.

Als um 400 n. Chr. Verwaltung und Hofstaat nach Süden verlagert wurden, kann von einer volkreichen Großstadt keine Rede mehr sein. Der große Mauerring kann von der Restbevölkerung nicht mehr ausreichend besetzt und verteidigt werden, und man flüchtet sich in das Amphitheater. Selbst mit Zugang von Flüchtlingen aus dem Umland werden kaum mehr als 8000 bis 10 000 Menschen die Stadt bevölkert haben, die jeglicher kontinuierlichen Versorgungsmöglichkeit entbehrte. Wenn später nur noch die Serie der kirchlichen Andachtsstätten, der Friedhöfe und suburbanen Villen zu dorfartigen Kleinsiedlungen regenerieren und im Bereich des Domes der Bischof mit Klerus und einer kleinen Christengemeinde die Zeiten überdauert, ist der katastrophale Zusammenbruch hinreichend illustriert.

Die ländliche Besiedlung im Umkreis von Trier in der Spätantike

WOLFGANG BINSFELD

Im 2. und 3. Jahrhundert blühte das Land der Treverer in den Tälern und Höhen von Eifel und Hunsrück unter dem Schutz der »Pax Romana«, des vom Römischen Reich garantierten Friedens. An den Hauptstraßen des Reiches sorgten Orte oder Flecken (Vici) für die Versorgung der Reisenden und den Absatz der Landeserzeugnisse. Eng war das Netz der land- und weinwirtschaftlichen Höfe (Villae), überall dazwischen verstreut lagen die ländlichen Tempel und Heiligtümer der Treverer.

Im Verlauf der 2. Hälfte des 3. Jahrhunderts ging es politisch, militärisch, wirtschaftlich und finanziell bergab, unter den Germaneneinfällen über den Rhein war der vom Winter 275/76 der verheerendste und folgenreichste. Viele Höfe und Heiligtümer wurden zerstört, nicht wenige wurden – zerstört oder nicht – endgültig aufgegeben; andere erholten sich wieder, jedoch erst Jahrzehnte später. Das archäologische Bild vom Hin und Her der germanischen Überfälle und römischen Gegenaktionen in der constantinischen Zeit ist vorab noch unscharf. Wichtige Vici wurde nach einheitlichem Plan ummauert, so Jünkerath, Bitburg und Neumagen, nach Ausonius unter Constantin d. Gr. (Mosella 11). Belginum, an der Hunsrückstraße bei Wederath und Hinzerath, erhielt keine Mauer und wurde schon vor der Mitte des 4. Jahrhunderts bedeutungslos; wir wissen nicht, welche der beiden Tatsachen Ursache und Folge ist.

Die zweite große Katastrophe im Trevererland hängt mit der Usurpation des Magnentius (350) zusammen, der Bürgerkrieg (350–353) lockte natürlich die Germanen in Scharen über den Rhein (353–356). Julian konnte zwar die Rheingrenze wieder herstellen, aber nicht verhindern, daß von den vielen zerstörten ländlichen Bauten nicht wenige wüst blieben. Wenn einige Heiligtümer noch einmal kurz aufblühten, mag das – wie beim Haupttempel auf dem Burgkopf bei Fell – mit Julians Religionspolitik zusammenhängen. Viele Bauern jedoch konnten

oder wollten nicht mehr auf ihre Höfe zurückkehren. War auch die Besiedlung in Eifel und Hunsrück deutlich dünner geworden, so konnten die Hiergebliebenen bei der offensiven Grenzverteidigung Valentinians I. wieder Hoffnung schöpfen. Zusätzlich wurde die Landbevölkerung durch reichsfremde Zwangssiedler ergänzt, zufällig erwähnt Ausonius (Mosella 9) Sarmaten im Hunsrück (dazu s. Kat. 177). So gibt es immer noch Höfe, deren Siedlungsspur erst um 400 oder noch später sich verliert; so gibt es immer noch Heiligtümer, in denen die Heiden »vom Lande« (Pagani), dem Herkommen verbunden, ihre angestammten Götter trotz kaiserlichen Verboten verehrten.

Seit etwa 400 wird die Rheingrenze immer unregelmäßiger verteidigt, und so setzen in den ersten Jahrzehnten des 5. Jahrhunderts die Hinweise auf Gallo-Römer in den ländlichen Gebieten aus, abgesehen von einigen Orten wie Bitburg (Beda) und Neumagen (Noviomagus), denen man schon am Namen ansieht, daß sie den Übergang ins Mittelalter überlebten.

Die beiliegende Karte verzeichnet lediglich diejenigen eindeutigen Höfe und Heiligtümer, über deren Enddatum wir sichere Kenntnis oder doch gut begründete Vermutung zu haben glauben. Es konnten vereinfacht und schematisiert nur drei Endpunkte angegeben werden: die 270er Jahre (und schon früher?), die 350er Jahre und die Zeit um grob 400 (zu Befestigungsanlagen s. Kat. 164). Einiges aber wird hier schon deutlich:

Seit etwa 275 ist der Hunsrück, abgesehen von Belginum, fast fundleer. Nicht ganz so kraß ist die Abnahme von Höfen und Heiligtümern in der Eifel. Zumal in den Tälern der Mosel-Nebenflüsse und nahe der Straße nach Köln wird mehrfach die Besiedlung – oft nach einer Lücke – weitergeführt oder wieder aufgenommen. Bei der Wiederaufnahme mit deutlicher Unterbrechung könnte man an die Notiz in einer Rede auf Constantius Chlorus vom

Jahre 297 denken, daß »der Franke, aufgenommen in die römische Gesetzlichkeit, die Äcker der Treverer bestellte«.

Die Frankeneinfälle der 350er Jahre hinterlassen in der Eifel – sogar an der Landstraße nach Köln und in den Tälern von Kyll, Lieser und Alfbach – ihre vernichtenden Spuren. Manche Siedlungen, auch in höheren Lagen (Leudersdorf), halten sich aber weiterhin, auf der rechten Moselseite selbst Weitersbach am Hochwald, da wo nach Ausonius Sarmaten angesiedelt waren. Um diese Zeit entstehen sogar neue, meist große und aufwendige Villen im Moseltal (Konz, Pölich, Leiwen, Niederemmel) – Ausonius gibt ein Bild von ihnen – und eine bei Welschbillig innerhalb der Langmauer (dazu s. Kat. 151).

Die Daten für die endgültige Aufgabe der letzten Villen und der kaum weniger langlebigen Heidentempel sind mangels Münzen meist nur grob zwischen dem ausgehenden 4. und der 1. Hälfte des 5. Jahrhunderts anzusetzen.

Literatur

Wightman, Trier 158 f. – Führer Eifel 64 = Hunsrück 57. – Zu Fell: K. J. Gilles, Kurtrier. Jahrb. 23, 1983, 9*ff.

Abb. 1   Villen und Heiligtümer des Trierer Landes in der späteren Antike.

Villen

1. Bengel
2. Binsfeld
3. Bollendorf
4. Fließem
5. Horath
6. Irrel
7. Kinheim
8. Kirf
9. Konz (1)
10. Konz (2)
11. Landscheid
12. Leiwen (1)
13. Leiwen (2)
14. Leudersdorf
15. Lösnich
16. Maring-Noviand
17. Meckel
18. Mehring
19. Neumagen-Dhron
20. Newel
21. Niederemmel
22. Pölich
23. Schleidweiler
24. Schwirzheim
25. Stahl (1)
26. Stahl (2)
27. Trierweiler
28. Vierherrenborn (1)
29. Vierherrenborn (2)
30. Vierherrenborn (Irsch)
31. Weiersbach
32. Weitersbach
33. Welschbillig
34. Wiersdorf
35. Wiltingen
36. Wittlich

Heiligtümer

A. Bäsch (Dhronecken)
B. Elzerath
C. Fell
D. Fließem
E. Graach
F. Gusenburg
G. Heckenmünster
H. Hochscheid
I. Hottenbach
K. Idenheim/Meckel
L. Möhn
M. Mürlenbach
N. Nattenheim
O. Pelm/Gerolstein
P. Tawern
Q. Trierweiler

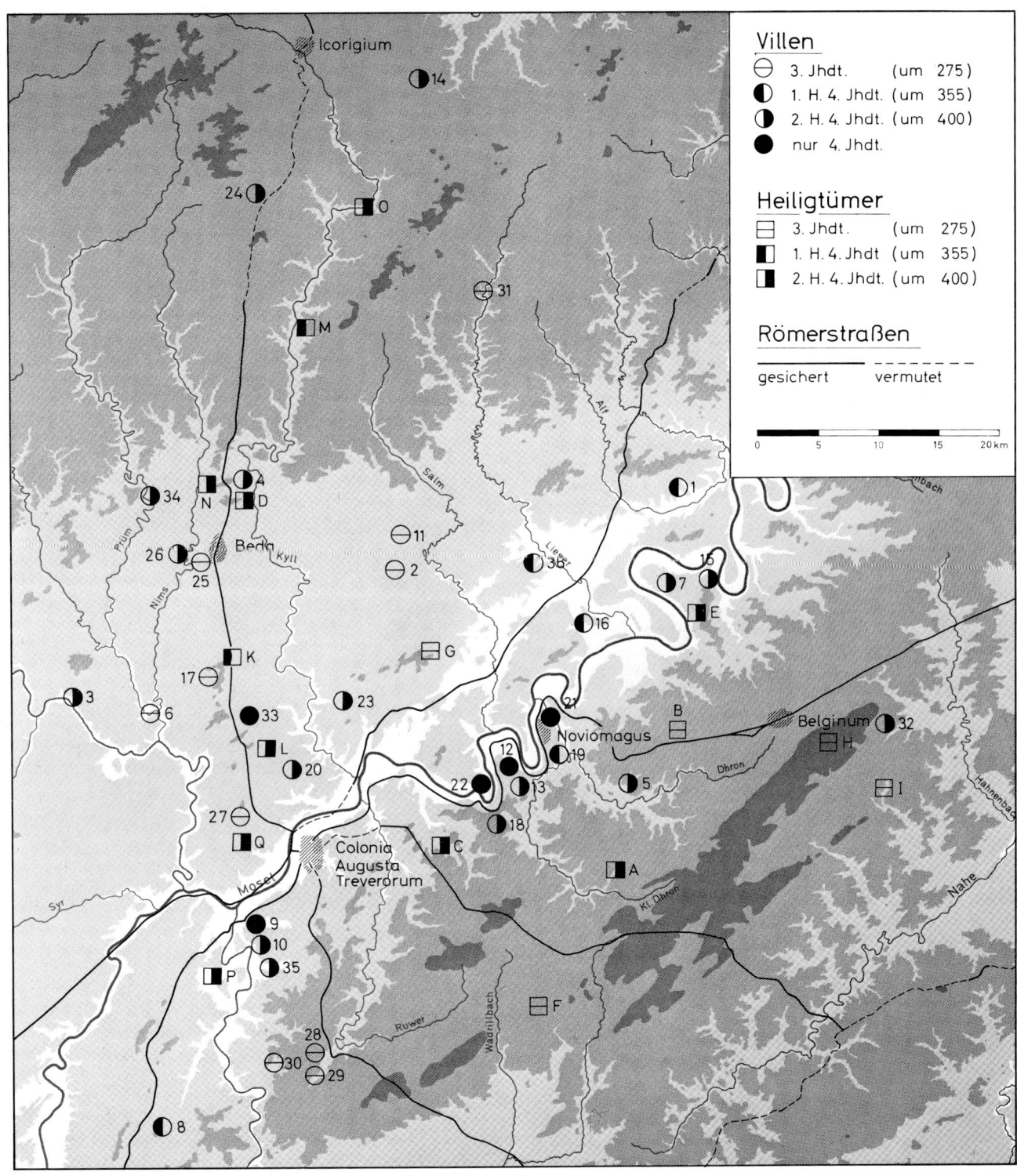

Villen
○ 3. Jhdt. (um 275)
◐ 1. H. 4. Jhdt. (um 355)
◑ 2. H. 4. Jhdt. (um 400)
● nur 4. Jhdt.

Heiligtümer
▯ 3. Jhdt. (um 275)
◼ 1. H. 4. Jhdt (um 355)
◧ 2. H. 4. Jhdt. (um 400)

Römerstraßen
gesichert ———— vermutet ----

0 5 10 15 20 km

77

KATALOG

Der Neumagener Steinsaal

Die Sonderausstellung »Trier – Kaiserresidenz und Bischofssitz« mußte aus technischen Gründen in dem Steinsaal eingerichtet werden, der in chronologischer Abfolge die Entwicklung der monumentalen Grabskulptur des Trierer Landes zeigt.

Gleichzeitig sind die an den Wänden und im Mittelraum aufgebauten Denkmäler in ihrer typologischen Entwicklung angeordnet, die von der Grabstele monumentaler Form, dem Cippus, die Veränderungen der Grabaltäre nach Form und Dekor, der Grabpfeiler und verschiedener Sonderformen (so des mehrgeschossigen, offenen Grabturmes und monumentaler Sockel für Freiplastik) zeigen. Mit Ausnahme der an der Fensterseite des Hofes aufgestellten Grabkisten mit Tonnendach, wurden alle Reliefsteine und Grabmalreste 1877 bis 1890 in Neumagen-Noviomagus Treverorum – gefunden. Die Reliefs, mit ornamentalem und figürlichem Schmuck, die Gesimse und Pilaster sind z. T. aus Kalkstein, zum größeren Teil aber aus einem hellgrünen Sandstein von feinster Körnung und guter Festigkeit, einem Material, das in der Gegend zwischen Trier–Aach und dem Kylltal bei Kordel-Ramstein gebrochen wird.

Nach den Zerstörungen des Alamanneneinfalles von 275 n. Chr. wurden im Hinterland der Rheingrenze und im Umkreis auch von Trier die Straßenstationen als befestigte Burgi einer tief gestaffelten Verteidigung ausgebaut. Zur schnelleren Beschaffung des notwendigen Baumaterials wurden, wo immer erreichbar, die zerstörten Bauten, Denkmale vollends demontiert und das Quadermaterial in die Fundamente der Festungsmauern verlegt. Dies ist in der Rheinzone (Alzey, Kreuznach, Bingen, Mainz) ebenso praktiziert worden, wie im Hinterland. Könnte man bei Grabsteinen, Stelen und Platten davon ausgehen,

daß die Barbaren auf ihren Raub- und Kriegszügen diese Monumente, die entlang den Verkehrs- und Durchmarschstraßen aufgestellt waren, leicht haben umstoßen können, so ist dies für die größeren Denkmäler nicht sehr wahrscheinlich oder wäre doch sehr zeitraubend und aufwendig gewesen.

Die großen Gräberfelder im Norden und Süden der Stadt werden sicherlich in Einzelbereichen auch unter den kriegerischen Handlungen gelitten haben und lagen zum Teil verwüstet und verlassen. Mehr aber wird die Militär- und Verteidigungsbehörde zur schnellen und sicherlich auch »kostenlosen« Materialbeschaffung die größeren Friedhöfe deswegen ausgesucht und ausgebeutet haben, weil neben der Zerstörung ein Teil der Eigentümer und Angehörigen längst verstorben, abgewandert oder umgebracht worden war, andere Monumente aber schon »hohen Alters« wegen in ihrer Standfestigkeit und Sicherheit gemindert waren und die Sicherheit gefährdeten. Obendrein hatten die Bestattungssitten sich zunehmend von der Brand- zur Körperbestattung gewandelt.

Die Themen der auf den Reliefs aus Neumagen dargestellten Szenen und auch die Inschriften weisen auf Händler und Unternehmer, die in Trier ihre Niederlassungen und Betriebe hatten oder hier tätig waren: Der Großgrundbesitzer, der die Pacht der Kolonen einnimmt, der Wein-Im- und Exporteur, der Mäzen des Circus, der von der Jagd heimkehrende Hausherr mit seinem Diener, oder jene Grabbesitzer, die Themen der Mythologie und klassische Sagen darstellen ließen neben den reizvollen Alltagsbildern aus Haus- und Familienleben.

Die Herkunft aus dem engsten Umfeld der Stadt wird nicht nur durch Material und Darstellung nahegelegt, sondern auch durch Funde aus dem Stadtgebiet von Trier, wo die Fundamente der Grabmale noch angetroffen wurden oder aber die beim Abtransport wegen Überlast der Schiffe abgeworfenen Steine bei der Römerbrücke und im Moselbett bei der Moselkanalisierung, nach über 1500 Jahren, wieder ausgebaggert und ans Tageslicht gefördert worden sind.

Die Zeugen der bürgerlichen Blütezeit des 2. und 3. Jahrh. n. Chr. sind auch Beleg für die umfassenden Veränderungen, die das Stadt- und Landgebiet in constantinischer Zeit erlebt hat. Durch die Festungsbauaktionen ist uns ein bewundernswerter Reichtum an lebensvollen Alltagsdarstellungen früherer Jahrhunderte ungewollt bewahrt worden.

a) Grabcippus des Albinius Asper und seiner Ehefrau Secundia Restituta, Muschelnische durch kleine Pilasterkonsole zweigeteilt, das Ehepaar überlebensgroß in Vorderansicht. An den Seiten tanzende Mänaden mit Trauben. Auf dem weichen Kalkstein noch großflächige Farbreste der einstigen Bemalung, die zugleich den Stein vor Verwitterung schützte.

b) Konsolgesimse und Friesteile eines großen Grabpfeilers, im Giebelfeld Flügelgenien mit Kranz, darunter Fries mit Seetieren. Die farbige Fassung nach erhaltenen Resten auf den originalen Steinen. Sie verdeutlicht, daß die Farbe wesentlich die plastische Wirkung des filigranen Ornamentes mit Bohrungen und scharfen Konturen hebt und ablesbar macht.

c) Bär einen Eber schlagend. In Abwandlung des häufig dargestellten Tierkampfes als Symbol der Überwindung des Bösen, Löwe einen Eber schlagend, ist hier der heimische Bär, der göttliche Verehrung genoß (Artio- als Bärengöttin) dargestellt.
Heller Sandstein.

d) Kleiner Grabpfeiler bestehend aus Basis, Block mit Ehepaar und an den Seiten tanzenden Mänaden, Gesimsblock und Schuppendach mit Pinienzapfen bekrönt, Symbol der Fruchtbarkeit und des Erwachens der Natur. Auf einem Zwischenblock war die Grabinschrift angebracht.
Sandstein, Baldachin in Form einer Muschel, an der noch größere Flächen bemalt sind.

e) Großer Giebel mit Darstellung des Totenmahles, Relief

und Giebelrahmen ergänzt, um auch die ursprüngliche farbige Fassung zu verdeutlichen.

f) Grabpfeiler mit Darstellung eines Elternpaares mit Sohn, an den Seiten thematisch getrennt die Lebenswelt der Hausfrau und des Hausherrn. Dame in Korbsessel, von vier Mägden oder ihren Töchtern bei der Morgentoilette assistiert mit Spiegel, Parfümflasche und beim Zurichten der Haartracht.
Auf der Gegenseite Kontorszene mit steuereinnehmendem Hausherrn und pachtzahlenden Kolonen. Darüber Heimkehr von der Jagd mit Diener, der den Jagdhund führt, und Hausherr auf dem Pferde reitend, die Jagdbeute, einen Hasen, in der erhobenen Rechten haltend.
Über dem Gesims Seetiere und Kantharos, heraldisch angeordnet, pyramidenförmiger Dachaufbau mit Schindeln gedeckt, Übel abwehrenden Masken und bekrönendem Pinienzapfen.
Über dem Stufenunterbau wird ein Inschriftblock mit Reliefschmuck vorhanden gewesen sein.

g) Anschließend, an der Wand: Teile eines großen Grabpfeilers, Seitenansichten: Dame auf einem runden Sitz bei der Morgentoilette mit Magd und daneben Hausherr und Grabinhaber auf einem Pferde reitend.

h) Zum Hof hin, gegenüber: Teile eines großen Grabpfeilers mit Inschrift, Pilasterrahmen mit Satyr ein Trinkhorn haltend, Abschiedsszene mit vorzüglich erhaltenem Porträt eines jungen Mädchens, darüber Kontorszene mit Amphorenstapel in Gestell.

j) Im Hof: Kopie des Grabpfeilers der Secundinier von Igel, einer Tuchhändlerfamilie, die hier ihren Gutsbetrieb hatte. Ansichtsseite: auf Stufenunterbau Seetiere und mit Tuchballen beladene Schiffe, Kontorszene, Inschrift und Familienbild. Darüber schmaler Fries mit Mahlszene, Tuchprobe und im Giebelfeld Perseus mit dem Medusenhaupt. Über dem schindelgedeckten Pyramidendach figürliches Kapitell und der Adler des Jupiter, der den Ganymed als Mundschenk in den Olymp entführt.
Der in Igel im Original erhaltene Grabpfeiler datiert in das erste Drittel des 3. Jahrhunderts n. Chr. und steht neben der Fernstraße von Trier nach Metz und Arlon–Reims.

k) Kannelierte Pfeiler und Waffenfries eines Turmgrabmals, das in mehreren Etagen aufgebaut war.

l) Grabaltar mit umlaufendem Fries von Seetieren, Nereiden und Tritonen, Seepanthern und Löwen.
Abdeckung mit Volutenpolstern, mit dem Haupt der Gorgo Medusa verziert, zum Mittelteil hin Delphine und Haupt des Okeanos, andeutend die Fahrt der Verstorbenen zu den Inseln der Seligen.

m) Größerer Grabaltar, Dekor der Bekrönung wie l).

n) Großer Grabaltar mit Seethiasos. Im Sockel eingelassen Relief eines weiteren Grabaltares mit Urnennische von Gefangenen flankiert.

o) Langrechteckiger Quader mit Figurennische (Unterteil, die Füße einer überlebensgroßen Figur). An der linken Seite, von Pilastern mit Pflanzenornament gerahmt, Krieger mit Helm und Rüstung.

p) Mehrere Quader eines großen Grabmonumentes, zu einem Aufbau ergänzt. Vorspringende Pilaster mit Pfer-

deführern, an den schmalen Innenseiten Schiedsrichter auf erhöhtem Podest, gegenüber Kantharos als dekorative Zier. Auf dem breiten Hauptbild befand sich eine Szene aus dem Circus, mit Pferderennen. Von der Rennbahn noch die Metae, die zu umfahrenden kegelförmigen Säulen auf der die Bahn trennenden Mauer-Spina.
An den Seiten Pachtzahlung, die den Grabinhaber als Grundbesitzer ausweisen, Rückseite mit Schilden und Blattrosetten verziert, farbige Fassung ergänzt nach dem originalen Befund. Auf solchem Unterbau waren die berühmten Weinschiffe aus Neumagen aufgestellt.
Bekrönung aus Schiffsfragment und Amphorenpyramide (die zugehörigen Teile mit fröhlichem Steuermann und ein ganz erhaltenes mit Fässern beladenes Schiff in der Ausstellung – Ostflügel des Museums, Saal: Handel und Verkehr und erstes Obergeschoß). Rechter Hand kleineres Schiff mit Fässern beladen von einem zweiten, gleichartigen Grabdenkmal. Der Auftraggeber ist hierdurch als Weinimport- und Exporthändler gekennzeichnet.

q) Übereinander montierte Gesimse, Sockel und Friese mehrerer Grabpfeiler.

Cü.

1–13 Gallisches Sonderreich und Germaneneinfälle

1 Germaneneinfälle im 3. Viertel des 3. Jahrhunderts n. Chr.

Die sich im 3. Jahrhundert häufenden Germaneneinfälle nach Gallien und Raetien bildeten das Vorspiel zur großen Völkerwanderung, die 375 durch den Einbruch der Hunnen ins Westgotenreich ausgelöst wurde und letztlich zum Untergang des Weströmischen Reiches führte.

Obwohl alamannische Scharen bereits 233 n. Chr. in Raetien eingefallen waren, blieb Gallien bis in die Mitte des 3. Jahrhunderts von germanischen Raubzügen verschont. Franken und Alamannen überschritten den Rhein erstmals im Jahre 254, nachdem der von den Grenztruppen zum Kaiser ausgerufene Valerianus mit großen Teilen seines Heeres nach Rom abgezogen war. Die zurückgelassenen Truppen erwiesen sich als zu schwach und wurden von fränkischen Raubscharen überrannt, die über Narbo bis nach Tarraco in Spanien vorstoßen konnten. Die Alamannen überschritten zur gleichen Zeit den obergermanisch-raetischen Limes, durchstreiften Oberitalien und drangen bis Mailand vor, wo sie Kaiser Gallienus schließlich zurückschlug.

Um 260 nutzten die germanischen Völker abermals eine Schwächung der Grenzverteidigung zu einem neuerlichen Einfall nach Gallien und Raetien, nachdem Gallienus zuvor obergermanische und raetische Truppen nach Pannonien zum Kampf gegen den dortigen Usurpator Ingenuus abgezogen hatte. Infolge dieses Einfalls mußte Gallienus den obergermanisch-raetischen Limes aufgeben und sich auf natürliche Grenzen wie Rhein, Donau und Iller zurückziehen. Dennoch blieben, wie die zahlreichen vergrabenen Münzschätze (vgl. Kat. Nr. 2) zeigen, auch die folgenden Jahre in den Grenzgebieten recht unruhig.

Kaiser Aurelianus gelang es im Jahre 274 durch einen Sieg über Tetricus I. das gallische Sonderreich, dessen Herrscher seit 260 die Rheingrenze gegen die Germanen recht erfolgreich verteidigt hatten, wieder dem Imperium einzugliedern. Da aber Aurelianus bereits ein Jahr später ermordet wurde, kam diese politische Stärkung des Reiches nicht mehr zur Wirkung. Noch 275 drangen Franken und Alamannen gemeinsam nach Gallien ein. Ungezählte Gutshöfe, Dörfer (vici) und mehr als 70 Städte, darunter Trier, fielen den germanischen Raubscharen zum Opfer. Kaiser Probus war bis 278 damit beschäftigt, die Franken und Alamannen zu vertreiben und die Rheingrenze wiederherzustellen. Gi.

2 Schatzfunde des 3. Viertels des 3. Jahrhunderts

Die Karte versucht die räumliche Verteilung von Schatzfunden aus der Zeit des 3. Viertels des 3. Jahrhunderts im Bereich von Eifel, Hunsrück, Nordpfalz und des östlichen Teils von Luxemburg zu veranschaulichen. Die einzelnen Schatzfunde werden je nach Schlußmünze, die den frühesten Zeitpunkt der Vergrabung angibt, drei nach Jahrzehnten gegliederten Gruppen zugeordnet, obgleich diese Einteilung willkürlich ist und sie zweifellos einer weiteren Differenzierung bedarf, für die hier jedoch der Raum fehlt. Auf den ersten Blick lassen sich insbesondere für Luxemburg und in bescheidenerem Maße auch für das Trierer Land deutliche Konzentrationen erkennen, während aus den grenznahen Gebieten, die von den Vorgängen des 3. Viertels des 3. Jahrhunderts sicherlich stärker betroffen waren, bislang erst relativ wenige Schatzfunde dieser Zeit vorliegen, wofür zweifellos forschungsgeschichtliche Gründe ausschlaggebend sind.

Für die Numismatiker und den Historiker bieten die Schatzfunde eine wichtige Quelle, insbesondere dann, wenn schriftliche Überlieferungen, wie für das 3. Viertel des 3. Jahrhunderts, nur lückenhaft sind. Eine Häufung gleichzeitiger Schatzfunde – der Archäologe spricht von einem Schatzfundhorizont – in einem begrenzten Gebiet nimmt den einzelnen Schätzen den Charakter der Zufälligkeit und weist sie als archäologischen Niederschlag kurzfristiger Katastrophenzeiten aus. Die spätesten, also die jüngsten Münzen vermitteln bei gleichzeitigen Schätzen die ungefähre Datierung der Katastrophe und somit den Zeitpunkt, zu dem die Gefahr des Krieges oder die Invasion fremder Völker eintrat. Die geographische Verbreitung der Schätze illustriert – wie keine zweite Quelle – die räumliche Ausdehnung des Krieges oder des Raubzuges, der für die Deponierung der Schätze ausschlaggebend war.

Wenn auch die Ausgangsbasis teilweise noch unzureichend ist, spiegelt sich in der Karte in gewissem Grade der Gang der geschichtlichen Ereignisse wieder. Die räumliche und zeitliche Verteilung der Schatzfunde bietet eine willkommene Ergänzung zu den dürftigen Schriftquellen.

Als 254 der von den Grenztruppen der Nordprovinzen zum Kaiser ausgerufene Valerianus mit seinem Heer nach Rom zog, wurden die an der Rhein- und Donaugrenze verbliebenen Truppen von Germanen überrannt. Mit diesen Vorgängen sind offensichtlich einige Schatzfunde mit Schlußmünzen aus den Jahren bis 253/54 (vgl. Nr. 12, 14, 27, 59, 60 und 63) in Verbindung zu bringen. Wesentlich verheerender war nach Aussage der Schatzfunde (vgl. Nr. 3–5, 15, 21, 29, 30, 49, 62 und 64) ein weiterer Germanenvorstoß im Jahre 260, wiederum nachdem man zuvor die Grenzverteidigung durch neuerliche Entsendung rheinischer Truppen nach Pannonien zum Kampf gegen den dortigen Usurpator Ingenuus geschwächt hatte. Letztlich hatte diese Entscheidung den Fall des obergermanisch-raetischen Limes und den Rückzug der Römer auf die Rheingrenze zur Folge. Verschiedene um 268/270 vergrabene Münzschätze (vgl. Nr. 8, 10, 18, 19, 20, 22, 23, 28, 40, 50) mögen dagegen auf bürgerkriegsähnliche Unruhen, entweder in Verbindung mit der Erhebung Laelianus oder auf Auseindersetzungen zwischen Victorinus und Claudius II. zurückzuführen sein. Den deutlichsten Niederschlag findet bei den Schatzfunden (Schlußmünzen: Tetricus oder Probus) ein gemeinsamer Vorstoß von Franken und Alamannen nach Gallien im Jahre 275, bei dem die meisten Gutshöfe in Eifel und Hunsrück und selbst die Stadt Trier Opfer der brandschatzenden Germanen wurden. Bis zum Jahre 278 war Kaiser Probus damit beschäftigt, die Franken und Alamannen aus Gallien zu vertreiben.

Lit.: A. Blanchet, Les trésors de monnaies et les invasions germaniques en Gaules (Paris 1900). – H. Koethe, Zur Geschichte Galliens im dritten Viertel des 3. Jahrhunderts. 32. BerRGK, 1942, 199 ff. – R. Roeren, Zur Archäologie und Geschichte Südwestdeutschlands im 3. bis 5. Jahrhundert n. Chr. Jahrb. RGZM 7, 1960, 214 ff.

Liste der in der Karte berücksichtigten Münzschatzfunde des 3. Viertels des 3. Jahrhunderts n. Chr.

- 1 Remagen, Krs. Ahrweiler
- 2 Ahrweiler, Krs. Ahrweiler
- 3–5 Niederbieber, Krs. Neuwied
- 6 Kattenes, Krs. Mayen-Koblenz
- 7 Karden, Krs. Cochem-Zell
- 8 Cochem, Krs. Cochem-Zell
- 9 Alflen, Krs. Cochem-Zell
- 10 Ürsfeld, Krs. Daun
- 11 Hörschhausen, Krs. Daun
- 12 Hinterweiler, Krs. Daun
- 13 Mürlenbach, Krs. Daun
- 14 Oberhersdorf, Krs. Biburg-Prüm
- 15 Zell-Merl, Krs. Cochem-Zell
- 16 Zell, Krs. Cochem-Zell
- 17 Hontheim, Krs. Bernkastel-Wittlich
- 18 Bausendorf, Krs. Bernkastel-Wittlich
- 19 Orenhofen, Krs. Trier-Saarburg
- 20 Bollendorf, Krs. Bitburg-Prüm
- 21–26 Trier
- 27 Onsdorf, Krs. Trier-Saarburg
- 28 Schöndorf, Krs. Trier-Saarburg
- 29 Hinzenburg, Krs. Trier-Saarburg
- 30 Daxweiler, Krs. Bad Kreuznach
- 31 Bingerbrück, Krs. Mainz-Bingen
- 32 Bingen, Krs. Mainz-Bingen
- 33 Niederingelheim, Krs. Mainz-Bingen
- 34 Pferdsfeld, Krs. Bad Kreuznach
- 35 Münchwald, Krs. Bad Kreuznach
- 36 Allenfeld, Krs. Bad Kreuznach
- 37 Bettendorf, Luxemburg
- 38 Medernach, Luxemburg
- 39 Berdorf, Luxemburg
- 40–41 Echternach, Luxemburg
- 42 Blumenthal, Luxemburg
- 43 Lintgen, Luxemburg
- 44–45 Altrier, Luxemburg
- 46 Nieder- bzw. Oberdonwen, Luxemburg
- 47 Lenningen, Luxemburg
- 48 Contern, Luxemburg
- 49–52 Dalheim, Luxemburg
- 53 Filsdorf, Luxemburg
- 54 Bürmeringen, Luxemburg
- 55 Orscholz, Krs. Merzig-Wadern
- 56 Nohfelden, Krs. St. Wendel
- 57 Hüttersdorf, Krs. Saarlouis
- 58 Hüttersdorf-Buprich, Krs. Saarlouis
- 59 Wiesbach, Krs. Ottweiler
- 60 Schwarzerden, Krs. St. Wendel
- 61 Feilbingert, Krs. Bad Kreuznach
- 62 Spesbach, Krs. Kaiserslautern
- 63 Landstuhl, Krs. Kaiserslautern
- 64 Ramsen, Krs. Donnersberg

Bergbefestigungen des 3. Viertels des 3. Jahrhunderts n. Chr.

- a) Kolverath, Krs. Daun, Hochkelberg
- b) Daun, Krs. Daun, Burgberg
- c) Hambuch, Krs. Cochem-Zell, Burgberg
- d) Binningen, Krs. Cochem-Zell, Kuhkeller
- e) Zell, Krs. Cochem-Zell, Alteburg
- f) Hontheim, Krs. Bernkastel-Wittlich, Entersburg
- g) Speicher, Krs. Bitburg-Prüm, Leiköppchen
- h) Kreimbach, Krs. Kusel, Heidenburg
- i) Kindsbach, Krs. Kaiserslautern, Großer Berg
- k) Echternach, Luxemburg, St. Peter und Paul
- l) Heffingen, Luxemburg, Albuurg
- m) Altwies, Dép. Moselle, Kaaschelt

Gi.

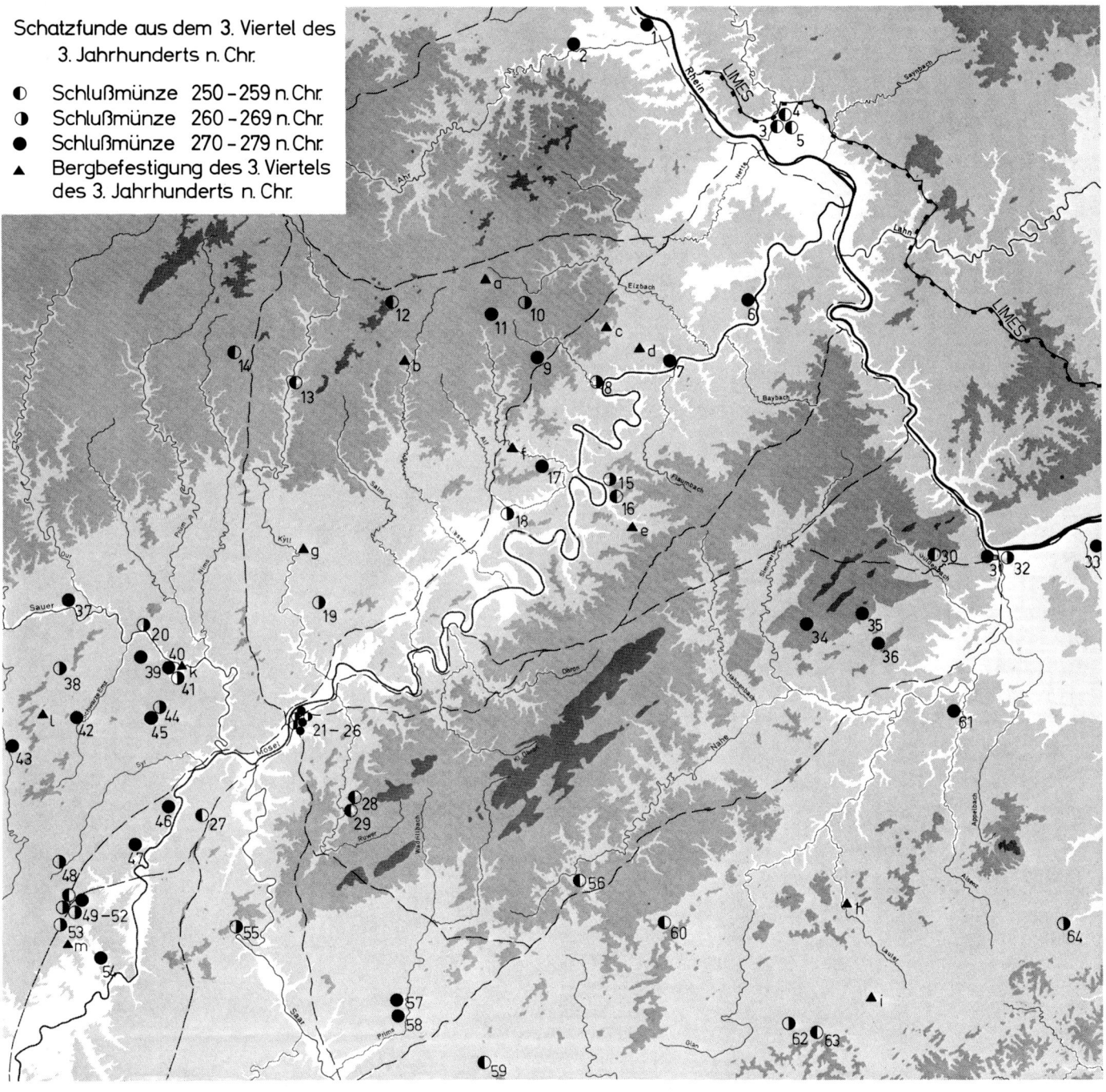

Schatzfunde aus dem 3. Viertel des
3. Jahrhunderts n. Chr.

◑ Schlußmünze 250 – 259 n. Chr.
◐ Schlußmünze 260 – 269 n. Chr.
● Schlußmünze 270 – 279 n. Chr.
▲ Bergbefestigung des 3. Viertels
des 3. Jahrhunderts n. Chr.

2

3 a

3   Der Fund von Hagenbach

(Farbabb. s. S. 28–29, 32–33)

a) In den Jahren 1963 bis 1971 kamen in einem Baggersee in der Rheinniederung südöstlich von Hagenbach, Kreis Germersheim, immer wieder römische Fundobjekte ans Tageslicht. Die laufenden Baggerarbeiten, die Tiefe des Sees mit rund 8 m sowie die allgemeinen und technischen Umstände machten es unmöglich, die Fundstellen unter Wasser direkt zu untersuchen. So blieb nur das erhalten, was der Bagger zutage förderte und von Interessierten aufgesammelt und gesichert wurde. Mit großer Wahrscheinlichkeit sind viele Fundobjekte verschleudert und unterschlagen worden. So lassen sich von dieser Fundstelle Bronzegefäße im Museum Bruchsal nachweisen, das Historische Museum der Pfalz, Speyer, kaufte Silberschmuck aus Privatbesitz an. Wie viele Gegenstände in Privatbesitz kamen oder unbeobachtet verlorengingen, ist unbekannt. Nur ein Teil der Funde kam in das damalige Staatliche Amt für Vor- und Frühgeschichte, heute Landesamt für Denkmalpflege, Abteilung Bodendenkmalpflege, Außenstelle Speyer.

Das heute nachweisbare Fundmaterial zeigt in seiner kulturellen Einheitlichkeit in überzeugender Deutlichkeit an, daß hier ein geschlossener archäologischer Fundkomplex im Rheinkies verborgen lag. Aufgrund der Zusammensetzung des überlieferten Fundgutes sowie dessen Erhaltungs- und Auffindungszustandes darf man davon ausgehen, daß es sich bei dem Fundkomplex um Beutegut handelte, das von germanischen Horden in Gallien geraubt wurde. Bei der Rückkehr, dem Übersetzen vom linken auf das rechte Rheinufer, versank die Beute im Fluß und konnte nicht mehr geborgen werden. Bleiben auch die konkreten Hintergründe für diese lokale Katastrophe im dunkeln, so war sie nur eines der vielen dramatischen Ereignisse in der 2. Hälfte des 3. nachchristlichen Jahrhunderts am Rhein. Nach

dem Fall des Limes zogen germanische Horden und Gruppen plündernd durch Gallien. Mit Beute beladen, versuchten sie, auf das rechte Rheinufer zurückzukehren, wurden jedoch – wie überliefert – auf dem linken Rheinufer nicht selten von römischen Truppen abgefangen; die natürlichen Gefahren des Stromübergangs vermehrten sich so für diese Gruppen erheblich, wie die Vielzahl von römischen Metallfunden dieser Zeit aus den Rheinkiesen beweist.

Das nachweisbare Fundgut – insgesamt 330 Objekte – besteht aus 35 römischen Bronzegefäßen verschiedenster Art. Zumeist sind es Kessel mit eisernen Henkel und Becken, Kasserollen mit Sieben; Halbdeckelgefäße, Teller und Kannen sind seltener.

Bei den 58 Geräten aus Eisen überwiegen mit 16 Exemplaren die Äxte und Beile. Dabei ist bemerkenswert, daß bei den meisten das Schaftloch sekundär flach geschlagen wurde, diese Geräte also nur wegen ihres Materialwertes abtransportiert wurden. Daneben finden sich noch Spitz- und Flachhacken, Dechsel, Hämmer, Zangen, Scheren, Messer, Haumesser, Löffelbohrer und ähnliches.

Waffen wie Schwerter, Lanzen und Pfeilspitzen, Wurfbeile und Schildbuckel sind mit 17 Exemplaren relativ selten.

Bei den sonstigen Eisenobjekten, insgesamt etwa 41, handelt es sich zu einem ganz erheblichen Teil um Beschläge von Wagen. Man darf so vielleicht die Vermutung äußern, daß die Beute auf einen Wagen geladen mit diesem im Strom versank.

Überraschend ist bei diesem Fundkomplex die Zahl der aus Silber gefertigten Gegenstände. So liegen die Reste von mehreren Silbergefäßen vor, die jedoch – bis auf 2 – alle zerschnitten, zum Einschmelzen vorbereitet, teilweise sogar angeschmolzen sind. Hier zeigt sich wohl am deutlichsten der Beutecharakter des Gesamtfundes, der offensichtlich nur des Materialwertes wegen geraubt wurde. Auch ein Teil des Silberschmucks –

insgesamt 22 Objekte – ist nur zur Hälfte erhalten. Halsringe sind halbiert, von Armringen nur jeweils 1 Exemplar erhalten. Die zwei silbernen Fibeln wie die teilweise angeschmolzenen Beschläge sind in ihrer Art ohne Vergleichsstücke.

Den historisch bedeutsamsten Teil bilden jedoch die 128 silbernen Votivbleche. Etwa die Hälfte dieser zum Teil papierdünnen Silberbleche war mit einem Silberreif zum besseren Transport gebündelt. Es ist dies der größte geschlossene Fund solcher Votivgaben, der jemals nördlich der Alpen gemacht wurde. Es handelt sich um Weihegaben, die als Dank oder zur Bekräftigung einer Bitte an eine Gottheit im Tempel niedergelegt wurden. Sie sind vegetabil gestaltet mit einer Mittelrippe und seitlicher Fiederung. Der Oberteil ist entweder in ähnlicher vegetabiler Form ausgeschnitten oder bildet ein Aedikulafeld. Relativ häufig sind auf dem Oberteil der Bleche sogenannte Lunulae, mondsichelförmige Appliken, aufgeheftet. Figürliche oder sonstige in das dünne Silberblech eingepaßte weitere Votive sind selten.

Auf 34 dieser Votivbleche lassen sich mit dem Stilus eingravierte Weiheinschriften nachweisen, zumeist auf dem glatten Aedikulafeld. Es handelt sich um Weiheinschriften, die in dem üblichen römischen Schema den Namen des angerufenen Gottes – hier Mars – den Namen des Weihenden und eine abgekürzte Weiheformel – hier fast immer VSLM (votum solvit libens merito) – enthalten. Die Weihenden bezeichnen sich in einigen Fällen nach römischer Art mit Gentilnamen und Cognomen (Rufnamen), überwiegend jedoch mit nur einem Eigennamen, unter Zusatz des Vaternamens im Genitiv. Dabei sind die Vaternamen durchweg unrömisch, in vielen Fällen auch die Namen der Weihenden selbst.

Von den 28 nichtrömischen Namen haben 12 (z. B. Andossus) genaue Entsprechungen ausschließlich im Namenmaterial des sogenannten Ausco-Aquitanischen Sprachgebietes, also im Bereich der französischen Pyrenäen und ihres nördlichen Vorlandes. 8 weitere Namen, darunter z. B. Obbelexxus, haben in eben diesem Raum und wiederum nur dort sprachlich nahe Verwand-

3a

te. Für die übrigen Fremdnamen sind bisher keine Parallelen bekannt.

Leider geben die Inschriften der Votivbleche keinen Hinweis darauf, welcher wohl einheimischen Gottheit sie unter der Bezeichnung »dominus Mars augustus« geweiht wurden, so daß eine Zuweisung zu einem der bezeugten größeren Marsheiligtümer im Ausco-Aquitanischen Sprachraum – z.B. in Ardiège, Montserié oder Aire-sur-l'Adour – nicht möglich ist. An der Herkunft der Bleche aus einem Kultbezirk dieses Gebiets kann jedoch insgesamt nach Ausweis des Namensmaterials nicht gezweifelt werden. Damit ist es erstmals möglich, die historisch überlieferten germanischen Beutezüge durch Gallien bis zu den Pyrenäen in der 2. Hälfte des 3. nachchristlichen Jahrhunderts archäologisch zu beweisen. Der Charakter des Gesamtfundes als germanische Beute wird damit gleichfalls bestätigt. Inwieweit auch das übrige überlieferte Fundmaterial dieses Fundkomplexes – insbesondere Silbergeschirr und Silberschmuck – aus dem Aquitanischen Bereich stammt, ist derzeit noch nicht zu übersehen. Es kann ebensogut auf dem Rückweg irgendwo in Gallien geraubt worden sein.

Unveröffentlicht   H.-J. Engels

b) Zierbeschlag einer Nische für ein Kultbild

Zusammen mit den Silbervotiven und Gefäßen wurden auch sieben Teile eines größeren Zierbeschlages gefunden. Mit Mittelrippe oder flach dreieckigem Steg und seitlich in gleichmäßigen Abständen eingeprägter »Fiederung«, waren die aus stärkerem Silberblech bestehenden Teile gewaltsam aus ihrem Zusammenhang gerissen worden, wobei die Nagel- und Nietlöcher ebenfalls aufgerissen und verformt wurden. Die seitlichen, säulenartigen Elemente mit separat aufgesetztem »Kapitellzierrat« wurden zusammengefaltet und sind entsprechend an den Faltstellen auch gebrochen.

Neben den leicht nach oben sich verjüngenden »Säulchen« oder Stützen, wurden zwei leicht gebogene Bänder mit gleichartigem Dekor gefunden, deren Position durch die Nietlöcher an einem Teil dadurch gesichert ist, daß die in einem Dreieck angeordneten Nietlöcher mit solchen am Oberteil einer Stütze deckungsgleich sind und hier aufgenietet waren.

Wohl auf eine Holzunterlage montiert, bilden die erhaltenen Teile die Rahmung einer Bogennische oder Blende von ca. 1,14 m Höhe im Bogenscheitel, 0,70 m Höhe der Stützen bis Bogenansatz und 0,64 m Breite. Von dem Bogenbeschlag fehlt etwa die Hälfte des »Halbbogens«, der einen Radius von ca. 43 cm mißt. Die Zusammengehörigkeit zu den Silbervotiven ist sowohl durch den Dekor wie auch durch die Silberzusammensetzung gesichert.

Speyer, Landesamt für Denkmalpflege, Abteilung Bodendenkmalpflege.

Unveröffentlicht.   Cü.

4 Stadtplan von Trier um 275

(vgl. auch Farbabb. S. 66–67 und Abb. S. 351)

Im Verlaufe von über 270 Jahren hatte die Stadtansiedlung der Gründungszeit nach Ausdehnung und Baugestaltung ihr Angesicht total verändert. Dem älteren Flußübergang der Pfahlrostbrücke war im zweiten Jahrhundert die Steinpfeilerbrücke gefolgt, die trotz der Erweiterung des Stadtgebietes zum Flußufer hin, nach Aufgabe von zwei Uferpfeilern, in wohlproportionierter Gestalt bis heute fortbesteht. Daß Straßenraster mit den ausgewiesenen Siedlungsflächen war im Laufe der Zeit ergänzt und erweitert worden. Den älteren Holz- und Fachwerkbauten waren feste Steinbauten gefolgt. Ihre zur Straße hin orientierte Raumanordnung, z.T. großflächig angelegt, war in die Fläche der Siedlungsquartiere erweitert, die Raumfolgen durch Um- und Einbauten zahlenmäßig zwar vermehrt, zugleich aber sicherlich in der Nutzung und Behausung von Menschen verdichtet worden.

Zugleich ergaben sich auch Veränderungen in der Solidität der Bauwerke selbst. Am Forum, wie auch bei den Kellern der privaten Wohnanlagen, wurden nach den Balkendecken der Frühzeit schließlich feste Tonnen- und Kreuzgratgewölbe eingebracht. In dem Wohnquartier bei St. Irminen wurden größere Hausanlagen durch Einbau von Trennwänden unterteilt, dementsprechend die Grundstücksgrößen auch der Nebenflächen, Höfe und Gärten, verändert.

Im städtebaulichen Konzept beherrschte der Decumanus maximus, die West-Ost-Achse, das Stadtbild. Im Anschluß an den Flußübergang und einen Ehrenbogen am stadtseitigen Brückenkopf waren an den nahegelegenen Uferstrecken ein großer Podientempel mit Altarhof und Portikushallen nördlich und südlich seit dem zweiten Jahrhundert die prächtigen Barbarathermen gelegen. Mit dem Geländeanstieg nach Osten folgten öffentliche Gebäude und Palastanlagen im Bereich von Kaiserstraße bis Viehmarkt, beidseits des Decumanus und dem nördlich anschließenden Wohnquartier. Aus diesem ist für das dritte Jahrhundert die Wiederherstellung eines Mosaiks durch P. Victorinus inschriftlich bezeugt, gleichzeitig Hinweis auf die Anwesenheit höchster Reichsbeamter. Das östlich folgende Forum kassiert ältere Wohnbebauung und hat seit dem letzten Drittel des 1. Jahrhunderts den Decumanus auf drei Insellängen blockiert. Die Bedeutung dieses Bereiches wird auch dadurch verdeutlicht, daß sowohl westlich der »Doppelpaläste« wie auch östlich der Forumsanlage große Pfeilerfundamente inmitten der »Straßenkreuzung« als Substruktion repräsentativer Sieges- oder Ehrenmonumente zu bestimmen sind. Auch nördlich des Forums weisen äußerst starke Substruktionen auf öffentliche Prachtbauten, deren Bestimmung und Grundrißdarstellung noch nicht gelungen ist, jedoch durch Bauvorhaben in naher Zukunft neue Erkenntnisse erwarten lassen. Außerhalb dieser dichten Abfolge von Großbauten sind am Bergfuße von Petersberg und Heiligkreuzberg der Circus, das

Amphitheater, der Tempelbezirk am Altbachtale und der Tempel am Herrenbrünnchen, die Siedlungsfläche bedeutungsvoll überragend, angelegt und sollen bis zum Ende der Römerzeit fortbestehen.

Im Bereich der Mittelterrasse sind in südlicher wie in nördlicher Richtung die Siedlungsquartiere aufgefüllt. Die Randzonen im Süden und Südwesten werden von dichter bebauten Flächen im Anschluß an die Industriebereiche der Töpfereien und Ziegeleien eingenommen. Nördlich, und oberhalb der Hochwassergrenze sind im Bereich von St. Irminen ebenfalls handwerkliche und wirtschaftliche Aktivitäten aus dichter Bebauung und Grundrißgestalt der Häuser abzuleiten. Am Ostrand der sogenannten Mittelterrasse, dem Gebiet des heutigen Stadtparkes und der Domimmunität, sind palastartige Villen (Villa Schaab und Reste beim Stadtbad, peristyle Anlage bei der Basilika, Stadtvilla bei Dom und Liebfrauen) gesichert, an die nach Osten hin offenbar weiträumige »Grün- und nicht bebaute Gartenflächen« anschließen.

An den Ausfallstraßen im Zuge des Cardo maximus sind ausgedehnte Gräberfelder gelegen, die mit aufwendigen und künstlerisch bedeutenden Grabaltären, Grabpfeilern und Turmmausoleen den Reichtum der Grabinhaber und der Bewohner der Stadt illustrieren. Am westlichen Ufer verdient der Tempel des Lenus Mars, verbunden mit einem »Theaterbau«, einem Heiligen Bezirk und Heilbadern noch besondere Erwähnung.

Im letzten Drittel des zweiten Jahrhunderts wird die ausgedehnte, durch Tempel und öffentliche Großbauten ausgezeichnete Stadt mit wehrhafter Mauer und prächtigen Torburgen versehen. An die 48–52 Türme, jeweils in den Straßenfluchten der Mauer eingefügt, verstärkten die Mauer und Verteidigungskraft der Stadt, waren zugleich aber auch ein die Silhouette der Stadt bereicherndes Element, das mit dem Geländeverlauf sich in besonderer Weise entfaltete. Innerhalb des weiten Mauerringes waren insgesamt 285 ha Siedlungsfläche gelegen, von der aber noch ausgedehnte Bereiche unbebaut auf künftige Bebauung und Zuwachs vorsorglich mit einbezogen worden waren. Cü.

4a   Forum

1.–5. Jh. n. Chr.

Im Planschema der Straßen und Wohnquartiere der frühen Stadtsiedlung sind beiderseits des Decumanus maximus und westlich des Cardo maximus vier schmalere Insulae offenbar für eine Marktanlage ausgespart geblieben, über deren bauliche Gestalt keine sicheren Befunde Auskunft geben können. In einem nördlich anschließenden Terrain wurde ein Straßenzug beim Bau der Europahalle beobachtet, der Süd-Nord gerichtet mit einer Straßenbreite von 20,00 m ausgelegt, mit Laubenpfeilern ausgestattet war. Im Zuge einer Bebauungsplanänderung wurden die Laubenpfeiler den Wohnanlagen zugeschlagen und vermauert, der Straßenkörper auf die Breite der übrigen Straßen von 13,00 m reduziert und eine zweite Laubenpfeileranlage als Bürgersteigbegrenzung angelegt. Dieser Befund könnte dahin gedeutet werden, daß die ältere Forumsanlage ihre Süd-Nord gerichtete Mittelachse in der Verlängerung dieses älteren und breiteren Straßenzuges hatte und insgesamt nur auf vier Inselflächen konzipiert war. In der 2. Hälfte des 1. Jh. wurde ein großes Plankonzept verwirklicht, das die von der Römerbrücke nach Osten führende Hauptstraße, den Decumanus maximus, blockierte und auch die östlich gelegene Nord-Süd-Straße überbaute.

Das Forum dieser Zeit besteht aus drei großen Bauelementen: Um eine Platzfläche langrechteckiger Form ist U-förmig eine Kryptoportikus und Portikus angelegt, an die nach N, W und S gleichmäßige Kammern und Ladenzeilen zur Straße hin gelegen sind. Östlich schließt, ebenfalls eine große Platzfläche säumend, der Mittelbau an, der platzseitig offenbar Portiken hatte und jeweils auf eine durchgehende Mittelmauer bezogen doppelte Ladenzeilen von je 13/26 Läden und flankierenden Durchgängen an der N- und S-Seite des Platzes und der anschließenden Straßen zeigt (insgesamt also 52 Läden). Portiken, Ladenflügel und Platzfläche werden an der Ostseite von einer großen basilikalen Halle begrenzt, die Süd-Nord gerichtet mit Vorräumen versehen, rechteckigen Grundriß hat. Die hier östlich anschließenden Quartiere des Stadtplanes waren mit Wohnbauten besetzt, die jedoch in der 2. Hälfte des 1. Jh aufgelassen, einplaniert und ebenfalls dem Forum zugeschlagen worden sind. Aus unterschiedlichen Baumaterialien und Mauertechniken sind verschiedene Umbaumaßnahmen und Veränderungen rekonstruierbar.

Die große Kryptoportikus im westlichen Bereich war ursprünglich mit einer Balken-Bohlendecke versehen und wurde im 2. Jahrhundert mit einem massiven Kreuzgratgewölbe ausgestattet. Die Basilika wurde im Bereich der »rechteckigen Abschlüsse« durch eingebaute Kammern und podestartige Erhöhungen wie auch in den Bodenbelägen verändert. An der Ostseite der Halle, die durch Pfeilerstellungen dreischiffig angelegt war, wurde in der Mittelachse der Länge ein rechteckiger schmalerer Raum angebaut, der mit einer Apsis schließt. Dieser Annexbau ist, nach den verwendeten Ziegeln, schon dem 4. Jahrh. zuzurechnen.

In diesem Ausbauzustand umfaßte das Gesamtareal des Forums eine Fläche von 140,00 zu 278,00 m. Die Marktbasilika hatte eine Breite von 25,00 m zu einer Länge von 100,00 m.

Lit.: Festschrift 100 Jahre Rheinisches Landesmuseum Trier. Trierer Grabungen und Forschungen 14, 1979, 211–262. Cü.

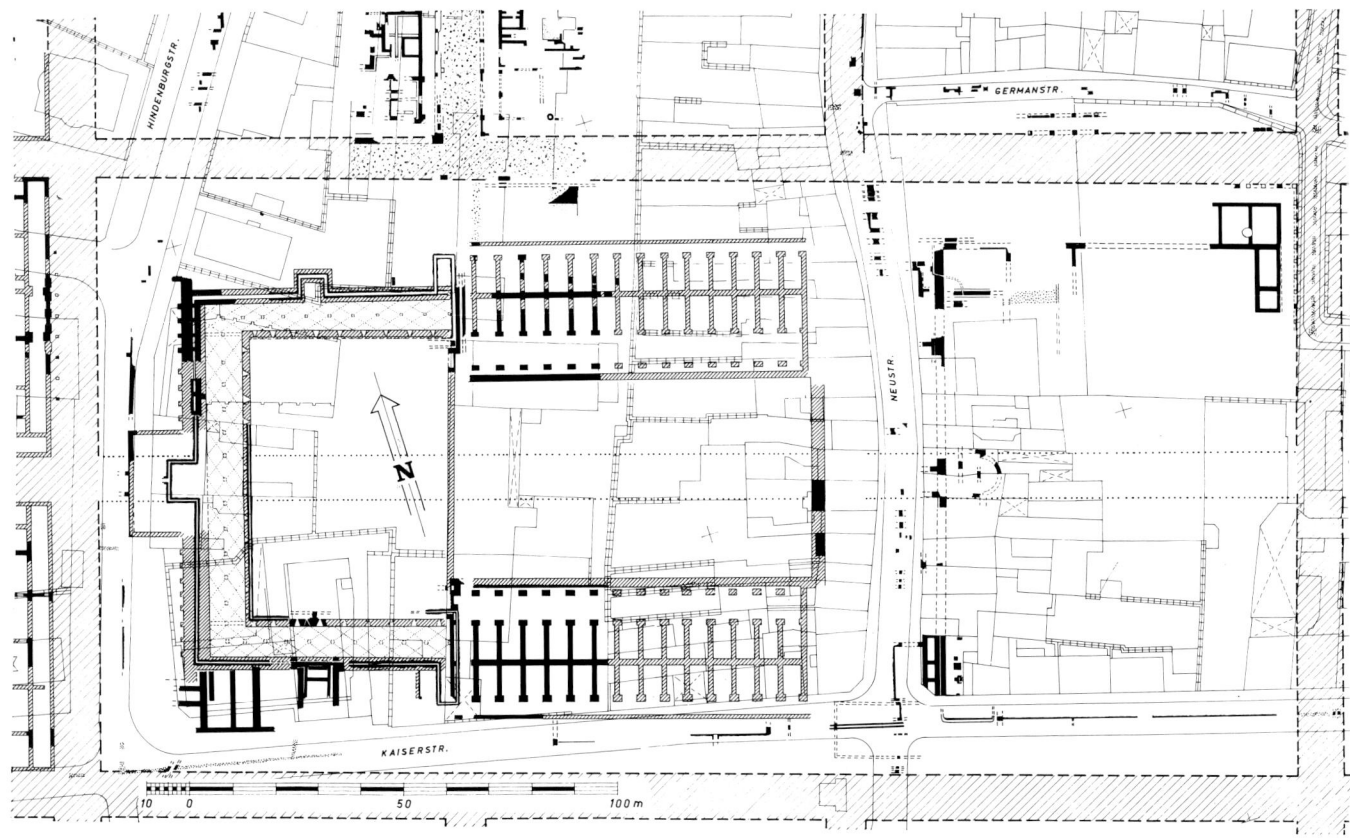

4 a Forum.

4 b Barbarathermen

2. bis 4. Jh. n. Chr.

Zum Bestand der bürgerlichen Stadtansiedlung wie auch der spätantiken Residenzstadt gehören die Barbarathermen als große Hygiene- und Freizeitanlage, die südlich der Römerbrücke den repräsentativen Eindruck des Decumanus maximus und der hier angelegten öffentlichen Bauten und Paläste wesentlich mit bestimmte.

Die Grundrißdisposition, die Nutzung der Gebäudetrakte und auch der Baubestand haben die verschiedenen Zerstörungen offenbar ohne wesentliche Bestandseinbußen überdauert.

So ist der großartige Badepalast mit seiner reichen Ausstattung an Marmorböden, Wandinkrustationen, Marmorsäulen und dem statuarischen Schmuck nur im technischen Bereich der großen Badebecken mit Feuerstellen, den wasserdichten Wan-

nenböden durch Erneuerung von durchglühten Ziegeln und Neueinbringung von Estrichen repariert worden.

So bestand die Anlage auch im 4. Jahrhundert, als der Bau der Kaiserthermen begonnen worden ist.

Auch als die Kaiserthermen umgebaut, das Frigidarium niedergelegt und eine Ersatzanlage an der NO-Seite als »kleinere Palastthermen« erbaut wurden, mußten die Barbarathermen, wenn auch bei schon verminderter Bevölkerungszahl im Stadtgebiet und im näheren Umland, wieder allein die Nachfrage nach Bademöglichkeiten und Körperpflege neben dem Freizeitvergnügen abdecken. Diesen Anforderungen haben sie auch offenbar in ausreichendem Umfange genügt.

Die kontinuierliche Nutzung und Bauunterhaltung bedingen auch, daß außer Resten der Ausstattung (Marmor) und dem in die Kanalisation gelangten zufälligen Abfall der Latrinen und der nach tausenden zählenden Haarnadeln, die die Damen beim Baden verloren haben, keine größeren Kulturschichten sich im Gebäude ablagern konnten. Erst nach der Einstellung des Badebetriebes im 5. Jahrhundert n.Chr. wurden andere Nutzungen möglich, die dann auch größere Mengen an Keramik und sonstigem Kulturschutt ergaben.

Dementsprechend sind die Barbarathermen als in Nutzung befindlicher Badepalast auch dem Baubestand der spätantiken Stadt und Kaiserresidenz zuzurechen und bestimmten das Leben der Bewohner und das Bild der Stadt im 4. Jahrhundert.
Lit.: W. Weber, Trier – Barbarathermen. Landesamt f. Denkmalpflege Rheinl. Pfalz, Führungsheft 6 (1976). – D. Krencker – E. Krüger, Die Trierer Kaiserthermen (1929).   Cü.

5a   Töpfereigebiet Trier-Süd

Ausreichende Ton- und Lehmvorkommen, die günstige Lage am Verkehrsweg der Mosel und der Fernstraße Metz–Trier–Mittelrhein begünstigten seit dem 1. Jahrhundert die Aufnahme der Produktion von Keramik und Ziegeln. Zwischen der Hohenzollernstraße, der Saarstraße im Zuge des Cardo maximus, der Mosel und dem Aulbach (als Grenze zum suburbanen Vorstadtgelände), wurden in z.T. dichter Folge, oftmals in drei Schichten übereinander, über 100 Töpferöfen und Werkstätten ausgegraben, die, neben belgischen, einheimischen Gefässen, auch Henkelkrüge und Gebrauchskeramik römischer Formgebung produzierten und schließlich die Fabrikation von Terra sigillata aufnahmen.

Die bei Baumaßnahmen aufgenommenen Befunde stellen jeweils nur einen zufälligen Ausschnitt des Töpfereigebietes dar und lassen die Vermutung aufkommen, daß das Gesamtareal, wie auch Streufunde immer wieder bestätigen, mit keramischen Werkstätten besetzt war und an die fünfhundert Öfen im Laufe der Zeit hier errichtet worden waren.

Der Bau der Stadtmauer hat das Gebiet zwar durchschnitten, doch wurde, soweit erkennbar, die Produktion auch innerhalb des Mauerringes weiter aufrecht erhalten.

Östlich des Uferstreifens waren entlang der Römerstraße (Saarstraße–Matthiasstraße–Medardstraße) ausgedehnte Brandgräberfelder gelegen, die z.T. auch aufgelassene Bereiche der Töpfereien in Anspruch nahmen.   Cü.

5b   Keramik aus einer Abfallgrube am Louis-Lintz-Platz

260 n.Chr.

Einen Querschnitt der keramischen Produktion bietet eine Abfallgrube, die S. Loeschcke 1920 erstmals bearbeitet und zusammengestellt hat.

Die Masse der geborgenen Gefäße, die zumeist vollständig zusammengesetzt werden konnten, läßt den Schluß zu, daß durch ein kriegerisches Ereignis der Bezirk überrascht worden ist und keine Zeit mehr war, die nach Brand und Form wohl gelungenen Gefäße in Sicherheit zu bringen. Da nicht Töpfereiabfall, Fehlbrände und deformierte Gefäße, Füll- und Stützmaterial aus den Öfen in die Grube geschüttet wurden, andererseits ein Werkstattbrand alleine nicht die Materialvielfalt erbracht hätte, ist die Einfüllung und Zerstörung mit den Germaneneinfällen in Verbindung zu bringen, die das Trierer Land 260 und 275 n.Chr. bedrängten. Daß auch das Gebiet innerhalb der seit dem Ende des 2. Jh. befestigen Stadt von den Germanen zerstört worden ist, wird auch durch diesen Fund bestätigt.

Als Sammelfund ist das Inventar der Abfallgrube zugleich ein wichtiges, in seiner typologischen Vielfalt genau datiertes Material, das zur Zeitbestimmung gleichartiger Gefäße aus Siedlungen und Gräbern hilfreich ist.
Lit.: S. Loeschcke, Töpfereiabfall d. J. 259/60 in Trier. Trierer Jahresber. 13, 1921/22, 103–107. – W. Binsfeld, Führer Trier 223–225.   Cü.

6   Funde aus dem Töpfereigebiet am Pacelliufer

FO. Trier, 1983.

Beim Bau des Gebäudes der Wasserschutzpolizei wurden 1983 13 Töpferöfen und Gebäude der Werkstätten freigelegt und ein umfangreiches keramisches Material der örtlichen Produktion geborgen.

6a

6 b

6 c

6 d

Am Rande der Baugrube, zur Mosel hin, wurde eine mit Kies befestigte Hof- und Wegefläche aufgenommen, die mit einigen Mauerzügen von Werkstätten und Verkaufslagern den Anschluß an den Schiffsverkehr und den Transport von Massengütern genutzt haben wird.

Das in Aufhöhungsschichten, Abfallgruben, aufgelassenen Feuerungskellern und Öfen geborgene Material reicht vom 1. Jh. bis in das 4. Jh. n. Chr.

Neben Bechern, Kannen mit Stöpsel- und Tüllenschnauze als Ausguß, einfachen Sigillataschälchen, wurden zahlreiche Terrakottafiguren und einzelne Model, auch von Reliefgefäßen gefunden.

6 e

Nach Aufgabe des Ofens 5, an der Nordwestseite der Grabung, hat ein Handwerker mehrere Reliefplatten mit Darstellungen von Gladiatoren, der Orgel im Amphitheater und phallischen Löwen, an der Rückseite des Brennkanales der Feuerung versteckt, wo sie jetzt zum Vorschein kamen (6 a–c).

Neben einem vorzüglich modellierten Kalender verdient auch die handmodellierte Terrakotte eines Herakles Beachtung (6 d–e).

Lit.: S. Loeschcke, Trierer Jahresber. 13, 1921/22, 103–107. – Ders., Bonner Jahrb. 127, 1922, 265.   Cü.

7   Weihung eines Münz-Kontrolleurs

FO. Trier, Amphitheater.
Letztes Drittel 3. Jh.

In h(onorem) d(omus) d(ivinae). Dea Diana numini sanctissimo Anul(l)inus Polibius num(m)ularius s(acrae) m(onetae) Au[g(usti)] n(ostri) ex voto posui[t] v(otum) s(olvens) l(ibens) m(erito).

Zu Ehren des allerhöchsten Kaiserhauses: Der Göttin Diana, dem verehrungswürdigen Wesen, hat Anullinus Polybius, Münz-Kontrolleur an der Münzstätte unseres Kaisers, (die Weihung) aufgrund eines Gelübdes aufgestellt und so sein Gelübde gern und nach Verdienst eingelöst.

Die Oberseite des Steins ist nachträglich abgearbeitet, hier wird die Weihegabe – etwa eine Darstellung der Diana – gewesen sein.

»Dea Diana« ist ein sog. »keltischer Dativ«. Welche Aufgaben ein Münz-Kontrolleur (Nummularius) im einzelnen hatte, ist nicht bekannt.

Wir dürfen davon ausgehen, daß die hiesige Münzstätte gemeint ist, sonst wäre der Ortsname beigefügt. Da Trier unter den gallischen Usurpatoren zwischen 269 und 274 eine Münzstätte besaß und dann in der Spätantike seit 293, hängt es von der Datierung des Steins ab, in welcher Periode Anullinus Polybius in Trier tätig war.

Die Eingangsformel und die Bezeichnung »Dea« werden um 250 selten; diese ist seit 276 nicht mehr, jene um 300 so gut wie nicht mehr nachweisbar. Auch der »keltische Dativ« ist in der Spätantike ausgestorben. Der Ausdruck »Sacra moneta« (sacra in der Bedeutung »kaiserlich«) ist schon vor 250 belegt (z. B. CIL VIII 23948), die Abkürzung S. M. finden wir auf Münzen seit Kaiser Carus (282/83).

All das spricht eher für die Zeit der gallischen Gegenkaiser, ohne daß die Anfangsjahre der spätantiken Münzstätte – nur 20 Jahre später – ausgeschlossen werden können (s. auch S. 13 f.). Ähnliche Datierungsschwierigkeiten bereitet die stadtrömische Grabinschrift für einen Verwalter der Trierer Münzstätte (Procurator monetae Triverice: CIL VI 1641).

7

Kalkstein. – H. 24 cm, Br. 26 cm, T. 15 cm.
RLM. Trier, Inv. 09, 3416.
Lit.: CIL XIII 11311. – Datierung unter gallische Kaiser: G. Elmer, Bonner Jahrb. 146, 1941, 14. – H.-G. Pflaum, in: Actes du congrès intern. de numismatique (Paris 1957) 273 ff. – I. König, Die gallischen Usurpatoren von Postumus bis Tetricus (München 1981) 152 f. und 213 Nr. 94.   Bi.

8–12   Münzschätze des späten 3. Jahrhunderts

8   Münzschatz

FO. Trier, Saarstraße, 1969.
Um 267/8 n. Chr.

Der bei Ausschachtungsarbeiten im südlichen Teil der Augusta Treverorum zutage gekommene Münzschatz umfaßte mehr als 212 Antoniniane, mit Silbersud versehene Kupfermünzen der Kaiser Valerianus I., Gallienus, Saloninus und Postumus. Die jüngsten Prägungen datieren in das vorletzte Regierungsjahr des Postumus (267/8), so daß der Schatz durchaus infolge des Laelianusaufstandes deponiert worden sein könnte.
RLM. Trier, Inv. 70, 797–887.
Lit.: W. Binsfeld, Ein Münzschatz aus der Zeit des Postumus. Trierer Zeitschr. 35, 1972, 127 ff.   Gi.

9 Münzschatz

FO. Kattenes (Krs. Mayen-Koblenz), 1878.
Um 275 n. Chr.

Der beim Bahnbau geborgene Schatz umfaßte in einem großen, mit einer Schieferplatte abgedeckten Gefäß 12 093 (etwa 40 kg) mit einem schlechten Silbersud überzogene Antoniniane der Kaiser Valerianus I. (253–260) bis Aurelianus (270–275). Die Vergrabungszeit des umfangreichen Schatzes, von dem hier nur eine Auswahl gezeigt werden kann, fällt in die Jahre um 275/6, als Franken und Alamannen gemeinsam in die germanischen und gallischen Provinzen sengend und brennend einfielen.
RLM. Trier, Inv. 38, 610 ff.
Lit.: A. Erman, Zeitschr. f. Num. 7, 1880, 315 ff. Gi.

10 Münzschatz

FO. Trier, Basilikavorplatz, 1983.
Um 275 n. Chr.

Der bei Bauarbeiten zutage geförderte, ursprünglich vielleicht in einem kleinen Holzkästchen aufbewahrte Schatz umfaßte mehr als 206 unansehnliche Nachahmungen zeitgenössischer Bronzeprägungen. Die Schrötlinge sind unregelmäßig, teilweise sogar viereckig, mitunter auch un- oder nur einseitig geprägt.

12

Die Münzbilder sind stark barbarisiert und aufgrund der nur selten erhaltenen Umschrift allenfalls Tetricus I. oder II. zuzuweisen. Die Durchmesser schwanken zwischen 6 und 12 mm, die Gewichte zwischen 0,4 und 0,9 g.
Mit diesen recht ungelenken Bronzenachprägungen versuchte man im letzten Drittel des 3. Jahrhunderts dem weit verbreiteten Kleingeldmangel zu begegnen. Verschiedenerorts, selbst in Villen (vgl. Kat. Römer an Mosel u. Saar Nr. 261) läßt sich die Herstellung vergleichbarer Imitationen nachweisen. Die Vergrabungszeit des kleinen Schatzes fällt in die unruhigen Jahre um 275/6.
RLM. Trier, Inv. EV. 83, 109. Gi.

11 Münzschatz

FO. Trier, Fleischstraße, 1972.
Um 276/7 n. Chr.

Der bei Ausschachtungsarbeiten in einem Topf entdeckte Schatz umfaßte mehr als 8000 mit einem schlechten Silbersud überzogene Antoniane der Kaiser Valerianus (253–260) bis Probus (276–282). Da nur wenige Prägungen auf Probus vertreten waren, sollte der Hort noch zu Beginn seiner Regierungszeit, also zu einem Zeitpunkt, als der Kaiser noch mit der Vertreibung der nach Gallien eingefallenen Franken und Alamannen beschäftigt war, verborgen worden sein.
RLM. Trier, Inv. EV. 72, 31. Gi.

12 Münzschatz

FO. Horath, Hostert (Krs. Bernkastel-Wittlich), 1964.
Um 290 n. Chr.

Westlich des Ortes wurde beim Ausfahren einer Steinrausche im Bereich einer römischen Ackerterrasse ein schon in früherer Zeit beschädigter Topf mit verschliffenem herzförmigem Profil angetroffen. Er war mit etwa 3500 zusammengebackenen Münzen gefüllt, die in Rollen in das Gefäß gepackt und mit einem groben, teilweise erhaltenen Leinengewebe zugedeckt waren. Die im Gefäß deponierten Münzen, meist Antoniniane, mit einem schlechten Silbersud überzogene Kupfermünzen, umfaßten Prägungen auf die Kaiser Gallienus (253–268) bis Diocletianus (284–305), wobei die jüngsten um 289 n. Chr. in Lyon geschlagen wurden. Der Schatz dürfte demnach um das Jahr 290 n. Chr. vergraben worden sein.
RLM. Trier, Inv. EV. 65, 51.
Lit.: H. Cüppers, Archäologische Funde im Landkreis Bernkastel (Bernkastel-Kues 1966) 99 u. Taf. 51. Gi.

13   Römerbrücke und Moselfunde

(Farbabb. s. S. 10)

2. bis 5. Jh. n. Chr.

Die römische Steinpfeilerbrücke, Nachfolgebau älterer Pfahlrost- und Holzkonstruktionen und auf einer natürlichen Moselfurt angelegt, war von ursprünglich 9 Pfeilern bis zum Ende des 2. Jh. auf 7 Strompfeiler und die Brückenwiderlager verkürzt worden. Mit dem Bau der Stadtmauer war an der Land- und westl. Uferseite die Zufahrtsrampe mit Türmen flankiert, zu einem Brückentor verstärkt worden, während an der Stadtseite ein Mauerdurchlaß ebenfalls als weniger stark befestigtes Tor bestanden haben wird.

Schon zu diesem Zeitpunkt waren alle Pfeiler um wenigstens zwei Quaderschichten aufgestockt worden als Folge des verengten Flußquerschnittes und damit höherer Hochwasserstände.

Ob in den Wirren der Alamanneninvasionen die Brücke in Mitleidenschaft gezogen worden war, ist aus dem Baubestand nicht zu erkennen. Immerhin weisen Pfahlreste und sonstige Konstruktionshölzer im engeren Bereich der Brücke auf Reparaturen oder Schutzvorrichtungen in Verbindung mit dem Flußverkehr hin, andere Hölzer aus dem Bereich der älteren Pfahlrostkonstruktionen unterhalb auf Hilfskonstruktionen, die mit Reparaturen an der Steinpfeilerbrücke in Zusammenhang stehen können.

Die durch dendroarchäologische Untersuchung festgelegten Daten gruppieren sich auf die Jahre 197–199 n. Chr., 244–245 n. Chr., eine einzelne Pfahlgruppe bei Pfeiler 5 von Westen wurde 285 n. Chr. eingebracht. Einzelpfähle in den Pfahlrosten datieren 315 n. Chr.

So spricht nichts dafür, daß größere Maßnahmen erforderlich geworden waren, andererseits ist davon auszugehen, daß die hölzernen Fahrbahnteile, Knaggen, Binderbalken und Bohlenbeläge mit den Geländern je nach Abnutzung- und Verwitterung erneuert werden mußten.

Durch Wasserführung und Veränderungen an der Bau- und Flußsohle sind die erneuerten und z. T. ersetzten Spundwandsysteme an den Pfeilern 2, 3 und 5 zu erklären.

Die kontinuierliche Benutzung der Brücke wird durch die Funde im Flußbett wahrscheinlich gemacht, die neben Gerätschaften von den Bauerbeiten einen sehr zufälligen Querschnitt durch das Zivilisationsgut der Jahrhunderte vermittelt.

Die zu Hunderten geborgenen bleiernen Zollmarken sind als Beleg einer staatlichen Zollstelle zu werten, die sowohl den Güterverkehr auf dem Wasserweg wie auch die über die Brücke eingehenden Waren zu inspizieren und zollamtlich zu erfassen hatte.

Die Münzen mit seinen Geprägen, beginnend mit keltischen und bis zum Ende der Römerzeit reichenden Prägungen, können wohl zumeist als Dank- und Flußopfer gewertet werden, die Reisende oder auf gesunde Rückkehr hoffende Passanten den Göttern spendeten.

Mit dem Schutt zerstörter Häuser aber werden die vereinzelt geborgenen Goldmünzen, Gold- und Bronzeschmuck (ein goldener Stirn- oder Haarreif, goldene Fingerringe, Ketten u. a. m.), geschnittene Steine und Bronzefiguren in die Mosel gelangt sein. Auch ist es vorstellbar, daß in Kriegszeiten manch überladener Plünderer einen Teil seines Gutes hier über das Brückengeländer abwarf, wenn Verfolger und feindliche Truppen zur Flucht zwangen.

So dürften die Bronzeprora und der Attis, Bronzefiguren eines Treverers, ein Lar, ein Bronzesockel mit Weihinschrift u. a. m. eher zufällig in den Fluß gelangt sein.

Etliche reliefierte Quader von Ehrenbogen und Grabdenkmälern, Inschriften und Architekturprofile dürften von den Lastkähnen und Flößen über Bord gegangen sein, die vom südlichen Gräberfeld Baumaterial zum Festungsbau nach Neumagen transportieren mußten und bei der Brückendurchfahrt mit der Wasserströmung zu ringen hatten.

Daß drei Prägestempel der offiziellen kaiserlichen Münzprägestätte in den Fluß geworfen worden waren, dürfte kaum den strengen Vorschriften der Zeit entsprochen haben (Münzstempel auf Magnentius um 350 n. Chr.).

a) Grundrißplan und Schnittansicht der Steinpfeilerbrücke und der Pfahlrostkonstruktionen.
b) Rekonstruktionsansicht der Römerbrücke, Zustand im 4. Jh. n. Chr.
c) Modell der Pfahlrostbrücke und der Steinpfeilerbrücke. Bauphasen und Bauzustände 1. Jh. v. Chr. bis 19. Jh. n. Chr.
d) Pfahlschuhe und Pfähle der älteren Pfahlrostbrücke.
e) Reste von Spundwandbalken der Steinpfeilerbrücke (Kastenrahmen).
f) Eisenkrampen mit Bleiverguß der Horizontalverbindung der Quaderlagen der Steinpfeilerbrücke, große Nägel mit Rundkopf von Verzimmerungen.
g) Blaustein mit Spuren der Flächenbearbeitung mit dem Zahneisen. Zahneisen und Zweispitz.
h) Eisengerätschaften: Amboß, Enterhaken und Stakeisen.
i) Auswahl von Kleinfunden aus dem Flußbett: Bronzefiguren und Beschläge, z. T. in Konglomerat verbacken.

Lit.: H. Cüppers, Die Trierer Römerbrücken (Mainz 1969). – E. Hollstein, Mitteleuropäische Eichenchronologie (Mainz 1980). – Ausgewählte Moselfunde vgl. Trierer Zeitschr. 37, 1974, 172.   Cü.

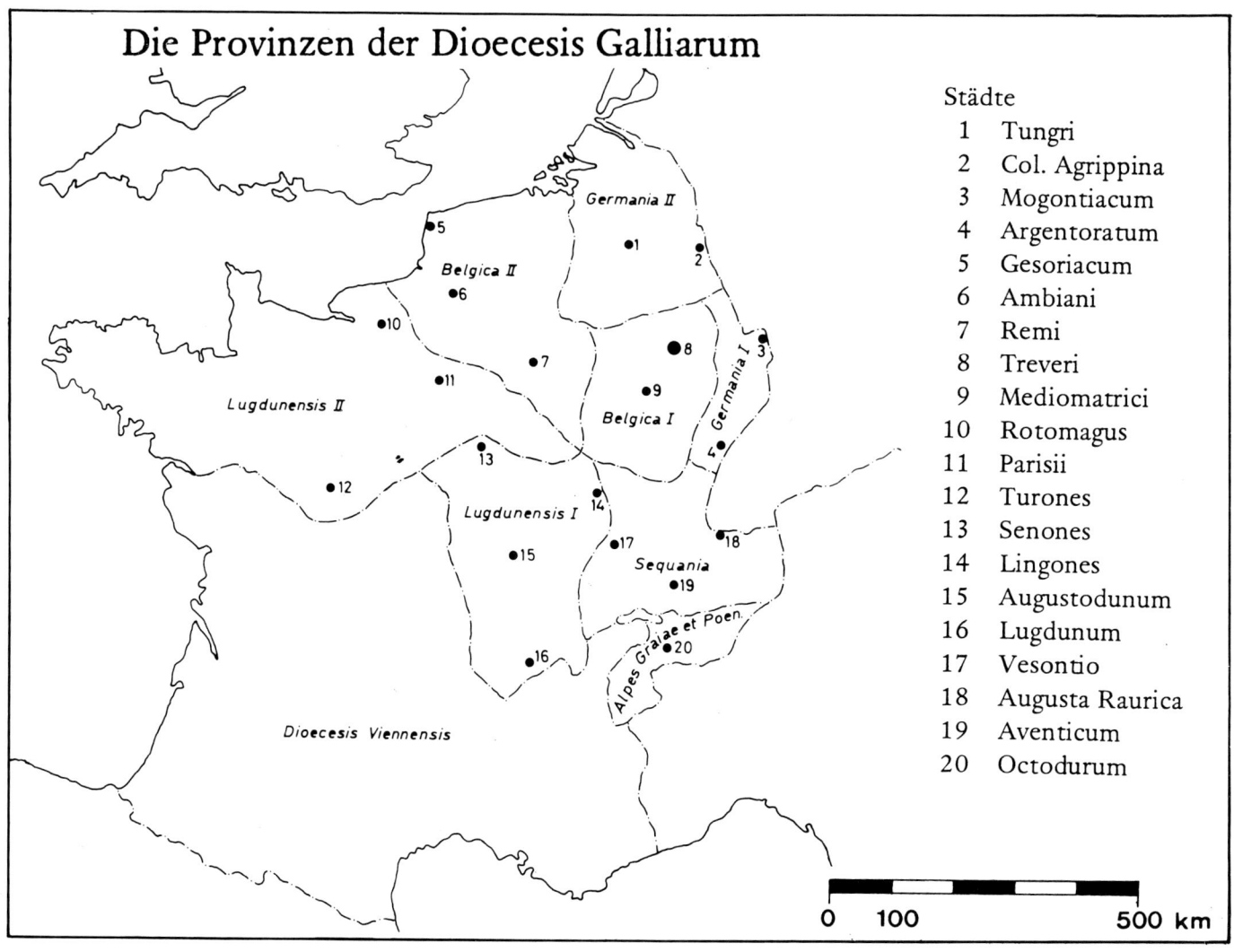

Die Provinzen der Dioecesis Galliarum

Städte

1 Tungri
2 Col. Agrippina
3 Mogontiacum
4 Argentoratum
5 Gesoriacum
6 Ambiani
7 Remi
8 Treveri
9 Mediomatrici
10 Rotomagus
11 Parisii
12 Turones
13 Senones
14 Lingones
15 Augustodunum
16 Lugdunum
17 Vesontio
18 Augusta Raurica
19 Aventicum
20 Octodurum

Germania II
Belgica II
Lugdunensis II
Belgica I
Germania I
Lugdunensis I
Sequania
Alpes Graiae et Poen.
Dioecesis Viennensis

0   100   500 km

14

14–21   Von Diocletian bis Constantin

14   Das Römische Reich nach den Reformen Kaiser Diocletians (Karte)

(Farbabb. im Umschlag hinten)

Mit der Neuorganisation zur Führung der Staatsgeschäfte durch das sich unter Diocletian entwickelnde System der Tetrarchie war auch eine tiefgehende Reform der Verwaltung des gesamten Reiches und eine neue, an Verwaltungsgesichtspunkten orientierte Neugliederung des gesamten Reiches verbunden. Die wesentlichsten Maßnahmen, die für das gesamte 4. Jahrhundert Gültigkeit haben sollten, wurden unter der Regierung Diocletians und des frühen Constantin getroffen.

Eine der wichtigsten Quellen für die Aufteilung der Provinzen und ihre Zusammenfassung in Diözesen nach den diocletianischen Reformen ist die aus dem beginnenden 4. Jahrhundert stammende, in einem Manuskript des 7. Jahrhunderts erhaltene, sogenannte »Verona Liste«. Danach gehörten zur *dioecesis Galliarum* acht Provinzen: *Belgica prima, Belgica secunda, Germania prima, Germania secunda, Sequania, Lugdunensis prima,*

Lugdunensis secunda, Alpes Graiae et Poeninae. In den Reichsreformen Diocletians waren nicht nur die alten Provinzen in kleinere Verwaltungseinheiten geteilt worden, sondern auch in Gruppen zusammengefaßt worden, in zwölf Diözesen. Die Diözese, an deren Spitze ein *vicarius* stand, war ein um 293 völlig neu geschaffenes Gebilde. Der Einteilung in Provinzen und Diözesen fügte Constantin um 318 die übergeordnete Instanz der Präfektur als zivile Verwaltungseinrichtung hinzu. Die gallische Präfektur umfaßte die *dioecesis Britanniarum*, die *dioecesis Galliarum*, die *dioecesis septem provinciarum (Viennensis)* und die bis nach Nordafrika reichende *dioecesis Hispaniarum* (s. S. 19, 42), ein Sprengel, der von Britannien bis nach Nordafrika ins heutige Marokko reichte. Sitz des die gallische Präfektur leitenden *praefectus praetorio Galliarum* war Trier, dessen Stellvertreter als vicarii in den Hauptorten der Diözesen stationiert waren. Da die gallische Diözese vom praefectus praetorio von Trier aus mitverwaltet werden konnte, bedurfte es in diesem Falle keines eigenen Vikars.

Durch eine alte Straße war der Westen des Reiches seit langem mit den östlichen Reichsteilen verbunden. Seit Trajan (98–117) hatte sich eine Verkehrsachse durch das Rhein- und Donautal von Westen nach Osten entwickelt, die wirtschaftlich für den Mittelmeerhandel schon länger eine Konkurrenz bedeutete. Im 4. Jahrhundert mit den veränderten politischen Bedingungen und den militärischen Notwendigkeiten erhielt diese Achse eine noch stärkere Bedeutung. An ihr lagen die Residenzen der Kaiser, angefangen von Trier, über Sirmium, Naissus bis schließlich hin zu Constantinopel und Nicomedia. Rom stand abseits der großen Heerstraße, deren Zielpunkt seit 330 die *Roma nova*, Constantinopolis, war.

Zur Rekonstruktion der antiken Civitas- und Provinzgrenzen im Rhein- und Moselland kann nur mit Vorbehalten von der zugrundegelegten Übereinstimmung von spätantiker civitas und bischöflichem Sprengel ausgegangen werden. Die Grenzen zwischen den mittelalterlichen Erzdiözesen Trier und Köln führen entsprechend der Provinzgrenzen der Germania prima und secunda auf einer Strecke am Vinxtbach entlang. In spätrömischer Zeit stehen jedoch bereits unter dem Einfluß des Trierer Bischofs Gemeinden der unteren Mosel, also eines andern römischen Verwaltungsbereiches. Der inneren Verwaltungsgliederung der römischen Provinzen nicht folgend, entstanden Bindungen aufgrund persönlicher Beziehungen und missionarischer Tätigkeit.

Mit der Aufteilung des Reiches wurde die Idee von der Einheit des Imperiums zurückgestellt. Osten und Westen gingen seit dem 5. Jahrhundert in politischer wie kultureller Hinsicht eigene, auch unsere Geschichte mitbestimmende Wege.

Lit.: E. Stein, Geschichte des spätrömischen Reiches I (Wien 1928). J. R. Palanque, Essai sur la préfecture du prétoire du Bas-Empire (Paris 1933). – H. Nesselhauf, Die spätrömische Verwaltung der gallisch-germanischen Länder (Berlin 1938). – T. D. Barnes, The new empire of Diocletian and Constantine (Cambridge, Mass.–London 1982) 195 ff. – Zu den Grenzen im Trierer Land: E. Ewig, Trier im Merowingerreich. Civitas, Stadt, Bistum. In: Trierer Zeitschr. 21, 1952. – K. Heinemeyer, Das Erzbistum Mainz in römischer und fränkischer Zeit (Marburg 1979) 20 ff., 31 ff. Schw.

15 Porträt des Kaisers Diocletian

Split (Jugoslawien), im Mausoleum des Diocletian.
Um 305 n. Chr.

Als Diocletian 305 auf sein kaiserliches Amt verzichtete, zog er sich in seinen vorbereiteten festungsartigen Alterssitz an der östlichen Adriaküste im heutigen Split zurück. Dort ließ er auch sein Mausoleum bauen, einen außen achteckigen Zentralbau. Im Inneren zieht sich unter der Kuppel ein Fries mit Putten her, auf dem – in je einem von Putten gehaltenen Kranz – seine Porträtbüste und die seiner Frau Prisca angebracht sind. Der Kaiser ist dargestellt im Soldatenmantel mit einer Scheibenfibel auf der rechten Schulter. Auf dem Haupt trägt er die runde Soldatenmütze, den Pilleus Pannonicus, oder einen Lorbeerkranz. Der Stil des von einheimischen Künstlern geschaffenen Reliefs ist »roh und unbeholfen« (Kähler).
Kalkstein. – Fries-H. 86 cm, Kranz-H. etwa 65 cm.
Split, im Diocletiansmausoleum (Kopie: RGZM. Mainz).
Lit.: R. Delbrück, Antike Porphyrwerke (Berlin/Leipzig 1932) 124 mit Taf. 61. – H. P. L'Orange, Studien zur Geschichte des spätantiken Porträts (Oslo 1933) 100 mit Abb. 39. – H. Kähler, Rom und seine Welt (München 1958/1960) Taf. 247 mit Erläuterung 357. – J. und T. Marasović, Diocletian Palace (Zagreb 1970) Abb. 61. – R. Calza, Iconografia romana imperiale 287–363 (Rom 1972) Nr. 11. – Hj. Ubl, Festschrift R. Pittioni II (Wien 1976) 226 mit Abb. 8, 2. – E. Künzel, Jahrb. RGZM. 30, 1983, 384 mit Taf. 70, 1. Bi.

16 Diocletian

FO. Izmit (Türkei)
Um 285 n. Chr.

Überlebensgroßer Kopf eines Kaisers mit Kranzdiadem und Stirnjuwel. Daß es sich bei dem sehr qualitätvollen Porträt um den etwa fünfzigjährigen Diocletian in den ersten Jahren seiner Herrschaft handelt, dafür sprechen Physiognomie, der knappe Bart, Stil und auch der Fundort Izmit, an einem Golf des Marmarameeres gelegen, das antike Nicomedia. Diese Stadt war es, in der er 284 die kaiserlichen Insignien erhalten hatte, besonders gern residierte und schließlich 305 abdankte.

In diesen Jahren ließ er – das Folgende nach dem Augenzeugen Laktanz (mort. persec. 7, 8–10) – in »nicht zu bremsender Bauwut« Nicomedia zur Residenzstadt ausbauen: »Gleich wurde ein großer Teil der Stadt abgerissen«, und dann entstanden »hier Basiliken, hier ein Circus, hier eine Münzstätte, hier eine Waffenfabrik, hier ein Wohnhaus für die Ehefrau, hier eines für die Tochter«. Grund war »das Bemühen, Nicomedia der Stadt Rom gleichzustellen«. Ähnlich darf man sich die Bautätigkeit in Trier seit 293 vorstellen.

Weißer Marmor. – H. 35,5 cm.

Archäolog. Museum Istanbul (Kopie: Archäolog. Inst. Göttingen).

Lit.: W. F. Volbach, Frühchristliche Kunst (München 1958) Taf. 1. – R. Calza, Iconografia romana imperiale 287–363 (Rom 1972) Nr. 1. – Spätantike und frühes Christentum Nr. 23.   Bi.

17 Ehreninschrift für Constantius Chlorus
(Abb. s. S. 27)

FO. Trier, Ecke Gartenfeld- und Helenenstr.
Zwischen 293 und 305 n. Chr.

Auf einem Quader steht die Inschrift:
Indulgentissimo d(omino) n(ostro) Flavio Val(erio) Constantio nobilissimo Caes(ari) Valerius Concordius v(ir) p(erfectissimus) dux devotus numini maiiestatique eorum.

Unserem allergnädigsten Herrn, Flavius Valerius Constantius, dem edlen Prinzen, (widmete dies) der Befehlshaber Valerius Concordius, vir perfectissimus, ergeben ihrer (Plural) Erhabenheit und Majestät.

Constantius Chlorus war unter Diocletian und dessen Mitkaiser Maximian »Unterkaiser« (Caesar) im westlichen Reichsteil (s. S. 18), er residierte in Trier. Ihm wurde dieses Denkmal gewidmet von Valerius Concordius, der 293/94 oder eher zwischen 296 und 305 militärischer Befehlshaber vermutlich in der oberrheinischen Provinz Germania prima war. Die Bezeichnung Vir perfectissimus ist ein Ehrentitel.

Die Einleitungs- und die Endformel sind bezeichnend für den schon im 3. Jahrhundert beginnenden spätantiken »Byzantinismus«. Der Plural »eorum« zeigt, daß wenigstens auch für einen der Oberkaiser (Augusti) eine entsprechende Inschrift existier-

te. Auf einem profilierten Deckstein wird die Statue des Kaisers gestanden haben. Die Fundstelle liegt beim vermuteten Circus Triers.

Kalkstein. – H. 98 cm, Br. 74 cm, T. 66 cm.

RLM. Trier. Inv. Reg. c 204.

Lit.: Hettner, Steindenkmäler 2. – CIL. XIII 3672. – H. G. Gundel, Epigraphica 15, 1953, 135 f. (zur Formel). – H. G. Kolbe, Die Statthalter Numidiens von Gallien bis Constantin (München 1962) 44 f. – H. v. Petrikovits, in: Rhein. Geschichte I 1 (Düsseldorf 1978 = Die Rheinlande in römischer Zeit, 1980) 221 (zu Concordius). – W. v. Massow, Trierer Zeitschr. 18, 1949, 163 (zur Fundstelle).   Bi.

18 Vier Kaiser

FO. Istanbul.
Wohl um 300 n. Chr.

Am Markus-Dom in Venedig sind zwei Reliefs aus Porphyr angebracht, die je zwei sich umarmende Kaiser zeigen. Sie tragen Panzer mit Panzerhemd, darüber den Soldatenmantel; als Kopfbedeckung haben sie die zylindrische Soldatenkappe (s. Kat. 20). Die linke Hand greift nach dem adlerkopfförmigen Griff des Schwertes (zum Schwert-Ortband s. Kat. 155 d).

Bei beiden Paaren ist einer der Kaiser bärtig, also älter als der andere. Dargestellt sind demnach zwei Oberkaiser (Augusti) jeweils mit ihren Unterkaisern (Caesares); durch die Umarmung demonstrieren die »Tetrarchen« ihre Einigkeit. Dabei handelt es sich wahrscheinlich um Diocletian mit Constantius und um Maximian mit Galerius (nicht auszuschließen sind wenig später Constantius und Galerius als Augusti mit ihren Caesares).

Bei der rechten Gruppe fehlt dem rechten Herrscher sein rechter Fuß; er wurde 1965 in Istanbul ausgegraben. Dieser Fund beweist die Vermutung, daß beide Reliefs von den Venezianern aus Konstantinopel verschleppt worden sind.

Porphyr. – H. der Figuren 130 cm.

San Marco, Venedig.

Lit.: R. Delbrück, Antike Porphyrwerke (Berlin/Leipzig 1932) 84 mit Taf. 31–34. – W. F. Volbach, Frühchristliche Kunst (München 1958) Taf. 25. – W. v. Sydow, Zur Kunstgeschichte des spätantiken Porträts im 4. Jh. (Bonn 1969) 142 ff. – R. Calza, Iconografia romana imperiale (Rom 1972) Nr. 7. – W. Müller-Wiener, Bildlexikon zur Topographie Istanbuls (Tübingen 1977) 267.   Bi.

19

19   Sarkophagdeckel

FO. Grünhaus-Mertesdorf (Krs. Trier-Saarburg).
Um 300 n. Chr.

Vom Sarkophagdeckel ist nurmehr der Mittelstutzen der Schauseite erhalten. Er zeigt in rechteckigem Rahmen die Brustbilder
eines Ehepaars, das sich die rechte Hand als Zeichen der ehelichen Gemeinschaft reicht. Sie trägt eine Stola und hat ihr Haupt-
haar zur »Scheitelzopf«-Frisur geordnet, bei der ein breiter
Nackenzopf über den Kopf nach vorn bis an die Stirn geführt
und hier untergeschlagen wird. Diese Art der Frisur mit unbe-
decktem Ohr kennen wir aus der Zeit etwa zwischen 270 und
310. Der Mann trägt die Toga mit »Kontabulierung«, einem fast
brettartig geglätteten Stoffteil zwischen der rechten Achsel und
der linken Schulter (sie scheint auf dem Relief mißverstanden zu
sein). In der Linken hält er eine Schriftrolle. Seine Frisur mit
dem kurzen Vollbart weist in die Zeit um 300.
Die Darstellung im offiziellen Kostüm der Toga läßt auf eine
gewisse gesellschaftliche und politische Bedeutung des Mannes
schließen.
Sandstein. – H. 32 cm, Br. 72 cm, T. 36 cm.
RLM. Trier. Inv. G. 37p.
Lit.: Hettner, Steindenkmäler Nr. 314. – Espérandieu 5133. – H.
Cüppers, Trierer Zeitschr. 32, 1969, 290 mit Abb. 12.   Bi.

20   Grabmal-Fragment

FO. Trier, St. Matthias.
Frühes 4. Jh. n. Chr.

Ob das oben abgestumpfte Dreieck mit Bruchfläche an der Unterseite der obere Abschluß einer Grabstele oder eher ein unge-
wöhnlicher Aufsatz eines Sarkophagdeckels war, ist umstritten.

Jedenfalls sehen wir innerhalb eines Rahmens die Köpfe eines
Ehepaars. Die Frau trägt die »Scheitelzopf«-Frisur mit verdeck-
ten Ohren, wie sie für die ersten Jahrzehnte des 4. Jahrhunderts
bezeichnend ist. Der Mann hat eine zylindrische Mütze mit
rauher Oberfläche auf dem Kopf. Hierbei handelt es sich um die
Fellmütze, die seit der Herrschaft des Diocletian von Soldaten
bis hinauf zum Kaiser getragen wurde. Man nannte sie, wie
Vegetius in seinem Werk über das Militärwesen (1,20) berichtet,
nach ihrer Herkunft »Pannonische Mütze« (Pilleus Pannonicus).
Bei dem Ehemann haben wir also einen Soldaten vor uns, der
zwischen etwa 300 und 330 in Trier, wohl am kaiserlichen Hofe
oder in der Reichsverwaltung, seinen Dienst leistete.
Kalkstein. – H. 28 cm, Br. 42 cm, T. 27 cm.
RLM. Trier, Inv. 29, 272.
Lit.: E. Vorrenhagen/E. Krüger, Trierer Zeitschr. 5, 1930, 166 ff.
mit Taf. 5, 1. – Hj. Ubl, Festschrift R. Pittioni II (Wien 1976) 218
mit Abb. 2.   Bi.

21   Die constantinische Dynastie
(s. Stammtafel im Anhang)

Familiäre Tradition und Verwandtschaften in den Dynastien des
4. Jahrhunderts sind keine zufallsbedingten Erscheinungen
oder Ergebnisse reinen Forscherfleißes. Gerade die Stamm-
tafeln, die die meisten Augusti und Caesares des 4. Jahrhunderts
auch in ihrer familiären Verbundenheit zeigen, sind vielmehr
eine Folge dynastischer Bestrebungen, eine Legitimation für die
Herrschaft und eine auf verwandtschaftlichen Bindungen beruhende Festigung der Macht herbeizuführen.

20

Mit der Errichtung der Tetrarchie, einem neuen System in der politischen Verwaltung des Imperiums, reißen alle Verbindungen zu älteren Herrscherhäusern ab. Die ersten Augusti und Caseares sind Leute, die in der römischen Armee Karriere gemacht haben, deren Herkunft aber weitgehend im Dunkeln bleibt. Die beiden ersten Augusti, Diocletian und Maximian, kommen ebenso wie die beiden Caesares aus Illyrien. Die zumindest gelegentlich sehr einfache Herkunft zeigt eine Bemerkung des Aurelius Victor für Galerius, den Caesar seit 293: »Von bäuerlichen Eltern abstammend, Viehherden hütend, hatte er den Namen *Armentarius* (= der Herden weidende).«

Statt sich auf eine familiäre Tradition zu berufen, leiteten die beiden neuen Augusti vielmehr einen göttlichen Ursprung für sich ab, auf den sie mit ihren Beinamen Anspruch erhoben. *Diocletianus Jovius* war der Repräsentant und irdische Vertreter des höchsten Gottes Jupiter Optimus Maximus, *Maximianus Herculius* Nachfolger des die Welt von ihren Übeln befreienden Hercules. Die erste familiäre Bindung der Tetrarchie erfolgte mit der Adoption der beiden Caesares durch die Augusti. Damit wurden auch die beiden Caesares Iovii bzw. Herculii, gehörten demnach in die betreffende göttliche Familie. Die Begriffe »heilig« und »göttlich« wurden Synonyme für »kaiserlich«; der Kaiser verstand sich als »*dominus et deus*«. Die adoptierten Söhne konnten in ihrem neuen Stand nunmehr auch die kaiserlichen Töchter ehelichen. Das im Rückgriff auf die kaiserliche Nachfolge gewählte Prinzip der Adoption war damit jedoch bereits in der ersten Generation der Tetrarchie zum Scheitern verurteilt. Mit diesen Ehen und dem familiären Prinzip war bereits für den ersten Regierungswechsel eine auf Erbschaft basierende Nachfolge heraufbeschworen.

Gerade Constantius I. dessen Beiname Clorus nicht zeitgenössisch ist, verdeutlicht evident den Anspruch der kaiserlichen Familie. Helena, die erste Gattin, war wie ihr Gemahl einfacher Herkunft (»stabularia – Wirtin« nach der Überlieferung). Nichtsdestotrotz ging aus dieser einfachen Ehe der Sohn Constantin hervor, dem die spätere Ehre des Vaters von Nutzen sein sollte. Mit der Erhebung zum Caesar verbunden war für Constantius die Aufnahme in die Familie der *Herculii* sowie eine neue eheliche Verbindung mit der Stieftochter des Augustus Maximianus, Theodora, wohl in Ermangelung einer zur Heirat reifen leiblichen Tochter. Die wohl erst später geborene Fausta blieb so dem Constantius-Sohn, Constantin, vorbehalten. Wie beim Vater und wie auch öfters im 4. Jahrhundert zu beobachten, geht Constantin seine zweite Ehe aus dynastischen Gründen nach der Erhebung zum Caesar und mit dem Anspruch auf den Augustusrang ein. Bezeichnend ist, daß von Helena wie Minervina, den ersten Frauen späterer Caesares und Augusti, nicht einmal bekannt ist, ob sie legitime Gattinnen ihrer Männer waren. Seine Stiefschwester Constantia verheiratet Constantin 313 nach dem Sieg an der Milvischen Brücke und nach einer Aufteilung der Macht mit dem zweiten Augustus, Licinius. Mit dem wachsenden Übergewicht der constantinischen Familie werden die dynastischen Ehen auch zunehmend innerhalb der Familie vollzogen; die restlichen Zweige aus der frühen Tetrarchie sinken bereits zu Zeiten Constantius I. in die Bedeutungslosigkeit ab. Auch in der Familienpolitik des frühen 4. Jahrhunderts mag eine Ursache des Scheiterns des tetrarchischen Regierungssystems angelegt sein.

Eines der größten Feste in der constantinischen Familiengeschichte hat Trier gesehen. Im Jahre 307 fand wohl hier die Erhebung Constantins zum Augustus durch Maximian statt ebenso wie die Hochzeit mit Fausta, der Tochter Maximians. Diesen hervorragenden Begebenheiten ist ein Panegyricus (VII) gewidmet, der die Fortführung des kaiserlichen Geschlechtes und die Verbindung zweier so herausragender Männer als Garantie für das Wohl des Reiches würdigt. Dennoch sollten Tragödien wie die dubiose Affäre um Crispus und Fausta 326 als Schatten über dem Kaiserhaus liegend, folgen. Eine angebliche Liebesbeziehung zwischen Fausta und dem Stiefsohn Crispus sowie der Einfluß der Kaisermutter Helena kosteten Crispus und Fausta das Leben. Die Abstammung Constantins II. von Fausta ist ebenfalls ungeklärt; hier könnte nur ein genaues Geburtsdatum weiterführen.

Eine neue Tradition des Herrscherhauses seit Beginn der Tetrarchie aufzubauen, versuchte wohl erstmals Constantin. Im Panegyricus von 310 wird wohl zuerst der fiktive Anspruch einer Abstammung über den Vater Constantius von dem Gothenbesieger Claudius Gothicus erhoben. Nicht unbegründet wird diese neue Legitimation nach dem Bruch mit den *Herculii*, der Familie des Maximian nach dessen Umsturzversuch 310 und der Erhebung seines Sohnes Maxentius gesucht. Spätestens seit 315 beansprucht Constantin den Siegestitel Gothicus auch für sich (CIL. VIII 8477).

Der Tod Constantins brachte ein kurzes Interregnum von einigen Monaten. Bei einer Meuterei der Truppen in Constantinopel wurden Constantins Stiefbrüder Dalmatius und Iul. Constantius wie aus der nächsten Generation der Caesar Dalmatius und Hannibalianus ermordet. Gallus und Julian, später Caesar oder sogar Augustus überlebten wegen Kränklichkeit bzw. wegen ihres jungen Alters. Die Einigkeit der drei Constantin-Söhne als selbsternannte Augusti währte nur kurz. Constantius II., alleine übriggeblieben, griff nach schlechten Erfahrungen mit Fremden in der Mitregentschaft wieder auf die eigene Familie zurück. Verblieben war nurmehr Julian, der 355 zum Caesar proklamiert wurde und Ansätze zu einer für den Staat günstigen Regierungsweise wie seine großen Vorgänger aus der Familie zeigte, auch wenn er von den christlichen Geschichtsschreibern negativ beurteilt wurde.

Lit.: A. H. M. Jones, J. R. Martindale, J. Morris, The prosopography of the later Roman empire. Vol. I. A. D. 260–395 (Cambridge 1971). – J. Rougé, Fausta, femme de Constantin, criminelle ou victime. Cahiers d'Histoire 25, 1980, 3–15. – ders., Constantin est-il le fils de Fausta? ebenda 16–17. – N. J. E. Austin, Constantine and Crispus, A. D. 326. Acta classica 23, 1980, 133–138. – A. Lippold, Constantius Caesar, Sieger über die Germanen – Nachfahre des Claudius Gothicus? Der Panegyricus von 297 und die Vita Claudii der HA. Chiron 11, 1981, 347–369. – T. D. Barnes, The new empire of Diocletian and Constantine (Cambridge Mass. – London 1982) 70f. – H. A. Pohlsander, Crispus: brilliant career and tragic end. Historia 33, 1984, 79–106. Schw.

22–51 Münzen und Kostbarkeiten

22 Kaiser auf Trierer Prägungen

A. Von der Wiedereröffnung der Münzstätte (293/4) bis zur Unterbrechung der Prägetätigkeit nach 355.
(vgl. Tab. 1 S. 54 und Abb. 8 S. 55).

1 *Diocletianus 284–305*
    a) Aureus, 303 in Trier, RIC VI 76
        RLM. Trier, Inv. 64,14.
    b) Argenteus, 298–299 in Trier, RIC VI 116a.
        RLM. Trier, Inv. 79,38.

2 Maximianus 286–305
    a) Aureus, 295–305 in Trier, RIC VI 52/3 Var.
        RLM. Trier, Inv. 30,60.
    b) Argenteus, 300–301 in Trier, RIC VI 123b.
        RLM. Trier, Inv. ST. 8391.

3 Constantius I. (293–) 305–306
    a) Aureus, 295–305 in Trier, RIC VI 57.
        RLM. Trier, Inv. 27,161. *(Farbabb. s. S. 25).*
    b) Argenteus, 298–299 in Trier, RIC VI 117a.
        RLM. Trier, Inv. 67,48.

4 Maximianus Galerius (293–) 305–311
    a) Aureus, 295–305 in Trier, RIC VI 53.
        RLM. Trier, Inv. 52,40.
    b) Argenteus, 295–297 in Trier, RIC VI 110b.
        RLM. Trier, Inv. 79,39.

5 Severus (305–) 306–307
    Follis, 305–306 in Trier, RIC VI 650A.
    RLM. Trier, Inv. 18451.

6 Maximinus (305–) 308–313
    a) Aureus, 305–307 in Trier, RIC VI 630b.
        RLM. Trier.
    b) Halbargenteus, 307–308 in Trier, RIC VI 763.
        RLM. Trier, Inv. EV. 78,97b.

7 Constantinus I. (306–) 307–337
    a) Solidus (?). 310–313 in Trier, RIC VI 821.
        RLM. Trier, Inv. 14,2 *(Farbabb. s. S. 25).*

    b) Argenteus, 306–307 in Trier, RIC VI 636.
        RLM. Trier, Inv. 15867.

8 Fausta (†326)
    Reduzierter Follis, 326 in Trier, RIC VII 483.
    RLM. Trier, Inv. 3068.

9 Maxentius (306–312)
    Reduzierter Follis, 309–312 in Ostia, RIC VI 35.
    RLM. Trier.

10 Licinius I. 308–323
    a) Solidus (?), 309–313 in Trier, RIC VI 799.
        RLM. Trier, Inv. 05,193.
    b) Argenteus, 309–313 in Trier, RIC VI 825.
        RLM. Trier, Inv. 31,384[89].

11 Crispus 317–326
    Solidus, 317–320 in Trier, RIC VII 189.
    RLM. Trier, Inv. 10,138.

12 Constantinus II. (317–) 337–340
    a) Solidus, 317–320 in Trier, RIC VII 188.
        RLM. Trier, Inv. 10,137.
    b) Siliqua, 337–340 in Trier, RIC VIII 25.
        RLM. Trier, Inv. 25,312.

13 Divus Claudius II. (†270)
    Halbfollis, 318 in Trier, RIC VII 207.
    RLM. Trier, Inv. 09,1384.

14 Licinius II. 317–323
    Triens, 319–321 in Trier (?), Cohen 34.
    RLM. Trier.

15 Helena (†328)
    Reduzierter Follis, 324–325 in Trier, RIC VII 458.
    RLM. Trier, Inv. St. 9784.

16 Constantius II. (324–) 337–361
    a) Solidus, 353–355 in Trier, RIC VIII 341.
        RLM. Trier, Inv. 27,100.
    b) Siliqua, 342–343 in Trier, RIC VIII 161.
        RLM. Trier, Inv. 41,320.

17 (Urbs Roma)
    Follis, 333–334 in Trier, RIC VII 553.
    RLM. Trier, Inv. 41,224.

18 (Constantinopolis)
    Follis, 332–333 in Trier, RIC VII 543.
    RLM. Trier, Inv. 41,206.

19 Constans (333–) 337–350
    a) Solidus, 342–343 in Trier, RIC VIII 124.
        RLM. Trier, Inv. 14,95.
    b) Miliarense, 342–343 in Trier, RIC VIII 159.
        RLM. Trier, Inv. 41,275.

20 Delmatius 335–337
Follis, 337 in Arles, RIC VII 412ff. – Typ (unediert).
RLM. Trier, Inv. ST. 3360.

21 Theodora († nach 330)
Follis, 337–340 in Trier, RIC VIII 91.
RLM. Trier, Inv. 12, 379.

22 Magnentius 350–353
a) Solidus, 350 in Trier, RIC VIII 247.
RLM. Trier, Inv. 14341.
b) Siliqua, 350–351 in Trier, RIC VIII 256.
RLM. Trier, Inv. 10, 140.

23 Decentius 351–353
a) Solidus, 351–353 in Trier, RIC VIII 279.
RLM. Trier, Inv. 30, 288.
b) Siliqua, 351–353 in Trier, RIC VIII 305.
RLM. Trier, Inv. 30, 62.

24 Constantius Gallus 351–354
Maiorina, 353–354 in Trier, RIC VIII 354.
RLM. Trier, Inv. ST. 3932.

B. Nach der Unterbrechung der Münzprägung in der Mitte des
4. Jahrhunderts bis zum Ende der Prägetätigkeit.
(vgl. Tab. 2 S. 56 und Abb. 9 S. 57).

1 Julianus (355–) 360–363
a) Solidus, 360–363 in Trier (?), RIC VIII 362.
RLM. Trier.
b) Siliqua, 360–363 in Trier (?), RIC VIII 365.
RLM. Trier, Inv. 17, 42.

2 Valentinianus I. 364–375
a) Solidus, 367–375 in Trier, RIC IX 18b.
RLM. Trier, Inv. 52, 67 *(Farbabb. s. S. 25)*.
b) Miliarense, 367–375 in Trier, RIC IX 24b.
RLM. Trier, Inv. 62, 64.

3 Valens 364–378
a) Solidus, 367–375 in Trier, RIC IX 17e.
RLM. Trier, Inv. 28, 139.
b) Miliarense, 367–378 in Trier, RIC IX 26b/42a.
RLM. Trier, Inv. 28, 127.

4 Gratianus 367–383
a) Solidus, 367–375 in Trier, RIC IX 17g.
RLM. Trier, Inv. 59, 1 *(Farbabb. s. S. 25)*.
b) Miliarense, 367–378 in Trier, RIC IX 26e/42b.
RLM. Trier, Inv. 10, 142a.

5 Valentinianus II. 375–392
a) Solidus, 378–383 in Trier, RIC IX 49c.
RLM. Trier, Inv. 52, 81.

b) Miliarense, 388–392 in Trier, RIC IX 93a.
RLM. Trier, Inv. 10, 142.

6 Theodosius I. 379–395
a) Solidus, 379–383 in Trier, RIC IX 50.
RLM. Trier, Inv. 52, 82.
b) Siliqua, 379–383 in Trier, RIC IX 59b.
RLM. Trier, Inv. 28, 165.

8 Magnus Maximus 383–388
a) Solidus, 383–388 in Trier, RIC IX 77b.
RLM. Trier, Inv. 52, 85.
b) Siliqua, 383–388 in Trier, RIC IX 84b.
RLM. Trier, Inv. 41, 447.

9 Flavius Victor 387–388
a) Solidus, 387–388 in Trier, RIC IX 75.
RLM. Trier.
b) Siliqua, 387–388 in Trier, RIC IX 84d.
RLM. Trier, Inv. 15866.

10 Arcadius 383–408
Siliqua, 388–392 in Trier, RIC IX 106b.
RLM. Trier, Inv. 13655b.

11 Eugenius 392–394
a) Triens, 392–394 in Trier, RIC IX 103.
RLM. Trier, Inv. 28, 118.
b) Siliqua, 392–394 in Trier, RIC IX 106d.
RLM. Trier, Inv. 28, 170.

12 Constantinus III. 407–411
a) Solidus, 407–411 in Trier (?), Cohen 5.
RLM. Trier, Inv. 52, 93.
b) Siliqua, 407–411 in Trier (?), Cohen 4.
RLM. Trier, Inv. 41, 452.

13 Jovinus 411–413
a) Solidus, 411–413 in Trier (?), Cohen 5.
RLM. Trier, Inv. 52, 97.
b) Siliqua, 411–413 in Trier (?), Cohen 4.
RLM. Trier, Inv. 702[1].

16 Honorius 393–423
Siliqua, 407–409 in Trier (?), vgl. Trierer Zeitschr. 46,
1983, 225ff.
Slg. J. H.

19 Valentinianus III. 425–455
Siliqua, 425–445 in Trier, Cohen 34 var.
RLM. Trier, Inv. 13656.   Gi.

23   In Trier geprägte Nominale

a) Goldprägung *(s. Abb. 2 S. 50)*
1. Diocletianus 284–305
Aureus, 295–305 in Trier, RIC. VI 76.
RLM. Trier, Inv. 64, 14.

2. Constantinus I. (306–) 307–337
Solidus, 319–320 in Trier, RIC. VII 246.
RLM. Trier, Inv. 13,117.

3. Constantinus I. (306–) 307–337
Doppelsolidus, 313–315 in Trier, RIC. VII 1.
RLM. Trier, Inv. 10,469 *(Farbabb. s. S. 28)*.

4. Constantius II. (324–) 337–361
Triens, 324–330 in Trier, Cohen 154, RIC.-.
RLM. Trier, Inv. 30,58.

b) Silberprägung *(s. Abb. 3 S. 51)*
1. Constantius I. (293–) 305–306
Antoninian, 293–294 in Trier, RIC. V, 2 654.
RLM. Trier, Inv. 78,136.

2. Maximianus Galerius (293–) 305–311
Argenteus, 305–307 in Trier, RIC. VI 637.
RLM. Trier, Inv. 62,41.

3. Constantinus I. (306–) 307–337
Halbargentus, 309–313 in Trier, RIC. VI 828.
RLM. Trier, Inv. 30,282.

4. Valens 364–378
Miliarense, 367 375 in Trier, RIC. IX 26 b.
RLM. Trier, Inv. 14,362.

5. Valentinianus I. 364–375
Siliqua, 367–375 in Trier, RIC. IX 27 d.
RLM. Trier, Inv. 25,319.

c) Bronzeprägung *(s. Abb. 4 S. 51)*
1. Maximianus 286–305
Follis, 296–297 in Trier, RIC. VI 170 b.
RLM. Trier, Inv. 15926.

2. Constantinus II. (317–) 337–340
Reduzierter Follis, 317–318 in Trier, RIC. VII 180.
RLM. Trier, Inv. 22,26.

3. Constans (333–) 337–350
Reduzierter Follis, 347–348 in Trier, RIC. VIII 185.
RLM. Trier, Inv. 55,640.

4. Constans (333–) 337–350
Maiorina, 348–350 in Trier, RIC. VIII 214.
RLM. Trier, Inv. S.T. 9857.

5. Constantius II. (324–) 337–361
Centenionalis, 348–350 in Trier, RIC. VIII 233.
RLM. Trier, Inv. 15868 a.

6. Magnentius 350–353
1½fache Maiorina, 353 in Trier, RIC. VIII 318.
RLM. Trier, Inv. 10,816.

7. Arcadius 383–408
Halcentenionalis, 388–392 oder 394–395 in Trier, RIC. IX 98 c/107 b.
RLM. Trier, Inv. S.T. 8846 k.

24 Die Trierer Prägeanstalten (Offizinen) und ihre Münzzeichen

a) Gold *(s. Abb. 5 S. 52)*
1. Maximianus 286–305
Aureus, 293–294 in Trier (PT), RIC. VI 13.
RLM. Trier, Inv. 25,82.

2. Diocletianus 284–305
Aureus, 295–305 in Trier (PTR), RIC. VI 39.
RLM. Trier, EV. 79,90 a.

3. Maximianus 286–305
Aureus, 295–305 in Trier (TR), RIC. VI 87 b.
RLM. Trier, Inv. 25,99.

4. Constantius II. (324–) 337–361
Solidus, 335–336 in Trier (TR), Cohen 162 Var., vgl. RIC. VII 572 ff.
RLM. Trier, Inv. 78,137.

5. Valens 364–378
Solidus, 367–375 in Trier (TROBC), RIC. IX 17 e.
RLM. Trier, Inv. 52,73.

6. Valentinianus I. 364–375
Solidus, 367–375 in Trier (TROBS), RIC. IX 17 b.
RLM. Trier, Inv. 52,65.

7. Valentinianus I. 364–375
Solidus, 367–375 in Trier (TROBT), RIC. IX 17 b.
RLM. Trier, Inv. 60,6.

8. Magnus Maximus (383–388)
Triens, 383–388 in Trier (SMTR), RIC. IX 79 a.
RLM. Trier, Inv. 27,9.

9. Theodosius I. 379–395
Triens, 388–392 in Trier (TR im Feld, im Abschnitt COM), RIC. IX 92 a.
RLM. Trier, Inv. 28,128.

b) Silber *(s. Abb. 6 S. 52)*
1. Constantius I. (293–) 305–306
Antoninian, 293–294 in Trier (PT), RIC.-, Cahn 4 B.
RLM. Trier, EV. 82,69 b.

2. Maximianus 286–305
Antoninian, 293–294 in Trier (PTR), RIC.-, vgl. Petermännchen 12, 1981, Nr. 4.
RLM. Trier, Inv. 79, 11.

3. Maximianus 286–305
Antoninian, 293–294 in Trier (PTR, im Feld C), RIC.-, Cahn 53.
RLM. Trier, EV. 82, 69 a.

4. Maximianus Galerius (293–) 305–311
Antoninian, 293–294 in Trier (PTR, im Feld D), RIC.-, Cahn 75.
RLM. Trier, EV. 82, 69 c.

5. Constantius I. (293–) 305–306
Argenteus, 295–297 in Trier (C), RIC. VI 110 a.
RLM. Trier, Inv. 11, 634.

6. Constantius I. (293–) 305–306
Argenteus, 295–297 in Trier (D), RIC. VI 110 a.
RLM. Trier, Inv. 11, 634.

7. Constantin I. (306–) 307–337
Argenteus, 306–307 in Trier (PTR), RIC. VI 638.
RLM. Trier.

8. Maximianus Galerius (293–) 305–311
Halbargentus 307–308 in Trier (TR), RIC. VI 757.
RLM. Trier, Inv. 62, 40.

9. Constans (333–) 337–350
Siliqua, 347–348 in Trier (TR), RIC. VIII 176.
RLM. Trier, Inv. 18, 123.

10. Valens 364–378
Miliarense, 366–367 in Trier (SMTR), RIC. IX 24 c.
RLM. Trier, Inv. 62, 67.

11. Valens 364–378
Siliqua, 367–375 in Trier (TRPS.), RIC. IX 27 e/45 b.
RLM. Trier, Inv. 54, 82.

12. Jovinus 411–413
Teilsiliqua, 411–413 in Trier (?) (TRMS), Cohen 4.
RLM. Trier, Inv. 702[2].

c) Bronze *(s. Abb. 7 S. 53)*
1. Maximianus Galerius (293–) 305–311
Follis, 296–297 in Trier (TR, im Feld A und Γ), RIC. VI 215 b.
RLM. Trier (Laué).

2. Maximianus 286–305
Follis, 296–297 in Trier (TR, im Feld B und Γ), RIC. VI 181 b.
RLM. Trier, Inv. 15 967.

3. Maximianus 286–305
Follis, 296–297 in Trier (TR, im Feld C und Γ), RIC. VI 181 b.
RLM. Trier, Inv. 15 991.

4. Diocletianus 284–305
Follis, 302–303 in Trier (ITR, im Feld S und F), RIC. VI 524 a.
RLM. Trier (Laué).

5. Maximianus 286–305
Follis, 302–303 in Trier (IITR, im Feld S und F), RIC. VI 515 b.
RLM. Trier (Laué).

6. Constantinus I. (306–) 307–337
Reduzierter Follis, 316 in Trier (ATR, im Feld T und F), RIC. VII 105.
RLM. Trier, Inv. 19 783.

7. Constantinus I. (306–) 307–337
Reduzierter Follis, 316 in Trier (BTR, im Feld T und F), RIC. VII 104.
RLM. Trier, Inv. 16 877.

8. Constantinus I. (306–) 307–337
Reduzierter Follis, 326 in Trier (PTR‿), RIC. VII 475.
RLM, Trier, Inv. 21, 434.

9. Constantinus I. (306–) 307–337
Reduzierter Follis, 324 in Trier (STR), RIC. VII 449.
RLM. Trier, Inv. 41, 160.

10. Constantinus I. auf Urbs Roma
Reduzierter Follis, 332–333 in Trier (TR·P), RIC. VII 542.
RLM. Trier, Inv. 38, 1507.

11. Constantinus I. auf Urbs Roma
Reduzierter Follis, 332–333 in Trier (TR·S), RIC. VII 542.
RLM. Trier, Inv. 25, 314.

12. Gratianus 367–383
Maiorina, 366/367 in Trier (SMTR), RIC. IX 29 d.
RLM. Trier, Inv. 55, 830.

13. Arcadius 383–408
Halbcentenionalis, 388–392 oder 394–395 in Trier (TR), RIC. IX 97 c/107 b.
RLM. Trier, Inv. 39, 571.   Gi.

25   Münzschatz

FO. Trier, am Neutor.

Am 5. Juni 1635 stieß bei Schanzarbeiten vor dem Neutor »ein Mädchen, das mit der Hacke Erde ausstach, auf einen verborgenen Topf und zerschlug ihn fast vollständig. Die Münzen, die daraus hervorquollen, ließ der Vorsteher der Arbeiten sammeln« (J. J. Chiflet, 1655). Es waren goldene und silberne Gepräge für Constantin d. Gr. und seine Söhne und zwar Medaillons, also Vielfache üblicher Nominale, wie sie eigens zu Geschenkzwecken geprägt wurden.
J. J. Chiflet, der uns 1655 diese Einzelheiten berichtet, bildet vier Medaillons ab (RIC. VIII Siscia 41 und 148, Thessal. 79 A und 44) und beschreibt die Rückseiten von sechs weiteren. Die jüngsten, die er erwähnt, stammen aus der Zeit bis 350. So kann der Schatz mit den Wirren um den Usurpator Magnentius (350–353) oder den sich daraus ergebenden Germaneneinfällen bis 356 in Zusammenhang gebracht werden, wie auch der Schatz von Kaiseraugst (Kat. 49).
Die meisten Medaillons waren unseres Wissens aus Silber und hatten ein Gewicht von etwa 13 g und einen Durchmesser von rd. 37 mm. Sie sind ausnahmslos verschollen.
Lit.: J. J. Chiflet, Anastasis Childerici I. Francorum regis (Antwerpen 1655) 284 ff. – F. Hettner, Westdt. Zeitschr. 7, 1888, 155 Nr. 28. – W. Binsfeld, Trierer Zeitschr. 42, 1979, 124 ff. und 43/44, 1980/81, 341 f.
Um wenigstens einen Eindruck von dem Reichtum des verlorenen Schatzes zu vermitteln, werden Silber-Medaillons ausgestellt, die denen vom Neutor vergleichbar sind.

a) Vs.: Fl(avius) Iul(ius) Constans pius felix Aug(ustus)
    Büste mit Panzer und Mantel nach rechts mit Lorbeer-
    Rosetten-Diadem
  Rs.: Triumfator genti-um barbararum
    Kaiser mit Feldzeichen
    TR
    RLM. Trier, Inv. 14, 3 (RIC. VIII Trier 145). *(Abb. s. S. 27).*
b) Vs.: Fl(avius) Iul(ius) Constan-tius p(ius) f(elix) Aug(ustus)
    Büste wie a
  Rs.: Gaudium populi Romani
    Kranz mit: sic XX sic XXX
    · SIS ·
    Original Brit. Mus. London, Inv. 1844-4-25-79 (RIC. VIII Siscia 145).
c) Vs.: Fl(avius) Iul(ius) Constanti-us pius felix Aug(ustus)
    Büste wie a/b
  Rs.: Gaudium populi Romani
    Kranz mit: sic X sic XX
    TES
    Original Brit. Mus. London, Inv. 1844-4-25-791 (RIC. VIII Thessalonike 44).

d) Vs.: Fl(avius) Iul(ius) Constans – pius felix Aug(ustus)
    Büste wie a–c
  Rs.: Gaudium populi Romani
    Kranz mit: sic V sic X
    TES
    Original Brit. Mus. London, Inv. 1844-4-25-786 (RIC. VIII Thessalonike 45).
e) Vs.: wie d
  Rs.: Triumfator – gentium barbararum
    Kaiser mit Feldzeichen und Schild
    TES
    Original Brit. Mus. London, Inv. 1844-4-25-787 (RIC. VIII Thessalonike 80). Bi.

25

26 Münzschatz von Arras.

26 Münzschatz von Arras.

FO. Beaurains bei Arras (Nordfrankreich).
315 n. Chr.

Obwohl der Fundort des ungewöhnlich reichen spätrömischen
Schatzfundes weit außerhalb des Trevererlandes liegt, berührt
sein beklagenswertes Schicksal das römische Trier insofern, als
die große Mehrzahl der in dem Schatz enthaltenen Goldmünzen
Prägungen der Trierer Münzstätte waren. Durch unglückliche
Umstände wurden größere Teile des um 315 n. Chr. vergrabenen und aus zahlreichen Gold- und Silbergegenständen bestehenden Hortes vernichtet. Neben verschiedenen Schmuckge-
genständen umfaßte der Schatz etwa 650 Gold- und 170 Silbermünzen, darunter etwa 50 mehrfache Aurei oder Solidi, von
denen etwa die Hälfte überliefert ist. Mit Ausnahme eines 10-
und 5fachen, in Rom geschlagenen Aureus waren alle erhaltenen Multipla Trierer Gepräge. Da zu den verschollenen Goldmünzen auch zwei 100fache Aurei zählen sollen, ist der Schaden, den nicht nur die Trierer Münzforschung durch den Verlust der Münzen erlitten hat, kaum zu ermessen. Dennoch sind
etwa 25 10fache und 5fache Aurei bzw. Solidi erhalten geblieben, darunter jenes Medaillon, das Constantius I. bei seinem
Einzug in das zurückgewonnene London im Jahre 297 zeigt.
Aus der Zahl der dem Schmelztiegel entgangenen Goldmedail-
lons konnte das Rhein. Landesmuseum Trier mehrere galvano-
plastische Nachbildungen (Inv. Nr. 27, 164) erwerben, von denen acht hier Berücksichtigung finden.
Lit.: P. Bastien, C. Metzger, Le trésor de Beaurains (Wetteren
1977).

a) Constantius I. (293–)305–306.
293/4 in Trier.
Vs.: FL VAL CONSTANTIVS NOBIL C –
       Bärtiger Kaiser im Mantel mit Lorbeerkranz nach links.
Rs.: VIRTVS AVGG, im Abschnitt PT
       Hercules kniet mit dem linkem Knie auf einem Hirsch, den
       er am Geweih packt.
5facher Aureus. – RIC. VI, 3.

b) Constantius I. (293–)305–306.
297 in Trier.
Vs.: FL VAL CONSTANTIVS NOBIL CAES –
       Drapierte und geharnischte Büste des bärtigen Kaisers mit
       Lorbeerkranz nach rechts.
Rs.: REDDITOR LVCIS AETERNAE LON, im Abschnitt PTR –
       Einzug des Kaisers zu Pferd in London. Vor der befestigten
       Stadt kniende Britannia mit ausgestreckten Händen. Vor
       dem Pferd Schiff mit vier Soldaten und Steuermann ähn-
       lich dem Neumagener Weinschiff. *(Farbabb. s. S. 28).*
10facher Aureus. – RIC. VI, 34.

c) Constantius I. (293–)305–306.
297 in Trier.
Vs.: FL VAL CONSTANTIVS NOB CAES –
       Büste des bärtigen Kaisers im Mantel mit Lorbeerkranz und
       Zepter nach rechts.
Rs.: PIETAS AVGG, im Abschnitt PTR –
       Geharnischter Caesar hält in der Linken Speer, die Rechte
       reicht er einer knienden Frau mit Speer und Schild (Britan-
       nia?). Hinter ihm Victoria mit Palme und Lorbeerkranz,
       den sie dem Caesar aufsetzen will.
5facher Aureus. – RIC. VI, 33.

d) Constantius I. (293–)305–306.
297 in Trier.
Vs.: FL VAL CONSTANTIVS NOBILISSIMUS C –
       Kopf des bärtigen Kaisers mit Löwenfell nach rechts.
Rs.: PIETAS ACGG, im Abschnitt PTR –
       wie Rs. von c.
5facher Aureus. – RIC. VI, 32.

e) Diocletianus 284–305.
303 in Trier.
Vs.: DIOCLETIANVS PF AVG COS VIII –
       Bärtiger Kaiser mit Lorbeerkranz und Zepter nach links.
Rs.: FELICITAS TEMPORVM, im Abschnitt PTR –
       Zwei Kaiser opfern am Altar, darüber Felicitas.
5facher Aureus. – RIC. VI, 27.

f) Maximianus 286–305.
303/305 in Trier.
Vs.: MAXIMIANVS PIVS F AVG COS VII –
       Bärtiger Kaiser mit Lorbeerkranz und Zepter nach links.
Rs.: HERCVLI CONSERVATORI AVGG ET CAESS NN, im Ab-
       schnitt PTR –
       Hercules an Keule gelehnt, über dem linken Arm Löwen-
       fell, in der Linken Äpfel.
5facher Aureus. – RIC. VI, 28.

g) Constantius I. (293–)305–306.
305 in Trier.
Vs.: IMP CONSTANTIVS PIVS F AVG –
       Bärtiger Kaiser im Mantel mit Lorbeerkranz und Zepter
       nach links.
Rs.: TEMPORVM FELICITAS, im Abschnitt PTR –
       Zwei Kaiser opfern vor Tempel an Altar, neben und hinter
       ihnen Diener.
5facher Aureus. – RIC. VI, 617.

h) Constantinus I. (306–)307–337.
310 in Trier.
Vs.: IMP CONSTANTINVS PIVS FELIX AVG –
       Drapierte und geharnischte Büste des Kaisers mit Lor-
       beerkranz nach rechts.
Rs.: PRINCIPI IVVENTVTIS, im Abschnitt PTR –
       Constantin in Rüstung mit Speer und Kugel.
9facher Solidus. – RIC. VI, 801.   Gi.

27   Prägestempel der Trierer Münzstätte

FO. Trier (Römerbrücke), 1963.
350 n. Chr.

Der Prägestempel hat die Form eines im Querschnitt nahezu quadratischen, sich verjüngenden Eisenbolzens mit leicht abgerundeten Ecken. Das breitere, obere Ende, die Schlagseite, weist einen leicht überquellenden Bart auf. Das zweite Ende, die Prägefläche, ist abgeflacht und abgerundet. Sie zeigt in einem Perlkreis das angegriffene Negativbild einer barhäuptigen, geharnischten und drapierten Büste und die Umschrift IM CAE MAGN/ENTIVS AVG. Sie bildete den Prägekopf eines Oberstempels (Obereisen).

Bei der in der Antike üblichen Hammerprägung war der Unterstempel meist mit einem dornartigen Fortsatz fest in einen Holzblock eingelassen, während der lose Oberstempel mit kräftigen Hammerschlägen in den auf dem Unterstempel liegenden Schrötling (ungeprägtes Metallplättchen) getrieben wurde.

Das auf dem Stempel erhaltene Münzbild des Usurpators Magnentius (350–353) fand nur in beiden Trierer Offizinen während der 1. Emission (Jan./Febr. 350) ausschließlich bei der Bronzeprägung Verwendung in Verbindung mit einem vermutlich älteren Rückseitenstempel, mit dem bereits Bronzemünzen auf die Namen der Kaiser Constans (337–350) und Constantius II. (337–361) geschlagen wurden.

Eisen, Prägekopf besonders gehärtet. L. 19 cm. Dm. (Prägekopf) 2,8 cm. Dm. (Schlagseite) 4 cm, 1535 g.

RLM. Trier, Inv. 63, 58.

Lit.: H. Cüppers, Trierer Zeitschr. 31, 1968, 209–221.   Gi.

28 a

28 a Constantinische Gußmünze

FO. Trier, Römerbrücke, 1980.
Ca. 334/340 n. Chr.
Vs.: VRBS – ROMA behelmte Roma nach links.
Rs.: Wölfin mit säugenden Zwillingen, darüber zwei Sterne und Zweig, im Abschnitt TRS.
Cohen 17. – LRBC I 85. – RIC. 561.
Follis. – Dm.: 17 mm. – Gew.: 2,88 g.

Die leicht übergewichtige Münze würde kaum unser Interesse wecken, hätten sich nicht die Reste zweier Gußzapfen erhalten. Allzu leichtfertig werden von der Erhaltung und vom Äußeren vergleichbare Folles, die von römischen Fundstellen des Trierer Landes zahlreich vorliegen und als Gußmünzen bislang unbekannt waren, als abgegriffen oder abgerieben eingestuft. Gerade die beiden Gußzapfen lenken unsere Aufmerksamkeit auf das vermeintlich schlecht geprägte Münzbild, das erst bei näherem Betrachten die weichen und verschwommenen Konturen sowie auf der Vorderseite beim Buchstaben M sogar einen Gußfehler erkennen läßt. Anders als die Mehrzahl der gegossenen Münzen übertrifft unser Follis mit 2,88 g das Durchschnittsgewicht der kopierten wie der zeitgenössischen Prägungen ($\pm$ 2,45 g = 1/132 röm. Pfund).
Die Herstellung von Gußmünzen, die wir insbesondere im 1. Drittel des 3. Jahrhunderts häufiger antreffen, war denkbar einfach. Die nachzugießende Münze wurde in Tonplättchen abgedrückt, wobei an einer oder gar an zwei Seiten ein Keil für einen Gußkanal ausgeschnitten wurde. Danach wurden die einzelnen Model gebrannt und über- und nebeneinander geschichtet. Dabei war vor allem darauf zu achten, daß Vorder- und Rückseiten richtig miteinander gekoppelt waren. Nun baute man um die Model einen Gußmantel, der verschiedene Form haben konnte. Erst jetzt war es möglich, die einzelnen Formen auszugießen.
Während ältere Gußmünzen aus allen Teilen des Trierer Landes

vorliegen, waren constantinische Gußmünzen bisher nicht nachgewiesen. Im 4. Jahrhundert blieb das Auftreten von gegossenen Münzen weitgehend auf die afrikanischen Provinzen beschränkt. Nach einer Anordnung Constantins I. aus dem Jahre 326 galt jegliche Art von Münzfälschung, gleich welchen Metalls, als Hochverrat. Alle Münzsorten unterlagen fortan unter Androhung der Todesstrafe und Konfiszierung des Vermögens staatlichem Schutz. Daß Gußmünzen dennoch nach wie vor im Gebrauch waren und, wie unser Follis belegt, zumindest in bescheidenerem Umfange weiterhin hergestellt wurden, mag das strenge Verbot Valentinians I. und Valens' von 371 andeuten, das nicht nur den Gebrauch sondern schon den Besitz gegossener Münzen unter Strafe stellt.
Wenn unsere nach einem Trierer Follis gegossene Münze nur wenig später als das um 333/4 geprägte Original anzusetzen ist, ist sie ohne Zweifel ein weiterer Beleg für den in den gallischen Provinzen im 2. Drittel des 4. Jahrhunderts herrschenden Kleingeldmangel, dem man dort schon vor 350 mit meist ungeschickten und untergewichtigen Nachahmungen, den sogenannten Barbarisierungen, zu begegnen versuchte.
RLM. Trier EV. 83, 66.
Lit.: K.-J. Gilles, Trierer Zeitschr. 46, 1983, 223 f.   Gi.

28 b

28b Großes Bleimedaillon

FO. Lyon, aus der Saone.
Um 300 n. Chr.
Paris, Bibliotheque Nationale, Cabinet de Medailles.
Kopie RGZM. Mainz.

Das Bleimedaillon von 8 cm Dm. ist der Probeabschlag eines Stempels zur Prägung offizieller Gedenkmedaillen.
Die Bild- und Relieffläche, von einem Perlstab begrenzt, ist in zwei Zonen gegliedert durch eine stegartige Linie. Im oberen Bildteil zwei thronende Kaiser mit Nimbus, nach links gerichtet, neben ihnen Soldaten der Leibgarde, von der linken Seite nähern sich Männer, Frauen und Kinder mit bittend erhobenen Händen. Die Umschrift lautet: SAECULI FELICITAS = Glück und Heil des Jahrhunderts.
Im unteren Bild sind beidseits eines Flusses, der von einer Brücke überspannt ist, je eine befestigte Stadt mit Mauertürmen zu erkennen. Aus Quadern gefügt und mit Stadttoren sind die spätantiken Befestigungswerke von MOGONTIACVM-Mainz und CASTEL(um)-Mainz Kastell, der rechtsrheinische Brückenkopf durch Beischriften signiert, während unter der Brücke und dem Fluß ΓL(uvius) RENVS zu lesen ist. Auf der Brücke, deren Pfeiler eindeutig die Holzkonstruktion der Fahrbahn tragen, Männer, Frauen und Kinder mit erhobenen Händen, Gefangene, die abgeführt werden. Der im Bilde ausgedrückte Sieg und die von den Kaisern gewährte Gnade dürfte auf Maximianus Herculius, als Augustus des Westens und Constantius Chlorus als Caesar (Unterkaiser), nach einem Sieg über die Germanen zu beziehen sein.
Blei. – Dm. 8,3 cm.
Lit.: M. R. Alföldi, Schweizer Münzblätter 8, 1953, 63. – Gallien in der Spätantike Nr. 2.   Cü.

29 Exagien

Um 395 n. Chr.

Im Laufe der letzten Jahre kamen im Trierer Stadtgebiet sechs Exagien, Eichgewichte zur Justierung von Goldmünzen auf Honorius Namen zum Vorschein, obwohl trotz langjähriger Sammeltätigkeit für den im Januar 393 zum Augustus erhobenen Honorius bislang weder Trierer Gold- noch Bronzeprägungen nachgewiesen sind. Die einzelnen Exagien können frühestens nach dem Tode des im Westteil des Reiches herrschenden Usurpators Eugenius im Herbst 394 vielleicht im Zuge einer von Theodosius I. angestrebten Restituierung Galliens nach Trier gelangt sein. Der plötzliche Tod des Theodosius am 17. 1. 395 und eine neue Politik seiner Nachfolger machten dieses Vorha-

ben zunichte. Trier verlor noch im selben Jahr die oberste gallische Zivilverwaltung mit dem praefectus praetorio Galliarum an Arles und im Zuge dieser Reform vermutlich auch sein Münzamt. Ob die verschiedenen Exagien ausschließlich in der Münzstätte oder im Offizium des comes sacrarum largitionum, dem Chef der Finanzverwaltung, oder nicht auch im privaten Bereich, wie etwa bei Goldschmieden oder Händlern, Verwendung fanden, sollten die Neufunde und insbesondere die breite Streuung der Exagien im Stadtgebiet von Trier zu denken geben. Will man aber eine private Verwendung der Exagien ausschließen, ergeben sich Erklärungsschwierigkeiten für ihre relativ große Zahl, denn eine Goldprägung, für die die Eichgewichte dann primär gedient hätten, fand in der Trierer Münzstätte für Honorius nicht statt.
Vs.: D N HONORI / VS P F AVG –
    Drapierte und geharnischte Büste mit Paludament in Punktrahmen nach rechts.
Rs.: EXAGIVM / SOLIDI –
    Nach links stehende weibliche Gestalt mit Waage und Füllhorn (Moneta oder Aequitas). Die Exagien a, c und d zeigen auf der Rs. links oben IΡ und rechts im Feld B eingraviert.
a) FO. Trier, Nikolausstraße, 1902.
    Bronze. – 15 × 16 mm; 4,28 g.
    RLM. Trier, Inv. 02, 135.
b) FO. Trier, Kaiserstraße, 1903.
    Bronze. – 17 × 17 mm; 4,37 g.
    RLM. Trier, Inv. S.T. 8131.
c) FO. Trier, Treverisgelände, 1983.
    Bronze. – 15,5 × 16 mm; 4,31 g.
    Slg. J. H.
d) FO. Trier, Treverisgelände, 1983.
    Bronze. – 15 × 16 mm, 4,19 g.
    Slg. P. K.

29 c–e

e) FO. Trier, German-/Gervasiusstraße, 1983.
   Bronze. – 16 × 16 mm, 4,13 g.
   Slg. P. K.

f) FO. »aus der Umgebung von Trier«, 1882 (?).
   Bronze. – 15 × 16 mm, 4,18 g.
   RLM. Trier, Inv. 5382 = 13,526.

Lit.: Cohen Bd. 8, 190, Nr. 3. – M. R. Alföldi, Jahrb. f. Numismatik und Geldgeschichte 20, 1970, 241 ff. – K. J. Gilles, Trierer Zeitschr. 46, 1983, 229. Gi.

30   Spätrömische Silberbarren aus Trier

FO. Wenzendorf-Dierstorf (Krs. Nienburg), 1888.
Ende 4./1. Hälfte 5. Jahrhundert.

Bei landwirtschaftlichen Arbeiten kamen im Jahre 1888 bei Dierstorf im ehemaligen Flußbett der Weser drei ursprünglich zusammengeschnürte Silberbarren zutage. Eine Nachuntersuchung im Jahre 1899 ergab, daß es sich bei den Barren um Einzelstücke handelte, die offensichtlich beim Transport auf der Weser verlorengingen. Während einer der drei Barren in Rom unter Kaiser Valentinian III. (425–455) abgestempelt wurde, zeigen die beiden anderen Prüfstempel eines gewissen Priscus aus Trier.

a) Oblonge Silberplatte mit stark ausladenden Enden. Die Vorderseite zeigt ein eingeschweißtes unregelmäßiges Silberstück (4,4 × 3 cm), das auch aus der glatten Rückseite herausragt. Unter dem eingeschweißten Stück ist ein rechteckiger Stempel eingeschlagen, der von einer Perlleiste begrenzt und durch eine zweite in gleichmäßige Hälften geteilt wird.

OF · PRI · MVS ·
TR · PVS · PI

(Ex) of(ficina) Pri(sci) Mus ( ) Tr(everis). Pus(ulatus) p(ondo) (libram) unam.

30

Aus der Werkstätte des Priscus . . . aus Trier. Ein Pfund reines Silber.

Silber. – Größte L. 10,8 cm, größte Br. 7,1 cm, kleinste Br. 4,8 cm. 309,5 g.

RLM. Trier Inv. 98, 162 (Kopie).

b) Oblonge Silberplatte mit ausladenden Enden. Oben rechts ist ein kleines, unregelmäßiges Silberstück (1,7 × 0,9 cm) eingeschweißt. Die untere Kurve des Barrens ist beschnitten. Die Rückseite ist glatt, auf der Vorderseite hingegen ein rechteckiger Stempel eingeschlagen, der von einer Perlleiste begrenzt wird.

[OF] · PRI

[S]CI · TR

PS * P · I

[(Ex) of(ficina)] Pri[s]ci Tr(everis) . P(u)s(ulatus) p(ondo) (libram) unam.

Aus der Werkstätte des Priscus aus Trier. Ein Pfund reines Silber.

Silber. – Größte L. 11,3 cm, größte Br. 7,8 cm, kleinste Br. 6,3 cm. 309,8 g.

RLM. Trier Inv. 98, 163 (Kopie).

Lit.: D. Willers, Die römischen Bronzeeimer von Hemmoor nebst einem Anhange über die römischen Silberbarren aus Dierstorf (Hannover und Leipzig 1901) 233 ff. – CIL. XIII 10036, 14– 15.
Gi.

31   Goldfibeln

Unter den spätrömischen Fibeln fallen einige Gold- oder stark vergoldete Fibeln aus dem üblichen Rahmen. Sie gehören ausschließlich zur Gruppe der Zwiebelknopffibeln (vgl. Keller, Grabfunde 26 ff. und Kat.-Nr. 156 a–h), wobei sie sich von jenen auch durch ein bislang unbeachtetes Verzierungselement absetzen. Ohne Ausnahme ist nämlich ihr fußseitiges Bügelende mit einem Golddraht umwickelt, für den weniger eine gemeinsame Fabrikation als eine Kennzeichnung der sozialen Stellung ihres Trägers in Erwägung gezogen werden sollte.

31 d, c, b

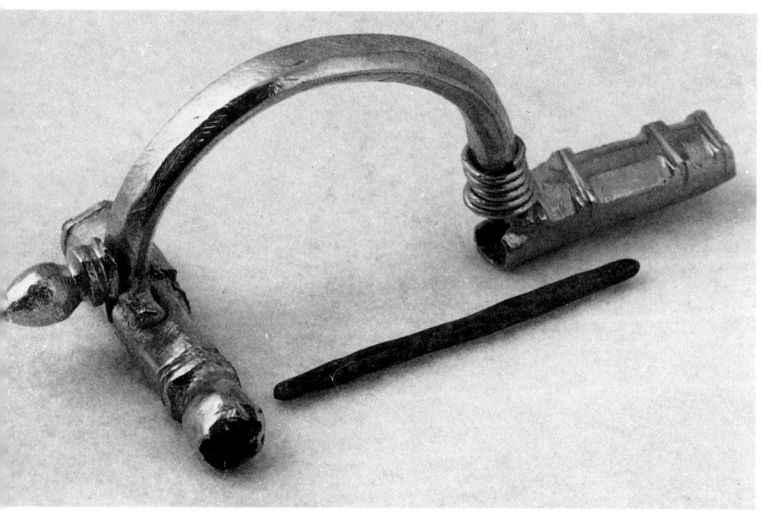

31a

a) FO. Wederath, Hochgerichtsheide (Krs. Bernkastel-Wittlich), 1978, Grab 14.
Ende 3./Anfang 4. Jh. n. Chr.
Der unverzierte Querarm ist sechskantig, die Knöpfe eiförmig. Der Bügel ist über dem Ansatz des durch lineare Dekore und Facetten verzierten Fußes sechsmal mit einem Golddraht umwickelt. Ein Knopf des Querarms ist abgebrochen, der zweite beschädigt. Vgl. Keller Typ 1.
Gold, Nadel Bronze (von nachträglicher Flickung). – L. 6,3 cm, erhaltene Br. 3,1 cm.
RLM. Trier.
Lit.: A. Haffner, Kurtrier. Jahrb. 20, 1980, 35; 38.

31g

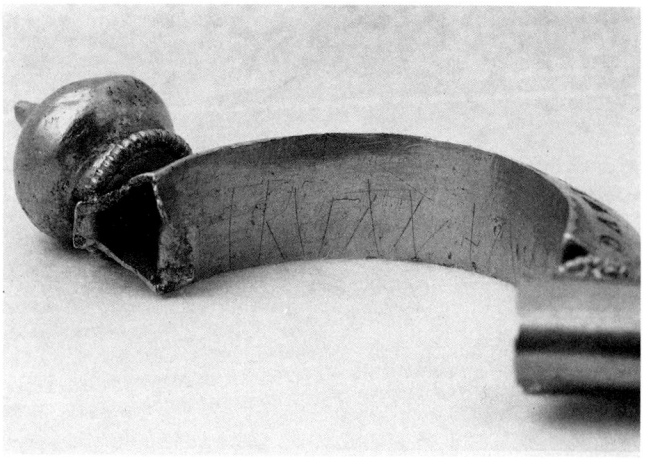

b) FO. Trier (?), 1882.
Anfang/1. Hälfte 4. Jh. n. Chr.
Der unverzierte Querarm ist sechskantig, die Knöpfe sind rund bis eiförmig. Anstelle des dritten Knopfes ist am Bügel eine lunulaförmige, mit einem Perlband bedeckte Scheibe angebracht. Eine Perlschnur begrenzt den Bügel auch seitlich und gliedert ihn in fünf Segmente. Zwischen dem Bügel und dem durch Facetten, Kerben und Linien verzierten Fuß deuten Riefungen einen umgewickelten Draht an. Vgl. Keller Typ 1.
Bronze, vergoldet. – L. 7,8 cm, Br. 5,4 cm.
RLM. Trier, Inv. 6392.

c) FO. unbekannt (aus Slg. Garthe).
1. Hälfte 4. Jh. n. Chr.
Der unverzierte Querarm ist sechskantig und trägt lediglich am Bügelansatz einen flachen Aufsatz. Die runden Knöpfe werden durch eine Perlschnur betont. Ein Perlband zieht auch über den Kamm des dreikantigen Bügels. Über dem Ansatz des Fußes, der die charakteristischen Facettierungen und lineare Dekore trägt, ist der Bügel zwischen zwei Perlbändern fünfmal mit einem vergoldeten Bronzedraht umwickelt. Vgl. Keller Typ 1/2.
Bronze, vergoldet. – L. 9,8 cm, Br. 7,4 cm.
RLM. Trier, Inv. 1117.

d) FO. Trier, Römerbrücke, 1925.
Mitte/2. Hälfte 4. Jh. n. Chr.
Der sechskantige Querarm trägt durchbrochene, profilierte Aufsätze. Die Knöpfe haben die namengebende Zwiebelform. Am Übergang zum abgebrochenen Fuß ist der Bügel unter einem Perlband viermal mit Golddraht umwickelt. Der aus zwei Teilen gearbeitete Bügel trägt auf seiner Oberseite einen doppelten Streifen eines flachen Musters in Art des sog. »laufenden Hundes«. Vgl. Keller Typ 4.
Gold. – Erhaltene L. 4,4 cm, Br. 5,4 cm.
RLM. Trier, Inv. 25, 87.
Lit.: Trierer Zeitschr. 1, 1926, 196 f.

e) FO. vielleicht Trier.
Mitte/2. Hälfte 4 Jh. n. Chr.
Der sechskantige Querarm trägt durchbrochene, profilierte Aufsätze. Die Knöpfe haben die namengebende Zwiebelform. Am Übergang zu dem mit Kreisaugen und Facettierungen bedeckten Fuß ist der Bügel mit einem Golddraht umwickelt. Die Oberseite des Bügels und der Mittelstreifen des Fußes tragen ein einfaches Flechtband in Niello. Vgl. Keller Typ 4.
Gold. – L. 7,5 cm.
British Mus. (G & R) F 2856.
Lit.: Wealth of the Roman World Nr. 19.

f) FO. Moray Firth, Schottland, 1847.
Ende 4./1. Hälfte 5. Jh. n. Chr.
Der sechskantige Querarm trägt durchbrochene, profilierte Aufsätze. Die Knöpfe sind facettiert. Der Bügel ist am Übergang zum Fuß, der durch freigestellte Voluten gebildet wird, mit einem Golddraht umwickelt. Bügel und Fuß tragen zahlreiche, niellierte, mit unterschiedlichen Motiven ausgefüllte Dreiecke. Vgl. Keller Typ 6.

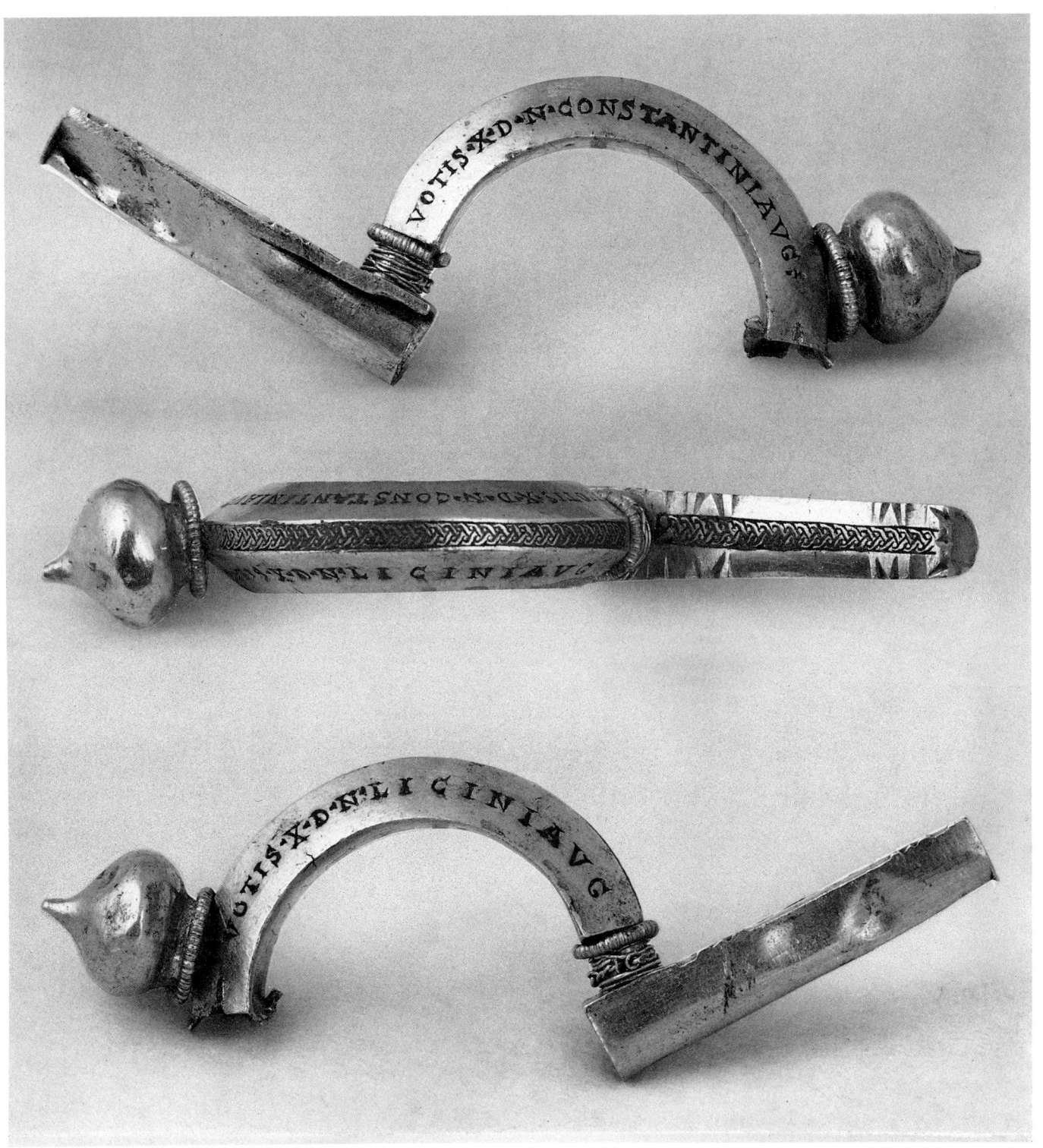

31g

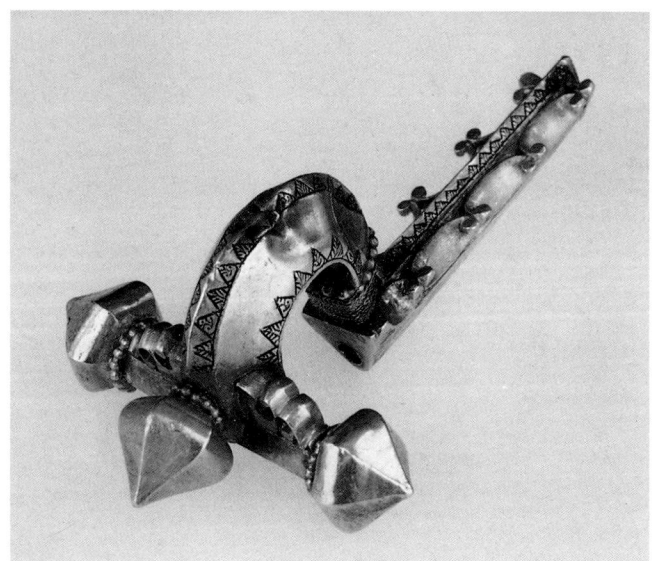

31 f

Gold. – L. 7,9 cm.
British Mus. (P & RB) 1962. 12–15.1.
Lit.: Wealth of the Roman World Nr. 21.

g) FO. Niederemmel (Krs. Bernkastel-Wittlich), um 1958.
315/6 n. Chr.

Querarm und Nadelkonstruktion der überdurchschnittlich großen Zwiebelknopffibel fehlen. Der erhaltene Knopf hat Zwiebelform. Der Bügel ist am Übergang zum Fuß mit einer goldenen Perlschnur und einem Golddraht umwickelt. Die Oberseite des Bügels und der Mittelstreifen des zusätzlich durch Facettierungen betonten Fußes zeigen ein dreizeiliges Flechtband. Die beiden Schrägseiten des vierkantigen Bügels tragen gravierte und niellierte lateinische Inschriften: VOTIS · X · D · N · CONSTANTINIAVG bzw. VOTIS · X · D · N · LICINIAVG. Auf der Unterseite des Bügels ist zudem der eingeritzte Name SERVANDVS zu lesen.

Die Fibel kann durch die Inschriften in das Jahr 315/6 datiert werden, da Constantin I. wie Licinius in diesem Jahr ihre Decennalien, ihr zehnjähriges Regierungsjubiläum, feierten. Bislang ist die Niederemmeler Fibel die größte der sog. »Kaiserfibeln«, die zu besonderen Anlässen vom Kaiser an hohe Beamte oder Offiziere als Auszeichnung verliehen wurde. Ihr Träger war offensichtlich jener Servandus, der seinen Namen in die Unterseite des Bügels eingeritzt hatte.

Gold. – Erhaltene L. 11,2 cm.
RLM. Bonn, Inv. 81.1020.
Lit.: R. Noll, Bonner Jahrb. 174, 1974, 221 ff. – M. R. Alföldi, Bonner Jahrb. 176, 1976, 183 ff. Gi.

32   Armreif

FO. bei Dhron (Krs. Bernkastel-Wittlich), um 1920.
4. Jh.

Kinderarmband, das sich aus zwei Teilen zusammensetzt. Zwei im Querschnitt runde Reifen, die an einer Seite 0,6 cm stark sind und in einen nur 0,2 cm dicken Draht übergehen, sind an der verdickten Seite übereinander gelegt. Die dünn auslaufenden Enden sind an den Seiten abwechselnd in zahlreichen Windungen um den anderen Draht gewickelt, so daß das Armband etwas zusammengeschoben oder gedehnt werden kann. Verschlußsysteme dieser Art begegnen auch an anderen Armreifen des 4. Jahrhunderts (vgl. hier etwa Kat. 97 B d).

Ein ähnlicher Armreif lag in Grab 1470 von Krefeld-Gellep, das durch Münzbeigabe nach 337 n. Chr. datiert wird (R. Pirling, Das römisch-fränkische Gräberfeld von Krefeld-Gellep 1960 bis 1963. Die fränkischen Altertümer des Rheinlandes 8, Berlin 1974, Taf. 31, 4). Der Reif ist hier nur einteilig, zeigt aber auch die Verdickung an der einen Hälfte und einen verwandten Verschluß, der durch wechselndes Übergreifen der Drahtenden und anschließende Umwicklung erstellt ist.

Vergoldete Kupferkopie des 61 g schweren Goldoriginales, das sich in Privatbesitz befindet.
RLM. Trier, Inv. 72, 294.
Lit.: Trierer Zeitschr. 37, 1974, 296 f. Abb. 1. Goe.

32

33a

33b

33c

33d

33 Fingerringe (Farbabb. s. S. 25)

a) FO. bei Zerf (Krs. Trier-Saarburg); 1882 angekauft.
1. Viertel 4. Jh.
Der bandartige, im Querschnitt viereckige Reif ist an die Schmalseiten einer rechteckigen Platte angelötet (13 × 8,75 mm). In diese sind die Buchstaben FIDEM eingetieft, in den Reif CONSTANTINO (rechts auf dem Reif anfangend).
Gold. – Dm. 23 mm, Gewicht 10,82 g.
Ungefähr zweieinhalb Dutzend gleichartiger Ringe sind bisher in England, Frankreich, Deutschland, in der Schweiz, Jugoslawien und Ungarn gefunden worden, die die Aufschrift FIDEM CONSTANTINO (Treue dem Kaiser Constantin) oder FIDES CONSTANTINI tragen. Sie wurden offenbar wie die goldenen Zwiebelknopffibel, die Widmungen an Diokletian oder an das konstantinische Kaiserhaus tragen (s. hier Kat. 31 g), für besondere dem Kaiserhaus erwiesene Dienste an hohe Würdenträger oder Militär verschenkt (vgl. zu der Ringgruppe: Noll, Bonner Jahrb. 174, 1974, 241–243. – Folia Archaeologica 30, 1979, 164 Nr. 10–11).
RLM. Trier, Inv. 6475.
Lit.: F. Henkel, Die römischen Fingerringe der Rheinlande und der benachbarten Gebiete (Berlin 1913) 16 Nr. 100 Taf. 6.

Goe.

b) FO. Trier, bei Ruwer, 1847.
1. Hälfte 4. Jh.
Auf den bandförmigen Reif ist eine rechteckige Platte gelötet (10 × 9 mm), in die eine Frauenbüste im Profil graviert ist. Längs der Ränder sind die Worte VIVAS MARINA eingetieft. Die Frau hat das Haar in ein breites Zopfgeflecht verflochten und vom

33e

33f

33g

33g

Nacken bis kurz oberhalb der Stirn emporgeführt (sogenannte Scheitelzopffrisur). Die Ohren verschwinden fast vollständig unter der Haarmasse. Die Dame trägt eine Perlenkette, Ohrgehänge und im Haar offenbar ein Schmuckband.

Eine vergleichbare Frisur ist auf Münzen für Helena, die Mutter Constantins (gest. 328/29), und für Fausta, die Frau Constantins (gest. 326), bezeugt (vgl. Arch. Anzeiger 1946/47, 70).

Gold. – Dm. 18 mm (innen), Gewicht: 7,64 g.

RLM. Trier, Inv. G. 1263.

Lit.: Henkel a. a. O. 16 Nr. 98 Taf. 6. Goe.

c) FO. unbekannt, wahrscheinlich Trier oder Umgebung. 2. Hälfte 4. Jh.

Ein quergeriefelter, 2 mm starker Draht, schließt mit zwei Kügelchen, die als Lötstützen dienen, an eine runde Platte mit erhöhten Rändern an. In der Kastenfassung sitzt eine spitzkonische helle Glasperle. Um seine Außenseite ist ein schmaler gekerbter Draht gelegt.

Die Kügelchen sind für die Ringe des 4. Jahrhunderts charakteristisch. Sie dienten als Löthilfen, um den gesondert gearbeiteten Reif und die Platte zu verbinden. Ein ganz ähnlicher Ring wurde in einem Frauengrab bei Marteville (Franreich, Dép. Aisne) zusammen mit einer Münze Valentinians I (364–375) gefunden (vgl. Gallien in d. Spätantike 168 Nr. 259d).

Gold. – Dm. 17 mm (innen), Gewicht: 2,98 g.

RLM. Trier, Inv. G. 1227.

Lit.: Henkel a. a. O. 41 Nr. 280 Taf. 14. Goe.

116

d) FO. bei Trier, in der Mosel, 1870.
Wohl Ende 4. Jh.
Der vierkantige außen gewölbte Reif geht an beiden Seiten in eine Art Blütenkelch über. Diesem sitzt wiederum ein bogenförmiges Gebilde auf, das sich aus zwei weiteren Blütenkelchen zusammensetzt. Im unteren Teil des Bogens sind drei Kügelchen eingefügt, desgleichen im oberen Teil; zwei von ihnen liegen bereits auf der Platte auf. Zu beiden Seiten der Blütenspitzen sind auf die Platte drei weitere Kügelchen aufgelötet. Der ovale Ringkasten besteht aus zwei Platten, die durch einen quergeriefelten Streifen verbunden werden. Die eingefaßte Gemme, ein Karneol, zeigt einen Fuchs, der einen Hasen verfolgt. Ein geperlter Draht ist um den hochgetriebenen Rand der Steineinfassung gelegt.
Die sonst bei den Ringen des 4. Jahrhunderts als Löthilfen benutzten Kügelchen haben hier eine rein ornamentale Funktion.
Gold. – Dm. 17 mm (innen), Gewicht: 13,05 g.
RLM. Trier, Inv. G. 1 222.
Lit.: Henkel a.a.O. (siehe a) 42 Nr. 287 Taf. 15.   Goe.

e) FO. Trier, Olewig, 1895.
Ende 4. Jh.
Der Reif setzt sich aus einem Blechstreifen und zwei gedrehten, flach geschlagenen Stäben zusammen, die die Ränder bilden. Diese Teile sind zusammengelötet. Nach oben zu erweitert sich der Reif. Zwischen die gedrehten Rundstäbe sind je drei Spiralenpaare unterschiedlicher Größe gesetzt. Kügelchen sind auf die Spiralmittelpunkte aufgelötet. Der runde Ringstein sitzt in einer kastenförmigen Fassung mit hochgetriebenem Rand. Ein gewellter Streifen ist außen aufgelegt.
Zu weiteren ähnlichen Ringen s. hier f).
Gold. – Dm. 20 mm, Gewicht: 8,71 g.
RLM. Trier, Inv. 20 345.
Lit.: Henkel a.a.O. 42 Nr. 284 Taf. 15. – Trierer Zeitschr. 9, 1934, 159, Abb. 26, 1a–d.   Goe.

f) FO. Trier, Töpfereigelände, 1933.
Der Reif besteht aus drei gedrehten und flach gehämmerten Stäben. Nach oben zu verbreitert er sich. Drei stetig größer werdende Spiralenpaare, deren Mittelpunkte durch Kügelchen hervorgehoben sind, leiten zur viereckigen kastenförmigen Ringfassung mit hochgetriebenem Rand über. Der Rand der Ringplatte ist gewellt. Ein blauer Glasstein sitzt in der Kapsel.
Gold. – Dm. 18 mm (innen).
Der Aufbau des Ringes und einzelne Zierelemente entsprechen vollkommen obigem Stück (e). Drei weitere ähnliche Ringe, deren Reifverbreiterung ebenfalls aus Spiralenpaaren besteht und die die kordierten Drähte aufweisen, befinden sich im Britischen Museum. Zwei wurden bei New Grange in Irland gefunden[1]), ein weiterer stammt aus Rom[2]). Sie gehören mit unseren Stücken zu der gleichen Ringgruppe.

RLM. Trier, Inv. ST. 14 139.
Lit.: Trierer Zeitschr. 9, 1934, 158f. Abb. 26, 3a–d.   Goe.

g) FO. bei Springiersbach (Krs. Bernkastel-Wittlich), 1859.
3./4. Jh.
Die Außenseite des breiten Reifs ist achtkantig gestaltet. Folgende Inschrift ist hier eingetieft VIVAS MI PIA OPTATA (du sollst leben meine teure Optata). An die eine Langseite ist ein fast quadratisches Plättchen, dessen figürliche Darstellung gegossen ist, angelötet. Die Oberfläche ist ziseliert, der Rand geriefelt. Die Mitte der Platte nimmt ein Krater (Krug, in dem Wein mit Wasser gemischt wurde) ein, der von zwei sich aufrichtenden Löwen (?) gerahmt wird. Sie beugen sich über den Krug, als ob sie aus ihm trinken wollen. Die Gattung der Ringe mit seitlich angelöteter verzierter Platte ist selten (vgl. auch einen rumänischen Ring mit gleichem Motiv: Folia Archaeologica 30, 1979, 160 Nr. 8 Abb. 3,8).
Gold. – Dm. 15 × 14,5 cm (innen), Gewicht: 7,43 g.
RLM. Trier, Inv. G. 1 261.
Lit.: Henkel a.a.O. (siehe a) 15 Nr. 93 Taf. 5.   Goe.

[1]) F. H. Marshall, Catalogue of the finger rings, Greek, Etruscan, and Roman, in the Departments of Antiquities, British Museum (London 1907) 142 Nr. 869 und 870 Taf. 22. – Wealth of the Roman world AD. 300–700 (ed. by J. P. C. Kent und K. S. Painter, London 1977) 128 Nr. 231 und 232.
[2]) Marshall a.a.O. 141 Nr. 868 Abb. 117.

34   Kameo mit kaiserlicher Familie
(Farbabb. s. Frontispiz)

Ende 1. Viertel 4. Jh. n. Chr.

Zu allen Zeiten hat ein prächtiger Kameo, der sich heute in der Schatzkammer der Stadtbibliothek befindet, gebührende Beachtung gefunden, so daß er bereits eine mittelalterliche Wiederverwendung bei der Herstellung eines kunstvollen Einbanddeckels für eine wertvolle Handschrift, die Ada-Handschrift, gefunden hat.
Der große Stein ist ein dreischichtiger Sardonyx. Hinter einer Ballustrade werden fünf Personen gezeigt, die als Mitglieder der constantinischen Familie, mit Unsicherheiten in der Zuweisung zu einzelnen Familienmitgliedern, identifiziert wurden: Helena mit Schleier und Kranz als Zeichen ihrer kaiserlichen und mütterlichen Würde, Constantin mit Lorbeerkranz, Constantin II., Fausta und Crispus (v.l.; zur kaiserlichen Familie Kat. 21) ist das häufigst vertretene Ergebnis unter den verschiedenen Identifizierungsversuchen. Falls unter Bezug auf die familiäre Tragödie von 326 Fausta und Crispus zugunsten anderer Constantin-Söhne nicht zu erkennen sind, hat dies auch Folgen für die Datierung des Kameos. Zuletzt ist auch eine Datierung in die 2.

Hälfte des 4. Jahrhunderts wieder von v. Sydow aufgegriffen worden. Daß die Kaiserfamilie hinter einer Ballustrade steht, vor der auf dem Trierer Kameo sich zwei Adler befinden, legt auch ein Relief vom Sockel des Obelisken im Hippodrom von Constantinopel (Ostseite) nahe, das Mitglieder des valentinianischen Hauses zeigt.

Der Kameo ist ein Denkmal höfischer Repräsentation im frühen 4. Jahrhundert, auch wenn ungeklärt geblieben ist, ob er eine Neuschöpfung oder eine Umarbeitung eines älteren Kameos aus der 1. Hälfte des 1. Jahrhunderts n. Chr. ist. Ein Werkstattfragment eines anderen Kameos aus Köln mit der Darstellung der constantinischen Familie sowie die Verwandtschaft dieses wie auch des Trierer Kameos zur Kunst des Diatretglasschleifens lassen eine rheinische Arbeit denkbar erscheinen. Die Herstellung von Kunstwerken, die aus kaiserlicher Hand zum Geschenk gemacht werden sollten, lagen immer in der Obhut des Hofes.

Sardonyx. – H. 8,5 cm, Br. 10,7 cm.

Stadtbibliothek Trier. Kopie RLM. Trier.

Lit.: W. B. Kaiser, Der Trierer Ada-Kameo. In: Festgabe W. Jungandreas (Trier 1964) 24–35 (mit älterer Lit.). – W. v. Sydow, Zur Kunstgeschichte des spätantiken Porträts im 4. Jahrhundert n. Chr. (Bonn 1964) 58. – K. Weidemann, Gallien in d. Spätantike 32 Nr. 7. – D. Stutzinger, Spätantike und frühes Christentum Nr. 45. – H. A. Pohlsander, Historia 33, 1984. 93–95. – W. Weber. In: Schatzkunst Trier (Trier 1984) 77f. Nr. 2.   Schw.

35   Achatschale aus Trier   *(Farbabb. s. S. 36)*

4. Jh. n. Chr.

Die 75 cm im Durchmesser breite Schale ist aus grünlichblauem hellen Achat und trägt auf der Oberseite eine heute kaum mehr erkennbare Inschrift, die R. Egger gelesen und gedeutet hat: FL(a)B(ius) ARISTO TR(everis) F(ecit) XX P(ondo). Danach soll ein Steinschneider Aristo die Schale in Trier geschnitten und poliert haben. Die durchbrochenen Henkel mit Pflanzenvoluten und Zierknopf in der Mitte, nach Außen gerichtet, sind durch sorgfältig ausgearbeitete und auslaufende Stege mit der Gefäßwandung als Verstärkung verbunden. Sie sind nur geringfügig über den abgedrehten Rand erhoben.

Wird durch die Inschrift die Herkunft aus Trier gesichert, ist der ursprüngliche Verwahrort unbekannt. Seit dem 17. Jh. wurde die Schale zur Taufe der Erzherzöge von Österreich verwendet.

Wien, Schatzkammer der Hofburg.

Lit.: R. Egger, Trierer Zeitschr. 22, 1953, 217–218. – H.-P. Bühler, Antike Gefäße aus Edelstein (Mainz 1973) 70 Nr. 83. – Gallien in der Spätantike Nr. 93.   Cü.

36   Gürtelgarnitur   *(Farbabb. s. S. 122)*

Köln, Aachener Straße.
4. Jh. n. Chr.

Pelten und S-förmige Ornamente, auf Kugeln montiert, säumen langrechteckige Rahmenfelder mit eingetieften Platten, die in zierlicher Durchbruchsarbeit Rhomben und Rankenornamente auf farbiger Unterlage zeigen.

Aus dem Gräberfeld an der Aachener Straße, sicherlich zu einem Grabinventar gehörend, zierten die Beschläge den Gürtel eines hochrangigen Offiziers und sind feingliedriger und reicher als die spätantiken Kerbschnittschnallen.

Doppelschnalle, Gegenbeschläge und zwei Zierbeschläge aus teilweise feuervergoldetem Silber. – L. 9,5 cm, 6,3 cm und 5 cm.

RGM. Köln.

Lit.: A. Kisa, Bonner Jahrb. 99, 1896, 45ff. – J. Heurgon, Le Trésor de Ténès (Paris 1958) 39. – P. La Baume, Römisches Kunstgewerbe (München 1964) 293. – Gallien in der Spätantike Nr. 54.   Cü.

37   Silberne Büsten

FO. Sirzenich bei Trier.
Um oder nach 400 n. Chr.

Ein Paar gleicher Frauenbüsten (bei einer sind Gesicht und Nacken ergänzt) über einem Blatt. Auf der Rückseite setzt ein Kranz und eine rechteckige Tülle mit senkrechtem Stiftloch an. Jedes Exemplar ist aus einem einzigen Stück Silberblech getrieben.

Die Frau trägt ein feinziseliertes Untergewand mit Perlenborte, darüber einen Überwurf, der die linke Hand und dessen Bausch die rechte freiläßt. Die Frisur besteht aus einer Haarrolle um das Gesicht, aus der sich am Ohr einige Löckchen befreit haben, und aus einem von hinten über den Kopf nach vorn gezogenen »Scheitelzopf«. In diese Haartracht sind sich kreuzende Perlschnüre kunstvoll einbezogen.

Die Frisur ist zu vergleichen mit der der Helena, Mutter Constantins d. Gr., und noch enger mit solchen des späteren 4. Jahrhunderts (seit Theodosius d. Gr.) und des beginnenden 5., für die Perlschnüre bezeichnend sind. Auch die bei aller Eleganz der Gesamterscheinung starre und schematische Behandlung der Einzelheiten spricht weniger für die frühere Möglichkeit als vielmehr für das frühe 5. Jahrhundert.

Über die Zweckbestimmung sind nur Vermutungen möglich.

Daß die Büsten die Enden von Holzstangen zierten, ist unbestritten. Schon der Trierer Domherr v. Wilmowsky, der die Exemplare 1873 zum ersten Mal publizierte, verwies auf die – in Format und Konstruktion sehr ähnlichen – vier silbernen Städte-Personifikationen vom Esquilin in Rom (Kat. 38) und nahm entsprechend an, daß auch die Sirzenicher Büsten die Holmenden einer Sänfte geziert hatten. Dabei käme eine Liegesänfte (Lectica), eine Sitzsänfte (Sella gestatoria) oder eine spätantike, von Tieren transportierte Basterna in Frage. Man fragt sich freilich, ob die dünnen Silbertreibarbeiten für Holmenden nicht zu empfindlich sind (vgl. Juvenal 3, 240ff., wo die Passanten von Holmen der Lectica gestoßen werden). Daher hat man auch an Teile eines Stuhls oder Sessels gedacht (s. Kat. 38).

Silber, getrieben. – H. 13,9 cm. Tülle: H. 2,8 bzw. 3 cm, Br. 3,5 bzw. 3,7 cm. L. 3,7 cm.
RLM. Trier, Inv. G.o 4 und 5.
Lit.: J. N. v. Wilmowsky, Archäologische Funde in Trier und Umgebung (Trier 1873) 1 ff. mit Taf. – Hettner, Ill. Führer 88. – R. Delbrück, Röm. Mitt. 28, 1913, 332 mit Abb. 9. – P. La Baume, Röm. Kunstgewerbe (Braunschweig 1964) 230 f. mit Abb. 214. – R. Calza, Iconografia Romana Imperiale 287–363 (Rom 1972) Nr. 76 = 170. – E. Künzl, Jahrb. RGZM. 30, 1983, 398. – Spätantike und frühes Christentum Nr. 64. – Zur Tracht: R. Delbrück, Spätantike Kaiserporträts (Berlin/Leipzig 1933) Taf. 10f., 23f. – A. Rumpf, Stilphasen der spätantiken Kunst (Düsseldorf 1957) Taf. 28.
Bi.

37

38   Silberne Statuetten

FO. Rom, auf dem Esquilin.
Wohl vor 383 n. Chr.

Im Jahre 1793 wurde auf dem Esquilin ein reicher Hort von Silbergeschirr gefunden, dessen ursprüngliche Besitzer historisch bekannte Persönlichkeiten sind. In diesem Schatz befinden sich vier teilvergoldete und mit feiner Punzierung versehene Statuetten von thronenden Göttinnen, die die vier wichtigsten Städte des damaligen Reiches personifizieren: Rom, Constantinopel, Antiochia und Alexandria. Man denke daran, daß

Ausonius etwa um die gleiche Zeit Rom, Constantinopel, Karthago, Antiochia, Alexandria und Trier als die sechs bedeutendsten Städte aufzählte und daß im Jahre 354 in einem Prachtkalender (Kat. 59) die vier Personifikationen von Rom, Alexandria, Constantinopel und Trier dargestellt sind.
Auf der Rückseite der Figuren mit hängendem Blatt darunter ist je eine rechteckige Tülle angebracht; die Tüllen haben eine senkrechte Durchbohrung für einen Stift, der an einem Kettchen befestigt war. Also wurden auch diese Statuetten wie die Büsten von Sirzenich (Kat. 37) auf etwas aufgesteckt; dabei denkt man schon seit 1825 an eine Sänfte, jetzt auch an einen Stuhl oder Sessel.
a) Die thronende Roma trägt ein unter der Brust gegürtetes

37   Silberne Büsten.

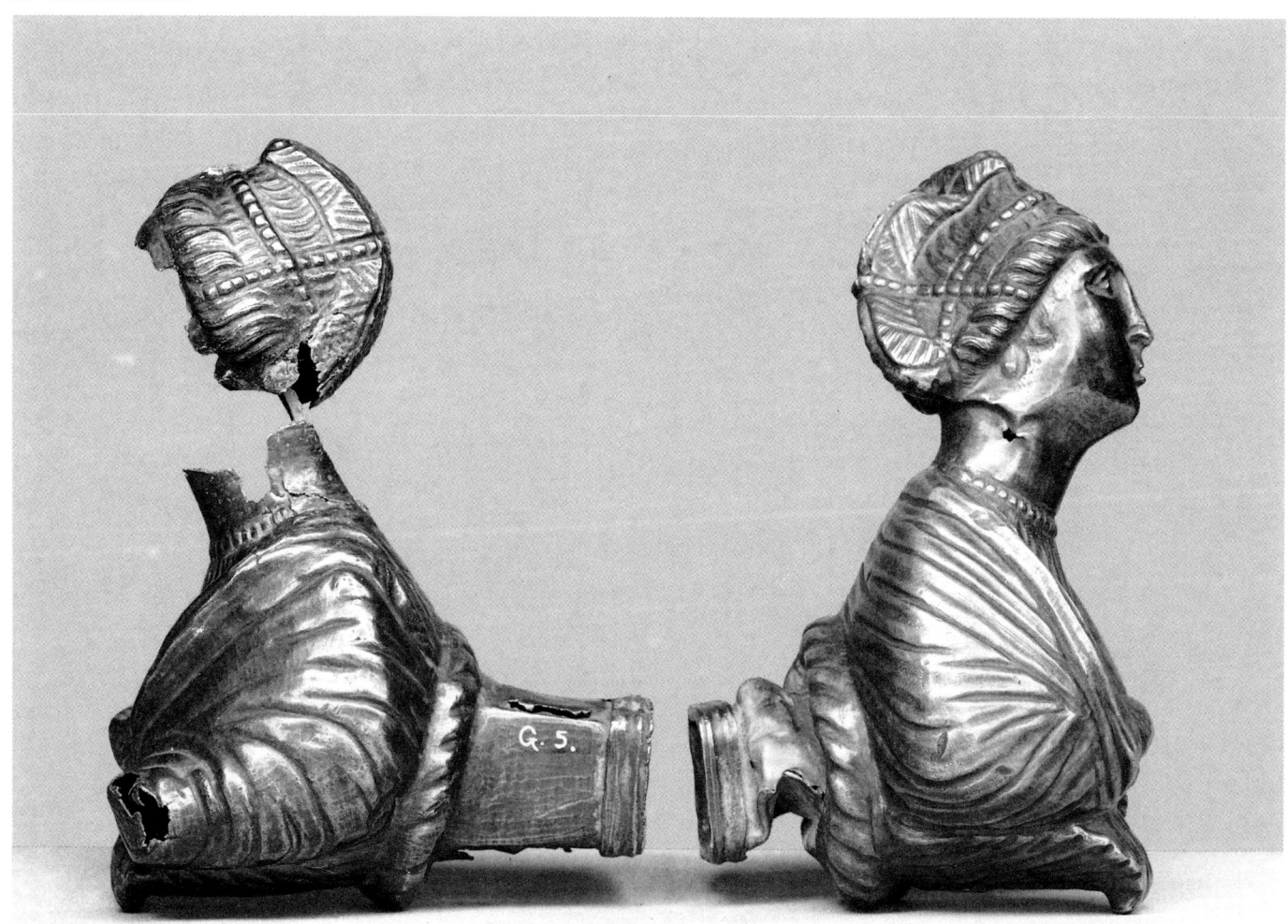

38 a

38 b

Untergewand, darüber den Mantel, auf dem Kopf einen Helm. In der Rechten hält sie einen Speer oder ein Szepter, die Linke ruht auf dem Schild.
b) Sitzende Schutzgöttin (Tyche) der Stadt Antiochia in Syrien, bekleidet mit Untergewand und über den Kopf gezogenem Man-

tel. Die Mauerkrone auf dem Kopf weist sie als Stadtpersonifikation aus, die Blüten und Ähren in der rechten Hand demonstrieren Wohlstand und Reichtum. Die Figur stützt sich auf ihre linke Hand, unter ihr ist der Oberkörper eines Schwimmenden sichtbar, die Personifikation des Flusses Orontes, an dem Antio-

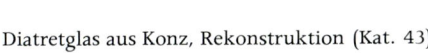
◁ Gürtelgarnitur aus Köln (Kat. 36).

Lanzenspitze aus Trier (Kat. 155 a). ▷

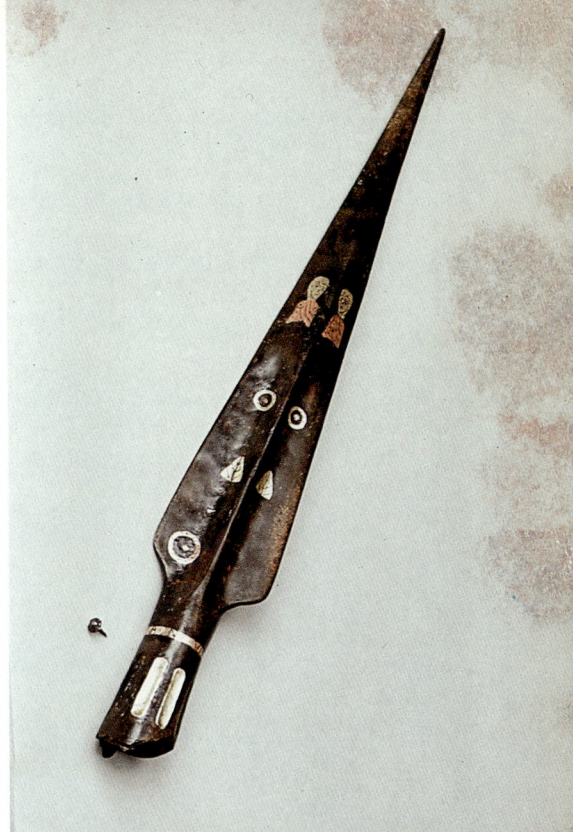

Diatretglas aus Konz, Rekonstruktion (Kat. 43).

chia liegt. Gerade so sah das große Kultbild der »Tyche von Antiochia« aus, das gegen 300 v. Chr. der Bildhauer Eutychides für die Stadt geschaffen hatte.

Silber, getrieben und teilvergoldet. – H. der Statuetten: 13,5 (a) bzw. 13,1 (b) cm. Tüllen: H. 3,7 cm, L. um 4 cm.
Brit. Mus. London, Inv. M & LA 66, 12–29, 21 und 22.
Lit.: O. M. Dalton, Cat. of Early Christian Antiquities (London 1901) Nr. 332 und 334. – St. Poglayen-Neuwall, Röm. Mitt. 45, 1930, Taf. 35. – W. F. Volbach, Frühchristliche Kunst (München 1958) Taf. 119 (b). – T. Dohrn, Die Tyche von Antiochia (Berlin 1960) 19 mit Taf. 3 (b). – Wealth of the Roman World Nr. 97 (a). – Spätantike und frühes Christentum Nr. 84.   Bi.

39   Zwei silberne Tetrarchenporträts

FO. angeblich Kleinasien.
Um 300 n. Chr.

Die beiden Köpfchen im RGZM. waren bereits im Altertum mit Absicht demoliert worden. Es gelang, in mühevoller Restaurierung die Köpfe wieder in einen einigermaßen präsentablen Zustand zu versetzen.
a) Der Kopf ist bis auf einen Teil des Halses und der Büstenvorderseite erhalten. Obwohl er stark verbogen war, gelang es dem Restaurator, die Züge weitgehend originalgetreu wiederzugewinnen. Einige Schäden sind jedoch geblieben. Es ist die Büste eines Mannes im Panzer mit dem Paludamentum, welches auf

39 a

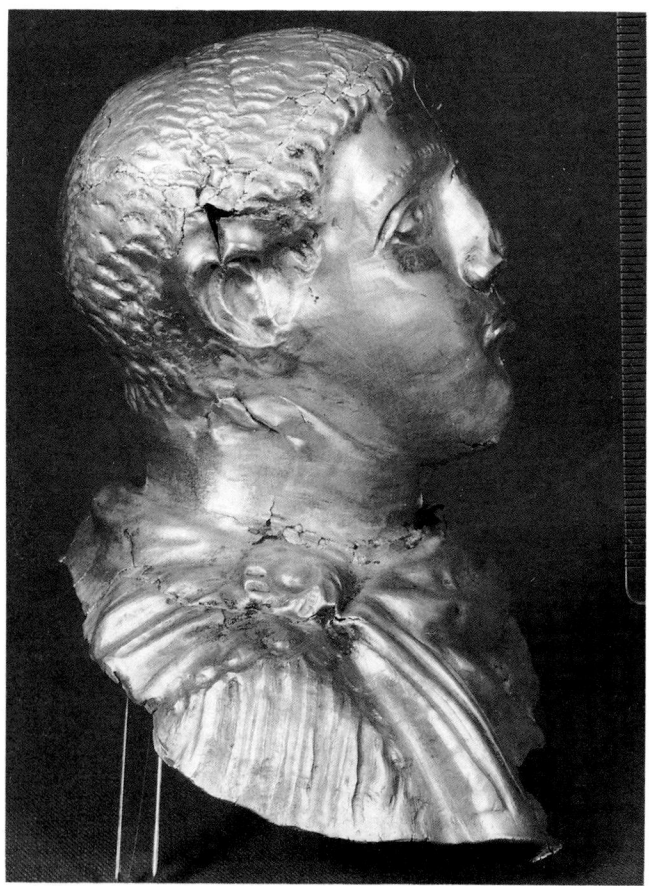

39 a

der rechten Schulter durch eine runde Fibel zusammengehalten wird. Der Mann ist bartlos. Haare und Brauen sind flach, man hat sie durch eingekerbte Vertiefungen markiert. Augen, Ohren, Nase und Mund sind in groben Zügen gestaltet. Die Kopfform ist massiv und eckig, der Hals ziemlich breit.

b) Von diesem Köpfchen ist wenig erhalten, Mund, Nase, Kinn und Teile der Wangen sind bereits im Altertum herausgeschlagen worden. Das Thema stimmt mit dem Kopf a) überein. Auch Einzelheiten, wie die Scheibenfibel oder die Gestaltung von Brauen und Haar gleichen sich. Trotz aller Beschädigungen ist zu erkennen, daß es sich um zwei unterschiedliche Personen handelt.

Eine stilistische Analyse ergibt eine Datierung in die Zeit um 300 n. Chr., also in die Tetrarchenzeit. Die sehr leichten Köpfchen zeigen unten eine glatt abgeschnittene Auflagefläche. Sie konnten auf eine ebene Fläche aufgesetzt werden, wobei sie dann ungefähr in einem Winkel von 45° nach oben standen. Auf diese Weise besteht die Möglichkeit, die beiden Büstchen auf einer runden Scheibe (Phalera) zu montieren. Die Büstchen können Teile von Feldzeichen gewesen sein, wobei sowohl reguläre Truppen wie auch die Prätorianer in Frage kommen.

Die beiden kleinen Köpfchen vermehren sowohl unsere Kenntnisse tetrarchischer Porträtkunst wie auch unsere Vorstellung von römischen Porträts in Edelmetall.

Silber. – a): H. 11 cm von der Vorderkante unten bis zum Scheitel. H. des Gesichts 6,5 cm von Kinnspitze bis zum Scheitel. b): H. 12 cm, H. des Gesichts etwa 6 cm.

RGZM. Mainz, Inv. O. 39760 (a), O. 39761 (b).

Lit.: E. Künzl, Zwei silberne Tetrarchenporträts im RGZM. und die römischen Kaiserbildnisse aus Gold und Silber. Jahrb. RGZM. 30, 1983, 381 ff.

E. Künzl

39 b

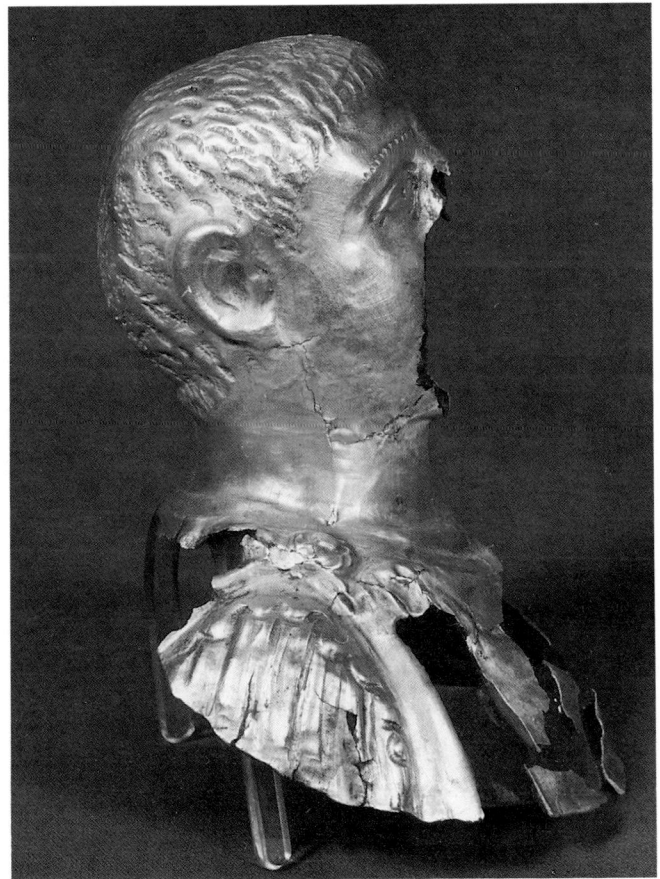

39 b

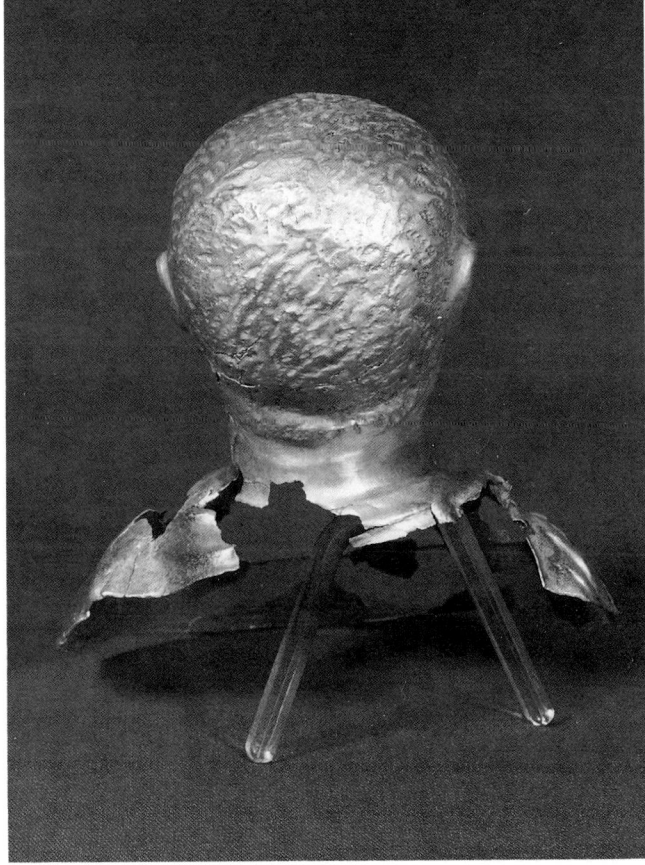

Sog. Achilles-Platte aus dem Silberschatz von Kaiseraugst (Kat. 49a).

Sog. Meerstadt-Platte aus dem Silberschatz von Kaiseraugst (Kat. 49b). ▷

40

40 Silbergeschirr

FO. Trier, im Gelände des heutigen Mutterhauses.
4. (und 5.?) Jh. n. Chr.

»Am 4. Dezember 1628, dem Tage der Hl. Barbara, fanden unsere Mitbrüder, die im Garten umgruben, etwa 6 Fuß unter der Erde« im Noviziat der Jesuiten einen großen Schatz von silbernem Geschirr und Gerät. Er war sorgfältig versteckt in einem abgedeckten Behälter aus Stein.
Es wurden zwei verschiedene, aber gleich knappe Inventare mit Schätzgewichten aufgezeichnet, dann wurde alles bis auf zwei Teller zerstückelt, eingeschmolzen und nach Köln verkauft. Dort wurde ein Gewicht von genau 484 Mark und 25 Lot festgestellt, was den Jesuiten 4093 Reichstaler einbrachte. Das Gewicht entspricht 113,550 kg, also mehr als zweieinviertel Zentnern! Eingeschmolzen wurden 41 Gefäße und 6 Statuetten und

Geräteteile aus Silber, darunter 10 große Platten (bis zu 11 kg schwer), eine Flasche (3,7 kg), ein Eimer (5 kg), eine Schöpfkelle (1,6 kg) und 22 kleinere Schalen und Näpfe (zwischen 0,5 und 1 kg), von allem ein großer Teil mit reichen Verzierungen, oft auch mit Vergoldung.
Die Beschreibungen vieler Gefäße lassen darauf schließen, daß sie aus dem vierten Jahrhundert stammen; dann könnten die Schätze von Kaiseraugst (Kat. 49), vom Esquilin in Rom (Kat. 38) und der jetzt in München aufbewahrte (Kat. 50) einen ungefähren Eindruck von dem Reichtum geben.
Wenn die Inschrift »Audentia Nicetio« (= Audentia für Nicetius) auf einer Schüssel mit einer adligen Familie Galliens zusammenzubringen ist, in der beide Namen geläufig sind, ist dieses Gefäß eher schon ins fünfte Jahrhundert zu datieren.
Das wird auch für die Teller gelten, die, wie gesagt, nicht eingeschmolzen wurden. Sie seien hier genauer aufgeführt, weil sie noch in einem Kirchenschatz oder einer anderen Sammlung existieren könnten. Sie waren teilweise vergoldet. In der leicht eingetieften Mitte war der Kopf Christi mit Strahlennimbus dargestellt; am Rande gegenständig (wohl je) vier Heiligenköpfe mit den Beischriften: Petrus, Paulus, Justus, Hermes. Beide Teller wogen zusammen etwa 1 kg.
Lit.: W. Binsfeld, Trierer Zeitschr. 42, 1979, 113ff.
Der Verlust eines so reichen und riesigen Schatzes ist kaum zu verschmerzen. Trier ist jetzt arm an solchen Silbergefäßen. Die beiden einzigen, die im Landesmuseum Trier aufbewahrt werden, werden hier vorgelegt, zumal gleiche oder ähnliche Formen im Schatz der Jesuiten vorhanden waren.

a) Silberkanne.
FO. Trier.
4. Jh. n. Chr.
Schlanke Form mit Halsring, an Hals und Schulter verziert mit goldtauschierten Ringen und Ornamenten aus Schwarzsilber. Auf dem Daumenlager des geraden Henkels sind Delphine graviert.
Silber. – H. 22 cm.
RLM. Trier, Inv. 26, 210.
Lit.: P. La Baume, Römisches Kunstgewerbe (Braunschweig 1964) 43 mit Abb. 33. – Schindler, Führer Abb. 242. – Zur Form vgl. A. O. Curle, The Treasure of Traprain (Glasgow 1923) Nr. 3–6.

b) Silbernes Schüsselchen.
FO. unbekannt.
4. Jh. n. Chr.
Schüsselchen mit horizontalem Rand.
Silber. – H. 5 cm, Dm. 12 cm.
RLM. Trier, Inv. G.o 125.
Lit.: Schindler, Führer Abb. 242. – Zur Form vgl. B. Overbeck, Argentum Romanum (München 1973) Nr. 9. – R. Laur-Belart, Der spätrömische Silberschatz von Kaiseraugst (Basel 1963) Nr. 15.   Bi.

41 Diatretglas *(Farbabb. s. S. 130)*

FO. Köln-Braunsfeld.
1. H. 4. Jh. n. Chr.

Die Diatrete mit einem »Maschennetz« um den Gefäßkelch gehören in das 4. Jahrhundert. Ihre Verzierung wurde mit einem rotierenden Schleifrad aus der Wandung herausgeschliffen. Die Technik ist äußerst kompliziert und zeitraubend, die Erzeugnisse von einer feingliedrigen, daher äußerst zerbrechlichen Schönheit. Somit gehören die Diatrete zu den kostbarsten und seltensten Glasgefäßen der Spätantike. Wenn verschiedenfarbiges Glas verwendet wird, kommen zu den Schwierigkeiten des Schleifens noch hüttentechnische bei der Herstellung des Rohlings.
Das Diatret von Köln-Braunsfeld vereinigt alle technischen Finessen: Der farblose Innenkelch hat einen Überfang von drei verschiedenen Glasfarben, und es sind oberhalb des Netzes noch ein Kragen und eine Inschrift herausgeschliffen. Nahe der ausladenden Mündung liest man den Trinkspruch ΠΙΕ ΖΗCΑΙC ΚΑΛWC ΑΕΙ (Trinke, du sollst immer schön leben) in purpurroten Buchstaben. Darunter ist ein frei überhängender Kragen aus gelbem Glas, es folgt das Maschennetz, eine kleine Zone noch in gelber Farbe, dann in Smaragdgrün. Dieses technisch wie ästhetisch vollendete Meisterwerk wurde in einem Männergrab gefunden.
Mehrfarbenes Glas. – H. 12,1 cm, Dm. 10 cm.
RGM. Köln, Inv. 60,1.
Lit.: O. Doppelfeld, Kölner Jahrb. 5, 1960/61, 16 ff. und Gymnasium 68, 1961, 410 ff. – Gallien in d. Spätantike Nr. 58.   Bi.

42 Diatretglas *(Farbabb. s. S. 131)*

FO. Piesport-Niederemmel (Krs. Bernkastel-Wittlich).
1. H. 4. Jh. n. Chr.

Das Diatret von Niederemmel hat die gleiche Glockenform wie Kat. 41, ist aber um die Hälfte größer. Es besteht durchgehend aus farblosem Glas und ist bis unter die Mündung einheitlich nur mit Netzwerk in sechs Maschenreihen überzogen. Diese »anspruchsvolle Schlichtheit« (Doppelfeld) bewirkt die elegante Wirkung des Bechers, der aus einem Sarkophag stammt.
Glas. – H. 18 cm, Dm. 15,5 cm.
RLM. Trier, Inv. 50,15.
Lit.: H. Eiden, Trierer Zeitschr. 19, 1950, 26 ff. mit Taf. 1/2. – O. Doppelfeld, Kölner Jahrb. 5, 1960/61, 30. – Schindler Führer Abb. 251. – Kat. Gläser Trier Nr. 238. – Gallien in d. Spätantike Nr. 60.   Bi.

43 Diatret-Fragment *(Farbabb. s. S. 123)*

FO. Konz (Krs. Trier-Saarburg).
4. Jh. n. Chr.

Das kleine Randfragment ist wichtig durch seinen Fundort in Kaiser Valentinians Palast zu Contionacum über der Saarmündung. Der Becher hatte die gleiche Glockenform und den gleichen Dekor aus Netzwerk wie Kat. 42. Er war aber mehrfarbig: Der innere Kelch besteht aus smaragdgrünem, der Ansatz des Netzes aus gelbem Glas (zu vergleichen ist etwa ein Diatret aus Jambol in Bulgarien).
Mehrfarbenes Glas. – H. noch 2,9 cm (ursprüngl. etwa 15,5 cm), Br. noch 3,4 cm.
RLM. Trier, Inv. 59,83.
Lit.: W. Reusch, Trierer Zeitschr. 32, 1969, 305 ff. mit Taf. C/D. – Kat. Gläser Trier Nr. 240. – Gallien in d. Spätantike Nr. 64. – Zum Diatret von Jambol: A. Dimitrova, Journal of Glass Studies 16, 1974, 14 ff.   Bi.

44 Diatret-Fragment *(Abb. s. S. 132)*

FO. Trier, Kaiserthermen.
4. Jh. n. Chr.

Das Fragment ist nicht zu einem glockenförmigen Becher zu ergänzen, sondern zu einer flachen Schale in Form eines Kugelabschnitts, die man sich ähnlich dem Diatretglas vorstellen muß, das 1979 bei Sotheby in London zu einem spektakulären Preis versteigert wurde (Weltkunst 49, 1979, 1302). Dieses hat freilich zwischen Netzwerk und ausladender Mündung einen Kragen, das Trierer Glas hingegen eine umlaufende Inschrift.
Von der Inschrift sind nur noch die Buchstaben AS erhalten, die man etwa zu Vivas (Du sollst leben) oder Gaudeas (Du sollst Dich freuen) ergänzen kann. Die Schale war zweifarbig: Auf der farblosen Innenwand saßen Inschrift und Netzwerk in Kobaltblau (vgl. einen Neufund von Komini, Jugoslawien).
Mehrfarbenes Glas. – H. noch 5,8 cm, ursprüngl. Dm. etwa 21 cm.
RLM. Trier, Fundnr. 1042.
Lit.: W. Reusch, Trierer Zeitschr. 32, 1969, 311 ff. mit Taf. C/D. – Kat. Gläser Trier Nr. 75. – Gallien in d. Spätantike Nr. 65. – Zum Fund aus Komini: A. Carmanović-Kuzmanović, Journal of Glass Studies 21, 1979, 51 ff.   Bi.

Diatretglas aus Köln-Braunsfeld (Kat. 41). ▷
Diatretglas aus Niederemmel (Kat. 42). ▷▷

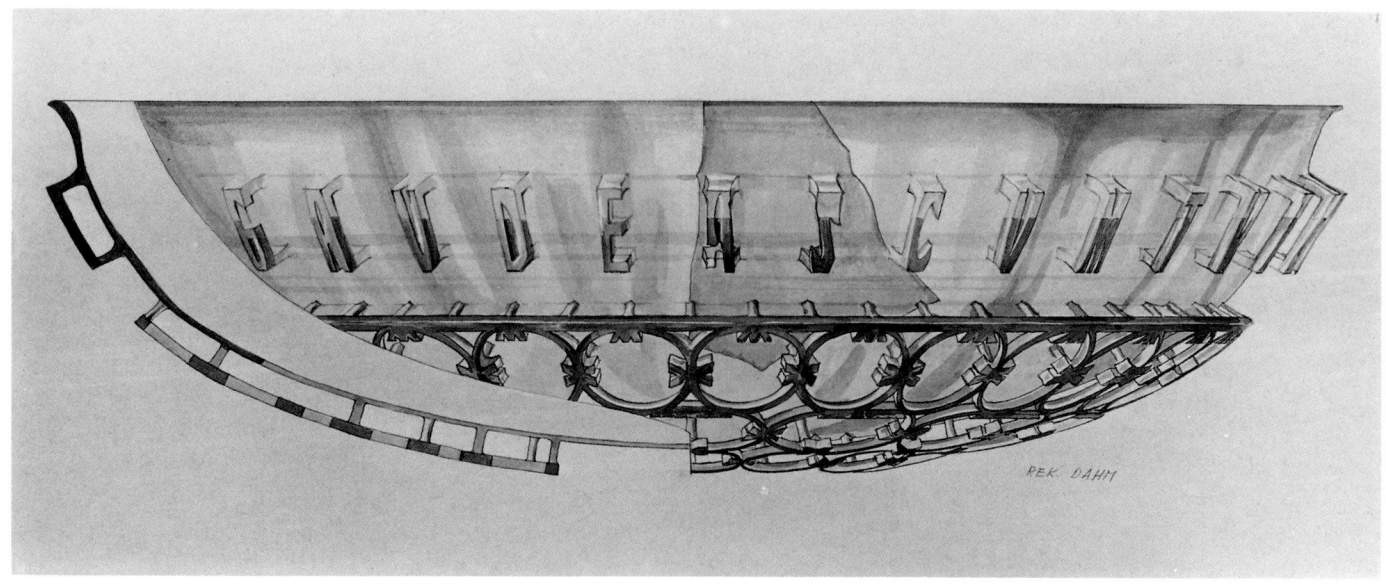

44 Diatret-Fragment.

45   Diatret-Fragment

FO. Trier, Nikolausstraße.
4. Jh. n. Chr.

Randstück eines Trinkgefäßes aus farblosem Glas. Unter der
ausladenden Mündung sitzt ein überhängender Kragen, unterhalb wird Netzwerk angesetzt haben. Wegen der geringen Höhe
des Fragmentes fällt es schwer zu entscheiden, ob es zu einem
glockenförmigen Becher oder zu einer kleinen Kugelabschnittschale, ähnlich der 1979 bei Sotheby versteigerten (s. Kat. 44),
zu ergänzen ist.
Glas. – H. noch 4,6 cm, ursprüngl. Dm. etwa 15 cm.
RLM. Trier, Inv. 14588.
Lit.: D. B. Harden/J. M. C. Toynbee, Archaeologia 97, 1959, 207
mit Taf. 69 g. – W. Reusch, Trierer Zeitschr. 32, 1969, 313 f. mit
Taf. 3. – Kat. Gläser Trier Nr. 239.   Bi.

46   Blaues Goldglas

FO. Köln-Braunsfeld.
Um 325?

Die halbkuglige Schale aus blauem Glas war außen mit Bildern
in Goldfolie verziert. Da nicht, wie bei den meisten dieser Gold-

gläser, ein Überfang aus farblosem Glas aufgebracht wurde, ist
das Gold bis auf einige Spuren abgerieben. An den Stellen, wo es
aufgelegen hat, läßt aber eine Aufrauhung an der Glasoberflä-
che die Darstellungen noch erkennen.
Ein unteres und vier seitliche Medaillons in eingeschliffenen
Kreisen zeigen Szenen aus der Bibel: Jonas zum »Walfisch« ins
Meer geworfen (unten); Jonas wieder ausgespien und unter der
Kürbislaube liegend; Noah in der Arche; Moses beim Quellwun-
der; Daniel in der Löwengrube. Alle diese alttestamentlichen
Geschichten waren in frühchristlicher Zeit beliebt als Vor- und
Sinnbilder der Errettung des Christen (vgl. Kat. 96, 121). In den
oberen Zwickeln sieht man in kleinen Medaillons die Büsten von
vier Knaben oder jungen Männern. Sie werden seit Delbrück als
vier kaiserliche Prinzen constantinischer Zeit gedeutet: entwe-
der als die drei ältesten Söhne Constantins und der Sohn seines
Mitherrschers Licinius (also um 320) oder als die vier Söhne
Constantins – Crispus, Constantin II., Constantius II. und Con-
stans – (also 325/6). Stimmt die Deutung, wird die Schale ein
kaiserliches Geschenk sein, etwa zu Constantins 20jährigem
Regierungsjubiläum (Vicennalia) im Jahre 326.
Die Schale wurde gefunden in einem Grabe aus der Zeit um die
Mitte des 4. Jahrhunderts.
Glas mit Vergoldungsresten. – H. 8,6 cm, Dm. 12,4 cm.
RGM. Köln, Inv. 991.
Lit.: F. Fremersdorf, Wallraf-Richartz Jahrb. 1, 1930, 282 ff. – R.
Delbrück, Spätantike Kaiserporträts (Berlin 1933) 132 ff. – O.
Doppelfeld, Kölner Jahrb. 5, 1960/61, 13 f. mit Taf. 10. – J.

Bracker, ebda. 8, 1965/66, 16f. mit Taf. 8. – F. Fremersdorf, Die römischen Gläser mit Schliff, Bemalung und Goldauflage (Die Denkmäler des römischen Köln VIII, Köln 1967) 203 ff. mit Taf. 285–293.

Bi.

47 Blaue Goldgläser

a) FO. Trier, Liebfrauenstraße (Palais Kesselstatt).
4. Jh. n. Chr.

Zwei Scherben einer halbkugligen Schale aus blauem Glas. Die Verzierung besteht aus dem umlaufenden Spruch VIV[as . . . .] = Du sollst leben, und Rechteckornamenten darunter; sie ist nur als Aufrauhung der Glasoberfläche erkennbar und war nach

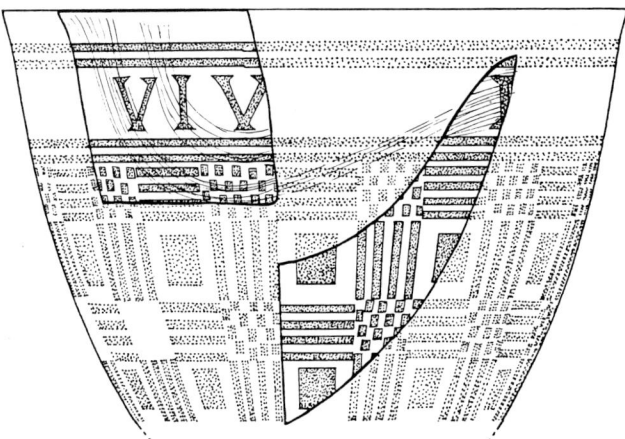

47 a

46

der einleuchtenden Erklärung von Th. E. Haevernick – wie Kat. 46 – ursprünglich in Gold ausgeführt.
Glas. – H. der Scherben 3,5 und 7,5 cm, ursprüngl. Dm. etwa 11 cm.
RLM. Trier, FN. Kesselstatt 182.
Lit.: Th. E. Haevernick, Trierer Zeitschr. 35, 1972, 211 ff. – Kat. Gläser Trier Nr. 213.

b) FO. Mehring (Krs. Trier-Saarburg).   *(Farbabb. s. S. 153)*
4. Jh. n. Chr.

Randstück eines flachen Tellers mit in Goldfolie aufgelegtem Dekor, der aus Ranken mit Blättern und Trauben (?) besteht. An diesem Neufund aus einer römischen Villa ist die Goldauflage zum größeren Teil erhalten. In der gleichen Verzierungsart sind uns flache Teller aus Köln bekannt.
Glas mit Gold. – H. 5,5 cm, ursprüngl. Dm. etwa 20 cm.
RLM. Trier, Inv. EV. 83, 48 (FN 65).
Lit.: unpubliziert. – zu Parallelen: F. Fremersdorf, Die römischen Gläser mit Schliff, Bemalung und Goldauflage (Köln 1967) 200 f. mit Taf. 281 und 215 ff. mit Taf. 298/99.

c) FO. Trier, St. Maximin   *(Farbabb. s. S. 153)*

Rundes Bruchstück aus blauem Glas, darauf in einem Kreis die Darstellung einer verschleierten Frau, die sich mit bittender Gebärde niederkniet. Es handelt sich um eine nicht sicher gedeutete Szene aus der Bibel (Schwester des Lazarus?, Frau mit Blutfluß?).
Bei diesem Exemplar ist die Goldfolie auf beiden Seiten mit einer Glasschicht eingefaßt, wie es bei den stadtrömischen Goldgläsern der Fall ist.

Glas mit Gold. – Dm. 2,4 cm.
RLM. Trier, Inv. 16, 87.
Lit.: Frühchristl. Zeugnisse 75 Nr. 57. – Kat. Gläser Trier Nr.
1568. – Zu Parallelen: Ch. R. Morey, The Gold-Glass Collection
of the Vatican Library (Vatikan 1959) Nr. 165 und 334.   Bi.

48   Alabastergefäße

FO. Stadtgebiet von Trier, Liebfrauen-Dombereich und Villa
Schaab an der Südallee.
4. Jh. n. Chr.

Alabaster, weicher als Marmor, wurde wegen seiner in zarten
Farbnuancen spielenden Maserung in der Spätzeit zur Her-
stellung von Schalen und Tellern verwendet, während es in
Ägypten zu Schminkgefäßen, Salbenflaschen und Eingeweide-
urnen seit frühester Zeit verarbeitet worden war.
Neben den größeren Vorkommen in Ägypten und Syrien, der
numidischen weißen Marmore, sind auch die Vorkommen bei
Volterra frühzeitig ausgebeutet worden.

a) Große Alabasterschale, z. T. ergänzt, von wolkiger Mase-
   rung.
   Dm. 30 cm.
   RLM. Trier, G. 78 b, Villa Schaab.

b) Mörserartiger Kumpf mit Stollengriffen. Dichter, heller
   Alabaster.
   H. 5,4 cm, erh. Br. 4,6 cm, ergänzt.
   RLM. Trier, Inv. 07, 782.

c) Drei flaschenförmige Salbgefäße.
   H. 17 und 8,5 cm (ergänzt).
   Inv. ST. 4300 aus der Dietrichstraße und alter Bestand.
   ST. 6414a aus der Brotstraße.
   RLM. Trier.   Cü.

49   Silberschatz   *(Farbabb. s. S. 126/27)*

FO. Kaiseraugst (Kanton Basel-Land).
350/51 n. Chr. (?)

Dieser hochbedeutende Silberschatz wurde am 27. Dezember
1961 im spätantiken Kastell Kaiseraugst herausgebaggert und

erst 1962 verstreut aufgelesen und unter abenteuerlichen Umständen wieder zusammengebracht. Er umfaßt 21 zum Teil
prachtvoll verzierte Gefäße, 41 Eßbestecke, einen Kandelaber,
eine Statuette, 17 Medaillons, 170 Münzen und 3 mehrpfündige
Barren, alles aus Silber.
Die Münzreihe endet 350, die Silberbarren zeigen den Stempel
des Usurpators Magnentius vom Jahre 350. Das spricht gegen
die Vermutung von Laur-Belart, der Schatz sei 361 – vielleicht
von Kaiser Julian selbst – verborgen worden. Die Vergrabung
hängt vermutlich mit den Wirren um Magnentius in der Zeit
350/51 zusammen. Eine Bestätigung wäre es, wenn der auf
einem Teller (Nr. 7 bei Laur-Belart) als Besitzer angegebene
Romulus mit dem gleichnamigen General des Magnentius
identisch wäre, der 351 in der Schlacht bei Mursa getötet
wurde.

a) Die sog. Achilles-Platte
Silberplatte mit rechteckigem Rand. Die Verzierung besteht aus
getriebenen Reliefs. Auf dem Rand sind zehn Szenen aus dem
Leben des Achilles wiedergegeben, beginnend mit der Geburt
und endend mit seinem Aufenthalt bei den Töchtern des Lyko-
medes, wo er, als Mädchen verkleidet, versteckt worden war,
um ihn dem Kriege fernzuhalten. Im Mittel-Medaillon der Platte
wird die Fortsetzung erzählt: Odysseus läßt die Kriegstrompete
blasen, Achilles greift zu den Waffen und verrät sich, er zieht in
den Trojanischen Krieg und in den Tod.
Eine punktierte Inschrift nennt den Namen des Silberschmiedes
»Pausilypos von Thessalonike« und das Gewicht von
»15 Pfund« (= 4,912 kg; heutiges Gewicht: 4,645 kg).
Silber. – Dm. 53 cm.

b) Die sog. Meerstadt-Platte
Silberplatte mit Horizontalrand. Rand und Mittel-Medaillon
sind mit eingelegtem Niello (Schwarzsilber) verziert und teilweise vergoldet. Die Dekoration des Randes besteht abwechselnd aus ornamentalen Teilen und aus Jagddarstellungen. Das
Medaillon in der Mitte zeigt eine Stadt an der Küste, im Meer
erkennt man verschiedene Meerestiere und in Booten fischende
Putten. Auf der Unterseite ist punktiert die Gewichtsangabe
»15 Pfund minus eine Unce« (= 4,884 kg; heutiges Gewicht:
4,775 kg) und eine eingeritzte Besitzer-Inschrift: »Aquilini«.
Silber. – Dm. 59 cm.

c) Die sog. Euticius-Platte.
Silberplatte mit horizontalem Perlrand. In der Mitte befindet
sich ein Achteckstern, ringsum eine geschwungene Riefelung.
Auf der Unterseite eine punktierte Hersteller-Inschrift: Euticius
Naisi p. V. = Euticius in Naissus (heute Nisch, Jugoslawien),
5 Pfund (1637 g).
Silber. – Dm. 42,5 cm.

d) Schälchen mit Horizontalrand.
Silber. – H. 7 cm, Dm. 15,7 cm.

e) Konischer Becher mit umlaufenden Rillen.
Silber. – H. 8,4 cm, Dm. 9,9 cm.

f–h) Eßstäbchen mit gedrehtem Stiel.
Silber. – L. 19, 21 und 26,5 cm.

i) Sieblöffelchen.
Silber. – L. 23,7 cm.

k/l) Löffel.
Im Gebrauch unterscheiden sich der Löffel mit ösenförmig umgebogenem Griff (Ligula) und der mit angesetztem geradem, spitzem Stiel (Cochlear).
Silber. – L. 12 und 20 cm.
Römermuseum Augst (Kopien: RGZM. Mainz).
Lit.: R. Laur-Belart, Der spätrömische Silberschatz von Kaiseraugst (Augst 1963). – Wealth of the Roman World Nr. 80–87. – H. U. Instinsky, Der spätrömische Silberschatzfund von Kaiseraugst (Mainz 1971). – Gallien in d. Spätantike Nr. 37 f. – Spätantike und frühes Christentum Nr. 183 und 209.   Bi.

50 Der »Münchner Schatz« von spätrömischem Prunkgeschirr
(Farbabb. s. S. 156)

Der »Münchner Schatz« von antikem Silbergeschirr aus dem Besitz der Bayerischen Hypotheken- und Wechsel-Bank wurde im Nahen Osten, wohl im anatolischen bis syrischen Bereich, gefunden. Näheres über den Fundort ist leider nicht bekannt. Heute wird er als Dauerleihgabe der Bank in der Staatlichen Münzsammlung, München, verwahrt.
Das Inventar dieses Fundes umfaßt neun Silbergefäße. Da über die Fundumstände nichts Näheres bekannt ist, kann man natürlich nicht mit Sicherheit davon ausgehen, daß er uns vollzählig überliefert ist. Aber auch so ist sein Quellenwert für uns wichtig genug. Auf althistorische und archäologische Fragestellungen wirft er ein neues Licht. Weitere Informationen und wissenschaftliche Belege hierzu finden sich in der am Schluß dieses Beitrags angegebenen Literatur.
Fünf der neun Gefäße sind aufgrund ihrer Inschriften genauer datierbar (Nr. 1–5). Das ergibt für uns die Möglichkeit, den annähernden Vergrabungszeitpunkt fassen und auch historisch einordnen und werten zu können. Alle diese Inschriften beziehen sich auf den gleichen Anlaß und den gleichen Personenkreis: Auf die vota quinquennalia bzw. decennalia, die nach fünf Jahren erfüllten (vota quinquennalia soluta) bzw. auf zehn Jahre erneuerten Gelübde (vota decennalia suscepta) der Caesares, der als Thronfolger vorgesehenen kaiserlichen Prinzen, Licinius II. (Nr. 1–4) sowie Crispus und Constantinus II. (Nr. 5). Mit diesen inschriftlichen Angaben gewinnen wir ein ziemlich exaktes Datum für den Zeitpunkt der Herstellung der entsprechenden Gefäße. Er ergibt sich aus den zeremoniellen Gepflogenheiten der Vota-Feiern in der Spätantike. Diese sind in gewisser Weise nichts weiter, als feierlich begangene Regierungsjubiläen der Kaiser oder, wie in unserem Falle, der kaiserlichen Prinzen als designierte Nachfolger. Dabei muß man sich allerdings davor hüten, Vota-Angaben allzu wörtlich zu nehmen, da zwischen imperialer Propaganda und tatsächlichen Daten bisweilen eine Lücke klafft. In unserem Falle ergibt sich das folgende historische und chronologische Gerüst: Der erste Bürgerkrieg zwischen Constantinus I. als Kaiser des Westens und Licinius I. als Kaiser des Ostens endete im Frühjahr 317 n. Chr. mit dem Friedensschluß von Serdica. Eine der Abmachungen dieses Friedensschlusses regelte auch die Frage der Ernennung von Caesares, also der Thronfolge im West- und Ostteil des Reiches. Demnach wurden drei Caesares ernannt: Für den Westen Crispus und Constantinus II., die zwei ältesten Söhne des Constantinus I., für den Osten Licinius II., Sohn des Licinius I. Demnach würden die entsprechenden Fünfjahresfeiern (vota quinquennalia soluta) bzw. die Gelöbnisse für die zehnjährigen Jubiläen (vota decennalia suscepta) auf das Jahr 322 n. Chr. fallen. Für die Söhne des Constantinus I. zumindest wissen wir aber, daß diese Feierlichkeit bereits am 1. März 321 n. Chr. begangen wurde. Aus diesen Daten ergibt sich, daß die mit Inschriften versehenen Silberteller (Nr. 1–5) etwa 320 bis Anfang 321 n. Chr. hergestellt worden sein müssen, wobei davon ausgegangen wird, daß auch Licinius II. den gleichen Termin für die Votafeierlichkeiten wählte, wie die Constantinssöhne.
Fragt man nach dem Anlaß der Vergrabung des Schatzfundes, so dürften die folgenden militärischen Ereignisse wohl den Anlaß dazu gegeben haben: Der 323 n. Chr. ausgebrochene Entscheidungskampf zwischen Westen und Osten des Reiches, zwischen Constantinus I. und Licinius I., endete mit der völligen Kapitulation des Licinius I. und seiner Anhänger, nur kurze Zeit nach der Schlacht von Chrysopolis vom 18. September 324, in der das Heer des Licinius vernichtend geschlagen worden war. Mit diesen Wirren des letzten Bürgerkriegs zwischen beiden Reichshälften zur Zeit der Regierung des Constantinus I. darf man wohl die Niederlegung dieses Schatzes in Verbindung bringen.
Einige interessante Beobachtungen lassen sich zur Herstellungstechnik der Silberschalen machen. Generell weicht diese natürlich nicht von den zu dieser Zeit gebräuchlichen Techniken ab. Daher sei hier nur speziell zu den fünf Schalen mit kaiserlichen Inschriften (Nr. 1–5) Stellung genommen. Es ist an den feinen Drehrillen deutlich sichtbar, daß diese einfachen, kalottenförmigen Schalen auf der Drehbank sorgfältig geglättet worden sind. Die Schalen 4 und 5 lassen im Zentrum außerdem den

Abdruck des Dorns erkennen, der sie bei der Rotation hielt. Die Schalen 1–3 zeigen in der Mitte ein Medaillon, das nicht etwa nachträglich eingesetzt, sondern – analog der Herstellung einer Münze – eingeprägt worden ist. Dabei wurde natürlich nur ein Stempel für das Innere der Schalen verwendet, ihre Unterseite blieb also flach. Diese Technik ist sehr ungewöhnlich und bisher nur noch ein einziges weiteres Mal bei in der Münzstätte bzw. fabrica von Heraclea Thracica hergestellten Silbertellern des Fundes von Červenbreg (Thrakien) belegt. Interessanterweise ist der im Medaillon Dargestellte auch hier Licinius I., ähnlich, wie in unserem Schatzfund, wo die Mittelmedaillons der Schalen ausschließlich die beiden Licinii zeigen. Bei den drei Schalen des »Münchner Schatzes« (Nr. 1–3) ist ihre Portraitbüste in strenger Frontalität ausgeführt. Diese drei mit Sicherheit identifizierbaren zeitgenössischen Bildnisse, eines des Licinius I., zwei des Licinius II. Caesar, geben uns Portraitbelege für diese beiden Personen an die Hand, wie sie die archäologische Forschung in dieser Qualität bisher noch nicht gekannt hat. Die Analogie zur Münzprägung wird bei diesen drei Portraitmedaillons besonders deutlich. Die jeweils auf der Schalenunterseite angebrachten Werkstättenstempel nennen Kontrollbeamte der Münzstätten Nicomedia (Nr. 1 und 2) und Antiochia (Nr. 3). In Darstellungsschema und Umschrift entsprechen die Mittelmedaillons der Schalen genau einer Aureusemission zum gleichen Anlaß, den vota quinquennalia des Licinius II. Caesar. Diese Emission wurde in nur zwei Münzstätten des östlichen Reichsteils, Nicomedia und Antiochia, geprägt, also dort, wo auch die drei Medaillonschalen entstanden sind.

Die Schalen 4 und 5 tragen nur eingravierte Inschriften, die sich auf die gleichen vota beziehen, wie sie auch auf den Medaillonschalen 1–3 genannt sind. Entsprechend ist auch ihre Datierung gleich. Auch bei diesen zwei Stücken ist der Herstellungsort jeweils auf der Unterseite der Wandung vermerkt, allerdings nicht durch Einstempelung, sondern durch eine geritzte bzw. gepunzte Inschrift.

Auffällig ist, daß alle diese zu hochoffiziellem Anlaß hergestellten Schalen ganz bestimmte Gewichtsnormen aufweisen. So wiegen die drei Medaillonschalen (Nr. 1–3) ziemlich genau ein römisches Pfund und Schale 5 wiegt das Eineinhalbfache eines Pfundes. Das gleiche Gewicht dürfte ursprünglich auch Schale 4 gehabt haben, die heute modern ergänzt ist.

Die Normung des Gewichts steht zweifellos mit dem Verwendungszweck dieser Schalen in Zusammenhang. Aufgrund des auf ihnen verzeichneten festlichen Anlasses wurden sie vom Kaiser an hohe Würdenträger des Hofes als Ehrengeschenke vergeben. Eine solche Übergabe wertvoller donativa, sog. Largitionsschalen in unserem Falle, an hohen Fest- und kaiserlichen Ehrentagen bildete einen festen Bestandteil des Hofzeremoniells. Durch die genaue Festlegung des Gewichts der Gaben aus Edelmetall ließ sich die Zumessung und Abstufung der Geschenke genau regeln. Bei den Schalen mit Mittelmedaillon ist es naheliegend anzunehmen, daß sie mit den zum gleichen Anlaß geprägten Aurei gefüllt überreicht wurden, also kostbare Ge-

schenke darstellten, wie sie nur den höchsten Angehörigen des kaiserlichen Hofes zuteilwerden konnten.

Damit sind wir bei der Frage nach dem ehemaligen Eigentümer dieses Schatzes. Wir haben in ihm sicher einen ranghohen Militär oder Beamten aus der näheren Gefolgschaft des Licinius I. zu sehen. Die Katastrophe der Niederlage des Licinius I. im Jahre 324 n. Chr. muß ihn zur Verbergung seines Schatzes gezwungen haben. Aus dem Rahmen fallend bei dieser Annahme ist nur ein Umstand: Eine der Largitionsschalen (Nr. 5) nennt zwei Caesares, also Crispus und Constantinus II., die Söhne des Constantinus I. Sie ist also im Westteil des Reiches hergestellt. Das geht auch aus der eingepunzten Inschrift hervor, die Naissus (heute Niš in Jugoslawien) als fabrica nennt. Die Schale mag aber immerhin nicht direkt in die Hände ihres Besitzers gelangt sein, zumindest aber noch vor dem Ausbruch offener Feindseligkeiten zwischen den beiden Reichsteilen. Man kann natürlich auch nicht ganz ausschließen, daß der gesamte Schatz Plündergut darstellt, das während der Kämpfe von 324 n. Chr. zusammengeraubt wurde und dann vom Plünderer selbst im Stich gelassen werden mußte. Die Teile normalen silbernen Tafelgeschirrs, die der Fund enthält (Nr. 6–9), geben weder für die eine, noch für die andere Möglichkeit der Interpretation weitere Argumente her.

Die historische Dimension dieses Schatzfundes beruht einmal auf seiner ganz speziellen Zeitstellung. In vielerlei Hinsicht ist er das Zeugnis einer Zeit des Umbruchs. Der Krieg, der 324 n. Chr. endete, beseitigte die letzten Nachwirkungen des von Kaiser Diocletianus geschaffenen tetrarchischen Systems. Der 308 n. Chr. in der Kaiserkonferenz zu Carnuntum (heute Bad Deutsch Altenburg, Niederösterreich) ernannte Licinius I. wurde beseitigt, eine neue Dynastie, die des Constantius I. Chlorus und seines Sohnes Constantinus I., sollte von nun an annähernd vierzig Jahre die Geschicke des gesamten Reichs bestimmen und formen. Dazu gehörte auch das immer stärkere Zurückdrängen heidnischer Einflüsse. Gerade in der letzten Zeit seiner Regierung hatte Licinius I. das Heidentum stark favorisiert. Unter Constantinus I. folgte nun auch im Osten, dem ehemaligen Reichsgebiet des Licinius, eine Phase des Umschwungs, Stellung und Einfluß des Christentums wurden gefestigt und gefördert. Zum anderen sind die Schalen 1–5 kein einfaches Tafelgeschirr. Als Largitionsschalen waren sie Teil und Gegenstand kaiserlichen Zeremoniells. Höchstwahrscheinlich der Kaiser selbst oder einer der auf den Inschriften genannten Caesares hat sie an den kleinen Kreis der Funktionäre des Hofes, des Militärs oder der Diplomatie als wertvolle Ehrengeschenke vergeben.

1) Licinius I.-Schale, Nicomedia.
Kalottenförmige Schale mit im Zentrum eingeprägtem Medaillon: Barhäuptige frontale Büste des bärtigen Licinius I. im Panzer und Paludamentum; Umschrift LICINIVS AVG OB D V LICINI FILI SVI (Licinius Augustus ob diem quinquennaliorum Licinii filii sui), Perlkreis, das Ganze im eingedrehten Rahmen. Auf der Unterseite der Schale, nahe dem Rand, in von Perlkreis

umgebenem, rundem Stempel in drei Zeilen: NIKO / ΑΙΔ / A, d.h. Nikomedeia, der Name des Kontrollbeamten, wohl Αἰδήσιος = lat. Aedesius, (officina) A = Erste Offizin (Werkstätte).
Größter Durchmesser: 17,9 cm; Gewicht: 323,3 g.

2) Licinius II.-Schale, Nicomedia.
Von Form und Technik her gleichartig Schale 1, im Mittelmedaillon barhäuptige frontale Büste des Licinius II. im Panzer und Paludamentum; Umschrift LICINIVS CAES OB D V SVORVM (Licinius Caesar ob diem quinquennaliorum suorum); Perlkreis, das Ganze in eingedrehtem Rahmen. Zu Schale 1 analoger Kontrollstempel NIKO / EYT / NEB d.h. Nikomedeia, der Name des Kontrollbeamten Εὐτ...., z.B. Eutolmius, Eutropius etc., Ν(ομισμάτων) Ε (ργαστήριον) B = Zweite Münzwerkstätte.
Größter Durchmesser: 17,9 cm; Gewicht: 321,74 g.

3) Licinius II.-Schale aus Antiochia in Syrien.
Von Form und Technik her gleichartig Schale 1 und 2; Büste und Umschrift des Mittelmedaillons wie bei Schale 2, allerdings bei sehr ornamentalem, auf strenge und unnaturalistische Stilisierung bedachtem Stil. Zu Schale 1 und 2 analoger Kontrollstempel ANT / EYCTO / A, d.h. Antiochia, der Name des Kontrollbeamten Εὐστόχιος = Eustochius, Officina A = Erste Officin.
Größter Durchmesser: 18,7 cm; Gewicht: 315,11 g.

4) Die Vota-Schale für Licinius II. von Antiochia in Syrien.
In der Form ähnlich Schale 1–3, innen in einem aus vier eingedrehten Rillen gebildeten Rahmen die eingravierte Inschrift VOTIS X CAESARIS NOSTRI, am Ende floraler Satztrenner (votis decennalibus Caesaris nostri), an der unteren Wandung die fragmentierte eingeritzte Inschrift (ANTIO)XIAC. Die Schale ist zerbrochen und in unwesentlichen Teilen ergänzt.
Durchmesser: 24,4 cm; Gewicht: noch 421,09 g.

5) Die Vota-Schale für Crispus und Constantinus II. von Naissus.
In Form und Herstellungstechnik ähnlich Schale 4, aber mit abweichender eingravierter Inschrift VOTIS X CAESS NN, am Ende floraler Satztrenner (votis decennalibus ⟨duorum⟩ Caesarum nostrorum); an der Unterseite die eingepunzte Werkstätteninschrift NAIS(SVS), Nisch im heutigen Jugoslawien. Diese Werkstätte ist durch weitere Beispiele als Edelmetall verarbeitende fabrica bekannt. Der Ort liegt um diese Zeit im Machtbereich Constantins I., die zwei erwähnten Caesares sind demnach ohne Zweifel seine beiden ältesten Söhne.
Durchmesser: 22,5 cm; Gewicht: 470,3 g.

6) Flacher Teller mit gewelltem Rand.
Die völlig flache Platte ist lediglich durch Drehrillen und im Zentrum durch eine einfache eingravierte Rosette von 15 Segmenten verziert. Sie gehört zum typischen Formenschatz der Zeit und besitzt in den oben zitierten Largitionsschalen von

Červenbreg (Bulgarien) gut datierbare Vergleichsstücke. Teile des Tellers sind ausgebrochen und ergänzt.
Durchmesser: 25,3 cm; Gewicht: 396,72 g.

7–8) Zu einem gleichartigen Service gehöriges Paar von Perlrandschüsseln mit Standring und breiter Randlippe.
7) Geringfügige Aussplitterungen in der Wandung sind ergänzt worden.
Durchmesser: 21,4 cm; Gewicht: noch 308,63 g.
8) Unten befindet sich innerhalb der vom Standring umschlossenen Fläche die folgende, fein gepunzte Inschrift: OK OΓ ϲ ΓΡ Γ; OK = ὄ(λως) κ(αθαροῦ ἀργυρίου), vollständig aus reinem Silber; OΓ = ὄγ(για) = lat. uncia; ϲ = griechisches Zahlzeichen für 6; ΓΡ = γρ(άμμα) = lat. scripulum; Γ = griechisches Zahlzeichen für 3. Die Inschrift stellt somit eine Feingehalts- und Gewichtsangabe dar, wobei das Gewicht mit 6 Unzen und 3 Scripula angegeben ist.
Durchmesser: 14 cm; Gewicht: 162,14 g.

9) Kleine Schüssel von ähnlicher Form wie 7 und 8, aber ohne Perlrand.
Durchmesser: 12,3 cm; Gewicht: 125,97 g.

Staatl. Münzsammlung München, Dauerleihgabe der Bayerischen Hypotheken- und Wechsel-Bank.
Lit.: B. Overbeck, Argentum Romanum. Ein Schatzfund von spätrömischem Prunkgeschirr (München 1973). – B. Overbeck, Schatzfund silberner Prunkgefäße. In: Die Kunstsammlung der Bayerischen Hypotheken- und Wechsel-Bank AG, München o. J., 18–23. – Wealth of the Roman World Nr. 1–9. – P. M. Bruun, The Roman Imperial Coinage, Vol. VII, Constantine and Licinius, 313–337 (London 1966) 605 (Nr. 37), 606f. (Nr. 41. 42), 681 (Nr. 31–33). – L. Ognenova, Plats en argent du décennaire de l'empereur Licinius, Sbornik Gavril Kačarov (Bulletin de l'Institut Archéologique Bulgare 19, 1955) 233–243. – A. Chastagnol, Revue Numismatique, Sér. VI, 4, 1962, 323–333 (Rezension von Patrick M. Bruun, Studies in Constantinian Chronology. Numismatic Notes and Monographs 146, New York 1960).
Bernhard Overbeck

51 Bronzeporträt Constantins

FO. Nisch (Jugoslawien) 1900.
Um 324/25–330 n. Chr.

In der antiken Stadt Naissus, heute Nisch, die Constantins Geburtsort war und die auch zeitweise Kaiser der Spätantike zu ihrer Residenz erwählten, wurde der lebensgroße bronzene Porträtkopf (Gesichtslänge 18 cm) gefunden. Nach dem Halsausschnitt gehörte der Kopf ursprünglich zu einer Panzerstatue. Eindeutig ist in den porträthaften Zügen Kaiser Constantin zu erkennen. Von einer ursprünglichen Vergoldung sind noch Re-

ste an den Ohrmuscheln und den Augen erhalten. Der leicht nach links gewandte Kopf zeigt ein breites Profil, weit geöffnete Augen und straff anliegendes, in einem plastischen Strähnenkranz endendes Haar. Das Diadem, das den Dargestellen als Kaiser ausweist, ist mit einem runden Stirnjuwel, dem wechselweise Edelsteine und Perlenpaare folgen, besetzt.

Das Porträt gehört zum constantinischen Familientypus. Auf Grund der Porträtgestaltung, die in der constantinischen Münzprägung Parallelen findet, wird der Kopf in die Jahre 324/25–330, gelegentlich in die Zeit um 328 datiert. Auch bei einem solchen Zeitansatz ist als dargestelltes kaiserliches Porträt nur mit dem Augustus Constantin zu rechnen, da die Caesares das Juwelendiadem nicht trugen.

Trifft dieser Datierungsansatz zu, mag es erlaubt sein, einen wenn auch kaum beweisbaren Bezug zur Geschichte Triers und des römischen Rheinlandes herzustellen. Die Bronzestatue zu Ehren Constantins könnte demnach bei seinem Besuch Triers, vom Osten des Reiches kommend, in Naissus errichtet worden sein. Der Weg führte von Nicomedia, wo sich der Kaiser noch am 1. März 328 aufhält, über Serdica (18. Mai) und wohl über Naissus in den Westen. Im September und Dezember 328 hält sich Constantin letztmals im Zusammenhang mit einem Feldzug am Rhein und mit der Einführung seines Sohnes Constantinus II. in die Trierer Residenz (328–340) in Trier auf. Sein Rückweg in die neugegründete Residenz Constantinopolis führt den Augustus am 13. Mai 339 nochmals über Naissus und Serdica.

Bronze. – H. 36 cm, Kopf 24 cm.

Nationalmuseum Belgrad (Kopie RGZM. Mainz).

Lit.: R. Delbrück, Spätantike Kaiserporträts (Berlin/Leipzig 1933) 119ff. Taf. 35f. – M. R. Alföldi, Die constantinische Goldprägung (Mainz 1963) 131, Abb. 298. – R. Calza, Iconografia romana imperiale 287–363 (Rom 1972) Nr. 141, Abb. 275f. – Age of the Spirituality. Catalogue, ed. K. Weitzmann (New York 1979) Nr. 10. – K. Weidemann, Gallien in d. Spätantike Nr. 3. – D. Stutzinger, Spätantike und frühes Christentum Nr. 40.   Schw.

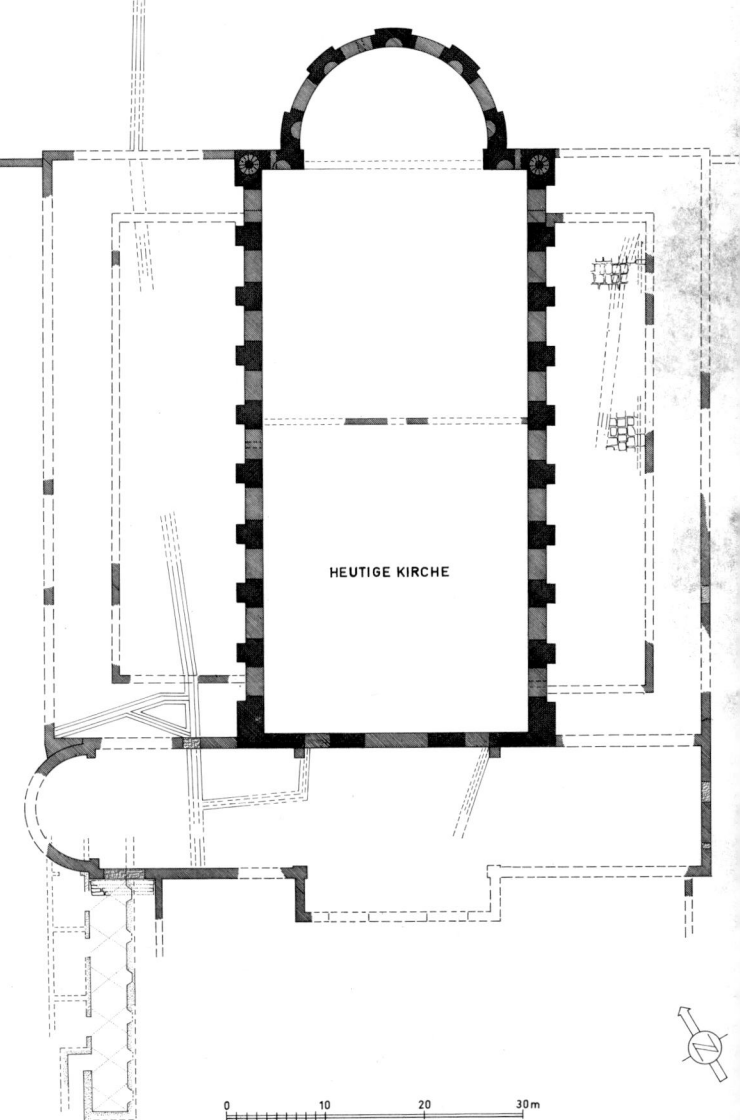

52   Basilika, Grundriß der constantinischen Anlage.

52–90   Großbauten

52–60   Basilika

52   Empfangshalle der spätantiken Residenz

a) Schaubild
1. Hälfte 4. Jh. n. Chr.

Die neueren Grabungen auf dem Konstantinsplatz sowie östlich des Kurfürstlichen Palais haben Gewißheit gebracht: Die früher aufgrund der Ortstradition immer wieder geäußerte Vermutung, die Basilika sei die Empfangshalle der spätantiken Residenz, ist durch den Grabungsfund zum Faktum geworden, denn die Halle war nicht nur von seitlichen Höfen gerahmt, sondern

zudem in einen größeren Gebäudekomplex eingebunden. Wichtigster Fund für die Datierung dieses Repräsentationsteiles des Palastes ist nach wie vor ein als ziemlich prägefrisch beschriebenes, leider seit dem Zweiten Weltkrieg verschollenes »Kleinerz« des Severus II aus dem Jahre 305 n. Chr.; es stammt aus dem aufgehenden Mauerwerk der Vorhalle. Damit ist gesichert, daß die unteren Ziegelschichten bald nach dem Prägedatum dieser Münze gelegt wurden. Einen weiteren Hinweis geben die Stempel der ADIV-, ARMO- und CAPIO-Ziegeleien (vgl. auch Kat. 172): die Ziegel des Kastells Deutz tragen die gleichen Stempel; der Bau wurde also von denselben Herstellern beliefert. Basilika und Kastell sind demnach annähernd zeitgleich. Die Errichtung des Kastells läßt sich unabhängig von dieser Kombination in die Jahre um 310 n. Chr. datieren. Es kann also als erwiesen gelten, daß der Bau der Basilika im ersten Jahrzehnt des 4. Jh.s begonnen wurde, wie lange er sich hinzog, ist ungewiß.

Lit.: F. Hettner, Zu den Römischen Altertümern von Trier und Umgegend II. Die sogenannte Basilika. Westdeutsche Zeitschr. 10, 1891, 223–248. – P. Steiner, Grabungen in der Basilika zu Trier 1913 und 1914. Trierer Jahresber. 10–11, 1917–1918, 32 bis 36. – H. Koethe, Die Trierer Basilika. Trierer Zeitschr. 12, 1937, 151–179. – s. auch Jahresbericht, in: Trierer Zeitschr. 13, 1938, 240 243. W. Reusch, Die Außengalerien der sog. Basilika in Trier. Trierer Zeitschr. 18, 1949, 170–193. – W. Reusch, Die Aula Palatina in Trier. Germania 33, 1955, 180–199. – F. Kretzschmer, Die Heizung der Aula Palatina in Trier. Germania 33, 1955, 200–210. – E. Brödner, Einige Bemerkungen zur Heizung der Aula Palatina in Trier. Trierer Zeitschr. 34, 1956, 277–278. – W. Reusch, Die Basilika in Trier. Festschr. z. Wiederherstellung 9. Dezember 1956 (1956) 11–39 – vgl. dazu die Besprechung von H. Mylius, in: Trierer Zeitschr. 24–26, 1956 bis 58, 278–283. – W. Reusch, Neue Ausgrabungen im Nahen Osten, Mittelmeerraum und in Deutschland. Ber. ü. Tagung d. Koldewey-Ges. Regensburg 23.–27. April 1957, 39–43. – W. Reusch, Der Grundriß der konstantinischen Palastaula zu Trier. Vierteljahrsbl. Trierer Ges. nützl. Forsch. 3, 1957, 21–26. – H. Mylius, Die Außengalerien der Aula Palatina (Basilika) in Trier. Bonner Jahrb. 158, 1958, 222–232. – Führer Trier 141 ff.

b) Gegenüberstellung: Grundriß Basilika – Galeriuspalast in Thessaloniki
Spätes 3. Jh. n. Chr. und später

Häufig ist die Trierer Basilika in einem Atemzug mit den Hauptsälen der Villa bei Piazza Armerina oder des Palastes in Ravenna genannt worden. Auch der Palast in Konstantinopel und – als späterer Nachfahre – die Kaiserpfalz in Aachen sind als Parallelen erwähnt worden. Diese Gegenüberstellungen fallen leicht; ist doch die apsidial geschlossene, rechteckige Halle in der Spätantike eine bevorzugte Raumform für die Empfangsräume von Villen und Palästen. Man denke dabei auch, als ein Beispiel aus dem Trierer Raum, an die Villa in Konz (s. Kat. 161).

52

141

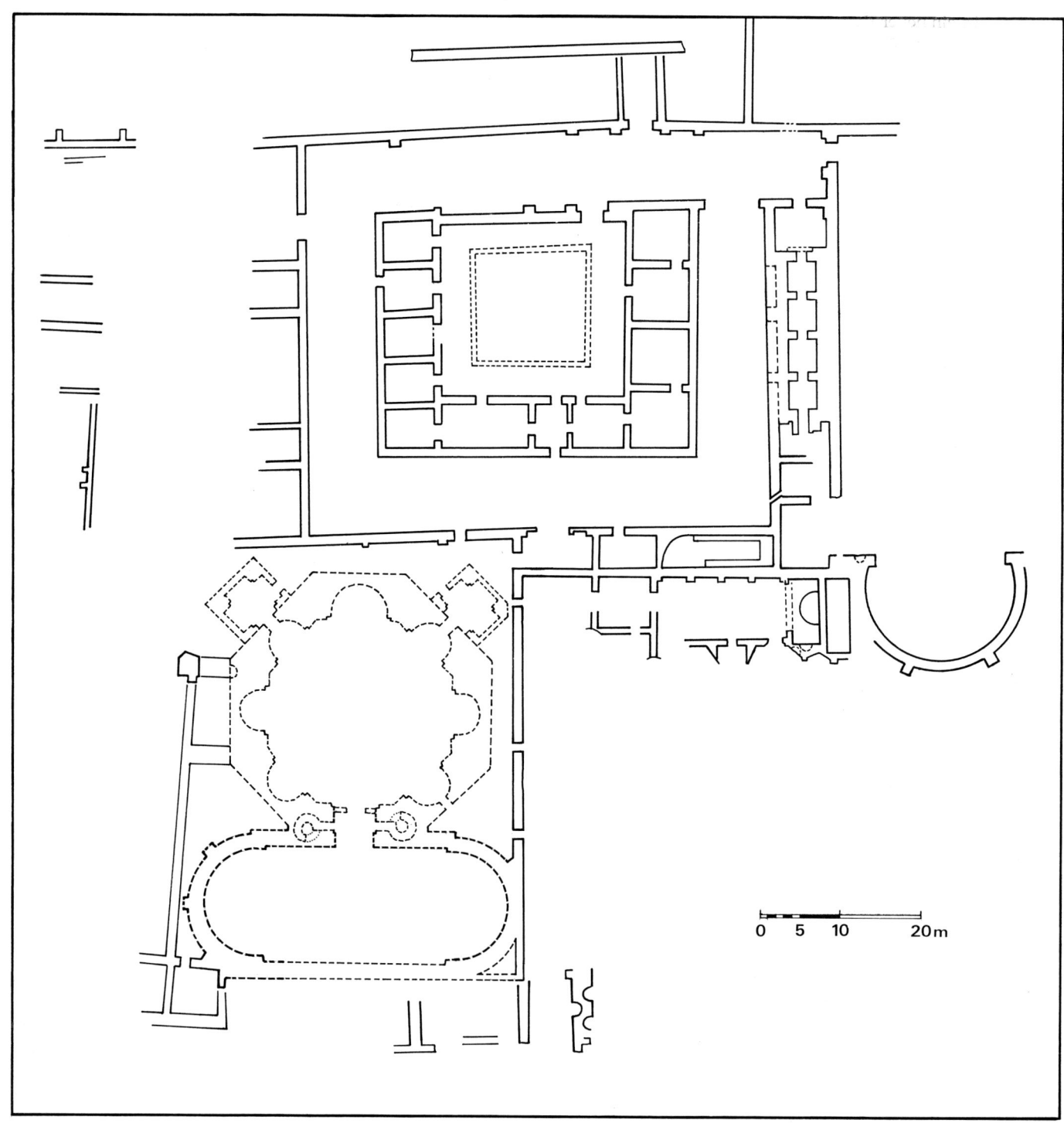

52c   Plan der Residenz in Thessaloniki nach G. Knithakis.

Erst jüngst ist ein neuer Vergleich ins Blickfeld gekommen: der Palast des Galerius in Thessaloniki. Obwohl die Ausgrabung seit den frühen sechziger Jahren läuft, hat doch erst G. Knithakis 1975 auf die Verwandtschaft des Repräsentationssaales dieses Gebäudekomplexes mit der Trierer Basilika hingewiesen.

Da sich die Verwandtschaft auch auf die Ausmaße bezieht, ist hier der Grundriß des Galeriuspalastes dem der Trierer Basilika und ihrer Nebenräume an die Seite gestellt.

Kernstück der Anlage in Thessaloniki ist eine rechteckige Halle von ca. 53 m Länge und 25 m Breite (alle Maße, auch die folgenden, sind aus dem publizierten Plan abgegriffen). An der südlichen Schmalseite schließt eine Apsis von 12 m Tiefe an, deren Radius 9,25 m beträgt. In der Triumphbogenwand sitzen wie beim Trierer Bau Nischen, ebenso in der Apsis; wenigstens eine ist gesichert (starker Strich). Eine Eingangstür ist nachgewiesen. Die rückwärtige, nördliche Schmalwand ist gestört, sie besaß vielleicht eine mittleres Portal, Seitentüren waren gewiß nicht vorhanden. Über die Existenz einer Vorhalle ist nichts bekannt. Flankierende Höfe wie in Trier fehlen. Statt dessen stößt die Halle im Osten (fast) unmittelbar an den dort befindlichen Circus an. Ob noch ein vermittelndes Teil zwischen diesen Gebäuden lag, ist unsicher, weil der genaue Verlauf der Außenmauern des Circus nicht bekannt bzw. nicht publiziert ist. Im Westen begleitet die Halle eine Raumflucht über einer Reihe überwölbter Kellerräume. Westlich schließt sich daran ein vierseitig umlaufender Flur an, der im Norden einen monumentalen Zugang besitzt. Der Flur umgibt eine U-förmige Flucht von Räumen, die ihrerseits ein Gartenperistyl einfaßt. An die Apsis stößt von Westen ein Saal, den ein Fontänenbau abschließt. Die Gebäude weiter südlich sind wegen der späteren Überbauung durch ein Oktogon mit biapsidialer Vorhalle (siehe Gesamtplan) gestört.

Lit.: K. M. Swoboda, Römische und Romanische Paläste, (3. Aufl. Wien-Köln-Graz 1969), besonders 272 ff. – Knithakis, Archaiologikon Deltion 30, 1975, 90 ff., besonders 118 Anm. 49.

c) Plan der kaiserlichen Residenz in Thessaloniki

Thessaloniki, von Caius *Galerius* Valerius Maximinianus, den Diokletian am 1. März des Jahres 293 zum Caesar ernannt hatte, um 300 n. Chr. zur Residenzstadt erwählt, war in dieser Funktion die Schwesterstadt Triers in der Osthälfte des römischen Reiches. Auch dort begann damals eine rege Bautätigkeit, in deren Mittelpunkt selbstverständlich kaiserliche Wohn-, Verwaltungs- und Repräsentationsgebäude standen. Diese sind, soweit bekannt gemacht, oben beschrieben. Sie stoßen, wie bereits erwähnt, an den neuen Circus der Stadt (ein Vorgängerbau ist nicht bekannt). Dies geschah wohl wie in Konstantinopel um stadtrömische Verhältnisse zu zitieren. Dort liegt bekanntlich, freilich aufgrund alter, gewachsener Strukturen, der Circus Maximus zu Füßen des Palatin, der kaiserlichen Residenz. Anders sind die städtebaulichen Verhältnisse in Trier. Dort liegen Circus und Residenz nicht nebeneinander, weil ein Circus offensichtlich schon länger vorhanden war und der Palast sich aufgrund der Geländeformation nicht unmittelbar an diesen anschließen ließ.

In den Palastbereich eingebunden ist auch das Mausoleum des Galerius, das jenseits der Via Egnatia liegend mit dem Residenzteil durch eine Prachtstraße von über 100 m Länge verbunden war. Im Knotenpunkt von Residenz und Prachtstraße liegt der bekannte Galeriusbogen (siehe Bild), dessen erhaltene Reliefs von den Kämpfen des Diocletian und des Galerius im Osten des Reiches berichten.

Lit.: Enciclopedia dell'Arte Antica (Rom 1965), 1080 ff. s. v. Salonico mit umfangreicher Literaturliste. Danach Erschienenes ist bei Knithakis, siehe Kat. 52 b verzeichnet. – Zur Architektur des Galeriusbogens zuletzt ausführlich: Venelis, Archäologischer Anzeiger 1979, 249 ff. – Zum Circus in Thessaloniki: Vickers, Journal of Roman Studies 62, 1972, 25 ff. – Zum Circus in Trier: v. Massow, Trierer Zeitschr. 18, 1949, 149 ff.

K.-P. Goethert

53 Basilika

Modell im Maßstab 1 : 50

Nach der neuen Gestaltung des Konstantinplatzes bietet sich die sogenannte Basilika mehr denn je dem Betrachter als freistehende Halle dar, auch wenn durch die partielle Freilegung der Vorhalle deren Existenz bewußter geworden ist als vorher. Daß gerade dieses Verhältnis zur Umgebung dem Willen ihres Architekten widerspricht, der die Halle als Teil, wenn auch dominierenden Teil, eines Gebäudekomplexes entworfen hat, lehrt ansatzweise das Modell.

Östlich und westlich schlossen sich von Säulenhallen gesäumte Höfe an, die ihrerseits durch mehrere Türen zu weiteren Baulichkeiten überleiteten, südlich erstreckte sich die Vorhalle über die gesamte Breite von Halle und Höfen.

Ein Teil der Westmauer der westlichen Wandelhalle ist jetzt konserviert und renoviert, einige Türöffnungen gekennzeichnet. Der Verlauf der Fundamente der Säulenstellungen ist im Pflaster angedeutet. Den Aufbau und die zu vermutende antike Höhe der ca. 6 m breiten Säulenhalle verdeutlicht das Modell: die Säulen standen auf einem niedrigen Sockel, dessen Form bei Grabungen im östlichen Hof festgestellt werden konnte. Dort wurde auch eine der Säulen gefunden; sie ist heute im Hof des Kurfürstlichen Palais aufgestellt. Die Höfe waren, wie im Modell dargestellt, gepflastert.

Die Vorhalle weist eine Gesamtlänge von 67 m und eine Breite von 12 m auf. Der Mitteltrakt springt auf einer Breite von 21 m um 4,50 m nach Süden vor. Sie wurde mit Hilfe zweier Präfurnien – eines in der Apsis (dort im konservierten Teil nicht richtig ergänzt), ein zweites in der Ostwand – erwärmt. Drei der in die Vorhalle führenden Eingänge sind nachgewiesen: Einer in der Ostwand, ein zweiter in der Südwand von der dort anstoßenden Portikus her – dieser ist heute wieder begehbar, doch schritt man ursprünglich über fünf Stufen von der Portikus in die Halle – ein dritter gegenüber dieser Tür in der Nordwand der Vorhalle. Zwei weitere Eingänge befanden sich vermutlich im Mitteltrakt der Vorhalle.

Betreffs der Innenausstattung der Vorhalle sei auf die Katalognummern verwiesen.

Bekanntlich war auch die Haupthalle geheizt: der gesamte Boden war hypokaustiert*, die Wände bis zur Höhe der unteren Fensterbänke (ca. 7,60 m über dem Boden) tubuliert**. Die zur Erwärmung der Luft notwendigen fünf Praefurnien sind am Modell durch die kleinen Schutzräume kenntlich gemacht, die sich vor den Feuerungsanlagen befunden haben. Ein Praefurnium diente zur Erwärmung der Apsis, vier zur Betreuung des Langhauses. Diese liegen an den Langseiten und am Nordost- bzw. am Nordwestturm. Neben den beiden letztgenannten Praefurnien befinden sich die Eingänge in die Wendeltreppen, die in diesen Gebäudeteilen aus das Dach führen und auch das Betreten der Gesimse ermöglichen.

Auch die überragenden Dimensionen des Gebäudes verdeutlicht das Modell: Die Gesamtlänge beträgt außen ohne Vorhalle ca. 71,50 m, die Breite ca. 32,60 m. Die antike Traufhöhe ist nicht bekannt, im Modell ist sie mit ca. 33 m angenommen. Dies entspricht der heutigen Höhe. Im Altertum war sie gewiß nicht niedriger, da die Höhe des Apsisbogens einschließlich der drei konzentrischen Ziegelbögen, die ihn bilden, ca. 29,60 m beträgt.

Dem Äußeren des Baues geben heute die Ziegel sein charakteristisches Aussehen. Auch dies entspricht nicht dem antiken Zustand. Der Bau trug wie im Modell verdeutlicht einen grau-weißen Verputz, der durch Zugabe von Ziegelsplitt einen schwachen rötlichen Schimmer erhielt. Originale Reste dieses Putzes sind an der Basilika-Nordostecke erhalten, dort, wo das kurfürstliche Palais an den antiken Bau stößt. Die äußeren Fensterlaibungen waren darüber hinaus dekorativ ausgemalt (s. Kat. 54).

Das Modell zeigt auch, wie stark die umlaufenden Gesimse die heute am originalen Bau vorherrschende Wirkung der Vertikalen zugunsten eines ausgeglichenen Verhältnisses von senkrechten und waagerechten Baugliedern verändern. Am Modell wird auch die Funktion der am Original auf den ersten Blick unerklärlichen Türen in der Nordost- und Nordwestmauer deutlich: sie ermöglichen das Betreten der Gesimse. Ähnliche Gesimse zeigt übrigens die Kirche auf der Elfenbeinplatte aus dem Trierer Domschatz.

Betreffs der Innenausstattung der Basilika sei auf Kat. 55 u. 56 verwiesen.

---

* hypokaustiert = mit Warmluft-Bodenheizung versehen
** tubuliert = mit Warmluft-Wandheizung ausgestattet

Lit.: Siehe die vorangegangene Katalognummer.

K.-P. Goethert

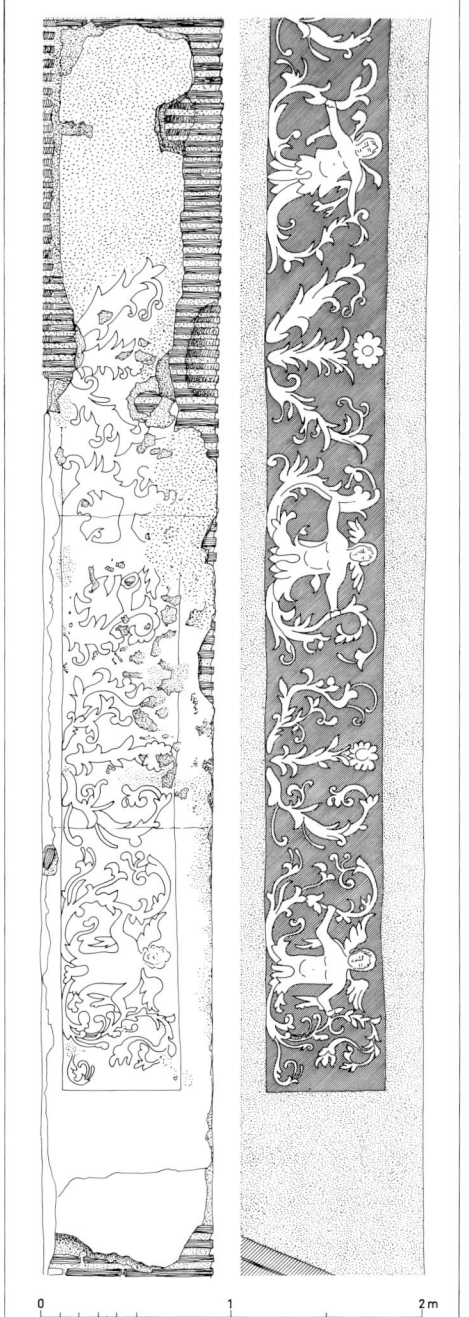

54

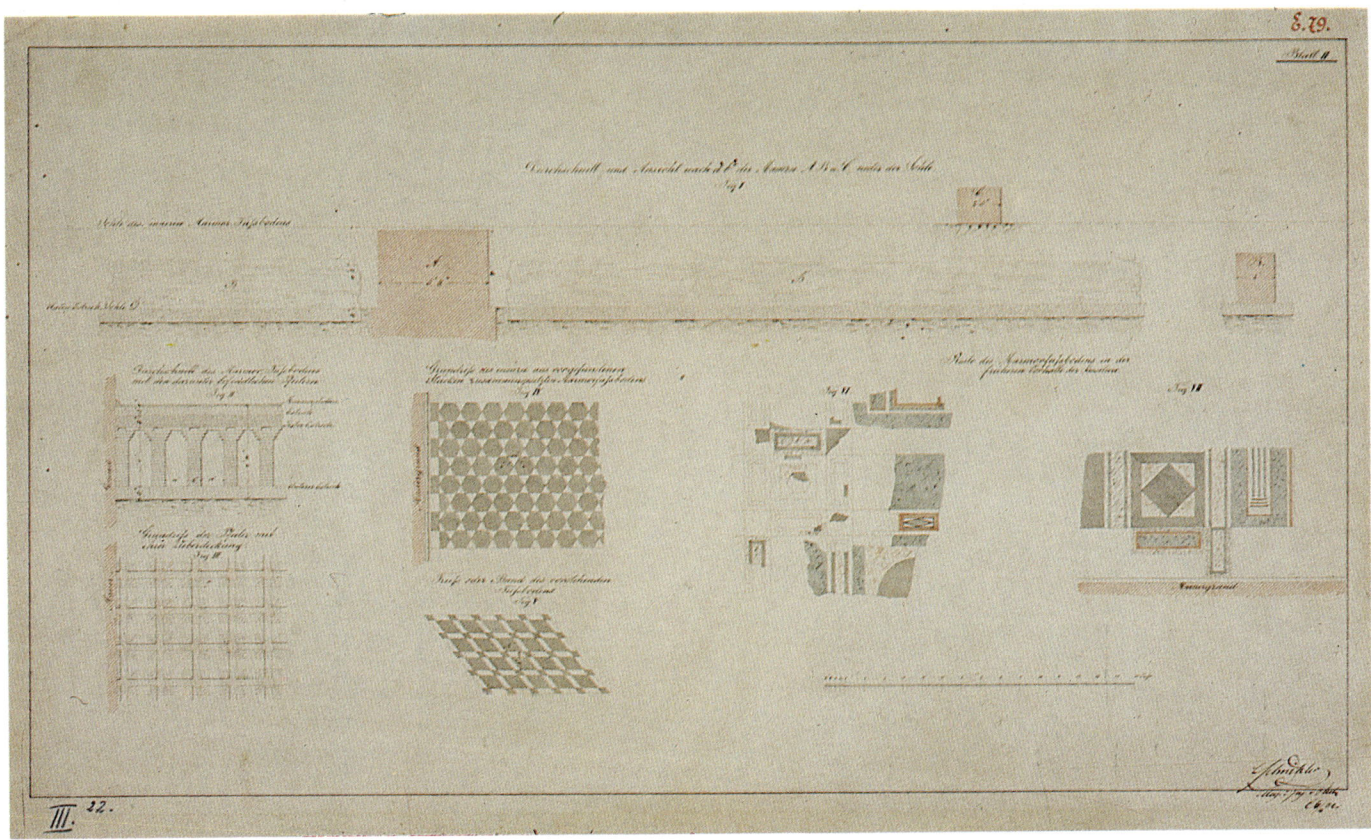

55

54 Basilika, Außendekoration
Fensterlaibungsmalerei

Trier, Basilika, noch am Ort befindlich.
1. Hälfte 4. Jh. n. Chr.

Diese Malereien wurden 1899 zuerst ausführlich von F. Hettner, der sich auf eine zeichnerische Aufnahme und ein Manuskript von J. N. von Wilmowsky bezieht, genauer beschrieben: »In den Laibungen der unteren Fenster sind noch heute, dank ihrer Vermauerung während vieler Jahrhunderte, erhebliche Reste von rotem Stuck mit gelben Malereien erhalten. Von dem besterhaltenen Stück in dem ersten nach Westen gerichteten Fenster der Apsis geben wir nach einer farbigen Zeichnung Wilmowsky's beistehendes Cliché; es zeigt auf rotem Grund gelbe Ranken und aus diesen herauswachsende Genien und eine weiße Perlstabeinfassung.«
Aufgrund der Untersuchungen, die im Zuge der Wiederherstellung der kriegszerstörten Basilika in den Jahren 1953–1956 vorgenommen wurden, kann die Beschreibung Hettners bestä-

tigt und modifiziert werden. Hettner unterließ es, zu betonen, daß die Malereien zum Rauminnern hin ausgerichtet sind. Ferner besaß das Rankenfeld eine hellrote Fassung, die zum weißroten Putzton überleitete. Der beschriebene weiße Perlstab wurde nicht festgestellt. Es muß unsicher bleiben, ob dieser von Wilmowsky frei ergänzt wurde, oder wegen der zunehmenden Verblassung und Verschmutzung der Malerei nur nicht mehr wahrnehmbar war.
Lit.: Hettner, Westdeutsche Zeitschr. 10, 1891, 35 f. – Führer Trier 146.

K.-P. Goethert

55 Basilika, Innenausstattung

Zeichnung Schnitzlers.

Während der Jahrhunderte dauernden Zeit des Verfalls und der Zerstörung, in der der Bau bis auf die Apsis und die Westwand

im Wesentlichen abgetragen wurde, ist besonders die Innenausstattung verloren gegangen. Wenn dennoch heute eine gewisse Vorstellung vom Charakter des einstigen Raumschmuckes gewonnen werden kann, so ist dies in bedeutendem Maße den sorgfältigen zeichnerischen Aufnahmen des Leiters der im vergangenen Jahrhundert vorgenommenen Wiederherstellungsarbeiten, Major und Festungsbaumeister Schnitzler (siehe auch Kat. 56 C a), zu verdanken. Um dies zu verdeutlichen, ist hier eine der Originalzeichnungen vorgestellt. Sie trägt die eigenhändige Signatur Schnitzlers und ist auf den 6.4.1852 datiert. Neben einem Schnitt durch die Halle und Details der Hypokaustenanlage zeigt sie Proben des Marmorplattenbelages aus Vorhalle, Langhaus und Apsis. Zu den Zeichnungen vergleiche man im Einzelnen: Fig. IV = Kat. 56 B a, Fig. V = Kat. 56 B b und Fig. VI = Kat. 56 A b. Unter diesen Nummern sind originale Reste des Bodenbelages ausgestellt. Von dem auf Fig. VII dargestellten Muster sind keine Teile mehr erhalten.
RLM. Trier, Planarchiv Inv. E 79.
Lit.: Koethe, Trierer Zeitschr. 12, 1937, 157 Abb. 2.

K.-P. Goethert

56 A, a

56 A)   Innenausstattungsreste der Vorhalle

a) Korinthisches Kapitell.
FO. Trier, Mitteltrakt der Basilikavorhalle, 1851/2.

Die Fundlage ist vom Architekten der Wiederherstellungsarbeiten, Festungsbaumeister Oberst Schnitzler in einem Plan festgehalten worden, der sich jetzt unter der Nummer E 75 (6.4.1852) im Archiv des Rheinischen Landesmuseums befindet.
Das Kapitell entspricht dem Schema des »Normalkapitells«: auf einem Kelch (Kalathos), der oben der Lippe eines Gefäßes nicht unähnlich abschließt, liegt eine quadratische Deckplatte (Abacus), deren Seiten konkav eingezogen sind. Den Kalathos umgeben eine untere (ima folia oder unteres Kranzblatt) und eine obere Reihe (secunda folia oder oberes Kranzblatt) von je acht versetzt angeordneten Bärenklau-(Akanthus-)Blättern. Zwischen den oberen Kranzblättern ragen Stengel (Caules) auf, aus denen sich ein Blattpaar entfaltet. Ein sogenannter Caulis-Knopf vermittelt zwischen Stengel und Blatt. Aus jedem Blattkelch erwachsen zwei glatte, flache Stengel, die sich nach außen zu Voluten, nach innen zu Helices einrollen. Oberhalb des mittleren oberen Kranzblattes ragt ein Blütenstengel auf; die darauf sitzende Blüte schmückt den Abacus.
Das Kapitell ist vom Sturz stark beschädigt; sämtliche Voluten fehlen, die Helices sind sehr bestoßen, ebenso der Abacus.
Die Blattrippen sind kanalartig gebohrt; die einzelnen Blattspitzen zeigen einen lanzettförmigen Umriß. Die Blätter selbst weisen wenig Oberflächenbewegung auf und sind von einfachster Meißelarbeit. Eine Doppelreihe von Bohrlöchern gliedert die mittlere Blattrippe, die hier das sogenannte Sägeblatt vertreten.
Kähler tritt für eine südliche, italische Herkunft des Kapitells ein; es handelte sich demnach um ein Importstück. Er datiert es im Anschluß an Kapitelle vom Palatin in Rom flavisch-domitianisch, also ins letzte Viertel des 1. Jahrhunderts n.Chr.
Weißer Marmor. – H. 0,79 m, unterer Durchmesser: 0,59 m.
RLM. Trier, Inv. Reg. b 131.
Lit.: Koethe, Trierer Zeitschr. 12, 1937, 159 Abb. 3. – H. Kähler, Die Römischen Kapitelle des Rheingebietes. Röm.-German. Forsch. 13 (Berlin 1939) 83 Nr. 3 Taf. 14,3.

b) Marmorplattenboden.
FO. Trier, Basilika, Mitteltrakt der Vorhalle.
1. Hälfte 4. Jh. n.Chr.

J. N. von Wilmowsky bezeugt, daß den mittleren Teil der Vorhalle der Basilika ein reich gegliederter Bodenbelag aus Marmorplatten schmückte. Seine Zeichnung wurde jedoch von H. Koethe als unzuverlässige Rekonstruktion erkannt. Als Beweis diente ihm eine zeichnerische Aufnahme Schnitzlers (siehe Kat. 55 Fig. VI).

Abacus
(Deckplatte)

Helix

secunda folia
(o. Kranzblatt)

ima folia
(u. Kranzblatt)

Abacus-Blüte

Volute

Caulis-Knopf

Caulis

Pfeifenauge
Pfeife

0 10 20cm

Korinthisches Normalkapitell vom Mars-Ultor-Tempel in Rom, nach Enciclopedia dell' Arte Antica, Atlante (zu Kat. 56 A a).

Sie zeigt den Rest einer schwarzen Scheibe, die in ein Quadrat aus gelblich-weißem, rot und blau geädertem Marmor eingebettet ist. Dieses wiederum ist von grünem Diorit umgeben. An den Ecken liegen schwarze Quadrate; dazwischen sind längliche, mehrfach untergliederte Rechtecke angeordnet. Diese sind ihrerseits von Rechtecken aus grünem Diorit begleitet, an deren Schmalseite, auf ein mehrfach gegliedertes Rechteckfeld folgend, ein dekoratives Quadrat stößt, dessen Mittelpunkt eine sechseckige schwarze Platte bildet.
Oberhalb des Kreisfeldes ist die Achse, die durch den Kreismittelpunkt führt durch ein kleines Rautenfeld aus verschiedenen Marmorsorten betont. Darüber folgt, wie erwähnt, ein großes Rechteck aus grünem Diorit. Die Auslegung des folgenden Feldes ist unbekannt. Über diesem »Loch« befindet sich ein grün gerahmtes, vielfach gegliedertes mehrfarbiges Feld, dessen mittlere Füllung ebenfalls nicht überliefert ist.
RLM. Trier, ohne Inventar.
Lit.: N. J. von Wilmowsky, Römische Mosaiken aus Trier und Umgebung (Trier 1888) 15f. Taf. 9. – Koethe, Trierer Zeitschr. 12, 1937, 156f. Abb. 2.

c) Mosaik
FO. Trier, Basilika, westlicher Seitentrakt der Vorhalle, verschollen.
1. Hälfte 4. Jh. n. Chr.

Vergrößerung auf Originalgröße nach einer Zeichnung Schnitzlers, farbige Fassung nach Schnitzler und Wilmowsky.
Den westlichen Seitentrakt der Vorhalle der Basilika schmückte ein Mosaik, dessen geringe Reste heute verschollen sind.

Schnitzler überliefert in einer Zeichnung Lage, Größe und Farben der Fragmente, Wilmowsky nur die Farbigkeit. Beide haben darüber hinaus Ergänzungsvorschläge ausgearbeitet.
Ein einfaches Flechtband bildet, gefolgt von einem mehrfachen Flechtband den Rahmen des Bodens; es folgt eine halbierte Raute und ein aus einem einfachen Flechtband geformter Kreis. Das Muster ist nach dem Vorgehen Wilmowskys, der im Zentrum des Kreises eine Rosette ergänzt, vierseitig zu rekonstruieren – Schnitzler zeichnet es nur zweiseitig –, doch wohl ohne das Mehrfachflechtband, das das Mosaik sicher nur zu den Wänden bzw. zum Mitteltrakt der Vorhalle hin abgrenzte.
Lit.: J. N. von Wilmowsky, Die Römischen Mosaiken aus Trier und Umgebung (Trier 1888), 9f. Taf. 3, 1. – Koethe, Trierer Zeitschr. 12, 1937, 159ff. Abb. 4 (Ergänzungsvorschlag Schnitzlers mit Eintragung der aufgefundenen Teile). Abb. 5 (Lage der Teile). – Parlasca, Römische Mosaiken, 50f. Taf. 8, 2.

56 B) Innenausstattungsreste des Hauptraumes

a) Marmorboden.
FO. Trier, Basilika, Langhaus (vgl. Kat. 55 Fig. IV).
1. Hälfte 4. Jh. n. Chr.

Den Boden des Langhauses schmückte ein Belag aus schwarzen und weißen Marmorplatten: schwarze Sechsecke waren gerahmt von weißen Dreiecken. Ein ähnliches Muster ist auch für

56 A, c

die Villa in Konz bezeugt (s. Kat. 161). Den Ausgleich zur Wand bildete eine Reihe schwarzer und weißer Rechteckplatten.

Das Muster ist gleichsam zeitlos: es ist in dem 79 n. Chr. verschütteten Pompeji belegt und begegnet noch in vielen Variationen, auch unter Farbtauschung, im 6. nachchristlichen Jahrhundert (z. B. in der Kirche von Kal'at Sim'ân in Syrien).

Lit.: J. N. von Wilmowsky, Die Römischen Mosaiken aus Trier und Umgebung (Trier 1888) 7 Taf. 1, 5. – Koethe, Trierer Zeitschr. 12, 1937, 173. 157 Abb. 2. – zu Pompeji: M. E. Blake, Memoirs of the American Academy in Rome 8, 1930, Taf. 7, 2. – zu Kal'at Sim'ân: Archäologischer Anzeiger 57, 1942, 19 ff.

b) Marmorboden.
FO. Trier, Basilika, Apsis (vgl. Kat. 55 Fig. V).
1. Hälfte 4. Jh. n. Chr.

Der Boden in der Apsis zeigt den gleichen Hell-Dunkel-Kontrast, doch wechselt das Muster: Große schwarze Rauten sind von weißen Paralleleogrammen gerahmt. Die entstehenden Zwickel wiederum sind mit kleinen schwarzen Rauten gefüllt.
Lit. s. die vorangehende Katalognummer.

c) Mosaik.
FO. Trier, Basilika. Nische in der Apsis.
1. Hälfte 4. Jh. n. Chr.

Verschollen, Vergrößerung nach einer Zeichnung Wilmowskys.

F. Hettner berichtet unter Berufung auf den Küster der Basilika, eine der Halbkuppeln der Apsisnischen – die der Ostwand des rechteckigen Raumes zunächst gelegene – sei noch mit einem Mosaik geziert gewesen. Dieses Mosaik ist von Wilmowsky gezeichnet worden, der auch eine kurze Beschreibung gibt. Beides ist heute nicht mehr prüfbar, da das Mosaik verschollen ist und eine weitere zeichnerische Aufnahme nicht existiert. Daher sei die Beschreibung Wilmowskys hier im Wortlaut wiederholt.

»Zum ersten Male tritt uns hier in Trier ein Wandmosaik entgegen, es schmückte den oberen Teil der runden, vermutlich für Marmorbilder bestimmten Nischen, die im Tribunale des dem öffentlichen Verkehre gewidmeten Gebäudes zwischen den Fenstern angebracht waren. Es bestand aus grünen und blauen Ranken auf goldenem Grunde; zum ersten Male treten Würfel

56 B, c

aus farbiger Paste und vergoldetem Glase auf, jedoch in sehr sparsamer Verwendung (?). Beispiele reicher und prunkvoller Ausstattung mit diesem Materiale finden wir in den von Constantin erbauten Kirchen in Palästina, Rom und Constantinopel.«

Lit.: J. N. von Wilmowsky, Die Römischen Mosaiken in Trier und Umgebung (Trier 1974) 7 Taf. 1, 4. – Hettner, Westdeutsche Zeitschr. 10, 1891, 31 f. – F. B. Sear, Roman Wall and Vault Mosaics, Mitteilungen des Deutschen Archäologischen Instituts, Römische Abteilung, 23. Ergänzungsheft (Heidelberg 1977) 172, Nr. 257, Taf. 70, 2.

56 C) Innenausstattungsreste ohne genaue Herkunft

a) Inkrustationsfragmente, Zeichnungen Schnitzlers im Maßstab 1:1.

Sorgfältige Zeichnungen, von denen hier einige ausgestellt sind, aus dem Nachlaß des Architekten und Festungsbaumeisters Schnitzler, führten zur Identifizierung wichtiger Dekorationselemente der Basilika. Bereits bei der Auffindung der Zeichnungen waren einige der wiedergegebenen Stücke verschollen, andere, wie die hier unter Katalognummer 56 C b bis 56 C f ausgestellten befanden sich ohne Herkunftsangabe beziehungsweise mit der schon damals als unsicher geltenden Fundortangabe »Kaiserpalast« (gemeint sind die bis 1929 so genannten Kaiserthermen) im Magazin des Rheinischen Landesmuseums. Zwar geben die Zeichnungen Schnitzlers, in dessen Händen die örtliche Leitung der Freilegungs- und Wiederherstellungsarbeiten in den Jahren 1846–1856 lag, keinerlei Hinweise darauf, ob die Kapitell- und Rankenwerkbruchstücke aus der Halle oder der Vorhalle stammen, doch ist damit immerhin ihre Herkunft aus dem Grabungsbereich der genannten Jahre erwiesen.

1. Blatt G 78
   Zwei Fragmente von Pilasterkapitellen; das obere ist verschollen. Zum unteren vgl. Kat. 56 C b.

2. Blatt G 84
   Oben Bruchstück eines Architekturteiles mit rosettengefüllter Wellenranke vgl. Kat. 56 C f.
   Unten Fragment eines Pilasterkapitells vgl. Kat. 56 C c.

3. Blatt G 85
   Fragment eines Pilasterkapitells vgl. Kat. 56 C d.

4. Blatt G 82
   Fragment eines Pilasterkapitells vgl. Kat. 56 C e.

b) Fragment eines Pilasterkapitells
FO. Trier, Basilika, s. Kat. 56 C a 1.
1. Hälfte 4. Jh. v. Chr.

Das Bruchstück gehört zu einem Kapitelltypus, der in Trier und Umgebung häufig belegt ist: dem korinthischen Kapitell mit wiegenförmigem Kelch.
Erhalten ist, sehr symmetrisch aufgebaut, der obere Teil der aus Bärenklau-(Akanthus-)Blättern geformten rechten Wiege mit dem Mittelstück, einem zangenartig gefaßtem Blatt. Oberhalb dieses Zangenmotives entspringen die flachen Stengel, die sich nach außen und zur Kapitellmitte hin zu Voluten beziehungsweise zu Helices einrollen. Vorhanden ist ferner noch eine waagerechte Leiste, die den Kelch des Kapitells gegen den Abacus, die Deckplatte, abgrenzte.
Kennzeichnend für die Arbeit ist der lanzettförmige Umriß der einzelnen Blattlappen, die durch wie geritzt wirkende feine Linien voneinander getrennt sind. Die Oberfläche der Blattlappen ist eben und ungegliedert, das Blatt als ganzes leicht muldenartig gestaltet.
Weißer, grobkristalliner Marmor. – H. 0,13 m, Br. 0,135 m.
RLM. Trier, ohne Inv.
Lit.: H. Kähler, Die Römischen Kapitelle des Rheingebietes. Röm.-German. Forsch. 13 (Berlin 1939) 40 Nr. 16 Taf. 7, H 16. – Koethe, Trierer Zeitschr. 12, 1937, 174 f. Abb. 13, 2.

56 C, b–d

c) Fragment eines Pilasterkapitells
FO. Trier, Basilika, s. Katalog 56 C a 2.
1. Hälfte 4. Jh. n. Chr.
Zum Kapitelltypus vgl. Kat. 56 C b.

Bewahrt ist eine linke Eckvolute mit einem Teil des blattverzier-
ten Abacus und dem Stützblatt, ferner ein Teil der Wiege.
Stilistisch stimmt die Arbeit mit der des Bruchstückes Kat.
56 C b aufs Engste überein, so daß an einer gleichzeitigen Entste-
hung nicht zu zweifeln ist.
Weißer, grobkristalliner Marmor. – H. 0,153 m, Br. 0,085 m.
RLM. Trier, ohne Inv.
Lit.: Koethe, Trierer Zeitschr. 12, 1937, 174f. Abb. 13,2.

d) Fragment eines Pilasterkapitells
FO. Trier, Basilika, s. Katalog 56 C a 3.
1. Hälfte 4. Jh. n. Chr.
Zum Kapitelltypus vgl. Kat. 56 C b.

Erhalten ist der doppelte Blattkranz eines korinthischen Pila-
sterkapitells, von dem das linke Eckhalbblatt und ein Teil des
linken Blattes des unteren Blattkranzes, der sich Füllblättern
ähnlich zwischen die obere Blattreihe schiebt, verloren ist.
Oberhalb des rechten Blattes des unteren Blattkranzes ist der
Ansatz einer Wiege erhalten, wie sie unter Kat. 56 C b beschrie-
ben ist.
Das Stück kennzeichnen die gleichen stilistischen Eigenheiten
wie Kat. 56 C b und 56 C c.
Weißer, grobkristalliner Marmor. – H. 0,175 m, Br. 0,31 m.
RLM. Trier, ohne Inv.
Lit.: Koethe, Trierer Zeitschr. 12, 1937, 174f. Abb. 13, 2.

Die Bruchstücke Kat. 56 C b–d stammen aufgrund der unterschiedlichen Plattendicke sicherlich von drei verschiedenen
Kapitellen. Dennoch lassen sie sich, wie in der Zeichnung
demonstriert, zu einem Musterexemplar von ca. 0,34 m Höhe
und 0,32 m Breite zusammensetzen.

e) Fragment eines Pilasterkapitells
FO. Trier, Basilika, s. Kat. 56 C a 4.
1. Hälfte 4. Jh. n. Chr.

Erhalten ist die linke Hälfte eines Pilasterkapitells, dessen untere Kranzblätter schräg zur Mitte gerichtet sind. Die äußeren
Hochblätter stützen wie meist die Voluten, die leider abgebrochen sind. Das mittlere Hochblatt fehlt im Entwurf; statt dessen
wuchs wohl ein schlanker Blütenstengel auf, der unmittelbar
über den unteren Blättern mit einem überfallenden Blatt verziert ist. Von diesem ist ein Stück am Bruchrand des Kapitells
erkennbar. Über ihm befindet sich eine ehemals achtblättrige
Blüte, aus der ein Hase entspringt. Das Tier ist anhand der
langen Ohren und der Form der Läufe sowie aufgrund der

56 C, e

Fellstruktur eindeutig zu bestimmen. An der Deckplatte des
Kapitells sitzt über der Blütenmitte eine sich nach oben verbreiternde Knospe.
Der von Blättern und Blüten unbedeckte Reliefgrund ist nur
grob gepickt.
Wie Kat. 56 C b–d kennzeichnet den Stil des Kapitells der lan-
zettförmige Umriß der Blattlappen, ihre Abgrenzung gegenein-
ander durch feine Linien, die sparsame Modellierung der Blätter
und die graphische Gestaltung des ganzen Dekors. Das Kapitell
ist daher gleichzeitig mit jenen entstanden.
Weißer, sehr grobkristalliner Marmor. – H. 0,385 m, Br. 0,25 m.
RLM. Trier, ohne Inv.
Lit.: Koethe, Trierer Zeitschr. 12, 1937, 174f. Abb. 13,1. –
H. Kähler, Die Römischen Kapitele des Rheingebietes. Röm.-
Germ. Forsch. 13 (Berlin 1939) 60 J 8. – D. Krencker, E. Krüger,
Die Trierer Kaiserthermen. Trierer Grabungen und Forschungen
I, 1 (Augsburg 1929) 316, Abb. 512. 512a (Ergänzungszeich-
nung, hier wiederholt). – E. von Mercklin, Antike Figural-
kapitele (Berlin 1962) 193, 469, Abb. 896.

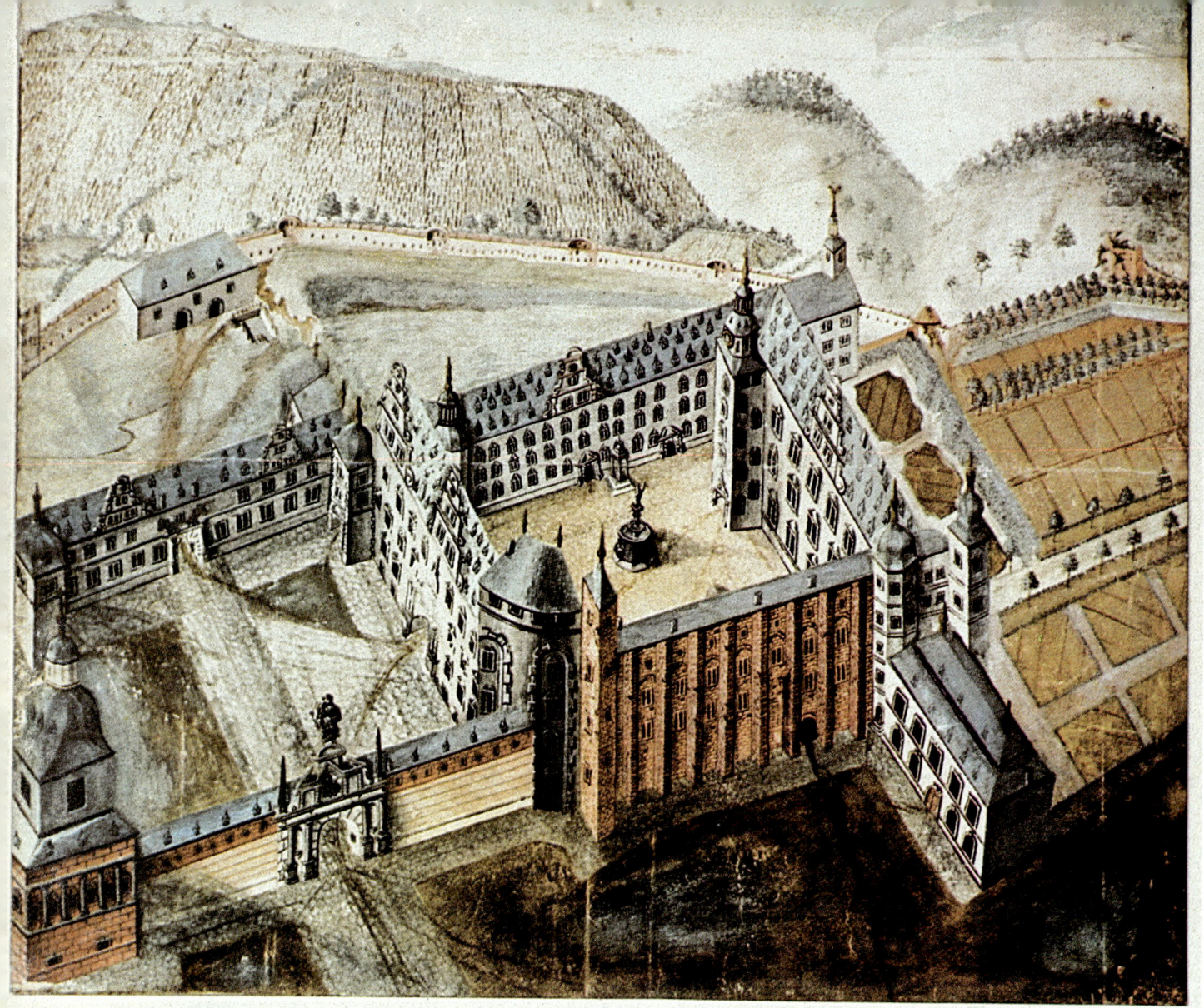

Die Basilika als Teil des Kurfürstlichen Palastes um 1750, farbige Zeichnung im Städtischen Museum Trier (zu Kat. 58).

Blaues Goldglas aus Trier, St. Maximin (Kat. 47 c).

Blaues Goldglas aus Mehring (Kat. 47 b).

56 C, f

57 Platz mit Umbauung östlich der Basilika

Mitte bis 2. Hälfte 4. Jh. n. Chr.

Anläßlich des Ausbaues einer Tiefgarage wurde östlich der Basilika und des Ostflügels des kurfürstlichen Palastes eine Fläche von ca. 100 m zu 100 m bis auf 11 m Tiefe ausgeschachtet. Nach Abtragung neuzeitlicher Anschüttungen und bis 1944 bestehender neuzeitlicher Bauten wurden die z. T. bis unter die Fundamentsohle ausgebrochenen Reste einer Platzumbauung aufgenommen, von der an der Ostseite der Ausschachtung noch ein Abwasserkanal auf über 70 m Länge erhalten war. Kräftige Pfeilerfundamente einer Säulenstellung, die z. T. in den Kanal gestürzt war, erbrachten beim Abbau eine Menge verbauter Spolien von denen 5 Säulenbasen aus Kalkstein und weißem Marmor, 11 korinthische und toskanische Kapitelle und 18 Säulentrommeln aus Kalk- und Sandstein, Granit und Marmor geborgen werden konnten.

Östlich des Kanales wurden auf die gesamte S-N-Länge die Fundamente und aufgehenden Mauern von zwei Gebäuden mit relativ geringer Breite festgestellt, denen die Pfeilerfundamente vorgelagert als Laubengang oder Portikus zugehörten. Etwa in der Mitte der östlichen Platzfläche waren vier deutlich größere

57

f) Rankenfragment.
FO. Trier, Basilika s. Kat. 56 C a 2.
1. Hälfte 4. Jh. n. Chr.

Das Fragment stammt von einem Architekturteil, das eine Wellenranke schmückte. Erhalten ist der Rest eines eingerollten Akanthus-(Bärenklau-)Blattes, das eine fünfblättrige Blüte umgibt. Auch ein Stück des Begrenzungsstreifen ist noch vorhanden: ein kantig ausgeführtes lesbisches Kyma (Blattwelle) und ein abschließender Viertelrundstab.
Weißer Marmor. – Br. 0,31 m, H. 0,18 m.
Lit.: D. Krencker/E. Krüger, Die Trierer Kaiserthermen. Trierer Grabungen und Forschungen I, 1 (Augsburg 1929) 309, Abb. 473. – Koethe, Trierer Zeitschr. 12, 1937, 174f. Abb. 12, 1.
K.-P. Goethert

und breitere Pfeiler vorgestellt, hinter denen eine breit geöffnete Vorhalle von 18,00 m Breite und über 6,00 m Tiefe anschloß, durch eine S-N-gerichtete Wand begrenzt, hinter der eine nach Osten gerichtete Halle folgt. Ihre Gesamtlänge war nicht mehr festzustellen, da mittelalterliche Stadtmauer und Stadtgraben eine weitere Sondierung hinderten.

Wohl zu diesem Bauwerk sind Fragmente von wenigstens 6 großen Kalksteinplatten zuzuweisen, die in stegartig vorstehendem Relief das Schuppenmuster antiker Transennenplatten zeigen und als Schranken zur Abgrenzung einer Fläche im Freien gedient haben. Ein Schrankenpfeiler mit Nut zeigt am oberen Ende die Abbruchkante eines aufgesetzten Zierknopfes oder Pinienzapfens.

An der nördlichen Platzumgrenzung, die einmal durch einen auf den Hauptkanal zielenden Seitenkanal, sowie einen Pfeiler markiert ist, wurden in Sturzlage im Erdreich wie auch im Hauptkanal zwei Säulentrommeln aus Granit gefunden.

Im westlichen Drittel der Ausschachtung wurde ein großes Gußfundament freigelegt, auf dessen Mörtelabgleichung die Fugen eines Quaderaufbaues abgedrückt waren. 10,51 m zu 6,62 m groß ist dieses Fundament eher für einen kleinen Tempel oder eine Ädikula bestimmt gewesen als für eine Monumentalfigur oder ein Denkmal. Von einem südlich gelegenen Bauwerk war eine Mauer an der Westseite noch erhalten, an die rechtwinklig Mauerzungen anschlossen, während nach S hin der Bau mit einer Apsis versehen war, die einen Halbmesser von 12,00 m hat.

Dieses Gebäude wird als Schola und Versammlungsraum zu deuten sein. Nach Westen ist die ursprünglich wohl zentrale Stellung von Schola und »Tempelfundament« nachträglich durch ein größeres Gebäude mit lisenenverstärkter Außenfront, vielleicht den Resten einer Blendarkatur, wie sie auch an den Horrea nachgewiesen und erhalten ist, eingeengt worden. In der SW-Ecke zum Palais hin wurden die bereits früher festgestellten Reste einer Badeanlage erneut angetroffen. Dieser Bereich, jenseits der »Platzfläche« mit ihrer Umbauung ist schon dem engeren Bereich der Basilika und ihrer Nebengebäude zuzurechnen.

a) Architekturteile, Säulen und Kapitelle aus den Pfeilerfundamenten an der Ostseite der antiken Platzumbauung. Spolien, um 300 n. Chr.
b) Granitsäulen, Kalkstein- und Marmorsäulen mit Kapitellen. Mitte bis 2. Hälfte 4. Jh. n. Chr.
c) Konsolsteine der Portikus-Halle, 2. Hälfte 4. Jh. n. Chr.
RLM. Trier, Grabung 1982/1983.
Unveröffentlicht.

d) Reste einer Schrankenanlage
2. Hälfte 4. Jh.

Im Bereich der östlichen Platzumbauung mit Pfeilerfundamenten und Säulenstellungen wurden 12 Plattenfragmente und ein schmaler Pfeiler mit Nut an den Schmalseiten geborgen. Aus

Quader und Spolien gefertigt, ist die Entstehung in Verbindung mit dem Mittelbau der östlich die Platzfläche begrenzenden Portikushalle zu sehen.

Nach Plattendicke und Rahmenleisten sind wenigstens 10 Plattenfelder einer Schrankenanlage zu rekonstruieren, die vielleicht im Innern des basikalen Mittelgebäudes den Raum einer podestartigen Erhöhung begrenzte.

Das Gittermuster in Form von Schuppen oder Schindeln ist 23/27 cm breit und ebenso hoch und füllte mit vier ganzen Elementen in der Horizontalen und wenigstens drei Elementen in der Vertikalen Felder von 112–115 cm Breite und 81–84 cm Höhe. Die glatte Rahmenleiste ist seitlich 7–10 cm breit, an der Unterseite bis 14 cm, an der Oberseite 7–9 cm breit. Die Plattenstärke variiert zwischen 8 und 12 cm. Die Position der Fragmente ist gesichert durch seitlich noch erhaltene Felder und Eckstücke.

Nach Materialstärke, unterschiedlicher Steinqualität zwischen reinem Kreidekalk und sandigeren gelblichen bis grünlichen Fragmenten, ergibt sich die Anzahl der gesicherten Felder.

Ein Pfeiler der Anlage ist 33 cm breit, 17 cm dick und zeigt an der Oberseite die Abbruchkante eines aufgesetzten Pinienzapfens, ein Motiv, das häufig bei solchen Schranken nachgewiesen ist. Bei einer zu rekonstruierenden Anordnung von 6 Frontfeldern und sieben Pfeilern ergibt sich eine Gesamtlänge von ca. 6,90 m und 2,31 = 9,21 m, denen im Winkel an beiden Seiten noch je zwei Platten = 2,30 m und 66 cm = ca. 3,00 m Tiefe zuzurechnen wäre. Bei einem seitlichen geradlinigen Anschluß würden die 10 Platten einen Raum von ca. 16 m Breite abteilen können.

Kalkstein. – RLM. Trier, Grabung 1982/83.
Neufund, unveröffentlicht.
Lit.: Spätantike Chorschranken in der St. Matthias-Kirche zu Trier. Trierer Zeitschr. 31, 1968, 177–190. Cü.

58 Basilika und Kerngebiet der Residenz *(Farbabb. s. S. 152)*

Der Übersichtsplan zeigt die Eintragung aller aufgenommenen Mauerbefunde im Bereich der Basilika und des Vorgeländes.

a) In hellgrüner Farbe sind die vorconstantinischen Mauern einer peristylen Anlage dargestellt, die in den ersten Ausbaustadien eine ganze Insula ausfüllte und in mehreren Räumen mit figürlichen und ornamentalen, geometrischen Mosaiken ausgestattet war (Rhetorenmosaik, Musenmosaik, Medusenmosaik und großflächige Mosaiken).

58a Basilika. Innere SW-Ecke der Seitenhalle, darunter Reste des Achteckbaues.

58a Basilika. Innere SW-Ecke der Seitenhalle, darunter Ecke des Achteckbaues (links), rechts Kanäle des 4. Jahrhunderts.

Die so schon ausgedehnte Anlage wurde im 2. Jahrh. nach Osten erweitert um einen langgestreckten rechteckigen Saal mit apsidenförmiger Konche an der Nordseite, während an der Südseite ein Vorraum und eine doppelte Pfeilerstellung den Zugang markierten. Für diese Erweiterung wurde die gesamte Breite einer N-S gerichteten Straße in Anspruch genommen und dementsprechend ein Straßenzug des Gebietes ersatzlos kassiert. Bei gleicher Gelegenheit wurde wenig westlich der Straßenkreuzung ebenfalls eine Straße durch Überbauung blockiert. Eine achtseitige Tempelkapelle mit rechteckiger Kultbildnische an der NO-Seite war hier errichtet worden. Die Ecken des Gebäudes sind mit außerordentlich tief reichenden Quaderfunden verstärkt, in denen sehr fein profilierte Gesimsblöcke, mit Konsolen und Blattwerk verziert, als Spolien verbaut wurden. Mauerstärke und Fundamentausbildung lassen auf einen sehr hochragenden Tempel schließen, dessen Kultinhaber leider nicht bekannt ist, im Vergleich mit einer Kapelle im Altbachtempelbezirk aber vielleicht auf Mercur bestimmt werden kann.

b) Im westlichen Vorgelände der Basilika wurden 1982–1983 weitere Räume der peristylen Hausanlage freigelegt und untersucht.
Ein rechteckiger Raum mit breiter Schwelle nach Norden, kleinerem Durchgang nach Osten, war mit einer Hypokaustheizung ausgestattet, deren Präfurnium an der Südseite des Raumes lag. Nach Erbauung der Basilika und der westlichen Portikushalle

wurde auch dieser Raum auf ein höheres Benutzungsniveau angehoben. Hierzu wurden die Hypokaustpfeilerchen und der Boden abgetragen, die Pfeilerchen im nördlichen Teil des Raumes bei gleichem Ziegelformat auf doppelte Höhe aufgesetzt und auf den Estrich ein schwarz-weißes Mosaik mit geometrischer Gliederung verlegt. An der SO-Seite wurde ein großer Saal mit Apsis nach Norden angeschlossen, der ebenfalls mit einem schwarz-weißen Mosaik ausgelegt worden ist.
Umbau und Mosaik, sowie Neubau mit Apsis nach 310 n. Chr.
RLM. Trier.
Unveröffentlicht. Cü.

59 Personifikation der Stadt Trier

Original von 354 n. Chr.

Zum Jahre 354 wurde in Rom für einen gewissen Valentinus ein Kalender zusammengestellt, der die Geburtstage der Kaiser, die Planeten und Tierkreiszeichen (für astrologische Zwecke), einen Kalender mit staatlichen und heidnischen Merktagen, eine nach Jahren geordnete Liste der Konsuln, die Ostertermine für 100 Jahre, eine Liste der Stadtpräfekten Roms, Gedenktage für Päpste und Märtyrer, eine Liste der Päpste und noch manches

◁ Spätrömisches Prunkgeschirr (Kat. 50).
Portrait des Licinius I. (Kat. 50, 1).
Portrait des Licinius II. (Kat. 50, 2).

58 b   Mosaik vom Basilikavorplatz.

TΛFBERIS

A. v.

59

Andere enthielt. Auf der Titelseite folgten die Personifikationen der vier wichtigsten Städte des Reiches: Rom, Constantinopel, Alexandria und Trier (vgl. Kat. 38). Dieser Kalender ist natürlich nur in Abschriften erhalten, die vier Städte in einer einzigen Abzeichnung von 1620 nach einer älteren Abzeichnung des 9. Jahrhunderts.

»Treberis« (in der Spätzeit wurde B nicht anders als V gesprochen) steht vor einem Vorhang in Amazonentracht mit geschürztem Gewand, das eine Brust freiläßt, und Stiefeln. Die Tracht ist von Roma übernommen, die mehrfach wie eine Amazone dargestellt wurde. Treveris ist bewaffnet mit einem (beim Kopieren verunstalteten) Helm, einem Schild und einer Lanze; sie legt ihre rechte Hand auf den Kopf eines entwaffneten und gefesselten Germanen. Damit wird die Aufgabe ausgedrückt, die Rheingrenze des Reiches zu sichern. Über dem Germanen, scheinbar schwebend, sieht man Trinkgefäße, meist mit Edelsteinen reich besetzt (Potoria gemmata). Ihre Bedeutung ist umstritten, man sollte vielleicht weniger an den Moselwein als an die in Trier beheimateten kaiserlichen Werkstätten für »Vergolder oder Silberschmiede« (Barbaricarii sive argentarii) und ihre Erzeugnisse denken – wie auch bei den Attributen der »Treberis« an die hiesigen Waffenfabriken.

Kopie von 1620: Biblioteca Vaticana, Barb. Lat. 2154.

Lit.: J. Strzygowsky, Die Calenderbilder des Chronographen vom Jahre 354 (Berlin 1888) 31 f. mit Taf. 7. – S. Loeschcke, Römische Denkmäler vom Weinbau. Trierer Zeitschr. 7, 1932, 3 f. – H. Stern, Le calendrier de 354 (Paris 1955) 142 f. mit Taf. 3, 2. – Gallien in d. Spätantike Nr. 10. – Zu den Handwerkern: H. v. Petrikovits, Zeitschr. f. Papyrologie und Epigraphik 43, 1981, 297.

Bi.

60 a

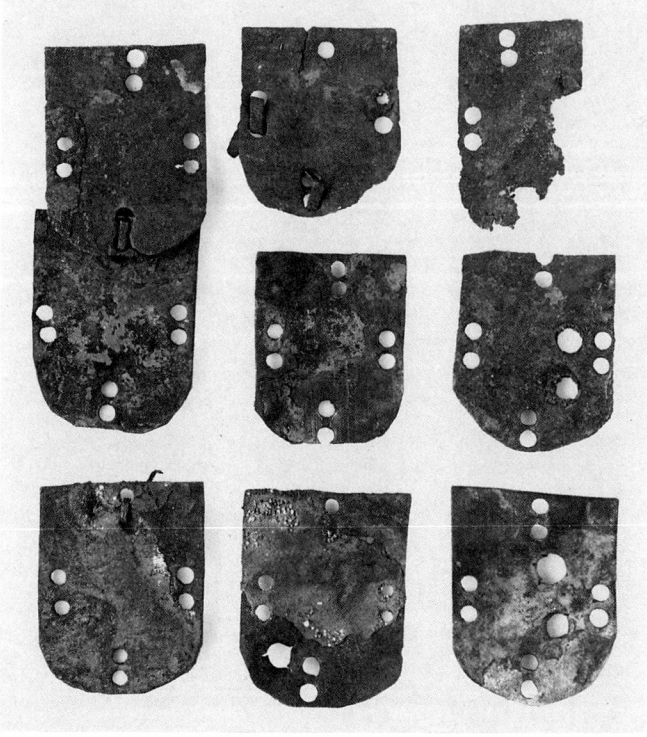

60 b

60 Schuppen von Panzerhemden

Der Schuppenpanzer (Lorica squamata) ist eine nicht sehr aufwendige Art, den Oberkörper zu schützen. Er wurde von Legionssoldaten und Reitern getragen. Bei ihm lagen die einzelnen Lamellen wie Fischschuppen übereinander und waren aneinander und auf einem Hemdfutter aus Textil oder Leder mit Hilfe kleiner Klammern befestigt.

a) FO. Trier, zwischen Kurfürstlichem Palais und Ostallee. 4. Jh. n. Chr.?

Die östlich der Basilika gefundenen Schuppen entsprechen nicht der üblichen Norm. Einige sind normal groß, haben aber mehrere Bögen an der Unterseite oder rechteckige Form und in jedem Falle nur zwei Klammerlöcher oben. Ein Paar ist auffallend klein und läuft unten spitz zu (vgl. Russell Robinson, Abb. 162 und Taf. 439). Da die Fundstelle im kaiserlichen Palastbereich liegt, gehören diese unüblichen Lamellen am ehesten zu spätantiken Panzern (vgl. Kat. 57).

Bronze. – L. 1,5 bis 2,5 cm.

Privatbesitz Trier.

Lit.: unpubliziert. – Zum Kettenpanzer: M. v. Groller, in: Der römische Limes in Österreich 2, 1901, 85 ff. – H. Russell Robinson, The Armour of Imperial Rome (London 1975) 153 ff.

b) FO. Trier, in der Mosel nahe der Römerbrücke.
1. bis 3. Jh. n. Chr.
Zum Vergleich werden Schuppen der für die ersten drei Jahrhunderte n. Chr. üblichen Normalform dazugelegt, die bei der Römerbrücke entdeckt wurden. Unten enden sie in einem Bogen, sie haben in der Regel vier Klammerloch-Paare zur Befestigung aneinander und am Futter (v. Groller Typ VII, Taf. 15, 27). Verlockend, aber unbeweisbar ist die Vermutung, daß wir hier die letzten Zeugen der Schlacht an der Moselbrücke vor uns haben, bei der 70 n. Chr. die Römer die aufständischen Bataver und deren Verbündete mit Mühe besiegten (Tacitus, Historien 4, 77/78).
Bronze. – L. 3,0–3,4 cm.
RLM. Trier, Inv. EV. 75, 17.
Lit.: unpubliziert. – Zum Kettenpanzer s. unter a). Bi.

61–65   Dom

61a   Grundrißentwicklung der constantinischen Doppelbasilika

Trier, Dom.
4. Jh. n. Chr.

Die constantinische Doppelbasilika nimmt die Fläche von zwei Wohnquartieren ein, von denen das östlich gelegene zunächst mit privaten Wohnpalästen der kaiserlichen Familie besetzt war. Diese wurden auf der Bebauung schon dem 2. Jahrh. zugehörender Villen errichtet, von denen mehrere Mauerzüge im Bereich des Domes zu früherer Zeit und anläßlich der Einrichtung von Grabgrüften in der Domkrypta aufgenommen werden konnten.

Zu den Palastanlagen der constantinischen Zeit gehört auch ein Festsaal, aus dem die Malereien einer Decke geborgen und in mühevoller Restaurierungsarbeit zusammengesetzt werden konnten. Diese Decke zeigt auf einem Raster von Kassetten im Wechsel Putten mit wertvollen Geschenken (Silbergerät, Purpurschleier) und Porträts von Damen mit wertvollem Schmuck und in porträthafter Charakterisierung, in denen weibliche Mitglieder der constantinischen Familie und zwei männliche Personen aus dem Umkreis des Hofes erkannt werden können.

Der Bebauung dieses Quartiers weist der Ausgräber auch einen Saal zu, der vielleicht schon liturgischen, christlichen Gebetsriten gedient hat.

Neuere Grabungen haben im westlich gelegenen Wohnquartier, wo der Überlieferung nach ebenfalls frühchristliche Traditionen zu lokalisieren sind, neben Bauresten des 2. und 3. Jahrh. n. Chr. einen Raum mit Säulenstellungen erbracht, der in den großen Kirchenbau der Doppelbasilika inkorporiert worden ist.

Während die erwähnte Deckenmalerei ihre kunstvolle Ausgestaltung aus Anlaß der Hochzeit des Crispus, des Sohnes Kaiser Constantins, erhalten haben wird, wurden die hier dargestellten Porträts nach der Ermordung des Crispus und der Fausta, der Frau des Kaisers, zusammen mit dem Palastbau gewaltsam niedergelegt und einplaniert.

Um 326 n. Chr. wurde auf die Fläche von zwei Wohnquartieren der Bau einer Doppelbasilika begonnen, die wohl auf Drängen der Kaisermutter, der Helena, als Sühne für das grausame Geschehen, hier erstehen sollte.

Die dreischiffige Südbasilika ist im östlichen Bereich durch eine Schrankenmauer vom Langhaus abgetrennt, mit einem Podium im Ostchor versehen, auf dem auch der gemauerte Altar stand. Beheizbare Räume zur Ostwand hin werden als Pastophorien gedient haben, während der erhöhte Chorraum, das Presbyterium, beheizbar war, ist das übrige Kirchenschiff ohne diese Installation angelegt worden.

Die Südbasilika ist durch einen breiten, mit Pfeilern gestützten und gegliederten Gang mit der Nordbasilika verbunden, die ebenfalls dreischiffig, ebenso lang ist wie die Südbasilika. Der Chorbereich mit Presbyterium und Nebenkammern wurde noch in constantinischer Zeit verändert und eine Memoria als Aufbewahrungsort und Verehrungsstätte für eine Herrenreliquie errichtet (nach Th. K. Kempf um 328 n. Chr. beim letzten Aufenthalt Constantins in Trier begonnen, um 348 vollendet und beim Frankeneinfall 353 n. Chr. zerstört.) Auf den Fundamenten der älteren Anlage wurde unter Valentinian 364 n. Chr. der Wiederaufbau begonnen und in der quadratischen Halle von vier Granitsäulen des älteren Bauwerkes ein Podium mit Freitreppe an drei Seiten errichtet, in dessen Mitte eine zwölfseitige Memoria als selbständige Reliquienkammer nach dem Vorbild der Memorien in Jerusalem und Bethlehem erstellt. Die 40 zu 40 m messende Halle hob sich als mächtiger Baukörper aus dem Baugefüge heraus, um so mehr als die kleineren Joche an den Ecken mit leicht erhöhten Ecktürmen betont wurden, über der Vierung aber ein mächtiger Turm das Gefüge überragte. Der Raum wurde durch zwei Fenstergeschosse über dem massiven Sockel erhellt und die Mauerscheiben zugleich gegliedert, mit Pilaster und Schwibbogen, sowie den umlaufenden Galerien der Fenster bereichert.

Im mittleren Bereich, zwischen beiden Basiliken, wurde die große Piscine einer Taufanlage – Baptisterium – gefunden.

Für den Chorbereich der Südbasilika sind drei Abschrankungsmauern nachgewiesen, die den Laienraum vom Presbyterium trennen und ihre Erklärung darin finden, daß die Herrenreliquie der Nordbasilika während der hier erfolgenden Umbauten zeitweise in der Südbasilika aufbewahrt und verehrt worden ist.

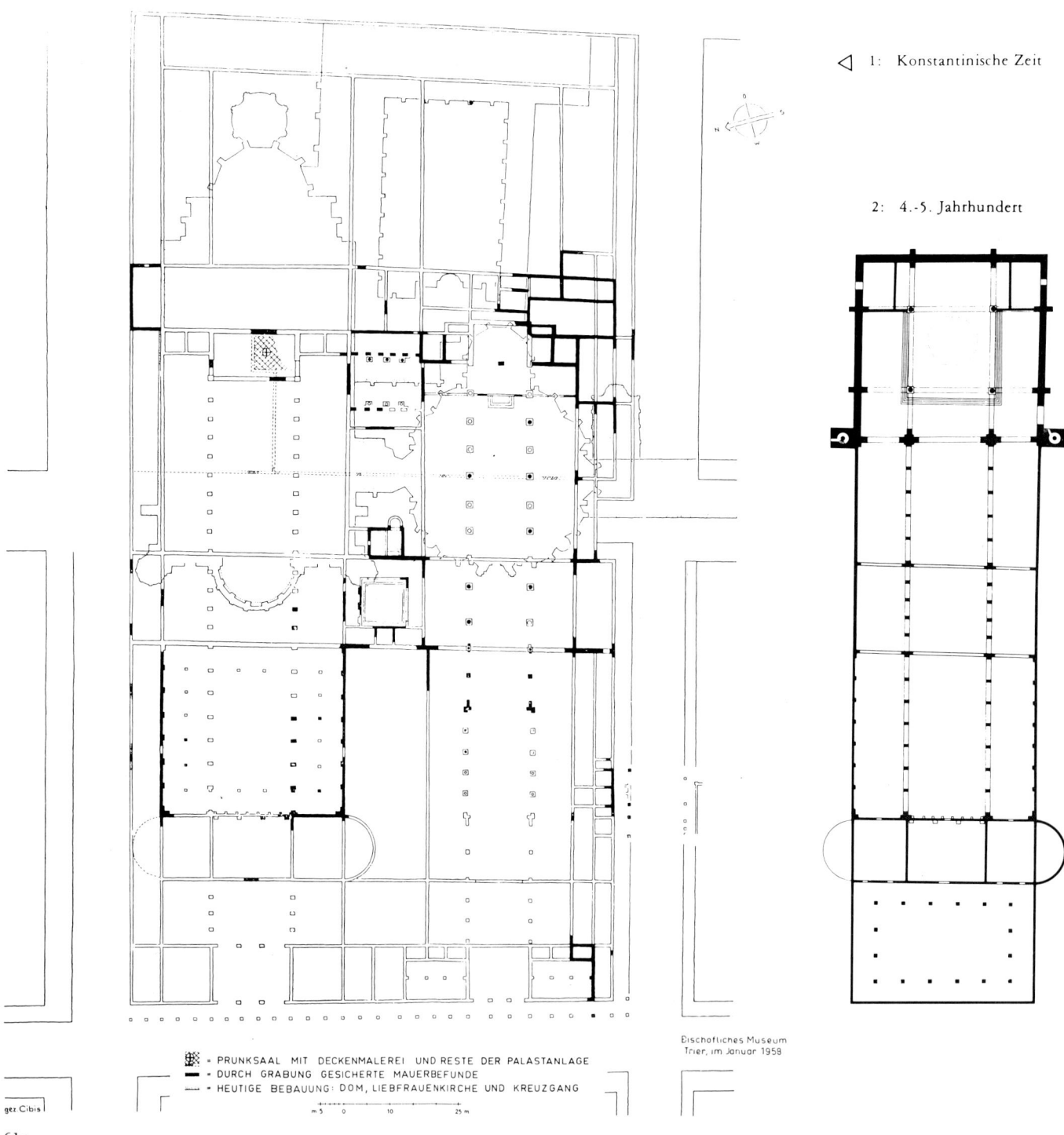

gez Cibis

1: Konstantinische Zeit

2: 4.-5. Jahrhundert

▦ = PRUNKSAAL MIT DECKENMALEREI UND RESTE DER PALASTANLAGE
▬ = DURCH GRABUNG GESICHERTE MAUERBEFUNDE
‒‒‒ = HEUTIGE BEBAUUNG: DOM, LIEBFRAUENKIRCHE UND KREUZGANG

m 5   0   10   25 m

Bischöfliches Museum
Trier, im Januar 1958

61 a

Die erste Choranlage mit großem erhöhtem Podium und Altar in der Mitte datiert in die Zeit von 326–353 n. Chr.

In der Zeit des Umbaues der Nordbasilika wurde das Presbyterium der Südbasilika verkleinert, eine Schrankenmauer aus Hohlziegel gleich vor den Altar gesetzt. Die verputzte Außenwand wurde von Pilgern mit zahlreichen Inschriften (Graffiti – eingeritzte Anrufungen an Gott und frühchristliche Symbole X P und Alpha und Omega) versehen und datiert zwischen 353 und 380.

Nach Rückführung der Reliquie in den vergrößerten Nordbau wurde der Altar der Südkirche wieder freigestellt und eine neue Schrankenmauer 2 m westlich erbaut.

Diese Einrichtung wie auch das Ciborium der Nordbasilika wurden im Hunnensturm 450/51 zerstört. Cü.

61 b Deckenmalerei aus dem privaten Wohnpalast unter dem Dom
(Farbabb. s. S. 6)

Um 320 n. Chr.

Im Kernbereich des Domes wurden bei Ausgrabungen unter der constantinischen Kirchenanlage und dem Podieneinbau der Memoria für die Herrenreliquie die Umfassungsmauern eines Saales festgestellt. Der Estrichboden war mit einer Schicht in Frescotechnik bemalter Mörtelbrocken bedeckt, die mit dem Abdruck eines Lattengeflechtes als Putzstücke einer Decke des Raumes bestimmt werden konnten. Aus dem System der Lattenabdrücke und breiteren Balkenstücken konnte in jahrzehntelanger, mühevoller Laborarbeit die Anordnung der Bildkassetten und die Deckenkonstruktion rekonstruiert und die Bilder mit insgesamt 15 Feldern zusammengesetzt werden. Neben zwei männlichen Porträts sind Büsten weiblicher Figuren mit Nimbus auf blauem Grunde dargestellt, die durch reichen Schmuck, Perlenketten, Stirnreifen und kunstvolle Frisuren ausgezeichnet sind. Die lebendige, porträthafte Wiedergabe läßt es zu, diese Bilder, in Übereinstimmung zu Bildwerken und Münzdarstellungen, als Porträts der weiblichen Mitglieder der constantinischen Familie zu deuten. Im Wechsel der Felder sind andere Kassetten mit Eroten bemalt, die prachtvolle Silbergerätschaften und purpurne Schleier heranbringen, die den Anlaß einer Hochzeit am Kaiserhofe zu Trier symbolisieren.

1) Dame mit Schleier, pupurfarbenem, golddurchwirkten Gewand, Diadem und goldenem Lorbeerkranz. Um den Hals trägt sie eine Kette mit großen, blauen Steinen und entnimmt einer Schmuckkassette eine Perlenkette.

2) Bildfeld mit Flügelgenien, die Geschenke heranbringen.

Die von hervorragenden Malern ausgeführten Figuren sind von reich gegliederten, ebenfalls bemalten Kassettenrahmen mit goldenen Flechtbändern und Ziernägeln besetzt, eingefaßt.

In den Umkreis der hier beauftragten Künstler weist auch ein Deckenmalereifragment aus St. Maximin, das die Sonderstellung dieser suburbanen Palastvilla und die mit der Örtlichkeit verbundene Tradition einer »constantinischen Besitzung« zu stützen vermag (Kat. 122 c).

Originalmalerei ausgestellt im Bischöflichen Diözesanmuseum.

Lit.: Frühchristl. Zeugnisse 236 Nr. 39 und 240 Nr. 40. – Th. K. Kempf, Neues Trier. Jahrb. 1978, Beih. Cü.

61 c Dom – constantinische Nordbasilika

Ansicht der Nordwand und Schnitt, Bestandsaufnahme von Domkapitular von Wilmowsky.

Der hier gezeigte Baubestand ist mit geringfügigen Veränderungen anläßlich der Restaurierungsarbeiten im ausgehenden 19. Jahrh. und bei den Sanierungsmaßnahmen 1959 1971, bis heute erhalten geblieben.

Lit.: J. N. von Wilmowsky, Der Dom zu Trier (Trier 1873). – N. Irsch, Der Dom zu Trier. Kunstdenkmäler der Rheinprovinz (Düsseldorf 1931). Cü.

62 Glasrohlinge zur Herstellung von Wandmosaiken

FO. Trier, Dom.
4. Jh.

Zahlreiche rotbraune, grüne und blaue Glasplättchen wurden im 19. Jahrhundert zusammen mit Fragmenten aus verschiedenfarbigem Marmor im Dom gefunden. Ein Teil gelangte aus dem Nachlaß des Domkapitulars Johann Nikolaus von Wilmowsky, der sich um die archäologische Erforschung des Trierer Domes sehr verdient gemacht hat, ins Trierer Museum. Bei seinen Ausgrabungen stellte er fest, daß der römische Fußboden mit Asche und verbranntem Holz bedeckt war. »Darüber befanden sich ganze Haufen von Mosaikwürfel in allen Farben und lange Streifen von vergoldeten Glaswürfeln. Dann kamen Massen von gebrochenen Marmortäfelung; endlich Fragmente von riesigen Granitsäulen, von Kapitellen aus weissem Mar-

163

mor, und große gestürzte Schwibbogenreste von Ziegeln zum Vorschein.«

Er beobachtete, daß sich die Streifen vergoldeter Glaswürfel von Säule zu Säule zogen, woraus er schloß, daß sie von den Schwibbogen herrührten. Die Leibung (untere Stirnseite) muß mit Goldmosaik überzogen gewesen sein. »Einzelne grössere Bruchstücke zeigten farbige Muster in goldenem Grunde.« Wilmowsky berichtet ferner, daß die Wände »von der Sohle an bis zu den Fenstern mit Marmor getäfelt, und von den Fenstern an bis zu der Decke hinauf mit Mosaik bekleidet waren. – Die vorherrschende Farbe des Marmors war weisslich, mit röthlichen und grauen Adern; der unterste Sockel tief grau; die Thüreinfassungen rein weiß. Alles dieses fand sich an der Nord- und Südseite noch über drei Fuss hoch an der Mauer erhalten.

Als ich auf den Gerüsten bis über die Fenster hinaufgestiegen war, sah ich unter der mittelalterlichen Mörtellage, den antiken Mosaikgrund mit den Eindrücken und Splittern der angebrannten und abgeschlagenen Mosaikwürfel zu Tage treten. Dieser Grund verbreitete sich ringsum in dem ganzen Bau. An der Nordseite lagen noch einige von dem Feuer verschont gebliebenen Fragmente auf dem Boden; an der Südseite hing ein solches in einem der Gewölbesäcke noch an der Wand.«

Wilmowskys Schilderung vermittelt einen lebendigen Eindruck von der Innenausstattung des römischen Kirchenbaues.

Die hier ausgestellten Platten aus rotbraunem Glas (Inv. 2940), die von unterschiedlicher Länge und Dicke sind (0,3–0,8 cm stark), dienten nicht unmittelbar zur Verkleidung der oberen Wandteile. Einige Stücke haben sogar noch runde Kanten wie beispielsweise die Glasrohlinge aus der Villa von Leudersdorf in der Eifel (vgl. Römer an Mosel u. Saar 316 f. Nr. 275). Aus diesen Glaskuchen wurden die Mosaikwürfel in der gewünschten Größe herausgeschnitten. Die Herstellung der Glasrohlinge erfolgte an Ort und Stelle, und zwar noch vor Anlage des Fußbodens. Unter diesem fand nämlich Wilmowsky die Reste eines Schmelzofens und Abfallreste der rotbraunen und blauen Glasmasse.

Der gleiche Vorgang ist auch aus den Barbarathermen bekannt, die im 4. Jahrhundert teilweise mit neuer Innendekoration versehen wurden. Die dort gefundenen Wand- und Deckenfragmente zeigen eingedrückte Muscheln, die von farbigen Glasmosaiksteinchen eingefaßt werden. Auch die aus dem Dom bekannte rotbraune Glasmasse ist vertreten. Sie wurde wie dort ebenfalls in dem Thermengebäude geschmolzen, wie das hier geborgene Bodenfragment eines tönernen Glashafens beweist (Inv. 10610). Seine Innenseite ist mit einer stellenweise 2 cm dicken braunroten Glasmasse überzogen. Aus dieser wurden in Trier auch Gefäße hergestellt (s. hier Kat. 139 b und Kat. Gläser Trier 8 Anm. 62).

Mit Wandmosaiken waren auch Trierer Wohnräume in der Spätantike ausgestattet. So waren beispielsweise die Wände jenes Raumes, in dem das Monnus-Mosaik lag (unter dem Mit-

teltrakt des alten Museumsgebäudes; ausgestellt in Raum 16), im oberen Teil mit farbigen grob zugeschnittenen Mosaiksteinchen (aus Glas und Ton) geschmückt, während die unteren Wandteile wie im Dom mit Marmorplatten bedeckt waren.

Lit.: J. N. von Wilmowsky, Der Dom zu Trier in seinen drei Hauptperioden: der Römischen, der Fränkischen, der Romanischen (Trier 1874) 22–24. – W. Weber, in: Der Trierer Dom. Rhein. Verein f. Denkmalpflege u. Landschaftsschutz, Jahrb. 1978/79 (Neuss 1980) 145 ff. (zur Innenausstattung des Domes). – S. Loeschcke, Muschelverzierung in den Barbara-Thermen zu Trier. Röm.-Germ. Korrbl. 7, 1914, 82–87. – Ders., Römische Glasfabrikation in Trier. Röm.-Germ. Korrbl. 8, 1915, 55 f. – Festschrift 100 Jahre Rheinisches Landesmuseum Trier. Trierer Grabungen und Forschungen 14 (Mainz 1979) 74 (Monnus-Raum).

Goe.

63 Porphyrfragmente von Gefäßen und Säulen

4. Jh. n. Chr.

Der rote bis dunkelviolette Porphyr war im Altertum der vornehmste Prunkstein – *lapis purpureus porphyrites* – und wurde am sogenannten Mons porphyrites – dem Porphyrberg in Oberägypten, zwischen Syene und dem Roten Meer in Steinbrüchen gewonnen. Hart und dicht, aber spaltenfrei, war der Porphyr seit ptolemäischer Zeit königliches Eigentum und gelangte mit der Eroberung Ägyptens durch die Römer in kaiserlichen Be-

63

sitz. Das Porphyrregal setzte fest, daß das Material nur im Auftrag oder mit Genehmigung des Kaisers abgebaut und nur ausnahmsweise an Private abgegeben werden durfte. Festlegungen, die in der Spätzeit die purpurne Farbe von Gewändern, Schuhen und auch der Schriftproduktion ausschließlich dem Kaiser vorbehielt, wurden mit dem Aufkommen und der Anerkennung des Christentums auch im kirchlichen Bereich zugelassen. Das Steinmaterial wurde für Wandinkrustationen, Säulen, Skulpturen, Urnen, Wannen und Eimer verarbeitet, die in den Kaiserpalästen und kaiserlichen Grabstätten oder von den Kaisern begünstigten Kirchenbauten Verwendung fanden. Vereinzelt kann Porphyr auch in Mosaiken nachgewiesen werden, die den gleichen Zusammenhang herstellen.

Im Bereich der kaiserlichen Residenz sind mehrere Porphyrfragmente geborgen worden, die auf die prachtvolle Ausstattung weisen, zugleich aber auch verdeutlichen, daß bis in die Spätzeit der Fernhandel bis nach Oberägypten, trotz aller Krisen und Veränderungen, noch leistungsfähig war.

a) FO. Trier, Altbachtal.
Dünnwandige Fragmente einer bauchigen Urne mit gekehltem Horizontalrand und Ansatz eines aufliegenden Henkels.
Erh. H. 6 cm, Dm. 20 cm.
RLM. Trier, Inv. ST. 11894, ST. 12166, ST. 12077.
Lit.: R. Delbrueck, Antike Porphyrwerke (Berlin, Leipzig 1932) 198.

b) FO. Trier, in der Basilika.
Griffknopf vom Deckel einer Henkelurne. Der gedrehte Zierknopf ist zum Deckel hin als gekehlter Stengel gebildet, verbreitert sich mit profiliertem, gekehlten Ring und läuft in eine kegelförmig, abgerundete Spitze aus.
H. 4 cm, Dm. 3/3,3 cm.
RLM. Trier, FNr. 1956, 248.

c) FO. beim Bau der Tiefgarage östlich der Basilika und des Kurfürstlichen Palastes, 1982.
Fragment einer großen Porphyrschale, vielleicht Labrum aus dem kaiserlichen Privatbad östl. der Basilika. Auf 10 cm Länge ist der Schalenboden an Ober- und Unterseite poliert und nimmt in der Stärke ab von 4,2 cm auf 4 cm.
Im Vergleich mit einer Schale in Florenz von ca. 2,50 m (Palazzo Pitti) und einer kleineren Schale von 1,40 m Dm. (Florenz, Palazzo Vecchio) wird dieses Fragment einer Schale von 0,80 bis 0,90 m Dm. zuzurechnen sein.
RLM. Trier, Inv. EV. 82,67.
Lit.: Delbrueck a.a.O. 175–176, 191.

d) Porphyrplatten von der Basilika.

e) Porphyrplatte einer Wandinkrustation, gefunden bei den Grabungen am Basilika-Vorplatz 1982.
L. 13 cm, Dm. 26,5 cm, D. 3 cm.

f) Aus dem Bereich des Domes (constantinische Doppelbasilika) stammen zwei Fragmente von Porphyrsäulen, die dem polygonalen Einbau im Quadratbau der Nordbasilika zuzuweisen sind und den Reliquienschrein für die Tunica Christi besonders auszeichneten.
Basis einer Säule mit glattem Standring und leichter Einziehung zum Säulenschaft.
Erh. H. 32 cm, Dm. 43 cm.
Kleines Bruchstück mit polierter Oberfläche einer Porphyrsäule.
RLM. Trier, Inv. 12,534 (Breitenstein/Liebfrauenstraße) und 2211.   Cü.

64   Frühchristliche Glasmacherwerkstatt

Trier, Liebfrauenstraße.
Letztes Drittel 4. Jh.

Im Jahre 1922 konnte das Museum anläßlich einer Weinkellerausschachtung im Hofbereich des Palais Kesselstatt an der Liebfrauenstraße (in nächster Nähe des Domes) drei fragmentarische Glashäfen, 20 Schmuckstücke aus Glas und eine Anzahl Ton- und Glasscherben bergen.
Die Schmuckstücke setzen sich aus 11 Fingerringen, einem Armreif, einem Anhänger und 10 Perlen mit Fadenverzierung zusammen. Die bevorzugte Glasmasse ist von schwarzer Farbe; aber auch grüngelbes, rötlich-gelbes, blaues und farbloses Glas sind vertreten. Zwei Ringe zeigen auf der runden Ringplatte das Christogramm X P, andere sind mit weiteren christlichen Symbolen verziert.
Bei den mitgefundenen Glashäfen handelt es sich offensichtlich um wiederverwendete Kochtöpfe, denen der obere sich verengende Mündungsteil absichtlich abgeschlagen worden ist, um weite Schüsseln zur bequemeren Entnahme der Glasmasse zu erhalten. Die rotbrauntonigen Gefäße sind innen mit dickem dunkelmoosgrünem bzw. olivgrünem Glasfluß überzogen. Tropfen sind ebenfalls wie bei den Glashäfen aus dem südlichen Industrieviertel (s. S. 249) an der Außenwand herabgeflossen. Wie dort haftet an einer Seite des Gefäßes noch festgebackener verschlackter Lehm, der von der Einmauerung der Tiegel im Ofen herrührt. Die in diesen Häfen geschmolzene Glasmasse wurde zur Verarbeitung der Schmucksachen verwandt, wofür man auch Altmaterial benutzte, das man an Ort und Stelle gefunden hat. Ob hier auch Glasgefäße hergestellt wurden, bleibt zweifelhaft.
Es ist verwunderlich, daß mitten in den Wohnvierteln eine Glashütte – auch wenn sie von bescheidenem Ausmaß war – geduldet wurde. Waren doch sonst alle mit Feuer arbeitenden Betriebe wegen der Brandgefahr im Süden der Stadt und vor den Toren geschlossen angesiedelt. Die handelstüchtigen Glasbläser

64 d, a, b, c, e

haben den Standort ihrer Hütten allerdings geschickt gewählt. Den mit christlichen Symbolen verzierten Schmuck konnten sie gewiß gut und gewinnbringend an die zur christlichen Doppelkirche (jetzt Dom) vorüberziehenden Pilger verkaufen. Die Tätigkeit der Glasmacherwerkstatt kann aufgrund des mitgefundenen einheitlichen Fundgutes (Keramik, Münzen, Glas; vgl. auch Kat. Gläser Trier 74 Nr. 314 Abb. 27 Taf. 43) in das letzte Drittel des 4. Jahrhunderts datiert werden.   Goe.

Ausgehend von diesen Werkstattfunden stellte S. Loeschcke weitere in Trier und Umgebung gefundene gläserne Schmuckgegenstände zusammen. Er gelangte zu dem Ergebnis, daß in Trier schon früher, nämlich ab der 2. Hälfte des 3. Jahrhunderts, Glasschmuck hergestellt, und daß diese Tätigkeit bis in die 1. Hälfte des 5. Jahrhunderts fortgesetzt wurde.

Lit.: S. Loeschcke, Frühchristliche Werkstätte für Glasschmuck in Trier. Trierer Heimatbuch, Festschrift zur Rhein. Jahrtausendfeier 1925 (Trier 1925) 337–360. – Frühchristl. Zeugnisse 80 ff. – Römer an Mosel u. Saar 352 f. Nr. 320.

a) FO. Trier, im Hof des Palais Kesselstatt; im Brandschutt eines römischen Kellers, 1922.
Der im Querschnitt stellenweise runde, stellenweise ovale Reif schließt an eine runde Platte an, die in zartem Relief mit dem Christogramm X P geschmückt ist. Die Enden des X sind mit Querbalken versehen. Ein Kreis faßt die Buchstaben ein.
Grünlich-gelbes, durchscheinendes Glas. – Dm. 1,8 cm (innen).
RLM. Trier, Inv. 22, 10.
Lit.: Loeschcke a. a. O. 388 Nr. 8 Abb. 1, 9. – Frühchristl. Zeugnisse 80 b.

b) FO. Trier, im Hof des Palais Kesselstatt (wie a).
Die annähernd runde Ringplatte zeigt eine nach links hockende Taube vor einem Palmblatt. Ansatz des runden Reifs erhalten, dieser sonst ergänzt.
Dunkelblaues, durchscheinendes Glas mit Iris. – Dm. der Platte: 1,1 cm.
RLM. Trier, Inv. 22, 9.
Lit.: Loeschcke a. a. O. 337 Nr. 6 Abb. 1, 16. – Frühchristl. Zeugnisse 80 c.

c) FO. Trier, im Hof des Palais Kesselstadt (wie a).
Im Querschnitt annähernd runder Reif mit ovaler Platte, die ein undeutliches Buchstabenmonogramm trägt.
Schwarzes, undurchsichtiges Glas. – Dm. 1,4 cm (innen).
Schwarzes Glas wurde im 4. Jahrhundert gern für Schmuck verwandt. Die Hersteller konnten so den Eindruck erwecken, als ob die Schmuckstücke aus wertvollerem Material, nämlich Gagat (s. hierzu Kat. 65), hergestellt seien.
RLM. Trier, Inv. 38, 2553.
Lit.: Loeschcke a. a. O. 337 Nr. 2 Abb. 1, 19. – Frühchristl. Zeugnisse 81 g.

d) FO. Trier, im Hof des Palais Kesselstatt (wie a).
Dem ungleichmäßig breiten bandförmigen Reif ist eine runde, 1,4 cm große Platte aufgeschmolzen, die mit zwei verschwommenen Brustbildern verziert ist. Wie weitere deutlicher ausgeprägte gläserne Ringplatten lehren, ist ein weibliches und ein männliches Brustbild einander gegenüber gestellt. Andere Ringe aus Gold und Silber, die ebenfalls mit einer ins Profil gesetzten Frauen- und Männerbüste geschmückt sind – zwischen ihnen kann auch ein Kinderkopf gesetzt sein – tragen neben einer Namensbeischrift (Frauen- oder Männername) den Zusatz VIVAS (du sollst leben). Die Büsten können mit gleicher Aufschrift auch einzeln vorkommen (s. hier Kat. 33 b). In diesen Ringen sind mit S. Loeschcke eher Geschenk- als Eheringe zu sehen, wie zuweilen vermutet wurde. Sie sollen den Träger mit allen guten Wünschen (VIVAS!) durch den Alltag geleiten.
Grünlich-gelbes, durchsichtiges Glas. – Dm. 1,6 cm (innen).
RLM. Trier, Inv. 38, 2555.
Lit.: Loeschcke a. a. O. 337 Nr. 4 Abb. 1, 3; 2, 4.

e) FO. Trier, im Hof des Palais Kesselstatt (wie a).
Die kugelförmige, durchbohrte Perle ist oben und unten abgeplattet. Drei in Zickzack gelegte Fäden aus opakem weißem und opakem hellblauem Glas (Mitte) sind eingeschmolzen.
Schwarzes Glas. – H. 1,8 cm, Br. 2,1 cm.
RLM. Trier, Inv. 38, 2568.
Lit.: Loeschcke a. a. O. 388 Nr. 1 Abb. 1, 1.   Goe.

Gagat ist ein Material, das seit der frühen Eisenzeit verarbeitet wurde. In römischer Zeit, vor allem im 3. und 4. Jahrhundert, findet die Gagatindustrie die bis dahin größte Verbreitung. Verarbeitet wurde sowohl der eigentliche Gagat, heute als Pechkohle oder Schwarzstein bekannt, eine bitumenreiche Kohle der Sekundärformation, als auch der Pseudogagat, worunter verschiedene Mineralkohlen zusammengefaßt werden, die dem Gagat in Aussehen und Materialeigenschaften nahekommen. Der Werkstoff ist vor allem aus den Tälern des moorreichen Yorkshire bekannt, wo die Gagatindustrie noch im 19. Jahrhundert einen letzten Höhepunkt erlebte. Einige wenige Werkstätten wurden in England lokalisiert. Solinus, lateinischer Autor des 3. Jahrhunderts, bezeugt gerade für Britannien die Herstellung von Kostbarkeiten aus Gagat und mißt dem Material magische Eigenschaften zu. Wohl auf Grund seiner Qualität wurde Gagat aus Britannien auf das Festland exportiert, wobei unsicher bleiben muß, ob als Rohstoff oder fertig gearbeitetes Produkt. Stilistisch sind viele Stücke des Rheinlandes mit Funden aus York, z. T. Halbfertigfabrikaten, verwandt.

Auf dem europäischen Festland ist Gagat besonders häufig im Rhein- und Moselland vertreten. Nicht nur aus Trier, ebenso aus Mainz, Bonn und Köln sind Gagatfunde in der Hauptsache von den großen Friedhöfen mit Körperbestattungen des 3. und 4. Jahrhunderts bekannt geworden. Mit Vorliebe wurde das Material zu Schmuck verarbeitet, zu Fingerringen, Armreifen, Armbändern, Ketten und Anhängern, daneben zu Gebrauchsgegenständen, zu Haarnadeln und Spinnereigeräten. In Anbetracht der Tatsache, daß Schwarz zur beliebten Modefarbe des 3. und 4. Jahrhunderts wurde – vgl. die Glaswerkstätte vom Palais Kesselstatt (Kat. 64) und die Schwarzfirniswaren – können die Gagat-Artefakte als typische Erzeugnisse der spätantiken provinziellen Kunstproduktion angesehen werden. Pseudogagat war der Modeschmuck zu erschwinglichen Preisen. Die hochinteressante Fundstelle eines Kaufladens in Bonn, in dem in der Hauptsache neben anderem »Billigschmuck« Pseudoagat angeboten wurde, illustriert in aller Deutlichkeit, wie nach Wilhelmine Hagen »den Soldaten der Bonner Garnison allerlei Tand für ihre Liebchen feilgeboten wurde«.

Neben einer Unmenge von Ringen, Reifen, Nadeln, Perlen und Kettengliedern, vielfach nur mehr in Fragmenten erhalten, befinden sich einige figürliche Stücke im Landesmuseum, die stilistisch eng mit Arbeiten aus Bein und Elfenbein verwandt sind.

Lit.: W. Hagen, Kaiserzeitliche Gagatarbeiten aus dem rheinischen Germanien. Bonner Jahrb. 142, 1937, 77–144, Taf. 19–41. – A. J. Lawson, Shale and jet objects from Silchester. Archaeologia or miscellaneous tracts relating to antiquity 105, 1976, 241–275.

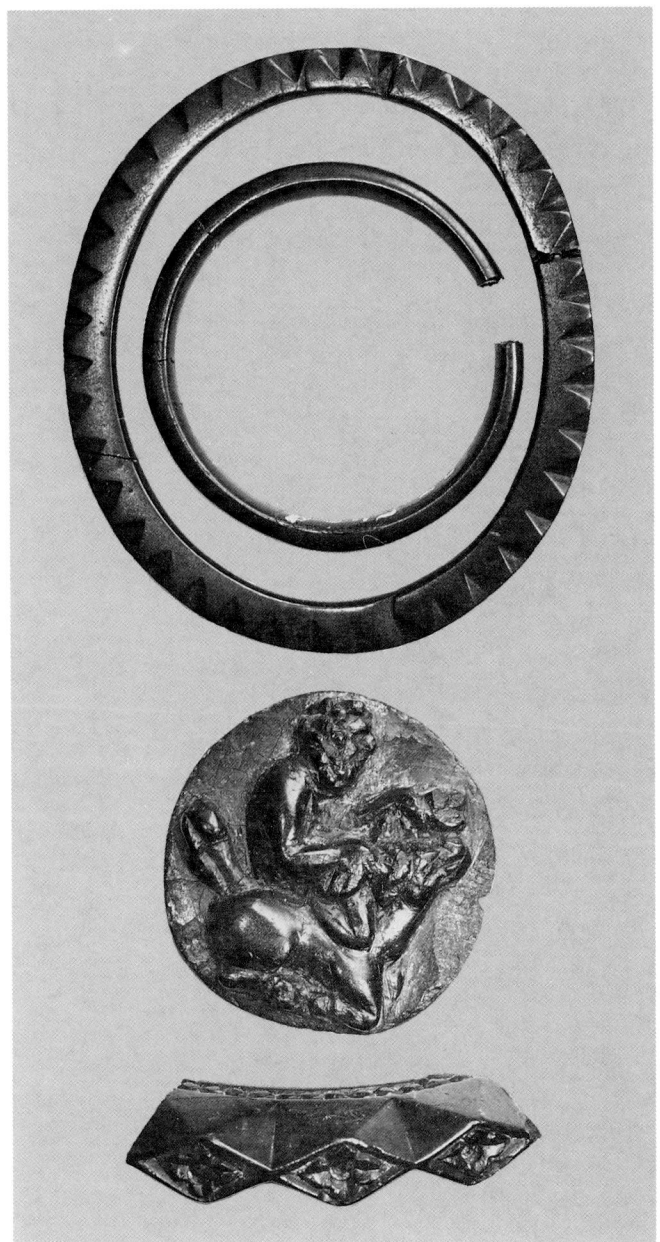

65a, b, g, c

a) FO. Trier, St. Matthias, 1905, Grab 16.
1. Hälfte 4. Jh. n. Chr.
Ovaler Armreif, im Querschnitt rechteckig mit V-förmigen Kerben in den Außenkanten, die an der Außenseite ein rautenförmiges Muster ergeben (vgl. c).
RLM. Trier, Inv. 05, 234b.

Gagat. – Dm. innen 4,4–5,2 cm, D. 0,55 cm, Br. 0,35 cm.
Lit.: E. Krüger, Westdt. Zeitschr. 25, 1906, 463. – W. Hagen, Bonner Jahrb. 142, 1937, 114 Nr. B 12,4. – Kat. Gläser Trier 312 f. Grab 223.

b) FO. Trier, St. Matthias, 1906, Grab 144.
4. Jh. n. Chr.
Kleiner Reif, stabförmig und unverziert, innen flach und außen leicht gewölbt; dabei wurde ein gleichgestalteter und etwa gleichgroßer Reif aus Bein gefunden.
RLM. Trier, Inv. 05, 542 c.
Gagat. – Dm. innen 3,3 cm, Br. 0,5 cm.
Lit.: W. Hagen, Bonner Jahrb. 142, 1937, 111 Nr. B 5,24. – Kat. Gläser Trier 324 Grab 288.

c) FO. Trier, Dietrichstraße, 1970.
Großer Armreif, im Querschnitt rechteckig und reich verziert. An den Außenkanten eingekerbt wie beim Armreif a) ergeben sich an der Außenseite Rauten. In jeder dieser durch einen Rahmen eingefaßten Raute ist eine Kreuzblüte, deren Mitte ursprünglich mit einer Perle ausgelegt war (vgl. W. Hagen, 132 Nr. F 4,1). Um die Innenöffnung ist an jeder Seite ein Perlstab gelegt. Die Buchstaben an einer Seite sind nachträglich eingeritzt worden.
RLM. Trier, EV. 1983, 97.
Gagat. – Dm. innen ca. 5,8 cm, D. 1,4 cm, Br. 0,8 cm.
Unveröffentlicht.

d) FO. Trier, Löwenbrücken und Maximinstraße, 1880 u. 1902.
Zwei Haarnadeln mit vieleckigen Köpfen aus an den Ecken abgeschrägten Würfeln. Die Nadel ST 4797 ist an der Spitze abgebrochen, die andere ist bereits antik wieder nachgespitzt worden.
RLM. Trier, Inv. 3226 u. ST 4797.
Gagat. – L. 5,5 cm u. noch 5,8 cm.
Lit.: W. Hagen, Bonner Jahrb. 142, 1937, 132 Nr. F 3,62 u. 78. – Vgl. K. Goethert, Kat. Römer an Mosel und Saar, Nr. 241 p.

e) FO. Altrier (Luxemburg) 1888.
Amulett, bei dem an einer Seite eine Hand eine fica, eine magische Abwehrgeste macht, wobei der Daumen zwischen Zeigefinger und Mittelfinger geschoben wird. Am anderen Ende des Amulettes ist ein menschliches Köpfchen.
RLM. Trier, Inv. 16976.
Gagat. – L. 3,7 cm.
Lit.: W. Hagen, Bonner Jahrb. 142, 1937, 127 Nr. E 6, Taf. 26,2.

f) FO. Trier, St. Matthias, 1906, Grab 64.
4. Jh. n. Chr.
Anhänger mit schmerzerstarrtem Medusenhaupt im Relief auf einer ovalen, oben abgeflachten Platte. Die Haarlocken treten durch tief eingebohrte Löcher plastisch hervor; zum Aufhängen Durchbohrungen beiderseits der Stirn. In demselben Grab wur-

den weitere Stücke aus Gagat gefunden, eine Kette mit Gagatperlen, ein Messer mit Gagatgriff und ein Gagatarmreif neben einem aus schwarzem Glas.
RLM. Trier, Inv. 05, 294 b.
Gagat. – H. 3 cm, Br. 4,8 cm, D. 1,2 cm.
Lit.: E. Krüger, Westdt. Zeitschr. 25, 1906, 464. – S. Loeschke, Trierer Heimatbuch 1925, 353 f. Abb. 6. – W. Hagen, Bonner Jahrb. 142, 1937, 127 Nr. E 13 Taf. 30. – Kat. Gläser Trier 323 Grab 281.

g) FO. Trier-Biewer, in aus dem Stadtgebiet vertransportiertem Schutt, 1979.
Auf einer runden Gagatscheibe wird der bärtige Herakles, der die kerynitische Hirschkuh bezwingt, gezeigt. Die Darstellung gibt einen alten, in der römischen Kaiserzeit üblichen Typus, der auch auf antiken Reliefsarkophagen in dieser Form vorkommt, wieder. Herakles, der die Hirschkuh, die er in einer seiner zwölf Aufgaben fangen soll, ereilt hat, drückt ein Knie in den Rücken des Opfers und reißt es am Geweih nieder. Bilder dieses Kampfes, vor allem von den antiken Reliefsarkophagen bekannt, klären die anatomischen Unstimmigkeiten des Gagatreliefs. Dort steht Herakles, sich mit dem rechten Bein in die Erde stemmend, über der am Boden liegenden Hirschkuh und drückt das linke Knie, das auf dem Gagatbild den Bezug zum Oberkörper des Helden verloren hat, in den Nacken des Opfers.
Herakles ist aus der moselländischen Grabplastik auch früherer Jahrhunderte bekannt, etwa von dem Grabmal von Igel. Er kommt vor neben anderen Motiven, aus denen sich durch ihre Sagentradition Hinweise auf Überwindung des Todes, Unsterblichkeit, Weiterleben der Seele und Erlösung erkennen lassen.
Die runde Scheibe ist an ihrer Unterseite nur grob geglättet und die Kanten der Unterseite sind gebrochen. Demnach war das Gagatstück ursprünglich eingelegt.
Gagat. – Dm. 3,5 cm.
RLM. Trier, EV. 79, 79.
Unveröffentlicht.

h) FO. Trier?
Kleine Gewandfigur in langem, bis zu den Füßen hinabreichendem Gewand, in Schulterhöhe abgebrochen. Die Rückseite ist nicht modelliert. Die Gewandfalten sind grob eingekerbt. In der rechten Hand hält die Figur einen Stab; mit dem linken Unterarm umfaßt sie einen anderen, nicht sicher zu benennenden Gegenstand. Nach W. Hagen könnte es sich um die Darstellung der Göttin Fortuna handeln.
RLM. Trier, Inv. unbekannt.
Gagat. – H. 5 cm, Br. 2,7 cm.
Lit.: W. Hagen, Bonner Jahrb. 142, 1937, 139 Nr. J 4 Taf. 38,3.

i) FO. Trier, St. Paulin, 1882.
Kleiner Löwe, der ein Rind von hinten angesprungen hat und es

schlägt. Der hochgerissene Kopf des Opfers ist am Hals abgebrochen. Eher denn als Messergriff (W. Hagen) war das Stück zur Verzierung an einem Möbel angesetzt, da neben einem 5 cm tiefen runden Bohrloch vom Ansatz hinter dem Löwen her eine rechteckige Aussparung an der Unterseite mit einem weiteren, rechtwinklig zum ersten, 3 cm tiefen Bohrloch von unten bis zum Löwenkopf vorhanden ist. Darstellungen dieser Art, bei denen ein Löwe ein Tier schlägt, sind vor allem aus der Grabsymbolik bekannt.
RLM. Trier, Inv. 6391.
Gagat. – H. 4,3 cm, L. 7,5 cm, T. 1,8 cm.
Lit.: Westdt. Zeitschr., Korrbl. 1, 1882, 38 Nr. 137, 2, 1883, Taf. 11, 5. – W. Hagen, Bonner Jahrb. 142, 1937, 140 Nr. 78, Taf. 37, 1.

j) FO. Trier, Pallien, 1877.
Kleines ovales Schälchen, an der Außenseite mit Ranken verziert. Die beiden Handhaben an den Hauptscheiteln sind in der Form von Menschenköpfen mit langem, unstrukturiertem Haar ausgestaltet.
RLM. Trier, Inv. 101.
Gagat. – H. 2,5 cm, Br. 3,5 cm, L. 6,4 cm.
Lit.: Hettner, Ill. Führer 112. – W. Hagen, Bonner Jahrb. 142, 1937, 141 Nr. M 1 Taf. 41, 1.

k) FO. Newel (Krs. Trier-Saarburg), 1962.
4. Jh. n. Chr.
Über dem Cellaboden des zum Gutshof bei Newel gehörigen Tempels wurde das Zierstück aus Gagat gefunden, dessen Bestimmung und Bedeutung nicht klar ist und das in seinem Aussehen an ein tierähnliches Fabelwesen erinnert. Zum Anstücken drei Bohrungen an der abgeflachten Seite, eine weitere vielleicht, um das Objekt als Anhänger zu verwenden.
RLM. Trier, Inv. 62, 244.
Gagat. – L. noch 6 cm, H. noch 4 cm, D. 1,5 cm.
Lit.: H. Cüppers/A. Neyses, Trierer Zeitschr. 34, 1971, 202f. Abb. 35.

l) FO. Trier, St. Matthias, 1905, Grab 237.
4. Jh. n. Chr.
Spinnrocken mit würfelförmigem Sockel, auf dem ein nach oben sich verjüngender Schaft sitzt, unten von einem quadratischen in einen achteckigen Querschnitt übergehend. Die acht Kanten sind durch Kerben verziert. Aufgesetzt ist eine Doppelhenkelvase mit rautenförmigem Muster auf dem Bauch. Sockel, Schaft und Aufsatz sind getrennt voneinander gearbeitet und zusammengesetzt.
RLM. Trier, Inv. 04, 492b.
Gagat. – L. 18,6 cm.
Lit.: H. Graeven, Westdt. Zeitschr. 24, 1905, 373 Taf. 12, 6. – W. Hagen, Bonner Jahrb. 142, 1937, 135f. Nr. G 12 Taf. 34. – Kat. Gläser Trier 321f. Grab 270. Schw.

66–76 Amphitheater
(Farbabb. s. S. 71, 174/75)

66 Der Bau und sein Schicksal in der Spätantike

Um 100 n. Chr. bis Ende 4. Jh. n. Chr.

Am Ostrande der Stadt, relativ weit von den Wohnquartieren entfernt, wurde am Fuße des Petrisberges das Amphitheater angelegt. Die Gunst des Geländes ermöglichte es, daß ein Teil der Anlage in das Gelände eingegraben wurde und der anfallende Abraum zur Aufschüttung der Gegenseite verwertet werden konnte. So entstand zur Stadtseite hin eine hohe Dammschüttung, die durch zuvor in Mauerwerk errichtete gewölbte Gänge und die Schutzmauer gegen die Arena und eine äußere Ringmauer stabilisiert werden konnte. In den anstehenden Schieferfelsen wurde die Arena- und Kampffläche eingetieft und die ovale Fläche in der NS-Achse durch breite Zufahrten erschlossen. Neben den Fahrstraßen führten beiderseits gewölbte Gänge zu den Rängen der Besucher, während die Wangenmauern, jeweils durch vier halbrunde Türme verstärkt, den Druck des Erdreiches von der Bergseite wie auch der Dammschüttung abzustützen hatten.
Die Arenamauer grenzte nicht nur die Kampffläche gegen die Besucher ab, sondern schützte durch ihre Höhe die Zuschauer vor wilden Tieren und eventuellen Ausbrüchen der in der Arena kämpfenden Gefangenen und verurteilten Verbrecher. 15 Käfige, durch Türschwellen und Kammermauern und Gewölbe nachgewiesen, waren zusätzlich in dieser Mauer angelegt worden. Eine in den Felsen eingeschrotete Kanalrinne entwässerte die Kampffläche, während im Abstand von 1,50 m eine Holzpalisade installiert war, wie sie noch heute in den Stierkampfarenen südlicher Länder angetroffen werden.
Die Dammschüttung, bis zu 22 m hoch über die Grundfläche aufgetragen, bot mit zunehmend größeren Rängen über 20000 Zuschauern Platz. Die horizontal gegliederten Sitzränge, zumeist aus den örtlich anstehenden Sandsteinen in Quadern ausgeführt, wurden durch Treppenaufgänge von der Zugangsebene erschlossen und bildeten derart Segmente oder Keile (cunei), die die großartige Anlage gliederten. Die Hauptzugänge wurden durch Wandscheiben mit Profilgesimsen und Blendarkaden untergliedert, wie Torfassaden gestaltet. Die sichtbaren Mauerteile sind aus gleichmäßig zugerichteten, kleinen Handquaderchen in Kalkstein verblendet, die zugleich eine verlorene Schalung für die Gußmauer aus Steinschrotteln und Kalkmörtel bildete. Die stadtseitig gelegenen Zugänge, trompetenartig zu den Ganggewölben verengt, wurden durch steil ansteigende Wangenmauern abgeschirmt. Hier waren die Mauerfugen sorgfältig mit einem marmorartigen Kalkputz verstrichen, mit dem Fugeisen nachgezogen und zusätzlich in ockerroter Farbe ausgemalt,

◁ Reliefsarkophag aus der Albanagruft, Trier,
St. Matthias (Kat. 92).

Nische an der Nordseite des Deckels mit Portraitbüsten.

Nische an der Südseite des Deckels mit Portraitbüsten.

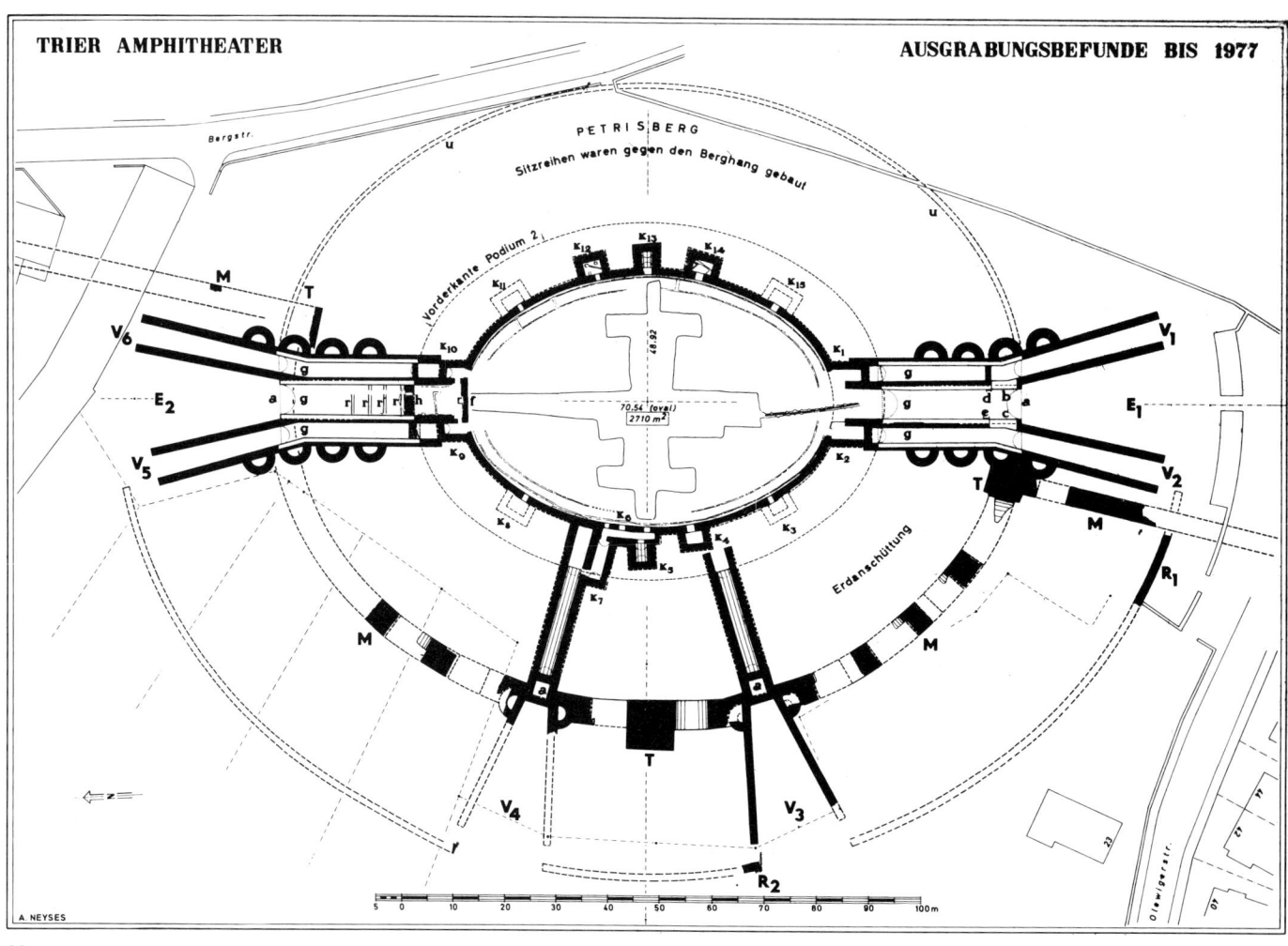

A. NEYSES

66

während die Gewölbe und Durchgänge verputzt und mit einfachen Streifendekors gegliedert waren.

Im Laufe der über dreihundertjährigen Benutzung waren auf der mit Kies und Sand bestreuten Kampffläche zahlreiche Dekorationen, Landschaftsbilder, Spiel- und Kampfgeräte aufgestellt worden, die ihre Spuren als Pfostenlöcher und Steinsockel im Felsen hinterlassen haben. Schließlich waren vertiefte Keller angelegt worden, die neben Balken- und Holzplankenböden auch technische Installationen wie Pumpen und eine Hebebühne erhielten, so daß der Verdacht aufkommt, daß das Amphitheater zeitweise auch als Theater genutzt worden ist, andererseits fehlt bisher der Nachweis einer größeren Theaterbühne im Stadtgebiet, wollte man nicht ersatzweise die kleineren Kulttheater im Tempelbezirk am Altbachtale oder beim Tempel des

Lenus Mars, am westlichen Moselufer, für szenische Darbietungen in Anspruch nehmen.

Die Kelleranlage wurde in mehreren Abschnitten erweitert und durch einen Kanal in südlicher Richtung, der auch den Ringkanal der Arena aufnahm, entwässert.

Im langrechteckigen Mittelteil sind an den Schmalseiten vier brunnenartige Vertiefungen erhalten, die an der Sohle in viereckig zugerichtete Form übergehen und als Halterung großer Mastbäume zu deuten sind, an denen die Vela, große Sonnensegel, ausgespannt waren.

Seit dem Ende des 2. Jahrhunderts ist das Amphitheater in den Mauerring der Stadtbefestigung einbezogen. An der NO-Seite des Nordzuganges ankommend, winkelt die Stadtmauer nach Westen ab und verläuft auf der Krone der Dammschüttung zum

Südeingang, wo sie westlich der Zufahrt mit turmbewehrter Umwinklung nach Süden abschwenkt. So mußte ein Angreifer die südliche Torsperre, das Oval der Arena und die nördliche Torsperre bezwingen, bevor er in das Stadtgebiet eindringen konnte. Als Substruktion der Stadtmauer wurden Pfeiler bis auf den gewachsenen Boden hinabfundamentiert und mit flachen Bögen überspannt, auf denen die Befestigungsmauer ruhte.

Von der Programmfolge der Spiele bieten uns die künstlerisch hochwertigen Mosaikbilder der Villa von Nennig (Obermosel) und von Kreuznach eine lebendige Vorstellung und können durchaus von den Darbietungen in Trier inspiriert gewesen sein.

An den im Kellerbereich noch konservierten Hölzern der Ausgrabungen von 1911 wurden zahlreiche dendroarchäologische Untersuchungen durchgeführt, die mit den Bauarbeiten in der Kellerzone in Verbindung zu bringen sind: Ermittelt wurden Fällungs- und Verbaudaten 232–237 n. Chr. 292–294 n. Chr. und um 300–304 n. Chr.

Mit dem Amphitheater zu Trier ist die traurige Tatsache verbunden, daß Constantin nach erfolgreichen Kämpfen gegen die Rheinfranken die Gefangenen im Amphitheater hinschlachten ließ, eine Form der Massenunterhaltung, die als »ludi Francici« für das Jahr 306 bezeugt werden. Die Ermordung der fränkischen Könige Ascaricus und Merogaisus wird für das Jahr 313 n. Chr. überliefert. In frommer Erinnerung an Christen, die in den Verfolgungszeiten hier das Martyrium erlitten, wurde, nach dem allgemeinen Verbot der blutigen Amphitheaterkämpfe unter Theodosius, eine Gedächtnisstätte als schlichtes Oratorium errichtet, aus dem uns eine frühchristliche Elfenbeinpyxis erhalten ist, die im östlichen »Kreuzarm« der Kelleranlage gefunden wurde. Diesen Traditionen folgten auch frühchristliche Gedächtnisanlagen, die im Amphitheater zu Metz (hier im Hauptzufahrtsbereich) und im Amphitheater zu Carnuntum bei Wien installiert worden waren.

Daß diese Stätte des Grauens den Unterweltsgöttern der heidnischen Zeit zugehörte, bezeugen zahlreiche Defixiones, Verfluchungstäfelchen in Blei und Silber, die ebenfalls in diesem Bereich bei Ausgrabungen geborgen werden konnten (vgl. Kat. 74–75).

Nach dem Abzug der Truppenverbände vom Rhein, der Verlegung von Hof- und Reichsverwaltung in sicherere südliche Gebiete, wurde das Amphitheater durch Einbau zusätzlicher Torsperren zu einer selbständig verteidigungsfähigen Fluchtburg umgewandelt. In den Invasionsjahren 406/407 n. Chr., als Quaden und Alemannen die Rheinlande überfielen, flüchtete sich die Restbevölkerung der Stadt Trier hierhin und konnte, offenbar ohne große Verluste, die Feinde abwehren und Leib und Leben retten.

Lit.: Trier, Amphitheater. Führer der Verwaltung der Staatlichen Schlösser Rheinland Pfalz. Heft 9 (1978). – E. Hollstein, Mitteleuropäische Eichenchronologie. Trierer Grabungen und Forschungen XI (1980) 153. Cü.

67 Spiele im Amphitheater

Die Bedeutung des Amphitheaters im spätantiken Trier wird durch zwei Zitate aus zwei verschiedenen Lobreden (panegyrici), die auf Kaiser Constantin in Trier gehalten wurden, hervorgehoben:

Denn was ist prächtiger als dieser Triumph, bei dem er die Vernichtung der Feinde zu einem Vergnügen für uns alle gestaltete und zu einem Aufzug von Festspielen mit den Überlebenden aus der Niederlage der Barbaren steigerte. Eine derart große Menge von Gefangenen warf er den wilden Tieren vor, daß die Verhaßten und Treulosen nicht weniger Schmerz aus der Entehrung wie aus dem Tode selbst erduldeten. (Panegyrici latini, ed. W. Baehrens, XII 23, 3).

Waffenfähige (Franken), die in Gefangenschaft geraten waren und wegen ihrer Treulosigkeit nicht für den Krieg, wegen ihres Trotzes auch nicht zum Dienen geeignet waren, wurden zur Rache in einem großen Schauspiel den wütenden Bestien der Arena vorgeworfen, die selbst ob dieser Menge ermüdeten. (Paneg. VI 12, 3).

Die gefangenen Germanen, deren Könige *(reges)* Ascarius und Merogaisus namentlich genannt werden, fanden, was kaum bezweifelt wird, im Amphitheater in Trier ein furchtbares Ende. In gleicher Hinsicht äußert sich auch Eutropius (10, 3), der die Hinrichtung fränkischer und alamannischer Könige im Amphitheater nennt. Hieraus ein besonders grausames Verhalten Constantins mit einer besonderen Neigung zu Arenaspielen abzuleiten, heißt, die allgemeine Praxis militärischer Gepflogenheiten auch der Spätantike zu verkennen. Absicht des Kaisers war es, die die Grenze am Rhein bedrohenden Germanen zurückzuschrecken, was auch durch vielfältige Maßnahmen zu einer Phase relativer Ruhe in den Jahren von 320 bis 340 führte. Die abschreckende Absicht wird gerade in Paneg. XII 23, 3 (s. o.) deutlich durch die Tatsache, daß eine für die Feinde besonders unehrenhafte Todesart gewählt wurde. Eine nachsichtige Haltung des Kaisers wäre nach Meinung eines anderen Panegyrikers eine unkluge Milde *(stulta clementia)*.

Von den beiden oben zitierten Festreden wurde die erste Ende Juli 310 (Paneg. VI) am Geburtstag der Stadt, womöglich am 1. August, in Trier gehalten, die zweite im August 313 (Paneg. XII), nachdem der Kaiser siegreich aus Rom (Milvische Brücke) zurückgekehrt war und im Sommer bereits am Niederrhein Krieg geführt hatte.

Anders wurden wohl sicherlich die Schauspiele mit den Kriegsgefangenen von der Bevölkerung der Stadt und des Umlands aufgenommen. Für die Bevölkerung waren die Arenaspiele ein Höhepunkt der Unterhaltung in der Stadt, ein lustvolles Vergnügen *(voluptas)*, wie es der Festredner nennt. Hierfür zu sorgen, ist zumindest in der Residenzstadt auch Aufgabe des Kaisers. Die *ludi Francici*, die nach dem Festkalender von 354, alljährlich vom 15. bis 20. Juli stattfanden, müssen nicht die Hinrichtung gefangener Franken bedeutet haben. Für diese Spiele und die damit zusammenhängenden Festtage gab ein

Ansicht des Amphitheaters von Osten, ▷
Zeichnung: L. Dahm (Kat. 66).

historisch bedeutsamer Sieg den Anlaß. Es ist versucht worden, die ludi Francici auf einen Sieg über die Franken aus dem Jahre 342 zurückzuführen.

Arenaspiele als nicht angebrachtes grausames Spektakel beurteilend, hatte Constantin in einem Edikt vom 1. Oktober 325 versucht, die Gladiatorenkämpfe einzuschränken und wegen eines Verbrechens Verurteilte nicht mehr im Amphitheater auftreten zu lassen, sondern einer Zwangsarbeit zu unterziehen. Die Beliebtheit von Spielen, auch im Circus, ist dagegen auch für Trier weiterhin bis ins 5. Jahrhundert belegt (vgl. Kat. 78).

Lit.: Panégyriques latins, hrsg. von E. Galletier, Bd. II (Paris 1952). – Zur Datierung T. D. Barnes, The new empire of Diocletian and Constantine, (Cambridge Mass./London 1982) 70 f. Schw.

68   Balken der Bühnenmaschinerie

FO. Trier, Amphitheater, Arenakeller.
Um 298 n. Chr. (± 8 Jahre).

1905 wurde erstmals das Vorhandensein ausgedehnter Keller innerhalb der Arena des Trierer Amphitheaters festgestellt. Im Zuge der Freilegung des in Schieferfelsen eingearbeiteten Kellers wurden bei den Grabungen 1908/9 auf der Kellersohle Reste umfangreicher Holzkonstruktionen (Schwellen, Bohlen, Bretter) sowie die Überreste einer ehemaligen Bühnenmaschinerie gefunden.

Zum Zweck dendrochronologischer Analysen konnten 1971 aus diesem Bereich Probescheiben der ringreichsten Hölzer entnommen werden. Trotz abgefaulter Randzonen, hervorgerufen durch Umlagerungen während Grabungsarbeiten, waren genügend Jahrringe erhalten, so daß eine sichere Datierung möglich war. Neben zahlreichen Eichenhölzern fanden sich Kiefern- und Tannenholzbalken, deren Einbaustelle sich nach den Grabungsplänen im Raum D befindet. Heute noch zu besichtigen sind die Balken 5, 6 und 7, letzterer mit Zapfenlöchern für die eingelassenen Ständer. Durch die waldkantige Probe Nr. 5 konnte die Schwellenkonstruktion an dieser Stelle in das Jahr 294 n. Chr. (jahrgenau) datiert werden.

Die römerzeitlichen Daten der Eichenhölzer, soweit sie Splintholz enthalten, deuten darauf hin, daß das Kellergebälk für die Bühnenmaschinerie um 298 n. Chr. (± 8 Jahre) konstruiert wurde. Dazu gehören Balken Nr. 3, Kantholz Nr. 20 und Bohle Nr. 1. Letztere gehört mit 217 erhaltenen Jahrringen zu den wichtigsten und besterhaltensten Holzproben: der zuletzt erhaltene Endring stammt aus dem Jahr 286 n. Chr., die Fällungszeit des Holzes ist um 298 (± 8 Jahre) anzunehmen. Deutlich zu erkennen ist eine typische, holzphysikalische Eigenschaft: der rhombische Schwund in Viertelhölzern. Durch Schwindung bei der

TRIER, Amphitheater, Arenakeller
Balken aus der Bühnenmaschinerie
Fällung um 298 n. Chr.   286 n. Chr.
250
200
150
100
ursp. Querschnitt   70

68

Trocknung hat sich das Holz entsprechend seiner Eigenschaften verändert: Der ursprünglich rechtwinklige Querschnitt betrug 19,6/9,3 cm – durch die rhombische Verzerrung sind nur noch 15,9/6,8 cm erhalten. Aus den Balkenproben 4, 9, 15 und 23, die aus der Zeit nach 304 n. Chr. stammen, sind weitere Ergänzungen, Umbaumaßnahmen und Reparaturen anzunehmen.

Bedenkt man, daß der Caesar Constantius I. 293 n. Chr. Trier zu seiner Residenz erwählt hat, bietet sich von hier aus eine Erklärung für die Umbau- und Erneuerungsmaßnahmen im Amphitheater wie im Circus maximus. Auf eine Wiederbelebung des Circus deutet die Ehreninschrift für Constantius I. (Kat. 17) hin. Arena und Circus gehören zu den wichtigsten Stätten monarchischer Repräsentation, wie literarische Erwähnungen und Zeugnisse der Kleinkunst auch für Trier belegen. Insofern dienten auch die Baumaßnahmen des Caesars Constantius I. in Circus und Amphitheater am Beginn seiner Herrschaft zur Festigung seiner politischen Stellung.

Eine weitere Eichenholzprobe konnte dendrochronologisch in die Zeit nach 694 n. Chr. datiert werden (Spaltbohle Nr. 2, 227 bis zum Wuchsjahr 668 n. Chr. erhaltene Jahrringe, ohne Splintholz). Dies unterstreicht die auch durch andere Befunde angezeigte, nachrömische Benutzung des Amphitheaters (Kat. 69–73), nachdem bereits im ausgehenden 4. Jahrhundert hier aufführbare Spiele nicht mehr abgehalten werden durften.

Eichenbohle. – Ursprüngliche H. 16,9 cm, Br. 9,3 cm, L. > 1 m.
RLM. Trier, Holzarchiv.

Lit.: E. Hollstein, Mitteleuropäische Eichenchronologie. Trierer Grabungen und Forschungen 11 (Mainz 1980), 153–155. – E. Krüger, Der Arenakeller des Amphitheaters. In: Röm.-German. Korrbl. 2 (1909) 51. – Trierer Jahresber. 3 (1910) 9 und 4 (1911) 17. – H. Cüppers, Trier, Amphitheater. Führer der Staatlichen Schlösser Rheinland-Pfalz 9 (Mainz 1978). – R. Rauh, Die Inschrift auf dem Pyxisdeckel der Rotsvintda aus dem Trierer Arenakeller. Trierer Zeitschr. 10, 1935, 17–19. Ney.

69–73 Elfenbeinfunde aus dem Amphitheater

Elfenbein wurde in der Antike als besonders wertvolles Material betrachtet. In der griechischen Kunst zu Zeiten des Phidias wurde Elfenbein vorzugsweise mit anderen Materialien, vor allem Gold, zu besonders wertvollen Bildwerken verarbeitet. Diese Kunst lebte in der römischen Kaiserzeit wieder auf. Elfenbeinarbeiten seit dem 4. Jahrhundert n. Chr. sind in großer Anzahl erhalten. Gegenüber Kunstwerken aus Metallen konnte Elfenbein nicht eingeschmolzen werden. Im Gegenteil, Elfenbeinarbeiten selbst profanen Charakters wanderten vielfach in Kirchenschätze, so auch in den Schatz der Hohen Domkirche zu

Trier und überlebten auf diese Weise die vielen Wirren seit dem frühen Mittelalter.

Antike Elfenbeinarbeiten, die sich in modernen Sammlungen befinden, haben auf Grund ihrer einfachen Transportierbarkeit und ihrer Beliebtheit oftmals Wege über zahlreiche Stationen hinter sich, so daß ihre ursprüngliche Herkunft nicht mehr festzustellen ist. Um so interessanter ist es, daß sich im Rheinischen Landesmuseum Stücke befinden, die aus dem Trierer Boden stammen, also zu einer Zeit noch relativ ursprünglicher Benutzung aus dem Verkehr gezogen wurden und nicht die Irrfahrten vergleichbarer Arbeiten mitgemacht haben. Die Zahl der aus Trier und Umgebung bekannten Stücke beweist nach W. F. Volbach (S. 24), »daß sich auch in dieser blühenden Residenz des 4. und 5. Jahrhunderts Werkstätten befinden konnten. Da aber die Hofkunst Triers sich fremder Künstler bedient zu haben scheint, kann man nicht von einem eigenen Stil sprechen«. Neben Elfenbein hat der Trierer Boden eine Fülle kleinerer Gegenstände aus Bein preisgegeben. Soweit es die Form ermöglichte, sind Messergriffe, Löffelchen, Nadeln, Scharniere, Spielsteine und Würfel aus Bein geschnitzt worden, in Ermangelung des kostbaren Elfenbeins, wie es der römische Satiriker Juvenal zu Beginn des 2. Jahrhunderts ausgedrückt hat (sat. 11, 131 ff.): »Es fehlt uns gar jegliches Gramm Elfenbein, kein Würfelchen, kein Spielstein aus dem Material, ja sogar kein beinerner Griff eines Messerchens.«

Bei den Ausgrabungen im Arenakeller 1908 wurden mehrere Stücke gefunden, die keine direkte Verwandtschaft untereinander aufweisen: eine frühchristliche Pyxis mit alttestamentlichen Szenen (Kat. 71); eine mythologische Szene aus der Spitze eines Elephantenzahnes geschnitzt (Kat. 70); Fragmente, die zu einer Pyxis mit einem Motiv aus der heidnischen Mythologie, dem musikalischen Wettstreit zwischen Marsyas und Apollo, gehören (Kat. 69) neben Pyxidendeckeln und Böden.

Das jüngste Stück, eine Beinscheibe mit Inschrift aus dem Ende des 8. Jahrhunderts, die ihrer kreuzförmigen Ausschmückung beraubt, geborgen worden ist, legt die letzte Benutzung der Elfenbeine nahe. P. Steiner zufolge stammen die Elfenbeine kaum aus einem verborgenen Schatz. Eher sind sie nach einem Raub, womöglich beim Normanneneinfall 882 in den über dem schon eingefallenen Arenakeller entstandenen Sumpf geworfen worden. Die nachrömische Benutzung des Amphitheaters ist auch durch eine Eichenbohle, dendrochronologisch nach 624 datiert, nachgewiesen (Kat. 68).

Lit.: P. Steiner, Trierer Zeitschr. 9, 1934, 77–82, Taf. IX, 113–119; 10, 1935, 11–16, Taf. II, III. – ders., Forschungen und Fortschritte 11, 1935, 193–195. – W. F. Volbach, Elfenbeinarbeiten der Spätantike und des frühen Mittelalters. Römisch-Germanisches Zentralmuseum Mainz. Kataloge vor- und frühgeschichtlicher Altertümer, 7 (Mainz[3] 1976). – W. Sanderson, Trierer Elfenbeinarbeiten vom 4. Jahrhundert bis zum Ende der Karolingischen Renaissance. In: Festschrift 100 Jahre Rheinisches Landesmuseum Trier. Trierer Grabungen und Forschungen 14 (Mainz 1979) 319–346. Schw.

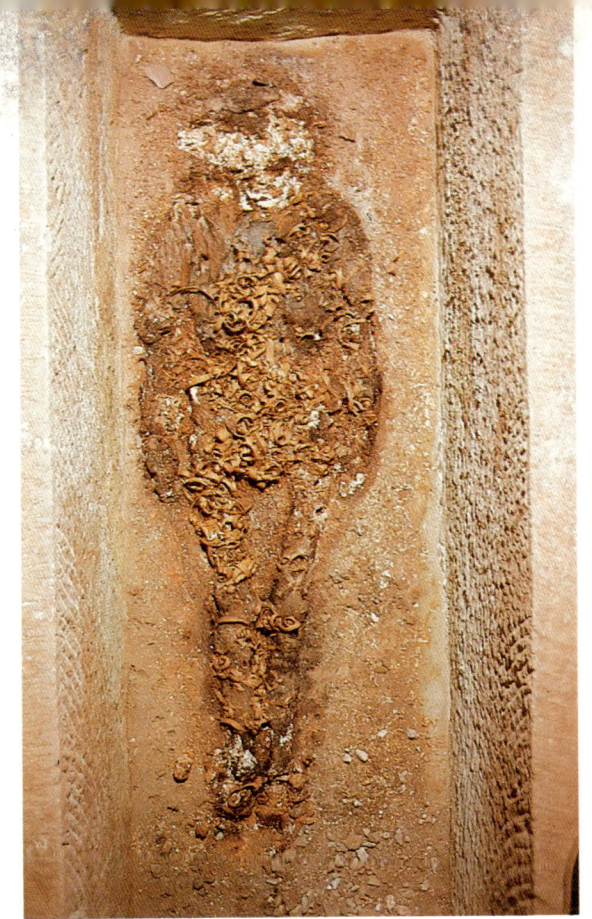

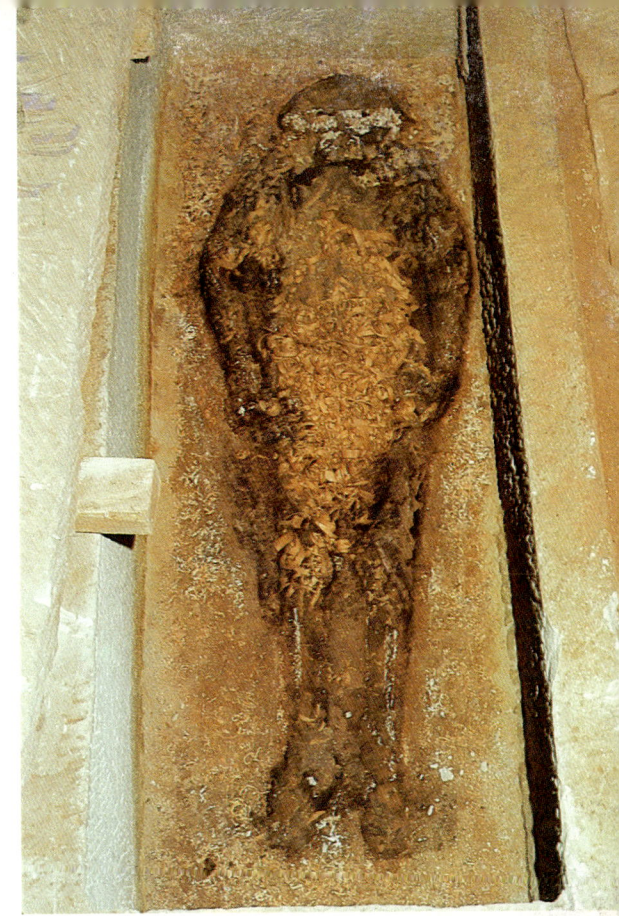

Sarkophage aus St. Maximin, Grab 279 und 35 (Kat. 120c).

◁ Albanagruft mit Reliefsarkophag
(Kat. 95).

Säule aus St. Maximin (Kat. 122).

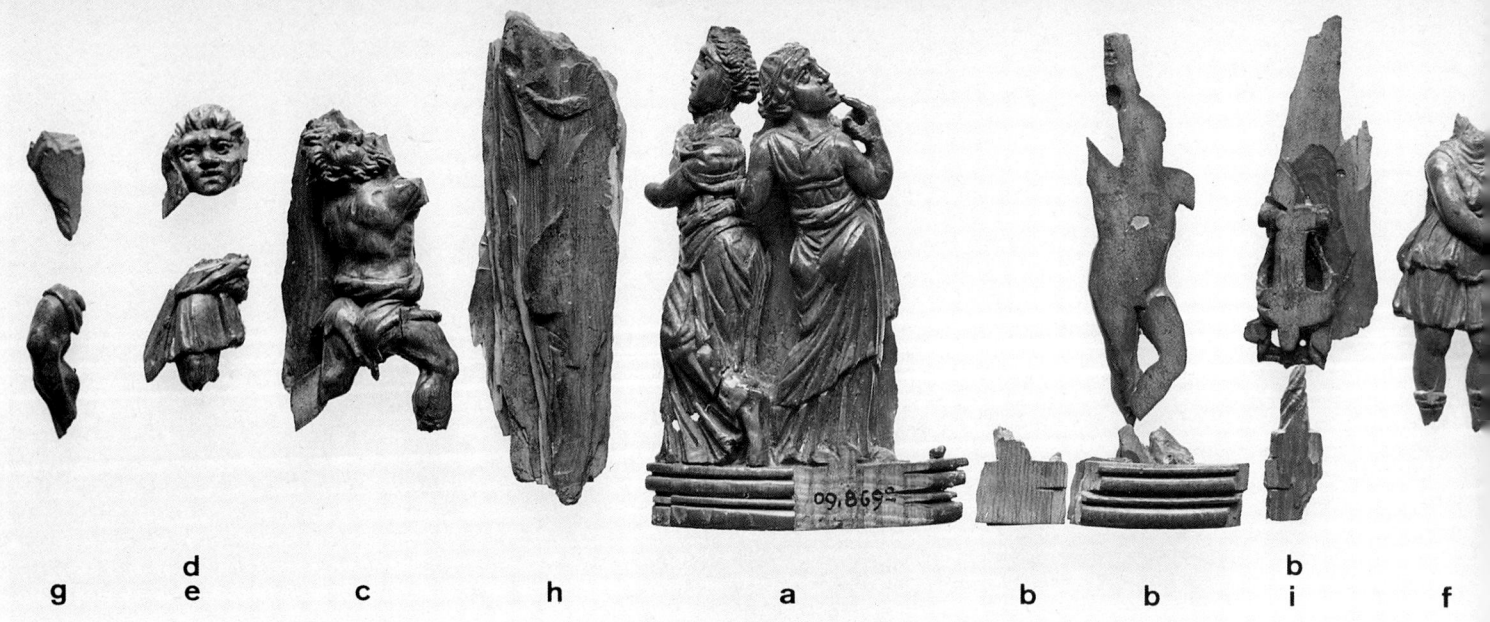

g   d   e   c   h   a   b   b   b   i   f

69

69   Figurenreiche Pyxis

FO. Trier, im Arenakeller des Amphitheaters, 1908.
2. Hälfte 4. Jh. n. Chr.

Eine Vielzahl kleiner Fragmente derselben Fundstelle scheinen auch nach derselben Technik der Bearbeitung zu einem zylindrischen Elfenbein gehört haben. Wegen seines geringen Durchmessers und der starken Drehrillen im Innern mag statt einer Verwendung als Pyxis auch eine solche als Zierstück in Erwägung gezogen werden. Die hier zusammengefügten Fragmente übertreffen an Feinheit die mythologische Szene (Kat. 70) wie auch die frühchristliche Pyxis (Kat. 71) aus dem Arenakeller. Die Figuren heben sich ab durch ein bewegter wirkendes Gewand, das die etwas überbetonten Körperproportionen hindurchscheinen läßt, wie überhaupt der Künstler ein besseres Gefühl für das Körperliche zeigt. Ebenso weisen die erhaltenen Gesichter mit den typischen Einbohrungen in Augen und Nasenlöchern übereinstimmende Bearbeitungsspuren auf. Von dem Bodenring, auf dem zwei weibliche Gestalten stehen, ist ein weiteres Stück mit gleichem Profil erhalten. Die Bodenplatte war, wie das Stück a) mit einem Bohrloch von unten zeigt, aufgesetzt. Von der geglätteten Innenseite ist eine Fläche bei den Fragmenten a) und h) noch feststellbar.

a) Unter den Figuren stellt das besterhaltene Stück zwei mit dem Rücken zueinanderstehende weibliche Figuren mit langem faltenreichen Gewand dar. Von P. Steiner wurden die beiden Figuren als Musen gedeutet, da das nach links gewandte Mädchen, mit der Rechten ursprünglich den Kopf stützend, den Rest von Federn über der Stirn zu tragen scheint. Die Deutung wird unterstützt durch die aufmerksame Gebärde des nach rechts gewandten Mädchens, das in der gleichen Art den Finger an den Mund legt wie die Muse Polyhymnia auf einer Wandmalerei aus Herkulaneum, die sich heute im Louvre befindet.

b) Von einer weiteren Figur sind drei wohl zusammenhängende Fragmente erhalten, die eine mit überkreuzten Beinen auf dem Bodenring stehende, nur mehr in Umrissen erkennbare männliche Gestalt mit erhobener Rechten und auf einer Leier gelegten Linken zeigen. Diese Gestalt ist als Apoll zu identifizieren. Eher zu einem Apoll begleitenden Greifen als zum Satyrn (d) gehört ein Fragment des Bodenrings mit einem daraufstehenden tierischen Fuß, der auch eher als Kralle denn als Huf erscheint.

c) Zu der Gruppe gehört nach der Technik gegen W. Sanderson ein wild sich bewegender, bis auf einen Lendenschurz nackter, älterer Mann, den Kopf in den Nacken werfend, mit den Beinen vielleicht tanzend weit ausschreitend. Nach der Deutung der Gesamtszene nach P. Steiner als eine Darstellung des musikalischen Wettstreites zwischen Apoll und Marsyas vor den Musen, handelt es sich hier um Marsyas, der in der griechischen Mythologie auch als Silen bezeichnet wird.

d) Der erhaltene Kopf einer weiteren Figur ist nach seinem typischen wilden strähnigen Haar und dem linken spitzen Ohr als Satyr zu erkennen. Der nach der Mythologie trauernde Satyr, dessen Tränen zum Fluß Marsyas werden, zeigt auch auf der Pyxis eine trauernde Miene, die durch die eindeutige Geste der rechten Hand noch unter Beweis gestellt wird.

e) Womöglich gehört zu dieser Figur (d) auch der Rest eines kurzgeschürzten, wulstartig um die Hüfte gelegten Tuches mit einem unbedeckten Knie darunter.

f) Eine Figur, als Diana von P. Steiner angesprochen, und in dieser Gesellschaft mit Marsyas und den Musen auch auf anderen Denkmälern vorkommend, findet mit ihrem doppelt gegürtetem Chiton und den Stiefeln in auch aus Trier bekannten marmornen Dianaskulpturen ihre Entsprechung.

g) Zu einer weiteren Figur muß wohl ein Bein mit Gewandrest gehören.

h) Ein Fragment der Pyxidenwand, dessen Lage auf Grund der inneren Drehrillen bestimmbar ist, zeigt umrißhaft den Rücken einer Figur mit ausgeschwungener Hüfte. Die Umrisse decken sich nicht mit der Diana (d); hier ist mit einer dritten Muse oder mit Minerva/Athene, die auch als Schiedsrichterin im Wettstreit mit Apollo und Marsyas auftrat, zu rechnen.

i) Schließlich gehört zur Pyxis ein Teil des Bodenringes, dessen Profil abgesplittert ist, mit auf einer Basis stehendem, spiralenförmig kanneliertem Säulchen, womöglich der Stütze für Apollo und die Leier.

Der Boden hat, wenn von einer kreisrunden Pyxis ausgegangen wird, einen äußeren Durchmesser von ca. 7,1 cm. Das abgewickelte Relief muß demnach eine Länge von ca. 22,3 cm gehabt haben. In Anbetracht der Breite der erhaltenen Figuren von 2 cm (Diana) bis 2,5 cm (Marsyas, Musen), können kaum mehr als, wie durch die Fragmente belegt, acht Figuren nebeneinander Platz gefunden haben; für gestaffelte und einander überdeckende Figuren gibt es keine Spuren.
Marsyasszenen sind häufig auf antiken Sarkophagen wiederzufinden. Die Hauptszene bildet dabei der Wettkampf zwischen Apoll und Marsyas. Die Nebenszenen mit der flötenspielenden Athena links und der Bestrafung des Marsyas rechts erscheinen auf der vorzüglichen Elfenbeinarbeit aus dem Trierer Amphitheater zugunsten der Hauptszene weggelassen zu sein. Gerade diese Hauptszene ist auch in unserem Raum von einem älteren Reliefblock vom Sockel eines Grabmales aus Bierbach (Saarpfalzkreis, Espérandieu 4485) bekannt. Die Anordnung der Figuren unterliegt nicht einem bisher bekannten, festgelegten Schema, so daß auch bei dem Trierer Elfenbein nicht klar ist, ob im Mittelpunkt die Musen oder die Wetteifernden stehen, und auch keine sichere Abfolge in der Rekonstruktion geboten werden kann.
Elfenbein. – Dm. außen 7,1 cm, H. noch 7,1 cm.

RLM. Trier, Inv. 09, 869/70.
Lit.: P. Steiner, Trierer Zeitschr. 10, 1935, 13–15. – W. F. Volbach, Elfenbeinarbeiten Nr. 89, Taf. 49. – W. Sanderson, Trierer Elfenbeinarbeiten vom 4. Jahrhundert bis zum Ende der Karolingischen Renaissance. In: Festschrift 100 Jahre Rheinisches Landesmuseum Trier. Trierer Grabungen und Forschungen 14 (Mainz 1979) 323, Abb. 4f. – Zum Motiv G. Koch / H. Sichtermann, Römische Sarkophage (München 1982) 158f., Abb. 177–179. – A. Kolling, Römer an Mosel und Saar 190f., Nr. 126.   Schw.

70   Mythologische Szene

FO. Trier, im Arenakeller des Amphitheaters, 1908.
Ende 4. Jh. n. Chr.

Aus der Spitze eines Elephantenzahnes hat der Elfenbeinschnitzer *(eborarius)* eine Gruppe herausgearbeitet. Die Spitze des Zahnes ist zur Darstellung eines gebogenen Baumstammes genutzt worden. Eine nackte weibliche Figur, die mit überkreuzten Beinen angelehnt dasteht, umfaßt mit der Linken den Baumstamm. An der gegenüberliegenden Seite eilt ein ebenfalls nackter Mann mit erhobener Rechten auf ein zwischen den Figuren nur mehr bruchstückhaft erhaltenes, zottiges Wesen mit großen Krallen zu, das sich zwischen den beiden Gestalten erhob. Die Figuren, nach oben hin plastisch hervorgehoben, stehen im unteren, breiteren Teil der Zahnspitze reliefartig vor einem mit Blattwerk ausgelegten Grund. Die Sockelplatte, über die das Relief stellenweise hinausragt, ist durch eine doppelte Rille verziert.
Die dargestellte Gruppe zeigt wohl eine mythologische Szene der Befreiung einer weiblichen Person durch einen Helden aus den Fängen eines Ungeheuers. P. Steiner dachte hierbei an die Befreiung der vom Ketos gefangenen Andromeda durch Perseus oder an die Befreiung Hesiones durch Herakles. Die in Bewegung befindliche Gruppe ist in wichtigen anatomischen Einzelheiten weniger korrekt ausgeführt (vgl. die Schultern der weiblichen Figur) und die Körper sind nicht der Bildaussage entsprechend gezeichnet, so daß der Befreier keineswegs heldenhaft wirkt.
Im Innern weist das Stück noch das geglättete Ende der Pulpahöhle des Elephantenstoßzahnes auf. Zumindest in zweiter Verwendung wurde es als zierender Aufsatz genutzt, wie kleinere Bohrlöcher von außen in den Sockel und größere von unten ausweisen.

70

70

Elfenbein. – H. noch 12,2 cm, Bodenplatte Dm. 5,2–6,1 cm.
RLM. Trier, Inv. 09, 868.
Lit.: P. Steiner, Trierer Zeitschr. 10, 1935, 11–13, Taf. II. – W. F.
Volbach, Elfenbeinarbeiten der Spätantike und des frühen Mit-
telalters (Mainz³ 1976) Nr. 87, Taf. 47 (seitenverkehrte Ansicht

des Helden). – W. Sanderson, Trierer Elfenbeinarbeiten vom 4.
Jahrhundert bis zum Ende der Karolingischen Renaissance. In:
Festschrift 100 Jahre Rheinisches Landesmuseum Trier. Trierer
Grabungen und Forschungen 14 (Mainz 1979) 324f., Abb. 7–
8.   Schw.

71

71

71 Frühchristliche Elfenbeinpyxis

FO. Trier, Amphitheater, 1908.
5. Jh. n. Chr.

Auf der Pyxis, deren Boden und zugehöriger Deckel fehlen, sind drei im frühen Christentum besonders beliebte alttestamentliche Rettungsszenen ausgeführt. Stark beschädigt ist die Darstellung, in der Abraham seinen Sohn Isaak zu opfern beabsichtigt. Die nur fragmentarisch erhaltene Gestalt Isaaks scheint vor dem mit dem Messer zustoßenden Abraham zu knien. Der Widder, das spätere Opfertier, erscheint unter dem Gewächs Sabeck, während die Hand Gottes am Pyxidenrand Abrahams Tun Einhalt gebietet; an der Hand (später?) eingeritzt Ma[nus D]e[i?] (Hand Gottes). Ein Räuchergefäß in der Form eines alexandrinischen Hörneraltares auf spiralförmig kannelierter Säule rechts daneben trennt das Bild von der folgenden Szene, der Speisung Daniels. Dieser erwartet in Orantenhaltung, flankiert von zwei Löwen in einem Bogen stehend, den das Brot bringenden Habakuk, von einem Engel begleitet. Wie Daniel in phrygischer Tracht mit Mütze, engen Hosen und Tunika und in Orantenhaltung stehen die drei Jünglinge im Feuerofen zwischen den auflodernden Flammen, die von einem von links herannahenden Engel mit Stab gelöscht werden.

Während die meisten elfenbeinernen Kunstwerke aus alten Sammlungen ohne genauere Fundortangabe stammen, ist die Existenz dieser Pyxis einem Grabungsfund zu verdanken. Das bedeutet, daß die Pyxis im frühchristlichen Trier kultische Verwendung fand, auch wenn die Werkstattfrage, ob nun Import aus dem östlichen Mittelmeerraum oder Erzeugnis einer Trierer Schule, in der Forschung bisher nicht geklärt ist.
Elfenbein. – H. 7,8 cm, urspr. Dm. 12,7 cm.
RLM. Trier, Inv. 09,866.
Lit.: W. F. Volbach, Elfenbeinarbeiten der Spätantike und des frühen Mittelalters (Mainz[3] 1976) Nr. 162 Taf. 82. – W. Sanderson, Trierer Elfenbeinarbeiten vom 4. Jahrhundert bis zum Ende der Karolingischen Renaissance. In: Festschr. 100 Jahre Rhein. Landesmuseum Trier. Trierer Grabungen und Forschungen 14 (Mainz 1979) 324 f. Abb. 7–8. – Gallien in d. Spätantike Nr. 381. – Römer an Mosel u. Saar Nr. 318 (übernommener Text). – W. Weber in: Schatzkunst Trier (Trier 1984) 79 f. Nr. 4. Schw.

72 Elfenbeinkranz

FO. Trier, im Arenakeller des Amphitheaters, 1908.
Ende 4. Jh. n. Chr.

Zu den zahlreichen Elfenbeinfunden im Arenakeller gehören mehrere Fragmente, die einen feingearbeiteten Blätterkranz ergeben. Der Kranz ist durch vier, mit eingekerbten Kreuzen versehenen Platten geteilt, davon sind drei noch erhalten. Von denen aus laufen die Blattreihen im Wechsel auseinander oder gegeneinander zu. Weiteres Schnitzwerk nach oben wie nach unten ist im Ansatz erkennbar, vom Blätterkranz jeweils durch

72

einen Reif abgesetzt. Der eine Reif ist mit einer Wellenlinie und eingebohrten Punkten in den Bogen verziert, während der andere glatt bleibt. Oben und unten setzt weiteres Schnitzwerk an. Auf dem unverzierten Reif liegen faltenreiche Bänder, von denen jeweils zwei durch Ringe zusammengehalten werden und die sich an den Enden volutenartig rollen. Im Anschluß an den mit einer Schlangenlinie verzierten Reif ist ein weiterer, von P. Steiner als Laubwerk eines Baumes gedeuteter Rest zu erkennen. Die innere Höhlung des Ringes verjüngt sich nach oben und legt nahe, daß hier ein spitzkegeliger Aufsatz aus dem Ende eines Elephantenzahnes gedreht und geschnitzt worden ist. Eine Zusammengehörigkeit zur Pyxis (Kat. 69) kann nicht postuliert werden, da der untere Durchmesser des nur fragmentarisch erhaltenen Stückes nicht mehr zu ermitteln ist.

Elfenbein. – H. noch 4,7 cm, größter Dm. innen 4,2 cm, Wandstärke am Blätterkranz 7–9 mm.

RLM. Trier, Inv. 09,870.

Lit.: P. Steiner, Trierer Zeitschr. 10, 1935, 15f. Taf. III 11.   Schw.

73   Elfenbeinstücke

FO. Trier, im Arenakeller des Amphitheaters, 1908.

Einige weitere Elfenbeinfunde, die von verschiedenen Gegenständen stammen, geben Auskunft über bei Elfenbeinarbeiten angewandte Techniken.

a) Unter diesen Elfenbeinfunden aus dem Arenakeller fällt ein gedrechselter Knauf auf. Zwei zwiebelförmige Köpfe mit dazwischenliegender, am Rand profilierter Scheibe, sind aus einem Stück gedreht. Die nach außen hochgezogene und am Rand ebenfalls profilierte Sockelscheibe hat bereits in antiker Zeit einen Bruch erlitten; sie wurde mit einem neuen Teil ergänzt, worauf die drei für die Anstückungen notwendigen Bohrlöcher hinweisen. Von unten ist in den Knauf 2 cm tief ein 11 mm breites Dübelloch eingebohrt, in dem bei der Auffindung noch ein Zapfen und eine Hülse aus Bein als Verbindungsstücke steckten.

Der gedrehte Elfenbeinknauf mag als Aufsatz eines Möbels gedient haben, denkbar auch als Knauf von einem faltbaren Stuhl nach dem Vorbild der *sella curulis*, bei der Teile aus Elfenbein üblich waren. Das Stück ist jedenfalls zu groß, um als Griffzapfen eines Pyxidendeckels gedient haben zu können.

Elfenbein. – H. 8,6 cm, gr. Dm. 5,1 cm.

RLM. Trier, Inv. 08,867.

Lit.: P. Steiner, Trierer Zeitschr. 10, 1935, 16 Abb. 2.

b) Fragment einer kreisrunden Elfenbeinscheibe, die eine Öffnung von 6 mm Dm. hat und in die ein Griff eingesetzt gewesen sein mag. Der Rand ist an der Oberseite mit einem plastisch stark hervortretenden Profil gesäumt, in dem zwei kleine Stiftlöcher zu erkennen sind. Der noch erhaltene Stift eines Loches unterbricht das Profil, so daß die Platte, die ursprünglich als Deckel gedient haben mag, in einer zweiten Verwendung auf einer runden Büchse aufgesessen hat. Die Unterseite, die nur roh geglättet ist, hat ringsum eine 6,5 mm breite, 3 mm tiefe Nut aus der ersten Verwendung als einsetzbarer Deckel.

Elfenbein. – Dm. 6,2 cm, gr. D. 0,6 cm.

RLM. Trier.

Lit.: P. Steiner, Trierer Zeitschr. 10, 1935, 16 Taf. III 12.

c) Sorgfältig geglättete Scheibe, die der Schichtung des Zahnes folgend jetzt brüchig geworden ist, und von der der antike Rand ringsum weggebrochen ist. Eine Anbohrung auf beiden Seiten im ursprünglichen Mittelpunkt mag von dem Einspannen der Platte auf der Drehbank herrühren, womit der Mittelpunkt bekannt wäre und eine im Dm. mehr als 7,6 cm große Scheibe anzunehmen wäre. Beiderseits des Mittelpunktes eine Durchbohrung bzw. eine Anbohrung.

Elfenbein. – Gr. erhaltener Dm. 7,6 cm.

RLM. Trier.

Lit.: P. Steiner, Trierer Zeitschr. 10, 1935, 16.

d) FO. unbekannt; Arenakeller des Amphitheaters (da mit anderen Fundstücken von dort im Magazin des Museums aufbewahrt)?

Kreisrunde Elfenbeinscheibe in vorzüglicher Erhaltung mit schmalem, aus zwei Ringen bestehendem Rand an der geglätteten Oberseite; in der Mitte der Oberseite ein angebohrter Fixpunkt (s. oben c). Die Rückseite ist aufgerauht, wohl um die

Scheibe festkleben zu können. Ein fehlendes Kreissegment wurde antik angesetzt, wie der saubere, schräg zur Oberfläche stehende Schnitt zeigt.

Elfenbein. – Dm. 5,8 cm, D. 0,3 cm.

RLM. Trier.

Unveröffentlicht. Schw.

74 Verfluchungstäfelchen aus dem Amphitheater

Zeugnisse des Aberglaubens und der Magie fließen gerade für die Spätantike recht zahlreich. Gegen diese Strömungen war selbst das Christentum nicht gefeit. Den Kirchenlehrern bereitete es sichtlich Probleme, gegen die Heiden und Häretiker die Flüche der Propheten des Alten Testamentes wie die der Apostel zu erklären. Der Schadenzauber, der heimlich getrieben wurde, wurde allseits ernst genommen, galt als gemeinschaftszerstörend und zählte nach dem römischen Recht zu den schlimmsten Verbrechen. Motive dazu waren Neid, Haß, Habgier, Rachedurst und Eifersucht.

Eines der üblichen Mittel in der schwarzen Magie war neben der Handlung, dem gesprochenen Wort und Zauber mit Figuren der Schadenfluch mittels Fluchtafeln. Fluchtafeln aus Blei stellten ein besonders ideales Medium dar, um den Fluch zu den rächenden Gottheiten oder Dämonen gelangen zu lassen. Fluch, Zauberhandlung und das richtige Mittel zwingen die Gottheiten zum Handeln. Blei haftet das Odium eines übelbringenden Mediums an, und das ist auch das Material, über das Kontakt mit dem Unheil bringenden Planeten Kronos–Saturn aufgenommen werden kann (Sympathiemittel). Die Praxis der bleiernen Fluchtafel ist sowohl im frühen Griechenland wie noch im späten Rom bekannt. Zur Gewährleistung der richtigen Praktik konnten vom Verfluchenden Zauberbücher (Zauberpapyri) herangezogen werden, die genaue Anweisungen gaben.

Geeignete Orte, an denen der Kontakt mit den Dämonen am ehesten herzustellen war, waren Plätze, an denen Menschen nach Anweisung der Zauberpapyri »gewaltsam« oder »vorzeitig«, d. h. ohne die eigentliche Bestimmung des Lebens durch Ehe und Vermehrung erreicht zu haben, gestorben oder bestattet waren. Solche Stellen sind zuerst in Gräberfeldern und in Amphitheatern zu finden. So sind aus dem Rhein- und Moselland neben den Trierer Verfluchungstäfelchen eine Reihe aus einem Gräberfeld bei Bad Kreuznach aufgetaucht. Ein Fluch, auf einen Henkelkrug vor dem Brand eingeritzt, stammt aus dem nördlichen Gräberfeld Triers (CIL. XIII 10008, 7). Es verwundert somit auch nicht mehr, wenn bei den Ausgrabungen im Arenakeller des Amphitheaters in Trier eine größere Anzahl von Verfluchungstäfelchen zu den interessantesten Funden gehörte. Sie mögen nicht allein von Arenakämpfern verfaßt oder initiiert worden sein. Die Arena ist nach Anweisungen der Zauberpapyri der Schauplatz dunkler Praktiken wie es der Große Pariser Zauberpapyrus z. B. zur Herstellung eines Liebeszaubers emp-

fiehlt; in der Anweisung heißt es unter anderem: ». . . und geh dahin, wo Heroen erschlagen wurden, Gladiatoren und sonst gewaltsam Getötete, sprich das Gebet über die Brocken, wirf sie hin und heb Unrat auf von dem Orte, wo du agierst, und wirf ihn hinein zu der, die du begehrst«. (Herausgegeben und übersetzt von K. Preisendanz.)

Das Studium der Schriften auf den kleinen Bleiblechen, wie es R. Wünsch für die Fluchtäfelchen aus dem Arenakeller des Trierer Amphitheaters geleistet hat, ist äußerst mühsam. Neben die heute oftmals verdorbenen Schriftzüge treten die Unwägbarkeiten einer individuellen Handschrift. Im Falle der schwarzen Magie kommt das Bestreben des Praktizierenden hinzu, im Geheimen zu handeln und also keinen Sterblichen an seinen Praktiken teilhaben zu lassen. So ist es auch nicht verwunderlich, wenn eine Geheimschrift oder ein nur mit magischen Zeichen versehenes Bleiblech uns vor Rätsel stellen und die Motive des Verfluchenden im Dunkeln lassen.

Die Verfluchungstäfelchen aus dem Amphitheater sind alle im Bereich des 1908 ergrabenen, versumpften Kellerbereiches gefunden worden. Die meisten fanden sich in der östlichen Kammer. Aus ihrer Fundlage, unmittelbar über dem Schieferboden bis in 1,5 m Höhe in einer Schuttschicht läßt sich keine Aussage über ihre ursprüngliche Unterbringung machen. Mag sein, daß die untersten im Keller, andere im Arenaboden vergraben waren. Ob sie auch an den Holzplatten der Stützkonstruktion angebracht waren, ist bei dem geheimen System des Verfluchungswesens zu bezweifeln.

Verschiedene Indizien deuten darauf hin, daß zumindest ein Teil der Verfluchungen aus dem Amphitheater in die Spätzeit gehören. Einige Namen sind im 4. Jahrhundert in Trier geläufig. Zwei Täfelchen zeigen späte Kursive. Auch wenn damit nicht postuliert werden kann, daß das gesamte Material dem 4. Jahrhundert entstammt, so fügen sich die Fluchtäfelchen dennoch gut in die ganze Entwicklung, die die Magie und das Verfluchungswesen in der Spätantike nehmen (s. S. 45 f.).

Lit.: A. Audollent, Defixionum tabellae . . . (Paris 1904). – K. Preisendanz, Papyri Graecae magicae. Die griechischen Zauberpapyri (1928–31, Neudruck Stuttgart 1973–1974). – ders., Fluchtafel (Defixion), in: Reallexikon für Antike und Christentum Bd. 8 (1972) 1–29. – R. Wünsch, Bonner Jahrb. 119, 1910, 1–12 Taf. I–III. – CIL. XIII 11340 I–XIV. Schw.

a)

Zauberzeichen

In ABIHTIARO(?) vestro (Di)anam et Martem vinculares, ut me vindicetis de ququma. Eusebium in ungulas obligetis et me vindicetis.

Rückseite:
Pepostum Eusebium.

(Ich rufe an) Diana und Mars,
die helfenden Gottheiten,
daß ihr mich
von dem Hitzkopf erlöset.
Eusebius foltert
und bannet, mich aber
möget ihr befreien.
Rückseite: Niedergelegt ist der Name des Eusebius.

Mit den auf dem Bleitäfelchen eingeritzten Zauberzeichen (Zeilen 1–3) und dem Fluch in den folgenden Zeilen versucht ein Ungenannter, einer anderen Person namens Eusebius einen Schaden zuzufügen. Für sich selbst bittet der Verfluchende um Befreiung von einem ququma (= cucuma), sei damit nun ein Schimpfname für einen Hitzkopf oder sei tatsächlich ein Kochtopf, der als abschätziger Ausdruck für eine verhaßte Arbeitsstätte steht, gemeint. Der Fluch richtet sich gegen einen Eusebius, der zweimal genannt wird, damit ihn die angerufenen Dämonen nur ja nicht verfehlen. Mit dem Namen, der ursprünglich zuerst an der Außenseite des zusammengefalteten Täfelchens notiert war, gibt der Fluchende die ganze Person des Verhaßten der Unterwelt und ihren Mächten preis.

Blei. – H. 13,5 cm, Br. 9,5 cm.

RLM. Trier, Inv. 09, 930.

Lit.: R. Wünsch, Bonner Jahrb. 119, 1910, 8 f. Nr. 24 Taf. II 4, III 1. – CIL. XIII 11340 III. – Römer an Mosel u. Saar Nr. 94.

b) Ursus
   Ursula
   Martini-
   anus
   Ursacia

Die rechteckige, aus einem dickeren, relativ gut erhaltenen Blech bestehende Bleiplatte trägt lediglich eine Liste von vier Namen. Es sollen hier die genannten Personen mit ihren Namen erfaßt und so dem Zugriff der unterirdischen Dämonen anheim

74a

74a

186

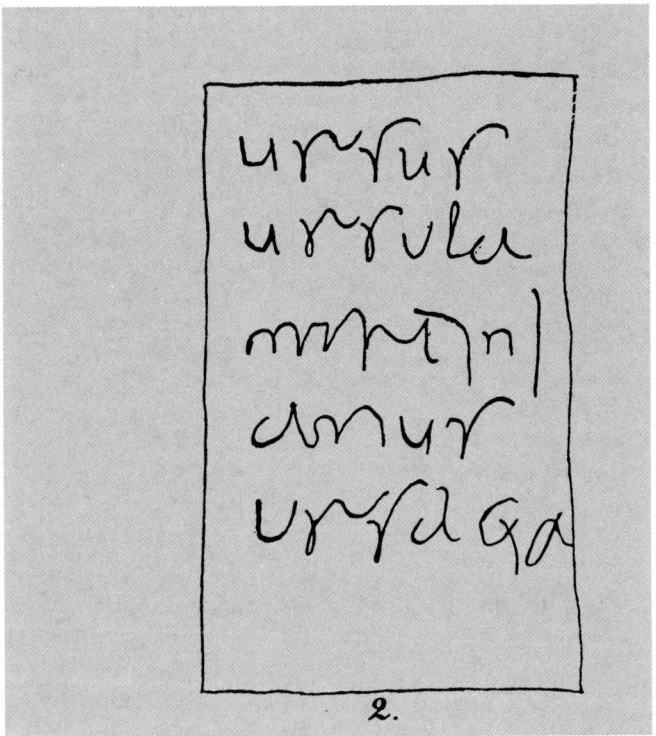

2.

74 b

74 d

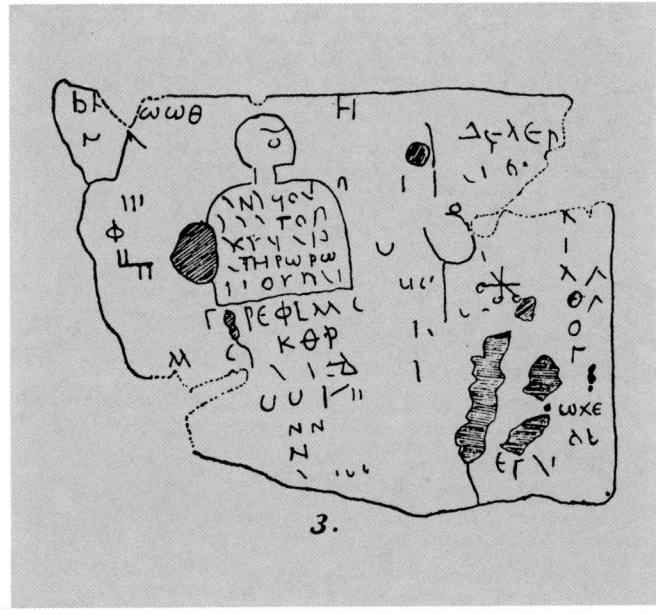

3.

gestellt werden. Andere vergleichbare Verfluchungstäfelchen leiten solche Namenslisten gelegentlich mit einer kurzen Verfluchungsformel ein; so beginnt ein Fluchtäfelchen aus unserer Nähe, aus Bad Kreuznach (CIL. XIII 7551), mit der Überschrift *inimici et inimici* (»Feinde und Feinde«), worauf über 9 Zeilen eine Namensliste folgt. Die knappe Liste aus Trier in typischer spätantiker Kursivschrift nennt vier Namen, die spätantik alle in Trier auch nach Trierer Steininschriften zu belegen sind.
Blei. – H. 8 cm, Br. 5,2 cm.
RLM. Trier, Inv. 09,943.
Lit.: R. Wünsch, Bonner Jahrb. 119, 1910, 7 Nr. 19 Taf. II 2. – CIL. XIII 11340 XI.

c) Ein dreieckiges Bleiblech, das ursprünglich zusammengefaltet war, zeigt eine Darstellung des Verfluchten, seinen Namen und eine nur mehr in Resten feststellbare Verwünschungsformel. Im Bild gezeigt wird die Büste einer Person, womöglich mit einem Gladiatorenhelm, was in Anbetracht des Fundortes nicht so abwegig erscheinen mag. Rachepuppen, an denen vollzogen wird, was mit der entsprechenden lebenden Person geschehen soll, sind vor allem aus den Anweisungen von Zauberpapyri bekannt. Aus der Aufforderung an die Dämonen ist noch das Wort *neca*-töte erhalten.
Blei. – H. 6,7 cm, Br. 14 cm.
RLM. Trier, Inv. 09,942.
Lit.: R. Wünsch, Bonner Jahrb. 119, 1910, 6 f. Nr. 18 Taf. II 1. – CIL. XIII 11340 XI.

d) Wie Täfelchen c) zeigt das dünne und absichtlich stark zerschlagene (?) Blech einen Bildzauber. Eine Figur mit Oberkörper und Kopf ist nach Vorbildern, wie sie die Zauberpapyri empfehlen, mit schwer zu lesenden Zeichen vollgeschrieben. Rund um die Figur ist das ganze Blech in griechischen Buchstaben und Zauberzeichen gefüllt, aus denen R. Wünsch noch den Namen *Anysion* sowie rhythmische Zauberwörter wie *rōrō* und *ōōth* herauslas.
Daß hier ein Verfluchungstäfelchen in griechischer Sprache und mit griechischen Zeichen vorkommt, verwundert nicht in Anbetracht der Tatsache, daß dieser Schadenszauber seine Heimat und größte Verbreitung im griechisch-sprachigen Osten des Römischen Reiches und in Nordafrika hatte. Weitaus mehr als die Hälfte aller bekannten Verfluchungstäfelchen sind in griechischer Sprache abgefaßt.
Blei. – H. 6,3 cm, Br. 8,2 cm.
RLM. Trier, Inv. 09,935.
Lit.: R. Wünsch, Bonner Jahrb. 119, 1910, 7 Nr. 20. – CIL. XIII 11340 IX.

e) Dickes schweres Bleiblech mit zumeist kräftig eingeritzten Zeichen. Die Schrift verrät eine ungelenke Hand, so daß die Zeichen nur schwer lesbar sind. Denkbar ist jedoch auch, daß der Schreiber in einer spätantiken Kursive mit einigen sogar zusammenhängenden Buchstaben (vgl. auch oben Täfelchen b)

74g

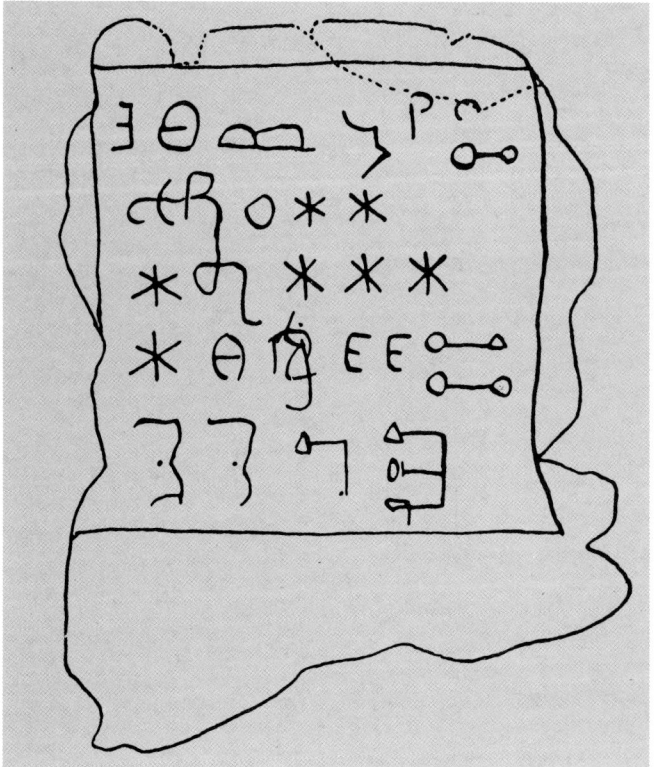

74g

absichtlich nur schwer lesbar seinen Fluch auf dem Blei festhalten wollte. In einer ersten Lesung schlug R. Wünsch vor:
Quidquid adh[ibent] Raga[n]us et advo[ca]tus, (h)a[b]es (oder advocati tu habes).
Was auch immer Raganus und sein Advokat anwenden, halte Du sie.
Danach wäre der Fluch als ein solcher gegen einen Prozeßgegner und dessen Advokaten aufzufassen. Derartige iuristische Bindezauber sind in großer Zahl bekannt.
Blei. – H. 8,7 cm, Br. 18,5 cm.
RLM. Trier, Inv. 09,927.
Lit.: R. Wünsch, Bonner Jahrb. 119, 1910, 5 Nr. 12 Taf. I 4. – CIL. XIII 11340 VI.

f) In die kräftig eingeritzten Zeichen einer zweiten Schrift eines dicken Bleches ähnlich dem vorherigen ist nach R. Wünsch nur schwer ein Sinn hineinzubringen. Er schlägt mit Ergänzungen und Verbesserungen vor:
Si tu Hostillam, quae e Racatia nata est, consumpsisti, quia mihi fraudem fecit, deus, nos te, qui audisti, sacrificio colemus.
Wenn du Hostilla, die von Racatia geboren wurde, vernichtet hast, da sie mich betrogen hat, Gott, verehren wir dich, der du uns erhört hast, mit einem Opfer.

Selbst wenn der Text nur unter Vorbehalt so rekonstruiert werden darf, bietet er in dieser Wiederherstellung nach Parallelen wie das Verfluchungstäfelchen a) einen guten Einblick in das Wesen des Schadenzaubers durch Defixionen.
Blei. – H. 8,6 cm, Br. 12,7 cm.
RLM. Trier, Inv. 09,926.
Lit.: R. Wünsch, Bonner Jahrb. 119, 1910, 9f. Nr. 26. – CIL. XIII 11340 V.

g) Das Bleiblech mit kurzem Text und Zauberzeichen steht in enger Verbindung, sowohl was die Paläographie wie die Anordnung von Schrift- und Zauberzeichen anbelangt mit dem Täfelchen a). Die Außenseite enthält wiederum die Hauptsache, den Namen des Verfluchten, in diesem Falle eine den Dämonen anzuzeigende weibliche Person:
Pr(u)siae nom/en de/positum.
Der Namen der Prusia ist hinterlegt.
Die Innenseite zeigt Zauberzeichen, in noch intensiverer Form als das Verfluchungstäfelchen a), jedoch keinen weiteren Verfluchungstext wie a). Sieben sechsstrahlige Sterne mögen als Zeichen der sieben Planeten gedeutet werden; daneben sogen. Brillenzeichen. Die Anlage dieses Täfelchens läßt an eine direkte Vorlage, womöglich an einen Zauberpapyrus denken. Es ist

nicht zwingend, daß jedes Zeichen eine konkrete Bedeutung trägt; es liegt vielmehr nahe, daß nach Vorlagen, wie sie Zauberpapyri boten, solche Zeichen rein mechanisch reproduziert wurden.

Blei. – H. 9,3 cm, Br. 7 cm.
RLM. Trier, Inv. 09,929.
Lit.: R. Wünsch, Bonner Jahr. 119, 1910, 9 Nr. 25 Taf. III 2. – CIL. XIII 11340 VIII.

h) Neben den Bleiplättchen, die mit einem zumindest erahnbaren bis verständlichen Text beschriftet waren, blieb eine Vielzahl solcher Bleche unbeschriftet oder war nur mit wirren Strichen, wohl ein bindendes Netz oder Gitter darstellend, versehen. Sie legen nahe, daß eine beträchtliche Zahl derer, die an den Zauber glaubten, Analphabeten waren und auch nicht bereit waren, sich einem professionellen Magier anzuvertrauen. Das hier noch gezeigte Blech hat fünf Zeilen mit sich kreuzenden senkrechten und waagerechten Strichen, deren Ausführung von Zeile zu Zeile flüchtiger wird. Die Rückseite weist noch zwei

75

Zeilen eines solchen Musters auf. Das zusammengerollte oder gefaltete Blech war mit einem Nagel durchbohrt.

Blei. – H. 8 cm, Br. 5,8 cm.
RLM. Trier, Inv. 09,944.
Lit.: R. Wünsch, Bonner Jahrb. 119, 1910, 4 Nr. 7.   Schw.

75   Beschriftetes Silberblech

FO. Trier, im Arenakeller des Amphitheaters, 1908.

Neben den vielen Bleiplättchen als Medium, um Verfluchungen zu den rächenden Göttern der Unterwelt gelangen zu lassen, sind aus dem Amphitheater auch ein unbeschriftetes, heute verschollenes Kupferblech, sowie einige meist beschriftete Silberbleche zu Tage getreten. Das Material mit seinen sympathischen Eigenschaften, wodurch die Verbindung mit einer bestimmten Gottheit herstellbar ist, ist hier schon bewußt ausgewählt worden. Während Blei ein übelbringender, den Unterirdischen genehmes Material ist, wird Kupfer, Silber und Gold zur Herstellung von Amuletten herangezogen, die vor Übeln schützen sollen. Als solche mögen sie von Arenakämpfern getragen worden sein und die 1908 gefundenen Silberbleche vor ca. 1600 Jahren verloren gegangen sein. Das interessanteste und rätselhafteste sei hier mit der Lesung R. Wünschs wiedergegeben:

Bona santa nomen, pia
nomen noemnolia
. . ecessedenitia tibi
santne dia dekigo
Ro]danum quen peperit
Anula Regula eatta
aer domina que a
. . . . .e tanta kamapo
m. .r. .re. .carnis
Bonarium. . .ekigo
att. .a. . . . .trata
. .te. . . .ti. . .nci. . . .
tai. . .ta. .otun.

Der Text bleibt im ganzen unverständlich. Neben womöglich keltischen Brocken treten Zauberworte und Begriffe der lateinischen Sprache. Ein in Z. 4 und 10 wiederkehrender Begriff, *defigo* – ich verfluche mit K. Preisendanz gegen R. Wünsch zu lesen, ist begriffsbildend für diese hier vorgestellte Art des Schadenzaubers geworden *(Defixio)*. Mit diesem zentralen Begriff des Verfluchungszaubers ist allerdings der glückbringende Charakter des Silberbleches in Frage gestellt. Es mag womöglich gegen die üblichen Methoden der Magie als Vermittler eines übelbringenden Zaubers gegen eine andere Person angewandt worden sein.

Silber. – H. 13 cm, Br. 10 cm.
RLM. Trier, Inv. 09,931.
Lit.: R. Wünsch, Bonner Jahrb. 119, 1910, 11 f. Nr. 31 Taf. III 3. – CIL. XIII 11340 I.   Schw.

76 Kleiner Totenkopf

FO. Trier, im Arenakeller des Amphitheaters, 1908.

In der Nähe der frühchristlichen Elfenbeinpyxis wurde die Gesichtsseite eines kleinen Totenkopfes aus Bronze gefunden. Das Stück ist aus einem dünnen Bronzeblech getrieben. In welcher Verwendung der kleine Totenschädel war, ist nicht zu sagen. Denkbar ist wohl eine Nutzung als Amulett; ebenso besteht jedoch auch die Möglichkeit, daß das Schädelchen zur Verzierung einer Gladiatorenausrüstung diente.
Bronze. – H. 1,2 cm, Br. 0,7 cm, D. 0,3 cm.
RLM. Trier, Inv. 09, 3523.
Lit.: Schindler, Führer 59.   Schw.

76

77–84 Circus

77 Zur Lage

2. bis 5. Jh. n. Chr.

Nordwestlich des Amphitheaters ist am Fuß des Petrisberges mit geringem Aufwand ein Circus zu Beginn des 2. Jh. n. Chr. errichtet worden, von dem neben mehreren Architekturteilen (Säulenkapitelle und kannelierte Kalksteinsäule im Garten der Landeslehranstalt und in Privatbesitz) die südliche Abschlußwand und mehrere Mauerfragmente im Bereich Bergstraße/Agritiusstraße beobachtet worden, die W. von Massow erstmals ausführlich beschrieben und auf den Circus der Stadt bezogen hat. Größere Reste der ungefähr 500 m langen Anlage sind nicht zu erwarten. Vielmehr ist davon auszugehen, daß, neben der planierten, mit feinem Sand bestreuten Fläche der Rennbahn, die Umfassungsmauern und Sitzränge aus Quadermaterial bestanden haben und daher leicht abgebaut und anderwärts verwertet werden konnten.
Von der Innenausstattung können wir uns eine ungefähre Vorstellung machen, wenn die Darstellung auf dem Circusdenkmal in Anlehnung an den Trierer Circus entworfen worden ist. Danach wären die Pferdeboxen, wohl an der Süd- und Eingangsseite installiert, durch mit Bögen verzierte Gänge zur Rennbahn hin abgeschlossen gewesen. Die Spina – die die Fläche teilende Mauer – war an den Enden jeweils mit drei kegelförmigen Wende- und Zielmarkierungen, den Metae, verziert. Der Schiedsrichter saß, die ganze Bahn übersehend, erhöht auf einem Podest, das wie eine Kanzel auf einer Säule mit Treppenaufgang versehen war. Neben einem Rundenzähler (nach anderen Bildern ein Gestell, auf dem Delphine montiert waren und das durch einen Zugmechanismus aufgestellt bzw. gesenkt werden konnte) standen noch Statuen und, wie am Circusdenkmal zu sehen, ein großer Kantharos, aus dem ein Obelisk herausragt.
Bis zum Abzug der römischen Führungsschicht wird der Circus in Trier noch betrieben worden sein, während die Spiele im Amphitheater bereits seit 399 durch einen Erlaß des Kaisers Honorius verboten und abgeschafft worden waren.
Lit.: W. von Massow, Der Circus im römischen Trier. Trier. Zeitschr. 18, 1949, 149.   Cü.

78 Spiele im Circus

Entsprechend der Bedeutung, die den Spielen für die kaiserliche Repräsentation in der Spätantike zukam (Kat. 84), entstammen auch alle literarischen Nachrichten zu Spielen aus dem antiken Trier dieser Epoche. Dabei wurde der Circus gegenüber dem

Amphitheater als Stätte, in der der Kaiser und wie auch Beamte Spiele gaben, im 4. Jahrhundert bevorzugt. Die Circusanlagen liegen daher in bevorzugter Nähe zum Palast des Kaisers (s. auch Kat. 52 b) und finden auch in den Trier betreffenden Textquellen häufiger Erwähnung als das Amphitheater.

Wenn auch schon Constantius I. sich der Angelegenheit des Circus angenommen haben mag, der Panegyricus (Lobrede) von 310 auf Constantin hebt unter den Wiederaufbaumaßnahmen den Circus hervor: »Ich sehe den riesigen Circus, der meiner Überzeugung nach mit dem Roms wetteifert, ich sehe weiterhin Basiliken und dieses Forum . . .« Der Circus Maximus in Rom ist immer wieder Maßstab und Vorbild, so auch für das von Constantin erweiterte Hippodrom in Constantinopel.

Das Erlebnis des aus Afrika stammenden kaiserlichen Beamten Ponticianus, das den hl. Augustinus mit zur Bekehrung veranlaßt und das er in seine Bekenntnisse (VIII 6; s. S. 44, 65) aufnimmt, spielt sich ab vor im Hintergrund stattfindenden Circusspielen: »So erzählte Ponticianus, daß er und drei weitere Kameraden, ich weiß nicht wann, aber mit Sicherheit war es in Trier, zum Spaziergang in die an den Mauern gelegenen Gärten hinausgegangen seien, während der Kaiser sich des Nachmittags beim Circusspiel aufhielt.«

Die Hinrichtung des praepositus palatii Rhodanus, der dem Geschichtsschreiber des 6. Jahrhunderts Malalas (Chronographia 13 p. 339 ed. Dindorf) zufolge nach der Überführung eines Verbrechens gegen eine Witwe in der Kurve des Circus lebend vor den Augen des Kaisers Valentinian verbrannt wurde, dürfte um 364 im Osten des Reiches und nicht, wie vermutet, einige Jahre später in Trier vollzogen worden sein.

Salvian, dem christlichen Schriftsteller des 5. Jahrhunderts, dem Spiele in Arena und Circus ohnehin ein Dorn im Auge waren, entrüstet sich über die Circusleidenschaft der tierischen Bevölkerung selbst nach drei unmittelbar aufeinanderfolgenden Zerstörungen der Stadt durch die Germanen (de gubern. Dei VI 85; s. S. 41): »Einige wenige Vornehme, die das Verderben überstanden hatten, verlangten gleichsam als bestes Heilmittel für die zerstörte Stadt Circusspiele von den Kaisern.« Und wenig später fragt Salvian (VI 89; auch 87 f.): »Öffentliche Spiele also, Trierer, wünschst Du? Wo denn, so frage ich, sollen sie aufgeführt werden? Vielleicht über Gräbern und Trümmern, über dem Gebein und dem Blut der Gemordeten? Welcher Teil der Stadt denn ist von all diesen Zerstörungen verschont geblieben?« An anderer Stelle (VI 39) vermerkt er, daß Spiele in Mainz, Köln und Trier nicht mehr möglich seien. Selbst wenn wirklich Spiele kaum mehr vor der Mitte des 5. Jahrhunderts in Trier durchführbar waren, so wird gerade aus der ersten Bemerkung Salvians deutlich, daß in Trier wie in Rom ein Gesellschaftssystem bestanden hatte, innerhalb dessen sich die Schicht des senatorischen Adels zur Bereitstellung von Spielen verpflichtet fühlte. Demnach gehörte die Forderung nach Spielen und nach Unterstützung solcher durch die Kaiser bzw. ihre Vertreter zum Versuch der Wiederherstellung einer Ordnung in der Stadt.

Wie üppig noch im 4. Jahrhundert in Anwesenheit der Kaiser in Trier Spiele gewesen sein mögen, zeigt ein von Ausonius auf ein kaiserliches Rennpferd geschriebenes Gedicht:

Iussu Augusti equo admirabili

Phosphore, clamosi spatiosa per aequora circi
    septenas solitus victor obire vias,
inproperanter agens primos a carcere cursus,
    fortis praegressis ut potereris equis.
Promptum et veloces erat anticipare quadrigas,
    victores etiam vincere laus potior.
Hunc titulum vani solacia sume sepulcri
    et gradere Elysios praepes ad alipedes.
Pegasus hinc dexter currat tibi, laevus Arion
    funis eat, quartum det tibi Castor equum.

Für ein herrliches Pferd, gedichtet auf kaiserlichen Wunsch

Phosphor, durchs weite Feld des beifallrauschenden Circus
    siebenfachen Weg siegreich zu laufen gewohnt,
noch verhalten vom Start an in den ersten der Runden,
    kühn kommst du so an die vorn stürmenden Pferde heran.
Leichter ist es, vor schnellen Quadrigen den Vorsprung zu nehmen,
    beinahe Siegreiche noch einholen bringt erst den Ruhm.
Trost sei die für ein leeres Grab erdichtete Inschrift,
    eile mit Flügeln ganz schnell nach dem elysischen Reich.
Pegasus laufe zur Rechten, links soll füllen Arion,
    Castor sicherlich gibt gerne als Viertes sein Pferd.

Das Gedicht für ein kaiserliches Pferd, das mit besonderem Erfolg bei den Wagenrennen im Circus gegangen war, ist um 372 abgefaßt, zu einer Zeit, als Valentinian in Trier residierte und der Verfasser des Gedichtes als Erzieher des noch jungen Augustus Gratian am Hofe weilte. Das Pferd trägt einen der klangvollen Namen, wie sie von antiken Rennpferden in großer Vielfalt bekannt sind. Phosphor (»Lichtbringer«) ist in der Dichtung benutzter Ausdruck für den Morgenstern. Die Qualitäten des herausragenden Pferdes machten sich im Circus in taktischen Spielereien deutlich, wobei es den Gegnern einen Vorsprung ließ, um sie dennoch klar zu besiegen. Nun ist das Pferd im Elysium auf der Insel der Seligen im ewigen Frühling, in die Zeus schon viele Helden nach der Mythologie hin entrückt hat. Hier kann Phosphor in wahrhaft göttlichem Gespann laufen; Pegasus, dessen Dienste auch Zeus in Anspruch nahm, ist das aus der Medusa geborene Pferd des Bellerophon. Ar(e)ion ist das von Poseidon mit Demeter gezeugte Schlachtroß, das auch im Besitze des Herakles war. Von dem göttlichen Zwillingspaar der Dioskuren steuert der Rossebändiger Kastor das vierte Pferd bei. Die Erhebung des Pferdes Phosphor in ein göttliches Vierergespann ist wohl nicht nur auf seine herausragenden Fähigkeiten im Circus zurückzuführen. Göttliche Eigenschaften hat es auch schon durch seinen kaiserlichen Besitzer erlangt. Ausonius selbst dürfte wie seine Vorgänger im Consulat nach

Antritt seines Consulats 379 in Trier selbst wohl prächtige Circusspiele neben Tierhetzen im Amphitheater und Darbietungen im Theater abgehalten haben. Gladiatorenspiele waren ob ihres blutigen Charakters bereits verpönt.   Schw.

79   Rennfahrermosaik   *(Farbabb. s. S. 70)*

FO. Trier, Kaiserthermen, Grabung 1962.
Um 250 n. Chr.

Das langrechteckige Mosaik ist durch einen Vorteppich mit Flechtbandknoten zu einem quadratischen Feld reduziert, in dem, durch über Eck gestellte Quadrate ein achteckiges Bildfeld entsteht, in dem der siegreiche Rennfahrer Polydus mit seiner Quadriga dargestellt ist. Der siegreiche Rennfahrer trägt Lorbeerkranz und Siegespalme in den Händen. Vor ihm gehen die Pferde tänzelnd im Schritt. Das namentlich genannte Führungspferd, das an der linken Seite beim Rennen läuft, ist ein Schimmel, mit Glockengehänge und Halsband ausgezeichnet. Compressore – durch dieses vorwärts drängende und die Konkurrenten abdrängende Pferd hat Polydus das Rennen gewonnen.
Die Beliebtheit der Pferderennen und auch das Ansehen der Trierer Circusspiele wird durch weitere drei Mosaiken aus dem Stadtgebiet und das Relief an der Frontseite des sog. Circusdenkmals in besonders reichem Maße illustriert.
Br. 4,38 m, L. 5,86 m.
RLM. Trier, Inv. 62,412.
Lit.: W. Reusch–L. Dahm–R. Wihr, Trierer Zeitschr. 29, 1966, 187. – Römer an Mosel u. Saar Nr. 247.   Cü.

80   Figuralkapitell

FO. Trier, Hermesstraße.

Das Kapitell ist aufgebaut wie ein korinthisches (s. Kat. 56 A a), doch ist die Zone, in der sonst oberhalb des zweiten Blattkranzes die flachen Pflanzenstengel aufwachsen und sich unterhalb des Abacus, der Deckplatte, zu Voluten und Helices einrollen, figürlich geschmückt. An den Ecken sind fliegende Viktorien dargestellt, deren Köpfe einst die Eckvoluten ersetzt haben. Sie halten an drei Seiten – die Finger der Hände sind deutlich erkennbar – Lorbeerkränze und Palmzweige; letztere treten hier an die Stelle der Caules. Jeder Kranz ist wie üblich mit einer runden

Schmuckscheibe geziert. Oberhalb des mittleren oberen Kranzblattes erscheint an den drei Seiten, die durch die genannten Siegesabzeichen geschmückt sind, eine Halbfigur. Jede ist bekleidet mit einem Mantel, der auf der rechten Schulter mit einer Scheibenfibel geschlossen ist; es handelt sich demnach um ein Paludamentum, einen Mantel, der vor allem im militärischen und sportlichen Bereich getragen wurde. Im Halsausschnitt erscheint bei einigen Figuren der gedrehte, kragenartige Saum eines weiteren Gewandstückes. An den vierschrötigen Köpfen der Gestalten ist der Oberkopf weitgehend abgeschlagen. Die vierte Seite des Kapitells ist anders gestaltet: hier halten die

80

Siegesgöttinnen einen Schild, den die Büste eines weiteren Mannes schmückt. Auch dieser trägt das Paludamentum, das in diesem Fall jedoch mit einer herzförmigen Schließe versehen ist. Von der unteren, breiten Seite der Fibel hängen zwei Trotteln herab. Der kantige Kopf ist zum größten Teil abgeschlagen.

Die Arbeit an den Gewändern und den Blättern ist kantig und hart. Besonders auffallend ist diese Formgebung an den Flügeln der Viktorien. Merkwürdig klobig ist auch der Blattüberfall gestaltet. Die Form der Blattlappen erinnert an die von Kapitellen aus der Osthälfte des Reiches, »doch fehlt die mustermäßige Konfiguration von Licht und Schattenteilen« (Kähler).

Koethe vermutete in dem Kapitell den Rest eines Denkmals für Konstantin (Schildbüste) und seine drei Söhne, aus Anlaß des 20jährigen Regierungsjubiläums 325 n. Chr. Diese Hypothese wurde bisher nicht durch eingehende Studien bestätigt. Dennoch hat dieses Kapitell bereits unter den datierten Denkmälern Aufnahme gefunden. Es muß festgehalten werden: Die stilistische Datierung in die zwanziger Jahre des 4. Jahrhunderts ist keineswegs sicher. Der Bezug der antiquarischen Details – z. B. der Siegeskränze – auf die Kaisersymbolik ist bislang unbegründet und bedarf der gründlichen Überprüfung, für die hier nicht der Ort ist. Sollte das Ergebnis dieser Untersuchung eine Verbindung mit dem kaiserlichen Hofe nahelegen, so ist doch zu bedenken, daß nicht nur die Familie des Konstantin in Betracht zu ziehen ist. Auch die Valentiniane könnten z. B. gemeint sein.

Kalkstein. – H. 0,53 m, unterer Durchmesser: 0,43 m.
RLM. Trier, Inv. 1914, 82.
Lit.: Koethe, Jahrb. DAI 50, 1935, 229 Abb. 33. 34. – L. Hahl, Zur Stilentwicklung der provinzialrömischen Plastik in Germanien und Gallien (Darmstadt 1937) 30 Taf. 23, 3. – E. von Mercklin, Antike Figuralkapitelle (Berlin 1962) 130 Nr. 346 Abb. 644–646.   K.-P. Goethert

81   Kontorniaten aus Trier

Kontorniaten sind münzähnliche Bronzestücke mit stark erhöhtem Rand. Sie sind geprägt, gegossen, geschnitten oder eingelegt. Man deutet sie als Neujahrsgeschenke, und sie dienten wohl als Spielsteine für Brettspiele. Die geprägten Kontorniaten (a–h) – gegossene sind in Trier nicht aufgetaucht – gehören in die 2. Hälfte des 4. Jahrhunderts und sind nach ihrem Erforscher Andreas Alföldi ein »Propagandamittel der stadtrömischen heidnischen Aristokratie in ihrem Kampfe gegen das christliche Kaisertum«. Die Vorderseiten zeigen berühmte Gestalten des griechisch-römischen Heidentums und – meist gute – römische Kaiser. Oft sind Beizeichen angebracht, in der Regel ein Palmzweig oder ein ligiertes PE. Die vertieft geschnittenen Kontorniaten (i–o) zeigen meist Rennwagenlenker und deren Viergespanne. Dem Lenker ist gern der Name beigeschrieben, oft mit dem Ausruf »nika« = siege; beim Gespann ist nur das linksgehende Leitpferd durch den Namen hervorgehoben. Diese Gruppe ist dadurch datierbar, daß in den 350er Jahren die Wagenlenker Thorax (i) und Philoromus (k) hochberühmt waren. Das eingelegte Stück (p) muß nach dem Namen Porphyrius mit den geschnittenen Stücken zeitgleich sein.

Die Kontorniaten sind beschrieben nach A. und E. Alföldi, Die Kontorniat-Medaillons (Berlin 1976); die Beizeichen sind in Klammern angegeben.

Geprägte Kontorniaten
a) Vs.: Kopf Alexanders d. Gr. nach rechts (Palmzweig).
    Rs.: Cybele thront zwischen einer Person mit Doppelaxt und einer Stadtgöttin.
    RLM. Trier, Inv. 02, 32 (aus Privatbesitz). Alföldi Nr. 49, 11.
b) Vs.: Büste Homers nach rechts, WMHPOC (Palmzweig).
    Rs.: abgeschabt, ursprünglich wohl Augustus mit Fortuna und Mars.
    RLM. Trier, Inv. 98, 53 (FO. Südallee). Alföldi Nr. 86, 6.
c) Vs.: Kopf des Augustus nach rechts, Divus Augustus pater (Palmzweig).
    Rs.: nicht mehr erkennbar (Viergespann?).
    RLM. Trier, Inv. 12, 118 (FO. bei St. Maximin). Alföldi Nr. 126.
d) Vs.: Kopf des Nero nach rechts, Nero Cladius (!) Caesar Aug.
e)   Ger. p. m. tr. p. imp. p. p. (Palmzweig: d, PE und Schraffur: e).
    Rs.: Raub der Sabinerinnen im Circus.
    RLM. Trier, Inv. ST. 9077 (d: FO. Friedrich-Wilhelm-Str.) und 38, 44 (e: FO. wohl Trier). Alföldi Nr. 182, 9 und 12.
f) Vs.: Büste des Trajan nach rechts, Traianus Aug. cos. IIII. p. p. (PE).
    Rs.: Jäger erlegt einen Keiler vor einem Baum.
    RLM. Trier, Inv. 02, 15. Alföldi 323, 1.
g) Vs.: Büste des Trajan nach rechts, Divo Nervae Traiano.
    Rs.: Skylla vernichtet ein Schiff.
    RLM. Trier, Inv. 20 203 (FO. Südallee). Alföldi Nr. 360, 13.
h) Vs.: Büste des Caracalla nach rechts, M. Aurel. Ant. Pius Aug. Brit. (Dolde?).
    Rs.: Achilles und die sterbende Penthesilea.
    Privatbesitz Trier, Kopie: RLM. Trier, Inv. EV. 80, 16 (FO. bei St. Maximin). Zu Alföldi Nr. 400.
    Auf der Vorderseite wollte man doch wohl Antoninus Pius und nicht den schrecklichen Caracalla darstellen.

Geschnittene Kontorniaten
i) Vs.: Lenker mit Peitsche und Palmzweig zwischen zwei Behältern mit Palmzweigen, Torax nika.
    Rs.: Viergespann nach links, Nicomedis.
    Der Wagenlenker Thorax kehrt wieder auf anderen Kontorniaten (Alföldi Nr. 653, 659, 660 und dem eingelegten Nr. 665); im Jahre 354 war er in Konstantinopel berühmt (Ammian 14, 11, 12). Nicomedis heißt »auf den Sieg bedacht«.
    RLM. Trier, Inv. 55, 209. Alföldi Nr. 631.

81 a–h Kontorniaten.

81 i–p Kontorniaten.

k) Vs.: Darstellung wie i, Felorome nika.

Rs.: Darstellung wie i, Timendus.

Philoromus, ebenfalls auf anderen Kontorniaten genannt (Alföldi Nr. 632, 652), wird für das Jahr 356 als besonders beliebter Wagenlenker in Rom erwähnt (Ammian 15, 7, 2); auf einem Mosaik aus Gerona ist ein Filoromus zusammen mit einem Torax dargestellt (S. Reinach, Répertoire de peinture, Paris 1922, 291, 1).

Timendus heißt ein Pferd, das »zu fürchten« ist.

RLM. Trier, Inv. 99,76 (FO. Marienstr.). Alföldi Nr. 633.

l) Vs.: Wagenlenker mit Peitsche und Palmzweig.

Rs.: Darstellung wie i/k, Aurora.

Ein Pferd mit Namen Aurora = Morgenröte ist auch auf einem marmornen Spielstein in Trier belegt (P. Steiner, Saalburg Jahrb. 9, 1939, 44 Nr. 55).

RLM. Trier, Inv. EV. 78, 110 b (FO. in der Mosel). Zu Alföldi Nr. 630ff.

m) Vs.: Lenker mit Peitsche und Palmzweig zwischen zwei Behältern mit Palmzweigen.

Rs.: Pferd (kaum Viergespann) nach links.

RLM. Trier, Inv. 38,48 (FO. Trier oder Umgebung). Alföldi Nr. 647.

n) Vs.: Darstellung wie i/k und m, Vitalis nika.

Rs.: vier Palmzweige.

Verschollen. RLM. Trier, Inv. 14575 (FO. Möhn, Krs. Trier-Saarburg). Alföldi Nr. 655.

o) Vs.: Reiter mit zwei Jagdwaffen nach rechts über einen laufenden Hasen hinwegsprengend.

Rs.: Jäger erlegt einen Keiler vor einem Baum.

Privatbesitz Trier, Kopie: RLM. Trier, Inv. EV. 78, 28. Rs. zu Alföldi Nr. 659.

Eingelegter Kontorniat

p) Vs.: Lenker mit Peitsche zwischen zwei Behältern mit Palmzweigen, in Tabula ansata: Porfyri.

Rs.: Viergespann von vorn, der Lenker mit Palmzweig, sein Sturzhelm oberhalb des Leitpferdes. In je einer Tabula ansata: Purfyri (!) und Fontanus.

Messing. In Silber eingelegt: Lenker, Behälter und Tafel der Vorderseite, das rechte Innenpferd, der Kopfschmuck des rechten Außen- und des linken Innenpferdes, Teile des Lenkers (Gesicht, Hände) und des Wagens. In Schwarzsilber (Niello): die Außenpferde, Helm, Teile des Lenkers, die Tafeln. In Kupfer: linkes Innenpferd und Teile des Wagenschildes.

Porphyrius kommt als Wagenlenker auch auf geschnittenen Kontorniaten vor (Alföldi Nr. 638, 650). Er ist nicht identisch mit dem Konstantinopler Namensvetter des früheren 6. Jahrhunderts (A. Cameron, Porphyrios the Charioteer, Oxford 1973, 173f. mit Abb. 31, 4/5). Ob Fontanus, der Name des Leitpferdes, eine lateinische Übersetzung des Wortes Pega-

sos ist? Die Komposition der Rückseite ist sehr ähnlich der des Trierer Polydus-Mosaikes (Kat. 79).

RLM. Trier, Inv. 09,864 (FO. Amphitheater). Alföldi Nr. 662. Bi.

82   Spielstein

FO. Trier, Walramsneustraße.

Wohl 4. Jh. n. Chr.

Beinerner Spielstein für ein Circus-Rennspiel, an zwei gegenständigen Stellen der Oberseite abgeschrägt.

Nur eine Seite ist verziert, hier ist mit flottem Strich ein Rennfahrer mit nach rechts galoppierendem Viergespann eingeritzt. Der Lenker trägt die Bandagierung zum Schutz des Oberkörpers bei einem Sturz, in der linken Hand hält er den Palmzweig als äußeres Zeichen für den Sieg (vgl. Kontorniaten, Kat. 81 i–p).

Runde Plättchen dieser Art aus Bein, Stein oder Ton dienten »zum Werfen, zum Schieben, zum ›Schibbeln‹, zum Rollen« (Steiner). In Trier hat sich das – im einzelnen nicht bekannte – Circus-Spiel großer Beliebtheit erfreut, wie die Steine zeigen. Die nachweisbare Begeisterung der Trierer für Wagenrennen (vgl. Kat. 78/79) wird dazu geführt haben, daß man (ob nur Kinder?) sie neben dem Zuschauen auch nachspielen wollte.

Elfenbein. – Dm. 3,7 cm, D. 0,7 cm.

RLM. Trier, Inv. 13628.

Lit.: P. Steiner, Saalburg Jahrb. 9, 1939, 40 und 43 Nr. 24 mit Taf. 21. – Zu den Spielsteinen: M. Bös, Bonner Jahrb. 155/56, 199/56, 178ff. Bi

82

83 Fragment eines Circusbechers

FO. Trier, in einem römischen Haus südlich der Kaiserthermen, 1862.
4. Jh.

Unterhalb der mit vier breiten Schlifflinien abgesetzten Randpartie ist eine Circusszene eingeschliffen. Der obere Teil des Becher- oder Schüsselfragmentes wird durch die Zuschauer ausgefüllt, die unter Arkaden sitzen. Davor sieht man zwei Quadrigen mit ihren peitschenschwingenden Lenkern, die gerade um die Wendemarken (Metae) herumfahren. Rechts neben den Metae (Spitzsäulen mit aufgesetzten Kugeln) ist noch ein Teil jener Mauer zu erkennen, die den Circus durchzieht (Spina), und die mit Aufbauten und Statuen geschmückt ist. Hier ist ein tanzender nackter Satyr auf die Spina gesetzt.
Das spannende Geschehen ist recht lebendig eingefangen. Der Hohlschliff an den Fleischpartien der Figuren und Tiere ist so angewandt, daß die Körper wie modelliert wirken. Eine solche meisterhafte Schlifftechnik ist in den Werkstätten nördlich der Alpen nicht ausgeübt worden, sie begegnet in Italien, insbesondere in stadtrömischen Werkstätten. Dort wird unser Stück wohl auch hergestellt worden sein (vgl. F. Fremersdorf, Antikes, islamisches und mittelalterl. Glas. Catalogo del Museo Sacro della Biblioteca Apostolica Vaticana V, Città del Vaticano 1975, Taf. 46, 824; 47, 827; 48, 832).
Schwach grünliches, dickwandiges Glas. – Dm. ca. 22 cm.
RLM. Trier, Inv. 914.
Lit.: Kat. Gläser Trier 38 Nr. 104 (Form 27 b) Abb. 12 Taf. 34. – Röm. Gläser Trier. Führer 66 Abb. 34. Goe.

84 Zirkusrelief vom Theodosiusobelisken

Istanbul, Hippodrom, Südwestseite des Sockels.
390 n. Chr.

Zu den berühmtesten Denkmälern kaiserlicher Repräsentation im Circus gehört der Obelisk mit seinen Sockelreliefs in dem Hippodrom von Istanbul. Den von Kaiser Septimius Severus (193–211) gestifteten Circus baute Constantin im Zusammenhang mit der Neugründung der Stadt aus und bezog die Anlage in den Palast ein.
Nachdem schon Constantin und Julian Anstalten dazu getroffen hatten, wurde 390 als Monument eines kaiserlichen Triumphes unter dem Stadtpraefekten Proculus auf einen Sockel ein aus Karnak stammender Obelisk Thutmosis' III. aufgestellt. Der Obelisk wurde auf der die Arena teilenden Spina genau gegenüber der architektonischen Verbindung des Hippodroms mit dem Palast des Theodosius errichtet. Der Unterbau des Obelisken zeigt auf seiner oberen Stufe in offensichtlich nach Errichtung des Monuments gearbeiteten Reliefs die kaiserliche Familie und den Hofstaat in zwei Bildzonen, darunter auf der unteren Stufe an zwei Seiten Inschriften, die Aufstellung des Obelisken und auf der Südwestseite schließlich Spiele im Hippodrom.
Wie alle vier Seiten des Sockels betont auch die Südwestseite in abstrakter symmetrischer Komposition die Überhöhung der kaiserlichen Familie. Unter einem säulentragenden Bogen sitzen erhaben vier Kaiser nebeneinander, nach allgemein anerkannter Identifizierung Honorius, Arcadius, Theodosius und Valentinianus II. (v. l.); der junge Honorius ist ohne Diadem dargestellt, da er noch nicht Augustus ist. Links neben dem erhöhten Thronaufbau stehen schildtragende Soldaten, Leibwächter und den Kaisern am nächsten zwei Beamte; rechts wiederum stehen drei Beamte und sechs bewaffnete Soldaten. In der darunterliegenden Zone, beiderseits einer vom Podest der Kaiser herunterführenden Treppe jeweils acht, die Spiele verfolgende Senatoren, von denen die äußeren die Mappa schwingen. Auf der untersten Treppenstufe sind zwei Hofbeamte in voller Gestalt über einem weiteren Torbogen gezeigt.
Das Circusrelief auf der unteren Stufe ist durch die dargestellte Spina, die im Circus die Rennbahn aufteilt, ebenfalls in zwei Zonen gegliedert. Auf der Spina stehen (v. l.) ein Obelisk, der von vier Säulen getragene Rundenzähler (ovarium), eine Einzelsäule, die wohl ursprünglich eine Victoria trug sowie schließlich ein zweiter Obelisk. Der untere Streifen vor der Spina zeigt vier Quadrigen mit Wagen und Wagenlenkern sowie mit Peitsche und Siegerpreisen anfeuernde Factionarii. Der Streifen hinter der Spina zeigt verschiedene Szenen eines Pferderennens (v. l.), den Start, eine Preisverleihung und eine Rennsituation mit Reiter und anfeuerndem Factionarius.
Die Anordnung der Reliefs in drei Zonen mit der alles überragenden Kaisergruppe ist sowohl durch die baulichen Gegebenheiten im Hippodrom in Constantinopel wie durch die Entwicklung der spätantiken Repräsentationskunst bestimmt. Nach dem Zeremonienbuch des Konstantinos Porphyrogenetos (10. Jahrhundert) kommt der Kaiser über die Treppenanlage des Kathismas, des nach dem Vorbilde Roms durch reiche Architektur betonten Verbindungsbaues zwischen Palast und Zirkus, um sich dem Volke zu zeigen. Verwandt ist das Relief mit den Darstellungen Spiele gebender Beamter, die in einem Tribunal über dem Geschehen, einer Circus- oder Arenadarstellung, in einer eigenen Zone dargestellt sind. Die Verbindung höchster Ämter und sogar der Person des Kaisers mit dem Circus wird, so wie die Elfenbeindiptychen und die Reliefs des Theodosiusobelisken zeigen, in der Spätantike hoffähig, nachdem der Circus zu einer geeigneten Stätte kaiserlicher Repräsentation aufgestiegen war (s. Kat. 78).
Marmor mit Kalksteinunterbau. – H. 428 cm (Sockel), Br. noch 372 cm (Unterbasis), 317 cm (Oberbasis).
Lit.: W. Müller-Wiener, Bildlexikon zur Topographie Istanbuls (Tübingen 1977) 64 ff. u. Abb. 263 (mit reicher Lit.). – Age of

Spirituality. Catalogue, ed. K. Weitzmann (New York 1979) Nr. 99 (SO-Seite). – H. Gabelmann, Circusspiele in der spätantiken Repräsentationskunst. Antike Welt 11 (1980) H. 4, 25–38. – L. Habachi, Die unsterblichen Obelisken Ägyptens (Mainz 1982) 196–202.

Schw.

85–87 Kaiserthermen

85 Zur Baugeschichte *(Farbabb. s. S. 62–63)*

Ende 3. Anfang 4. Jh. n. Chr.

Das Plankonzept der Residenz sah von Beginn an die Errichtung einer Thermenanlage für Hofstaat und Reichsverwaltung vor, die auch als erste Anlage noch gegen Ende des 3. Jahrhunderts begonnen worden ist. Nach einem neuen Grundrißplan, dem »großen Kaisertyp« entwickelt, nimmt die Anlage vier Wohnquartiere der älteren Bebauung ein. Mit breiter, nach Westen gerichteter Eingangsfront und Portikushalle gliedert sich die Anlage in die große Fläche der Palästra, mit Portiken, Umkleide- und Gesellschaftsräumen umbaut, und die östlich gelegenen Baderäume mit Frigidarium, Tepidarium und Caldarium.

Die mächtigen Säle, durchweg mit hohem Sockelgeschoß und zweigeschossigen Fenstergallerien im Aufgehenden, sind mit großen Apsiden für die Badewannen versehen. Die hinter- und nebeneinander gestaffelten Räume werden durch Lichthöfe unterbrochen, um eine ausreichende Belichtung der überwölbten Hallen und Säle zu erreichen. Die technische Installation, die Entwässerung der Bäder und Ableitung der Tageswässer, die Bedienung der Heizungen erfolgen von der Kellerebene aus, so daß der Badebesucher keinerlei Kontakt zu dem Bedienungspersonal ausgesetzt wird. Gleichzeitig sichern die bis in das gewachsene Erdreich hinab getriebenen Fundamente dem Bauwerk einen sicheren Stand.

Die noch eindrucksvolle Ruine, im Mittelalter zur Eckbastion und Stadttor der Befestigung umgewandelt, wurde durch Ausgrabungen seit 1912 untersucht und im Bestand gesichert. Das Kellergeschoß wie auch das aufgehende Mauerwerk sind in wechselnden Schichtenfolgen aus Kalksteinen und Ziegeldurchschuß (als Ausgleichschichten und Binderlagen) aufgerichtet worden. Hinter der Verblendung – eine Art verlorener Schalung – ist eine massive Füllung von Kalkmörtel und Steinschrotteln eingebracht worden, die in einem langen Härtungsprozeß hohe Festigkeit und Belastbarkeit erreicht hat. Die statisch hoch beanspruchten Fensterpfeiler, Bogen, Unterzüge und Präfurniumsöffnungen sind aus gleichmäßig geschichteten Ziegeln gefügt. Die sorgfältig aufgemauerten Wände waren an den Außenseiten verputzt und durch farbige Bemalung untergliedert. Die Innenräume waren mit marmornen Böden und Wandverkleidungen ausgelegt, Nischen und Raumteiler mit Säulen und Architraven verziert.

Gegen das ansteigende Terrain an der Ostseite bildete eine auf die Gesamtbreite der Thermen projizierte Apsis den monumentalen Abschluß und war zugleich Rückhaltemauer.

In der 2. Hälfte des 4. Jh.s wurde die Palästraumbauung reduziert und gleichzeitig die Platzfläche nach Osten durch Abbruch des Frigidariums bis zum Rundbau des Tepidariums, erweitert. An der NO-Seite wurde eine kleinere Ersatzbadeanlage gebaut. Der durchaus repräsentative Charakter der Anlage macht es wahrscheinlich, daß die so veränderte Thermenanlage als Amtsgebäude und Wohnpalast benutzt worden ist und zugleich Ersatz für die kaiserlichen Wohnpaläste war, die für die constantinische Doppelkirchenanlage 326 n. Chr. niedergerissen worden waren.

Lit.: E. Krüger, D. Krencker, Die Trierer Kaiserthermen. Trierer Grabungen und Forschungen I (Augsburg 1929).

Cü.

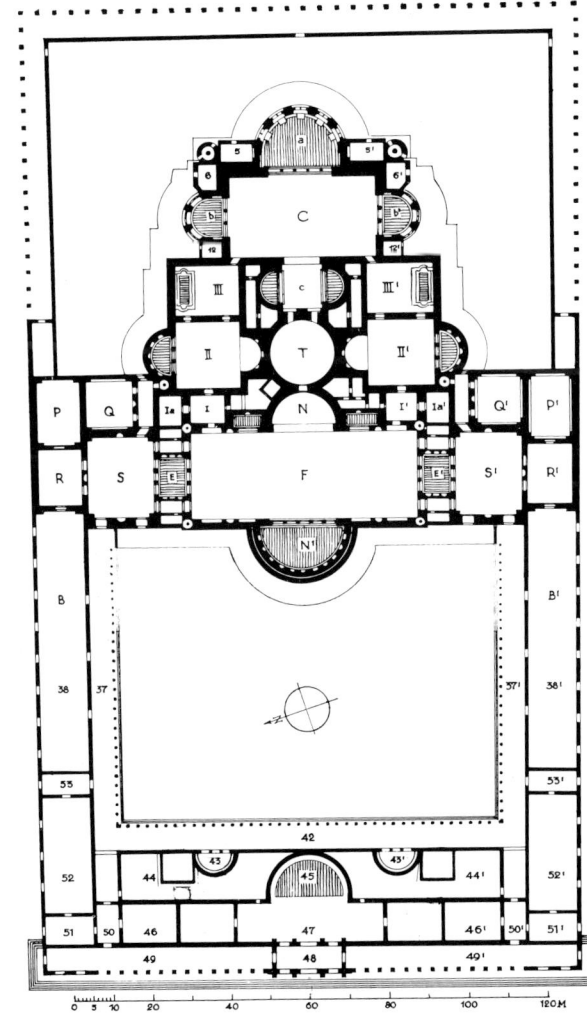

85

86 Figürliches Kapitell

FO. Trier, Kaiserthermen-Westseite
Ende 3./Anfang 4. Jh. n. Chr.

Bei den Ausgrabungen im Westteil der Kaiserthermen wurde
1970 ein Sandsteinkapitell eines Wandpfeilers gefunden, das
vielleicht von der Portalanlage in der Mittelachse der Thermen
stammt.
Über einem abgefasten Sockelprofil zwei Reihen von Akanthusblättern, die flach gehalten und durch Kerben und Kehlen modelliert werden, während zu den Eckvoluten die Blätter plastisch ausladen. Die Deckplatte wird durch ein flaches Profil-
band mit drei Querrillen abgesetzt und ist mit einem flach
gekehlten Blattfries verziert. Die Eckvoluten sind abgebrochen.
Auf drei Ansichtseiten wächst aus dem unteren Blattfries eine
figürliche Büste heraus, die mit kräftig modellierten Wangen zu
ovaler Kopfform mit Lockenkranz gebildet ist. Die weit vorste-
henden Augäpfel erhalten durch eine breite, tiefe Bohrung einen wachen fast stechenden Blick.
Hellgrüner Sandstein. – Standfläche 60×60, Deckenfläche
70×70, H. ca. 60, Oberfläche etwas abgewittert.
RLM. Trier Inv.-Nr. KTh FNr. 1705.
Lit.: W. Reusch, Arch. Anzeiger 1971, 630 Abb. 51 u. 52. Cü.

87 Marmorplatte mit Christogramm

FO. Trier, Kaiserthermen.
4. Jh. n. Chr.

Das Fragment einer dünnen Marmorplatte zeigt den Rest eines
sorgfältig eingegrabenen P und im oberen Zwickel einen Stern.
Bei einem ursprünglichen Durchmesser der Platte von 24 cm ist
die Verwendung nicht sicher zu erweisen.
Als Tellerplatte ist die geringe Randausbildung kaum zum Mahl
oder liturgischen Gebrauch geeignet.
Eher möchte man die Platte als Diskus deuten, der als Zierscheibe mit dem sicherlich in roter Farbe ausgelegten christlichen Symbol als Raumverzierung aufgehängt gewesen sein
könnte.
Weißer, kristalliner Marmor.
RLM. Trier, aus altem Bestand.
Unveröffentlicht. Cü.

88–90 Horrea

88 Getreidespeicher – Horrea und Grabungsbefunde bei St. Irminen

4. Jh. n. Chr.

Zur Versorgung der Stadtbevölkerung, des Hofes und der am
Rhein stationierten Truppen wurden an der Mosel, in der Nähe

86

86

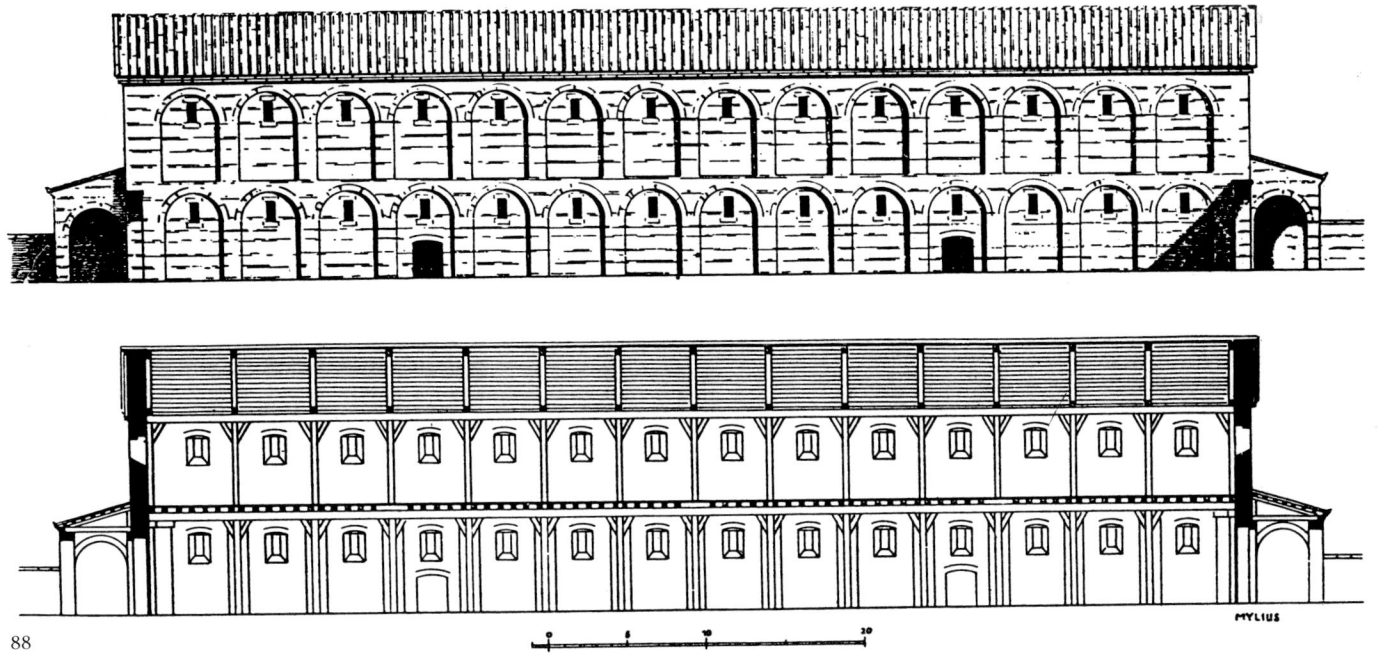

88

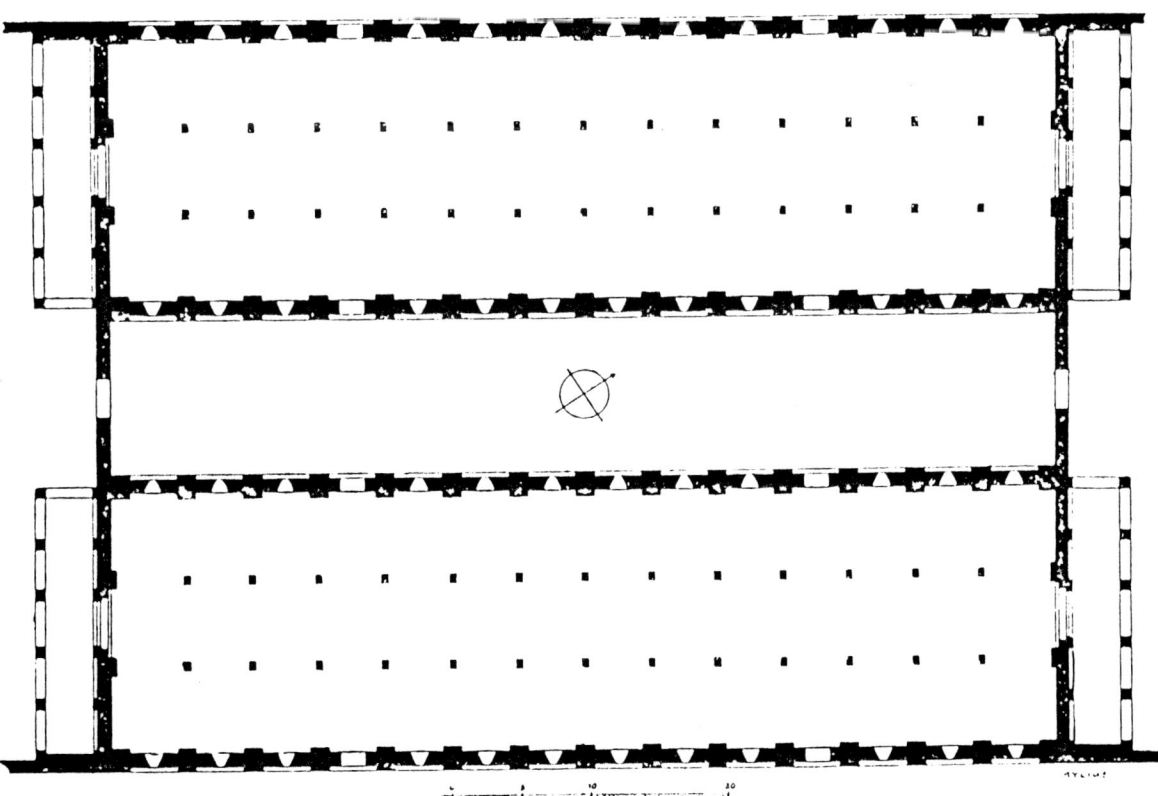

89 Grundrißplan
der Getreide-
speicher – Horrea
Trier, St. Irminen

des Hafens, die Getreidespeicher-Horrea als Magazinbauten errichtet.

Zwei Hallen, je 70 m lang und 20 m breit, wurden beiderseits einer breiten Zufahrt und Hoffläche angelegt. An den Giebelseiten sind Pfeilerstellungen nachgewiesen, die überdeckten Vorhallen zugehörten und den Anlieferern Schutz gegen Sonne und Regen boten. Die zweigeschossigen Hallen, im Innern mit großen Balkenstützen und Böden ausgestattet, sind an den Außenwänden durch große Blendarkaden und Lisenen gegliedert, in denen Türen und Lichtschlitze auch für eine gleichmäßige Durchlüftung des Lagergutes sorgten. Seit 1975 durchgeführte Grabungen ergaben, daß das östlich und südlich anschließende Terrain seit dem frühen 1. Jh. besiedelt ist. In diesem Bereich wird auch das Personal der Depotverwaltung und Bewachung gewohnt haben.

Als römischer Staatsbesitz wechselten die Horrea nach der fränkischen Landnahme in Königsbesitz und gelangten durch Gütertausch und Schenkung an den Trierer Bischof Modoald, der hier ein Damenstift begründete (622–640). Eine der bedeutendsten Äbtissinnen wurde vor 697 Irmina, die das Kloster mit bedeutendem Landbesitz ausstattete und auch im benachbarten Echternach die Klostergründung unterhalb des Burgus von St. Peter, nahe dem Sauerübergang, sehr gefördert hatte.

Lit.: H. Eiden, Untersuchungen an den spätrömischen Horrea von St. Irminen. Trierer Zeitschr. 18, 1949, 73–106. – Führer Trier, 128. – Die Vereinigten Hospitien in Trier (Trier 1980) 13–29. – Römer an Mosel u. Saar 283, S. 322. Cü.

89 Grundrißplan der Getreidespeicher – Horrea Trier, St. Irminen

90 Funde aus dem Gebiet von St. Irminen

FO. Trier, St. Irminen.
4. Jh. n. Chr.

a) Sechs Bronzebleche eines Schuppenpanzers, wahrscheinlich von einem Metallsammler zusammengetragen.
Die Bleche zeigen paarweise angeordnete Löcher durch die flache Bronzedrähte durchgezogen und umgeschlagen, eine elastische Verbindung herstellen.

Die unterschiedliche Größe der Bleche weist auf unterschiedliche, dem Körper entsprechende Panzerung und Montagefolge.
Bronzeblech. – L. 3,2 cm, Br. 2,2/2,2 cm.
Bronzeblech – L. 3,0 cm, Br. 2,3 cm.
Bronzeblech. – L. 2,4 cm, Br. 1,9 cm und ein Fragment mit Draht.
RLM. Trier.

b) Sieblöffel aus Bronze.
Zierlicher Sieblöffel mit gedrehtem Griff, Aufhängeöse. Die Löffelschale ist aus einem Bronzestab getrieben, gleichzeitig mit Halterung zum Griffstiel als profilierte Platte ausgebildet und mit Steg, Würfel und Rillenpaar in den gedrehten Stab übergeführt.
Bronze. – L. 17,2 cm.
RLM. Trier, FNr. 136.

c) Flachgedrückter Löffel, Rohstück.
Blei. – L. 16,5 cm.
RLM. Trier, FNr. 136.
Unveröffentlicht. Cü.

91a

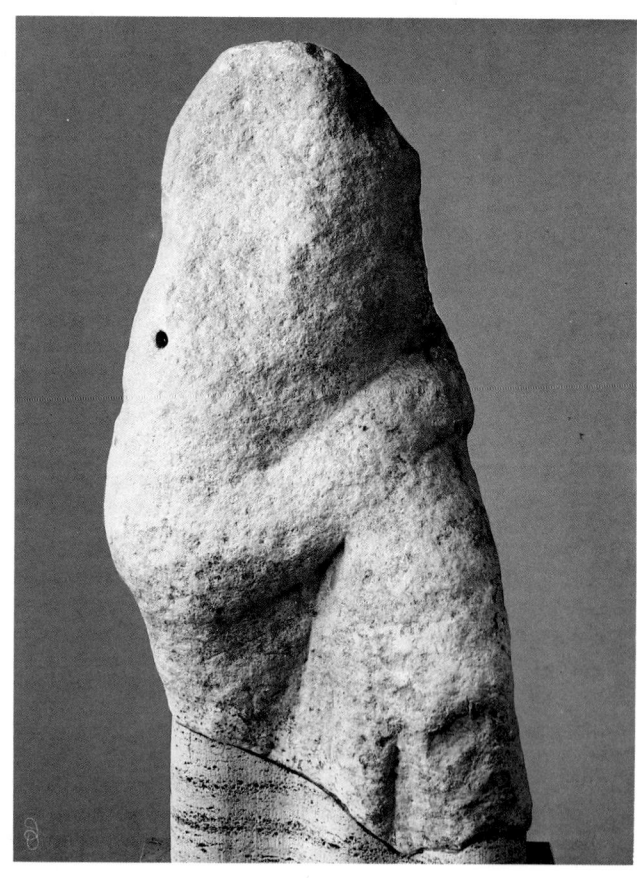

91 b

91–129 Frühchristliche Friedhöfe

91–98 Trier, St. Matthias

91 Venus von St. Matthias

FO. Trier, St. Matthias.
Römisch (a) und 2. H. 16. Jh. (b).

Im Klosterbereich von St. Matthias stand spätestens seit dem sechzehnten Jahrhundert der Torso einer Göttin aus weißem Marmor (a) dabei eine Steintafel, die verkündete, daß diese Abgöttin, zerbrochen von Bischof Eucharius, jetzt zum Spott dastehe (b). Das Götterbild hielten die Umwohner für die zauberische Göttin Diana. Es wurde jahrhundertelang bis zum Jahr 1811 von frommen Pilgern mit Steinen beworfen, und danach fiel es lange Zeit schwer zu erkennen, daß vielmehr Venus dargestellt war.
Die Tafel zeigt die drei Bischöfe Eucharius – mit dem Götzenbild zu Füßen –, Valerius und Maternus, die bei St. Matthias beigesetzt sind; sie berichtet vom Schicksal der Marmorfigur in lateinischer und deutscher Sprache.

Der lateinische Text ist »barbarisch« (Brusch 1551) und verworren, als sei die Vorlage zerstückelt und falsch zusammengesetzt worden. Der deutsche Text lautet:
Wolt ihr wissen was ich bin.
Ich bin gewesen ein Abgottin.
Da S. Eucharius zu Trier kam,
er mich zerbrach, mein Ehr abnam.
Ich was geehret als ein Gott.
Jetz stehen ich hie der Welt zu spot.
Im Jahr 50 nach Christi geburt sein die
3 H. Bischoffe von Rom zu Trier komen.
       Euc(harius), Val(erius), Mat(ernus).
Hier liegt die mittelalterliche Sage von der Aussendung der drei Bischöfe durch den Apostel Petrus zugrunde. Das wahrsagerische Götzenbild soll als letztes die Ankunft des Eucharius in Trier geweissagt haben und dann für immer verstummt sein.

a): Marmor. – H. noch 99 cm. b): Sandstein. – H. 73 cm, Br. 247 cm.
a): RLM. Trier, Inv. G. 44 d. b): Abtei St. Matthias Trier (Kopie im RLM.).
Lit.: Eustachius Wiltheim, Ons Hémecht 10, 1904, 105. – Hettner Steindenkmäler 656. – Espérandieu 5037. – Th. K. Kempf, Rheinischer Verein für Denkmalpflege und Heimatschutz Jg. 1952 (= Trier, ein Zentrum abendländischer Kultur) 47 f. – Schindler, Führer Abb. 261. – W. Binsfeld, Kurtrier. Jahrb. 22, 1982, 44*ff.   Bi.

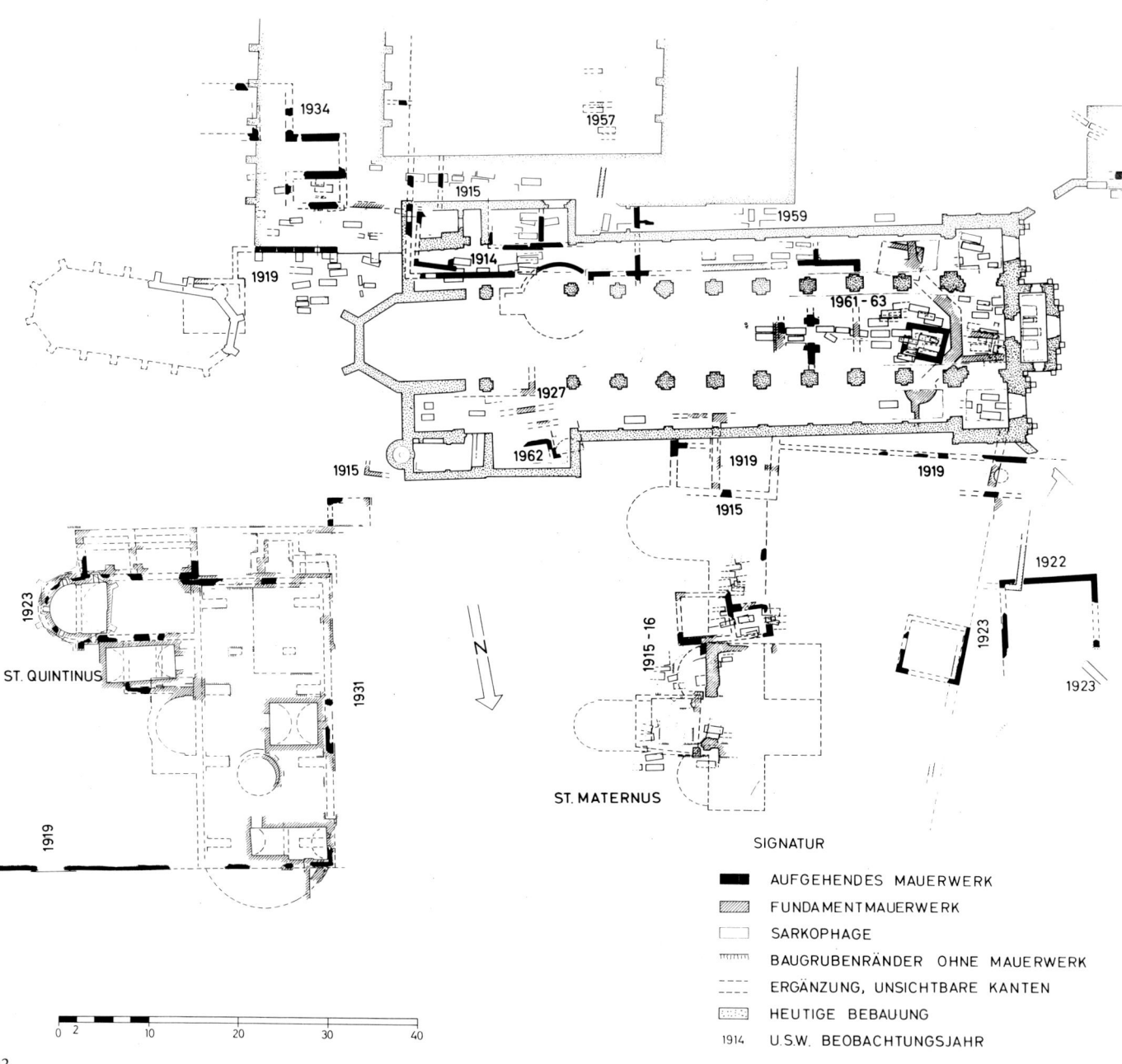

1934

1957

1915

1959

1919

1914

1961 - 63

1927

1962

1915

1919

1919

1915

1922

1923

1923

1923

ST. QUINTINUS

1923

1931

1915 - 16

ST. MATERNUS

N

1919

SIGNATUR

AUFGEHENDES MAUERWERK

FUNDAMENTMAUERWERK

SARKOPHAGE

BAUGRUBENRÄNDER OHNE MAUERWERK

ERGÄNZUNG, UNSICHTBARE KANTEN

HEUTIGE BEBAUUNG

1914   U.S.W. BEOBACHTUNGSJAHR

0   2   10   20   30   40

92

92 Das frühchristliche Gräberfeld von St. Matthias *(Farbabb. s. S. 170–171)*

Südlich der Stadtmauer und beiderseits der Fernstraße Trier–Metz–Rhonetal sind durch zahlreiche Baumaßnahmen und Grabungen privater Grundstückseigentümer ausgedehnte Brandgräberfelder nachgewiesen, deren Belegung in augusteischer Zeit einsetzt. An die Eintalung und den Lauf des Aulbaches schließt heute das Abteigelände von St. Matthias mit Friedhof, Kirche, Kloster und mit weitläufigen Ländereien an, die, ursprünglich von der Schammatmauer begrenzt, östlich der Römerstraße gelegen sind. Literarische Überlieferung und der archäologische Befund weisen aus, daß im Bereich des heutigen Pfarrfriedhofes eine Villa suburbana gelegen ist. Zu dem nur unvollständig erhaltenen Villengrundriß ist ein Keller nachgewiesen, über dem aufgehendes Mauerwerk mit qualitätvoller Dekorationsmalerei erhalten war und eine Entstehung der Ansiedlung am Ende des 2. Jh. wahrscheinlich macht. Ein langrechteckiger Saalbau, N-S gerichtet, ist an der Ostseite und in der Bauachse mit einem Anbau versehen, der im Grundriß apsidenförmig ausgebildet ist.

An der SO-Ecke des saalartigen Raumes ist eine einschiffige Basilika von 17,00 m L. und 7,50 m Br. angebaut worden, die nach Osten eine Apsis zeigt und mit einer Krypta von 6,70 m zu 5,80 m versehen ist, die über eine Treppe im Mittelteil der Basilika zugänglich war.

Nach Untersuchungen von F. Kutzbach 1923 wurde es 1965 möglich, die Kryptenanlage freizulegen und zugänglich zu machen.

Im Grundriß etwas eingezogen, ist die Krypta durch einen Bogenunterzug, der zugleich die Wölbung stützt, unterteilt in den tonnengewölbten rechteckigen Vorderraum und die gerundete Apsis mit Halbkuppelgewölbe. Die Wände, aus Kalkhandsteinen im Wechsel mit Ziegeldurchschuß errichtet, zeigen eine Baufuge mit leichtem Rücksprung zur Auflage der Gewölbelehre, die im Scheitel dichter mit senkrecht und radial stehenden Ziegeln gefügt ist.

An Decke und Halbkuppel der Apsis ist bei der Einwölbung der Mörtel z. T. auf die Bretterschalung der Lehre durchgelaufen und hat die Verbretterung als Negativabdruck erhalten.

Der Kryptenraum war mit einem leicht rötlichen Schiefersandmörtel verputzt und auch bemalt, doch sind außer einigen Resten weißer Kälkung keine weiteren Spuren mehr erhalten.

In der Wölbung sind fünf mit schräg ansteigendem Bankett gebaute Lichtschlitze ausgespart, die etwas über dem ursprünglichen Terrain enden und mit Sandsteinsturz und Gewänden umkleidet sind.

Von dem achsial gelegenen Zugang wurde die geneigte Abgrabung des gewachsenen Bodens freigelegt, auf der vielleicht eine Holztreppe montiert war. Von der aus Rotsandsteinstufen gesetzten festen Treppe der »Benutzungszeit« sind noch drei breite Stufen in situ angetroffen worden, die zu der Eingangstür der Krypta im Kellerniveau führen. Diese ist ebenfalls mit Sandsteinschwelle und Gewänden umkleidet, doch liegt das Niveau höher als die heutige Sohle der Krypta, die bei der Freilegung 1966 keinerlei Reste des ehemaligen festen Fußbodens mehr erkennen ließ.

Der Bogenunterzug war, nach den Resten der Fundamentierung und abgebrochenen Steine des Verbandes in der aufgehenden Wandzone zu schließen, ursprünglich breiter und sprang weiter in den Raum vor als es der jetzige Befund zeigt. Der Unterzug war als Hilfskonstruktion der Wölbung offenbar zunächst vollkommen als freistehender Bogen aufgesetzt worden. Die Lehren mit leichtem Gefälle von West nach Ost schlossen bündig an die »Bogenoberseite« an, so daß mit dem Ausbau des Gewölbes der Bogen in die Steinwölbung einbezogen werden konnte. Zu einem späteren Zeitpunkt wurden Wandpfeiler und Bogen abgebrochen und in ihrer Stärke und Ausdehnung reduziert. In die schmaleren Pfeiler wurden auch Ziegel eingebaut, von denen einer den Stempel ARMO trägt, einer Fabrik, die z. B. auch Material zum Bau der Basilika geliefert hatte.

Die hier festgestellte Umbaumaßnahme mag mit Veränderungen in der Belegung der Krypta in Zusammenhang stehen.

Für die erste Nutzung ist die Einbringung eines Sarkophages gesichert, der an Sargtrog und Deckel Reliefschmuck trägt, dessen farbige Fassung noch fast vollständig erhalten ist.

Die Schmalseiten des Sarges sind mit Blütenrosetten und Rhomben verziert. Die Langseiten zeigen über einer Sockelleiste Putten mit kindlichen Proportionen, die eine Tabula ansata halten. Das gelockte Kopfhaar wird von einem Reif gehalten, an dessen Vorderseite, über der Stirn, eine Blütenrosette befestigt ist. Der Deckel ist in Form eines Hausdaches gehalten und auf den Schrägen mit Schieferplatten im Wechsel weißer und grauschwarzer Bemalung gedeckt. Die Mitte des Deckels ist durch kräftig vorstehende Bossen verstärkt, die im Format quadratisch, mit Relief verziert sind. An den Giebelseiten ist, von einer Rahmenleiste begrenzt, die dreieckige Fläche an der West- und Eingangsseite mit einem Totenmahl verziert. Ein Ehepaar sitzt an einem gedeckten Tisch, auf dem mit roter Umrandung gekennzeichnet eine Platte steht, mit einem Fisch, daneben ein Brot. In kleineren Proportionen sind rechts und links Diener mit dem Heranbringen von Speisen befaßt.

An der gegenüberliegenden Ostseite zeigt das Giebelrelief einen Reiter auf weiß bemaltem Pferd, vor und hinter dem Pferd je ein Diener zu Fuß.

Der Deckel ist an den Langseiten durch ein schmales Reliefband verziert, das in seiner Komposition auch auf die Bilddarstellung der Mittelbossen Bezug nimmt.

An der Nordseite sind Putten dargestellt, die Opfergaben zu einem Blockaltar bringen und ein Putto, der mit ausgebreitetem Tuch ein Eichhörnchen einzufangen sucht. In der Mitte des Reliefbandes sind zwei langgefiederte Vögel, Pfauen, heraldisch gegeneinandergerichtet, die mit ihren Schnäbeln eine Blütengirlande halten. Das quadratische Relief auf dem Bossen zeigt auf schwarzem Grund die Büsten eines Mannes und einer Frau. Während der Mann nur sehr allgemein in Kontur, den Wiedergaben von Kopfhaar und Gesicht sehr summarisch ausgearbeitet ist, ist die Dame mit Gewandfalten, zarten Gesichtszügen, flach gerundeten Wangen, Mund und gerundetem Kinn dargestellt, den Blick seitwärts gerichtet.

Auf der südlichen Gegenseite ist die Friesleiste mit Delphinen gefüllt, die rot konturiert, sich deutlich von dem hellen Grund abheben. Unter dem quadratischen Relief der Verstärkungsbosse steht eine zierlich gedrechselte Säule, rechts und links je ein Vogel zur Mitte gerichtet. Das darüber stehende Relieffeld ist mit einem Rosettenfries eingefaßt und bildet einen großen Rundschild-Clipeus, der mit gelber Ockerfarbe ausgelegt ist. Vor den Goldgrund treten, im Triumph des Todes vereint zwei Büsten, die leider stark bestoßen, die Porträtzüge der hier Bestatteten trugen. Von der Haarfrisur der Dame ist neben den Strähnen noch ein Diadem zu erkennen.

Bei der Freilegung war der an allen Seiten mit Relief und Malerei verzierte Sarg in die Südwestecke des Raumes und gegen die südliche Raumwand versetzt aufgestellt. Die übrigen Flächen waren bis in das Gewölbe hinein mit sorgfältig geschichtetem Gebein aufgefüllt gewesen. Seit dem 10. Jahrhundert als Karner benutzt, war die Krypta mit über 5000 Skeletten gefüllt worden, die aus den Sarkophagen des antiken, frühchristlichen Gräberfeldes immer wieder zu Tage gefördert wurden, sei es durch Baumaßnahmen, sei es durch die Anlage von Gräbern.

Im Innern des Sarkophages wurden die gut erhaltenen Gebeine von zwei Individuen geborgen, die in der Abfolge der Bestattungen einem Manne und einer älteren, sehr zarten Frau zugewiesen werden konnten und auch anthropologisch bestimmt worden sind.

Die örtliche Tradition weist dieses Gebäude, das man als Grabbasilika benennen muß, der Bekennerin Albana zu, die nach dem Tode ihres Mannes, als Witwe, den ersten Missionsbischöfen Eucharius und Valerius in ihrem Hause Unterkunft gewährt haben soll. Dieser Albana verdankte auch die frühchristliche Gemeinde die Überlassung und großzügige Stiftung von Grund und Boden zur Anlage eines Gräberfeldes, das von dem heidnischen Brandgräberfeld deutlich getrennt liegt.

In der nachfolgenden Beisetzung der ersten Trierer Bischöfe liegt auch die Erklärung dafür, daß nicht nur der Sarkophag der Stifterin und ihres uns anonym verbleibenden Mannes aus der zentralen Aufstellung an die Südwand verschoben worden ist, sondern auch der weit vorspringende Unterzugbogen und die Pilaster abgebrochen und in reduzierter Form neu erbaut worden sind.

Stifter- und Bischofsgräber waren Anlaß dafür, daß in der nächsten Umgebung des Grabgebäudes zahlreiche Grüfte angelegt worden sind und die Sarkophage im Erdreich bis zu drei Lagen übereinander eingestellt wurden. So wurden im Laufe von etwa 250 Jahren über 5000 Sarkophage hier in die Erde gestellt, die gleichzeitig eine erhebliche Anhebung des Terrains nach sich zogen, und die Vermauerung der Fenster- und Licht-

schächte sowohl der »Albanagruft« wie auch der benachbarten Grabanlagen verursachte.

Lit.: Führer Trier 226–237. – Trier. Zeitschr. 32, 1969, 269–293. Cü.

93   Seitenrelief eines kleinen Grabpfeilers

FO. Trier, Gräberfeld St. Matthias, im Innern der Kirche. 3. Jh. n. Chr.

Bei Sicherungs- und Sanierungsarbeiten wurden im Innern der Matthiasbasilika umfangreiche Grabungen durchgeführt. Im Westteil des Mittelschiffes wurde eine Kammer mit Eingang von Osten, ca. 1,40 m unter heutigem Kirchenfußboden, freigelegt. Die Benutzungshöhe der Grabkammer ist durch die erhaltene

93

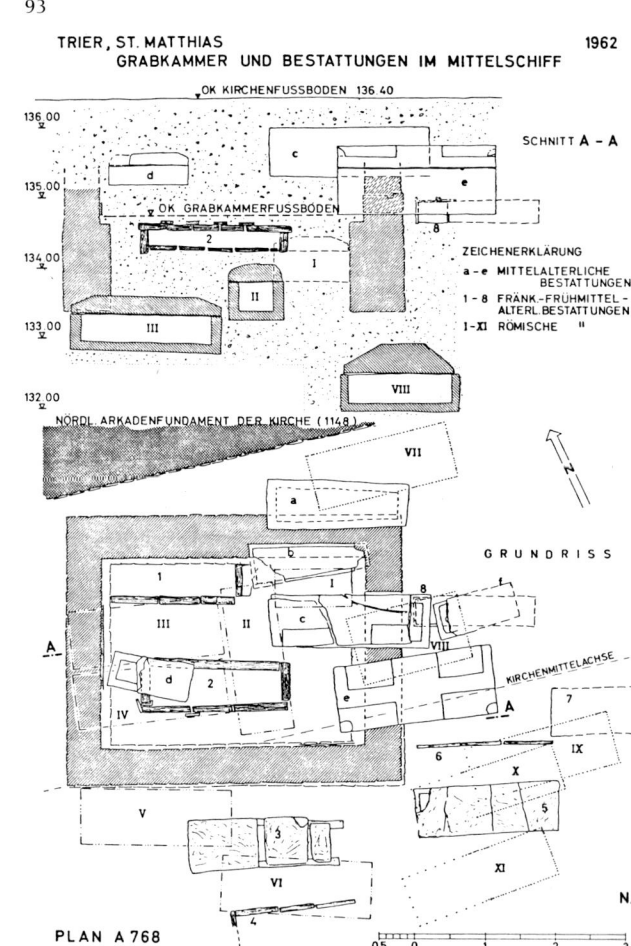

TRIER, ST. MATTHIAS 1962
GRABKAMMER UND BESTATTUNGEN IM MITTELSCHIFF

PLAN A 768

Türschwelle, den Fundamentabsatz des Mauerwerkes und den Ansatz des Wandverputzes zuverlässig zu rekonstruieren, war jedoch durch nachantike Bestattungen (fränkische Plattengräber und Bestattungen der Klosterzeit) gestört (siehe Plan und Schnitt).

In der NO-Ecke der Kammer war ein Kindersarg eingestellt (I), der mit Kalkbrei gefüllt war und als Beigaben ein faßförmiges Fläschchen, einen gedrehten Bronzedrahtring mit glockenartigem Anhänger und eine kleine Flasche mit gestauchtem Boden enthielt. Für den Sargtrog war der Deckel des tiefer liegenden Sarkophages II etwas ausgebrochen worden. Sarkophag II war N-S gerichtet. Noch tiefer, und von den Fundamenten der Westwand überbaut, stand Sarkophag III. Danach könnte der Eindruck entstehen, daß nach der Bestattung in tiefster Lage III, die Angehörigen sich zum Bau einer Grabkammer anläßlich der Bestattung II entschlossen hatten, die aber aus Platzmangel nicht in herkömmlicher Weise orientiert werden konnte.

Unter der östlichen Kammermauer wurde der Sarkophag VIII entdeckt, der am tiefsten in diesem Bereich gelegen ist. Der unverzierte, grob scharrierte Sargtrog (Bogenschlag) ist aus rötlichem Sandstein (vom Palliener Felsen, westlich der Mosel), 1,70 m lang, 1,00 m breit und 0,60 m hoch. Im Hochwasserbereich der Mosel gelegen, war das Innere vollkommen mit Lehmschlicker zugeschlämmt. Von der Bestattung waren nur wenige Reste erhalten geblieben.

Als Verschluß und Deckel diente ein unförmiger Sandstein feiner Körnung, der 0,45 m dick, 1,60 m lang und 0,97 m breit, an den Schmalseiten mit sehr langer Schräge, der an den Langseiten etwas steiler zu einem Dach zugerichtet ist und einen 0,28 m breiten glatten Grat an der Oberseite bildet. Die Flächen sind nur grob mit dem Spitzeisen zugerichtet und entbehren der sonst üblichen Glättung und verstärkender Zierbossen.

Die Deckelunterseite zeigt ein vorzüglich erhaltenes Relief, das bis auf den oberen Rand der Rahmenleiste vollständig und ohne jegliche Beschädigung erhalten geblieben ist. Aus einem großen Krater erheben sich zwei prächtige Akanthusblätter und ein Stengel mit sichelförmig geschwungenen Blättchen, in eine große, weite sternförmige Blüte mit pinienzapfenartigem Blütenstand auslaufend.

An den oberen Blättern des Stengels sind rechts und links je eine Maske mit phrygischer Mütze aufgehängt. Die linke Maske, unter der Mütze von Bückellöckchen gesäumt, ist in etwas kräftigerer Modellierung und Konturierung von fröhlichem Ausdruck. Sie steht in einem gewissen Gegensatz zu der rechten Maske, die flächig angelegt, unter der Mütze strähniges Haar zeigt und durch die lang gezogenen Augebrauen und den etwas abwärts gerichteten Mundwinkel ernst und streng im Ausdruck erscheint.

Der Krater, durch senkrechte Riefen an der eingezogenen Schulter- und Halskehle dekoriert, wird durch ein Band mit einer Blüte geschmückt. Eine Metallform imitierend, ist das Gefäß mit kräftig modellierten, gerundeten Blattlamellen am kelchförmigen Körper verziert und steht auf hohem Fuß, der über dem Standring in eine Blattknospe übergeht und von dem Knauf in einen Blattstern sich öffnet. Aus Blütenkelchen, Blättern und Blattvoluten sind auch die Henkel gebildet. Am Boden, zu beiden Seiten des Gefäßes, sind zwei Raben dabei eine Traube und eine Birne zu picken.

Neben der linken Rahmenleiste sind Reste der anschließenden Quaderfläche erhalten, die geglättet, etwa 0,50 m über der Unterkante eine geöffnete linke Hand einer kleinen Relieffigur zeigt.

Die Seitenfläche, die rechts anschließt, war offenbar nicht bearbeitet, sondern nur grob geglättet, so daß das ursprüngliche Denkmal als Teil eines Pfeilers anzusprechen ist, der an drei Seiten mit Reliefschmuck und Inschrift versehen war. Neben

93

einem Stufenunterbau und Sockel wird der obere Abschluß, in Übereinstimmung zu Beispielen des Trierer Landes, mit einem Pyramidendach und bekrönendem Pinienzapfen zu ergänzen sein.

Das gut erhaltene Relief mit Krater, Akanthusblättern, Blütenstengel und Masken ist in Verbindung mit ähnlichen Reliefdarstellungen (so in Paris), dem Umkreis des Kybele- und Attiskultes zuzuweisen, einem Vegetationskult, der Werden und Vergehen, Leben und Tod, Sterben und Auferstehen der Natur und des Mysten im Kulte versinnbildlichte.

Am Übergang der Brandbestattung zur Körperbestattung in der zweiten Hälfte des 3. Jahrhunderts, dem Eindringen christlicher Glaubensvorstellungen, ist Grab VIII nicht nur als älteste Bestattung in diesem engeren Bereich von Interesse. Die noch »ungelenke« Form des Deckels verrät die Umstellung der mit der Ausführung betrauten Handwerker auf neue Formen. Die Spolie selbst gibt insofern Rätsel auf, als dem Auftraggeber sicherlich die Reliefdarstellung bekannt war und sicherlich hatte er auch zugestimmt, daß die Attisköpfe im »Deckelinneren« über den Kopf des hier Bestatteten zu liegen kamen. Andererseits ist dieser Bestattungsbereich als »Christlicher« Friedhofsbereich auf dem ursprünglich privaten Gelände der suburbanen Villa zu betrachten, die der Überlieferung nach von der Bekennerin, der Witwe Albana, der frühchristlichen Gemeinde überwiesen worden und außerhalb des Brandgräberfeldes im Süden der Stadt gelegen war. Die Umdeutung des »Auferstehungsgedankens« aus dem Mysterienkult auf christliche Auferstehungserwartung ist hier vielleicht Anlaß zur Verwendung der »Spolie« gewesen, eher denn als eine zweckmäßige und zufällige Geldersparnis.

Der vorzügliche Erhaltungszustand des Reliefs einerseits, die Tieflage des Grabes VIII andererseits, sowie die relative Abfolge der Bestattungen bis hin zu dem Kindergrab I mit den Beigaben, machen es wahrscheinlich, daß Grab VIII noch im letzten Viertel des 3. Jh. angelegt worden ist, spätestens aber vor der Räumung der Gräberfelder und dem Abtransport der Monumente zum Festungsbau nach Neumagen.

Rötlicher, feinkörniger Sandstein.

RLM. Trier.

Lit.: Trierer Zeitschr. 31, 1968, 191 ff. – Zum Gräberfeld bei St. Matthias vgl. Frühchristliche Zeugnisse 165–174. Cü.

94   Teil einer Grabplatte
      mit Bogenrahmung
      und figürlichem Relief

FO. Trier, St. Matthias
4. Jh. n. Chr.

Die noch 1,07 m lange Kalksteinplatte ist an beiden Seiten fast senkrecht abgebrochen. An der rechten, oberen Seite ist der

6 cm breite Bogenrahmen erhalten, zu dem Relieffeld hin gerundet ausgearbeitet. Die eingetiefte Relieffläche ist noch 47 cm breit und zum Rahmen an der Seite 37 bzw. 51 cm hoch. Links schließt ein abgewitterter, ursprünglich wohl beschrifteter Teil an, der 0,60 m breit ist und nach rechts und links hin scharfkantig begrenzt ist, zur Bodenleiste von 7 cm Höhe durch eine eingezogene Rille abgesetzt.

Auf der rechten Seite steht mit ca. 4 cm Dicke ein figürliches Relief vom Grund hervor, das einen sitzenden Mann auf einem hölzernen Sessel mit relativ hohen Füßen und Lehne zeigt, neben ihm, an seiner rechten Seite steht ein Knabe, kleiner und zierlicher gebildet, ihm zugewandt.

Der sitzende Mann, in strenger frontaler Ansicht, trägt über dem Untergewand einen Mantel, der am linken Arm in einem weiten Bausch fällt, an der rechten Seite, in fast scharfwinkligem Ausschnitt, am Hals, durch eine Fibel über der Schulter gerafft und zusammengehalten wird. Ein noch leicht vorstehender Knopf neben der Fibel könnte als Rest einer Zwiebelknopffibel gedeutet werden, die ansonsten als breiter Steg aufgewölbt erscheint, während die Fuß- und Nadelhalter über Gewand-

94

und Schulterkontur hinaus nach oben steht. Bei der geringen Reliefhöhe erscheint der Mann mit breit auseinander gewinkelten Knien, die Füße dicht beieinander und etwas auf die Spitze gestellt. Durch das dicke, mantelartige Gewand ist der Schoß als breite und tiefe Gewandbauschung gebildet.

Eine breite Schreib- und Pergamentrolle ist vom rechten Oberschenkel über den linken gelegt und fällt mit leichter Aufwölbung bis fast hinab zum Boden. In der rechten Hand hält der Mann einen wohl metallenen Federhalter und schreibt auf die Rolle. Die zierlichere Knabengestalt neben ihm rechts, trägt das leichtere Gewand, die Tunica, etwas geschürzt und schaut zu dem Sitzenden hinüber. In seiner rechten Hand trägt er ein zylindrisches Gefäß mit kleiner Öffnung an der Oberseite, ein Titenfaß. Sitzhaltung, Gewandung und nicht zuletzt auch die Betonung der Fibel lassen auf einen Gelehrten oder einen hohen Hofbeamten schließen.

Der grobkörnige, gelbbraune Kalkstein ist an der Oberfläche stark abgewittert und porös, Figuren und Relieffläche sind mehr mit dem Pickeisen und Spitzmeißel denn mit Breitmeißel und Raspel bearbeitet. Die etwas grobe Wirkung war ursprünglich durch Grundierung und farbige Bemalung überdeckt.

Die Kalksteinplatte ist 15 cm dick und an der Bogenrahmung zur Rückseite hin schräg abgearbeitet. So ist deutlich, daß das Fragment nicht Außenseite eines Sarkophagdeckels oder der Trogwanne sein kann.

Noch 1,07 m lang läßt sich die Gesamtlänge auf etwa 1,80 m ermitteln. Die Bogenrahmung wird nicht mehr allzu weit über die erhaltene Höhe von 0,64 m hinausgegangen sein, wie die Anordnung des Seitenreliefs wahrscheinlich macht.

So könnte das Relief mit Inschrift die Stirnseite einer tonnengewölbten Grabkammer gefüllt haben und eine in der Wandung befindliche Grablege als »Verschlußplatte« oder als Epitaph ausgezeichnet haben.

Gelb-brauner Kalkstein, grobkörnig. – Erh. L. 1,07 m, H. 0,64 m. RLM. Trier, Inv. 63,61.

Unveröffentlicht. Cü.

95 Albanagruft unter der Quirinus-Kapelle *(Farbabb. s. S. 178)*

FO. Trier, Friedhof St. Matthias.
Um 270 n. Chr.

Ansicht von Westen auf den Reliefsarkophag und das Apsisgewölbe der Gruft (Krypta) des römischen Grabgebäudes (vgl. Kat. 92). Im Gewölberund die Öffnungen der Licht- und Belüftungsfenster. Cü.

96 Noah-Sarkophag

FO. Trier, St. Matthias, um 1780.
300–310 n. Chr.

Der Sarkophag, dessen Deckel nicht erhalten ist, hat auf der vorderen Langseite ein Relief, das durch zwei korinthische Säulen in drei Bildfelder aufgeteilt ist. In den beiden äußeren Feldern sitzen zwei dem mittleren Bild zugewandte nackte, girlandenflechtende Knaben. Die zu ihrer Beschäftigung notwendigen Blumen haben sie in Körben jeweils vor sich stehen.

Das Hauptbild in der Mitte zeigt die nach links ausgerichtete kastenförmige Arche. In der Arche ist Noah, der die mit einem Ölzweig wiederkehrende Taube mit der erhobenen Rechten begrüßt, hervorgehoben. In dieser ungewöhnlich figurenreichen Darstellung werden die weiteren Familienmitglieder,

95

96 Noah-Sarkophag

Noahs Frau, die drei Söhne und die Schwiegertöchter, sowie als begleitende Tiere Storch, Eule, Pferd, Löwe, Schaf, Hund, Eber und drei weitere Vögel vorgeführt. Vor der Arche blickt der zuerst von Noah ausgesandte Rabe empor.

Die Gliederung der einzig reliefierten Seite nach dem Vorbild älterer, rheinisch-moselländischer Sarkophagseiten, die durch eine von Eroten gehaltene Inschrifttafel aufgeteilt werden, sowie durch das Motiv von Girlanden und Eroten, etwa von den Neumagener Grabmälern her bekannt, ist auf heimische Traditionen, verbunden mit solchen des Mittelmeerraumes, zurückzuführen. Damit verknüpft wird hier das frühchristliche Noahmotiv, ikonographisch gedeutet als Bußsymbol nach Bußstreitigkeiten des 3. Jahrhunderts bzw. als Taufsymbol in Noe als Bild des in der Taufe Geretteten und damit als Symbol der Rettung in der Heilsgemeinschaft der Kirche als Arche. Derartige figürlich geschmückte frühchristliche Sarkophage sind im Rhein- und Moselland eine ausgesprochene Seltenheit. Aus dem Trierer Raum ist ihm noch der Sarkophag mit dem Schaftträger (Kat. 121), der auch das Rettungsmotiv der Jünglinge im Feuerofen aufzuweisen hat, an die Seite zu stellen. Dies legt die Vermutung einer frühchristlichen Steinmetzwerkstatt in Trier auch für solche Sarkophage näher.

Sandstein. – H. 70 cm, Br. 80 cm, L. 218 cm.
RLM. Trier, Inv. 67, 20.
Lit.: Frühchristl. Zeugnisse 18 Nr. 2. – R. Schindler, Führer 86 Abb. 258. – Römer an Mosel u. Saar Nr. 326 (übernommener Text).   Schw.

97–98 Gräber der südlichen Nekropole St. Matthias

Im Süden vor den Toren der Stadt erstreckte sich rechts und links der Ausfallstraße nach Metz ein ausgedehntes Gräberfeld, das von augusteischer Zeit bis ins 5. Jahrhundert n. Chr. belegt worden ist.

Abgegrenzte Grabbezirke lagen hier; Grabdenkmäler und kleine Familienmausoleen säumten die Straße bis zur heutigen Basilika von St. Matthias. Gerade unter der Kirche konnte man in den sechziger Jahren im Zuge von Restaurierungsarbeiten eine dichte Folge von Sarkophagbestattungen überwiegend des 4. Jahrhunderts feststellen. Nahe der Westwand des Mittelschiffes legte man neben anderen Sarkophagen auch den unten angeführten Kindersarkophag Kat. 97 A frei. Unterhalb des Mittelschiffes entdeckte man eine Grabkammer, die mit dicht gestellten Sarkophagen ausgefüllt war. In der Nordostecke stand der Kindersarkophag Kat. 97 B.

97 A Grabfund

FO. Trier, St. Matthias, 1961.

a) Kugelbauchiges Fläschchen mit gestrecktem röhrenförmigem Hals aus entfärbtem Glas; H. 6 cm.

b) Kugelbauchiges Fläschchen mit kurzem röhrenförmigem Hals aus entfärbtem Glas; H. 5,4 cm. Die Stücke a–b entsprechen den unter Kat. 138 o aufgeführten Fläschchen (vgl. auch Abb. S. 272,79).

c) Zweihenkliges Fläschchen mit birnenförmigem Körper und dünnen Stabhenkeln. Aus dem dickwandigen Körper sind 10 senkrecht verlaufende Rippen herausgekniffen, die durch Weiterblasen des Gefäßes an Plastizität verloren haben. Die Spuren der Zange sind deutlich sichtbar. Entfärbtes Glas, H. noch 5,8 cm.

d) Fläschchen mit abgeflachten Seiten aus dunkelblauem Glas. Ein weißer Glasfaden ist um den kurzen röhrenförmigen Hals gewickelt; H. 4,3 cm.

e) Fläschchen mit abgeflachten Seiten aus entfärbtem Glas; H. 3,2 cm. Die Gefäße d–e sind nicht etwa versehentlich sondern absichtlich abgeflacht, wie weitere Parallelstücke aus Trier beweisen (vgl. S. 257, 770. S. 273,80). Ein fast ebenso kleines Fläschchen lag in dem Sarkophag eines kleinen Mädchens (s. Kat. Gläser Trier, Taf. 24, 256 g).

f) Konisches Schälchen mit breitem krempenartigem Rand und niedrigem abgeschrägtem Fuß. Entfärbtes Glas, H. 2,5 cm. Zur Form vgl. hier Abb. S. 271, 25.

g) Spielstein aus Bein, Dm. 1,7 cm. Er konnte auch zum Abdecken eines der Fläschchen benutzt worden sein.

Gefäße dieser Art begegnen im Formenschatz der Glasbläser des 4. Jahrhunderts. Hier haben jedoch die Eltern ihrem kleinen Kind entsprechend seinem Alter einen Gefäßsatz in miniaturhafter Ausführung mitgegeben, der wie ein Spielzeug wirkt. Miniaturgefäße in Glas oder Ton, kleine Terrakotten oder kleine Schmuckstücke waren in dieser Zeit bevorzugte Beigaben für die allzu früh dahingeschiedenen kleinen Lieblinge. Ob das Kind getauft war oder nicht, läßt sich meistens nicht feststellen, da die heidnische Beigabensitte im 4. Jahrhundert auch von den Christen ausgeübt wurde.
RLM. Trier, EV. 61,60 Fnr. 37.
Lit.: Cüppers, Kindergräber aus St. Matthias. Kurtrier. Jahrb. 13, 1973, 178 ff. Abb. 2.   Goe.

97 B   Grabfund

FO. Trier, St. Matthias, 1961; aus der Grabkammer unter dem Mittelschiff.

a) Einhenkliges, in eine zweiteilige Form geblasenes Faßfläschchen aus grünlichem Glas; H. 10 cm. Zur Form vgl. hier Kat. 141 d und Abb. S. 274, 121. Welche Flüssigkeit in dieses

97 A

Fläschchen eingefüllt wurde, konnte nicht mehr festgestellt werden; sicherlich kein alkoholisches Getränk, wie in die Flaschen der Erwachsenen.

b) Fläschchen mit kegelförmigem Körper und kurzem, durch Einschnürung abgesetztem Hals. Entfärbtes Glas, H. 6,5 cm. Zur Form vgl. hier Kat. 138 p–q und Abb. S. 273,84.

c) Einhenkliges Saugfläschchen mit aufgelegtem Standring und kurzer sehr spitz zulaufender Tülle am Bauch. Ein Glasfaden ist spiralartig um den Hals gewunden. Grünliches Glas, H. 6,8 cm. Vgl. hier Kat. 138 m und Abb. S. 274,123 b. Saugfläschchen wurden vielfach in Kindergräbern gefunden, weshalb man sie immer wieder als Babyflaschen deutete. In tönerner Ausführung kommen sie in Trier häufiger vor.

97 B

d) Kleiner Bronzearmring, dessen Draht mit einem weiteren spiralartig umwickelt ist. Der Verschluß besteht aus zwei Ringösen. Sie greifen so weit über das Gegenende, daß das Band um ca. 2 cm gedehnt werden kann (zu dieser Verschlußart vgl. hier den Goldarmring Kat. 32). An dem Ring ist mit Hilfe eines dünnen Drahtes, dessen eines Ende um das andere geschlungen ist, ein Glöckchen befestigt.

RLM. Trier, EV. 61,60 Fnr. 26.

Lit.: Cüppers, Kindergräber aus St. Matthias. Kurtrier. Jahrb. 13, 1973, 178ff. Abb. 1. – Röm. Gläser Führer 57 Abb. 23,2.

Goe.

97 C   Kindergrab aus St. Matthias

FO. Trier, St. Matthias, nördliches Seitenschiff, Ostapsis, 1961.

Mit der Erweiterung der Klosterkirche St. Eucharius/St. Matthias wurden auch Teile des frühchristlichen Gräberfeldes überbaut und in den Kirchengrundriß einbezogen.

Im östlichen Teil des nördlichen Seitenschiffs wurden u.a. zwei kleine Sarkophage von Kindergräbern geborgen, die dem 4. Jahrhundert zuzuweisen sind.

Der vielfach geübten Sitte entsprechend wurde nach Vornahme der Bestattung und vor Auflegen des Deckels Kalkmilch eingegossen, um den Prozeß der Verwesung zu beschleunigen und auch evtl. Krankheitsherde zu zerstören.

Je nach Bodenfeuchtigkeit und Mischung der Kalkzugabe hat dieser schneller abgebunden und die Körperkontur der Bestattung als Höhlung konserviert. Innerhalb des hier gezeigten Sarkophages, der mit einer etwas kleineren Bleikiste und eigenem Bleideckel ausgestattet war, war der Kalk als feste Masse abgebunden. Durch eine kleine, eingebrochene Stelle war ersichtlich, daß die Höhlung als Negativ der Bestattung ganz erhalten geblieben war. Nach Entnahme der noch erhaltenen Gebeine wurde Gips dünnflüssig eingefüllt und nach Härtung der etwas weichere Kalk abgetragen.

Das verstorbene Kind war in Tücher gepackt und mit schmalen Leinenbinden nach Art ägyptischer Mumien umwickelt worden, so daß die Binden z.T. kreuzförmig die Tücher, die vollkommen vergangen sind, umschließen. An der Oberfläche dieses Positivabdrucks sind auch die unterschiedlichen Webstrukturen der verschiedenen Stoffe zu erkennen.

L. 130 cm, Br. 67 cm, H. 55 cm des Sarkophages.

RLM. Trier.

Lit.: H. Cüppers, Grabungen und Funde in der St. Matthias-Basilika. In: St. Matthias Trier. Festschrift zum 30.4.1967, 47–53. – H. Cüppers, Kurtrier. Jahrb. 13, 1973, 181–182.

Cü.

98   Grabfund

FO. Trier, Auf der Steinrausch (südliches Gräberfeld), 1956, Sarkophag 4.
1. Hälfte 4. Jh.

Im Frühjahr 1956 entdeckte man durch Zufall ungefähr 150 m südlich der ehemaligen römischen Stadtmauer vier dicht nebeneinander liegende Sarkophage, deren Tote – nach Ausweis der beigegebenen Münzen zu urteilen – im 1. Viertel des 4. Jahrhunderts bestattet worden sind. Während Sarkophag 2 beigabenlos war, und Sarkophag 3 nur wenige Beigaben enthielt, war der Sarkophag 4 ungewöhnlich reich ausgestattet (Sarkophag 1 ist während der Grabung geplündert worden).

a–b) Zwei rauhwandige Teller aus hellem Speicherer Ton mit leicht nach außen gebogenem Rand. H. 3,3–3,6 cm, Dm. 13, 3/4 cm. Vgl. Gose 479/80.

c–d) Zwei rauhwandige Töpfe aus hellem Speicherer Ton, deren Randinnenseite einen Falz zur Aufnahme eines Deckels aufweist. H. 10,3 cm und 11,5 cm. Vgl. Gose 545.

e) Rauhwandiger einhenkliger Topf aus hellem Speicherer Ton. In der Form entspricht er den Töpfen c, d. H. 10,2 cm. Vgl. R. Pirling, Das römisch-fränkische Gräberfeld von Krefeld-Gellep. Germanische Denkmäler der Völkerwanderungszeit Ser. B. Die fränkischen Altertümer des Rheinlandes 2 (Berlin 1966) Typentaf. 9, 106.

f) Teller mit Standring aus schwach grünlichem Glas. H. 4,6 cm, oberer Dm. 19,4 cm. Kat. Gläser Trier 23 Nr. 47 (Form 8). Vgl. hier Abb. S. 271, 8.

97 C

98

g) Konischer Becher aus entfärbtem Glas mit aufgeschmolzenen Nuppen aus hellblauem Glas. H. 7,6–7,8 cm. Kat. Gläser Trier 65 Nr. 250 (Form 52a) Taf. 41. Vgl. hier Abb. S. 271, 52a und S. 261, 250.

h–k) Drei Kugelflaschen mit Trichterhals aus entfärbtem Glas. H. 12,5 cm (k) und 13,1–13,3 cm. Kat. Gläser Trier 171 f. Nr. 1032–1034 (Form 101 b). Vgl. hier Abb. S. 273, 101 b und 251.

l) Fläschchen mit langem röhrenförmigem Hals aus entfärbtem Glas. H. 11,6 cm. Kat. Gläser Trier 131 Nr. 728 (Form 79 b). Vgl. hier Abb. S. 272, 79 b.

m) Trinkhorn aus entfärbtem Glas mit aufgelegtem Netzwerk ebenfalls aus entfärbtem Glas. Kat. Gläser Trier 260 Nr. 1542 (Form 165) Taf. 81. Vgl. hier Abb. S. 275, 165 und S. 257, 1542.

n) Kugelabschnittschale aus entfärbtem Glas, in dessen Außenseite eine der 12 Heldentaten des Hercules eingraviert ist. Der Held stemmt den Riesen Antaeus (Sohn des Meeresgottes Poseidon und der Erdmutter Gaia), der ein gefürchteter, todbringender Ringer war, in die Luft, um ihn so zu erwürgen. Denn nur durch diesen Hebeakt entzog er den Riesen der Hilfe seiner Mutter Gaia. Jegliche Berührung mit der Erde brachte Antaeus wieder neue Kraft. Rechts steht Athena, die Beschützerin des Hercules – wir betrachten die Schale gemäß ihrem Gebrauch von innen –, und streckt die Rechte aus, als ob sie dem Helden Anweisungen erteilt. Links hat Hercules das Löwenfell, das er nach einer anderen Heldentat dem nemäischen Löwen abgezogen hat, über einen Pfeiler gehängt. Im Hintergrund sieht man einen weiteren Pfeiler, auf dem ein Tympanum mit Trinkhorn liegt. Keule und Köcher des Hercules füllen den Vordergrund der Szene aus. Unterhalb des Randes liest man den Trinkspruch

98n   Kugelabschnittschale aus entfärbtem Glas.

99   Christliche Glasschale.

CAVDIAS CVM TVIS PIE Z (eses); es folgt ein kleiner Zweig (freu dich mit den Deinen trink; zum Wohl). H. 6 cm, Dm. 19 cm. Kat. Gläser Trier 28 f. Nr. 67 Taf. 32.

o) Fast stempelfrische Münze des Crispus (Cohen 22, 320–324 n. Chr.).

p) Bruchstück einer Beinnadel, das man am Fußende fand; L. 6 cm.

Die meisten Beigaben lagen zu Füßen des Toten (a, b, f, g, h–k, l und p). Neben dem rechten Knie fand man den Topf d und das Trinkhorn m, neben dem linken Knie die Töpfe c und e. Oberhalb der linken Schulter war die Schale n gestellt. In die rechte Hand hatte man dem Verstorbenen die Münze o gegeben.

Die Tonteller und -töpfe gehören zum gewöhnlichen Eßgeschirr, so wie es in jedem römischen Haushalt jener Zeit zu finden war. Die Formen werden während des ganzen 4. Jahrhunderts mit einigen Veränderungen – entsprechend dem Zeitgeschmack – hergestellt.

Die gläsernen Kugeltrichterflaschen fehlen kaum bei einer Sarkophagbestattung des 4. Jahrhunderts n. Chr.

Charakteristisch für Bestattungen des 4. Jahrhunderts n. Chr. ist die Beigabe von mehreren Glasgefäßen. Eine oder mehrere Kugeltrichterflaschen (wie hier h–k) gehören offenbar zur Grundausstattung; sie fehlen selten in den Trierer Sarkophagen (s. auch Kat. 138 f–h). Der Nuppenbecher (g), das Trinkhorn und die gravierte Glasschale zeigen jedoch, daß der Tote recht wohlhabend gewesen sein muß. Nuppenbecher sind mehrfach in Trier gefunden worden (s. Kat. 139 e–f), das Trinkhorn ist dagegen ein Einzelstück geblieben.

Gläserne *Trinkhörner* (vgl. auch das Kalenderblatt von 354; hier Kat. 59), meistens mit aufgelegten Verzierungen, sind in der Spätantike am stärksten im Rhein-Maingebiet und im Tal der Meuse verbreitet[1]. Auf dem Handelsweg gelangten verschiedene Stücke nach Dänemark und Skandinavien. Ihr Auftreten ab der 2. Hälfte des 3. Jahrhunderts n. Chr. ist sicherlich mit der Ansiedlung germanischer Stämme jenseits des Limes zu erklären. Das Trinkhorn, das zwar Griechen und Römern wohl bekannt war, wurde von den Germanen als Trinkgefäß bevorzugt. Germanen werden es gewesen sein, die die römischen oder einheimischen Glasbläser im Rheinland zur Produktion solcher Hörner – in welcher Form auch immer – angeregt haben. Sie werden nach dem Untergang des römischen Reiches in das Repertoire der fränkischen Glasindustrie aufgenommen.

Unser Trinkhorn weist eine kleine 2 mm große Öffnung an der Spitze auf, durch die bei entsprechender Neigung des Gefäßes die Flüssigkeit (mehr als ein Viertel Liter) in stetigem dünnen Strahl herausfloß.

Die *Glasschale* wurde sicherlich in einer rheinischen Werkstatt hergestellt, die in der 1. Hälfte des 4. Jahrhunderts serienweise

Kugelabschnittschalen mit eingravierten Figurenszenen hervorbrachte[2]). Die meisten Exemplare wurden in Nordfrankreich, Belgien, im Rheinland und in England gefunden. Ein Werkstattkennzeichen sind die kurzen schraffurartigen Schrägstriche, die die Konturen innen begleiten. Drei Themen werden bevorzugt: Jagdszenen, heidnische mythologische Bilder – wie in unserem Fall – und christliche Szenen (s. hier Kat. 99). Da eine große Anzahl dieser Schalen in Köln gefunden worden ist, hat man die Werkstatt hier vermutet (weitere Stücke der gleichen Werkstatt s. hier Kat. 143–144a).

In den Trierer Raum sind sie vereinzelt verhandelt worden. Außer einer weiteren vollständig erhaltenen Schale (hier Kat. 99) sind im Trierer Altbachtal noch zwei weitere Schalenbruchstücke gefunden worden, die einen Tierkörper und einen Kopf zeigen. Ein weiteres Schalenfragment stammt wohl ebenfalls aus Trier; ein Bruchstück aus der Villa von Bollendorf an der Sauer ist verschollen (vgl. Kat. Gläser Trier Nr. 76, 81, 1565 und 1567).

Lit.: Kat. Gläser Trier 305 f. Grab 180 Taf. 17. – Römer an Mosel u. Saar 349 Nr. 316.   Goe.

---

[1]   Hier zuletzt: V. I. Evison, Germanic glass drinking horns. Journal of Glass Studies 17, 1975, 74–87.

[2]   Zur Werkstatt: D. B. Harden, The Wint Hill hunting bowl and related glasses. Journal of Glass Studies 2, 1960, 45–81. – Gallien in d. Spätantike 220 f. Nr. 358. – Ch. Fischer, En romersk glasskål med jagtmotiv. Kuml, Årbog for Arkæologisk Selskab 19, 1981, 165–182.

99   Christliche Glasschale

FO. Trier-Pallien, in einem Sakophag, 1870.

In die Außenseite der flachen halbkugligen Schale (Kugelabschnittschale), deren Rand leicht nach außen gewölbt ist, ist die Opferung Isaaks eingraviert. Die Mitte nimmt ein übereck gesehener Altar ein, hinter dem sich ein Schrein mit dreieckigem Giebel erhebt. Rechts steht – von innen her betrachtet – der nackte Isaak mit auf den Rücken gebundenen Händen. Der auf seiner rechten Schulter geknüpfte Mantel (Chlamys) fällt quer über die Brust und bedeckt den linken Oberarm. Links steht Abraham mit dem Messer in den Händen. Er trägt ein kurzes Gewand (Exomis) und einen gleichartig umgelegten Mantel (Chlamys). Hinter ihm erblickt man einen Widder. Der Boden ist durch eine wellige Linie gekennzeichnet; grasartige Pflanzen und Striche füllen den Hintergrund. Über der Szene ragt aus einem länglichen Rechteck, das den Himmel verdeutlichen soll, die Hand Jahwes heraus. Unterhalb des Schalenrandes liest man: VIVAS (es folgt ein Dreieck) IN DEO Z (eses), es folgt ein Grasbüschel (du sollst leben in Gott, zum Wohl).

Die Schale lag auf der Brust des Toten. Zu beiden Seiten seines Kopfes standen zwei weitere Glasflaschen.

Sie wurde in derselben Werkstatt angefertigt wie jene mit dem Kampf des Hercules und Antaeus (s. Kat. 98 n). Zeigt sie doch die gleiche eigentümliche Schraffierung, die die Konturen innen begleitet.

Das gleiche Thema mit ähnlicher Figurenanordnung hat die Werkstatt auf einer Schale in Rouen wiederholt, die bei Boulogne gefunden worden ist. Die Szene wirkt hier weniger übersichtlich, da der Hintergrund stärker mit Füllelementen übersät ist (Harden a.a.O. 71 Abb. 35).

Gelblich-grünes Glas. – H. 6,1 cm, Dm. 18,4 cm.

RLM. Trier, Inv. G. 696.

Lit.: Kat. Gläser Trier 29 Nr. 68 Taf. 31. – Römer an Mosel u. Saar 350 Nr. 317. Goe.

100   Das Ehranger Gräberfeld

Das Ehranger Gräberfeld liegt nahe dem Zusammenfluß von Kyll und Mosel und erstreckt sich längs der jetzt verschütteten Römerstraße, die von Trier über Quint nach Andernach führt.

1871 wurde es bei Anlage der Bahnstrecke nach Quint angeschnitten und 1890/91 teilweise vom Trierer Museum ausgegraben.

Festgestellt wurden Fundamente von quadratischen Grabbauten und 30 Bestattungen des späten 3. und 4. Jahrhunderts, die sich zwischen und unter den meistens nur 1,30 m tief liegenden fränkischen Gräbern befanden. Im nordöstlichen Teil dieses Gräberfeldes legte man eine Grabkammer frei, deren Wandmalereien Marmorinkrustationen nachahmen (Hettner, Ill. Führer 94 f. – Trierer Zeitschr. 2, 1927, 65 Abb. 18–19).

Die Toten hatte man in Holzsärge gebettet, die bis auf geringe Nagelreste und Holzspuren vergangen waren; zwei waren in Steinsärgen bestattet worden. Nur zwei Särge fallen durch ihre reichen Beigaben auf: In dem einen lagen 15 Keramikgefäße (Hettner, Ill. Führer 97 mit Abb.), in dem anderen 13 Glas- und 2 Tongefäße (s. unten).

Lit.: Hettner, Westdeutsche Zeitschr. 10, 1891, Korrbl. 164–192. – Ders., Ill. Führer 97 f. – Vorlegeblätter vom VI. Kursus des Kaiserlichen Archaeologischen Instituts (Trier 1913) Taf. 23. – Führer Eifel 81 f. Abb. 5. Goe.

FO. Trier, Ehrang, 1890/91, Grab 13.

a) Sehr flacher niedriger Teller mit aufwärts gewölbtem Boden. Unterhalb des ungleichmäßig geformten und verschmolzenen

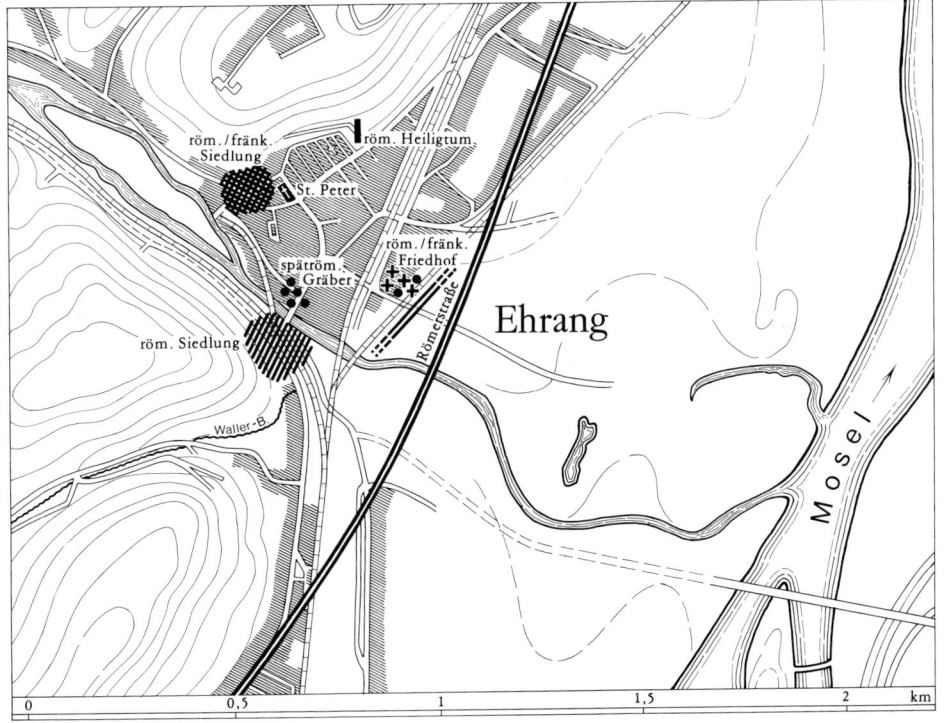

100

Randes verläuft ein aufgesetzter Glasfaden. Hellgrünes Glas, Dm. 33,5–36 cm. Kat. Gläser Trier 26 Nr. 57 (Form 13). Vgl. hier Abb. S. 271, 13.

b) Konischer Becher mit aufgelegtem Standring. Auf die konvex gewölbte Wandung ist ein Glasfaden in Zickzackmuster aufgeschmolzen. Entfärbtes Glas, H. 24,5–24,9 cm. Der Becher lag zerbrochen auf dem Teller a. Kat. Gläser Trier 76 Nr. 323 (Form 58a) Taf. 44. Vgl. hier Abb. S. 257, 323. S. 272, 58a.

c) Halbkugliger Napf mit nach außen gebogenem Rand und aus der Wandung herausgekniffenem Standring. Der Boden ist kräftig nach innen gestochen. Entfärbtes Glas, H. 6,3 cm. Kat. Gläser Trier 36 Nr. 97 (Form 24). Vgl. hier Abb. S. 271, 24.

d) Deckel mit hohem konischem Mittelteil und leicht emporgewölbtem Rand. Grünblaues Glas, Dm. 17,9 cm. Der Deckel war auf die Terra sigillata-Schüssel f gelegt. Kat. Gläser Trier 252 Nr. 1485 (Form 154). Vgl. hier Abb. S. 275, 154.

e) Halbkuglige Kragenschüssel, deren breiter Kragen und Standring aus der Wandung herausgekniffen sind. Entfärbtes Glas, H. 7,6 cm. Das Glas stand in dem Terra sigillata-Gefäß. Kat. Gläser Trier 37f Nr. 102 (Form 26) Taf. 33. Vgl. hier Abb. S. 271, 26.

f) Terra sigillata-Schüssel mit hohem durch Leisten abgesetztem Steilrand. Vgl. R. Pirling, Das römisch-fränkische Gräberfeld von Krefeld-Gellep. Germanische Denkmäler der Völkerwanderungszeit Ser. B. Die fränkischen Altertümer des Rheinlandes 2 (Berlin 1966) Typentaf. 3, 36.

218

g) Bauchiger Topf mit kleinem ösenförmigem Henkel aus hellem Speicherer Ton. Vgl. Pirling a. a. O. Typentaf. 9, 106. S. 85 f. Abb. 10 c.

h) Einhenklige Kanne mit eiförmigem Körper und niedrigem aus der Wandung herausgekniffenem Fuß. Der Körper ist optisch geblasen, wie die um ihn umlaufenden spiralartigen Rippen zeigen (s. hierzu Kat. 141 b). Hellgrünes Glas, H. 20,4 cm. Kat. Gläser Trier 213 Nr. 1301 (Form 124 b). Vgl. hier Abb. S. 274, 124 b.

i) Halbkugliger Becher mit leicht nach außen gewölbtem Rand. Schwach grünliches Glas, H. 7,2 cm. Kat. Gläser Trier 51 Nr. 163 (Form 49 a). Vgl. hier Abb. S. 271, 49 a.

k) Scherben einer Kugeltrichterflasche, die nicht aufgelesen wurden. Form vgl. hier Abb. S. 273, 101.

l) Konischer Becher, in dessen Wandung vier hohe schmale Bögen eingeschmolzen sind. Sie enden in einer rundlichen Nuppe. Entfärbtes Glas, H. 8,5 cm. Kat. Gläser Trier 70 Nr. 289 (Form 53 a). Vgl. hier Abb. S. 272, 53 a und S. 261, 289.

m) Bauchiger Becher mit aufgeschmolzenem Standring, dessen Körper mit zart plastischen spiralartig gewundenen Rippen verziert ist; optisch geblasen (s. hier Kat. S. 269 f.). Hellgrünliches Glas, H. 12,4–12,9 cm. Kat. Gläser Trier 84 Nr. 370 (Form 62 a) Taf. 46. Vgl. hier Abb. S. 272, 62 a.

n) Fläschchen mit kurzem röhrenförmigem Hals, der in einen eiförmigen, spitz zulaufenden Körper übergeht. Entfärbtes Glas, L. 13,3 cm. Flaschen dieser Art wurden im 4. Jahrhundert in Trier und im Umland gern in die Sarkophage gelegt. Sie konnten bis zu 50 cm lang sein. Kat. Gläser Trier 142 Nr. 798 (Form 85). Vgl. hier Abb. S. 273, 85.

o) Deckel mit hohem zylindrischem Mittelteil von der gleichen Form wie d. Grünliches Glas, Dm. 9,5 cm (verschollen). Kat. Gläser Trier 252 Nr. 1488 (Form 154).

Die Beigaben lagen neben den Füßen (a, b, d, e, f, g) und zu beiden Seiten des Kopfes (h, i, k, l, m, n). Nicht geborgen werden konnten eine zerbrochene Kugelflasche (k) und ein weiterer konischer Glasbecher, der in l steckte.
Der Tote, ein Mann, ist mit zahlreichen Stücken eines Eß- und Trinkgeschirrs gut ausgestattet worden. Die Terra sigillata-Schüssel f) enthielt noch Knochenreste einer Mahlzeit. Das Trinkgeschirr bietet mit 5 Trinkbechern, einer Kanne und einer jetzt nicht mehr vorhandenen Flasche eine reiche Auswahl. Die Formen der Glasgefäße sind in Trier alle gut vertreten mit Ausnahme der Kragenschüssel e.
Lit.: Kat. Gläser Trier 304 f. Grab 176 Taf. 16, 176. – Röm. Gläser Führer 61 Abb. 27, 1. Goe.

101–117   Frühchristliche Grabinschriften

Über 900 frühchristliche Grabinschriften aus Trier, vornehmlich aus dem südlichen Gräberfeld von St. Matthias und aus dem nördlichen von St. Paulin bis St. Maximin, sind bisher bekannt geworden. Mit dieser Zahl rangiert Trier in weitem Abstand vor den anderen frühchristlichen Gemeinden des Rheinlandes und Galliens. Die hohe Zahl frühchristlicher Grabtituli mag ein Indiz für eine bedeutende christliche Gemeinde im antiken Trier sein, ist jedoch auch vor dem Hintergrund zu sehen, daß in Trier zeitweilig Kaiser residieren, die dem Christentum gewogen sind. Ganz anders sieht das umliegende, ländlich strukturierte Gebiet aus, aus dem frühchristliche Inschriften durchweg fehlen. Dessen Bevölkerung ist noch den heidnischen Traditionen verpflichtet und sucht heidnische Tempel im Civitasbereich gerade im 4. Jahrhundert noch mit Vorliebe auf, wie die Münzreihen verschiedener Tempel belegen (s. S. 46 ff.).
Durch Symbolik, Formular, Namenmaterial wie auch äußere Gestalt unterscheiden sich deutlich die bescheidenen frühchristlichen Grabtituli von ihren Vorgängern oft aufwendiger Grabdenkmäler aus früheren Jahrhunderten. Auf viele Fragen gibt gerade das breite Trierer Material Antworten: zu den Anhängern der neuen Religion und zu deren religiöser Haltung, zur Organisation der Christengemeinde, zu den ethnischen und kulturellen Verhältnissen des Mosellandes, zu den Lebensbedingungen und zur sprachlichen Entwicklung am Ende intensiver römischer Einflüsse in diesem Raum. Weit auseinander divergieren die Lebensdaten. Viele sind im Kindesalter verstorben, und etwa die Hälfte der Bevölkerung erreichte das 21. Lebensjahr nicht. Daneben sind jedoch auch Grabinschriften für ehrwürdige Greise von über 80 Jahren anzutreffen.
Im spätantiken und frühchristlichen Trier sind weitaus stärker als in früheren Jahrhunderten Bevölkerungsgruppen aus dem lateinisch-griechischsprachigen Mittelmeerbereich, sogar Orientalen, neben der einheimischen keltischen Bevölkerung vertreten. Eine lateinisch sprechende romanische Bevölkerung bleibt auch nach Abzug der römischen Staatsverwaltung (Präfektur) und des kaiserlichen Hofes kurz vor 400 bis weit über das 5. Jahrhundert hinaus erhalten, wie auch die späteren frühchristlichen Grabinschriften zeigen.
Aus der Trierer Bischofsliste und dem Wechsel der Bischofsgräber von dem südlichen Gräberfeld St. Matthias mit Eucharius, Valerius und Maternus nach den nördlichen Gräberfeldern St. Maximin mit Agricius und St. Paulin mit der Überführung des Paulinus und der Bestattung des Bischofs Felix (Kat. 127) leitet E. Ewig (Trierer Zeitschr. 21, 1952, 49 f.) ab, daß die Friedhöfe um St. Eucharius (St. Matthias), St. Maximin und St. Paulin einander im Rang ablösten. Die neueren Ergebnisse von K. Krämer und N. Gauthier hinsichtlich Formular und Paläographie der frühchristlichen Inschriften ergeben für die Gräberfelder südlich wie nördlich der Stadt jeweils eigene typische Charakteristika. Das Formular vom nördlichen Gräberfeld erscheint wesentlich differenzierter. Das Gros der späteren Inschriften

(nach 450 n. Chr.) gehört den nördlichen Gräberfeldern an. Das südliche Gräberfeld tritt nach Formular und Schrift der Grabtituli früher und dem Ursprung näher in Erscheinung.

Diese Differenzierung der Gräberfelder scheint sich auch in einer nach sozialen und gesellschaftlichen Gesichtspunkten erfolgten Belegung zu bestätigen. Eine Untersuchung der wenigen Berufsangaben, normalerweise öffentlicher Ämter, zeigt diese Orientierung. Ämter im kaiserlichen Dienst, als Beamter am Hof oder als Soldat, sind durch Grabsteine vornehmlich aus dem nördlichen Gräberfeld um St. Maximin belegt (Kat. 109, 110). Ebenso stammt von hier eine Frau aus dem senatorischen Adel (Kat. 112). Von besonderer Art ist unter der Gruppe ziviler oder militärischer Ämter schon das Auftreten der drei einzigen Grabsteine Triers des späten 4. Jahrhunderts (Gose, Inschriften Nr. 75, Kat. 107 und 186), die aus Sandstein bestehen, gegenüber den vielen Marmorplatten. Diese drei stammen vom südlichen Gräberfeld. In zwei Fällen weisen sie auch formale Übereinstimmungen auf (Kat. 107, 186), so daß es denkbar ist, daß sie aus einer Werkstatt kommen. Alle anderen kaiserlichen Beamten und Soldaten, denen Inschriften auf Marmorplatten gesetzt wurden, stammen aus dem nördlichen Gräberfeld von St. Maximin. Ob die Inschriften aus St. Matthias früher zu datieren sind, bevor sich in sozialer Trennung der Friedhof von St. Maximin in einen für sozial Höherstehende, darunter natürlich auch Beamte und kaiserliche Gardesoldaten, entwickelte, stellt sich als Frage.

Personen im kirchlichen Dienst, die gegenüber den Beamten und Soldaten erst später auf Grabinschriften nachzuweisen sind (Kat. 116, 117), sind um St. Paulin versammelt. Die Liste reicht vom einfachen ustiarius (Türhüter) bis zum presbyter (Gose, Inschriften 462, 511). Der im Grabgedicht für Ursinianus genannte und wohl auf Tradition beruhende Reliquienkult mag diesen Ort als Begräbnisplatz für Kleriker prädestiniert haben.

Unter den spätantiken griechischen Inschriften aus Trier sind 5 mit Sicherheit frühchristliche Grabinschriften (Gose, Inschriften 1, 402 = Gauthier 10, 168; Gauthier 93, 112; Kat. 113). Sie sind in einigen Punkten unabhängig vom allgemeinen Formular der trierischen Inschriften, dagegen weisen sie Übereinstimmungen mit dem Formular der Grabinschriften für Syrer im Westen des Reiches auf. Die Inschriften lassen die Herkunft der Verstorbenen und gelegentlich auch ihre Abstammung deutlich erkennen. Die lateinische Inschrift eines Syrers (civis surus) Eustasius (Gose, Inschriften 31) lehnt sich im Formular mit seiner Herkunftsangabe eng an die griechischen Inschriften für seine orientalischen Landsleute an. Die Betonung der Herkunft deutet auf eine mangelnde Integrierung in der neuen Heimat hin und womöglich auch auf eine mehr oder weniger geschlossene Gruppe von Fremden. Die Geschlossenheit der Gruppe mag sich auch aus der genaueren Herkunft der Orientalen ergeben. Der Kreis Apamea ist auf 26 Inschriften aus den größten Städten des Westens genannt, neben Trier (Gauthier, Nr. 10, 93, 112) aus Salonae, Concordia, Aquileia, Verona, Pavia, Mailand (?),

Como, Florenz und Rom. Ein zweites Rekrutierungsgebiet war der Kreis Antiochia, woher auch der Verstorbene der neugefundenen Bilinguen (Kat. 113) stammt. D. Hoffmann bringt zumindest einen Großteil der Einwanderungen von Orientalen in den Westen mit dem Einmarsch des Theodosius im Herbst 394 in Italien in Zusammenhang. Ob demzufolge Orientalen im Zusammenhang mit dem Versuch des Theodosius, die ehemals bedeutende Rolle Triers wieder hervorzuheben (s. S. 41) nach Trier gekommen sind, schließt sich als Frage an. Vor einer Verabsolutierung des Datums 394/395 warnt jedoch das griechischsprachige Fragment aus Trier mit Datumsangabe 383 (Gose, Inschriften Nr. 718). Einen Anhaltspunkt für die Datierung der anderen, paläographisch schwerer als die lateinischen einzuordnenden griechischen Inschriften geben die beiden konsuldatierten Inschriften aus den Jahren 383 und 409. Bei einer Annahme, daß Orientalen vor allem im Handwerk und Handel im Westen aktiv waren, zeigt die innerhalb eines kurzen Zeitraumes relativ große Gruppe von Grabinschriften für aus dem Osten Zugewanderte die Intensität der wirtschaftlichen Aktivitäten in Trier noch um die Wende vom 4. zum 5. Jahrhundert.

Lit.: Gose, Inschriften. – D. Hoffmann, Das spätrömische Bewegungsheer und die Notitia dignitatum (Düsseldorf 1969) 63ff., 111ff. (zur Gruppe der griechischen Inschriften). – K. Krämer, Die frühchristlichen Grabinschriften Triers. Trierer Grabungen und Forschungen 7 (Mainz 1974). – Gauthier/H. Heinen, Rhein. Vierteljahrsbl. 40, 1976, 243–254.   Schw.

101–106   Grabinschriften aus St. Matthias

101   Grabinschrift des Kaufmanns Silvanus

FO. Trier, St. Matthias, 1902.
4. Jh. n. Chr.

Silvanus negoti[ator]	Der Kaufmann Silvanus
hic pausat in pace.	ruht hier in Frieden.

Bemerkenswert kurz im Formular und ohne jedes christliche Symbol, für das genügend Platz gewesen wäre, ist diese erst während des Krieges beschädigte Inschrift. Silvanus ist ein im keltischen Bereich außerordentlich beliebter Name. Es spricht nichts dagegen, daß auch der hier Genannte als ein später Vertreter zur Gruppe einheimischer Kaufleute gehörte, die das treverische Land mit zu besonderer Blüte gebracht und daran auch selbst partizipiert haben. Die Nennung des Berufes, wie sie auf den folgenden frühchristlichen Inschriften kaum mehr wiederkehrt, erinnert stark an die Berufsangaben von früheren heidnischen Grabsteinen, unter denen häufiger negotiatores anzutreffen sind.

Weißer Marmor. – H. urspr. 21 cm, Br. urspr. 53 cm, D. 3,2 cm.
RLM. Trier, Inv. 01,384.
Lit.: Gose, Inschriften Nr. 57. – Gautier, Nr. 56. – Römer an
Mosel u. Saar Nr. 300 (übernommener Text).   Schw.

102   Grabinschrift des Nunechius

FO. Trier, St. Matthias, 1827.
2. Hälfte 4. bis Anf. 5. Jh. n. Chr.

Hic quiescet Nunechius in pa-
ce, qui vixit annos pl(us) me(nus) LXXX.
Florentina filia carissima
ti⟨t⟩ulum posuit.

Hier ruht in Frieden Nunechius,
der etwa 80 Jahre gelebt hat.
Florentina, seine liebste Tochter,
hat die Grabinschrift gesetzt.

In ihrer äußeren Form mit dem freien Feld unter dem Inschrift-
text ohne christliche Symbolik ist die Inschriftplatte vergleichbar mit Kat. 101. Der Name des hochbetagt verstorbenen Nunechius ist ein griechischer Name, abgeleitet von dem auch im
Neuen Testament häufiger gebrauchten nunechos – -
(νουνεχῶς) – verständig, klug. Solche Namen, die moralische
Qualitäten ausdrücken, sind in der Spätantike beliebt und auch
im Trierer Namensrepertoire häufiger anzutreffen. In eine ähnliche Richtung mag auch der in Trier mehrfach belegte Name der
die Inschrift setzenden Tochter Florentina deuten.
Die Marmorplatte war in einen Sarkophagdeckel eingelassen.
Offensichtliche Fehler wie das T bei *titulum* und auch die Ver-
wirrung zwischen i und e wie bei *quiescet* und *menus* sind
bereits im 4. Jahrhundert gewöhnliche Erscheinungen.
Grauer Marmor. – H. 30 cm, Br. 68 cm, D. 3 cm.
RLM. Trier, Inv. G. 114.
Lit.: Gose, Inschriften Nr. 46. – Gauthier, Nr. 46. – Römer an
Mosel u. Saar Nr. 304 (übernommener Text).   Schw.

103   Grabinschrift der Lycontia

FO. Trier, St. Matthias, 1909.
2. Hälfte 4. Jh. n. Chr.

Hic iacet Lycontia,   Hier liegt Lycontia,
quae vixit an(nos) LXX. Rete-   die 70 Jahre gelebt hat.
cius titulum posuit.   Retecius hat die Grabinschrift
                                 gesetzt.

Das kurze Formular gehört zu den einfachsten der Trierer Grabinschriften. Die Buchstaben sind von ausgesprochener Eleganz.
Lycontia ist ein aus dem Griechischen abgeleiteter Name, der in
verwandter Form noch zweimal aus Trier bekannt ist. Eine
verwandtschaftliche Beziehung zwischen der im hohen Alter
von 70 Jahren verstorbenen Lycontia und dem die Inschrift
gebenden Retecius wird bei diesem kurzen Formular nicht ausgedrückt, kann jedoch in Erwägung gezogen werden.
Feinchristalliner weißer Marmor. – H. 17 cm, Br. 44 cm, D.
5–6 cm.
RLM. Trier, Inv. 09,184.
Lit.: Gose, Inschriften Nr. 30. – Gauthier, Nr. 31. – Römer an
Mosel u. Saar Nr. 301 (übernommener Text).   Schw.

104   Grabinschrift für Marinus

FO. Trier, St. Matthias, 1844/45.
Ende 4. bis Anfang 5. Jh. n. Chr.

Hic pausat Ma-
rinus fidelis,
qui vixit an(nos) pl(us) m(inus)
[1–2]. Titulum posu-
[it] Nonnita filio
[– – –]   in pace.

Hier ruht Marinus,
der getaufte Gläubige,
der ungefähr ? Jahre gelebt hat.
Den Grabstein hat errichtet
Nonnita für den Sohn.
In Frieden.

Die Grabinschrift für Marinus weist das übliche Formular der
spätantiken Inschriften auf. Die Schrift besteht aus relativ guten
und breiten Buchstaben, die nicht zu eng zueinander stehen.
Der Verstorbene ist als *fidelis* bezeichnet, ein Ausdruck, der in
der christlichen Terminologie den Getauften vom Heiden und
noch Ungetauften unterscheidet.
Marinus ist noch ein Kind und jüngeren Alters, wenn auch seine
Lebensaltersangabe nicht mehr auf dem Stein rekonstruiert
werden kann. Das nachgestellte *in pace*, auf Trierer Inschriften
häufiger zu finden, bezieht sich nicht auf die Errichtung des
Grabsteines, sondern auf einen Wunsch des Inschriftsetzers für
den Verstorbenen. In pace der 6. Zeile über der rechten Taube
erfordert zu Zeilenbeginn über der linken Taube aus Symme-
triegründen ein weiteres Wort, dem Platz entsprechend an *filio*
(Z. 5) anschließend eher *suo* als *dulcissimo* oder *carissimo*.

104 Grabinschrift für Marinus.

Unter der Inschrift sind sorgfältig gezeichnete christliche Symbole, Christusmonogramm mit den Buchstaben Alpha und Omega zwischen zwei Tauben, die Zweige in den Schnäbeln und Krallen halten.
Marmor. – H. 28,5 cm, Br. 34 cm, D. 2,5 cm.
RLM. Trier, Inv. G. 115i.
Lit.: Gose, Inschriften Nr. 34. – Gauthier, Nr. 34.   Schw.

105 Grabinschrift für Simplicia und Victorina

FO. Trier, St. Matthias, 1844.
Ende 4. bis 5. Jahrhundert n. Chr.

Ursa mater po-	Ursa, die Mutter,
suit titulum pro	hat die Grabinschrift aus
ca⟨r⟩itate. Hic	Liebe gesetzt. Hier
fidelis Simplic-	ruht die getaufte Gläubige
ia pausat in	Simplicia
pace.	in Frieden.
Victorina hic	Victorina ruht
pausat, qui vixit	hier, die gelebt hat
annos L.	50 Jahre.

Der Grabstein, von der Mutter Ursa gesetzt, diente für zwei nacheinander Verstorbene. Die Erinnerung an die zweite Verstorbene, Victorina, ist später in den Stein eingemeißelt worden, wie die gegenüber der ersten Inschrift andersartige Schrift

zeigt. Der Name der zweiten Verstorbenen kann auch Victoriana gelautet haben, wenn das N eine Verbindung mit einem A gehabt hat (Ligatur), was nicht eindeutig zu entscheiden ist. Für Simplicia wird der eindeutige Stand eines getauften Christen, *fidelis*, vermerkt (s. Kat. 104).
Der Inschriftträger ist hier ein Kalkstein. Gegenüber dem gebräuchlichen Material, dem Marmor, aus dem ca. 900 frühchristliche Grabsteine bestehen, macht sich eine Gruppe von 14 Kalksteinen verschwindend gering aus. Während die meisten der Kalksteininschriften dem 5. oder sogar 6. Jh. zuzuweisen sind, fällt nur eine weitere Inschrift ins 4. Jh., eine bescheidene Inschrift für das Kind Euthymius (Gose, Inschriften Nr. 423). Im Gegensatz auch zu den ebenfalls seltenen Sandsteininschriften, aus deren Material Inschriften für Soldaten (Kat. 186) und die Gattin eines kaiserlichen Beamten (Kat. 107) sind, mag die Vermutung nahe liegen, bei dem leicht zu bearbeitenden Kalkstein billigere Grabsteine weniger wohlhabender Auftraggeber zumindest um 400 n. Chr. anzunehmen. Der Grabstein, den Ursa setzte, ist ein wiederverwandter Reliefstein.
Kalkstein. – H. 54 cm, Br. 46 cm, D. 9 cm.
RLM. Trier, Inv. G. 115d.
Lit.: Gose, Inschriften Nr. 58. – Gauthier, Nr. 57.   Schw.

106 Grabinschrift für den Knaben Merabaudis

FO. Trier, St. Matthias, 1915.
Ende 4. bis 5. Jh. n. Chr.

Hic qui vixit Mera-	Hier ruht Merabaudis
baudis in pace, qui vixit	in Frieden, der
anno et me(nscs) XI. Patris	ein Jahr und 11 Monate gelebt hat. Die
dulcissim[i tit]ulu(m)	liebevollen Eltern haben die Grabinschrift
p[osuerunt].	gesetzt.

Bei dieser Inschrift, die sich bemüht, an das traditionelle Formular anzuknüpfen, treten die für eine frühe Inschrift ungewöhnlich vielen Vulgarismen um so deutlicher hervor: Statt mit *hic quiescit* (hier ruht) wird das Formular sinnentstellend mit *hic qui vixit* (hier, der gelebt hat) eingeleitet. Dieser Irrtum ist mehr noch als der der Z. 3 partris statt patres auf eine nach der Aussprache phonetische Ähnlichkeit der Ausdrücke zurückzu-

106

führen; weitere Vulgarismen Z. 3 *anno* für *annum* und *titulu* statt *titulum*.

Merabaudis bzw. häufiger Merobaudes ist ein seit dem Ende des 4. Jahrhunderts öfters auftretender germanischer Name. Die Form Merabaudis hat eine im gallischen Sprachraum zu beobachtende Lautverschiebung von unbetontem o zu a bereits mitgemacht. In Anbetracht des germanischen Namens für den nicht ganz zwei Jahre alten Merabaudis ist es wahrscheinlich, daß seine Eltern zugewanderte Germanen sind. Das erklärt auch die Irrtümer im Text und die verballhornisierte Einleitungsformel der Inschrift. Die geschwungenen Buchstaben L, T, P, R stehen paläographisch in einer Entwicklung, die schon bei Inschriften des 4. Jahrhunderts zu beobachten ist; ausgeprägt sind diese Buchstaben in der Inschrift für Lycontia (Kat. 103). Marmor. – H. 16 cm, Br. 27 cm, D. 3,5 cm.
RLM. Trier, Inv. 16, 780.
Lit.: Gose, Inschriften Nr. 40. – Frühchristliche Zeugnisse 28 f. Nr. 16. – Gauthier Nr. 40. Schw.

107

107–110 Grabinschriften kaiserlicher Beamter und Offiziere

107 Grabinschrift für die Gattin eines kaiserlichen Kleiderverwalters

FO. Trier, St. Matthias, 1844.
Letztes Drittel 4. Jh. n. Chr.

Iacet hic Maura con-
iux Bonifati a veste
sacra, quae rrec-
ecessit in rac-
e et tu(l)i(t) secum an-
nos XX.

Es liegt hier Maura, die Gattin
des kaiserlichen Kleiderverwalters Bonifatius,
die in Frieden vorausging
und mit sich getragen hat
20 Jahre.

Die Grabinschrift ist für Maura, die Gattin eines kaiserlichen Kleiderverwalters (*a veste sacra,* s. Kat. 108) gesetzt. Beide Namen deuten auf afrikanische Herkunft der beiden genannten Personen. Wenn auch fremd klingende Namen im Gallien des 4. Jahrhunderts nicht gewöhnlich sind, so ist doch gerade in den Beamtenkreisen des Hofes mit großer Mobilität zu rechnen. Bei der guten Inschrift erstaunen die vielen Fehler, die zu Lasten eines offensichtlich die lateinische Sprache und Rechtschreibung nur mangelhaft beherrschenden Steinmetzen gehen. Die in Zeile 1 unnötige Buchstabenverbindung TH geht wohl ebenso auf eine falsche Interpretation einer Vorzeichnung auf dem Stein zurück wie RACE für *pace* und TVI für *tulit.* Unverstanden blieb vom ausführenden Steinmetzen RREC/ECESSIT für das auf Grabinschriften häufigere *recessit.*

Der für eine frühchristliche Inschrift einen auffälligen monumentalen Charakter tragende Grabstein ist in den Wirren Ende des zweiten Weltkrieges 1944 zu Bruch gegangen. Der Grabstein ist einer von drei aus dem letzten Drittel des 4. Jahrhunderts stammenden Sandsteine, die alle auf dem südlichen Gräberfeld von St. Matthias entdeckt wurden. Neben einem für den in der Palasttruppe gedienten Jovianer Vitalis (Gose, Inschriften Nr. 75) ist ein weiterer Grabstein, der nicht sicher als christlicher zu identifizieren ist, für den protector domesticus Hariulfus gesetzt (Kat. 186). Von der Form des Grabsteines wie von der Schrift her weist der Stein für Maura, die Gattin eines kaiserlichen Beamten, auffallende Parallelität zu dem Stein für Hariulf auf. Beiderseits des geglätteten Inschriftfeldes sind die Steine in einem Streifen nur grob beschlagen, entweder abgespitzt oder wie im Falle des Steines für Maura scharriert. Der

Stein für Maura ist aus der Längswand eines Sarkophages, der innen wie außen in gleicher Weise bearbeitet war, gewonnen worden; ebenso scheint der Stein für Hariulfus aus der Stirnseite eines Sarkophages herausgeschlagen zu sein (s. Kat. 186). Die Inschrift für Maura, in der das unauffällige Christogramm beinahe zu übersehen ist, zeigt vom Typus der Buchstaben weitere Verwandtschaft mit der Hariulfus-Inschrift auf, auch wenn die charakteristischen Buchstaben L und D hier fehlen. Womöglich liegt in diesen Sandsteininschriften ein Argument zur sozialen Differenzierung der Gräberfelder vor der Stadt (s. S. 219 f.).

Sandstein. – H. 54 cm, Br. 146 cm, D. 14 cm.
RLM. Trier, Inv. G 115 a.
Lit.: Gose, Inschriften 37. – Gauthier 37.   Schw.

108   Grabinschrift für den kaiserlichen Kleiderverwalter Felix

FO. Trier, St. Paulin, neben dem Küsterhaus, 1911.
2. Hälfte 4. Jh. n. Chr.

[Hic quiesci]t Felix (a) veste sa-
[cra, qui vixit] in s(a)eculo an(nos) L,
[Christi ves?]tigia se[cut]us.
[. . . et P?]orcarius
[titulum posue]run[t].

Hier ruht Felix, kaiserlicher Kleiderbeamter,
der in der irdischen Zeitlichkeit 50 Jahre gelebt hat
und in Christi Spuren gefolgt war.
. . . und Porcarius
haben die Grabinschrift gesetzt.

Der linke Teil der Grabinschrift für den kaiserlichen Beamten Felix ist nicht erhalten, die Inschrift jedoch aus den erhaltenen Teilen gut zu ergänzen. Die beiden, die dem Verstorbenen den Grabstein gesetzt haben, mögen nach trierischem Bestattungsgebrauch Söhne gewesen sein, wobei dann neben Porcarius ein weiterer Name von ca. 9 Buchstaben einzusetzen wäre. Felix war kaiserlicher Beamter am Kleidermagazin des Hofes, das auch für die den zu erwartenden Zeremonien entsprechenden kaiserlichen Gewänder verantwortlich war. Während private Berufsangaben auf frühchristlichen Grabsteinen fast völlig ausgeschlossen sind, kommen öffentliche Ämter, sei es am kaiserlichen Hof (Kat. 107–110) oder im kirchlichen Dienst (Kat. 116–117), gelegentlich vor. Die Formel *vixit in saeculo*, in Rom aus den letzten Jahrzehnten des 4. Jh. bekannt, ist auch in Trier belegt. Wie die von dem stereotypen Formular abweichenden

Zeilen 2–3 zeigen, legten die Angehörigen des kaiserlichen Beamten Felix besonderen Wert auf die Inschrift.

Marmor. – H. 25 cm, Br. noch 25 cm, D. 2 cm.
RLM. Trier, Inv. 30,143.
Lit.: Gose, Nr. 427. – Gauthier, Nr. 126. – K. Krämer, Kurtrier. Jahrb. 18, 1978, 17 f.   Schw.

109   Grabinschrift für den Offizier Gabso

FO. Trier, St. Maximin, 1818.
2. Hälfte 4. Jh. n. Chr.

Fl(avius) Gabso, p[ro-]
tector domes-
tic[us, e]x tribu-
[nis, hi]c requies-
[cit. – – – U]rsu-
[la? – – – in p]ace.

Flavius Gabso,
kaiserlicher Leibgardist,
ehemals Tribun,
ruht hier.
Ursula (?) hat den Grabstein gesetzt. In Frieden.

Neben dem bekannten *protector domesticus* germanischer Herkunft, Hariulfus, dessen Grabstein keine eindeutigen christlichen Indizien aufweist (Kat. 186), ist aus Trier mit Flavius Gabso ein weiterer frühchristlicher Offizier und kaiserlicher Gardist bekannt. In der durch Kriegseinwirkung 1944 weiter beschädigten Inschrift sind zwei militärische Ränge und damit eine militärische Laufbahn des Gabso genannt, derzufolge er nach seinem Dienst als *protector domesticus* zum *tribunus* aufgestiegen war, bevor er an seinem Lebensabend noch ein Veteranendasein genießen konnte. Das vornehme Offizierskorps der protectores domestici, deren Angehörige sich zumeist im kaiserlichen Hauptquartier aufhielten, diente nach Ausweis vieler Karrieren zur Heranbildung höherer Offiziere.
Hinsichtlich des Dienstes von Germanen im römischen Heer und der Aufstiegsmöglichkeiten für solche Leute bietet der Name des Verstorbenen Anhaltspunkte. Gabso ist ein germanischer Name, vergleichbar mit einem Rapso aus Lyon und mehreren germanischen Namen, auf -o endend, etwa denen aus Worms und aus dem gesamten mittelrheinischen Raum. Flavius als Name ist häufig im 4. Jahrhundert anzutreffen, und erfreute sich, von der flavischen Familie Constantins entlehnt, sakraler Verehrung. Er scheint eine Rangbezeichnung für Offiziere vor allem der Leibgarde und für zivile Angestellte des kaiserlichen Zentralbüros zu sein. Gabso, durch seinen militärischen Dienst in ein besonderes, wenn auch noch indirektes Verhältnis zum Kaiser getreten, hat diese Auszeichnung eher selbst erhalten als ererbt, was ebenfalls möglich wäre. Welchen Wert der Geehrte auf diesen titularen Namen legte, zeigt die Tatsache, daß gegenüber der Gepflogenheit, nur einen Namen zu nennen, auf dieser Grabinschrift auch der angenommene Gentilname mit verzeich-

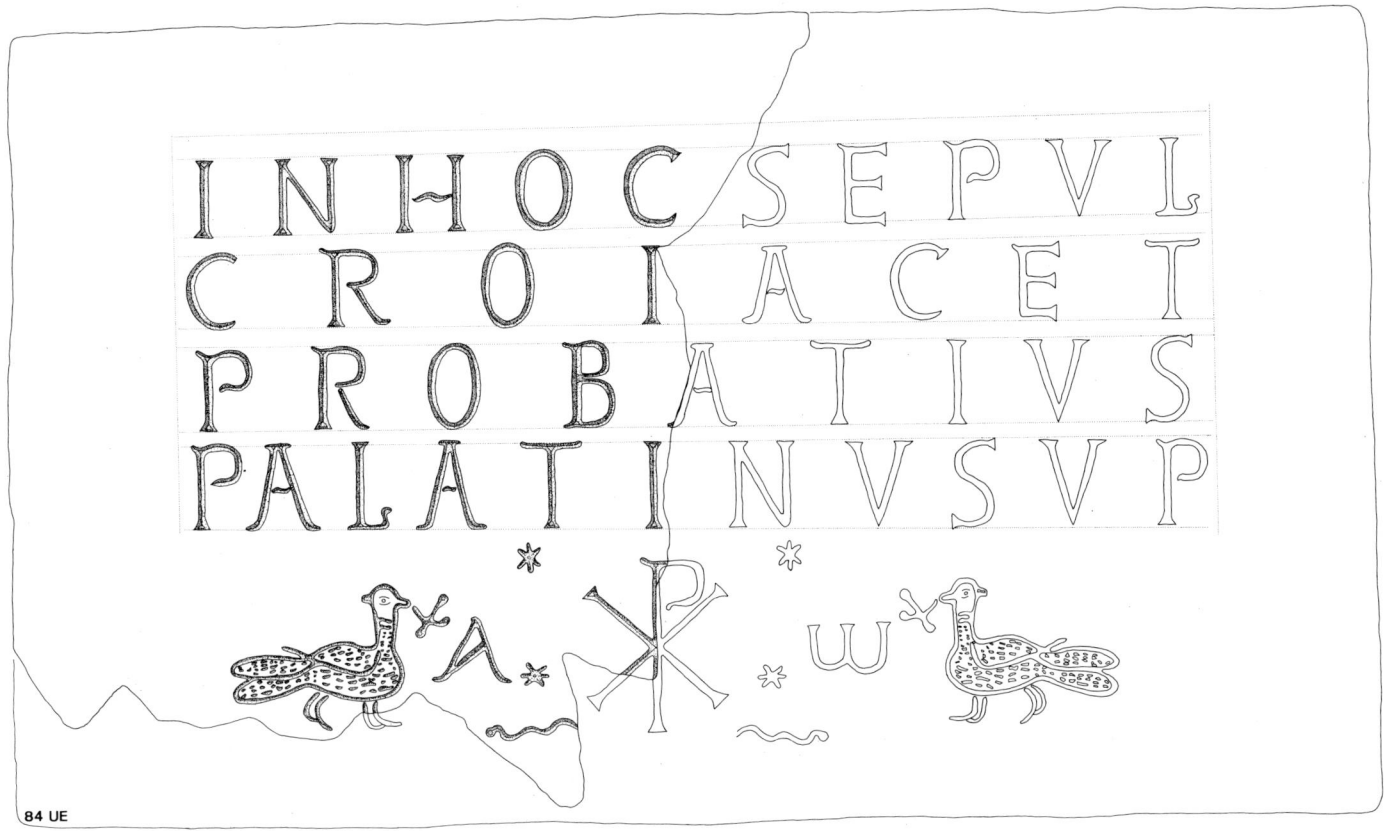

84 UE

110

---

net ist. Auf einem anderen Fragment aus Trier (Gose, Inschriften Nr. 20) ist dieser einen Rang bezeichnende Name voll ausgeschrieben: Flavius Victor.

Marmor. – H. 50 cm, Br. 57 cm, D. 3 cm.

RLM. Trier, Inv. Reg. 94.

Lit.: Gose, Nr. 430. – Gauthier, Nr. 130. – K. Krämer, Kurtrier. Jahrb. 18, 1978, 19. – M. Heinzelmann, Francia 10, 1982, 612. Schw.

110 Grabinschrift für den Palastbeamten Probatius

FO. Trier, St. Maximin, beim Apsidenbau südlich der Abteikirche, 1953.

2. Hälfte 4. Jh. n. Chr.

In hoc [sepul-]
cro i[acet]
Proba[tius]
palati[nus]
v(ir) p(erfectissimus)?].

In diesem Grab
liegt
Probatius,
der Palatinus,
vir perfectissimus.

Zu den auffälligsten Inschriften aus dem Bestand der frühchristlichen Grabinschriften gehört neben der Inschrift für Amantia (Kat. 111) die für den kaiserlichen Palastbeamten Probatius. Rein äußerliche Kriterien, die Größe der Marmorplatte wie die sorgfältige und hier durch die geschwungenen Buchstaben noch elegantere Schrift drängen einen Vergleich zur Amantia-Inschrift auf.

Das Eingangsformular ist ähnlich einem solchen bei metrischen Inschriften, mit *in hoc tumulo* bzw. *sepulcro* beginnend. Es ist davon auszugehen, daß auch in der Inschrift des palatinus Probatius dem Inschriftsetzer der Bezug der Formel zu metrischen Inschriften nicht unbekannt war, ja daß vielleicht sogar von ihm ein solcher Bezug angestrebt wurde. Inschriften aus Trier wie aus dem gesamten Rhein- und Moselland bis Metz weisen vor dem 7. Jahrhundert diesen Begriff sepulcrum nicht auf. Aus Rom ist die Formel in hoc sepulcro requiescit dagegen schon früher bekannt, u.a. von einer in das Jahr 449 n. Chr. datierten Inschrift.

Für die Ergänzungen der Inschrift, insbesondere für die Rekonstruktion der Zeilen 3–4 ist die augenfällige Symmetrie der Inschrift hilfreich. Das Christusmonogramm, in seiner linken Hälfte noch erkennbar, muß gerade bei einer derartig ausgewogenen Inschrift auf der senkrechten Mittelachse liegen. Dabei fällt auf, daß ebenso die beiden erhaltenen I der Zeilen 2 und 4 auf dieser Linie liegen. Von diesen Überlegungen ausgehend, die durch die Ergänzung der Zeile 2 bestätigt werden, ist in der 3. Zeile nur der Name Probatius zu ergänzen, während die Möglichkeiten Probantius und Probatus ausscheiden.

Für die Zeile 4 kommt nur die Amtsbezeichnung palatinus in Frage. Der doppelte Name in Ergänzung eines zweiten Namens Palati [olus/-nus], ohnehin ein Sonderfall (s. Kat. 109) ist hier nicht zu erklären, auch nicht in Ableitung von einer amtlichen Funktion. Die letzte Zeile nennt nach dem Namen des Verstorbenen eben dessen Amt, was gerade in Anbetracht eines öffentlichen Amtes nicht ungewöhnlich ist. Die auf treverischen Grabdenkmälern des 2.–3. Jh. zu beobachtende Sitte, private Ämter zu nennen, wurde im 4. Jahrhundert fallengelassen; öffentliche Ämter in der Verwaltung bzw. im religiösen Leben blieben erwähnenswert. Probatius war Palastbeamter, palatinus. Palatini umfaßten eine weite Gruppe im kaiserlichen Dienst stehender Personen. Obwohl auch die militärischen Truppenangehörigen hierzu gezählt wurden, ist als Titel der palatinus an den Hofbeamten gebunden. Der die Ämter der Palatini umfassende Apparat war in der Spätantike weit aufgeschwollen. Der Trierer Palatinus mag durchaus in diesem Gefüge ein niederer Beamter gewesen sein. Kollegen mit dieser vagen Amtsbezeichnung sind in der Verwaltung des kaiserlichen Privatvermögens wie in der Finanzverwaltung nachgewiesen. Hinter der Rangbezeichnung bleibt ein Platz für zwei Buchstaben, ausreichend für einen der

vielen in der Spätantike üblichen Titel. In Frage kommt hier einer der gewöhnlichsten, der im Verlauf des 4. Jahrhunderts auch für niederere Rangklassen denkbar wird, der Titel vir perfectissimus, der nach vollendeter Dienstzeit oder als Auszeichnung Subalternbeamten verliehen wurde. Ebenso möglich ist der noch gewöhnlichere eines vir devotissimus, den vorzugsweise in einem näheren Treueverhältnis stehende Soldaten, insbesondere des Unteroffizierskorps, erhielten.

Marmor. – H. 58 cm, Br. 59 cm, urspr. ca. 95 cm, D. 2,5 cm.
RLM. Trier, Inv. 53, 167.
Lit.: Gose, Inschriften Nr. 454. – Gauthier, Nr. 148. – K. Krämer, Kurtrier. Jahrb. 18, 1978, 18. – Römer an Mosel u. Saar Nr. 302.   Schw.

111–112   Grabinschriften vornehmer Frauen

111   Grabinschrift für Amantia

FO. Trier, St. Maximin, 1818.
4. Jh. n. Chr.

Hic Amant-
iae in pace
hospita c-
aro iacet.

Hier liegt in Frieden der Körper der Amantia, gleichsam als Gast.
oder
Hier liegt in Frieden der Körper, der Amantia Gastfreundschaft gewährte.

Die Grabinschrift für Amantia ragt auch aus allen vollständig erhaltenen Inschriften des riesigen Trierer Bestandes heraus. Die Größe der Marmortafel, die schönen gleichmäßigen Buchstaben in ihrer ausgewogenen Form geben der Inschrift einen monumentalinschriftlichen Charakter. Mit seinem Text findet die Inschrift keinen Vergleich unter den zahlreichen, meist in stereotypem Formular gehaltenen Inschriften. Die aus dem Rahmen des Üblichen fallende Wortfolge wird bedingt durch das Bemühen, ein Metrum mit kurzen trochäischen Versfüßen in den Text zu bringen und die Inschrift in die Nähe vollendeter Grabgedichte zu bringen. Hinter dem Text dieser Grabinschrift steht sicherlich ebenso wie hinter der besonderen Form von Grabplatte und Buchstaben ein privater Auftraggeber mit seinem persönlichen Entwurf. Wie ein Vergleich mit einer zweiten, von den Ausmaßen der Marmorplatte wie von der Schrift

111

her verwandten Inschrift (Kat. 110) zeigt, mag hier wie dort ein Auftraggeber in einer sozial höheren, womöglich in der Nähe zum Kaiserhof stehenden Schicht zu suchen sein.

Von den beiden Deutungsmöglichkeiten der Inschrift ausgehend, ist die erste, die des zeitweiligen Aufenthaltes der Verstorbenen im Grabe eine rein christliche Idee. Die zweite, daß der Körper für die Verstorbene eine nur kurze Wohnstatt gewesen sei, geht auf ältere antike Vorstellungen zurück, und kehrt vielmals auch auf Grabinschriften wieder. Der Begriff *caro* (Fleisch) findet in den frühchristlichen Inschriften oft Verwendung, wenn die Hoffnung auf Auferstehung ausgedrückt werden soll. Mit der theologischen Aussage, wobei die ältere Auffassung über einen nur kurzen Aufenthalt der Seele im Körper größere Wahrscheinlichkeit hat, hebt sich neben den schon eingangs genannten Kriterien diese Inschrift weiter von der Mehrzahl der frühchristlichen Grabinschriften Triers ab. In unmittelbarem Zusammenhang wurden neben weiteren Inschriften des 4. Jh. auch die des Flavius Gabso (Kat. 109) und das Bruchstück eines Cesar[ius?] (Gose, Inschriften 413) gefunden, die auch einen besonderen Charakter der Fundstelle wahrscheinlich werden lassen.

Marmor. – H. 55 cm, Br. 93 cm, D. 4 cm.

RLM. Trier, Reg. 90.

Lit.: Gose, Inschriften Nr. 406. – Frühchristliche Zeugnisse 36 f. Nr. 27. – Gauthier Nr. 99.   Schw.

nicht so häufig ist, in völlig korrekten Hexametern geschrieben. Das Gedicht ist wohl einer Mutter zugedacht, die bald nach der Geburt der Tochter gestorben ist. Das Neugeborene, so mag *nata* hier zu verstehen sein, überlebte nur kurze Zeit die Mutter. In der Inschrift spiegelt sich eine Tragik wieder, die statistisch auch aus dem großen Bestand der frühchristlichen Inschriften Triers erfaßbar wird. Nach den Inschriften mit Lebensalterangaben ist gerade die Kindersterblichkeit und die junger Frauen sehr hoch.

Die Verstorbene, für die in der obigen Ergänzung ein aus anderen Trierer Inschriften belegter, ins Metrum gut einzufügender Name gewählt wurde, stammt aus einer vornehmen senatorischen Familie. Die gesellschaftliche Kennzeichnung, *c(larissima) f(emina)* ist hier des Metrums wegen ausgeschrieben. Da diese Kreise auch im spätantiken Trier die Träger des geistigen Lebens und der Bildung waren, verwundert es nicht, daß hier ein Gedicht in korrekter Form und mit individuellem Gedankengut auf dem Grabstein seinen Niederschlag gefunden hat. Die Abwanderung des senatorischen Adels aus Trier im 5. Jahrhundert nach dem Abzug der römischen Verwaltung und des kaiserlichen Hofes haben es weitgehend verhindert, daß auch aus der Folgezeit ähnlich qualitätvolle Kunstwerke aus Trier auf uns gekommen sind.

Marmor. – H. 20 cm, Br. 40 cm, D. 2,5 cm.

RLM. Trier, Inv. G 126.

Lit.: F. Buecheler, carmina epigraphica (Leipzig 1895) Nr. 771. – Gose, Inschriften Nr. 479. – Gauthier, Nr. 192. – K. Krämer, Kurtrier. Jahrb. 18, 1978, 23.   Schw.

112   Grabgedicht für eine junge Mutter aus einer senatorischen Familie

FO. Trier, St. Maximin, in der Abteikirche, 1869.
Ende 4./Anfang 5. Jh. n. Chr.

[Romula? h]ic posita est clarissima femina / [mater,
q]uae meruit miserante deo, ut funus / [acerbum]
nesciret natae, quae mox in pace se/[cuta est].
Concessum est solamen ei n[atam superesse?,
.q?]u(a)e potuit cr[edi multos victura per annos?].
    – – –] R [– – –
(Ergänzungen nach F. Buecheler.)

Romula (?), Frau senatorischen Stands, liegt hier, eine Mutter, die es verdiente mit Gottes Erbarmen, das bittre Begräbnis ihres Kinds nicht zu sehen, das bald in Frieden gefolgt. Trost ward ihr im Gedanken ans Weiterleben der Tochter, hoffend für sie auf ein Leben mit vielen glücklichen Jahren.

Das Grabgedicht für eine junge Frau aus vornehmem Geschlecht ist, was unter den metrisch abgefaßten Grabinschriften Triers

113–115   Griechische Inschriften

113   Frühchristliche Grabinschrift eines Unbekannten

FO. Trier, St. Maximin, 1982.
4.–frühes 5. Jh. n. Chr.

Hic quiesc[it – – –
civis Antioc[henus – – –
posuit ei ti[tulum? – – –
ὧδ⟨ε⟩ ἀν[απαύεται – – –
. . . TI – – –

Hier ruht . . . ., Bürger von Antiochia. . . . setzte ihm den Grabstein.

Hier ruht . . . .

Die Verwechslung von E und H in Zeile 4 ist geläufig. In der fünften, kaum erhaltenen Zeile steht nach einer Lücke für zwei

227

113 Grabinschrift eines Unbekannten.

bis drei Buchstaben: TI, danach ist nur noch die linke obere Ecke eines Buchstabens erkennbar. Sollte es sich um eckiges O handeln, wäre Ἀντιοχεύς = Antiochener zu vermuten.

Wir haben hier eine zweisprachige Inschrift mit offenbar dem gleichen Text in Lateinisch und Griechisch. Grund für die zweite Fassung ist die Tatsache, daß der Bestattete aus Antiochia

114

stammte, Griechisch also seine Muttersprache war. Mit Antiochia muß die am Orontes-Fluß gelegene syrische Stadt dieses Namens gemeint sein (Kat. 38). Wir kennen aus dem christlichen Trier bisher schon vier bis fünf Syrer (Gauthier 10, 93, 112, 32 b, 168?), von denen wenigstens drei aus der Gegend von Apamea am Orontes stammen. Man vermutet in den Orientalen Händler (s. auch oben S. 220).

Grauer grober Marmor. – H. noch 16 cm, Br. noch 13,5 cm, T. 2,3 cm.

Privatbesitz P. K., Trier (Kopie: Inv. EV. 82, 25).

Unveröffentlicht. Bi.

114 Grabinschrift für den Anatoliker Ursikinos

FO. Trier, St. Maximin, vor der Abteikirche, 1888.
4.–5. Jh. n. Chr.

ὦδε κῖται ἐν α ☧ ω
Οὐρσικῖνος Ἀνατο-
λικός. ἔζησεν δὲ
μικρῷ πλίω ἔτη
κθ' qui vixit an(nos) X⟨X⟩VIIII.

Hier liegt in Christus
Ursikinos, der
Anatoliker. Er hat
gelebt etwa
29 Jahre – der gelebt hat 19 (!) Jahre.

Diese griechische Inschrift ist zum Teil eine Übertragung des üblichen lateinischen Formulars in die griechische Sprache. Die geläufige Einleitung *hic iacet* ist erweitert um den Begriff *in Christo*, für den der Bedeutung entsprechend richtig das Monogramm eingesetzt wurde. Die Buchstaben Alpha (?) und Omega sind als Beiwerk zum Christogramm aufzufassen.

Eine Abweichung im Formular ist durch die Herkunft des Verstorbenen bedingt. So kann beobachtet werden (s. S. 220), daß gerade Orientalen Wert auf die Angabe ihrer Herkunft und zuweilen ihrer Abstammung legen. Im Vergleich mit anderen Inschriften ist die knappe Herkunftsangabe des Ursinikos, der sich als »Anatoliker« ausgibt, noch zurückhaltend. Die Ansicht, daß »Anatolikos« auch ein Name sein könnte, ist in Anbetracht der üblichen Einnamigkeit der Trierer Inschriften wie des Bestrebens der Orientalen, auf ihre Herkunft hinzuweisen, abzulehnen. Die Angabe »Anatolikos« mag im Sinne von »kleinasiatisch« in der Spätantike sehr weit verstanden worden sein.

Im Gegensatz zur echten bilinguen Inschrift (Kat. 113) vermerkt der Stein für Ursinikos fehlerhaft nur mehr das Lebensalter des Verstorbenen, das auch in der lateinischen Inschrift unter Hinzufügung eines vergessenen X auf 29 Jahre zu verbessern ist.

Falsche Worttrennungen offenbaren, daß der Steinmetz nach Vorlage ohne Verständnis des griechischen Textes gearbeitet hat.

Marmor. – H. 22 cm, Br. 36 cm, D. 1,5 cm.

RLM. Trier, Inv. 16931.

Lit.: Gose, Inschriften Nr. 402. – Frühchristl. Zeugnisse 35 Nr. 26. – Gauthier 168. – M. Guarducci, Epigraphia Graeca IV. Epigrafi sacre pagane e cristiane (Rom 1978) 498f. Abb. 152.   Schw.

115   Gedicht auf die Jungfrau Agnes

FO. Trier, St. Maximin, in der Abteikirche, 1936.
Ende 4./Anfang 5. Jh. n. Chr.

Zu den interessantesten Denkmälern, die auch das geistige Leben während der Endzeit der römischen Herrschaft in Trier dokumentieren, gehört das vielbeachtete Fragment einer metri-

115

schen Inschrift. Die leider in einem viel zu kurzen Rest mit einem Streifen antiker Kante oben und unten gehobene marmorne Inschrifttafel wurde, in einem großen Kalksteinquader eingelassen, 1936 unter dem Fußboden im Südschiff der Kirche von St. Maximin gefunden. Der Quader war ursprünglich in einer Wand verbaut, mit der Inschriftseite ca. 17 cm aus der Wand herausragend. Es bleibt offen, ob es sich um einen Hymnus auf die jugendliche Märtyrerin Roms, die hl. Agnes, wie zuerst angenommen, oder um einen solchen auf Maria bzw. die Kirche handelt, oder einfach um ein Grabgedicht auf ein hier bestattetes Mädchen aus Trier, dessen Eltern dann wohl aus dem griechischen Osten stammten. Der gesicherte Text:

Ἁγνὴν παρ[θένον – – –]
Εὐστόργιος θῆκ[ε – – –]
σκην⟨α⟩ῖς παν[....]ις [. – – –]
ἀμὸν τ᾽ἁβρὰν ἐοῦ[– – –] oder τ᾽ ἄβρα νέου[– – –]
ὄφρα πανημέριος [– – –]
[ὕ]μνοις πατέρα πα[ντοκράτορα? – – –]
[με]λπομένη μεθ᾽ὀ[– – –] oder μεθο[– – –]
[Χρι]στῷ πανβασιλ[εῖ – – –]
[Π νε]ύματι σὺν ⟨ἁ⟩γίῳ [– – –]
[...]α μοι φίλον α[– – –] oder [... κ]ἀμοὶ φίλον α[– – –]
[...]όθε⟨ν⟩ ἀπροφανῖ φ[– – –]
[ἀγλ]ώσσοισι πατράσ[ι – – –]
[...]ν σφαλλομενὸ[ις – – –]
[σωφ]ροσύνης τ᾽ ἀρετῆς[ς – – –]

Agnes, das Mädchen (oder Agnes, die Jungfrau oder
            die reine Jungfrau) . . .
Eustorgios hat gesetzt . . .
in die hochheiligen Wohnungen . . .
und ein zartes Lamm . . .
auf daß den ganzen Tag . . .
in Lobgesängen den all(mächtigen?) Vater . . .
singend inmitten . . . .
Christus dem Allherrscher, ... und
mit dem heiligen Geist . . .
. . . und das mir (?) liebe . . .
. . . unvermutet (von Gott?) her . . .
den sprachlosen Eltern . . .
uns (oder allen?) Wankenden . . .
der Reinheit und Tugend . . .

Zum Verständnis des Ganzen sei der Text in der Version M. Guarduccis (Frühchristl. Zeugnisse 68) beigefügt, die nach der erstmals von A. Ferrua (La Civiltà cattolica 90, 1939, I 114–129) vertretenen Deutung als Grabgedicht übersetzt (kursiv der erhaltene Text):

Agnes, die Jungfrau im Alter von . . . Jahren *setzte Eustorgios,* der Vater, in diesem Grab bei, und die Gemeinschaft der Seligen (vielleicht: die Märtyrerin Agnes) empfing sie *in den heiligsten*

Wohnungen; sie, die unschuldige Seele und *das zarte Lamm,* um *unaufhörlich mit Hymnen den allmächtigen Vater,* gemeinsam mit allen Seligen zu preisen und *Christus, dem Beherrscher des Alls im Verein mit dem Heiligen Geist* Lob zu singen. O, *wenn auch mir* die selige Tochter erschiene, wie die Märtyrerin Agnes *aus der Höhe, unvermutet, den sprachlosen Eltern* erschien! Führe Du, o Agnes, die *irrende Menschheit,* die Du ein Beispiel *der Reinheit und Tugend* gabst!

Hiernach wird die Inschrift als ein Grabgedicht auf ein Mädchen Agnes verstanden. Am Schluß des Gedichtes, das unberechtigterweise in polemischer Form als »erbärmliches Machwerk« von A. Ferrua abqualifiziert wurde, wenn es auch wie in dieser Zeit häufiger eine Sammlung poetischer Zitate miteinander verbunden hat, wird der Bezug zur Namenspatronin mit ihrem Vorbildcharakter hergestellt. Demgegenüber hatte R. Herzog, von Th. Klauser (Jahrbuch f. Antike und Christentum 8–9, 1965–66, 226) wieder unterstützt, das Gedicht als einen Lobgesang auf die keusche Märtyrerin Agnes interpretiert, der vor allem in der Stadt Rom seit der 2. Hälfte des 4. Jahrhunderts besondere Verehrung zuteil wurde. Nach der Legende hatte Agnes, zur Unkeuschheit gezwungen, die Krone des Martyriums und der Jungfräulichkeit erworben und war acht Tage nach ihrem Tode ihren Eltern in Begleitung eines weißen Lammes *(agnus)* erschienen. Als Weihegedicht soll die Inschrift demnach neben einem Bild der Märtyrerin aufgestellt worden sein.

Einer Deutung als Hymnus auf die Jungfrau Maria oder eher noch auf die Personifikation der Kirche als reine Jungfrau und Braut Christi stehen die Verse 5–7 und 12 entgegen. Eine Deutung als Hymnus auf die Märtyrerin Agnes ist nicht endgültig zu entkräften, wenn auch eher nach Fundort und Fundumständen entsprechend frühchristlicher Grabsitten in Trier an eine Grabinschrift zu denken ist. Klarheit ließe sich nur erbringen, wenn wenigstens zu den beiden alles entscheidenden ersten Versen weitere Bruchstücke zu Tage gefördert würden, wie dies

116

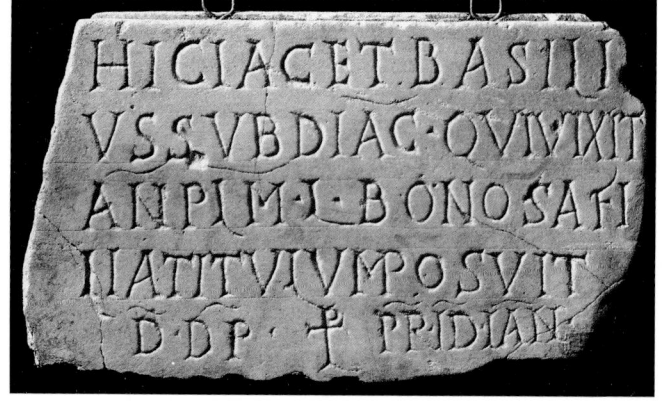

bei einem anderen inschriftlichen Gedicht, den Versen auf Gott Hermes (Kat. 145), glücklicherweise geschehen ist.

Marmor. – H. 36,4 cm, Br. noch 35 cm, D. 1,8–2,5 cm.
RLM. Trier, Inv. 36, 399.
Lit.: R. Herzog, Trierer Zeitschr. 13, 1938, 79–120. – Gose, Inschriften Nr. 478. – H.-I. Marrou, Germania 37, 1959, 346 ff. – M. Guarducci, Frühchristl. Zeugnisse 54–71 Nr. 52. – Gauthier Nr. 172. – M. Guarducci, Epigraphia Greca IV. Epigrafi sacre pagane e cristiane (Rom 1978) 499–504.　　　　　Schw.

116–117　Grabinschriften für kirchliche Würdenträger

116　Grabinschrift des Subdiakons Basilius

FO. Trier, St. Paulin, vor der Paulinskirche, 1901.
Mitte 5. Jh. n. Chr.

Hic iacet Basili-
us subdiac(onus), qui vixit
an(nos) pl(us) m(inus) L. Bonosa filia titulum posuit.
D(ies) d(e)p(ositionis) pr(idie) Id(us) Ian(uarias).

Hier liegt Basilius,
der Subdiakon, der etwa 50 Jahre
gelebt hat. Bonosa, die Tochter
hat die Grabinschrift errichtet.
Der Tag der Beisetzung war am 12. Januar.

Mit der Grabinschrift für Bonosus ist einer der frühesten Amtsträger der Christengemeinde in Trier epigraphisch belegt. Ein weiterer Subdiakon ist aus einer späteren Inschrift bekannt. Die Namen geben keinen sicheren Anhaltspunkt dafür, daß Basilius mit seiner Tochter aus einem anderen Reichsteil nach Trier zugewandert seien. Basilius, ein Name, der im griechischsprachigen Osten bekannt war, wie der Name Bonosa, ursprünglich afrikanischer Name, sind im 4. Jahrhundert in Rom und in Gallien gebräuchliche Namen. In der zweiten Hälfte des 4. Jahrhunderts regiert als fünfter Bischof der Trierer Bischofsliste ein Bonosus (s. S. 61 f.).
Die Ehelichkeit eines Klerikers ist im 5. Jahrhundert noch nicht ungewöhnlich, zumindest nicht dann, wenn die Ehe vor Antritt des kirchlichen Amtes bereits geschlossen worden war. Das Amt des Subdiakons ist durch Hippolytos von Rom seit dem frühen 3. Jahrhundert belegt. Im 4. Jahrhundert steht der Subdiakon in Rom nach Eusebius (Kirchengeschichte VI 43, 11) einer Gruppe von sechs Akoluthen vor, die den Diakon in seiner Arbeit unterstützen. Der Subdiakon soll noch nicht durch Handauflegung wie höhere Weihegrade, sondern durch einfache Bestimmung dem Diakon als Gehilfen beigegeben werden *(nominabitur ut sequator diaconum).* Eine Laufbahn wie sie Papst Zosimus (418 n. Chr.) aufstellt, nach der ein junger Kleriker bis zum 20. Lebensjahr Lektor bleibt, dann vier Jahre Akoluth oder Subdiakon und darauf noch fünf Jahre Diakon sein soll, bevor er höhere Würden übernehmen kann, ist nicht immer die Regel. Basilius mag erst spät sein Amt mit administrativen, karitativen Aufgaben und liturgischen Diensten aufgenommen haben.
Die als Inschriftträger wiederbenutzte Marmorplatte ist ein Bruchstück einer früheren Wandverkleidung oder eines Pilasters. Als frühchristliche Inschrift war die Platte in einen Sarkophag eingelassen.

Marmor. – H. 22 cm, Br. 39 cm, D. 5,2 cm.
RLM. Trier, Inv. ST. 3159.
Lit.: CIL. XIII 3786. – Gose, Nr. 413. – Frühchristl. Zeugnisse 39 Nr. 30. – Gauthier Nr. 109. – K. Krämer, Kurtrier. Jahrb. 18, 1978, 24 f.　　　　　Schw.

117　Grabgedicht für den Subdiakon Ursinianus

FO. Trier, St. Paulin, neben der Paulinuskriche, 1823.
Anfang 6. Jh. n. Chr.

Ursiniano subdiacono sub hoc tumulo ossa
quiescunt, qui meruit sanctorum sociari sepulcra,
quem nec Tartarus furens nec poena saeva nocebi[t].
Hunc titulum posuit Ludula dulcissima coniux.
R(ecessit) V k(alendas) D(ecembres). Vixit annis XXXIII.

Ursinians, des Subdiakons Leichnam liegt hier im Grabe,
der es verdient hat, nahe den Gräbern der Heilgen zu ruhen,
dem nicht des Tartarus Wut und grausame Rache nun schadet.
Ludula hat den Grabstein gesetzt, seine liebste Gemahlin.
Er verschied am 27. November und hatte 33 Jahre gelebt.

117

Im Hinblick auf den Reliquienkult der christlichen Spätantike aufschlußreich ist die Grabinschrift für den Subdiakon Ursinianus. Von mehreren Inschriften aus Trier, insbesondere auch aus St. Paulin ist das Bestreben der Christen bekannt, in der Nähe von Heiligengräbern beigesetzt zu werden. Drei andere Inschriften aus St. Paulin sprechen von Verstorbenen (Gose, Inschriften 481, 481 a, 482), die ehrenhalber bei den Gräbern der Heiligen bestattet wurden. In ihrem übereinstimmenden Formular heben sie sich von der Inschrift für den Subdiakon Ursinianus ab und mögen später als der Stein des Ursinianus gesetzt worden sein. Alle belegen jedoch deutlich eine Form der Heiligenverehrung, die archäologisch für wesentlich frühere Zeiten von den Gräberfeldern St. Matthias (Kat. 92), St. Maximin (Kat. 118) und St. Paulin nachgewiesen sind. Mittelalterliche Quellen berichten von einer Kirche und Bischofsgräbern, nicht weit von dem Oratorium des hl. Maximin entfernt, insbesondere von der Überführung des Bischofs Paulinus (Kat. 127) womöglich durch den späteren Bischof Felix (386–398). Neben mehreren Bischofsgräbern finden im Mittelalter meist nicht näher genannte Trierer Märtyrer sowie die der Thebäischen Legion in Paulin Verehrung. Besondere Aufmerksamkeit widmet nach Bischof Felix wieder Bischof Marus (gestorben um 480) der Überlieferung zufolge der Kultstätte. Denkbar ist, daß die Bestattung des Subdiakons Basilius (Kat. 116) mit der Erneuerung der Kirche in einen zeitlichen Zusammenhang zu bringen ist.

Die ersten vier Verse waren als in Hexametern abgefaßtes Gedicht gedacht. Den Verfasser brachten die Unterbringung des Namens gleich im ersten Vers wie die Formulierung des zweiten bereits in Schwierigkeiten. Der erste Vers, in die zweite Inschriftzeile hineinreichend, ist durch ein Efeublatt vom folgenden abgetrennt. Die Qualität des Steinmetzen verrät sich durch Fehler und Verschreibungen. Die Vorstellung, daß die Reliquien der Heiligen vor der Rache der Hölle (Tartarus) schützen könnten, ist in einer überlieferten Predigt des Maximus von Turin (gestorben 465) deutlich und in ähnlicher Wortauswahl ausgedrückt worden.

Marmor. – H. 26 cm, Br. 70 cm, D. 4,5 cm.

RLM. Trier, Inv. G 121.

Lit.: Gose, Inschriften Nr. 466. – Frühchristl. Zeugnisse 47 Nr. 79, 198 f. Nr. 16 A. – F.-J. Heyen, Das Stift St. Paulin vor Trier. Germania Sacra NF 6, 1 (Berlin–New York 1972). – K. Krämer, Die frühchristlichen Grabinschriften Triers. Trierer Grabungen und Forschungen 7 (Mainz 1974) 50 f. – Gauthier Nr. 170. – K. Krämer, Kurtrier. Jahrb. 18, 1978, 25.   Schw.

118–125   Trier, St. Maximin

118   St. Maximin, Grabungsareal und ausgewählte Neufunde

4.–9. Jh. n. Ch.

Die seit der Säkularisation profanierte Kirchenanlage, zu Kaserne und Schule umgebaut und im östlichen Teil als Garnisonskirche 1876 benutzt, wird seit 1978 von den Einbauten befreit und für eine neue Nutzung hergerichtet, die aber auch die Wiederherstellung der alten Raumwirkung zum Ziele hat.

Die mit der Örtlichkeit verbundene Überlieferung wurde erstmals von F. Kutzbach in den Jahren 1914 bis 1919 in mehreren Sondierungsschnitten und Grabungen an der Außenseite archäologisch überprüft.

Die Freilegung der Außenkrypta in den Jahren 1958 bis 1959 im Zuge einer Straßenbaumaßnahme ergab nicht nur sehr komplizierte Befunde der mit dem Neubau der Kirche nach dem Normannensturm 942 wieder hergestellten Außenkrypta, sondern ließ auch ältere und römische Baureste erkennen.

Auch im Umfeld beim Versorgungsamt (Kat. 125) und bei Privatbauten entdeckte Teile eines Gräberfeldes (so auch beim Neubau der Hauptpost) sollten die Überlieferung zur frühchristlichen Grablege der Trierer Bischöfe seit Agricius bestätigen.

In Verbindung mit dem bischöflichen Generalvikariat führt das Rheinische Landesmuseum innerhalb der Kirche seit 1978 Grabungsuntersuchungen durch, die zeitweise auch durch den Einsatz von Sonderkräften und die Hilfe des Arbeitsamtes Trier und der Bundesanstalt für Arbeit/Nürnberg, wesentlich befördert wurden.

Zu der von F. Kutzbach entdeckten suburbanen Palastanlage wurden im südlichen Teil des Kirchenschiffes Reste von Mauerzügen entdeckt, die allerdings durch zahlreiche antike und mittelalterliche Bestattungen abgegraben worden waren.

Deutlich aber ist ein Nord-Süd gerichteter Saalbau erfaßt worden, der 17,50 m lang und 11 m breit ist und von der Westseite durch eine breite Tür begangen werden konnte. An der gegenüberliegenden Ostwand sind zwei schmalere Türen gelegen, von denen die nördliche noch mit Kalksteinschwelle die Abriebspuren des Türflügels erkennen ließ. Die südlich gelegene Türe hatte noch ein Teil des Gewändes aufrecht stehen, war aber im Schwellenbereich abgetragen worden. Die Westwand ist auf über 2,00 m Höhe erhalten und trägt eine Putzschicht mit aufgemalter Marmorinkrustation rhombischer Felder und horizontaler Streifen. Dieser Raum wurde durch eine Erweiterung nach Norden verlängert. Auch die Türen an der Ostseite machen wahrscheinlich, daß ein im Abstand von 3,50 m verlaufender

Mauerzug als Gang oder Portikus zur ersten Nutzung und der Erweiterung dieses Baues gehörte.

An diesen Mauerzug wurde eine Apsis angebaut, die nach SO durch einen Mauerpfeiler gestützt und verstärkt wurde.

Für die nördliche Erweiterung wurde ein tief fundamentierter West-Ost gerichteter Mauerzug abgetragen und die nördliche Begrenzungsmauer des »Saalbaues« neu fundamentiert.

Innerhalb des Raumes wurden sehr roh gearbeitete Sarkophage eingestellt, die Deckel tragen, die mit gleichlangen Schrägen der Dach- und Giebelwalme ausgeführt sind. Diese Särge sind alle geostet.

Die Raumfolge 1, 2, 3 ist zeitlich offenbar in kurzer Abfolge entstanden, denn in allen Mauerstrecken, soweit erhalten, wurden Spolien von Tonnendachsteinen und Grabreliefs verbaut.

Raum 1 kann, wenn ältere Mauerzüge, die allerdings später sehr tief ausgebrochen und abgetragen worden sind, in Nord-Süd-Richtung verlaufend, zu gleicher Zeit existierten, als langgestreckter Annexbau zu der eigentlichen suburbanen Anlage betrachtet werden, und wurde mit den Sepulturen zunächst im gleichen Umriß nur in der Nutzung verändert.

Die besondere Bedeutung der hier befindlichen Sepulturen, ergänzt um Grabgrüfte und kleinere Grabbezirke im südlichen und östlichen Vorgelände, die ausschließlich als christliche Bestattungen anzusprechen sind, beförderte eine große Baumaßnahme, die sowohl den Bereich dieser Raumfolge und der anschließenden Grablegen erfaßte wie auch nach Westen einen Neubau nach sich zog.

Der an der Nordostseite bestehende palastartige Villenbau mit Saalanlage blieb bestehen. Die an die lange Grenzmauer und Hauptbauflucht angelehnte Raumfolge 2 und 1 wurde, soweit der Befund erkennen läßt, ebenfalls beibehalten. Die südliche Außenmauer und Westwand von Raum 1 blieb stehen. An der Südwestwand wurde im Abstand von 6,30 m auf höherem Niveau ein kräftig ausgebildeter Lisenenpfeiler eingebaut, dessen Mörtelverstrich und Malerei die der älteren Anlage hier unterbricht und an die Übermalung der mit Inkrustationsimitation verzierten Wand mit einer weißen Übertünchung und aufgemalter Profilleiste anschließt. Nach Osten wurden in der Flucht der Pfeilerlisene fünf Pfeilerfundamente von 1,00 m L. und 1,00 Br. gesetzt, auf die grob gearbeitete Sandsteinsäulen mit angearbeiteter Basis gestellt wurden. Pfeileroberkante und Basisunterkante liegen oberhalb der älteren Schicht der Bestattungen.

Von diesen fünf Säulen wurden vier Pfeilersubstruktionen erneut freigelegt und die Basen in situ angetroffen, Basis zwei war bereits von Kutzbach entdeckt und geborgen worden.

Die Benutzungshöhe ist festgestellt in Höhe des oberen Basiswulstes und der aufgetragenen Putzfläche, die bemalt Granit und ocker-rot gemaserten Marmor imitiert.

Unter dem Estrich ist eine Abbruchschicht von Decken- und Wandputz eingefüllt, der zur Ausstattung der Räume 1 und 2 gerechnet werden muß.

Durch Verlängerung der südlichen Außenwand von 1, des Anbaues 3 nach Osten und die Einbringung der Säulenstellung entstand ein Raum, der an der Nordseite durch die beibehaltene West-Ost Mauer (Nordmauer von 2) und die noch ältere östlich anschließende Mauer begrenzt wurde. Bis zur neuen, östlichen Abschlußwand wurde, mit der südlichen Säulenstellung korrespondierend, dem weiter bestehenden Saalbau der suburbanen Villa ebenfalls ein Säulenpaar vorgesetzt.

Die östliche Abschlußwand ist mit ihren Mauerwinkeln der Nordost- und Südostecke gesichert, während von der Flucht der Säulenstellungen ab der hier zu erwartende Mauerzug des »Mittelschiffes« durch die merowingischen Krypten abgegraben worden ist.

An die Westseite der Räume 1 und 2 wurde in der Flucht der nördlichen und südlichen Außenmauern ein Bauwerk von 53 m Länge und 17 m Breite angeschlossen, dessen Benutzungsebene höher liegt als die zum Raum 1 führende Schwelle.

In der Flucht der südlichen Säulenstellung ist nach Westen ebenfalls eine durchgehende Mauer errichtet worden, die im Abstand zur südlichen Bauflucht von 6,30 m liegt und nach Westen um 29,00 m weitergeführt ist. So entsteht eine Art Vorhalle, die im Anschluß an Raum 1 mit einem Hypokaustum versehen ist und demnach z. T. beheizt war. Dem an der Südseite festgestellten breiten Portal liegt mit geringer Verschiebung nach Westen ein Anbau an der Nordseite gegenüber, der mit einer Apsis nach Norden geschlossen ist. Dieser Annex steht im Verband mit der langen Ost-Westwand, an die in der Folgezeit Nebenräume und Kapellen angebaut worden sind.

Für den Gesamtbereich der als Hallen- und Breitkirche zu bezeichnenden Westanlage sind weitere Grabungen im Jahre 1984 vorgesehen, die zur Zeitstellung der verschiedenen Bauphasen genauere Hinweise erwarten lassen.

Unabhängig hiervon sind jedoch für den Bereich der Palastanlage und der Raumfolgen 1, 2, 3 und deren Zusammenfassung in dem unsymmetrischen Säulenbau einige sichere Anhalte gegeben, die sich aus dem archäologischen Befund in eine relative Chronologie einfügen lassen.

1. Suburbane Villa mit Saalbau, auf Bauresten des 3. Jh. in ihrem Hauptbestand 300–320 n. Chr.

2. Nebenbau Raum 1, mit Spolien und Resten einer Deckenmalerei, in Qualität und Technik der Malerei aus dem Privatpalast unter der Nordbasilika-Dom nahestehend: um 320 n. Chr.

3. Belegung mit Sepulturen nach dem Tod des Bischofs Agricius und der Verlegung der bischöflichen Bestattungen vom Gräberfeld St. Eucharius-Matthias, nach dem Tode des Agricius (314–329); um 330–360 n. Chr.

Erweiterungen Raum 1 um die Folge 2, 3 nach dem Tode des Bischofs Maximinus (329–346): um 350.

Anlage einzeln gelegener Grüfte und Belegung des Innen- und Außenbereiches mit Gräbern: eine die ganze Fläche außerhalb von 1/2 bedeckende Schlammschicht könnte als Hinweis auf einen noch offenen Friedhofsbereich gedeutet werden.

4. Errichtung der »Säulenanlage«, die ältere Grabbereiche in-

korporiert und zugleich an die Saalanlage der suburbanen Villa anschließt: um 350 bis 360 n. Chr.

Für diesen Zeitansatz spricht die unregelmäßige Ausbildung der »Säulenhalle«, die ein südliches Seitenschiff mit 5 Säulen, ein nördliches »Querhaus« mit Anschluß an die Saalanlage entwickelt. Die grob bearbeiteten Sandsteinsäulen werden verputzt und bemalt und imitieren offenbar zu dieser Zeit nicht mehr erreichbare Materialien wie Marmor und Granit. Die übernommene Westwand von Raum 1 wird getüncht und wird in schwarzer Konturierung mit Pilaster und Wulstprofil bemalt.

Innerhalb dieser vergrößerten Coemeterialanlage werden in noch sehr tiefer Lage (Schicht) über 20 Bestattungen eingebracht, die den Leichnam entweder mit Kalkbett oder einer Lage von Hobelspänen überschüttet zeigen, eine Grabsymbolik, die auch für das Grab des Paulinus bezeugt ist und nach dessen Überführung nach Trier und Verehrung zu datieren ist, die aber noch vor Errichtung der von Bischof Felix erbauten Grabbasilika von St. Paulin als trierische Sondersitte aufgekommen und praktiziert worden sein kann: 370–390 n. Chr.

5. Gleichzeitig mit dem Säulenbau wird auch die westliche Hallenanlage als Breitkirche angelegt worden sein, für die spätestens seit dem Tode des Bischofs Maximinus ein Bedarf bestanden haben wird.

6. Im Gegensatz zu der Entwicklung auf dem südlichen Gräberfeld von St. Matthias, für das eine Breitkirche im Anschluß an die Albanagruft ebenfalls nachgewiesen ist, ist in St. Maximin der »Grundrißrahmen« des 4. Jh. Grundlage der Kirchenanlagen bis zur Zerstörung durch die Normannen und den Neubau von 942. Lediglich die Niveauhöhen wurden in zunehmendem Umfange durch die Einbringung von Sarkophagbestattungen bedingt verändert, der Ostabschluß durch den Bau der Außenkrypta und deren Erweiterung umgestaltet.

Die hier skizzierte Entwicklung und Bautenfolge ist bis zum Abschluß der Grabungsuntersuchungen als vorläufig zu betrachten.

a) Grundriß der Bauanlage Raum 1, 2 und Erweiterung 3.
b) Grundriß der Breitkirche und des »Säulenbaues«.

Cü.

119   Sarkophag mit Skelett in Kalkbett

Trier. St. Maximin
4. Jh. n. Chr.

Der Sandsteinsarkophag, mit Bleiplatten ausgekleidet, ist mit Kalkmilch angefüllt, die über die Leiche eines Kindes von ca. 6 Jahren ausgegossen worden ist. Mit dem Abbinden wurde die Körperkontur und auch das Kopfpolster der Leiche konserviert. Entlang den Gliedmaßen ist eine gelbliche Verfärbung zu erkennen, die Gold durchwirkte Litze eines langen Gewandes. Das wertvolle und auszeichnende Besatzstück war von den Säumen zu den Schultern und um den Hals auf dem Gewand aufgenäht.

Die besondere Bedeutung dieser Gewandzier ist, daß auf einen Seidenfaden eine dünne flach getriebene Goldfolie von knapp 1,2 mm Breite wie bei einer Gummilitze aufgedreht wird, so elastisch und dünn, daß der Faden zu dichten, gemusterten Bändern und Streifen verwebt werden kann, anders also als bei einem damaszenierten Stoff, wo ein reiner dünner Metalldraht aus Gold oder Silber mit verwoben wird.

Für das spätantike Trier und auch für Metz sind Fabriken bezeugt, die speziell für die Bedürfnisse des Hofes arbeiteten: das gynaeceum, eine Weberei, in der Frauen und Mädchen beschäftigt wurden, ist in der Notitia Dignitatum genannt, dem Verzeichnis der staatlichen, militärischen Ämter und Behörden, denen auch solche Werkstätten unterstellt waren.

Neben den spiralförmig um das Herz, den Seidenfaden gedrehten Goldfolien sind auch reine Gold- und Silberdrähte belegt, die ebenfalls in die Stoffe mit verwoben worden waren.

Diese, auch den höheren sozialen Stand der Bestatteten bezeugenden Gewandreste wurden sowohl im Grab der Albana (St. Matthias), aber auch in zahlreichen Sarkophagen des südlichen und nördlichen Gräberfeldes festgestellt.

In anderen Sarkophagen mit Kalkbett und unter günstigen Umständen konservierten Stoffresten wurden auch Hinweise auf purpurne Stoffe gefunden, eine aus der Purpurschnecke gewonnenen Naturfarbe, die in spätantiker Zeit als auszeichnender Dekor ebenfalls auf Gewändern in Form von Zierstreifen oder applizierten und ornamental geschmückten runden Besatzstücken, ausnahmsweise auch für vollständig eingefärbte Gewänder, nachgewiesen ist.

RLM. Trier, Sandsteinsarkophag H. 56 cm, Br. 67 cm, L. 129 cm. Auskleidung aus Bleiplatten, an den Stoßkanten verlötet. – Kalkbett und Kopfpolster aus Kalk.   Cü.

120   Sarkophage aus St. Maximin

FO. Trier. St. Maximin
Mitte 4. Jh. n. Chr.

a) Bisoma, Doppelsarg aus einem großen Sandsteinblock.
Neben großen Steinkisten, in denen ausnahmsweise auch zwei Bestattungen vorgenommen worden sind, wurden auch »Doppelsärge« von z. T. überdimensionalen Ausmaßen angefertigt, die sowohl vom Herstellungspreis wie auch vom Transport her als aufwendig und relativ kostbar zu bewerten sind.

Ob diese Sarkophag- und Bestattungsform ausschließlich für Ehepaare benutzt wurde oder für gleichzeitig verstorbene Familienmitglieder, ist an den Skelettresten m. W. bislang nicht untersucht und überprüft worden.

234

121

Das hier aufgestellte Bisoma wurde an zentraler Stelle der Kirchenanlage von St. Maximin aufgefunden und dürfte als Grabstätte eines Ehepaares gedeutet werden.

Die sterblichen Überreste zeigen noch größere Teile von Gewandresten in mehreren Lagen an der Körperoberseite, während durch die Verwesung die Stoffe der Rückseite vollkommen vergangen sind.

Einer örtlichen Grabsitte folgend, wurden die beiden Körper mit langgezogenen Hobelspänen überdeckt, die ebenfalls nur auf den Körpern in ihrer Struktur und Substanz erhalten geblieben, an den Bodenflächen aber vollkommen vergangen sind.

Der Sarkophag ist durch eine Trennwand unterteilt, die 9 cm dick, etwas niedriger ist als die Außenseiten des Sarkophages. Innen- und Außenflächen sind mit Bogenschlag verziert.

Der Deckel ist, der Teilung des Sarkophages entsprechend, als Doppeldach gebildet und zeigt an den Stirnseiten zwei steile Giebel, ebenfalls mit Bogenscharrur versehen.

Im Bereich des Gräberfeldes der St. Maximinkirche wurden 5 Doppelsarkophage gefunden, Einige, offenbar in Wiederverwendung waren zu einem Sargtrog umgewandelt worden, indem die Trennwand nachträglich ausgebrochen worden war.

Sandstein. – H. 86 cm, Br. 146 cm, L. 236 cm.

Deckel ausgehöhlt mit Doppeldach. – H. 56 cm, Br. 148 cm, L. 241 cm.

Neufund.

b) Sarkophag, Grab 219 mit Kalkbett. Auf dem Skelett sind größere Teile der Bekleidung erhalten, die in mehreren Lagen von unterschiedlicher Webtechnik und Faser sind.

c) Sarkophag, Grab 35. Das Skelett, auf dem noch größere Textilfragmente der Gewandung liegen, ist mit einer Schicht von Hobelspänen überdeckt. (Abb. mit Grab 279 s. S. 179). Um 360–380 n. Chr.

d) Spolie eines Grabreliefs, in zweiter Verwendung zu einem Sarkophag umgewandelt (Grab 79).

Neufunde.

Unpubliziert.   Cü.

121   Sarkophag mit Schaftträger

FO. Trier, St. Maximin, in der Innenkrypta der Abteikirche, 1937.

1. Hälfte 4. Jh. n. Chr.

Bei der Freilegung der Krypta unter dem Hochaltar der Abteikirche St. Maximin, die letztmals von den Truppen Ludwigs XIV. 1674 geplündert wurde, wurden drei zerstörte Sarkophage gefunden, deren mittlerer sich als Figurensarkophag erwies, auch wenn nur mehr die untere Hälfte des Sargtroges erhalten geblieben war.

Der Sarkophag war ursprünglich dreiseitig mit Reliefs verziert. An den Schmalseiten mögen sich die Darstellung eines Seeungeheuers (li.) und eines Schiffes (re.) befunden haben. Die Breitseite wird durch die zentrale Darstellung des Schaftträgers gegliedert. Durch eine Architektur (nach Th. Klauser durch zwei Bäume, von denen nur mehr die Stämme zu sehen sind?), ist der Hirt von den beiden benachbarten alttestamentlichen Szenen getrennt. Links des Guten Hirten werden Adam und Eva am schlangenumwundenen Paradiesbaum gezeigt. Rechts des Guten Hirten sind die drei Jünglinge im Feuerofen dargestellt, eines der bevorzugten alttestamentlichen Rettungsmotive, wie es in Trier auch auf einer Elfenbeinpyxis wiederzufinden ist

(Kat. 71). Ebenso kommt auch der Sündenfall in der frühchristlichen Kunst der Rhein- und Mosellande mehrfach vor. Hinzuweisen bleibt, daß der Schaftträger auch in der Sarkophagplastik eine nicht rein christliche Figur ist, sondern vielmehr ein heidnisches Symbol der Philanthropie und des Glücks, das in der christlichen Laienkunst der Anfangszeit weiterlebte.

Ebenso wie der Sarkophag mit dem Schaftträger eines der seltenen Beispiele frühchristlicher Sarkophagkunst im Rhein- und Moselland ist (Kat. 96, 128f.), kommt ihm eine besondere Bedeutung für die Heiligenverehrung im spätantiken bis mittelalterlichen Trier zu. Während eine Krypta in St. Maximin seit Gregor von Tours literarisch belegt ist, wird die Überführung der Gebeine der Trierer Bischöfe Agricius (nach 314), Maximinus (ca. 330–347) und Nicetius (526–nach 561) im 7. Jahrhundert seit dem 9. Jahrhundert immer wieder erwähnt. Nach dem Normannensturm wurden die Gräber der drei Bischöfe erneuert; die Gebeinde des Bischofs Maximinus (s. auch S. 61) ruhten nach literarischer Überlieferung des 10. Jahrhunderts im mittleren Sarkophag.

Die Ausgrabungen 1937 haben eine Anordnung von drei Sarkophaggräbern in der Innenkrypta bestätigt, wobei der mittlere durch seinen Reliefschmuck auffiel.

Kalkstein. – H. noch 38 cm, L. 235 cm, Br. 97 cm.

RLM. Trier, Inv. 37,518.

Lit.: Frühchristl. Zeugnisse 18 Nr. 3. – Th. Klauser, Jahrbuch für Antike und Christentum 819, 1965/66, 162ff. u. 226. – W. Sanderson, Die frühmittelalterlichen Krypten von St. Maximin, Trierer Zeitschr. 31, 1968, 7–172.   Schw.

122   Trier, St. Maximinkirche

a) Blick von Westen auf das Grabungsgelände im Innern der Kirche.

b) Blick von Südwesten auf einen Grabungsschnitt im südlichen Seitenschiff mit Säulenfundament und Säule. Die nur grob ausgeführte Basis war durch den Bodenestrich verdeckt. Die Säulentrommel ist mit einer Putzschicht überzogen und bemalt. Dunkelrotbraune Maserung auf ockerfarbenem Grund, Marmor imitierend. Zusammenfassender Umbau älterer Bauteile zu einem großen Raum mit Säulenstellung und Hallenbau nach Westen als Friedhofsbasilika der 2. Hälfte des 4. Jh. *(Farbabb. s. S. 179).*

c) Malereifragment mit geflügeltem Putto *(Farbabb. s. S. 7).* Um 320.

Von einer kindlichen Figur sind Kopf, rechte Schulter und Arm sowie der Oberkörper erhalten. Der Putto wendet sich nach der rechten Seite und hat den Blick nach rechts gewendet, wobei das Gesicht fast en face zu sehen ist. Bei lebendig bewegter Haltung sind im Gesicht Nase, Mund, Augenlider und Brauen in flotten Pinselstrichen mit hellrotbrauner Farbe aufgesetzt, Wangen und Kinnpartie in zart rosa-hellbraun flächig angelegt und mit hellgrauen Strichen die Brauenschatten angedeutet.

Das goldgelbe Haar ist mit grauen Strichen modelliert und mit dunkelbraun-ockerfarbenen Pinselstrichen zu Strähnen gegliedert, die über die Stirn und die Wangen fallend, die Fülle des Haares verdeutlichen.

Der dunkelbraune Hintergrund ist durch einige ockerrote und weiß durchscheinende Partien, z. T. in breiten Streifen ineinanderlaufend, getönt. Aus dem Grund leuchtet der hochgestellte Flügel in goldgelbem Schlaglicht auf, während die Flügelfläche mit grau und schwarzer Fläche die perspektivische Tiefe wirkungsvoll andeutet.

Der insgesamt fleischfarben bis leicht rosa ausgelegte Körper ist bei genauerer Betrachtung in zarten Abstufungen bis hellbraun und goldgelb mit nebeneinander stehenden Farbflächen ausgelegt. Auch hier lassen die goldgelben Farben das Schlaglicht an Armen, Schulter und Seitenfläche aufleuchten. Schulter und Armkontur sind wiederum in breitem Pinselstrich mit dunkelrotbrauner Farbe ausgeführt. Der Übergang des Rückens in die Flügel ist verschwommen weiß bis hellgrau gefärbt.

An der Rückseite des Putzfragments ist der Negativabdruck eines Lattengeflechtes von 4,5 cm breiten Latten aus gerissenem breitfaserigem Holz erhalten (Tanne-Weichholz). Die verflochtenen Latten stehen bis 0,5 mm im Abdruck vor. An einer Stelle querstehend eine stärkere Latte von 5,5 cm Breite, die als Träger des Geflechtes gedient haben kann. In dem rosahellbraunen

123

Mörtel Abdruck von Gräsern. Auf diesen Putz ist ein sandiger, hellkalkfarbener Feinputz aufgetragen, indem jedoch vereinzelt grober Quarzsand mit Korngrößen von 5 mm Dm. beigemengt ist. Die Malschicht ist pastos, deckend und löst sich in Schuppen.

Die vorzügliche Qualität weist auf die Deckenmalerei aus dem Dom zu Trier und die hier tätigen Maler.

Putzstück einer Raumdecke mit Malerei. – Br. 21 cm, L. 40 cm.
RLM. Trier.
Unveröffentlicht. Cü.

123 Grabrelief mit Darstellung eines Metzgerladens

FO. Trier, St. Maximin.
3. Jh. n. Chr.

Der wohl zu einem pfeilerartigen Grabmal gehörende Steinblock zeigt zwischen den seitlichen Rahmenleisten und unter den Resten einer Inschrift, von der zwei stark beschädigte Zeilen mit Buchstaben zu erkennen sind [mac] ELLARI . ./ . . . . [cau] PONEM EST, einen Metzgerladen. An der linken Seite steht ein Hackklotz mit aufgelegtem Rippenstück und ein Hackbeil mit geschwungenem Rücken und Rundgriff.

Rechts steht ein großer Hacktisch mit profilierter Platte und Seitenleiste. In dieser ist ein kleineres Hackmesser mit gebogenem Messerrücken und verdicktem Rundgriff sowie eine Spicknadel eingesteckt. Auf der Tischplatte sind ein Rippenstück und ein Braten mit dicker Schwarte ausgelegt, daneben ein Wieg- und Schabmesser. Über dem Tisch hängen nach rechts hin ein Schinken und ein langes Filetstück, mit Speckwürfeln gespickt.

Unter der oberen Relieffleiste, ist eine Schnellwaage montiert, von der die Aufhängung und der Waagebalken zu erkennen sind. Vor dem Tisch ist noch ein längerer Stiel eines großen Metzgerbeiles erhalten.

In zweiter Verwendung wurde der Quader zu einem Sargtrog umgewandelt und ausgehöhlt, die Rückseite ausgebrochen, da hier ein zweiter Quader angestellt war.
Weißer Sandstein. – H. 52 cm, Br. 68 cm.
RLM. Trier.
Lit.: H. Cüppers, Ein Metzger im römischen Trier. Trierer Zeitschr. 45, 1982, 289–292. – Römer an Mosel u. Saar Nr. 166. Cü.

124 Weintransport und Kaufladen

FO. Trier, St. Maximin.
2./3. Jh. n. Chr., im 4. Jh. umgearbeitet.

Vorderseite eines kleinen Grabpfeilers, dessen Basis- und Sockelplatte wie auch der obere Abschluß separat gearbeitet waren.

Durch Rahmen- und Querleiste werden zwei Bildfelder abgegrenzt, die übereinander angeordnet sind. Das untere Bildfeld

124

zeigt einen schweren vierrädrigen Wagen, der aus einem weit gespannten Torbogen herausfährt, welcher im Ansatz der Wölbung deutliche Kämpferplatten zeigt. Der Wagen wird von einem kräftigen Ochsen gezogen, den ein Mann mit einem zugespitzten Stock antreibt. Der Wagen hat achtspeichige Räder und im Aufbau »Vierkanthölzer« oder Leiterhölzer, zwischen denen ein großes Faß, mit Ketten festgezurrt, transportiert wird. Das obere Reliefbild illustriert eine weitere Tätigkeit des Grabinhabers, der einen Lebensmittelladen unterhält. Der Verkaufstisch, vor dem eine Amphore und eine Tonne mit Schöpflöffel stehen, hat einen Aufbau, an dessen Querleiste ein Trichter zum Abfüllen von Flüssigkeiten, an der oberen Rahmenleiste ein Satz von Hohlmassen aufgehängt sind. Am truhenartigen Tisch sind Käufer und Ladenbesitzer gestikulierend dabei, den Preis einer Ware auszuhandeln, eine dritte, kleinere Person ist zwischen beiden Figuren in die Handlung einbezogen. Im Hintergrund erscheint eine schräg gestellte Tischplatte, auf der ausgenommene Vögel, wohl Fasanen, als Hinweis auf Wildbret- und Geflügelhandel, ausgelegt sind.

Zum Detailverkauf an den Kleinverbraucher wird auch der Inhalt des im unteren Bildfeld transportierten Weines bestimmt sein, den der Kaufherr beim Erzeuger bezieht oder aus eigenem Weingut führt.

Dieser Teil eines Pfeilergrabmales, das mit einem Inschriftblock versehen war, ist für eine Brandbestattung bestimmt gewesen, für die eine Höhlung an der Oberseite ausgearbeitet ist.

Später, gegen Ende des 4. Jh. wird der Stein zu einem Sarkophag umgewandelt, eine Nutzung, die das Reliefbild auf die Bodenseite als Standfläche verlegte.

Diese gewaltsame Umnutzung hatte zur Folge, daß das erzählende Relief vor späterer Zerstörung geschützt und bis zur Entdeckung 1982 verdeckt war.

Weißer, feinkörniger Kalkstein. – H. 1,20 m, Br. 74 cm.
RLM. Trier.
Lit.: Römer an Mosel u. Saar Nr. 182.   Cü.

125   Grabanlage und Friedhofsbereich bei St. Maximin

4. Jh. n. Chr.

Südlich der Kirchenanlage von St. Maximin wurde 1953 beim Bau des Versorgungsamtes ein Teil des ausgedehnten Gräberfeldes angeschnitten und vom Landesmuseum aufgenommen.

Neben einer Vielzahl von Sarkophagen wurde ein größeres Grabgebäude freigelegt, das aus einer rechteckigen Grabkammer von 5,70 m zu 6,40 m sich herausgebildet hatte. Da die Außenmauern bis auf die Höhe der Sarkophaggräber abgetra-

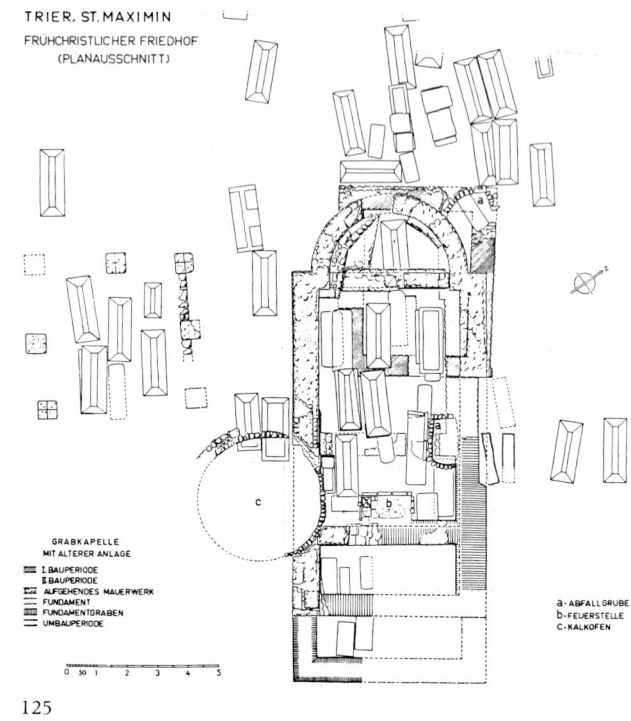

TRIER. ST. MAXIMIN
FRÜHCHRISTLICHER FRIEDHOF
(PLANAUSSCHNITT)

GRABKAPELLE
MIT ÄLTERER ANLAGE
I. BAUPERIODE
II. BAUPERIODE
AUFGEHENDES MAUERWERK
FUNDAMENT
FUNDAMENTGRABEN
UMBAUPERIODE

a - ABFALLGRUBE
b - FEUERSTELLE
c - KALKOFEN

0 50 1   2   3   4   5

125

gen worden waren, konnte der Eingang, der erwartungsgemäß an der Ostseite gelegen haben wird, nicht mehr nachgewiesen werden.

Die Grabstätte einer Familie bestand in der ersten Benutzungsphase aus 4–6 Grablegen.

Grabbasilika mit gewesteter Apsis.

Durch einen Neubau wurde die ältere Grablege zwar in die neue Grabanlage einbezogen, doch ist die Gesamtdisposition einem neuen Konzept, das sicherlich auch mit einem Wandel des Grab- und Totenkultes in Verbindung stand, gefolgt.

Auf die westliche Kammermauer wurde der Scheitel einer Apsis gelegt, die mit einem Radius von fast 2,00 m eine Br. von 4,00 m erreicht. Zu dem anschließenden rechteckigen Raum von 4,70 m Br. ist sie durch eine Einziehung von etwa 0,30 m abgesetzt und auf die volle Breite von einer Spannmauer von 0,80 m Dicke verstärkt. Die Innenseite der Apsis ist im Fundamentbereich, wohl auch mit Rücksicht auf den durch den Vorgängerbau bewegten und aufgefüllten Boden mit einem polygonalen Fundamentvorsprung verstärkt. Der anschließende Rechteckraum ist 11,50 m lang und 6,70 m breit in den Außenmaßen, während der Innenraum im Lichten 4,70 m Breite und 10,00 m Länge mißt. Bei 7,80 m ist eine Quermauer eingezogen, so daß zu der östlichen Außenfront ein Vorraum zwischengeschaltet ist. Im Mitteil der Trennwand ist eine mit Steinen umstellte und mit

Ziegelplatten ausgelegte Feuerstelle freigelegt worden. Zu einem späteren Zeitpunkt wurde der Bau noch um 2,00 m (1,20 m) nach Osten verlängert.

Die Innenfläche des Grabgebäudes war dicht mit Sarkophagen belegt.

Die Sarkophage aus dem örtlichen, weißen Sandstein haben Deckel mit schmaler geglätteter Mittelfläche und seitlichen Schrägen, auch zu den Schmalseiten hin. Vereinzelt wurde ein Deckel trapezoider Form, die breitere Seite nach Osten, die schmalere nach Westen gerichtet, beobachtet.

Südlich der Grabbasilika wurde eine Fläche mit sechs Sarkophagen in dichter Stellung neben und hintereinander angetroffen, die durch 7 Pfostensteine, von denen noch fünf in originaler Lage aufgefunden worden sind, umstellt war. Ob mit diesen Steinen der Bereich einer privaten Grablege markiert und begrenzt war oder aber ob auf diesen Steinen noch Stützen standen, wie aus einer Kreuzlinie auf der Oberfläche erschlossen werden könnte, ist nicht sicher auszumachen. Zwischen der nördlichen Pfostenstellung weist eine Steinsetzung auf eine Einfriedung.

Westlich der Grabbasilika ist eine weitere dichte Folge von Bestattungen beobachtet worden. Hier sind auch einige, aus Spolien zusammengestellte Tröge und Abdeckungen gefunden worden, die spätantike Belegungszeit, vor Einsetzen der fränkischen Plattengräber (mit in Trockenmauerwerk gesetzten Grabgruben) und der merowingischen trapezförmigen Sarkophage, von 400 bis 450 n. Chr. wahrscheinlich machen.

Lit.: Trierer Zeitschr. 24–26, 1956–58, 455 (Jahresbericht 1945–56). – H. Eiden, Ausgrabungen im spätantiken Trier. Neue Ausgrabungen in Deutschland (Berlin 1958) 359–363.　Cü.

Paulinus wurde nach Phrygien verbannt, ohne daß ihm eine dauerhafte Bleibe zugebilligt worden war, eine Form der Bestrafung, die Athanasius dem Kaiser ausdrücklich zum Vorwurf macht. Nach seinem Tode 358 setzten Bestrebungen ein, die sterblichen Überreste des Bekenners nach Trier zurückzuführen. Nach einer nicht gesicherten Überlieferung wurden die Gebeine zeitweise in der Basilika zu St. Maximin bewahrt.

Unter Bischof Felix (386/7–398/9) wurde eine große Grabbasilika errichtet, in der der Sarg in einem Kryptengewölbe an Ketten aufgehängt, zur Verehrung ausgestellt war.

Von der Felix-Basilika, deren Größe und glanzvolle Ausstattung gerühmt werden, sind noch Reste des südlichen Seitenschiffes mit Ziegelmauerwerk und Bogen der Fensterwölbungen im südlichen Sakristeigebäude der heutigen Kirchenanlage erhalten.

Neben der Zedernholzlade, den aufgelegten Silberreliefs mit christlichen Symbolen und Darstellungen, ist das Heiligengrab auch durch den Nachweis spätrömischer Textilien östlicher Fabrikation in seiner topographischen und personalen Überlieferung archäologisch bestätigt (vergl. Kat. 127).

Von der Basilika mit über 120 m Länge wurden die westliche Abschlußmauer und Teile des Fußbodens bei Kanalisationsarbeiten angeschnitten. Nach ersten Reparaturen unter Bischof Maurus (480 n. Chr.) ist die Anlage am 1. August 1093 durch Brand zerstört worden. Der romanische Nachfolgebau, 1148 von Papst Eugen III. geweiht, wurde 1674 von den französischen Truppen gesprengt und durch die heutige Kirche, die nur die Fläche des Mittelschiffes einnimmt, ersetzt (1757 geweiht).

Lit.: Führer Trier 86–90.　Cü.

126–129　Trier, St. Paulin

126　Friedhofskirche

Ende 4. Jh. n. Chr.

Der Bischof Paulinus von Trier, der sechste der Bischofsliste, ist bereits für das Jahr 347 n. Chr. bezeugt, als die arianischen Bischöfe Valens von Mursa und Ursacius von Sigidunum Papst Julius um Verzeihung baten und ihre gegen Athanasius erhobenen Vorwürfe zurücknahmen. Hiervon wurde Athanasius durch den Bischof Paulinus in Kenntnis gesetzt, da er seit 335 in Trier in der Verbannung lebte.

Paulinus selbst nahm in Zusammenhang mit dem weiter schwelenden Streit zwischen Arianern und Athanasianern Partei für Athanasius und verweigerte seine Zustimmung zur Verurteilung des Athanasius auf einer Versammlung der Bischöfe des Westens in Arles, die Kaiser Constans I. 353 n. Chr. durchsetzen konnte.

127　Sarg des hl. Paulinus

In Trier, St. Paulin.
Nach 358 n. Chr.

Als man im Jahre 1883 den Sarkophag des 358 in Phrygien verstorbenen und später nach Trier überführten Bischofs Paulinus in der Gruft seiner Kirche öffnete, fand man darin einen Holzsarg in relativ guter Erhaltung. Der natürliche Zerfall war weniger folgenreich gewesen als eine vorhergehende Öffnung des Grabes im Jahre 1402, bei der man weniger behutsam vorgegangen war und einige der Kostbarkeiten entnommen hatte. Die hier abgebildete Rekonstruktionszeichnung des Sarges stammt aus einem Manuskript des Augenzeugen H. F. Jos. Liell vom August 1883 (im RLM. Trier).

Der Sarg besteht aus dem Holz der Libanonzeder und hat einen Schiebedeckel. Außen ist er mit Beschlägen reich versehen.

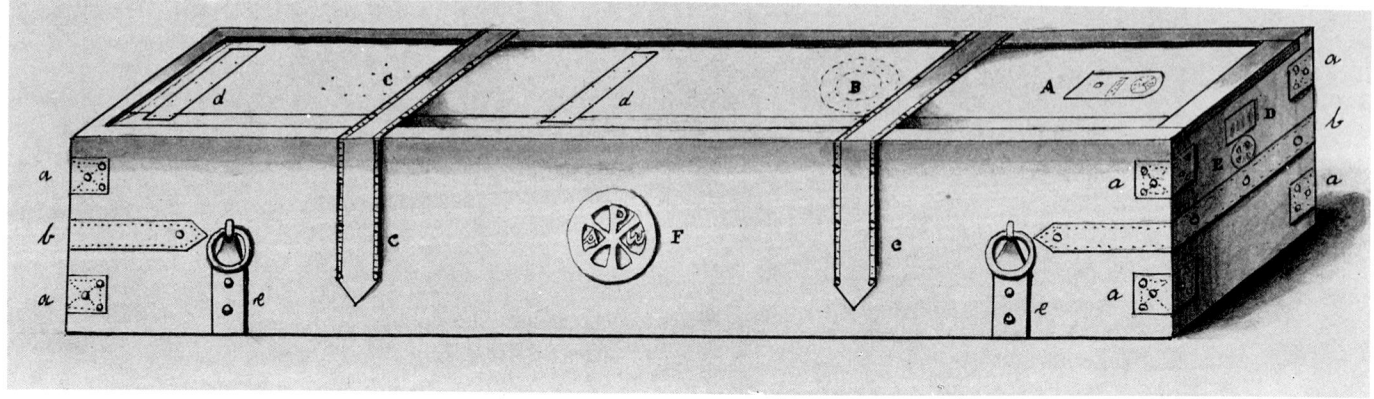

127 Sarg des hl. Paulinus

a) Bronzene Eckbeschläge.
b)/c) Bronzene Haltebänder.
d) Ehemalige Bänder aus Silber, 1402 entnommen.
e) Eiserne Bänder mit Halteringen. Sie wurden für den Transport von Phrygien nach Trier, vielleicht aber erst im frühesten Mittelalter zum Aufhängen der Lade angebracht.
A) Silberner Beschlag mit untergelegtem vergoldetem Leder auf der Kopfseite des Deckels (H. 12,2 cm): Christogramm (XP) zwischen A und W, in der Mitte Reste des frühchristlichen Symbolwortes IXΘYC für Christus; unten ein Monogramm, das Liell (lateinisch) und Kempf (griechisch) in den Namen des Paulinus auflösen.
B)/C) Silberne Beschläge auf dem Deckel, 1402 entnommen. Nach einer Zeichnung dieser Zeit bestand B aus einem Christogramm zwischen A und W inmitten eines Kranzdiadems mit Frontjuwel.
D) Aus Silber getriebenes Schloßblech auf der Kopfseite (Br. 8,7 cm): Über einer Jagddarstellung links der Sündenfall Adams und Evas, rechts die Auferweckung des Lazarus. Links die Inschrift: Martiniani manus vi[v]at = Die Künstlerhand des Martinianus soll leben.
E) Beschlag aus Goldblech unterhalb D mit leichter Überlappung (Dm. 5,7 cm): Christogramm zwischen A und W.
F) Silberner Beschlag auf der Langseite (Dm. 13,8 cm): Christogramm zwischen A und W, ringsum die eingeschnittene Inschrift: Eleuthera peccatrix posuit = Eleuthera, eine Sünderin, hat es gestiftet.
Kostbare spätantike Stoffe fand man in und auf dem Holzsarge, hier wird der Eingriff von 1402 sich auswirken. Zu unterscheiden sind drei Gewebe: ein purpurner Seidendamast mit getreppten Achtecken und Kreuzen, ein gelber Seidendamast mit Kreuzen und Quadraten, ein »Gelbpurpurgewebe« aus Seide und Leinenschuß mit Kreuzen und Kreisen.

Auch für die Herkunft dieser einmaligen Textilien wäre eine Antwort auf die Frage wichtig, ob der Sarg in Phrygien für die Überführung gearbeitet (und das Material mit lateinischen Inschriften später hinzugefügt) oder erst in Trier für die Grablege geschaffen worden ist.
Holz. – L. 183 cm, Br. 44 cm, H. 34 cm.
Kopie in RLM. Trier.
Lit.: F. Hettner, Westdeutsche Zeitschr. 3, 1884, 30 ff. – H. Schaaffhausen, Bonner Jahrb. 77, 1884, 238 ff. – F. E. Schneider, Bonner Jahrb. 78, 1884, 167 ff. – F. Hettner, Ill. Führer 39 ff. Nr. 61. – S. Loeschcke, Rhein. Verein f. Denkmalpflege u. Heimatschutz 29, 1936, 105 ff. – Frühchristliche Zeugnisse 71 f. Nr. 53, 179 Nr. 3, 189 ff. Nr. 9. – D. De Jonghe/M. Tavernier, Trierer Zeitschr. 40/41, 1977/78, 145 ff. – F. Ronig, Kurtrier. Jahrb. 22, 1982, 23 ff. (zur Öffnung von 1402).   Bi.

128–129   Sarkophagfragmente

Neben den beiden bekannten frühchristlichen Sarkophagen, dem Sarkophag mit Schaftträger (Kat. 121) und dem Noahsarkophag (Kat. 96), fehlen heute in Trier weitere eindeutige Reste antiker Sarkophage mit christlichem Bildwerk. Eine Sarkophagwerkstatt, die nicht nur für den ausgesprochen christlichen Bedarf arbeitete, vielmehr mit einem neutralen Bildschmuck eine breitere Abnehmerschicht ansprach, mag sehr wohl in Trier anzunehmen sein. Eine Tradition, die in der Bildhauerkunst der großen, relieffreien Grabdenkmäler wurzelt, ist unverkennbar. Der Sarkophag aus der Albanagruft (Kat. 92) mag hier ein Bindeglied zwischen den Grabdenkmälern und den spätantiken Sarkophagen sein.

Zu den frühchristlichen Sarkophagen gehört auch ein Deckel, der aus St. Maximin stammen soll und nur mehr literarisch überliefert ist (Espérandieu 4162; s. Abb. 5 S. 46). Der Fries auf dem Sarkophagdeckel zeigt in betonter Komposition die Anbetungsverweigerung der drei Jünglinge vor dem Bild Nebukadnezars bzw. die Magieranbetung. Die überlieferte Materialangabe »marmoreus« muß nicht gegen einen Trierer Fundort und eine hiesige Werkstatt sprechen. Der Begriff wurde in der archäologischen Terminologie des 17. und 18. Jahrhunderts für die Angabe »aus Stein« benutzt, ist also nicht zwingend als »marmorn« zu übersetzen.

Vom gleichen Fundort stammend und mit den beiden ausgestellten Stücken (a, b) verwandt sind Fragmente, die womöglich sogar aus derselben Werkstatt kommen und die sich heute im Bischöflichen Museum befinden. Auch deren christlicher Charakter ist nicht bewiesen. Es handelt sich nach Th. Klauser vielmehr um neutrales Bildwerk, das auch christlich gedeutet werden kann, eine Erscheinung, die auch im Sarkophagschmuck Roms bis ins 4. Jahrhundert hinein beobachtet wird.

128

Lit.: F. Gehrke, Der Trierer Agricius-Sarkophag, Trierer Zeitschr. 18, 1949, Beiheft. – W. Deichmann, Gnomon 25, 1953, 477 ff. – Frühchristl. Zeugnisse 188 f. Nr. 7, 8 Abb. – Th. Klauser, Jahrbuch für Antike und Christentum 8/9, 1965/66, 228.

Schw.

128 Sarkophagfragment mit Weingarten

FO. Trier, St. Paulin, 1931.
4. Jh. n. Chr.

Das Relieffragment, zu einer Sarkophagwand gehörend, zeigt einen Ausschnitt aus einem von Weinranken gebildeten Weingarten. Im Geäst des Rebstockes sitzt ein Vogel, der an einer Beere pickt. Das Motiv des Weingartens mit traubenpickenden Vögeln neben anderem Getier und Exoten ist durch Reliefs von Grabdenkmälern seit dem 2. Jahrhundert bekannt (vgl. Fries aus Remerchen, Luxemburg; J. Krier, Römer an Mosel und Saar Nr. 185) und kehrt auch in der hiesigen Sarkophagkunst seit dem 3. Jahrhundert wieder. Eng verwandt, in der Ausführung etwas flacher, sind zwei zusammengehörige, oben erwähnte Fragmente aus St. Paulin.

Sandstein. – H. 53 cm, Br. 32,5 cm, D. 15,5 cm.
RLM. Trier, Inv. 31,65.
Lit.: Trierer Zeitschr. 7, 1932, 183 Taf. 16, 3. – Espérandieu 7727.

Schw.

129 Sarkophagfragment mit Lamm

FO. Trier, St. Paulin, 1931.
4. Jh. n. Chr.

Mit dem Fragment 128 war dieses Reliefstück, das von der Wand eines Sarkophages stammt, zuletzt im Kamin der Küsterwohnung von St. Paulin verbaut. Anhaftende Mörtelreste müssen demnach nicht antik sein und das Fragment mag zu einem

129

ursprünglich im nördlichen Gräberfeld von St. Paulin befindlichen Sarkophag gehören. In der Arbeit des Reliefs wie in der Meißelführung bei der Bearbeitung der Rückseite, der ursprünglichen Innenseite des Sarkophages, zeigen sich deutliche Unterschiede zu Fragment 128; demnach gehören sie zu zwei verschiedenen Sarkophagen.

Dargestellt sind links ein Früchtekorb hinter einem nach rechts gehenden Schaf. Sollte das Lamm in christlichem Symbolgehalt hier gezeigt werden, womöglich in Begleitung eines Hirten, so könnte es hier für Jesus Christus, die Eucharistie, die Apostel, den Täufer oder einen Heiligen stehen. Zwingend ist, auch wenn hier ein christliches Symbol von allen genannten Fragmenten am nächsten liegt, der christliche Charakter des ursprünglichen Sarkophages nicht, da der Schafträger wie die Schafherde auch von älteren heidnischen Sarkophagen bekannt ist.

Sandstein. – H. 27 cm, Br. 49 cm, D. 15,5 cm.
RLM. Trier, Inv. 31,66.
Lit.: Trierer Zeitschr. 7, 1932, Taf. 16, 1. – Espérandieu 7729.   Schw.

130 a, b

130 a, b

130–137   Grabbeigaben und Kleinfunde

130   Kleinfunde mit Christogramm

a–b) Bleiplomben mit Christogramm
FO. Trier, aus der Mosel bei der Römerbrücke.
4. Jh. n. Chr.

Neben den bekanntgewordenen Zollplomben aus Blei, mit eingeprägtem Kaiserbild für »staatliche Sendungen«, privaten Zollplomben zur Sicherung von Verschnürungen bis zur Zollfreigabe, mit Buchstabenkombinationen, Namensinschriften und Herkunftsangaben, mit Reliefdarstellungen von Göttern, Menschen und Tieren, Pflanzen, sind vereinzelt Plomben mit Christogramm gefunden worden.

Diese sind wohl, wie jene mit dem Kaiserbild, als offiziell anerkannte Marken für Briefsendungen mit der Staatspost zu deuten, könnten aber auch als Warenplomben die Zollfreiheit bewirkt haben. Zur Handhabung solcher Berechtigung wäre ein Brief- und Warenbegleitschein erforderlich, den der Transportunternehmer mitführen mußte, um Absender und Empfänger nachweisen zu können, gleichzeitig aber auch, um die Buchstabenkombination aufzulösen.

a) Plombe mit Christogramm. Auf der Rückseite Inschrift PMC.
Blei. – Dm. 1,5 cm.
b) Plombe mit Christogramm, Buchstabenenden mit Hasten. Auf der Rückseite senkrecht angeordnet (P) M C.

Blei. – Dm. 1,7 cm.
RLM. Trier.
Lit.: Römer an Mosel u. Saar 314.   Cü.
c) Bleianhänger mit Christogramm
FO. Trier, aus der Mosel bei der Römerbrücke.
4. Jh. n. Chr.

Der Anhänger ist in der Form einer Lunula gehalten und hat an Vorder- und Rückseite innerhalb der leicht aufgestauchten Rahmung Reliefdekor.

Die Randzone ist von einem Kerb- und Strichdekor begleitet, auf der Innenfläche und oberhalb des Ausschnitts sind zwei sechsstrahlige Sterne mit kugelförmig verdickten Enden. Unter der Aufhängeröse ein Kreuz aus einer Doppellinie, neben den senkrechten Arm als dritte Linie ein P gestellt, dessen Rundung nach links gerichtet ist. Auf der Rückseite sind Kreuz und P gleichartig ausgeführt, das P nach rechts hin gestellt.

Trotz der christlichen Symbole sind Lunula und auch die Verwendung des magisch wirkenden Bleis Hinweis auf die Vermischung verschiedener religiöser Vorstellungen, die im spätantiken Trier noch lebendig waren.

Blei. – H. 3,5 cm, Br. 2,8 cm.
RLM. Trier.
Lit.: Kurtrier. Jahrb. 21, 1981, 24–28. – Römer an Mosel u. Saar 312.   Cü.

130 c

e) Spielstein mit eingeritztem X und linksgerichtetem P, auf der Rückseite P mit horizontalem Kreuzbalken und X.
Aus einem Ziegel abgedreht. – Dm. 4,7 cm.
RLM. Trier.

f) Spielstein mit eingeritztem XP.
Weißer Marmor. – Dm. 5,5 cm.

g) Spielstein mit reliefartig vorstehendem und kreuzförmig gebildetem XP in rundem Rahmen. Die Buchstabenenden mit verbreiterten Hasten.
Weißer Marmor. – Dm. 5,3 cm.
RLM. Trier, EV. 65, 28.

Lit.: H. Cüppers, Ausgewählte Moselfunde. Trierer Zeitschr. 37, 1974, 172 Abb. 16. – Frühchristliche Zeugnisse 78 Nr. 63 a)–e). – Römer an Mosel u. Saar 312.　　　　　　　Cü.

131　Frühchristliche Kleinfunde

a–b) Silberlöffel mit Inschrift

FO. Trier, aus der Mosel bei der Römerbrücke.
4. Jh. n. Chr.

a) Löffelschale mit Volutenhalterung und spitz auslaufendem Griffstiel. In der Löffelschale mit Niello ausgelegte Inschrift: DELIBERI VIVAS. Silber. L. 15,5 cm, Br. 3 cm.
RLM. Trier, EV. 78, 1.

b) Lang-ovale Löffelschale mit Ansatz der Volute der Griffhalterung, Boden z. T. ausgebrochen. In Niello-Technik Inschrift: VALERI . CRESCAS, Am Ende der Inschrift Zweig.
Silber. – L. noch 6 cm, Br. 3 cm.
RLM. Trier, EV. 82, 82.

Lit.: unveröffentlicht. – Zu den Silberlöffeln: H. v. Petrikovits, Frühchristliche Silberlöffel, Bonn. Jahrb., Beih. 36, 1976, 444 f. – G. Piccottini, Spätantiker Silberlöffel aus Teurnia. Carinthia 167, 1977, 13. – D. Sherlock, zu einer Fundliste antiker Silberlöffel. Ber. RGK. 54, 1973, 203.　　　　　Cü.

c–e) Fingerringe

c) Ring mit Würfelplatte und Relief »Daniel in der Löwengrube« Trier, Turnhalle Ursulinenschule am Altbach/ Heiligkreuzer-Berg
4. Jh. n. Chr.

Ring mit gekerbt-rollenförmigem Reif, an dem ein hochstehender Würfel montiert ist und in dessen Oberfläche ein Relief graviert ist. Auf einer Bodenlinie stehende Figur in Orantenstellung mit ausgebreiteten, leicht angewinkelten Armen. An bei-

d–g) Spielsteine mit Christogramm
FO. Trier.
4. Jh. n. Chr.

Neben Spielsteinen aus Glas, Bein, Keramik, die für Brettspiele oder auf Marmortafeln gravierte Spielsysteme wie Mühle, Backgammon verwendet wurden, sind in Trier mehrere aus Marmor, Ziegel, Kalkstein gearbeitete Spielsteine bekannt geworden, die ihrer Größe nach zu Spielen auf Plätzen und in den Säulengängen benutzt worden sind und mit christlichen Symbolen verziert sind.

Für welche Spiele diese Steine Verwendung gefunden haben, ist uns leider bisher nicht bekannt.

Die Deutung kleinerer Exemplare als Rechensteine ist auszuschließen, da ein Stein neben dem Christogramm auf der Oberseite an der geglätteten Außenseite die Umschrift VICTOR zeigt. Auch die Vermutung, daß Christen die Steine mit dem Zeichen versehen hätten, um gewissermaßen verdeckt, die Symbole an der Unterseite den Stein schiebend, Gott als magischen Helfer herbeizuziehen, erscheint nicht sehr überzeugend. Eher wird man daran denken wollen, daß in einer noch heidnischen Umwelt die Spielgegner sich und ihre Spielsteine bewußt mit den Zeichen und Bildern versahen, zu denen sie sich auch bekannten.

d) Spielstein mit grob eingeritztem X P, auf der Seitenfläche. Umschrift: VICTOR.
Weißer Marmor. – Dm. 4,3 cm.
RLM. Trier, EV. 71, 50.

131 a, b   Silberlöffel mit Inschrift.

a) Haarnadel aus Gagat, L. 8,5 cm.
b) Haarnadel aus Bein, L. 7,3 cm.
c) Zwei Messerchen mit gedrechselten Rundgriffen aus Bein und goldenen Ziermanschetten, die eisernen Klingen stecken in einem
d) Futteral mit durchbrochener Zierscheibe aus Silberblech. Das dünne Silberblech ist in der Technik des opus interasile mit einem Stichel als durchbrochenes Ornamentwerk von Voluten und herzförmigen Elementen auf das Lederfutteral der Messer montiert.
L. 11 cm, Br. 4,6 cm. RLM. Trier.
Lit.: Trierer Zeitschr. 36, 1973, 370 (Jahresber. 1968–72). – W. Haberey, Ein spätrömisches Frauengrab aus Dorweiler, Kr. Euskirchen. Bonner Jahrb. 149, 1949, 82. – Gallien in d. Spätantike Nr. A 189 S. 250.   Cü.

den Seiten je ein der Figur zugewendeter Löwe hockend. Über den Armen des Oranten in den Eckzwickeln Mondsichel, nach oben geöffnet. In heraldisch knapper Form ist das Motiv des Daniel in der Löwengrube illustriert, das den Ringträger als einen Christen ausweist.
Bronze.
RLM. Trier.

d) Ring mit runder Platte. Innerhalb des von einem Perlkranz gefaßten Relieffeldes eine sitzende Katze, relativ grob graviert.
Bronze.
RLM. Trier.
Gefunden mit Ring c.
Lit.: Kurtrierisches Jahrbuch, 21, 1981, 26.

e) Ringplatte mit eingraviertem Kopf und Umschrift
Trier, aus der Mosel bei der Römerbrücke.
4. Jh. n. Chr.
Auf der zierlichen Ringplatte ist nach l gerichtet ein Kopf mit kurzem Haar eingraviert. In Spiegelschrift die Umschrift: VI-VAS IN DEO.
Bronze.
RLM. Trier.
Lit.: Kurtrierisches Jahrbuch 21, 1981, 28.   Cü.

132   Beigaben eines Frauengrabes

FO. Trier, St. Medard.
2. Hälfte 4. Jh. n. Chr.

Die Körperbestattung in einem Sandsteinsarkophag enthielt als Beigaben:

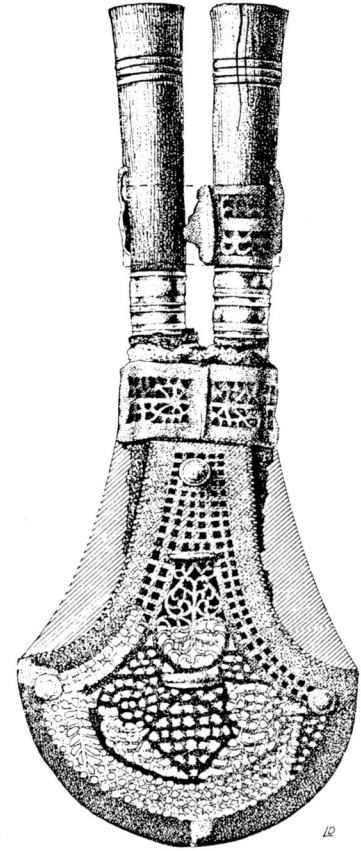

132 c–d

133 Kindersandalen

FO. Trier, beim Kleeburger Hof
4. Jh. n. Chr.

Oberhalb der römischen Landvilla beim Kleeburger Hof wurde
im Wandprofil einer Sandgrube ein Ziegelplattengrab entdeckt,
das in einer stark verdrückten Bleikiste die spärlichen Reste
eines Kindes enthielt. Neben den Füßen waren Sandalen nebeneinander eingestellt bzw. als Beigabe deponiert worden, die bei
der relativ hohen Bodenfeuchtigkeit noch vorzüglich erhalten
waren.
Die Sohlen aus gegerbtem Leder sind an der Unterseite grob
gemasert, an der Oberseite gewalzt und blanchiert, glattes Kern-
leder. Neben der Ferse an beiden Seiten und zwischen großer
Zehe und zweiter Zehe kleine Durchbohrung zum Durchziehen
dünner Lederriemen der Befestigungsschnürung.
In der Kontur vielleicht des Kinderfußes des Trägers sind die
Zehen in das Leder eingraviert, auf der Fußfläche zusätzlich
Volutenzier.
Leder. L. 12 cm, Br. 5 cm, D. 0,3 cm.
RLM. Trier.
Unveröffentlicht.
Lit.: Zu Leder und Schusterhandwerk vgl. Römer an Mosel u.
Saar 148 und 149.   Cü.

134 Beigaben eines spätrömischen Frauengrabes *(Farbabb. s. S. 254–255)*

FO. St. Aldegund, Klosterkammer (Krs. Cochem-Zell), 1953.
1. Hälfte bzw. Mitte/2. Hälfte 4. Jh. n. Chr.

Aus einem von Sandsteinplatten umstellten und abgedeckten
Nord-Süd-gerichteten Körpergrab:
a) Schiff aus geschliffenem und poliertem dunkelblauem Glas.
   Der Bug ist knaufartig zurückgebogen, das Heck endet in
   einer angedeuteten, erhöhten Ruderbank. L. 22,2 cm.
b) Kännchen aus blauem Glas mit weißem Henkel, Stand- und
   Halsring, ähnlich Kat. Gläser Trier Typ 124 a. H. 14,8 cm.
c) Birnenförmiger Faltenbecher aus gemasertem, opakrotem
   Glas, ähnlich Kat. Gläser Trier Typ 62 b. H. 13,0 cm.
d) Kantharos aus gerieftem grünlichen Glas, ähnlich Kat. Gläser
   Trier Typ 60. H. 15,1 cm.
e) Zylindrische Flasche mit zwei Henkeln aus hellgrünem Glas,
   ähnlich Kat. Gläser Trier Typ 141. H. 26,8 cm.
f) Zylindrischer Becher aus grünlichem Glas, ähnlich Kat. Gläser Trier Typ 55. H. 11,1 cm.

g) Doppelkonischer, ursprünglich schwarz engobierter Tonbe-
   cher. H. 11,0 cm.
h) Leicht gebogener, konischer Stab aus Walroßzahn. L.
   32,5 cm, Dm. 3,3–5,1 cm.
i) Drei Haarnadeln aus Bein, zwei fragmentiert. L. bis 10,3 cm.
k) Bruchstücke einer zylindrischen Büchse aus Walroßzahn. L.
   ca. 20 cm.
l) Quadratischer Goldschmuck mit grüner Glaseinlage. L./Br.
   1,4 cm.
m) Reste von Gold- und Silberbrokat.
Dicht östlich des Grabes wurden unmittelbar neben den Platten drei, offensichtlich jüngere Keramikgefäße geborgen, die
wohl zum Inventar eines weiteren Grabes gerechnet werden
müssen.
n–o) Zwei rauhwandig-tongrundige Teller vom Typ Gose 474.
      H. 3,8 cm, Dm. 18,2 bzw. 16,5 cm.
p) Rauhwandig-tongrundiger Faltenbecher vom Typ Gose 420.
   H. 16,0 cm, Randdm. 8,4 cm.
Bei der Verstorbenen handelte es sich, sofern wir das in einer
Deckplatte eingemeißelte Zeichen als Christogramm und nicht
als Steinmetzzeichen deuten dürfen, um eine Christin, obgleich
die reichen Beigaben, die die soziale Stellung der Toten hervorheben, sich mit den allgemein üblichen christlichen Bestattungssitten kaum vereinbaren lassen. Besondere Beachtung verdient unter den kostbaren Beigaben neben den Resten von
Brokatgewändern das blaue Glasschiff, zu dem bislang in Gallien keine Parallelen bekannt sind. Nach einigen italienischen
Vergleichsstücken sollte es bereits um die Mitte des 1. Jahrhunderts n. Chr. entstanden sein.
Landesamt für Denkmalpflege Rheinl.-Pfalz, Abt. Bodendenkmalpflege, Außenstelle Koblenz.
Lit.: W. Haberey / J. Röder, Germania 39, 1961, 128 ff.   Gi.

135 Silbermedaille

FO. Trier, aus der Mosel bei der Römerbrücke.
4. Jh. n. Chr.

Die Medaille, mit angegossener breiter Halteöse, war bei der
Auffindung olivgrün patiniert und zusammengerollt-verbogen.
Mit flachem Relief verziert, ist die Vorderseite durch die hier
vorstehende Trageöse bestimmt, an der auch ein dünner Grat
der Gußnaht entlang verläuft.
Av.: In sehr flachem Relief ist die Platte von einem Doppelband
aneinandergereihter Kettenglieder als Rahmen eingefaßt. In
grober Reliefzeichnung ist ein stehender Krieger oder Kaiser
dargestellt, mit der erhobenen Rechten eine Lanze haltend, die
gesenkte Linke auf einen Schild mit kräftigem Umbo und flachem Randsteg gestützt. Brust- und Armpanzer, Gürtung und

135

Gewand sind, wie bei barbarisierten Münzen, in leistenartig vorstehender Zeichnung wiedergegeben, ebenso der Helm mit vorstehendem Kamm.

Rev.: Innerhalb des ornamentalen Rahmens, wie an der Vorderseite als »Kettenkreis« gebildet, ist ein Tropaion dargestellt, das erhöht auf einem Sockel mit Helm, Panzer, Bein- und Armschutz und den Schilden, an den hochgerichteten Armstutzen, montiert ist. Zu den Seiten je ein gefangener Barbar, die Hände auf den Rücken gefesselt, in gebeugter Haltung.

Eine zweizeilige Inschrift ist über dem Tropaion und unter der Standleiste angebracht: PELLO und MALV(m) = ich besiege, vertreibe, vernichte das Böse, ein politisches Programm, das sich wohl auf die Gestalt der Vorderseite bezieht. Danach handelt es sich bei diesem Silbermedaillon weniger um einen dekorativen Schmuckanhänger, sondern mehr um einen Orden oder eine Auszeichnung, die den Träger und Empfänger als loyalen Vollzieher des durch den im Relief dargestellten Befehlsherren gegebenen Auftrages und Beispiels ausweist.

Silber. – Dm. 2,4 cm, gegossen.

Privatbesitz.

Unveröffentlicht.   Cü.

136   Zollmarken und Bleiplomben

FO. Trier, aus der Mosel bei der Römerbrücke.
2. bis 4. Jh. n. Chr.

Mit der Einbeziehung in den Provinzialverband des Römischen Reiches wurden die Bewohner Galliens zur Steuerzahlung veranlagt, die je nach Status der Provinz, der Staatskasse oder dem Kaiser zuflossen. Zur Verbesserung der Staatsfinanzen waren Abgaben verschiedenster Art für Leistungen, Einkünfte zu entrichten, die als Sondersteuern den Gemeinden, Provinzen oder dem Fiskus zukamen.

Auf Güter und Produkte aus anderen Provinzen und Landschaften wurden im Gesamtbereich der drei gallischen Provinzen (Aquitanien, Gallia Lugdunensis und Belgica), in beiden germanischen Grenzprovinzen (Germania superior und inferior) und der Gallia Narbonensis ein Warenzoll, die quadragesima Galliarum, erhoben, die ein Vierzigstel des deklarierten Warenwertes ausmachte.

Neben Hauptzollstellen in wichtigen Häfen, an den Alpenpässen und den Grenzübergangsstellen nach dem Freien Germanien, waren weitere Zollstellen, stationes, auch im Landesinnern, so in Lyon und Langres eingerichtet worden. Diese »portoria« hatten nach festgelegten Warenlisten die Einfuhr- und Durchgangszölle zu erheben und nach Zahlung der Zollgebühren entsprechende Freigaben zu bewilligen. Sondergebühren für Dienstleistungen der Zollverwaltung konnten in Rechnung gestellt und eingezogen werden, bei Zahlungsunfähigkeit des Händlers und Transporteurs konnten wertentsprechende Warenanteile eingezogen bzw. beschlagnahmt werden. Die Überprüfung der »Warenbegleitscheine« und Zollerklärungen im Warenbestand, die Inspektion der Waren (pro spectatione), eine Gebühr für Annahme und Wechsel fremder Zahlungsmittel und Währungen (pro collybo), Bürokosten und »Stempelgebühren«

136 a–n (von oben nach unten und links nach rechts).

(pro cerario), wurden zusätzlich in Rechnung gestellt mit einem Prozentanteil von 2,5 bis 2% des Warenwertes.

Neben den Grenz- und Hauptzollämtern gab es kleinere Zollstellen offenbar auch an Haupt- und Fernstraßen, Flußübergängen End- und Anfangspunkten des Flußverkehrs.

Die Zentralverwaltung des gallischen Zolls war in Lyon-Lugdunum eingerichtet worden. Neben diesem Zollzentralamt weisen tausende von Zollplomben aus der Saône auf die Tätigkeit dieser Zollstelle hin, indem offenbar nach Entrichtung der Gebühren, die auf Schiffen transportierten Waren entplombt und damit freigegeben worden waren.

Die Plomben von verschiedener Form und Größe tragen Inschriften, Siegelbilder und Zeichen, die bis zur Zollüberprüfung der Zollstelle an der Ware, dem Handelsgut, der Verpackung angebracht blieben. Ist die Entfernung der Plomben mit der Entrichtung der Gebühr verbunden, ist das angebrachte Siegel oder ist die Zollplombe auch Beleg für den intakten Zustand des Handelsgutes, der Sendung. Da neben privaten Siegeln und Zeichen auch offizielle Plomben mit dem Kaiserbild gefunden wurden, könnten diese als Zeichen des zollfreien Versands gedeutet werden, wie er sicherlich den Produkten kaiserlicher und staatlicher Domänen aber auch allen Gütern für die Versorgung des Militärs zugebilligt wurde.

Aus der Mosel, bei der Römerbrücke in Trier, wurden inzwischen Hunderte solcher Bleiplomben gefunden und gesammelt, die die Existenz einer Zollstelle auch hier bestätigen. Diese Zollstelle wird dem Tabularium in Trier, der staatlichen Finanzverwaltung in Trier, unterstanden haben. Diese Verwaltung ist durch eine Weihinschrift eines »adiutor tabularii« an Merkur und Rosmerta, gefunden in Niederemmel an der Mosel, bezeugt.

Auch aus dem Stadtgebiet von Trier sind zahlreiche Plomben nachgewiesen, die als Kontrollzeichen der zollfreien Versendung bis zum Empfänger gelangt sind und die Vollständigkeit der Sendung, wie die Siegelbüchse eines Paketes oder Briefes, beweisen konnten. Bis auf wenige Ausnahmen sind alle Plomben zugleich Sicherungsverschlüsse an den Knoten von Verschnürungen, mit denen das Versandgut wie Briefrollen, Pakete, Kästen und Kisten, sonstige Verpackungen verschnürt und gesichert waren.

a) Schmales Bleiband mit Aufschrift. Vs.: SMP; Rs.: LFS. In der Mitte des Bandes durchbohrt.
L. 2,1 cm.

b) Schmaler Bleistab mit Inschrift an Vorder- und Rückseite: M. A.
L. 2,4 cm.

c) Bleistab mit Aufschrift. Vs.: MMO; Rs. OMM.
L. 2,4 cm.

d) Bleiplombe runder Form mit kegelförmig verdickter Unterseite. Eingedrücktes Relieffeld mit nach rechts ausschreitender Victoria.
Dm. 1,8 cm

e) Kleine Bleiplombe, im eingetieften Relieffeld sitzende Figur.
Dm. 1,9 cm.

f) Bleiplombe mit rundem Relieffeld, gering eingetieft, zwei stehende Krieger jeweils mit einem Feldzeichen oder Standarte nach dem Vorbild von Münzdarstellungen.
Dm. 1,6 cm.

g) Bleiplombe mit rundem Relieffeld, nachträglich beschnitten. Flaues Relief eines Kaiserkopfes mit Diadem, Reste der Umschrift: CONSTANS / . . AVG.
Dm. 2 zu 1,8 cm.

h) Bleiplombe, im Relieffeld verdrückter Rest eines Kopfes, Umschrift: IOVI.
Dm. 1,5 cm.

i) Bleiplombe, im eingetieften Feld stehende, nackte männl. Figur nach rechts gerichtet, im linken Arme Kerykeion = Merkur.
Dm. 2 zu 1,7 cm.

k) Unteransicht einer Bleiplombe mit kegelförmigem Gußzapfen.
Dm. 2 cm.

l) Unteransicht einer Bleiplombe mit kurzem, spitzem Kegel und seitlich auf der Platte anschließenden Gußnähten und Fadendurchzug.
Dm. 2,5 cm.

m) Unteransicht einer Bleiplombe, viereckig-würfelförmig. Auf der Gegenseite-Vorderseite ist ein achteckiges Ringsiegel eingedrückt mit flauem Relief.
L. 2 cm, Br. 1,5 cm.

n) Unteransicht einer Bleiplombe, stöpselartig geformt, an der Vorderseite flach ovale Einprägung.
L. 2,4 cm, Br. 1,7 cm.

RLM. Trier, EV. 77, 40.
Lit.: Trierer Zeitschr. 37, 1974, 167. – Römer an Mosel u. Saar Nr. 39, 314. Cü.

137 Grabkapellen und Oratorien

Neben der vorherrschenden Sitte der Brandbestattung bestand in nicht genauer bestimmbaren Gesellschaftsschichten die Sitte der Körperbestattung weiter, wobei die Beisetzung der Toten in schlichten Kisten erfolgte.

Neben dem Einzelgrab wurden frühzeitig auch Familiengräber in fest umgrenzten Friedhofsflächen, aber auch bei ländlichen Höfen und Villen angelegt, die ebenfalls mitunter ältere Elemente tradieren (so ummauertes Grabareal mit Hügelaufschüttung bei der Villa Lösnich, Friedhof bei Newel mit Hügelgräbern, Aschenkisten, Grabmonument als Cippus und nachfolgend Sarkophage außerhalb von Friedhof und Tempelbezirk).

Ebenerdig gebauten Grabkammern wurden seit dem zweiten Jh. n. Chr. auch tempelförmige Bauten nach südländischem Vorbild hinzugefügt, die als Podientempel mit einem Keller- und Kryptengeschoß und einem Andachts- und Gebetsraum versehen waren (Grutenhäuschen bei Igel, Grabkammer bei Minden, Grabkammern, Doppelanlage bei Nehren a. d. Mittelmosel), wesentlich wohl durch die Gunst des Geländeverlaufes in ihrer Bauentwicklung begünstigt.

a) Zu den ältesten Grabanlagen mit basilikalem Grundriß, Apsis und Kryptengeschoß ist die »Albana«gruft auf dem südlichen Gräberfeld von St. Eucharius-Matthias in Trier zu rechnen.
Als private Grabanlage einer suburbanen Villa angebaut, ist die einschiffige Anlage 17 m lang und 6 m breit.
In der Achse der geosteten Anlage führt eine Treppe abwärts zu der Krypta und Grabkammer, die, ebenfalls mit Apsis versehen, durch einen Bogenunterzug in einen etwas trapezoidal rechteckigen Vorraum und die Apsisrundung gegliedert ist.
In diesem durch fünf Lichtschächte erhellten und belüfteten Raum war um 270 n. Chr. ein reliefierter und bemalter Sarkophag eingestellt worden, der zwei einander folgende Bestattungen aufzunehmen bestimmt war, wie auch der Reliefschmuck ausweist. Nach einem Umbau zu Beginn des 4. Jh. n. Chr. wurde an der Südseite ein »Seitenschiff« als Nebenraum angefügt.
Wohl nach Einbringung der ersten Bischofsgräber des Eucharius und Valerius um 310 n. Chr. wurde der nördlich stehende Saal der suburbanen Villa zu einem N-S gerichteten Andachtsraum hergerichtet und an der Ostseite eine Apsis mit rechteckigem Vorraum angefügt. So entstand eine »Saalanlage« von 31 m zu 15,00 m mit dem Anbau von 6,50 m L.
b) Im Norden der Stadt, auf ebenfalls suburbanem Villengelände, ist seit constantinischer Zeit ein Friedhofsbereich entstanden, der durch die Grabstätten der offiziellen, auch am kaiserlichen Hof anerkannten Bischöfe Agricius und Maximinus besonders ausgezeichnet wurde.
Die starke Störung der Schichten durch die dichte Lage von großen Sarkophagen macht eine klare Bestimmung der Abfolge verschiedener Raumgefüge unmöglich.
Ein Rechteckraum von 17,50 m L. und 11,00 m Br., der mit seiner Westwand noch in den Nachfolgebauten weiter besteht und somit als Kernanlage verstanden werden kann, wurde nach N um 7,50 m auf 25,00 m Länge erweitert. Eine Raumfolge an der Ostwand, schließlich mit einer Apsis erweitert, war durch Türen begehbar. Dieses Gebäude, Flügelbau zu der eigentlichen Villa, ist zunächst wohl profan genutzt und wurde dann für die Einbringung von Sarkophagen, die allesamt W-O gerichtet sind, umgenutzt. Östlich und südlich sind isoliert liegende Grabkammern, die vielleicht seit dem 2. Viertel des 4. Jh. n. Chr. in diesem Areal zugelassen waren.
Andererseits kann nicht ausgeschlossen werden, daß Bestattungen schon vor der Anlage der Bischofsgräber des Agricius und Maximinus im Umkreis der Villa erlaubt waren und vorgenommen worden sind.

Westlich wurde an die Kernanlage (erweiterter Raum von 21,00 m zu 11,00 m) ein Saal von 53,00 m Länge und 25,50 m Breite angefügt, dessen südliche Front aus einem schmalen Flügel-Korridor oder Vorraum bestand, der im Anschluß an den Kernbau an der Ostseite mit einer Bodenheizung versehen war.
An der Nordseite dieses Breitsaales wurde ebenfalls eine Apsis gleichzeitig errichtet.
Die offenbar außerordentlich schnelle Auffüllung des engeren Friedhofbereiches innerhalb der »umgenutzten« Villenräume führt zur Erweiterung des Saalraumes um einen »Grabbau«, der nach Osten hin unter Weiterbenutzung älterer Mauerzüge (so an der N- und S-Seite, z. T. an der W-Seite) einen Raum von 32,00 m zu 24,00 m ergab. An der Südseite wurde mit fünf Säulen ein Seitenschiff abgeteilt, dem in der Verlängerung der nördlichen Mauerflucht zwei Säulen hinzugefügt wurden, die eine Querverbindung zu dem hier anschließenden Saalbau der älteren Villenanlage herstellte.
Soweit Bestattungsfolge und Schichten mit Benutzungshöhen und Estrichen erkennen lassen, war dieser insgesamt 87 m lange und 25,50 m breite Coemeterialbau um 350 n. Chr. fertiggestellt und hatte die Gräber des Agricius und Maximinus inkorporiert.
c) Basilikale Grabanlage mit gewesteter Apsis. Südlich der großen Villen- und Kirchenanlage von St. Maximin ist ein ausgedehntes Gräberfeld gelegen, das seit dem ersten Viertel des 4. Jh. belegt wird.
Ein ebenerdig angelegtes Grabhaus von rechteckigem Grundriß und mit 2 Sarkophagen bestellt, wird in einer zweiten Benutzungsphase umgebaut. Die Grabkammer wird auf Boden= Sarkophagdeckelhöhe abgetragen und über die Bestattungen eine Apsis mit Scheitel nach Westen errichtet, der anschließende rechteckige basikale Raum auf insgesamt 11,50 m L. und 6,70 m Br. angelegt. Die von sorgfältig gesetztem Kalksandsteinmauerwerk mit Ziegeldurchschuß umfaßte Innenfläche ist vollkommen mit Sarkophagen zugesetzt. Eine Erweiterung verlängert nachträglich das Bauwerk nochmals um 2,00 m auf 13,50 m L. (Außenl. 15,50 m und 6,70 m Breite).
d) Im Bereich der suburbanen Villa bei St. Marien wurden von F. Kutzbach die Reste einer aus Spolien antiker Grabsteine gebaute Apsis und die Ausbruchgräben mehrerer Mauern gefunden, die auf einen noch spätantiken Bau schließen lassen, der in den späteren Kirchenanlagen des frühmittelalterlichen Klosters aufgegangen ist.
e) St. Martin. Im Bereich einer vor den Mauern der Stadt gelegenen großen Villa, von der einige spätantike Mauerreste noch 1970 festgestellt werden konnten, wurde ebenfalls eine Friedhofsanlage beobachtet, die mit Sarkophagen des 4. Jh. n. Chr. einsetzt und auch Plattengräber fränkischer Zeit erbrachte.
Die hier zu erwartende Coemeterialanlage als Memoria ist durch den Kirchenbau und die Klosteranlage vollständig verändert worden. Cü.

138–144   Gläser der Spätantike

138–141   Glasfabrikation in Trier

In den Jahren 1893/94, 1907, 1920 und 1983 kamen bei Museumsgrabungen im Süden Triers (an der Louis-Lintz-Straße, Hohenzollernstraße, an der ehemaligen Ziegelstraße, jetzt Töpferstraße und weiter südlich) zahlreiche Fragmente von Glastiegeln (Häfen) zutage, die das Vorhandensein von Glasbläsereien bezeugen. Diese lagen mitten im Industrieviertel der Augusta Treverorum, das sich im Süden längs des Moselufers ausgebreitet hatte. Ein großer Teil der Töpfereien, Kalk- und Ziegelbrennereien befand sich außerhalb der Stadtmauer, andere Betriebe hatten sich innerhalb (in der südwestlichen Ecke, südlich der Hohenzollernstraße und auch noch an der Kappelstraße) angesiedelt. Sie lagen geschlossen dicht beieinander, von den Wohnvierteln wegen der Brandgefahr getrennt.

Als Glashäfen wurden einfache rauhwandige Tonschüsseln mit nach innen verdicktem Rand verwendet, wie sie die römische Hausfrau am Ende des 3. und in der 1. Hälfte des 4. Jahrhunderts n. Chr. benutzte. Innen sind sie mit einer grünlichen Glasschicht überzogen, die zum Boden an Stärke zunimmt.

Ein 1920 in der Louis-Lintz-Straße gefundenes Glasstück, das sich vom Gefäßboden gelöst hatte und dessen Kontur folglich Boden und unteren Wandungsteil nachformt, ist bis zu 2,2 cm stark.

An der Außenwand haftet bei einigen Schüsselfragmenten eine dicke Glasschicht, bei anderen sind hier nur Glasstreifen vorhanden. Beide Erscheinungen rühren daher, daß der Glasbläser bei der Entnahme der Glasmasse (Glasposten) aus dem Hafen mit Hilfe der Pfeife vielfach Glas vertropfte, das dann an der Gefäßwandung herabfloß. Die Näpfe standen im Ofen, in dem sie in eine zu Ziegel verbrannte Tonmasse gebettet waren, wie die noch an der äußeren Glasschicht anschließende kompakte Masse zeigt.

Auch wenn die genauen Fundumstände der Stücke und Glasöfen nicht beobachtet worden sind, sind sie doch für uns ein sicherer Beweis dafür, daß der städtischen Bevölkerung ab dem ausgehenden 3. Jahrhundert Glasgefäße aus eigenen Betrieben zum Kauf angeboten wurden.

Sie waren offenbar im 4. Jahrhundert in Trier so preiswert, daß sie in großen Mengen benutzt worden sind. Sowohl in der Stadt als auch in den Siedlungen und Villen auf dem Land werden sie – natürlich in fragmentarischem Zustand – zahlreich gefunden. Als Grabbeigaben verdrängen sie sogar vielfach die sonst üblichen Tongefäße. Da die Nachfrage nach Glaswaren folglich sehr groß war, ließen sich Glasbläser auch an verschiedenen Orten auf dem Lande nieder. Glashütten konnte man in letzter Zeit auf dem Titelberg (Luxemburg) feststellen, ferner bei Stahl (Kreis Bitburg-Prüm), auf der Entersburg bei Hontheim (Kreis Bernkastel-Wittlich) und bei Liesenich (Kreis Cochem-Zell).

Lit. zur Trierer Glasfabrikation: Kat. Gläser Trier 6 ff. – Römer an Mosel u. Saar 316 Nr. 274.

Die Trierer Gläser
Bei Gebrauchsgegenständen (vgl. unter anderem die Tongefäße) herrscht im 4. Jahrhundert n. Chr. eine gewisse Eintönigkeit in der Formgebung vor. Im Gegensatz dazu fällt in der Glasmacherkunst gerade die Vielfalt der Formgebung und der Verzierungen ins Auge. Dies liegt natürlich zum großen Teil an dem leicht formbaren Material, das den Handwerker immer wieder zu neuen Erfindungen herausfordert.

Die wieder aufkommende Farbigkeit der Gefäße, die sich zwar im Vergleich zum 1. Jahrhundert n. Chr. bescheiden ausnimmt, verleiht den Gläsern dieser Zeit einen besonderen Reiz. Dunkelblau, Türkis, Purpurrot und Weiß läßt sich bei den Trierer Stücken nachweisen.

Die Trierer Gläser dieser Zeit lassen sich in 87 Hauptformen und 24 Varianten gliedern. Sie verteilen sich wie folgt: 3 verschiedene Tellerformen, 8 Schalen und Schüsseln (und 2 Varianten), 23 Becher (und 10 Varianten), 9 Fläschchen (und 4 Varianten), 11 große Flaschen (und 4 Varianten), 11 einhenklige Kannen (und 4 Varianten), 7 zweihenklige Kannen, eine Deckelform und vier Sonderformen. Da sie nicht alle beschrieben werden können, sei auf S. 271–275 verwiesen, wo alle diese Formen zusammengestellt sind. Hier kann nur eine repräsentative Auswahl vorgelegt werden.

Die Trierer Werkstätten stellten nicht nur das einfache Gebrauchsgeschirr her, sondern auch das feinere Tafelgeschirr, das mit aufgelegten Ornamenten verziert ist, oder eingeschliffene Muster und Darstellungen zeigt.

Die meisten Formen sind auch in anderen Gebieten des westlichen Imperiums zu finden, etliche sind regional auf den nordwestlichen Teil Galliens und auf das Rheinland beschränkt und einige seltene Formen wurden geradezu von den Trierer Werkstätten bevorzugt.

Viele Trierer Gefäßformen, die auch in anderen Glasbläsereien hergestellt wurden, wie beispielsweise die Schliffbecher, die kostbaren Diatrete (s. hier Kat. 42–43), die Konchylienbecher und die Kopfgefäße, zeigen im Vergleich mit jenen auffallende Unterschiede. Die Trierer Glasbläser formten offensichtlich die Gefäße anderer Werkstätten nicht genau nach, sondern sie gestalteten sie nach ihren eigenen Vorstellungen, wobei eine Tendenz zur Vereinfachung und ein Hang zum Dekorativen auffällt.

                            Goe.

138   Gewöhnliches Geschirr (frei geblasen)

Das Trinkgeschirr, das offenbar am meisten benutzt wurde, setzte sich aus halbkugligen Schalen, Bechern, größeren Flaschen und einhenkligen Kannen zusammen. Dem Trierer Käufer lag eine reiche Formenauswahl an halbkugligen, zylindrischen, konischen und bauchigen Bechern mit und ohne Standring und Fuß vor. Die Flaschen sind meistens mit einem kugligen oder zylindrischen Körper versehen, die einhenkligen Kannen zeigen konischen oder kugligen Körper; zuweilen ist er auch zylindrisch oder in Form eines Fasses gebildet (vgl. Abb. S. 276).

Das Tafelgeschirr für den täglichen Gebrauch war unverziert und überwiegend frei geblasen. Nur horizontal eingeschliffene Linien umziehen die Wandung der Becher und Flaschen.

Die gleichen Stücke konnte der anspruchsvollere Käufer auch mit aufgelegten oder eingeschliffenen Verzierungen erwerben (vgl. Abb. S. 257).

Unversehrte Gefäße werden ausschließlich in Sarkophagen gefunden. Dennoch bewahrte der schützende Steinbehälter viele Gläser nicht vor der Zerstörung. Denn in Trier herrschte die Sitte, den Toten mit Kalkbrei zu übergießen, der vielfach auch die Beigaben überzog. Diese Masse griff die Glassubstanz oft so stark an, daß sie zersetzt wurde.

Zusammenstellungen einfacher Trierer Gläser: Röm. Gläser. Führer 48 ff. Abb. 14–20.   Goe.

Unverzierte, frei geblasene Becher

Halbkuglige Becher gehören nicht nur in Trier, sondern auch im übrigen westlichen Teil des Imperiums zur schnell anzufertigenden Massenware. Die Form allein verrät, daß sie von der heißen runden Glasblase (mit Hilfe von Wassertropfen) abgesprengt wurden. 50–60 solcher unverzierten Becher sind bisher in Trier und Umgebung gefunden worden (vgl. Abb. S. 271, 49, a, b, d).

a) FO. Trier, Blankensteinstraße, Sarkophag 1, 1970. In dem Sarkophag lag noch eine Kugeltrichterflasche mit Standring (vgl. hier h–i) und ein schwarzer Tontopf. 1. Hälfte 4. Jh. n. Chr.

Halbkugliger Becher mit kleiner, gering nach innen gewölbter Standfläche und kaum merklich nach außen gewölbtem Rand. Keine Schlifflinien.

138 a, b, d, e, c,

Schwach grünliches Glas. – H. 6,4 cm, Dm. 9,1 cm.
RLM. Trier, Inv. 70,659.
Lit.: Kat. Gläser Trier 52 Nr. 175 (Form 49 a).

b) FO. Trier-Euren, Eligiusstraße, 1981; zusammen mit einer weithalsigen Kugelflasche (hier Kat. 138 j) und einer Kugeltrichterflasche mit Standring in einem Sarkophag gefunden.

Halkugliger Becher mit sehr kleiner abgeflachter Standfläche und leicht nach außen gewölbtem Rand. Keine Schlifflinien.

Schwach grünliches Glas. – H. 6,3 cm, Dm. 10,5 cm.
RLM. Trier, EV. 81,77.
Lit.: Trierer Zeitschr. 45, 1982, 288.

Die einfachen *konischen Becher ohne Standring,* die sich nach oben mehr oder weniger stark weiten (vgl. Abb. S. 271, 52 a, 53 a), sind in Trier ebenso zahlreich vertreten, wie die halbkugligen Exemplare. Die Form ist weit verbreitet. Die stark konischen Becher mit sehr kleiner Standfläche und großem oberen Mündungsdurchmesser (Abb. S. 272, 53 a) sind hauptsächlich in der 2. Hälfte des 4. Jahrhunderts in Gebrauch.

c) FO. Trier, Medardstraße, Sarkophag 7, 1954; zusammen mit drei weiteren Glasgefäßen gefunden. 1. Hälfte 4. Jh. n. Chr.

Schlanker Becher mit gewölbter Wandung und leicht nach innen gewölbter Standfläche. Der Rand ist kaum merklich nach außen gewölbt. Unterhalb des Randes ist eine zarte Linie eingeschliffen, drei weitere um den oberen Teil.

Schwach grünliches Glas. – H. 11,5 cm, oberer Dm. 6,2 cm.
RLM. Trier, Inv. 54, 60 a.
Lit.: Kat. Gläser Trier 65 Nr. 248 (Form 52 a) Taf. 16, 173 (gesamter Fund). 41.

Auf den Boden der einfachen *konischen Becher* konnte der Glasbläser auch einen Glasfaden aufschmelzen, der die kleine Standfläche etwas erweiterte und z. T. verbesserte. Während in der 1. Jahrhunderthälfte die Becher von gleichmäßig schlanker Form sind, verjüngen sie sich in der zweiten Hälfte des 4. Jahrhunderts stark zum Standring hin. Die Wandung ist stets sanft S-förmig geschwungen (vgl. Abb. S. 272, 58 a). Die sehr hohen, schlanken Becher, die zur Fußplatte stark einschwingen (vgl. Abb. S. 272, 59), werden gegen Ende des 4. Jahrhunderts und zu Beginn des 5. Jahrhunderts hergestellt.

d) FO. Trier, St. Matthias, 1906. Wohl 2. Hälfte 4. Jh.

Der Becher, dessen Wandung kräftig nach außen gewölbt ist, verjüngt sich stark zum Boden hin. Hier ist ein dicker wulstiger Glasfaden aufgelegt. Die Bodenmitte ist nach innen gestochen. Der Rand ist betont nach außen gewölbt. Zwei zarte Schlifflinien laufen unterhalb des Randes um, zwei weitere um den oberen Teil und ein breites Band ungefähr um die Bechermitte.

Schwach grünliches Glas. – H. 14,9 cm, oberer Dm. 8,7 cm.
RLM. Trier, Inv. 05,548.
Lit.: Kat. Gläser Trier 80 Nr. 345 (Form 58 a) Taf. 45.

Die Form des *konischen Bechers mit Standring* konnte man variieren, indem man mit einem Instrument die Wandung entlangstrich, so daß längliche Dellen entstanden (Abb. S. 272, 58 c). Die Form ist in Trier wenig verbreitet.
e) FO. Trier, Petrusstraße, 1887. Wohl 1. Hälfte 4. Jh.
Die Wandung des sehr dünnwandigen Bechers ist mit 11 länglichen Dellen versehen. Sehr schmaler aufgelegter Standring; Bodenmitte nach innen gestochen. Kräftig nach außen gewölbter Rand. Keine Schlifflinien.
Entfärbtes Glas. – H. 12,6 cm, oberer Dm. 6,3 cm.
RLM. Trier, Inv. 14417.
Lit.: Kat. Gläser Trier 82 Nr. 360 (Form 58 c).   Goe.

Unverzierte, frei geblasene Flaschen
Kugeltrichterflaschen
Zu einem Haupterzeugnis der Trierer Glasbläsereien zählen die kugelbauchigen Flaschen mit trichterförmigem Hals (s. Abb. S. 273, 101), die in Trier und Umgebung in großen Mengen zutage gekommen sind (ca. 170 Stück). Dem Toten wurden sie gern zusammen mit den halbkugligen Bechern beigegeben (s. hier Kat. 138a–b). Ebenso wie jene Stücke sind die Kugeltrichterflaschen mit und ohne Standring während des ganzen 4. Jahrhunderts in der westlichen Reichshälfte sehr beliebt. Die Trierer Glasbläser bereichern die eintönige Form selten durch Verzierungen. Ausnahmen bilden drei Flaschen, bei denen Rippen (Kat. Gläser Trier Taf. 20, 220a) und »Nuppen« aus der Wandung herausgekniffen sind (hier g) ein Exemplar ist mit einem Glasfaden umwickelt (s. Abb. S. 256, 962).
Bei den Trierer Stücken ist der Standring in der ersten Hälfte des 4. Jahrhunderts stets aufgelegt, bei Flaschen des ausgehenden Jahrhunderts ist er vielfach aus der Wandung herausgekniffen. Für diese späten Exemplare ist nicht nur die olivfarbene Glasfar-

be kennzeichnend, sondern auch der hohe Trichterhals, der sich zum Körper stark verjüngt; seine Wandung ist leicht konkav geschwungen (s. hier i).

f) FO. Trier, Hornstraße, 1934. In dem Sarkophag lagen noch zwei weitere Kugelflaschen.
Der Boden der kugelbauchigen Flasche ist leicht nach innen gewölbt. Der kurze Trichterhals ist am Ansatz betont eingeschnürt. Drei zarte Schlifflinien sind unterhalb des Randes zu erkennen, fünf um den unteren Teil des Halses, drei um die Schulter und zwei um die Bauchmitte.
Gelblich-grünes Glas. – H. 14,8 cm.
RLM. Trier, Inv. ST. 15089 b.
Lit.: Kat. Gläser Trier 164 Nr. 980 (Form 101 b) Taf. 61.

g) FO. Trier, Medardstraße. Grab 10, 1934; dem Toten wurden ferner ein konischer Glasbecher und ein grauer Tontopf beigegeben. 1. Hälfte 4. Jh. n. Chr.
Der Boden ist gering nach innen gewölbt. Der Glasbläser hat die Wandung des kugligen Flaschenkörpers mehrfach mit der Zange zusammengekniffen, so daß fünf tropfenartige Erhebungen (»Nuppen«) entstanden. Kurzer, enger Trichterhals.
Schwach grünliches Glas. – H. 12,8–13,3 cm.
RLM. Trier, Inv. 34, 366 c.
Lit.: Kat. Gläser Trier 169 Nr. 1019 (Form 101 b) Taf. 20, 214 c.

h) FO. Trier-Euren, Eligiusstraße, 1981; die Flasche lag als einzige Beigabe in einem Kindersarkophag.
Auf den unebenen Boden ist ein dicker wulstiger Glasfaden aufgeschmolzen. Um die Mitte des schlanken, hohen Trichterhalses laufen zwei zarte Schlifflinien, ein breites Schliffband um den unteren Teil des Halses, drei breite Schlifflinien oberhalb der Bauchmitte, zwei weitere unterhalb der Bauchmitte.
Schwach grünliches Glas. – H. 17,8 cm.
RLM. Trier, EV. 81,77.
Lit.: Trierer Zeitschr. 45, 1982, 288.

i) FO. Kastel bei Saarburg (Krs. Trier-Saarburg), 1889.
Der hohe, innen hohle Standring ist aus der Wandung herausgekniffen. Der schlanke, sehr hohe Trichterhals verjüngt sich stark nach unten. Keine Schlifflinien.
Olivfarbenes Glas. – H. 20,7 cm.
RLM. Trier, Inv. 17230.
Lit.: Kat. Gläser Trier 162 Nr. 965 (Form 101 a).

Verwandt mit den Kugeltrichterflaschen sind die kugligen Gefäße mit niedrigem annähernd zylindrischem Hals, die man als Flaschen oder auch als Becher benutzen kann (vgl. Abb. S. 273, 100). Jüngst wurde in Trier ein viertes Exemplar dieser Form gefunden. Parallelstücke findet man vereinzelt im Rheinland (vgl. H. Bernhard, Römische Gläser in Worms, Worms 1979, Abb. 19, 36).

138 f, h, i, g, j

j) FO. Trier-Euren, Eligiusstraße, 1981; das Stück lag in dem gleichen Sarkophag wie der halbkuglige Becher Kat. 138 b.
Die kleine Standfläche des mäßig kugligen Körpers ist abgeflacht. Der Körper geht ohne Absatz in einen mäßig hohen, sehr breiten Hals über. Der innen gekehlte Rand ist kräftig nach außen gewölbt. Eine Linie ist unterhalb des Randes eingeschliffen, zwei am Halsansatz, ein breites Schliffband um die Bauchmitte, zwei Schlifflinien um den unteren Teil des Körpers.
Schwach grünliches Glas. – H. 11,3 cm.
RLM. Trier, EV. 81,77.
Lit.: Trierer Zeitschr. 45, 1982, 288.   Goe.

Einhenklige Kannen
Die beliebte Kugeltrichterflasche mit Standring versahen einige erfinderische Trierer Glasbläser mit einem Henkel. Er besteht aus einem dicken Glasfaden, der an den unteren Wandungsteil des Trichterhalses gedrückt wird und im Bogen zur Schulter herabgeführt ist. Am Körper ist sein Ende breit ausgestrichen. Die Form begegnet sonst sehr selten, in Trier hingegen sind bisher 9 Exemplare gefunden worden.

k) FO. Trier, Hornstraße, Sarkophag 1, 1954; in dem Sarkophag befand sich noch eine weitere Kugeltrichterflasche mit Standring.
Der kleine Standring besteht aus einem sehr dicken wulstigen Glasfaden. An die Wandung des hohen schlanken Trichterhalses ist der dicke Henkel mit zusammengedrückter Schlaufe angesetzt und in kleinem eleganten Bogen zur Schulter herabgeführt. Seine Innenseite zeigt Spuren des Henkeleisens, das zur Formung des Henkels zu Hilfe genommen wurde.

138 n, m, k, l

138 p, o, q

Grünes dickwandiges Glas. – H. 18,5 cm.
RLM. Trier, Inv. 54,41.
Lit.: Kat. Gläser Trier 222 Nr. 1336 (Form 130) Taf. 24, 262.

l) FO. Trier, St. Matthias, 1905.
Der Gefäßkörper geht im unteren Teil stark in die Breite, so daß er sackförmig wirkt. Auf den Boden ist ein dicker Glasfaden aufgelegt. Der hohe, enge Trichterhals ist am Ansatz leicht eingeschnürt. Der wulstige Henkel ist – wie auch bei anderen Trierer Stücken – sowohl zum Hals hin als auch am Bauch ausgestrichen.
Schwach grünliches Glas. – H. 13,6 cm.
RLM. Trier, Inv. 04,670.
Lit.: Kat. Gläser Trier 223 Nr. 1342 (Form 130) Abb. 53.

Kleine *kugelbauchige Kannen mit Standring,* röhrenförmigem Hals und trichterartiger Mündung, an die der Henkel mit einer Schlaufe ansetzt, gehören zum Repertoire der Glasmacher des 4. Jahrhunderts (s. hier Abb. S. 274, 123). Sie fehlen natürlich auch nicht im Formenschatz der Trierer Werkstätten. Um den Körper wickelte der Glasmacher gern einen hauchdünnen Faden (s. Kat. 139 a). Die Form veränderte man leicht, indem man an den bauchigen Behälter eine kurze spitz zulaufende Ausgußtülle anfügte (Abb. S. 274, 123 b). Solche Fläschchen legte man gern Kleinkindern ins Grab (vgl. hier Kat. 97 b).

m) FO. Trier, Maar, 1880.
Sogenanntes Saugfläschchen mit wulstig aufgelegtem Standring und kurzer, am Ansatz sehr breiter Ausgußtülle. Unterhalb des kelchförmigen Randes ist ein dicker Glasfaden aufgelegt, der dünn ausgezogen den Hals in mehreren Windungen umläuft. Der mit einer Mittelrippe versehene Bandhenkel setzt mit einer kleinen runden Schlaufe am Rand an und ist mit drei Zacken am Körper ausgestrichen.
Entfärbtes Glas. – H. 10,2 cm.
RLM. Trier, Inv. 3500.
Lit.: Kat. Gläser Trier, 208 Nr. 1276 (Form 123 b) Taf. 69.

Kannen mit eiförmigem oder gestreckt *ovalem Körper* waren im 4. Jahrhundert ebenso beliebt wie die genannten kugelbauchigen Stücke. Die Trierer Werkstätten fertigten große Exemplare aus grünlichem oder farblosem Glas an (s. Abb. S. 274, 124 b) und kleine meist aufs farbigem Glas. Türkis, Dunkelblau, Purpurrot und Weiß herrschen vor.

n) FO. Trier, Maar, 1881.
Der sich straff nach unten verjüngende Körper steht sicher auf einem kleinen angesetzten Standring. Der röhrenförmige Hals weitet sich nach oben kelchförmig. Ein an der Randunterseite aufgelegter Glasfaden läuft in zwei Windungen am Hals aus. Der Bandhenkel ist am Körper in zwei Zacken ausgestrichen.
Dunkelblaues Glas. – H. 10,5 cm.
RLM. Trier, Inv. 5 074.
Lit.: Kat. Gläser Trier 211 Nr. 1 289 (Form 124 a) Taf. 69.
Goe.

Fläschchen
Die *kugelbauchigen Fläschchen* mit kurzem röhrenförmigem Hals, in die man vielleicht wohlduftende Essenzen einfüllte, erreichen zwar nicht jene Beliebtheit wie die formverwandten Stücke des 1. Jahrhunderts n. Chr., jedoch sind sie recht zahlreich vertreten (s. Abb. S. 272 f., 79 a–d, 80 und hier Kat. 97 A, a–b). Im Vergleich zu den frühen Exemplaren sind sie sehr nachlässig hergestellt. Körper und Hals sind oft schief und der Rand ist nur flüchtig nach innen gefalten. In der Regel verwandte man für sie eine grünliche Glasmasse, die oft zahlreiche Unreinheiten enthält. Farbige Fläschchen sind in Trier selten (vgl. Kat. 97 A, d).

o) FO. Trier, St. Maximin, 1953, Grab 58.
Der kleine ungleichmäßig kuglige Körper geht ohne Absatz in einen kurzen, sich nach oben zu leicht verjüngenden Hals über. Der Rand ist nach außen gebogen und wieder nach innen gefaltet. Der Boden ist nach innen gestochen; hier Spuren einer Heftnarbe.
Schwach grünliches Glas. – H. 8,4 cm.
RLM. Trier, Inv. 54,262.
Lit.: Kat. Gläser Trier 135 Nr. 758 (Form 79 c).

Die *Fläschchen mit kegelförmigem Körper,* von denen ungefähr zwei Dutzend vorhanden sind, wurden sicherlich in den Trierer Glashütten angefertigt (s. Abb. S. 273, 84 und Kat. 97 B). Die Form ist lokal begrenzt; sie ist auch den Glasbläsern des Rheinlandes bekannt.

p) FO. Trier, Pallien, 1898.
Der kegelförmige Körper ist durch Einschnürung vom kurzen röhrenförmigen Hals abgesetzt. Der Rand ist breit, horizontal nach außen umgelegt und wieder nach innen gefaltet. Am Boden Heftnarbe.
Schwach grünliches Glas. – H. 7,4 cm.
RLM. Trier, Inv. ST. 1 567.
Lit.: Kat. Gläser Trier 140 Nr. 787 (Form 84).

q) FO. Trier, St. Matthias, 1905.
Der ungleichmäßige kegelförmige Körper ist am Halsansatz versehentlich zusammengekniffen. Der nach außen gebogene Rand ist nachlässig wieder nach innen gedrückt. Am Boden Heftnarbe.
Grünliches Glas. – H. 8,3–9 cm.
RLM. Trier, Inv. 05,249.
Lit.: Kat. Gläser Trier 141 Nr. 794 (Form 84).
Goe.

139   Gläser mit aufgelegten Verzierungen

Horizontale Fadenverzierung (Abb. S. 256).
Einige der vorgeführten einfachen Gefäßformen konnte der Trierer Käufer auch in einer gefälligeren Ausführung, nämlich mit aufgelegten Verzierungen, erstehen. Bevorzugt wurde von den Trierer Werkstätten die horizontale Fadenverzierung. Ein auf die Wandung aufgesetzter heißer Glastropfen wurde lang ausgezogen und horizontal um das Gefäß gespult. Er zeigt in der Regel dieselbe Glasfarbe wie das Gefäß selbst. Vereinzelt besteht er aus weißem Glas, wenn das Gefäß aus einer dunklen farbigen Glasmasse angefertigt ist (s. hier 139 b).
Mit dieser Verzierung versah man besonders gern die kleinen kugelbauchigen Kannen (vgl. Abb. S. 274, 123 a). Ihr Hals ist fast immer mit einem hauchdünnen Faden umsponnen, oft der Körper und vereinzelt sogar Körper und Hals (siehe hier a).
In gleicher Weise wand der Glasbläser den Faden um den Hals der Kannen mit konischem Körper (vgl. Abb. S. 274, 124 und Abb. S. 256). In einem Fall umzieht der Faden auch den unteren Teil des Körpers (s. Abb. S. 256).
Gefäße mit ovalem Körper sind häufig vollständig oder teilweise mit einem Glasfaden umwickelt (s. Abb. S. 256). Auch bei den konischen Bechern des ausgehenden 4. und beginnenden 5. Jahrhunderts kommt der mehrmals unterhalb des Randes herumgeführte Glasfaden vor (Abb. S. 256, 310), eine Art, die in der fränkischen Glasmacherkunst bei den Bechern weiterlebt.
Nur vereinzelt wurde diese Verzierungsart noch auf andere Gefäße übertragen. So finden wir sie an einem niedrigen Becher mit stark in die Breite gehenden Körper, an einem konischen Becher mit Standring, am Hals eines Fläschchens und am Körper einer Kugeltrichterflasche (Abb. S. 256).
Zusammenstellung fadenverzierter Trierer Gläser: Röm. Gläser. Führer 58 Abb. 24.

a) FO. Trier, Aachener Straße, 1903; zusammen mit vier weiteren Glasgefäßen in einem Sarkophag gefunden (s. hier auch Kat. 140 a).
Das kugelbauchige Kännchen ist mit einem wulstigen, aufgelegten Standring versehen. Körper und der größte Teil des kurzen Halses sind mit einem dünnen Glasfaden umwickelt. Der elegant

◁ △ Beigaben aus dem Frauengrab
von St. Aldegund (Kat. 134).

Nuppenverzierte Glasgefäße
(Kat. 139 f, e).

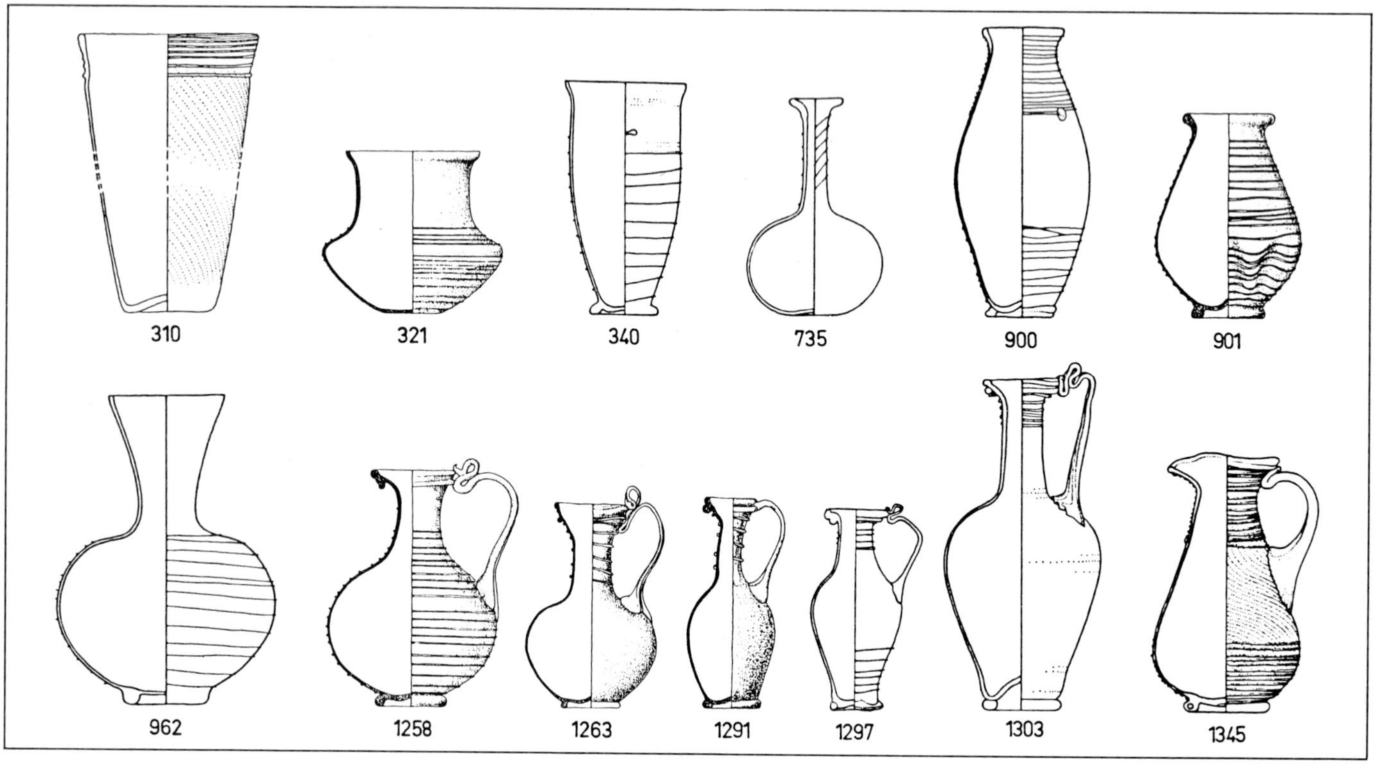

Arten der Fadenverzierung an Trierer Gläsern. Die Zahlen beziehen sich auf Kat. Gläser Trier.

geschwungene und mit einer Schlaufe am Rand ansetzende Henkel ist in drei Zacken am Körper ausgestrichen.
Entfärbtes Glas. – H. 12,4 cm.
RLM. Trier, Inv. 03,273 c.
Lit.: Kat. Gläser Trier 205 Nr. 1 258 (Form 123 a) Taf. 23, 258 c.

b) FO. Trier, St. Matthias, 1906, Grab 154. In dem Sarkophag lagen keine weiteren Beigaben.
Der konische Gefäßkörper geht ohne Absatz in den sehr kurzen Hals über, der sich zur Mündung weitet. Diese ist spitz zu einem Ausguß ausgezogen. Der Bandhenkel endet am Körper in drei Zacken. Ein weißer Faden ist auf den Rand geschmolzen; ein weiterer um den Hals und oberen Teil des Körpers gewickelt. Henkel und Standring bestehen ebenfalls aus weißem Glas. Die Form ist selten, ebenso die Verwendung des dunkelbraunroten Glases, das in Trier mehrfach vorkommt (s. hier auch Kat. 62).
Dunkelbraunrotes opakes Glas mit mittelbrauner Maserung. – H. 7,8 cm.
RLM. Trier, Inv. 05,544.
Lit.: Kat. Gläser Trier 221 f. Nr. 1 334 (Form 129 b) Taf. 72. Farbtaf. III.
Goe.

Zickzackverzierungen (Abb. S. 257)
Andere aufgelegte Verzierungen spielen bei den Trierer Gläsern eine nur untergeordnete Rolle. Der in weitem Zickzack horizon-

139 b, c, d, a

256

tal gelegte Glasfaden umzieht bei zwei bauchigen Bechern die Wandung (hier c).

Senkrecht ist der Zickzackfaden auf dem eiförmigen Körper einer großen einhenkligen Kanne aufgeschmolzen. Sehr eng gelegt füllt er den Halskragen einer einhenkligen Kanne aus (Abb. unten Nr. 1322; Kat. 141 b). Bei einem Dellenfläschchen ist der blaue Glasfaden so dicht zusammengedrängt, daß er eher einem Wellenband ähnelt (Abb. unten Nr. 770).

c) FO. Trier-Ehrang, 1890, Grab 23. Die mitgefundenen Ton- und Glasgefäße datieren das Grab in die zweite Hälfte des 4. Jh. n. Chr.

Die Wandung des bauchigen Bechers ist zum Rand leicht eingezogen, der Rand selbst leicht nach außen gewölbt und gerade abgesprengt. Der kleine Standring ist aus einem dicken aufgelegten Glasfaden gebildet. Das Gefäß wird von einem im Zickzack geführten Glasfaden umspannt, der z. T. eingeschmolzen

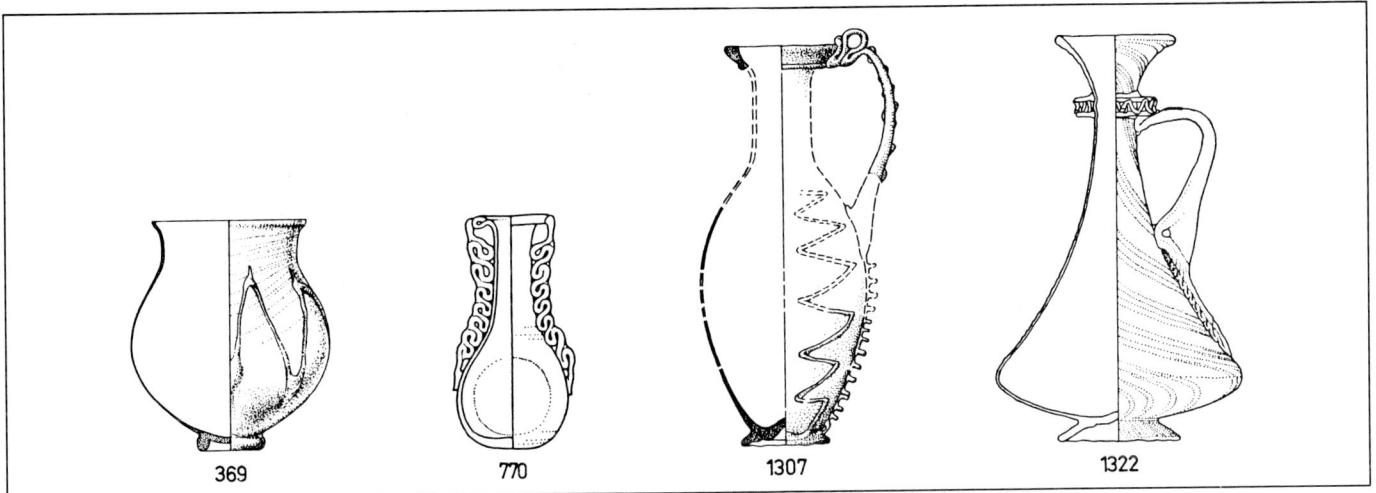

Arten der Zickzackverzierung an Trierer Gläsern. Die Zahlen beziehen sich auf Kat. Gläser Trier.

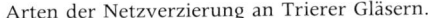

Arten der Netzverzierung an Trierer Gläsern.

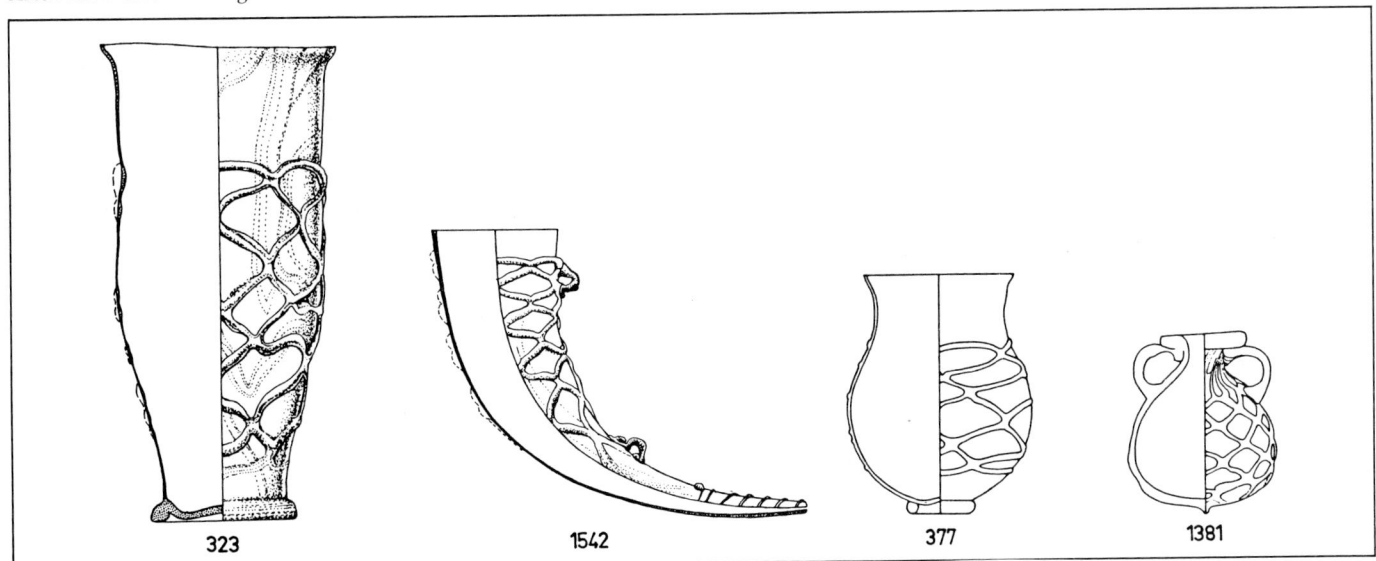

Gürtelschnalle mit reicher Niello- und Kerbschnittverzierung aus Trier (Kat. 157e).

Kerbschnittverziertes Gürtelbeschläg mit Nielloverzierung aus Minheim (Kat. 157f).

Büste im Medaillon auf Bügel einer Zwiebelknopffibel aus Trier (Kat. 159g).

Kerbschnittverziertes Gürtelbeschläg mit figürlichen Zierfeldern aus Trier (Kat. 157 g).

Kerbschnittverziertes Gürtelbeschläg mit seitlichen Erweiterungen aus Newel (Kat. 157 m).

und wenig sorgfältig und regelmäßig gelegt ist. Bei einem gleichartigen Gefäß vom südlichen Gräberfeld St. Matthias besteht die Zickzacklinie aus pupurrotem Glas (Inv. 03, 345 a). Die Becherform ist mit und ohne Dellen in Trier während des ganzen 4. Jahrhunderts gut belegt (s. Abb. S. 272, 62).
Schwach grünes Glas. – H. 12,2 cm.
RLM. Trier, Inv. ST. 1544a.
Lit.: Kat. Gläser Trier 84 Nr. 369 (Form 62 a) Taf. 22, 238a. 46.

Netzverzierung (Abb. S. 257 unten)
Bei vier Gefäßen, zwei Bechern, einem Fläschchen und einem Trinkhorn (s. Kat. 98 m), sind die den Körper überziehenden senkrecht verlaufenden Zickzacklinien so eng gelegt, daß sie einander berühren. Auf diese Weise entsteht ein weitmaschiges Netzwerk, das das ganze Gefäß einhüllt.

d) FO. Trier, Pallien, 1889.
Das amphoraähnliche Fläschchen läuft in einer kurzen Spitze aus. Die kleinen ösenförmigen Stabhenkel setzen an der Unterseite des breiten, nach innen gefalteten Horizontalrandes an. Das Netzwerk läuft am Hals aus. Dadurch wird der Eindruck erweckt, als ob das Fläschchen in einem eng anliegenden Netz ruhe.
Schwach grünliches Glas. – H. ca. 9,8 cm.
RLM. Trier, Inv. 17501.
Lit.: Kat. Gläser Trier 230 Nr. 1381 (Form 136) Taf. 73.

Goe.

Nuppengefäße
Eine besondere Gattung bildet das nuppenverzierte Trinkgeschirr. Ovale oder kreisrunde bunte Glastropfen, »Nuppen«

139 g, h

(Noppen oder Warzen), wurden auf der farblosen Wandung aufgeschmolzen, die den Eindruck hervorrufen, als seien die Gefäße mit glitzernden Edelsteinen besetzt. Mit solchen Nuppen aus gelbbraunem, blauem, grünem und violettrotem Glas verzierte man in Trier nur Kugelabschnittschalen (d. h. sehr flache halbkuglige Schalen), halbkuglige und konische Becher. 18 Gefäße dieser Art sind bisher im Trierer Raum bekannt geworden (vgl. auch Röm. Gläser. Führer Abb. 25). Weitere Beispiele sind in Raum 18 Vitrine 84 ausgestellt. Vgl. auch den Nuppenbecher auf dem Kalenderblatt von 354 (s. Kat. 59).
Zusammenstellung Trierer Nuppengläser: Röm. Gläser. Führer 59 Abb. 25.

e) FO. Trier, Blankensteinstraße, 1970, Sarkophag 2; zusammen mit zwei weiteren Glasgefäßen gefunden *(Abb. S. 255)*.
Halbkugliger Becher mit leicht nach innen gedrücktem Boden und nach außen gewölbtem Rand. In die Wandung sind braune Doppelbögen und darunter je eine dunkelgrüne Nuppe eingeschmolzen. Eingeschmolzene Bögen, die in je einer farblosen Nuppe enden, zeigt ein konischer Becher aus einem Ehranger Grab (s. hier Kat. 1001 und Abb. unten Nr. 289).
Entfärbtes Glas. – H. 7 cm.
RLM. Trier, Inv. 70,663.
Lit.: Kat. Gläser Trier 53 Nr. 176 (Form 49 a) Taf. 38.

f) FO. Trier, Medardstraße, 1938, Sarkophag 3; dem Toten sind noch zwei weitere Glasgefäße mitgegeben worden *(Abb. S. 255)*.
Der Becher hat die Form einer überhöhten Halbkugel. Auf den abgesprengten Rand ist ein gelbbrauner Glasfaden aufgesetzt. Darunter ist ein breites Band zarter Linien eingeschliffen. Ungefähr um die Wandungsmitte sind zwei große runde gelbbraune und zwei dunkelgrüne Nuppen mit mittlerer Erhebung verteilt, die von traubenartig angeordneten Glaspunkten aus dunkelgrünem und violettrotem Glas getrennt werden (vgl. Abb. unten 166).
Den aufgeschmolzenen Glasfaden zeigt ein weiterer Trierer Becher, dessen Wandung ebenfalls mit alternierenden grünen und gelbbraunen Nuppen geschmückt ist (Inv. 28, 578).
Entfärbtes Glas. – H. 10,2 cm.
RLM. Trier, Inv. 38, 3 207 a.
Lit.: Kat. Gläser Trier 61 Nr. 233 (Form 49 c) Taf. 25, 302 a. 39.
Goe.

Becher mit gesondert aufgelegten Verzierungen
g) FO. Trier, Biewerer Straße, 1957, Sarkophag 3; dem Toten wurde noch eine Kugeltrichterflasche mitgegeben.
Der konische Becher ruht auf einem flachen, leicht konischen Fuß, der aus der Wandung herausgeformt ist. Der leicht nach außen gewölbte Rand ist gerade abgesprengt. An die Wandung sind vier senkrecht verlaufende Glasfäden angesetzt, die ungefähr in der Mitte mit einem Steg mit der Wandung verbunden sind. Zwei dieser Glasfäden sind auf der Oberseite mit herausgezwickten Plättchen verziert.
Form und Dekor sind ungewöhnlich; Parallelen sind bisher nicht bekannt geworden. Offenbar hat das gut formbare Material den Glasbläser zu einer Neuschöpfung angeregt.
Entfärbtes Glas. – H. 15 cm.
RLM. Trier, Inv. 57,13.
Lit.: Kat. Gläser Trier 84 Nr. 368 (Form 61) Taf. 24, 266. 46.

Konchylienbecher
h) FO. Trier, Pallien, 1870, in einem Sandsteinsarkophag. Das

Formen Trierer Nuppengefäße. Die Zahlen beziehen sich auf Kat. Gläser Trier.

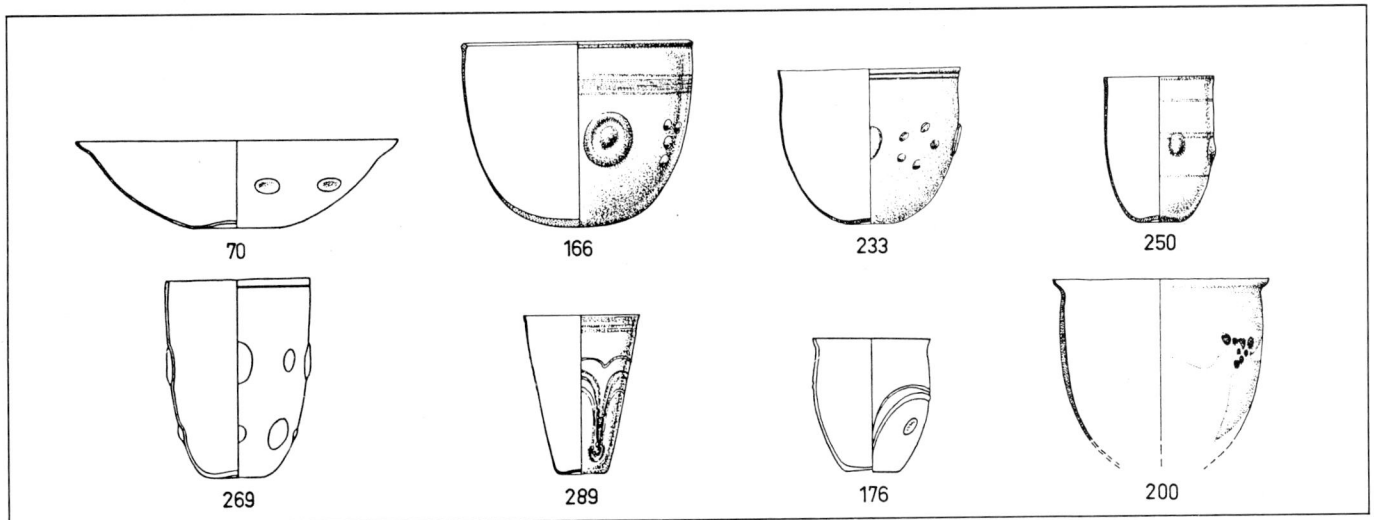

Fragmente von Wandmalereien aus
der Kaiservilla von Konz (Kat. 161 b).

Götterbecher aus
Trier, St. Matthias
(Kat. 173e).

Stück lag neben dem Kopf des Toten. Weitere Beigaben, eine »Glasampulle und ein kegelförmiges Fläschchen«, wurden ebenfalls nahe dem Kopf gefunden, ein formgegossener Teller aus dickwandigem Glas (vgl. Abb. S. 271, 12) auf den Knien und längs des linken Armes eine spindelförmige Glasflasche (vgl. hier Abb. S. 273, 85 und Kat. 100n).
Der Becher zeigt die gleiche Glockenform wie die Diatretbecher (s. hier Kat. 42). Auf die Wandung sind gesondert gearbeitete Seetiere in drei Reihen aufgesetzt. Zuoberst umziehen fünf Fische mit geöffneten Mäulern, deren Flossen mit einer gerippten Zange aus dem Körper herausgekniffen sind, die Wandung. Darunter folgen drei Tintenfische mit je zwei Fangarmen. Den Abschluß bilden drei röhrenförmige Gebilde, die von farblosen Glasfäden umwickelt sind. Ein Fangarm der drei Tintenfische ist jeweils zwischen den Tieren zum Boden herabgezogen. Sein Ende ist hier mit einer gerippten Zange breit gepreßt, so daß drei kleine Füße entstehen, auf denen das Gefäß ruht.
Nur drei weitere Konchylienbecher sind bisher bekannt geworden (zwei Exemplare mit Fundort Köln und Rom; 1 Stück mit unsicherem Fundort, aufbewahrt in Köln). Sie sind in der Dekoration ziemlich gleichartig. Die Tiere, die mit farbigen Glasfäden besetzt sind, umziehen die Becher in vier Zonen. Drei Stacheltiere (Purpurschnecken) der untersten Reihe dienen den Bechern als Füße.
Im Vergleich mit diesen reich dekorierten, dicht besetzten Bechern, deren Tiere sehr detailliert gekennzeichnet sind, wirkt das Trierer Exemplar sehr einfach. Die farbige Fadenauflage ist entfallen, die Fische sind sehr übersichtlich angeordnet und nur flüchtig charakterisiert. Die röhrenförmigen Gebilde der untersten Reihe sind sogar ohne Kenntnis der drei Becher unverständlich. Dort lassen sie sich als Muränen identifizieren. Die Purpurschnecken sind am Trierer Stück durch gerippte Füße ersetzt, die geschickt mit den Fangarmen der Polypen verbunden sind.
Der Trierer Becher – wegen des Fehlens der Schalentiere dürfte er eigentlich nicht als Konchylienbecher bezeichnet werden – wirkt wie ein vereinfachtes Abbild der Konchylienbechergattung. Der Glasbläser hat sich an diesen Bechern zwar orientiert, sie jedoch nicht genau kopiert. Mißverstandene Tiere hat er geschickt frei umgeformt und dekorativ angeordnet.
Während die übrigen Exemplare immer für Erzeugnisse der Kölner Glashütten gehalten wurden, hat schon O. Doppelfeld angenommen, daß der Trierer Becher in einer Trierer Werkstatt hergestellt worden ist. Die aufgezeigten Eigenwilligkeiten sprechen sehr dafür, zumal sich ähnliche Tendenzen ebenfalls an anderen Trierer Gläsern feststellen lassen.
Entfärbtes, dickwandiges Glas. – H. 11,9–12,5 cm
RLM. Trier, Inv. G. 694.
Lit.: Kat. Gläser Trier 63f. Nr. 241 (Form 51b) Taf. 24, 252.
40.
Lit. zu den Konchylienbechern: O. Doppelfeld, Kölner Konchylienbecher. Archeologie en Historie, Festschrift H. Brunsting (Bussum 1973) 281–294. Goe.

140   Gläser mit Schliffverzierung

Das feine Trinkgeschirr war im 4. Jahrhundert mit Ornamenten und figürlichen Szenen geschmückt, die in die Außenwand mit Hilfe von Schleifrädchen eingeschliffen oder mittels Hartmineralien (z. B. Bergkristall) eingeritzt oder geätzt wurden. In dieser Weise wurden in Trier hauptsächlich Kugelabschnittschalen (s. Kat. 98n, 99), halbkuglige und konische Becher verziert. Die meisten Stücke stammen – anders als das einfache Geschirr – aus dem Stadt- oder Siedlungsbereich und sind daher nur in Fragmenten auf uns gekommen.

Facettenschliff bei Trierer Gläsern. Die Zahlen beziehen sich auf Kat. Gläser Trier.

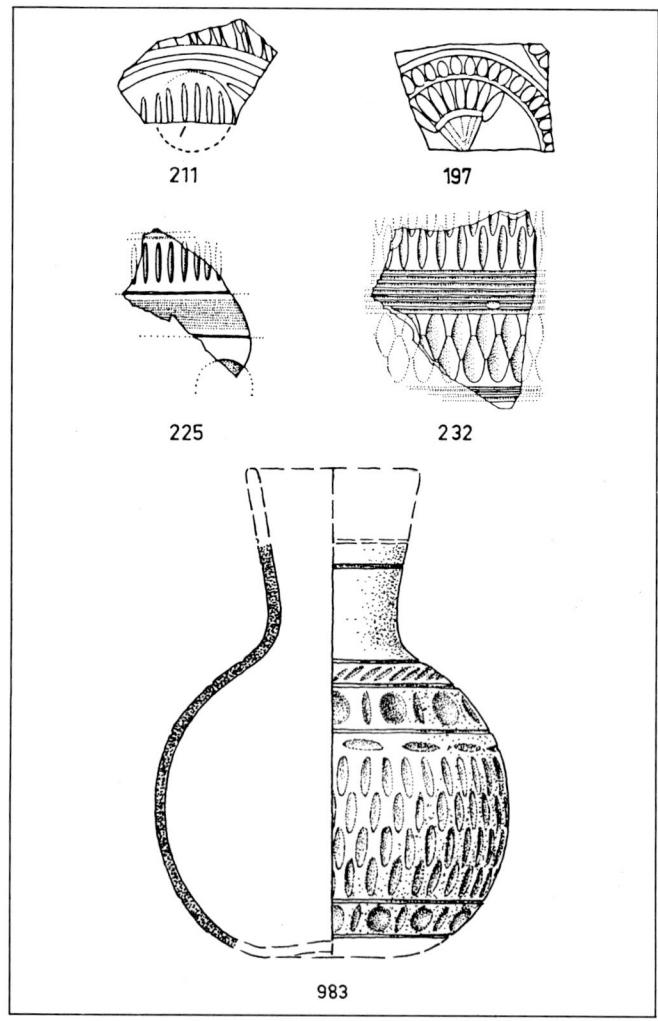

Ornamental eingeschliffene Verzierungen sind in Trier am häufigsten vertreten. Sehr beliebt waren eingeschliffene Kreise und Ovale, die im Wechsel zu Mustern zusammengesetzt wurden.

Zusammenstellung schliffverzierter Trierer Gläser: Röm. Gläser.
Führer 62–66, Abb. 29–66.

I. Facettenschliff (Abb. S. 264)

Sehr sorgfältig ist der Facettenschliff ausgeführt. Versetzte Reihen schmaler Ovale überziehen die Wandung und werden zuweilen durch breite und schmale Schliffbänder unterbrochen.

a) FO. Trier, Aachener Str., 1903; in dem Sarkophag lagen noch vier weitere Glasgefäße (s. hier auch Kat. 139a).
Dickwandige Kugeltrichterflasche mit leicht nach innen gewölbtem Boden und kurzem Hals. Dieser ist mit zwei Schlifflinien versehen. Um die Schulter laufen zwei schmale durch Schlifflinien eingefaßte Bänder. Das obere ist mit schräg liegenden Ovalen ausgefüllt, das untere mit einander abwechselnden Kreisen und Ovalen. Dieses gleiche Schliffband ist oberhalb des Bodens wiederholt. Der größte Teil des bauchigen Körpers ist mit Facettenschliff bedeckt. Die sehr sorgfältige Ausführung und die Wahl des dickwandigen milchigen Glases läßt sich an zwei weiteren Trierer Gefäßen beobachten (s. Abb. S. 267, 1303a), die sicherlich aus derselben Werkstatt stammen wie die Kugeltrichterflasche.
Dickwandiges milchiges Glas, das in winzige Bruchstücke zerfallen ist. Es enthält offensichtlich zu viel Flußmittel und zu wenig Sand, so daß es keine Widerstandskraft gegen die im Boden befindlichen chemischen Stoffen besitzt. – H. 12,8 cm (stark ergänzt).
RLM. Trier, Inv. 03, 273a.
Lit.: Kat. Gläser Trier 164 Nr. 983 (Form 101b) Taf. 23, 258a. Goe.

II. Kreis- und Ovalschliff (Abb. S. 266).

Eine Gruppe fragmentarischer Becher ist mit großen eingeschliffenen Kreisen verziert, zwischen die große Ovale gesetzt sind, die aber auch von schmalen Schlifflinien eingefaßt oder getrennt sein können. Große Ovale werden zuweilen auch von stehenden ⋎ eingefaßt, die sich an ihren Spitzen fast berühren, so daß der Eindruck einer durchlaufenden Zickzacklinie erweckt wird (Abb. S. 267, 65). Dieses Ornament ist den langgestreckten Sechsecken eng verwandt. Die Bodenmitte wird meistens durch einen Kreis markiert. Obgleich der Schliff sehr sorgfältig ausgeführt ist, wirkt er doch – anders als der Facettenschliff – sehr grob, da Kreise und Ovale sehr groß ausgeführt sind.
Zwei Kugelabschnittschalen verbinden die Ovalschliffe wechselseitig mit Mustern (vgl. hier Kat. 142a).

b) FO. Wald von Borg (Krs. Merzig-Wadern), 1900.
Fragment eines halbkugligen Bechers. In den Boden ist ein Kreis eingetieft. Um den unteren Teil der Wandung läuft eine Reihe Kreise, in deren Zwischenräume sowohl oben als unten Ovale gesetzt sind. Diese sind mit zwei schrägen kurzen Schlifflinien versehen. Darüber folgt eine Reihe großer Ovale.
Entfärbtes, dickwandiges Glas. – Gr. H. 4 cm.
RLM. Trier, Inv. 01,147.
Lit.: Kat. Gläser Trier 58 Nr. 208 (Form 49a) Abb. 19.

c) FO. unbekannt, wohl Trier oder Umgebung.
In die Außenwand der sehr flachen Kugelabschnittschale sind drei Reihen Ovale flach eingeschliffen. Darunter folgt ein Schliffband, das mit liegenden Ovalen gefüllt ist. Diese sind jeweils durch zwei senkrechte Striche voneinander getrennt. Der Mittelpunkt ist mit einer Art Stern markiert.
Grünes, dickwandiges Glas. – Dm. 17,2 cm.
RLM. Trier, Inv. G. 698.
Lit.: Kat. Gläser Trier 26 Nr. 59 (Form 14). Goe.

III. Gittermuster

Das Gittermuster spielt bei den Trierer Stücken eine besondere Rolle. Rautenketten, Quadrate, Halbkreise und Zwischenräume werden mit ihm vorzugsweise gefüllt. Quadrate mit eingezogenen Seitenwänden, die von Kreisen umschlossen werden, sind ebenfalls gegittert.
Diese häufige Wahl des Gittermusters darf sicherlich als ein Kennzeichen der Trierer Glasschleifer gewertet werden.

140 d, a

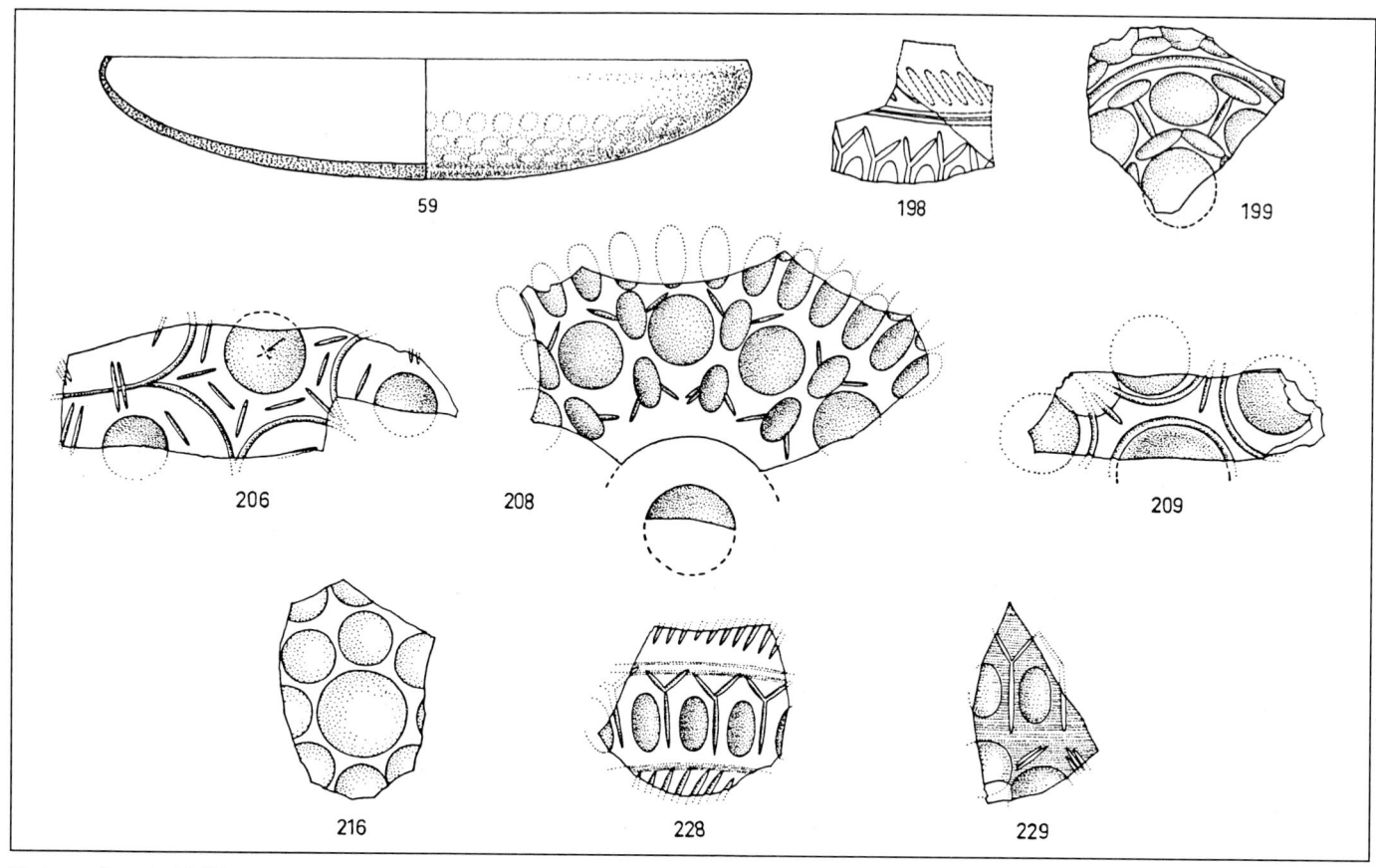

Kreis- und Ovalschliff bei Trierer Gläsern. Die Zahlen beziehen sich auf Kat. Gläser Trier.

d) FO. Trier, Aachener Str., 1903. Der Becher wurde zusammen mit zwei weiteren Glasgefäßen und einer Anzahl Haarnadeln einer Frau mitgegeben.

Die Randzone des dickwandigen Bechers, der die Form einer überhöhten Halbkugel hat, ist durch schmale herausgeschliffene Profilleisten gegliedert. Der Fuß ist durch zwei breite Schliffrillen abgesetzt. Die Wandung ist mit stehenden Blattzungen verziert. Sechs Blätter mit Gittermuster wechseln mit sechs Paaren konkav geschliffener Blätter.

Dieses Muster kehrt sehr ähnlich an einer dickwandigen einhenkligen Kanne wieder (Abb. S. 267, 1303a). Langgestreckte gegitterte Rechtecke wechseln hier mit langgezogenen konkav geschliffenen Blattzungen. In der sorgfältigen Ausführung und in der Wahl des Glases gleichen beide Stücke einander weitgehend der Kugeltrichterflasche Kat. 140a.

Vereinfacht ist diese Verzierungsart bei einem halbkugligen Becher (Kat. Gläser Trier Taf. 38, 182) und bei einer Kugelabschnittschale (Kat. Gläser Trier Taf. 30, 65): Die zungenförmigen Blätter enden hier nicht gerundet, sondern sind durch eine Art Giebel bekrönt. Diese giebelförmigen Muster sind mit Ovalschliffen gefüllt. Bei dem Becher wechseln jeweils vier in dieser Weise verzierte Muster mit einem breiten gegitterten Giebelmuster. Diese Verzierungsart begegnet anderswo recht selten (vgl. Abb. S. 267).

Farbloses dickwandiges Glas. – H. 8,2 cm.
RLM. Trier, Inv. 03, 275a.
Lit.: Kat. Gläser Trier 49f. Nr. 155 (Form 48) Taf. 24, 260a.

Goe.

IV. Figürliche Szenen

Die figürlichen Darstellungen lassen sich in drei Gruppen einteilen:

1. Die Szenen sind eingeritzt (s. hier Kat. 98 n, 99). Die wenigen Stücke dieser Art sind sicherlich nicht in einer Trierer Werkstatt gefertigt (ausgenommen eine zweihenklige zylindrische Kanne: Kat. Gläser Trier Taf. 74, 1396. – Röm. Gläser. Führer 62 Abb. 29, 5).

2. Die Konturen der Figuren sind mit schmalen Schlifflinien nachgezogen, Einzelheiten sind ebenfalls durch schmale Schlifflinien gekennzeichnet, freie Flächen und Füllornamente sind dagegen mattiert. Diese Gruppe ist am stärksten vertreten. Verschiedene Fragmente wurden in der Kaiservilla in Konz gefunden (161 c).

3. Die Figuren und Einzelheiten sind durch sehr breite, kurze Schlifflinien aufgelöst. Die Szenen machen dadurch einen skizzenhaften Eindruck. Diese grobe Schliffart ist auch in anderen Werkstätten sehr beliebt (vgl. F. Fremersdorf, Die römischen Gläser mit Schliff, Bemalung und Goldauflagen aus Köln, Köln 1967 Taf. 246–269).

Gittermuster bei Trierer Gläsern. Die Zahlen beziehen sich auf Kat. Gläser Trier.

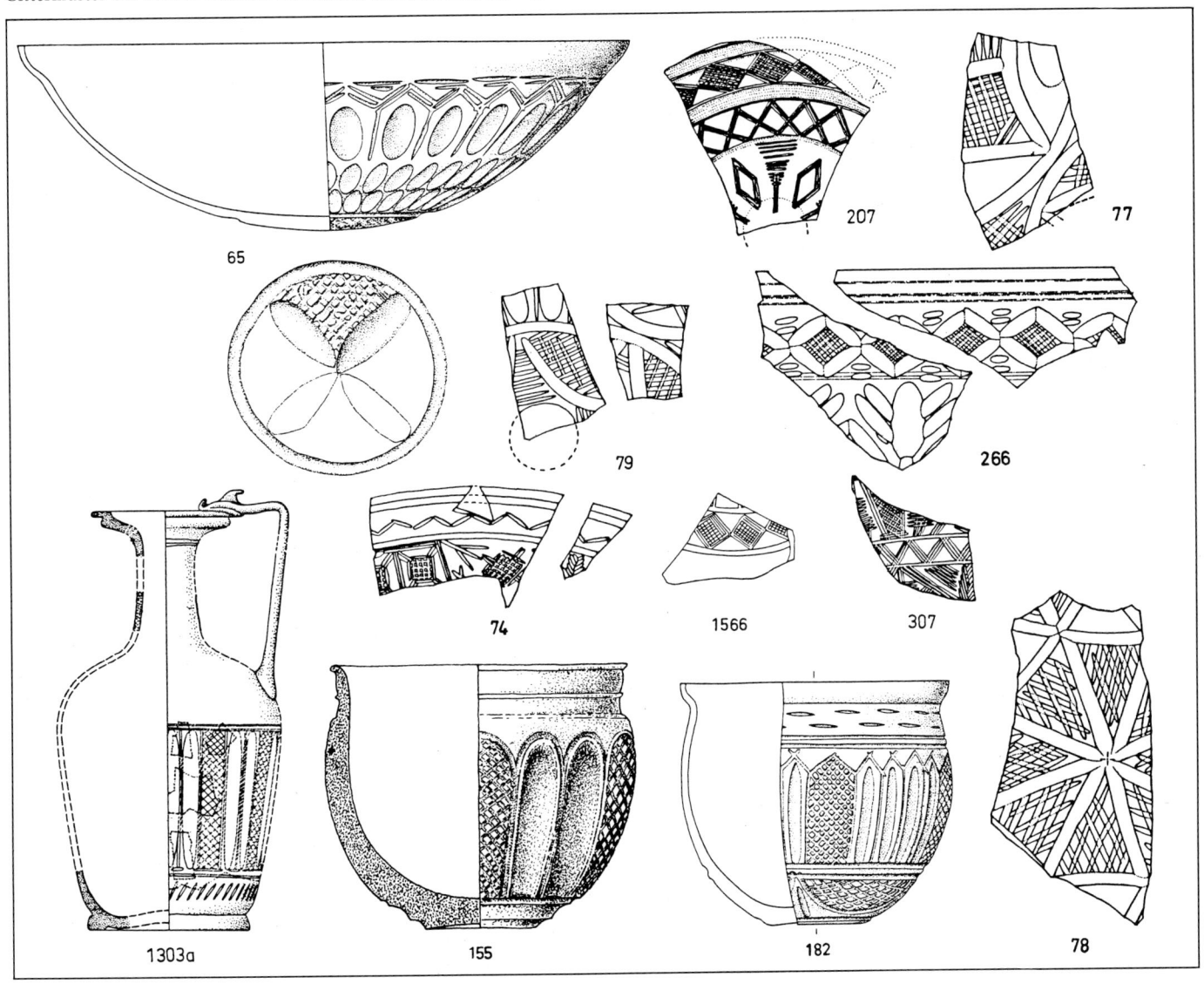

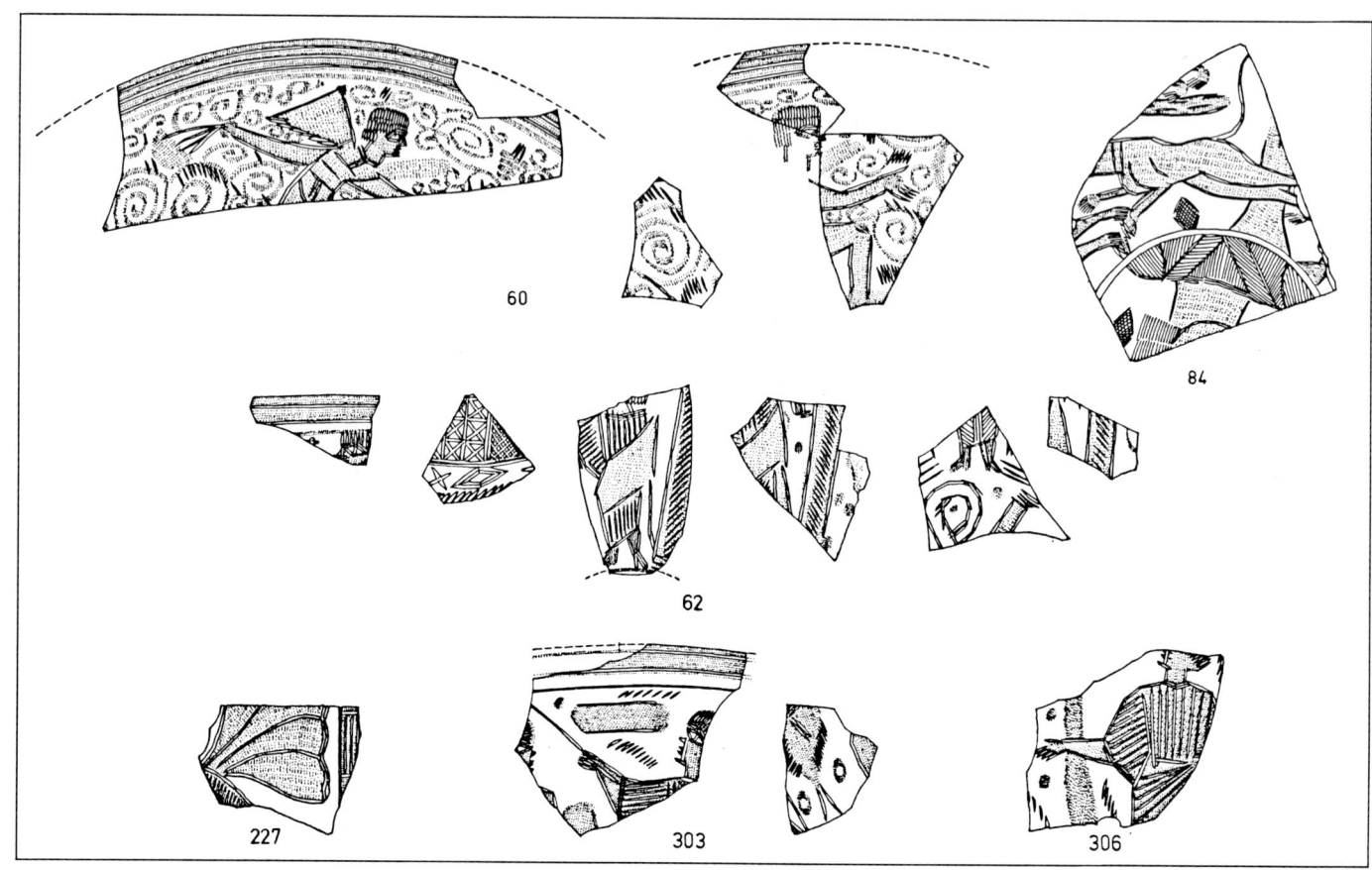

Trierer Gläser mit feiner Schliffverzierung. Die Zahlen beziehen sich auf Kat. Gläser Trier.

2. Feiner Schliff (vgl. Abb. oben).
e) FO. Trier, Heiligkreuzer Str., 1919.
Erhalten sind mehrere Bruchstücke einer flachen Kugelabschnittschale mit geradem Rand. Eine geflügelte Gestalt mit kurzen gestrichelten Haaren beugt sich mit ausgestreckten Armen nach vorn. Auf einem anderen Fragment erkennt man eine Figur die ein Bein anhebt und einen Arm ausstreckt. Der Hintergrund ist mit mattiertem spiralartigem Ornament vollkommen ausgefüllt. – Feine Schlifflinien, mattierte Flächen.
Hellgrünes dünnwandiges Glas. – Dm. 19 cm.
RLM. Trier, Inv. 19,187 a–d.
Lit.: Kat. Gläser Trier 26f. Nr. 60 (Form 14) Abb. 6. – Röm. Gläser. Führer Abb. 33,1.

f) FO. Trier, Friedrich-Wilhelm-Str., 1898.
Erhalten ist ein Stück vom unteren Teil einer Kugelabschnittschale. Den Boden schmückt eine Büste mit kurzer Strichelfri-

sur, die medaillonartig von einem Kreis eingefaßt wird. Darüber war offensichtlich eine Jagdszene wiedergegeben. Ein schlanker Jagdhund springt einem anderen Tier nach, von dem nur noch die Hinterbeine erhalten sind. Sehr feiner Schliff, freie Flächen mattiert.
Entfärbtes Glas. – Gr. L. 9 cm.
RLM. Trier, Inv. 98,126.
Lit.: Kat. Gläser Trier 32f. Nr. 84 (Form 15c) Abb. 8. – Röm. Gläser. Führer Abb. 33,2.   Goe.

3. Grober Schliff (vgl. Abb. S. 269 und Kat. 161g).
g) FO. Trier, Kaiserthermen, aus einem mittelalterlichen Brunnen, 1963.
Erhalten sind drei Fragmente einer Kugelabschnittschale mit geradem Rand. Auf der Randscherbe ist ein Baum mit ovalen Blättern zu erkennen, zu dem eine Hand emporgestreckt wird. Auf einem anderen Fragment sieht man neben einem Baum-

stamm eine sich bückende Gestalt, die in der Linken einen langen dünnen Stab hält. Vielleicht war eine Jagdszene dargestellt. Bäume und Figuren sind durch breite Schliffurchen aufgelöst.

Hellgrünes, dickwandiges Glas. – Dm. 15,4 cm.
RLM. Trier, Kth. Fnr. 1175.
Lit.: Kat. Gläser Trier 32 Nr. 83 (Form 15 c) Abb. 8.

h) FO. Trier, Friedrich-Wilhelm-Str., 1898.
Erhalten ist eine größere Randscherbe eines halbkugligen Bechers mit leicht nach außen gewölbtem Rand (vgl. hier Kat. 138 a–b). Zwischen zwei Säulen steht eine kurzgewandete Figur mit Bürstenfrisur, die nach links blickt und ihren rechten gesenkten Arm gleichsam im Redegestus ausstreckt. Von einer weiteren ähnlichen Figur ist rechts am Bruchrand noch ein Teil erhalten.
Unser Stück gehört zu einer Bechergattung, die bisher hauptsächlich im Rheingebiet zutage gekommen ist. Charakteristisch ist nicht nur der grobe Schliff, der Gegenstände und Figuren auflöst – man betrachte nur das gestrichelte Gesichtsprofil –, sondern auch die Gliederung der Darstellung durch Säulen. Diese trennen meistens die stehenden, frontal ausgerichteten und ins Profil schauenden einzelnen Figuren voneinander. Überwiegend halbkuglige Becher sind mit dieser Darstellungsart verziert. Bei den konischen Bechern sind die trennenden Säulen fortgelassen (vgl. hier auch Kat. 144 b).
Entfärbtes, dickwandiges Glas. – Dm. 11,2 cm.
RLM. Trier, Inv. 98,83.
Lit.: Kat. Gläser Trier 57 f. Nr. 205 (Form 49 a) Abb. 19.
Goe.

141 Formgeblasene Gläser

Die schon im 1. Jahrhundert n. Chr. geübte Technik, Gläser in eine *Halbform* zu blasen, wurde auch im 4. Jahrhundert insbesondere für zylindrische Flaschen und Fläschchen und zylindrische ein- und zweihenklige Kannen angewandt. Während der untere Teil des Körpers in die Form geblasen wurde, sind Hals und Mündung frei geformt.
Zusammenstellung formgeblasener Trierer Gläser: Röm. Gläser. Führer 55 f. Abb. 21–22.

a) FO. Trier, Pallien, 1914, Grab 17. Das Fläschchen wurde mit 5 weiteren Glasgefäßen (darunter auch ein Affengefäß vgl. hier e) und einigen bescheidenen Schmucksachen einem Mädchen ins Grab gelegt.
Der sich leicht nach unten verjüngende zylindrische Körper geht in einen kurzen konischen Hals mit kelchförmiger Mündung über. Der Rand ist durch einen auf die Unterseite aufge-

schmolzenen Glasfaden zweigeteilt. Heftnarbe am leicht nach innen gewölbtem Boden.
Fläschchen dieser Form, die auch im Rheinland und nordöstlichen Gallien vorkommen, wurden in Trier gern als Grabbeigaben verwandt (vgl. Abb. S. 273, 110 b).
Grünliches Glas. – H. 13 cm.
RLM. Trier, Inv. ST. 9616 f.
Lit.: Kat. Gläser Trier 187 Nr. 1163 (Form 110 b) Taf. 24, 256 f.

Eine weitere dem 1. Jahrhundert wohlbekannte Technik, Gefäße optisch zu blasen, erlangt im 4. Jahrhundert erneute Bedeutung. Konische Becher mit und ohne Standring, bauchige Becher mit Standring und einhenklige Kannen sind von dünnen spiralartig gewundenen Riefellinien umwunden, die für diese Technik charakteristisch sind. Die Gefäße erhielten bekanntlich ihre wellige Oberfläche, indem der Glasbläser den Glasposten in einer gerippten Hohlform aufblies. Die gerippte Glasblase wurde nach der Entnahme aus der Form weiter aufgeblasen, wobei die starke Rippung der Wandung schwächer wurde. Durch gleichzeitiges Drehen konnte man die spiralartigen Windungen erzielen.

Trierer Gläser mit grober Schliffverzierung. Die Zahlen beziehen sich auf Kat. Gläser Trier.

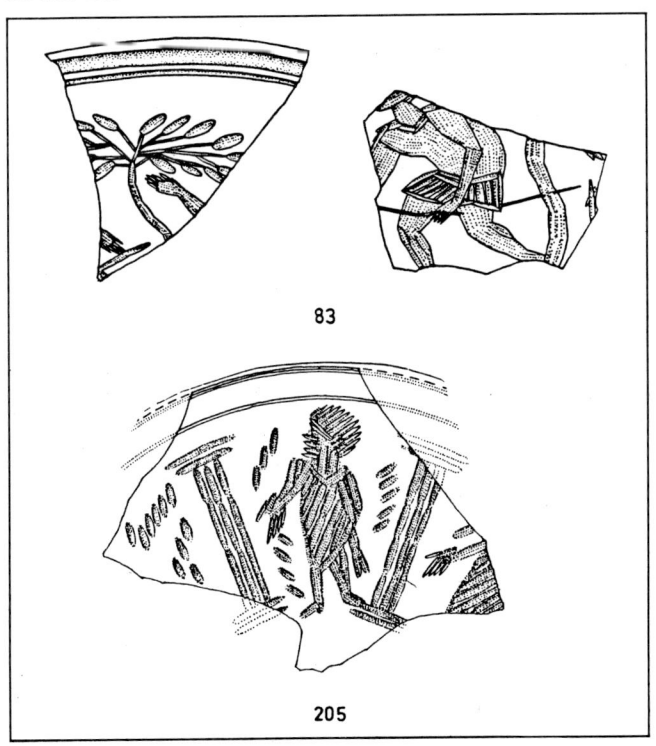

83

205

141 a, c, b

b) FO. Trier, nahe der Moselbrücke.
Der kegelförmige Körper geht im unteren Teil stark in die Breite und biegt in knapper Rundung zum hohen konischen Fuß um. An der nach innen gestochenen Bodenmitte sieht man Spuren des Hefteisens, mit dessen Hilfe das Gefäß zur leichteren Bearbeitung festgehalten wurde. Nach oben zu verjüngt es sich stark, um sich wieder zur Mündung kelchförmig zu weiten. Um den Hals ist ein Kragen gelegt, der aus zwei flachen Ringen besteht. Der Zwischenraum ist mit einem blauen Zickzackfaden gefüllt (vgl. S. 257, 1322). Der am Halskragen ansetzende Stabhenkel ist wellenförmig getreppt am Körper ausgezogen. Um den Körper winden sich in weiten Abständen Bänder, die sich

aus vier flachen Rippen zusammensetzen. Sie unterstreichen die elegante Gefäßform.
Hellgrünes dickwandiges Glas. – H. 21,5 cm.
RLM. Trier, Inv. 37,128.
Lit.: Kat. Gläser Trier 219 Nr. 1322 (Form 128) Taf. 71. Farbtaf. IV.

c) FO. Farschweiler (Krs. Trier-Saarburg), 1940. In dem Sarkophag lag noch eine große fragmentarische Faßflasche der Firma Frontiniana.
In die Außenwand des hohen Bechers (vgl. Abb. S. 271, 50) ist ein Wabenmuster eingetieft, das zum Boden zu größer wird.

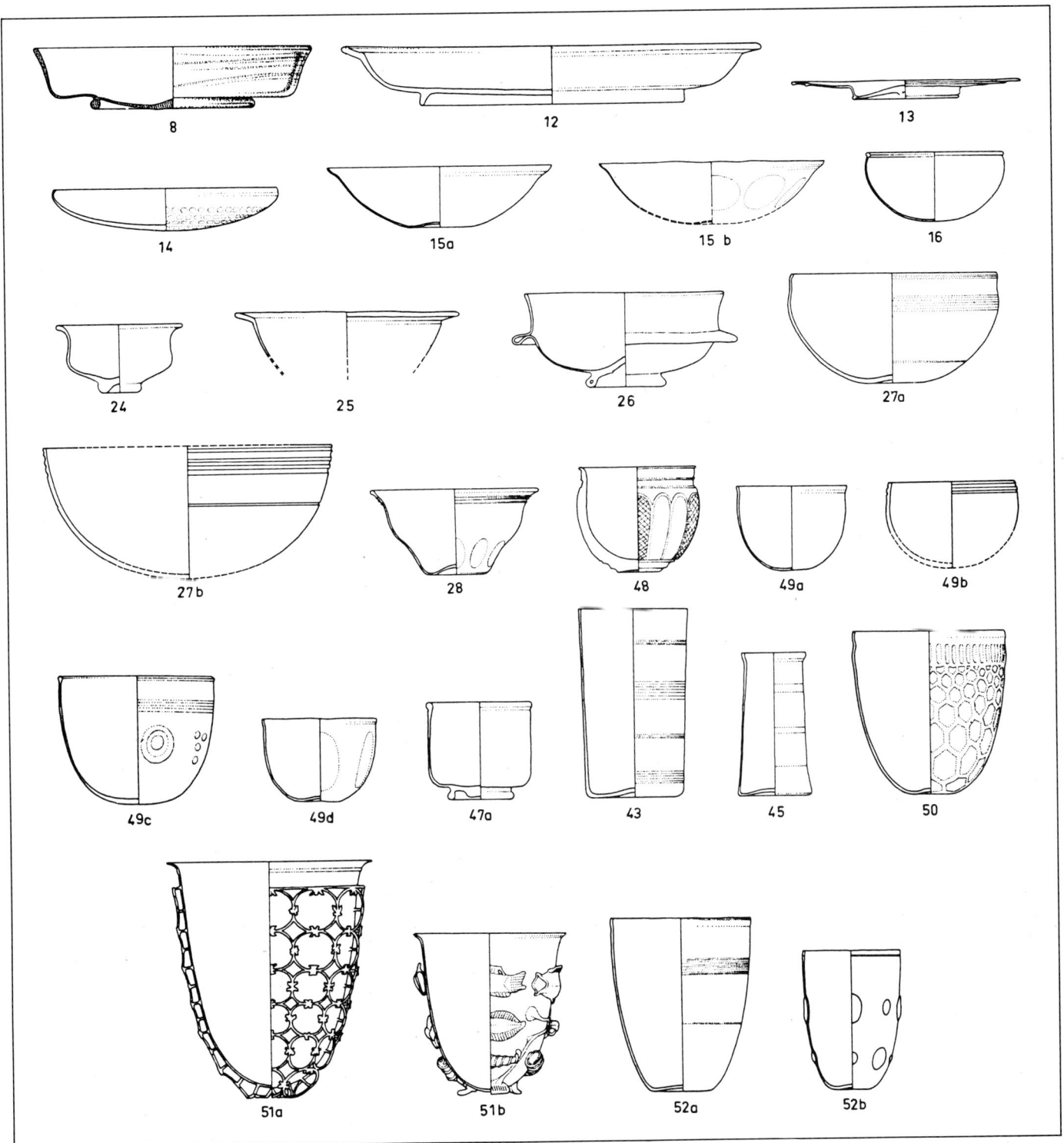

Formen Trierer Gläser des 4. Jahrh. Die Zahlen beziehen sich auf die Formentafel im Kat. Gläser Trier.

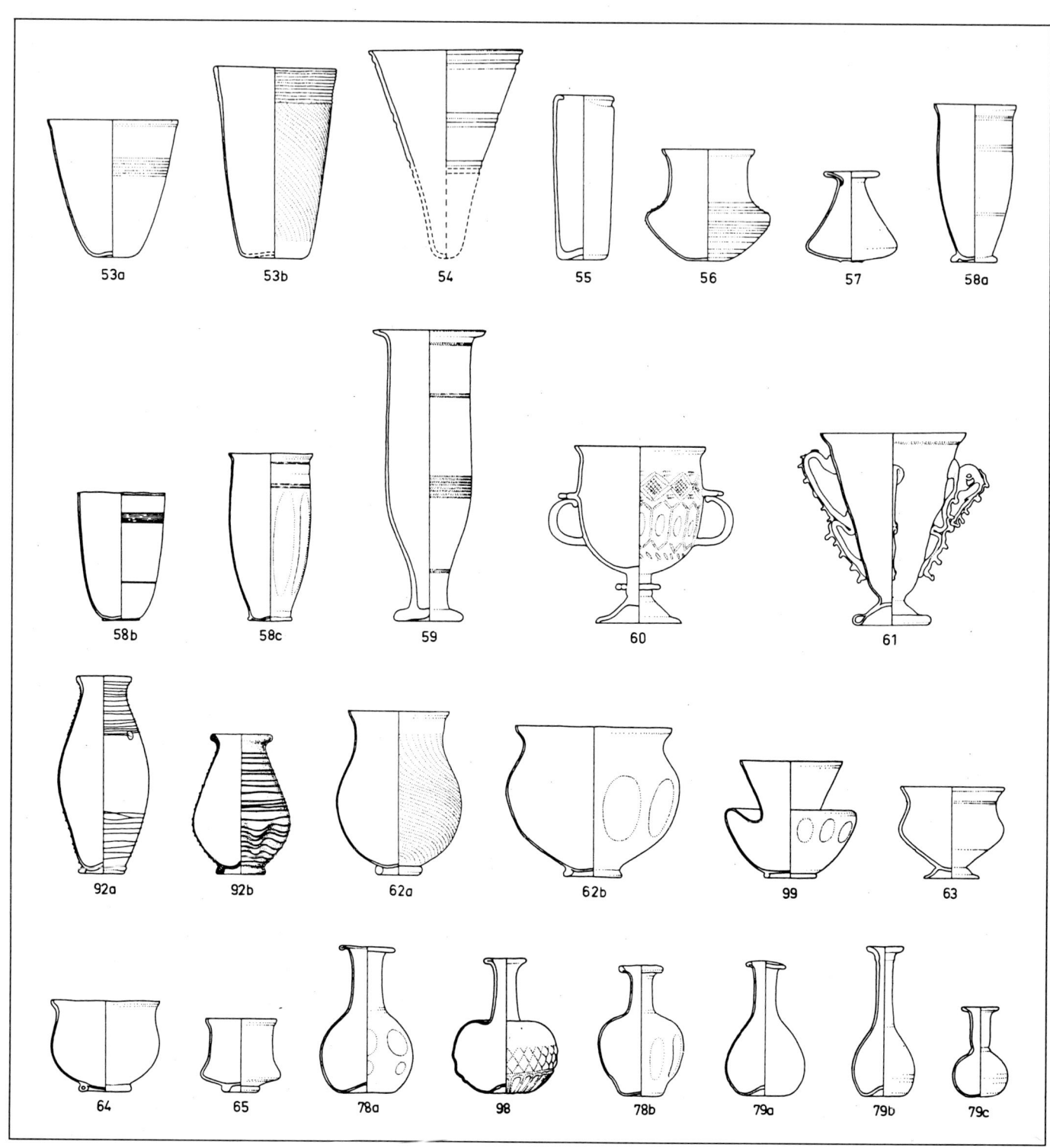

Formen Trierer Gläser des 4. Jahrh.

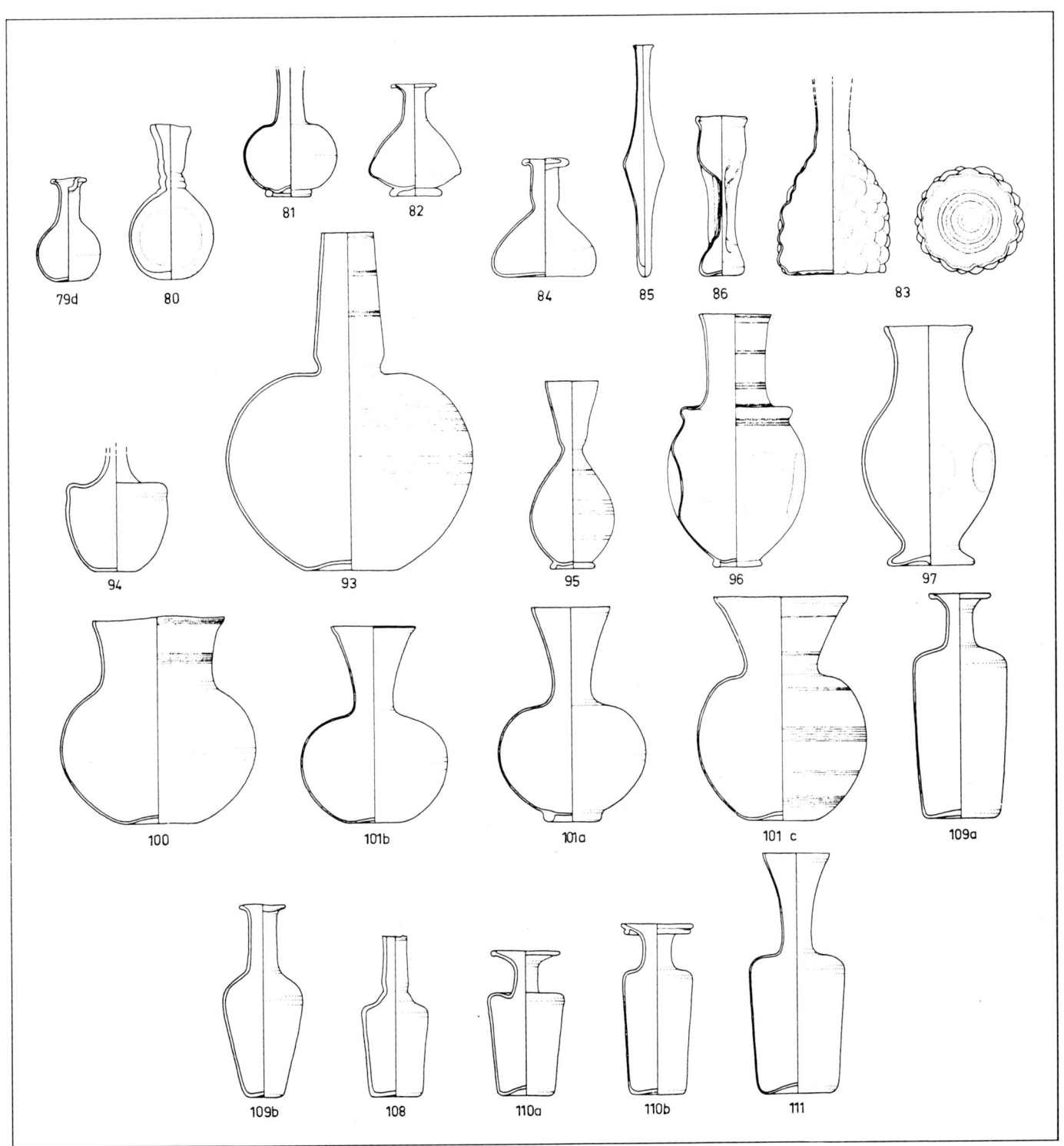

Formen Trierer Gläser des 4. Jahrh. Die Zahlen beziehen sich auf die Formentafeln im Kat. Gläser Trier.

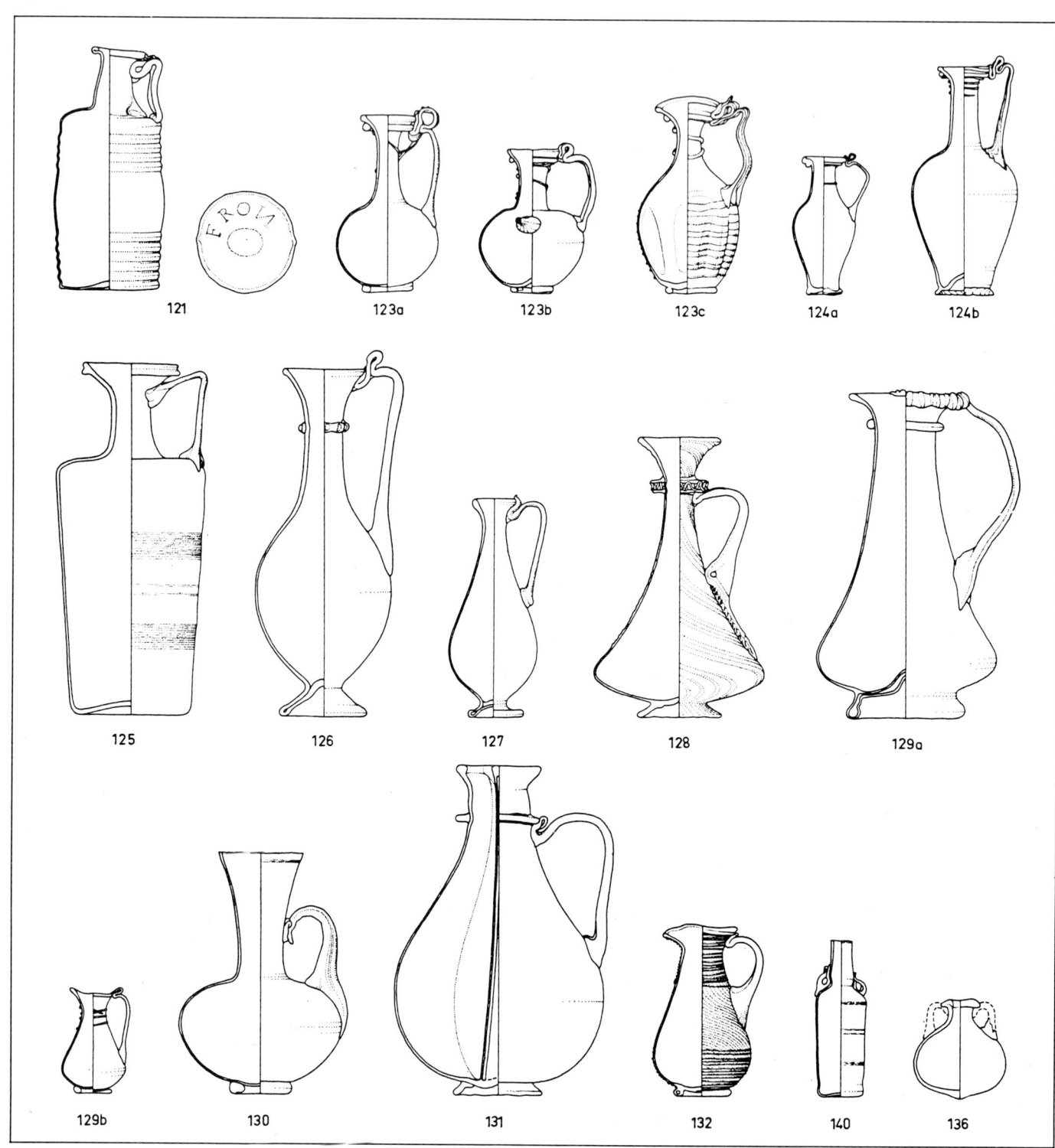

121   123a   123b   123c   124a   124b

125   126   127   128   129a

129b   130   131   132   140   136

Formen Tricrer Gläser des 4. Jahrh.

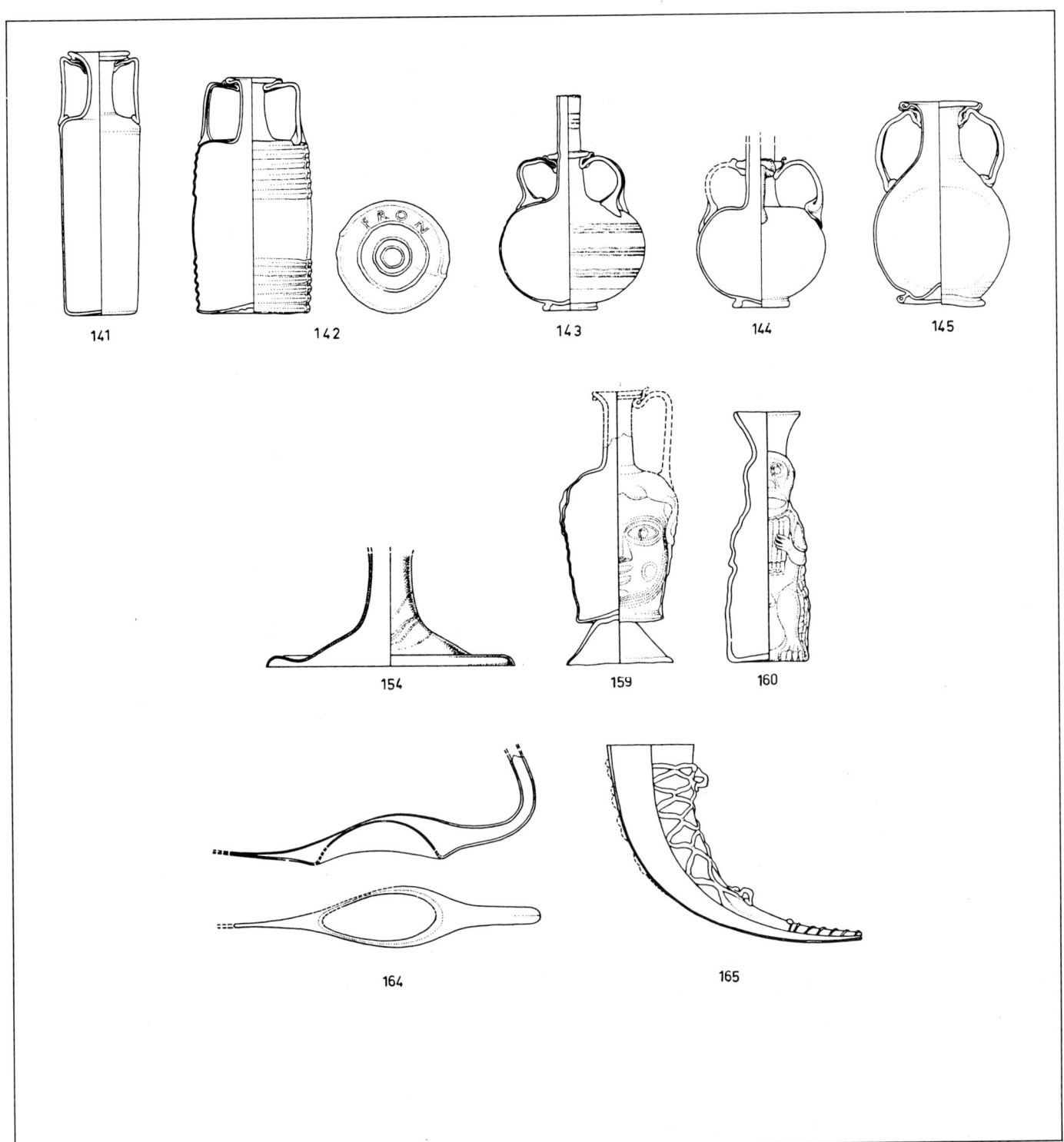

141 142 143 144 145

154 159 160

164 165

Formen Trierer Gläser des 4. Jahrh. Die Zahlen beziehen sich auf die Formentafeln im Kat. Gläser Trier.

Unterhalb des leicht nach außen gewölbten Randes hebt sich eine stabförmige Verzierung ab.

Schwach olivfarbenes, dickwandiges Glas. – H. 12,3 cm.

Die Wabenbecher, die hauptsächlich im westlichen Teil des römischen Imperium (insbesondere Rheinland und nordwestliches Gallien) aber auch in der östlichen Reichshälfte gefunden worden sind, zeigen keine Formnähte. Dies bedeutet, daß sie in eine einteilige Form gepreßt oder geblasen wurden.

RLM. Trier, Inv. 40, 24a.

Lit.: Kat. Gläser Trier 62 Nr. 237 (Form 50) Taf. 25, 309a. 40.

Zu weiteren in eine Form gepreßten Gefäße s. hier Kat. 142b.

Goe.

Eine Anzahl Gefäße wurden in eine *zweiteilige aufklappbare Form* geblasen. Die Formnähte sind meistens an den Seiten deutlich sichtbar. Zu ihnen zählen die ein- und zweihenkligen Faßflaschen (s. hier Abb. S. 274, 121, 142), Gefäße in Form einer Weintraube (s. Abb. S. 273, 83), Kopfgefäße (s. hier f und Abb. S. 275, 159) und Flaschen in Form von Affen (s. hier e und Abb. S. 275, 160). Während die einen Stempel tragenden Faßflaschen, die schon im 3. Jahrhundert im Handel waren, sicherlich eingeführte Erzeugnisse sind, werden wohl die Kopfgefäße, die eigentümliche Abweichungen von den gleichartigen gallischen und rheinischen Exemplaren zeigen, in Trierer Werkstätten entstanden sein.

141 d, e, f

d) FO. Trier, Benediktiner Str., 1901.

Der zylindrische Körper hat die Form eines Fasses, das oben und unten von je vier Reifen umzogen ist. Glatte Bodenfläche ohne Stempel. Der konische enge Hals weitet sich kelchförmig zur Mündung. Der Rand ist nach außen gebogen und wieder nach innen gefaltet. Der Bandhenkel sitzt auf der Schulter auf. Möglicherweise handelt es sich bei unserem Stück um eine einheimische Nachahmung der großen ein- und zweihenkligen Faßflaschen (vgl. hier auch Kat. 97 B, a), die besonders im westlichen Frankreich, in Belgien und im Rheinland verhandelt wurden. Sie ahmen deutlich die Form der Reifenfässer nach, in denen Wein oder Bier transportiert wurde. Man hat daher nicht zu Unrecht vermutet, daß die verkleinerten gläsernen Nachbildungen, die meistens am Boden den Stempel des Werkstattbesitzers Frontinus tragen, ebenfalls mit einem alkoholischen Getränk gefüllt waren. Ja, vielleicht wurden sie sogar für ein bestimmtes alkoholisches Getränk (ein besonderer Würzwein?) eigens hergestellt (vgl. hierzu: Helvetia Archaeologica 39/40, 1979, 174 f.).
Leicht grünliches Glas. H. 11,4 cm.
RLM. Trier, Inv. ST. 2565 a.
Lit.: Kat. Gläser Trier 203 Nr. 1247 (Form 121) Taf. 67.

e) FO. Trier, St. Matthias, 1906.

Das Gefäß gibt einen im Korbstuhl sitzenden Affen wieder, der vor der Brust mit beiden Händen die Syrinx hält. Er trägt einen Kapuzenmantel, der am Hinterkopf herabhängt. Auf dem Kopf erhebt sich eine kurze trichterförmige Mündung.
Solche Affengefäße sind im Rheinland und im nordwestlichen Gallien gefunden worden. Zwei weitere Trierer Exemplare wurden Kindern ins Grab gelegt (vgl. Abb. zu Kat. 141 e Mitte). Sie sollten sicherlich die kindlichen Benutzer an jene abgerichteten Affen erinnern, die allerlei Kunststücke und sogar kleine Theaterstücke aufführen konnten (schon auf Lampen des 1. Jahrhunderts n. Chr. begegnen sie zusammen mit dem Gaukler; s. Raum 21 Pultvitrine).
Hellgrünliches, dickwandiges Glas. H. 19,5 cm.
RLM. Trier, Inv. 05, 475.
Lit.: Kat. Gläser Trier 258 Nr. 1535 (Form 160) Taf. 80.

f) FO. Trier, südliches Gräberfeld (zwischen Rode- und Maternusstr.), 1904.

Doppelgesichtiges Gefäß mit breitem kegelförmigem Fuß, der gesondert angesetzt war. Im Gegensatz zu dem weiteren gleichartigen Trierer Gesichtsgefäß (Inv. 04, 570; ausgestellt in Raum 18, Vitrine 84. Röm. Gläser. Führer 56 Abb. 3–4) sind hier die Lippen des geöffneten Mundes mürrisch verzogen. Die übrigen Gefäße dieser Art (in Boulogne, Köln, aus Gondorf an der Mosel und in Worms. Vgl. F. Fremersdorf, Römisches geformtes Glas in Köln. Denkmäler des römischen Köln 6, Köln 1961, 77 ff. Taf. 171–173. 176) werden von einem trichterförmigen Hals bekrönt. Auf dem flockigen Haar der beiden Trierer Stücke erhob sich jedoch ein röhrenförmiger Hals mit kelchförmiger Mündung, die mit dem Kopf durch einen Stabhenkel verbunden

war, wie mitgefundene Reste lehren. Es hat den Anschein, daß Trierer Glasbläser das eigentümliche Gesicht mit den hervorquellenden Augen abformten und nach ihren Vorstellungen weiter gestalteten.
Gelbgrünes, dickwandiges Glas; oberhalb der Nase nach dem besser erhaltenen anderen Trierer Stück und nach alten Zeichnungen ergänzt. – H. 23 cm (mit Ergänzung).
RLM. Trier, Inv. 03, 342.
Lit.: Kat. Gläser Trier 258 Nr. 1532 (Form 159) Taf. 80.   Goe.

142   Verzierte Glasschalen

a) FO. Trier, St. Matthias.
4. Jh. n. Chr.
Kugelabschnittschale aus entfärbtem Glas mit ornamentalem Schliffmuster: in der Mitte ein Doppelkreis, ringsum Kreise mit eingeschriebenen Vierecken und am Rande eine Zone mit stehenden Facetten.
Glas. – H. 6,3 cm, Dm. 18,9 cm.
RLM. Trier, Inv. 05, 359.
Lit.: Kat. Gläser Trier Nr. 71.

b) FO. Steinfort (Luxemburg).
2. H. 4. Jh. n. Chr.
Kugelabschnittschale aus grünem, blasigem Glas mit ornamentalem Muster, das durch Blasen in eine Negativform entstanden ist: in der Mitte ein Wirbel in zwei versetzten Quadraten, ringsum eine Zone mit Halbkreisen und Zwickeldreiecken.
Glas. – H. 4,2 cm, Dm. 14,7 cm.
RLM. Trier, Inv. 28, 577 a.
Lit.: Kat. Gläser Trier Nr. 73.

142 a

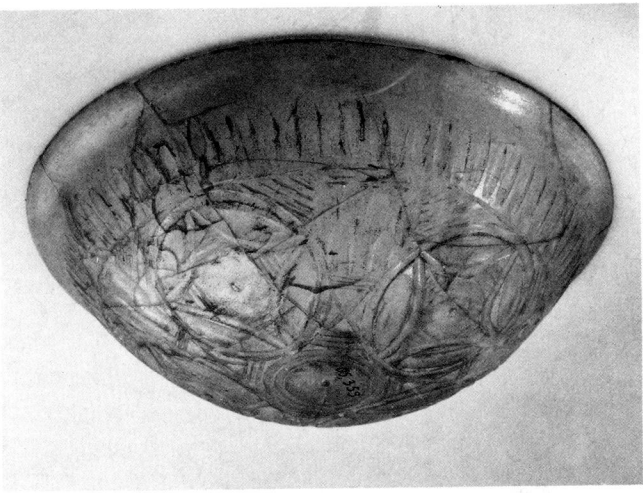

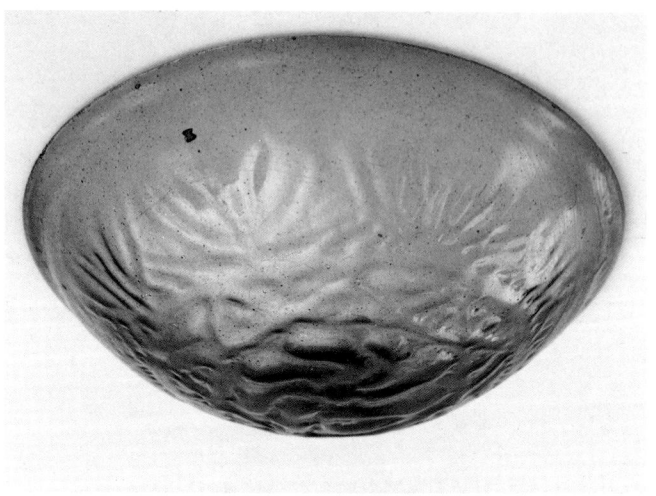

142 b

Wenn auch b) später als a) sein mag, so zeigt sich hier nicht eine zeitliche Entwicklung. Vielmehr spiegelt sich die soziale Entwicklung der Spätantike wider, bei der die Kluft zwischen den reichen Familien und der Masse der Bevölkerung unüberbrückbar groß geworden und mit der Kundschaft auch die Ware teils hoch verfeinert, zum anderen Teil ganz primitiv geraten war. Ein kostbares mehrfarbiges Diatretglas (Kat. 44) repräsentiert in der vorliegenden Gruppe der Kugelabschnittschalen ein qualitatives und auch preisliches Spitzenstück. Bi.

Die zwei Gläser haben gleiche Form und zeigen ähnliches Ornament. Während jedoch die Muster bei a) von Hand mit einem rotierenden Schleifrand kunstfertig herausgearbeitet wurden, sind die von b) sehr einfach serienmäßig hergestellt: In eine Negativform mit vertieftem Ornament wurde die Glasblase so eingedrückt, daß ein flauer Dekor entstand. Auch die Glasqualität ist bei a) deutlich besser als bei b).

143 Gravierte Gläser

a) FO. Köln, Luxemburger Straße.
1. H. 4. Jh.

Sog. Kugelabschnittschale aus farblosem Glas mit eingravierter Darstellung des Sündenfalls. Adam und Eva zeigen mit beredten Gesten auf den Apfelbaum hin, um den sich die Schlange ringelt. Die schamhafte Gebärde Evas weist schon voraus auf die Folgen des Sündenfalles (Genesis 3, 7).
Um den Rand steht der Glückwunsch: Gaudias (!) in deo, pie z(eses) = freue dich in Gott, trinke, du sollst leben.
Gleiche Schalen in gleicher Technik mit ähnlichen Sprüchen sind auch in Trier gefunden worden, einmal ebenfalls mit bibli-

143 a

143 b

scher (Kat. 99), einmal mit heidnisch-mythischer Darstellung (Kat. 98n).
Glas. – Dm. 20 cm.
RGM. Köln, Inv. N. 340.
Lit.: D. B. Harden, Journal of Glass Studies 2, 1960, 59 Nr. 16. – F. Fremersdorf, Die römischen Gläser mit Schliff . . . (Köln 1967) Taf. 226/27. – Gallien in d. Spätantike Nr. 138. – Spätantike und frühes Christentum Nr. 264.

b) FO. Köln, Luxemburger Straße.
1. H. oder Mitte 4. Jh.
Kugelabschnittschale aus farblosem Glas mit eingravierter Darstellung: Apollo und Diana stehen zwischen drei von Weihegaben bekrönten Säulen vor einer Arkadenreihe (wohl eines Tempels). Apollo ist mit dem kurzen Mantel bekleidet und hat in der rechten Hand einen Pfeil, die linke stützt sich auf den Bogen. Diana trägt die geschürzte Jagdkleidung; aus dem Köcher, den sie – wie ihr Bruder – auf dem Rücken hat, entnimmt sie einen Pfeil für den Bogen in der Linken.
Am Rande ist umlaufend ein (übrigens metrischer) Wunsch eingraviert: Escipe (für excipe) pocula[g]rata = nimm das willkommene Trinkgeschirr an.
Glas. – Dm. 18 cm.
RGM. Köln, Inv. N. 339.
Lit.: D. B. Harden, Journal of Glass Studies 2, 1960, 57 Nr. 11. – F. Fremersdorf, Die römischen Gläser mit Schliff . . . (Köln 1967) Taf. 218. – Gallien in d. Spätantike Nr. 103.

c) FO. Leverkusen-Rheindorf.
1. H. 4. Jh.
Halbkugliger Becher aus farblosem Glas mit vier Putten bei der Weinlese in wellenförmig dargestellten Weinranken. Unterhalb der Mündung ist – ebenfalls eingraviert – der Glückwunsch angebracht: Merueifa vivas tuis = Merueifa, du sollst den Deinen leben. Den Personennamen hält man für germanisch, dazu paßt der Fundort im rechtsrheinischen »Barbaricum«.
Glas. – H. 10 cm, Dm. 10,9 cm.
RLM. Bonn, Inv. 1390.
Lit.: D. B. Harden, Journal of Glass Studies 2, 1960, 58 Nr. 14. – F. Fremersdorf, Die römischen Gläser mit Schliff . . . (Köln 1967) Taf. 205. – Gallien in d. Spätantike Nr. 107.   Bi.

144   Glasschale und -becher

FO. Bonn, Kölner Straße.
Um Mitte 4. Jh.

a) Kugelabschnittschale aus farblosem Glas mit eingravierter Darstellung einer Jagd. Zwei Jagdhunde, begleitet von einem galoppierenden Jäger, treiben einen Hasen in ein ausgespanntes Netz. Der Reiter mit wehendem Mantel hält in der rechten Hand einen langen, geraden Gegenstand mit einer Schleife oberhalb der Mitte; er wird von Fremersdorf als Speer, von Harden als Peitsche gedeutet.
Die Schale vertritt neben den in Form und Technik gleichartigen mit biblischen (Kat. 99 und 143a) und mythischen (Kat. 98n und 143b) Szenen die dritte thematische Gruppe mit Jagdbildern.
Die Jagd spielte bei den vornehmen Familien auch in der Spätantike eine große Rolle; das gilt, wie wir aus einem Brief des Symmachus an einen Trierer namens Protadius (Brief 4, 18) wissen, ebenfalls für die Oberschicht dieser Stadt.
Glas. – Dm. 17,6 cm.
RLM. Bonn, Inv. 314.
Lit.: D. B. Harden, Journal of Glass Studies 2, 1960, 53 Nr. 2. – F. Fremersdorf, Die römischen Gläser mit Schliff . . . (Köln 1967) Taf. 215. – Gallien in d. Spätantike Nr. 359.

b) Halbkugeliger Becher mit eingeschliffenen Darstellungen biblischer Wunder: Moses schlägt Wasser aus dem Felsen; Christus erweckt den in Leichentücher eingewickelten Lazarus auf; Christus und ein Mann mit einem Fisch (wohl Vermehrung der Fische); Christus (?) mit »Zauberstab«.
Die Figuren und die Bäume zwischen ihnen sind mit dem Schleifrad in teils engen, scharfen, teils breiten, flachen Rinnen flüch-

144a

tig, aber sicher skizziert (zu den in dieser Technik gearbeiteten rheinischen Bechern s. Kat. 140h).

Glas. – H. 7,4 cm, Dm. 12,8 cm.

RLM. Bonn, Inv. 315.

Lit.: F. Fremersdorf, Die römischen Gläser mit Schliff . . . (Köln 1967) Taf. 262/63. – Gallien in d. Spätnatike Nr. 134.   Bi.

145–163   Von Julian zu Gratian

145   Gedicht zu einer Weihung an Hermes

FO. Trier, St. Maximin, in der Abteikirche, 1936.
Um 360–361 n. Chr.

Die dünne Marmorplatte trägt eine außerordentlich regelmäßige und sorgfältig in den Stein eingegrabene Schrift, die sich an den eleganten gerundeten Buchstabenformen orientiert, wie sie in der von Constantin gegründeten Kalligraphenschule um die Mitte des 4. Jahrhunderts geschrieben wurden. Diese Trierer Inschrift hat auch für ein antikes Zeugnis ein recht seltsames

145

Schicksal. Die erhaltene Marmorplatte war vor 1865 über mindestens zwei Generationen in einer Trierer Malerwerkstatt als Platte genutzt worden, auf der der Maler seine Farben anrieb. Der aufmerksamen Beobachtung R. Herzogs und seinen geduldigen Ergänzungsversuchen ist es zu verdanken, daß die Zugehörigkeit des Originalfragments mit zwei Mörtelabdrücken anderer Teile dieser Inschrift erkannt wurde und der schöne metrische Text der ursprünglichen Form nahekommend wiederhergestellt werden konnte. 1917 waren in der Umrahmung bzw. auf der Sohle fränkischer Gräber (Mörtel c Grab 37 in der Mittelgruft der Außenkrypta, Mörtel b Grab 22a aus Gruft nördlich der Mittelgruft) zwei Negativabdrücke im Mörtel von bis auf einen kleinen Rest nicht mehr erhaltenen, für die Grabanlagen einst zurechtgeschnittenen Inschriftplatten gefunden worden, die R. Herzog in genialer Weise mit der bekannten Marmorplatte zusammenbrachte. Die ausgestellten Fragmente, Negativabdruck und Inschriftplatte ergeben, sich z.T. überdeckend, einen Streifen von über 17 Verse reichenden Versenden eines in Hexametern abgefaßten Gedichtes, dessen Anfang fehlt; der jetzt verschollene Abguß des zweiten Mörtelabdrucks gibt ein mitten aus den Versen herausgegriffenes Textfragment wieder. Aus den Überresten ergibt sich die Wiederherstellung des Gedichtes:

[εἶτα] λίθον κείνην ἐπ[έκρινεν ἀνὴρ κλυτοτέ]χνης,
[εἰς ζ]ώνην λαγόνων ἣν ἐ[ργοδότη]σα πρὸ πάντων
[ἐνδῆσαι], λοιπὸν πάλαν ὑάλῳ [κολ]λήσας·
[ὡς δ' ὑγρ]αῖς ἐδάη [μιν ἀποστ]ιλβῶσ' ἀκόναισιν,
[θεῖον κ]άλλος ἔχ[ουσαν ἐτήτυ]μος ἐξεκάλυψεν
[δῶκέ τ'] ἐλεγχο[ν ἐνεργείης] μερόπων τ' ἀπὸ τέχνης·
[οἶδ' ἀμέ]θυστος ἀναψ[ύχει]ν τόσον ἐς χάριν ὄψιν,
[εὖτ' ἀμέ]θυστον ἔχ[ων χερὶ τὴν] νήφουσαν ἐς ὄμμα
[ἠρέμας] εἰρίζουσαν [ἴης ἀκτεῖ]σιν ἀγηταῖς,
[ὅσσον] ἀ[φὴ Π]αιῶνος [ἅμα π]νοιῇ Ζεφ[ύρο]ιο·
[γλύψε δ' ἐπ' ἀστερο]έντος ἀ[κοιμήτο]ισιν ὀπωπ[α]ῖς
[ἀγροβόταο] [καλὴν κ]εράδα φρά[ξαντ]ος ἀδελφήν
[Ἥρης ἐννεσίῃσ]ι κακαῖς π]ολυωπέος Ἄργου
[ὠμόφρονος φυ]λάκοιο δ[όλῳ] θέληνδρον ἀνει[ῶν]
[πάλλονθ' ἣν ῥάβδ]ο[ν κ]αθ' [ὑππρ]εσίην Διὸς Ἑρμῆ[ν].
[Δέξο, μάκαρ, Τρεβέρων σε παρ' ε]ὐερνῶν γυάλ[οισιν]
[χρυσόραπιν κλήζω, θελκτῆρα μ]έγιστον ἀνει[ῶν].

Darauf prüfte ein Meister, ein kunstberühmter, das Kleinod,
Das ich als Hauptstück gab, in den Gürtel der Lenden zu fügen,
Während das übrige Gold mit geschmolzenem Glase belegt
                                                    ward.
Der verstand seinen Glanz mit feuchtem Wetzstein zu wecken
Und er brachte heraus die göttliche Schönheit des Steines,
Gab den Beweis seiner Kraft und zugleich des menschlichen
                                                    Könnens.
Der Amethyst vermag so sehr das Gesicht zu erquicken,
Wenn man den »nüchternen« Stein sanft irisierenden Glanzes
Hält in der Hand und lenkt seine herrlichen Strahlen zum Auge,
Wie des Heilgottes Hand im Verein mit dem Wehen des Zephyr.
Und er schnitt in den Stein den Hermes, wie gegen Argos

(Den mit schlaflosen Augen gleich Sternen prangenden Hirten,
Der auf Geheiß der Hera die Hörner tragende Schwester
Hütet als grausamer Wächter) er schwingt im Dienste des Vaters
Zeus den Zauberstab, der alle Leiden beschwichtigt.
Nimm das Geschenk. Ich rufe dich an im Gefilde der Trierer,
Herr des goldenen Stabs, du größter Stiller der Leiden.
(metrisch übersetzt von A. Körte)

Das Gedicht besingt ein Weihegeschenk für Hermes, einen mit einem polierten und geschnittenen Amethysten geschmückten Gürtel. Der Amethyst zeigte eine Episode aus der mythologischen Erzählung, wie Hermes den vieläugigen Argos einschläfert und ihn umbringen will, um aus seiner Bewachung im Auftrage des in Liebe entbrannten Göttervaters Zeus die von der eifersüchtigen Hera in eine Kuh verwandelte und daher Hörner tragende Io zu befreien. Io gilt durch den von ihr abstammenden Byzas, den Gründer von Byzanz auch als Ahnherrin Konstantinopels, der neuen Hauptstadt des Reiches, der auch Julians Zuneigung gilt. Bei einer Datierung aus Gründen des Schriftcharakters in die Mitte des 4. Jahrhunderts ist das Gedicht nur unter Julian denkbar, und das erst zu einem Zeitpunkt, nachdem er selbst Augustus in Gallien ist (Nov. 360) und sich freimütig zu heidnischen Glaubensvorstellungen bekennen kann. Hermes wird nach einer Verfeinerung des traditionellen Götterhimmels durch die neuplatonische Lehre mit aktiver Unterstützung Julians zu einer der nach dem Sonnengott und der kleinasiatischen Muttergöttin wichtigsten Gottheiten. Von Julian selbst, der sein frühes Tagewerk kurz nach Mitternacht mit einem heimlichen Gebet an Hermes-Mercurius begann, erfuhr der Gott besondere Verehrung.
R. Herzog zieht von dem Gedicht der Inschrift eine Parallele zu einem anonymen, für den christlichen Staat höchst gefährlichen Gedicht (Lithika), nach dem die dort erläuterten Edelsteine als Geschenke des Hermes ausgegeben werden. Edelsteinen wird seit alten Zeiten eine besondere magische Kraft zugemessen, die sich durch ein eingeschnittenes Bild und die Weihung eines Steines noch erhöht. Für diese Vorstellungen war insbesondere der Aberglaube des 4. Jahrhunderts empfänglich (s. S. 45 f.). In die Nähe des Kaisers führt die Tatsache, daß es sich hier um einen goldenen und juwelenverzierten Prachtgürtel handelt, der in der kaiserlichen Tracht eine besondere Rolle spielte und auf den ein kaiserliches Reservatrecht in der Spätantike bestand. Damit wirft das Gedicht, das sich im Umkreis Julians und seiner eigenen schriftstellerischen Arbeiten bewegt, ein markantes Licht auf die gelehrten, aristokratischen Vorstellungen des alten Glaubens in Trier und vermag vielleicht ein wenig das Dunkel um die Bedeutung der Stadt vor 367, bevor sie wieder zur Residenz auserwählt wurde, aufzuhellen.
Marmor (a), Mörtelabdruck und Marmorrest (b) und verschollener Abguß vom Mörtelabdruck (c). – H. des rekonstruierbaren Inschriftfeldes 56,5 cm, Br. ca. 102 cm.
RLM. Trier, Inv. G 138 (a), 18, 86 (b), 17, 581 (c).
Lit.: Hettner, Steindenkmäler 72. – R. Herzog, Trierer Zeitschr.

12, 1937, 121–151. – A. Körte, Die Antike 14, 1938, 252–254 = R. Klein (hrsg.), Julian Apostata (Darmstadt 1978) 201–205.   Schw.

146 Die valentinianische und theodosianische Dynastie
(s. Stammtafel im Anhang)

Für die valentinianische Dynastie wurden in ihrer Konsolidierung Ähnlichkeiten mit den Dynastiebildungen zu Beginn des Prinzipates und zu Beginn des Dominates beobachtet. Der constantinischen oder »zweiten flavischen« Dynastie (Kat. 21) folgte die valentinianische. Diese beiden Familien gliedern gleichsam das vierte Jahrhundert in zwei Hälften. Soweit es den Westen betrifft, erlebt dieser zu Beginn einer jeden der beiden Dynastien eine Blüte und Trier ist hiervon zu allererst berührt. Die constantinische Familie hat ihre Konsolidierung zum großen Teil während ihrer Residenz in Trier erlebt; die valentinianische, in Mailand beginnend, hat die Festigung eines familiären Thronrechtes in Trier begründet. Es scheint dabei, daß Valentinian mit besonderem Interesse möglichst schnell die Position der eigenen Familie festschreiben wollte, wenn er 367 am 24. Aug. im Amiens den erst neunjährigen Gratian sogleich zum Augustus erhob. Auch wenn Valentinian I. und Theodosius I. keine dynastischen Ansprüche erheben konnten, so mußten sie doch nicht wie die Mitglieder der ersten Tetrarchie allein auf ihre eigene militärische Karriere gestützt, aufsteigen. Valentinians Vater hatte u. a. als comes rei militaris in Britannien vor 350 einen Aufstieg erlebt und sich später mit Magnentius arrangiert.
Theodosius I., von Valentinian I. zur Unterstützung der Reichsangelegenheiten im Osten zum Augustus ernannt, begründete die zweite weiterreichende Linie der Dynastie und verband sie durch seine Heirat mit Galla Placidia, Tochter Valentinians I., mit der valentinianischen Linie. Theodosius' I. Vater war der gefeierte Britannienbefreier und magister equitum im Westen, bevor der Sohn den Kaiserpurpur erhielt. Die valentinianische Linie wurde nach dem Tod Valentinians II. – ob es nun Selbstmord oder Anschlag war, sei dahingestellt – allein von dessen Schwester Galla Placidia weitergeführt.
Mit Verfügung des Theodosius I. übernahmen die beiden Söhne Honorius (395–423 im Westen) und Arcadius (395–408 im Osten) die Herrschaft. Die Reichsteilung war jedoch noch keineswegs vollständig vollzogen, solange etwa nach außen sichtbar die beiden von den Brüdern behaupteten Reichsteile alljährlich zusammen die beiden Consuln benannten. Die noch jungen Augusti wurden von hohen, allerdings nicht aus der Familie stammenden Hofbeamten und Generälen in der politischen Führung unterstützt. Das führte gerade in der weiterreichenden Linie des Honorius zu einer entscheidenden Veränderung und spiegelt auch den gestiegenen Einfluß von Barbaren selbst in

engsten Hofkreisen wider. Der Vandale Stilicho selbst war mit Serena, der Nichte und Adoptivtochter des Theodosius verheiratet. Die Verbindung zum Kaiserhaus betrieb er weiter, indem er seine Tochter Maria und nach deren Tod die zweite Tochter, Thermantia, dem Augustus zur Frau gab. Im 4. Jahrhundert war auf wesentlich niedrigerer Ebene noch eine Ehe zwischen Römern und Barbaren undenkbar und sogar verboten.

Die Vertreter des kaiserlichen Hauses, die ein Knaben- und Frauenregiment führten, traten zurück neben den wirklichen Regenten, den barbarischen Heermeistern und hohen Beamten. Für den schwachen Arcadius bestimmte im Osten seine Gemahlin Eudoxia, die fränkischer Abstammung war, die Regierungsgeschäfte.

Athaulf, ein Westgote, hatte lange Zeit des Honorius Schwester, Galla Placidia, als Geisel gegen den Kaiser festgehalten. Ein Sinneswandel und eine Einigung mit Honorius führten zur Ehe zwischen dem Westgoten und der römischen Kaisertochter.

147

Berühmt wurden die von dem Historiker Orosius (adversus paganos VII 43, 6–7) ihm in den Mund gelegten Worte: »Er habe sich also entschieden, nach dem Ruhm zu streben, selbst den Namen Roms wiederherzustellen, mit den Kräften der Goten ihn zu vermehren und bei den Späteren als Urheber der Wiedererneuerung Roms zu gelten, nachdem er nichts verändern konnte. Daher habe er Abstand vom Krieg genommen und danach getrachtet, unbedingt Frieden zu erreichen, vor allem gemäßigt durch Überzeugung und Ratschlag seiner Gemahlin Placidia, einer Frau scharfsinnigen Verstandes und durch Gottesfurcht rechtschaffen.« An die Tradition des Kaiserhauses wieder anzuknüpfen, suchte Galla Placidia mit der Benennung ihrer Söhne: Theodosius, geb. 414, lebte nur ein Jahr. Der zweiten Ehe mit dem Heermeister Constantius entstammte der spätere Kaiser Valentinian III.

Theodosius II., der nach Arcadius 408–450 seine Herrschaft nur unter Bevormundung seiner Schwester Pulcheria und seiner Gemahlin Eudocia führen konnte, war nach dem Tod seines Onkels, des Augustus Honorius, 423 für kurze Zeit Alleinherrscher. Noch einmal blieb dem Westen mit Valentinian III. ein Kaiser der alten valentininisch-theodosianischen Familie. Ihn hatte Theodosius II., das Erbrecht der Familie höher einschätzend, gegen den Kandidaten des römischen Senats, den Juristen Johannes, der im Westen allgemein auf Ablehnung stieß, aufgeboten. Der gerade fünfjährige Valentinian wurde am 24. Okt. 424 zum Caesar ernannt, mit der zweijährigen Theodosius-Tochter Licinia Eudoxia verlobt und in Obhut der Mutter Galla Placidia in den Westen geschickt. Die von Valentinian I. und Theodosius I. begründete Dynastie hatte sich noch einmal mit der energisch handelnden Galla Placidia gegen fremde Ansprüche auf den Thron im Westen, den Valentinian III. bis über die Mitte des 5. Jahrhunderts unangetastet halten konnte, durchgesetzt. Einerseits trifft es zwar zu, daß nach E. Stein und E. Kornemann »die vielfachen Versuche, die Kaiserfamilie ihres Thronrechtes zu berauben, . . . die legitimistische Idee im Reiche nur gestärkt« hatten; andererseits hatten die schwachen Kaiserpersönlichkeiten und die Zwistigkeiten zwischen Ost- und Westrom entscheidend zur Schwächung des Reiches beigetragen.

450, das Todesjahr Theodosius II. wie Galla Placidias bedeutete einen tiefen Einschnitt in die dynastischen Ansprüche der alten kaiserlichen Familie. Es überstürzten sich danach die Ereignisse. Die Hand der zur Jungfräulichkeit verpflichteten Justa Grata Honoria, Valentinians III. Schwester, wurde dem Hunnenkönig Attila verweigert; die folgende Schlacht auf den »katalaunischen Feldern« in der Champagne 451 verringerte die seit drei Jahrzehnten das Reich bedrohende Hunnengefahr. 454 wird Aetius gestürzt und getötet. 455 fällt Valentinian einem Anschlag zum Opfer, der letzte Sproß einer Dynastie, die in Trier vor beinahe einem Jahrhundert ihren Aufstieg erlebt hatte (s. S. 38 ff.). Die nachfolgenden Westkaiser waren nur Schattenfiguren, die auf keinen dynastischen Anspruch mehr verweisen konnten.

Lit.: E. Stein, Geschichte des spätrömischen Reiches (Wien 1928). – E. Kornemann, Geschichte der Spätantike (München 1978). – S. I. Oost, Galla Placidia Augusta. A biographical essay (Chicago 1968). – A. Lippold, Theodosius I. und II. In: Pauly-Wissowa, Realencyclopädie, Suppl. XIII (1973) 837–1044. – P. Grattarola, La morte dell'imperatore Valentiniano II. In: Rendiconti dell'Istituto Lombardo. Classe di Lettre 113, 1979, 359 bis 370. – A. H. M. Jones/J. R. Martindale/J. Moris, The prosopography of the later Roman empire. Vol. I–II (Cambridge 1971–1980). – K. G. Holum, Theodosian Empresses. Woman and Imperial Dominion in Late Antiquity (Berkeley 1982).   Schw.

Zu 147

147   Kaiserkopf

(Abb. s. auch S. 40)

FO. Trier, an der Basilika im Hof des Kurfürstlichen Palais (früher »Palastkaserne«).
Zweite Hälfte 4. Jh. n. Chr.

In oder dicht bei der Basilika, dem Zentrum der Kaiserresidenz, stand das überlebensgroße Kaiserporträt. Sein Diadem besteht aus abwechselnd rechteckigen und runden Juwelen – die ursprünglich, wie auch die Augen, wohl in Glas eingelegt waren – und je drei Perlen dazwischen. Die Frisur mit den streng nach vorn gekämmten Strähnen ist bezeichnend für die zweite Hälfte des vierten Jahrhunderts. Um die übermenschliche Majestät des spätantiken Kaisers den Untertanen vor Augen zu führen, sind außer dem Bartflaum um das Kinn und über der Oberlippe alle Züge individueller Ähnlichkeit fortgelassen. Es gibt aber genügend Argumente, in dem Porträt den Kaiser Gratian zu erkennen, der in Trier als Sohn Valentinians I. von Ausonius erzogen wurde und 375 als 16jähriger die Herrschaft antrat.
R. H. W. Stichel hat 1982 versucht, das Porträt eine Generation später zu datieren. Dazu bietet jedoch auch der Bart keinen Grund. In Sirmium zwischen 378 und 383, genauer wohl während Gratians Aufenthalt in dieser Stadt 378/79, geprägte Goldmünzen zeigen den jungen Kaiser mit kleinem Kinnbart (RIC. 9a. – R. Delbrück, Spätantike Kaiserporträts Taf. 14, 2). Daß dies nicht der Trauerbart wegen des Todes seines Onkels Valens sein muß, zeigt eine Notiz bei Ammian zum Sommer 378, als Gratian Kaiser Valens zu Hilfe zog: »Ein hübscher Flaumbart sproß auf seinen Wangen« (31, 10, 18: ... lanugo genis inserperet speciosa). Wenn wir das Porträt entsprechend in die Zeit 378/79 datieren, zeigt es einen 19jährigen.
Weißer Marmor. – H. 38 cm.
RLM. Trier, Inv. 98,306.
Lit.: Espérandieu 4981. – H. Wrede, Die spätantike Hermengalerie von Welschbillig (Berlin 1972) 93 f. mit Taf. 60. – Schindler, Führer Abb. 210. – R. H. W. Stichel, Die römischen Kaiserstatuen am Ausgang der Antike (Rom 1982) 49 ff. mit Taf. 13 f. – Spätantike und frühes Christentum Nr. 59.   Bi.

148   Spätantikes Porträt.

148 Spätantikes Porträt

FO. Trier.
2. H. 4. Jh. n. Chr.

Der lebensgroße männliche Porträtkopf trägt das Haar, ähnlich wie beim Kopf des Gratian (Kat. 147), wie eine Kappe anliegend und von der Schädelmitte her in leicht gewellten Strähnen in die Stirn, zu den Wangen (mit kurzen Koteletten vor dem Ohr) und in den Nacken gekämmt. Das sehr lebendig gearbeitete Gesicht – leider an Nase und Kinn bestoßen – weist mit den Fettpölsterchen auf den Wangen und dem unübersehbaren Ansatz eines Doppelkinns auf einen wohlhabenden Mann, dem der Luxus nicht fremd ist. Da kaiserliche Insignien fehlen, denkt man an das Porträt eines Privatmannes; als Kaiser käme allenfalls Magnentius (350–353) in Frage, der sich auf Münzen ohne Diadem darstellen ließ. Der Kopf war in eine Statue eingesetzt.
Weißer Marmor. – H. 36 cm.
RLM. Trier, Inv. ST. 2309.
Lit.: Espérandieu 5050. – H. Wrede, Die spätantike Hermengalerie von Welschbillig (Berlin 1972) 99 mit Taf. 62, 4. – Schindler, Führer Abb. 211.   Bi.

149 Monnusmosaik

FO. Trier, Ostallee, am Landesmuseum, 1884.
Ende 3./Anfang 4. Jh. n. Chr.

Seit dem 2. Jahrhundert n. Chr. fanden unter dem zu Wohlstand gelangten Bürgertum Triers auch Kunst und Bildung besonders gute Bedingungen, unter denen sie aufblühen konnten. In den vier Musenmosaiken des beginnenden 3. bis 4. Jahrhunderts aus Trier sind für Gallien und das Rheinland einzigartige und augenfällige Zeugnisse geschaffen worden.
Das nach seinem Mosaizisten Monnus benannte Mosaik gehört zu den schönsten Musenmosaiken. Reichhaltig ist das Bildprogramm. Neun achteckige Felder, von denen acht rings um das Zentralbild angeordnet sind, zeigen Musen. Jeweils eine Muse unterrichtet einen Weisen in der betreffenden Kunst, die nach der Mythologie von ihm erfunden oder hervorragend vertreten wurde. Im Mittelfeld, das am oberen Rand die Künstlersignatur

Monnus fecit trug, ist Homer, Ingenium und die Muse Calliope dargestellt.
Ein Kranz von acht Quadraten mit bedeutenden Dichtern der Antike ist um das zentrale Achteck gelegt. Hervorzuheben sind wegen ihres guten Erhaltungszustandes Vergil, Hesiod und Ennius. Für die Mosaikporträts mag es plastische Vorbilder in Trier gegeben haben, an denen sich Auftraggeber und Künstler orientierten. Vergil (70–19 v. Chr.) findet so eine Darstellung mit jugendlichen Gesichtszügen. Ennius (239–169 v. Chr.), einer der genialsten Dichter der römischen Frühzeit, trägt einen Kranz aus Blattwerk. Hesiod (um 700 v. Chr.), epischer Dichter im archaischen Griechenland, auf dem Mosaik mit im späteren römischen Trier öfters wegfallenden H-Anlaut genannt, wird im Typus des Homer porträtiert.
An den Kranz der Musendarstellungen schließen sich in z. T. auf die Spitze gestellten Quadraten Monatsallegorien und in dazwischenliegenden Quadraten Schauspielerdarstellungen an, von denen zwei zwischen Juni/Juli und Oktober (Bacchus)/November (Göttin Isis) erhalten sind. Von den vier Jahreszeiten in den Ecken ist der Herbst (Autumnus) noch schön erhalten. In den Trapezen am Rand wurden die zwölf Tierkreiszeichen gezeigt.
Das Bildprogramm des Monnusmosaiks mit Musen-, Dichter-, Schauspieler- und Kalenderdarstellungen zeigt ein weitgefächertes Interesse des Auftraggebers an der Mythologie, der Literatur und dem Theater. Nach den z. T. auch in der Antike nur selten bekannten »Weisen« sind die Kenntnisse des Auftraggebers in Mythologie und Wissenschaften als sehr speziell anzusehen. Als Mann hoher Bildung mag er für den Apsidenraum, das auch weiter noch mit Wandmosaiken verzierte Schmuckstück seines Hauses, die Bilderfolge selbst zusammengestellt haben. Ein Rennfahrermosaik, mit dem ein angrenzender Raum ausgelegt war, weist den Besitzer des reichen Hauses auch als Anhänger des Circus aus. Ob er ein reicher und gebildeter Beamter war, der es als seine Aufgabe ansah, Spiele zu geben? Die intensive Pflege der antiken Literatur in Trier unterstreicht der etwa zeitgleich mit der Verlegung des Monnusmosaiks sprechende Trierer Magister und Panegyriker (Lob- und Prunkredner) Mamertinus in seinen Reden aus den Jahren 289 und 291, in denen er die Benutzung eines Vergilkommentars und auch die Kenntnisse der Werke von Ennius und Hesiod unter Beweis stellt. Ein Homerforscher Harmonius betreibt seine Studien zu Zeiten des Ausonius (s. S. 45).
Mosaik. – L. des Saales 5,70 × 5,70 m; T. der Apsis 2,65 m.
RLM. Trier, Inv. 10703–10724.
Lit.: Parlasca, Römische Mosaiken 41 ff. Texttaf. C, Taf. 42 ff. – K. P. Goethert–K. Goethert-Polaschek, Das Gebäude mit dem Monnusmosaik. In: Festschrift 100 Jahre Rheinisches Landesmuseum Trier. Trierer Grabungen und Forschungen 14 (Mainz 1979) 69 ff. – L. Dahm, Die neuen Rekonstruktionen der im Bereich des Landesmuseums Trier gefundenen figürlichen römischen Mosaiken, ebenda 97 ff. u. Abb. 5. – Römer an Mosel u. Saar Nr. 243.   Schw.

149

150 Mosaik mit Leda und Agamemnon
(Abb. s. S. 47)

FO. Trier, Johann-Philipp-Str., unweit Kornmarkt.
2. H. 4. Jh. n. Chr.

Innerhalb einer Flechtbandborte eine Abfolge runder und ovaler Bildfelder, die zwei große, etwa achteckige Hauptfelder freilassen. Die runden Medaillons zeigen Diener, die Speisen (darunter Spanferkel, Fische, Geflügel) auf großen Platten herbeitragen (Paregorius, Eusebius und Felix je zweimal), die ovalen zeigen Diener mit Lampe (Secundus), Salbgefäß (Andegasus), Waschgeschirr (Calemerus), Weihrauchgerät (Florus) und Weinkanne (Theodulus), sowie Tänzerinnen mit Klapperstäben (Eleni, Criscentia). Von den Hauptfeldern zeigt das eine einen Mann (Qodvoldeus) mit Kelle (?) und einem geschlachteten Huhn, umstanden von zwei Personen mit Gefäßen in der Hand; im Gegensatz zu fast allen Dienern, die in der üblichen spätantiken Kleidung dargestellt sind, tragen die beiden Stehenden einen geschürzten Kittel mit einer flügelähnlichen Kapuze (?). Auf dem zweiten Hauptbild, rechtwinklig verdreht, erkennt man auf einem Altar die Geburt der Helena (Aelena) und der Dioskuren (Castor, Pollus) unter dem Adler des Vaters Jupiter (Iobis), zur Seite stehen Agamemnon mit Szepter und Leda (Lyda).
Ein ähnliches Bild sah und beschrieb etwa zur gleichen Zeit Ausonius in Trier (Epigramm 54 Sch. = 66 P.):
Die hier, deren Geburt aus dem Drillingsei Du betrachtest,
wisse, daß Vater und Mutter bei allen dreien nicht feststehn:
Nemesis ist ihre Mutter, doch Leda brachte zur Welt sie,
Vater sind Tyndareus und Jupiter: der glaubt und der weiß.

Ausonius nennt richtig den irdischen »Vater« Tyndareus, das Mosaik setzt sinnlos an dessen Stelle Agamemnon, der hier gar nichts zu suchen hat.
Das Mosaik gehört nach allgemeiner Ansicht zum Versammlungsraum eines heidnischen oder halbheidnischen Geheimkultes, auf den Hauptfeldern seien einmal das Kultopfer, einmal die verehrten Gottheiten dargestellt. Dagegen spricht aber die für eine Kultgemeinschaft unverzeihliche Namensverwechslung. Auch die anderen Bilder zwingen nicht zu der Annahme eines Kultraumes. Die Dienerschaft am Rande bereitet ein opulentes Mahl vor, dazu gehören selbstverständlich auch Handwaschung, Salbung und Weihrauch, nicht zuletzt die Tänzerinnen. Manche Namen sind gut christlich, dazu gehört auch Quodvoldeus (richtig: Quodvultdeus) auf dem anderen Hauptfeld. Diese Szene mit dem geschlachteten Huhn ist aber noch nicht endgültig geklärt.
L. 688 cm, Br. 417 cm.
RLM. Trier, Inv. 50,10.
Lit.: H. Eiden, Trierer Zeitschr. 19, 1950 (= Aus der Schatzkammer des antiken Trier) 52 ff. – Parlasca, Römische Mosaiken 56 f. mit weiterer Lit. – J. Moreau, Das Trierer Kornmarktmosaik (Köln 1960), dazu W. Binsfeld, Deutsche Literaturzeitung 84, 1963, 337 ff. und H. Brandenburg, Jahrb. f. Antike und Christentum 7, 1964, 149 ff. – W. Dorigo, Pittura tardoromana (Mailand 1966) 238 ff. – L. Dahm, Trierer Zeitschr. 46, 1983, 200 ff.   Bi.

151 Hermenweiher

FO. Welschbillig (Krs. Trier-Saarburg).
Um 375 n. Chr.

In Welschbillig, innerhalb der Langmauer (s. Kat. 152) wurde um 375 eine große, aufwendige Villa erbaut, von der nur mehr der in der Achse davor gelegene Hermenweiher erhalten und rekonstruierbar ist. Er ist ein 60 × 18 m großes gemauertes Was-

151 a

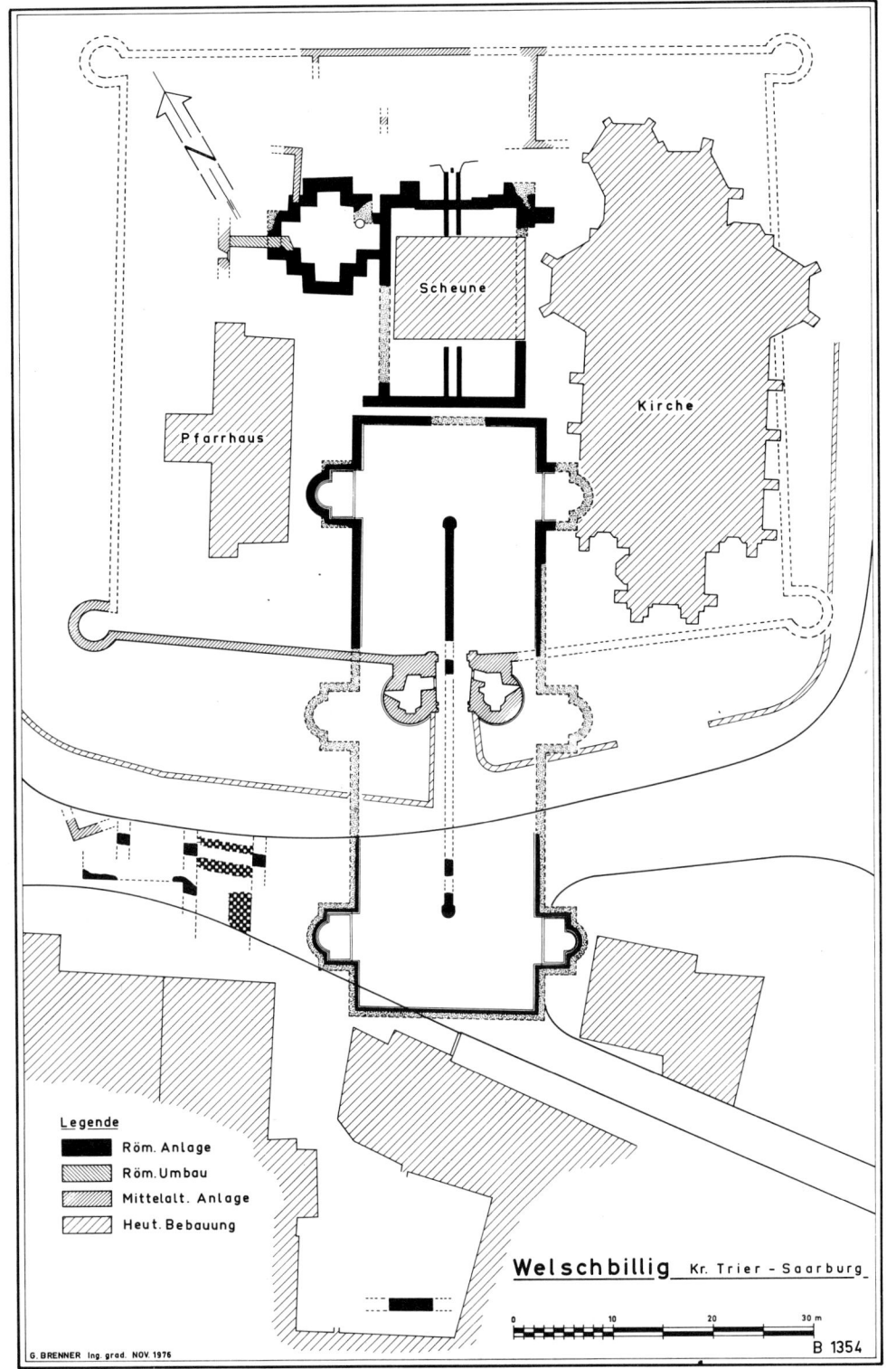

Scheune

Pfarrhaus

Kirche

Welschbillig Kr. Trier - Saarburg

0   10   20   30 m

151

G. BRENNER Ing. grad. NOV. 1976

B 1354

serbassin mit je drei Nischen an den Langseiten. In der Längsachse des Beckens verläuft eine Mittelmauer, an deren Enden jeweils ein Springbrunnen installiert war. Die Beckenbrüstung mit den Nischen war umstanden von einem steinernen »Zaun«, der durch Hermen, also von Köpfen bekrönte Schäfte, gehalten wurde. Diese Hermen wurden zum größten Teil auf der Sohle des Beckens in Fall-Lage wiedergefunden.

Sie zeigen Köpfe von mythischen Personen (Abb. a), Griechen (Abb. b), Römern (Abb. c), Barbaren (Abb. d, s. S. 45) und erfundene Porträts (Abb. e). Es ist lehrreich, die Darstellung eines Satyrs (Abb. a) mit einer Kopie nach dem gleichen hellenistischen Vorbild zu vergleichen, die für Trier etwa zwei Jahrhunderte früher hergestellt wurde: Inv. 234. – Espérandieu 952. – H. Manderscheid, Die Skulpturenausstattung der kaiserzeitlichen Thermenanlagen (Köln 1981) 68 Nr. 2.

Kalkstein.

RLM. Trier.

Lit.: H. Wrede, Die spätantike Hermengalerie von Welschbillig (Berlin 1972).   Bi.

152   Langmauer

Die sog. Langmauer (oder Landmauer) umschloß wenig nördlich von Trier in der Südeifel beiderseits der Kyll ein rd. 220 km² großes Areal, das sich in Nord-Süd-Richtung über 28 km, in Ost-West-Richtung bis zu 12 km erstreckte. Die Mauer selbst erreichte eine Länge von 72 km. Sie mied weitgehend Taleinschnitte und überquerte die Kyll im Norden wie im Süden im

151 b

151 c

Bereich von zwei gegenüberliegenden, gratartigen Berghängen. Wie die unregelmäßige Einbuchtung im Südosten des Langmauerbezirks erkennen läßt, umging die Mauer die ausgedehnten, waldreichen Buntsandsteingebiete an der unteren Kyll und umschloß vornehmlich fruchtbare und waldarme Muschelkalkgebiete.

Die Auffindungsbedingungen der Langmauer haben sich seit dem Beginn ihrer Erforschung in den 40er Jahren des vorigen Jahrhunderts bedingt durch eine intensive landwirtschaftliche Nutzung des Geländes wie verschiedene Baumaßnahmen, die vielerorts zur Ausbeutung der Mauer führten, wesentlich verschlechtert. Die letzten im Süden und an der Ostseite noch in Form von Steinwällen oder Dämmen erhaltenen Teilstücke sind durch zunehmende Rodungen erheblich gefährdet. Wie neuere Untersuchungen zeigen, erreichte das ursprünglich vielleicht

151 e

152 ▷

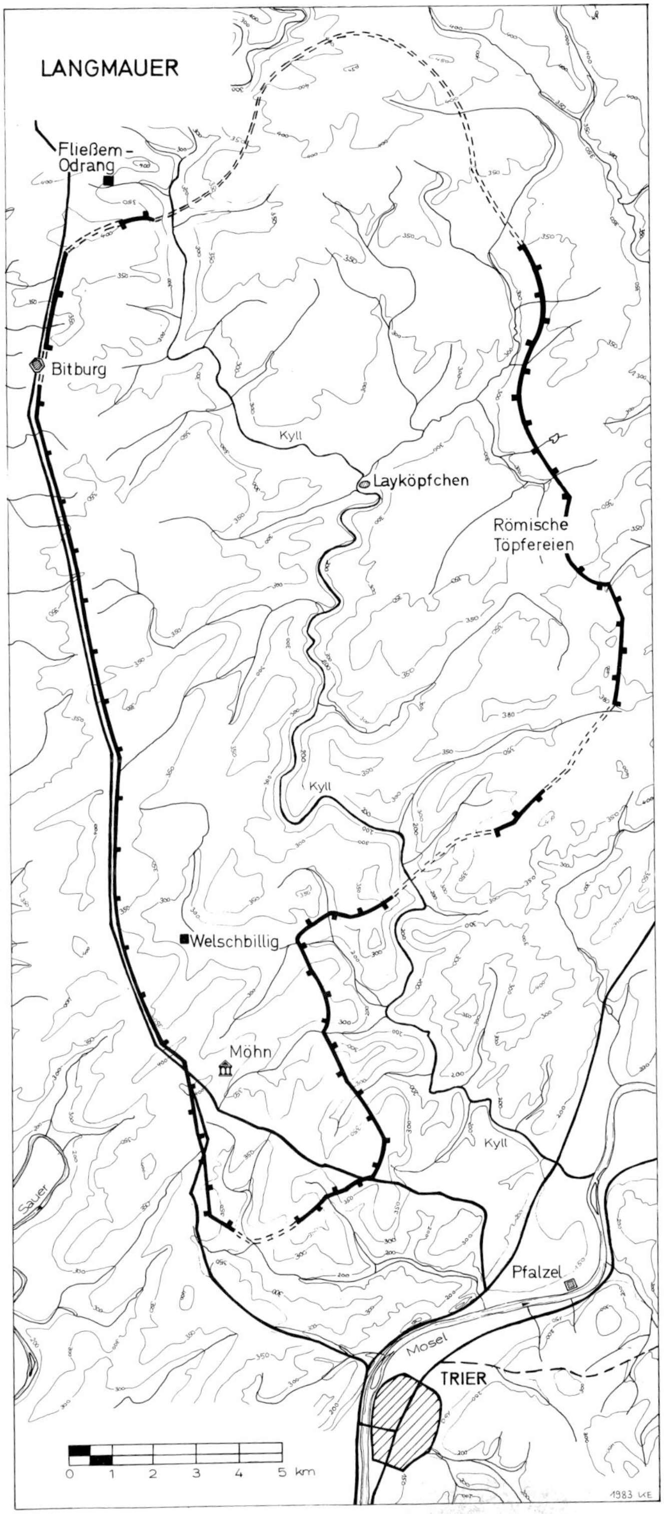

289

2 m hohe Mörtelmauerwerk meist eine Breite zwischen 0,65 und 0,80 m. In der Regel ruhte es auf einer Trockensteinpackung und bestand vornehmlich aus anstehendem Material, Kalk oder Buntsandstein, bisweilen auch aus Brocken abgebrochener Denkmäler oder Siedlungen (»Spolien«). In regelmäßigen Abständen war die Mauer durch schmale Lisenen, ca. 40 cm langen, pfeilerartigen Vorlagen von rd. 55 cm Breite verstärkt, die in alternierender Folge angebracht waren. An der Südwestflanke betrugen die Abstände zwischen den einzelnen Pfeilern erwa 3,50 m, zwischen den Pfeilern einer Seite durchschnittlich 7 m. An der Südostflanke war die Entfernung zwischen den Pfeilern genau doppelt so groß und erreichte Abstände von ca. 7 bzw. 14 m. Der Grund für die unterschiedlichen Abstände ist darin zu suchen, daß am Bau der Langmauer, wie wir aus zwei Bauinschriften schließen können, verschiedene militärische Einheiten beteiligt waren. Offensichtlich hatten sie den Auftrag, die Langmauer auf je 25 Fuß (= 7,4 m) durch alternierende Lisenen oder Stützpfeiler zu verstärken, so daß auf eine Pedatur, dem in den Bauinschriften genannten Bauabschnitt zu 500 Fuß (= 150 m), 20 solcher Vorlagen zu errichten waren. Während die bei den Bauarbeiten im Südwesten beteiligten Einheiten den vorgeschriebenen Abstand zwischen den Vorlagen jeder Mauerseite berücksichtigten, bezogen die im Südosten beschäftigten Soldaten den Auftrag auf die Zwischenräume der einzelnen Pfeiler, so daß ihre Abstände zwar ± 25 Fuß entsprachen, verglichen mit den untersuchten Teilstücken an der Südwestflanke aber doppelt so groß waren.

Hinweise auf die Erbauungszeit liefern zwei etwa gleichlautende Bauinschriften (vgl. Nr. a, b), die an der Ostseite bei Herforst gefunden wurden und die glückliche Fertigstellung eines 500 Fuß langen Bauabschnittes dokumentieren: PEDATVRA FELICITER/FINIT PRIMANORVM/D (quingenti) P(edes). Die beiden Inschriften gehören offensichtlich der 2. Hälfte des 4. Jahrhunderts an und legen, wie eine nach der Mitte des 4. Jahrhunderts bei Newel von der Mauer teilweise überbaute römische Siedlung, eine Errichtung der Langmauer in valentinianischer Zeit nahe. Unklar bleibt, ob die als Erbauer der Langmauer genannten Primani zu einer pseudokomitatensischen Truppe oder zu einer Bautruppe der comitatensischen I Flavia Pacis oder der I Minervia gehörten. Wohl nicht zufällig häufen sich in einigen innerhalb des südwestlichen Langmauerbezirks gelegenen Gutshöfen germanische und militärische Kleinfunde (vgl. Nr. 177, 16–19). Dennoch scheidet die Langmauer als Wehranlage aus, da sich die kaum 80 cm breite und 2 m hohe Mauer für eine Befestigung als zu schwach erweist und sie zudem typischer fortifikatorischer Elemente, wie Türme oder Gräben entbehrte und auch nicht das Kastell Bitburg integrierte.

Unbestritten diente das Langmauerareal als kaiserlicher Gutsbezirk, wobei die Muschelkalkböden, die zu den fruchtbarsten des Trierer Landes zählen und die Grundlage für eine recht wohlhabende Landwirtschaft bilden, am ehesten an einen intensiven Ackerbau denken lassen. Die Langmauer hätte demnach das fruchtbare Ackergelände, das vielleicht die Versor-

gung der nahegelegenen Kaiserresidenz oder des Hofes sicherzustellen hatte, als eine Art »Wolfsmauer« gegen einströmendes Raub- und Freßwild zu schützen gehabt. Nicht ohne Grund werden auch die innerhalb des Langmauerbezirks gelegenen Bauernhöfe in ihrer Mehrzahl bis ins frühe oder in die 1. Hälfte des 5. Jahrhunderts fortbestanden haben, während die Gutshöfe außerhalb der Mauer nach der Mitte des 4. Jahrhunderts weitgehend zerstört waren oder aufgegeben wurden.

Die militärischen wie germanischen Kleinfunde legen nahe, daß innerhalb des Langmauerbezirks nach den Zerstörungen von 355 vermutlich von Valentinian I. Germanen zur Bearbeitung der verwüsteten und brachliegenden Felder angesiedelt wurden. Ob diese Germanen vielleicht identisch mit den Primani waren, die als Erbauer der Langmauer überliefert werden, oder ob sie von letzteren nur unterstützt wurden, läßt sich derzeit ebenso wenig entscheiden wie die Frage, ob wir in diesen Germanen Foederaten sehen müssen, die durch Verträge zum Militärdienst verpflichtet waren, ihrerseits aber Geld- und Landzuweisungen zu erwarten hatten, oder ob diese Germanen Laetenstatus besaßen. Vieles spricht für eine Laetenkolonie, denen durch kaiserliche annotatio Ländereien, die erblichen, aber unveräußerlichen terrae laeticae, zugewiesen waren, für deren Nutzung sie einen Teil der Erträge abzuliefern hatten und sie zugleich zum Militärdienst verpflichtet waren. Welchen Volksstämmen die germanischen Neusiedler im Trevererland entstammten, ist beim vorliegenden Fundmaterial noch nicht mit Sicherheit zu entscheiden, obgleich ein Teil der germanischen Kleinfunde auf elbgermanische Volksgruppen hinweisen könnte.

Der kaiserliche Verwalter des ausgedehnten Gutsbezirkes, möglicherweise einer der in der Notitia dignitatum überlieferten praefecti laetorum, residierte vermutlich in der großen und aufwendigen Villenanlage von Welschbillig (vgl. Kat. Nr. 151). Nicht auszuschließen ist auch eine Beziehung zwischen der

152a

290

152 b

b) Bauinschrift
FO. Herforst (Krs. Bitburg-Prüm), 1899.
2. Hälfte 4. Jh. n. Chr.

Bruchstück einer nahezu rechteckigen Platte mit dreizeiliger Inschrift:

PEDATVRA [PRI
MANIS FEL [FIN
QVI FECERVNT D [P
Pedatura Primanis fel(iciter) [fin(it)] qui fecerunt D (= quingenti) [P(edes)].
Zu deutsch: Der Bauabschnitt ist von der ersten (Legion), die 500 Fuß errichtet hat, glücklich beendet.

Die fragmentarisch erhaltene Inschrift ist bisher verschieden ergänzt worden. Keiner dieser Versuche konnte wegen der unregelmäßigen Verteilung der Buchstaben überzeugen.
Sandstein. – Erhaltene L. 37 cm, Br. 21 cm, St. 9,5 cm.
RLM. Trier, Inv. 99, 145.
Lit.: CIL. XIII 4139/4140. – J. Steinhausen, Trierer Zeitschr. 6, 1931, 56 ff. Gi.

153 Kettenhemd

FO. Weiler-la-Tour (Luxemburg).
Ende 4. Jh. n. Chr.

In den Ruinen eines bereits in der zweiten Hälfte des 3. Jh. n. Chr. zerstörten, römischen Gebäudes mit Hypokaustheizung wurde 1980 bei Ausgrabungen des Luxemburger Staatsmuseums ein zusammengefaltetes, komplett oxydiertes, aber vollständig erhaltenes Kettenhemd gefunden, das, nach dem Fundkontext zu urteilen, nur zu den Beigaben eines Körpergrabes aus dem späten 4. Jh. (nach 383/387 n. Chr.) gehört haben kann.
Das Kettengeflecht besteht aus zwei Ringtypen, wobei in einem Ring jeweils vier Exemplare des anderen Typs hängen und umgekehrt. Die flachen, aus Blech gestanzten Ringe haben 8,4 mm Außen- sowie 5 mm Lochdurchmesser und unterschiedliche Materialstärken. Die Ringe des anderen Typs bestehen aus rundstabigem Draht, der an den beiden Enden flach geschlagen und vernietet ist. Ihr Außendurchmesser beträgt bei 1,2–1,5 mm Drahtstärke 10–15 mm.
Der durch die Beifunde ins 4. Jh. datierten Kettenrüstung von Weiler-la-Tour lassen sich nur bildliche Darstellungen zuordnen, die einerseits aus dem 3., andererseits aus dem 5. Jh. stammen. Zu diesem Zeitpunkt war in der bildenden Kunst der Kettenpanzer mit Schulterklappen schon lange durch das einfa-

Langmauer und der befestigten, palastartigen Anlage von Pfalzel (Palaciolum) (vgl. Kat. Nr. 163), wobei letztere wie die im Zentrum des Langmauerbezirks gelegene spätrömische Bergbefestigung auf dem Leiköpfchen bei Speicher, von der ebenfalls militärische Kleinfunde vorliegen, zusätzliche Verwaltungsaufgaben oder Schutzfunktionen für den großen kaiserlichen Gutsbezirk wahrzunehmen hatten.
Lit.: H. Cüppers/A. Neyses, Untersuchungen und Beobachtungen im südlichen Langmauerbezirk. Trierer Zeitschr. 34, 1971, 227 ff. – W. Binsfeld, in: Führer, Eifel 196 ff. – Ortsakten Newel und Butzweiler im RLM. Trier (unpublizierte Grabungen 1979 und 1982).

a) Bauinschrift
FO. Herforst (Krs. Bitburg-Prüm), 1843.
2. Hälfte 4. Jh. n. Chr.

Langrechteckige Platte mit dreizeiliger Inschrift:

PEDATVRA FELICITER
EINIT · PRIMANORVM
DP

Pedatura feliciter finit Primanorum. Quingenti pedes. Zwischen finit und Primanorum Efeublatt als Worttrenner.
Zu deutsch: Der Bauabschnitt der ersten (Legion) ist glücklich beendet. 500 Fuß.
Sandstein. – L. 65 cm, Br. 31 cm, St. 7 cm.
RLM. Trier, Inv. 38, 2665.

153 Kettenhemd.

che Kettenhemd mit Oberärmeln verdrängt worden. Daß Kettenhemden bis ins 5. Jh. hinein im Römischen Reich getragen wurden, belegen die Darstellungen in der Notitia Dignitatum. Die in diesem Staatshandbuch verzeichneten Waffenfabriken für Panzer *(loricaria)* dürften daher u. a. Kettenrüstungen hergestellt haben.

Da Kettenhemden in staatlichen Werkstätten hergestellt wurden und zur Ausstattung der römischen Soldaten gehörten, ist auch der Kettenpanzer von Weiler-la-Tour in einem militärischen Kontext zu sehen, sei es als Teil der Ausstattung eines Soldaten einer regulären römischen Truppe, sei es als Besitz eines in Weiler angesiedelten Laeten (Wehrbauern).

Eisen. – Maße 23,8 × 22,6 cm bzw. 20,4 × 15,4 cm, Gewicht 7,050 kg.

M. E. Luxemburg, Inv. 1980-114/1.

Lit.: J. Krier, Ausgrabungen in Weiler-la-Tour (»Mèchel-Lëtschweiler«). Hémecht 34, 1982, 93 ff. – G. Waurick, Die römische Kettenrüstung von Weiler-la-Tour. Hémecht 34, 1982, 111 ff.   Kr./G. Waurick

154 Teil eines Eisenhelms und Nackenschutzes

FO. Trier, St. Irminen.
4. Jh. n. Chr.

In einem Keller des Ausgrabungsgeländes wurden zahlreiche Eisenreste eines Metallsammlers geborgen, zusammen mit Beschlagteilen von bronzeverzierten Holzkästchen und Kleingerätschaften.

Ein außerordentlich dünnes, leicht gewölbtes Eisenstück, mit einer unförmigen Rostmasse bedeckt, ließ sich nach Röntgenuntersuchung und Freilegung eindeutig als Teil eines eisernen Helmes bestimmen, an dem ein aus dicht aneinandergeschobenen Ringen bestehender »Kettenpanzerteil« angcrostet war.

Der untere Rand der eisernen Helmkalotte von 19 cm Länge zeigt zwei sorgfältig ausgeschnittene Aussparungen, die in fla-

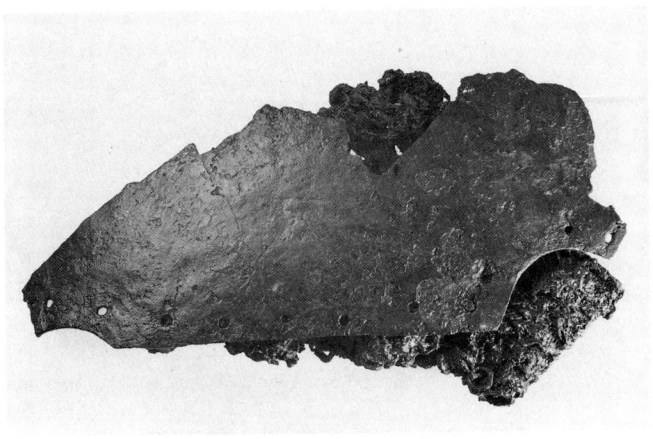

154

154

chem Bogen geführt sind. An dem Rand entlang sind, in fast gleichmäßigem Abstand von 5 bis 7 mm, zwölf gleichmäßige Bohrlöcher angeordnet, die etwa 2 mm Dm. haben. Am linken Ende des erhaltenen Helmteiles ist noch eine kleinere Bohrung von 0,5 mm erhalten.

Bezogen auf den geradlinig verlaufenden Helmrand ist die linke Ausnehmung flach 1 cm ausgeschnitten und ca. 3,5 cm lang, während ein Ausschnitt an der rechten Seite auf 4 cm Länge 3 cm hoch ist (in der Ergänzung der Konturrichtung ca. 5 cm lang). Im Vergleich mit Bilddarstellungen römischer Krieger sitzt ein Helm bei Infantristen leicht von der Stirn – Nasenbein zum Hinterkopf geneigt. Bei solcher Trageweise ist der größere Ausschnitt für das Ohr bestimmt, der weit flachere für den Augenbrauenbogen. Demnach ist das erhaltene Eisenstück einer linken Helmseite zuzuweisen. Die gleichmäßigen Bohrungen waren zum Anheften des Helmfutters bestimmt, an dessen Lederborte evtl. auch die Wangenklappen befestigt sein konnten. Bei 8 cm erhaltener Höhe der Helmkalotte sind keine Hinweise auf Verstärkungsrippen oder gar auf einzelne Helmsegmente erkennbar, wie sie für Spangenhelme erforderlich waren. Danach dürfte es sich um eine aus einem Stück bestehende Helmkalotte handeln, deren Wölbung nach oben hin zunächst relativ steil wirkt.

Das Kettenpanzerteil, das an der Innenseite angerostet war, ist zusammengefaltet und mißt in Richtung der Kettenglieder wenigstens 21 cm L.

Da ein größeres Kettenpanzerstück oder Hemd sicherlich in mehreren Teilen zusammengefaltet worden wäre, um im Inneren des Helmes Platz zu finden, hier aber ersichtlicherweise nur ein Stück von etwa 25 cm Länge einmal eingefaltet worden ist, wird man die Kettenteile einem Nackenschutz des Helmes zuweisen können und müssen.

Dies um so mehr, als man aus dem erhaltenen Kettenfragment bei genauerer Betrachtung einen abgeschrägten Seitenverlauf

ablesen könnte, der bei der Trageweise des Helmes selbst einen Fall des Nackenschutzes an der Schulter vorbei ergeben würde und der Bewegungsfreiheit des Kopfes bei Drehungen nach rechts und links auf jeden Fall zugute käme.

154

Soweit das eiserne Helmstück erkennen läßt, ist ein Spangenhelm aus mehreren Segmenten, die durch aufgelegte und verzierte Bänder zusammengehalten würden, auszuschließen. Bestenfalls ist eine zweiteilige Helmkalotte denkbar, die von der Stirn über den Scheitel zum Nacken durch ein Verstärkungsband kaschiert, zusammengenietet gewesen wäre. Aus der gleichmäßigen Anordnung der Bohrlöcher entlang des Helmrandes ist nicht zu erkennen, ob neben dem Nackenschutz aus Ketten eine Wangenklappe an dem ledernen Futter montiert war.

Von der Grundform sind dem Helmfragment vergleichbar Infanteriehelme aus Augst, Intercisa in Ungarn und Worms, die allesamt dem 4. Jahrh. n. Chr. zuzuweisen sind.

Die Kettenteile, die in der Fallrichtung dicht aneinanderschließen, bestehen aus kleinen runden Ringen von 7–8 mm Dm. und in der Längsrichtung in der Struktur deutlich erkennbar, längeren, etwas ovalen Ringen von 12 mm Länge und 10 mm Dm. Zur Konstruktion der Kettenpanzerung ist es nicht zwingend, daß in jedem Ring vier Ringe rechtwinklig eingehängt sind und entsprechend auch in diesen wiederum jeweils vier, dann ein dicht schließendes Netz ergebend.

Die, wie bei einem Stoff sich ergebende »Längsstruktur« ist eher und auch technisch einfacher zu erreichen, wenn je zwei senkrecht stehende Ringe eingehängt sind und darüber versetzt je einer der nächstfolgenden rechten und linken »senkrechten« Ringfolge. So wäre auch erklärbar, daß in der Horizontalen jeweils die senkrechtgerichteten Ringe dicht aneinander geschoben erscheinen und, wie Noppen eines Stoffes, mit der runden Seite vorstehen, während ihre Ober- und Unterseite eine Rinne bilden, hinter der die querstehenden Halteringelchen verschwinden und dem Auge nicht sichtbar sind. Bei einer »Ringverknüpfung« eines Mittelringes mit je vier in jede Richtung rechtwinklig zueinander stehenden Ringen käme eine »kreuzstichartige« Struktur zum Vorschein, die bei diesem Fragment nicht ersichtlich ist.

Aus dem benachbarten Weiler-la-Tour (Südluxemburg) ist ein Kettenpanzerhemd nachgewiesen, das in seiner Struktur eine verwandte Verknüpfung der Ringe erkennen läßt. Wie bei einem Korbgeflecht sind in der Horizontalen wie Vertikalen die Verkettungen zu erkennen, die jedoch keine »Maschen« zeigen (vgl. Kat. 153).

Die in einer Richtung dicht aneinander geschobenen Ringglieder lassen auch den Schluß zu, das die kleineren »Halteringe« versetzt sind und je vier größere Ringe binden, so daß ein dichtes Vlies entsteht. Erst hierdurch wird eine elastische Kettenhaut erzielt, die dem Stich wie auch dem Hieb widersteht, seinem Träger aber eine größere Bewegungsfreiheit beläßt. RLM. Trier.

Lit.: Unveröffentlicht. – Parallelen bei St. Johnson, A late Roman helmet from Burgh Castle. Britannia 11, 1980, 303–312. – Zum Helm von Augst: Gallien in der Spätantike Nr. 200–201. – Zur Kettenrüstung von Weiler-la-Tour: J. Krier u. G. Waurick, Hémecht 34, 1982, 93–130. Cü.

155 Verzierte Waffen

155a Lanzenspitze mit Einlegearbeit
(Farbabb. s. S. 123)

FO. Trier, aus der Mosel bei der Römerbrücke.
2. Hälfte 4. Jh. n. Chr.

In Verbindung mit Gerbsäuren der Holzsubstruktionen im Flußbett, Eisen und anderen Wirkstoffen, haben sich z. T. unförmige Konglomerate gebildet, die oftmals wegen der beigemengten zahllosen Münzen zerkleinert wurden, um die eingebackenen Objekte herauszuschälen.

Die hier gezeigte Lanzenspitze war ebenfalls in ein Konglomerat von Rost, Kies und organischen Beimengungen (Holzspreißel) verbacken, das aber seiner verschliffenen Kontur nach als Lanzenspitze bestimmt werden konnte, zumal auch eine Kante der Tülle freilag.

Die Röntgenaufnahme ließ Buntmetalleinschlüsse in scharfer Konturierung erkennen, die ein schichtenweises Abtragen der Auflagerungen ermöglichte. Da die Eisenbestandteile fast vollkommen gelöst waren und nur noch als rostige, z. T. lockere Masse sich darstellten, mußte eine Entsalzung und schließliche Tränkung mit Kunstharzen vorgenommen werden.

Die Lanze ist noch auf 31,5 cm Länge erhalten. Die Tülle als Halterung für den Holzschaft ist 6,5 cm lang und hat einen Dm. von 3,4 cm. Das Lanzenblatt ist 24 cm lang und 5,8 cm breit, mit deutlich vortretender Verstärkungsrippe, die zur Spitze hin in einen massiv rhombischen Querschnitt übergeht, während die seitlichen Blatteile in einer Kehle zur Spitze übergehen. Die Verzierungen aus Kupferblech, Messing und Punzmustern sind in drei Zonen von der Tülle zur Spitze hin angeordnet.

1. Tülle.
Die konisch nach oben hin verengte Tülle ist am unteren Ende abgebrochen und verrostet. Zwischen zwei eingelegten Messingringen, die mit Inschrift versehen sind, von denen aber der untere Ring nur noch als leicht eingetiefte Kerbe erschlossen werden kann, ist eine Zone von 3 cm langen Lamellen erhalten, die gleichmäßig mit abgerundeten Enden und in das Eisen eingetieft, mit Messing ausgelegt sind.

Auf dem erhaltenen Inschriftband aus Messing ist zu entziffern: ANBIANONI . VIVAS.

2. Lanzenblatt.
Auf dem verbreitert eingetieften Lanzenblatt sind beidseits der Mittelrippe Kreisringe mit Mittelpunkt und je zwei dreieckige, durch Schrägstriche untergliederte Messingblätter eingesetzt. Der obere Rand des zur Spitze gekehlten Überganges wird durch nach unten offene Halbbögen aus Kupfer begrenzt.

3. Lanzenspitze.
Auf dem breiteren Teil der Spitze sind paarweise angeordnet

155 b

155 c

155 c

155 c

war und bis zur Ermordung durch Magnus Maximus 383 n. Chr. in Trier residiert hat.

In dem inschriftlich auf der Lanzenspitze genannten ANBIANIONI wird man einen Ambianer als Besitzer der Lanze sehen dürfen, der wohl als Offizier der kaiserlichen Leibgarde angehörte.

Die in der Technik der Tauschierung ausgeführten Verzierungen sind herkömmlicherweise auf schmale, mit dem Grabstichel (von dreieckigem Querschnitt, an der Auflage breiterem Stechmesser) eingeschnittene Ornamente begrenzt. Das eingefügte, andersfarbige Metall wird durch die Beihämmerung in der seitlichen Nut gehalten. Von einer bestimmten Größe an mußte entsprechender Dekor zusätzlich durch Nieten gehalten werden, oder durch Lötungen, wodurch ganz andere Verzierungsweisen und Wirkungen sich ergaben. Die technische Übereinstimmung und geographische Nähe der hier vorgeführten Funde läßt vermuten, daß die ausführende Werkstätte ebenfalls in diesem Raume zu suchen ist.

Eisen mit Kupfer- und Messing-Einlagen.

RLM. Trier.

Unveröffentlicht. Cü.

155 c

und zueinander gerichtet Büsten eingelegt, deren Körper aus Kupfer, die Köpfe aus Messingblech bestehen. In stark abgekürzter Form sind Falten und je eine Scheibenfibel an der Schulterkontur eingeritzt. Bei den leicht zur Seite gerichteten Gesichtern sind Augen, Nase, Mund in knappen Strichen wiedergegeben, die Augen leicht mandelförmig angelegt. Das Haar wird durch Punkte als kurzes Stoppelhaar gekennzeichnet.

Parallelen zu dieser Art der Prachtlanzen, die am ehesten in dem Umkreis einer kaiserlichen Leibgarde zu suchen sind, sind m. W. bislang nicht bekannt geworden. Vom Dekor her liegt es nahe, in den paarweise angeordneten Büsten ein Kaiserpaar zu erkennen, das zu gleicher Zeit im westlichen Reichsteil die Herrschaft inne hatte. Hier wird man an Valentinian I. denken wollen, der früher als Heerführer am Rhein tätig war, 364 n. Chr. zum Augustus ausgerufen wurde, Valens zum Mitaugustus berief und bald seine Residenz in Trier bezog.

367 n. Chr. war er von Amiens, dem Vorort der Ambiani, aufgebrochen und hielt seine Residenz bis zu seinem Tode 375 n. Chr. in Trier. Die Notitia dignitatum bezeugt (or. 6,36) Equites catafractarii Ambianenses und an anderer Stelle (occ. 9,39) Ambianenses spatharia et scutaria, militärische Spezialeinheiten, die aus dem Stammesgebiet der Ambiani rekrutiert worden waren.

Die zweite Büste, in der Detailzeichnung nicht unterschieden, wird auf Gratian weisen, der am 18. April 359 geboren, seit 367 zum Mitherrscher im Westen von Valentinian erhoben worden

155 b Lanzenspitze

FO. Trier, aus der Mosel bei der Römerbrücke.
2. Hälfte 4. Jh. n. Chr.

Die Lanzenspitze zeigt eine lange, konische Tülle mit Verlängerung der Schafthalterung durch zwei Laschen, von denen noch eine erhalten ist. Zusätzlich ist in der Tülle ein Aufhalter mit Nietkopf und Ringhülse seitlich montiert, während an der Gegenseite nur die Bohröffnung zur Befestigung des Aufhalters erhalten ist. Die Tülle verengt sich zum Lanzenblatt hin und wird durch zwei Wulstringe mit umlaufenden Kerben und einer Doppelkerbe abgeschlossen. Das Lanzenblatt greift mit gerundet ausschwingender Kontur auf eine Breite von 5 cm aus, während in der Achse zur Tülle eine stark ausgeprägte Verstärkungsrippe erhalten ist, an deren Ansatz, ziemlich am unteren Blattrand, deutlich 0,8 cm breite kreisförmige Ausschnitte seitwärts ansetzen. Sie waren wohl zum Einhängen von Truppenzeichen (Wimpel, Bänder, Tier-, Pferdeschweifen oder Metallzeichen, Glöckchen) bestimmt.
Das Lanzenblatt ist in der Kontur im unteren Drittel dreieckig, schwingt dann mit flauer Rundung etwas ein und läuft dann mit gleichmäßiger, geradliniger Kante in die Spitze aus.
Diese Lanzenform ist, mit Ausnahme der Bohrungen am Blattende, z. B. auf dem Elfenbeindiptychon des Stilicho um 396 n. Chr. (Monza, Domschatz) in Kontur und Gliederung gleichartig vertreten.
Eisen. – Erh. L. 38 cm, Tülle 10 cm, Haltelasche noch 3,5 cm; Lanzenblatt 25 cm.
RLM. Trier.
Unveröffentlicht.   Cü.

155 c Prachtlanze mit eingelegtem Dekor

FO. Aus dem Gebiet der Mediomatriker
2. Hälfte 4. Jh. n. Chr.

In Privatbesitz wurde eine Lanze bekannt, die, aus dem benachbarten Mediomatrikergebiet stammend, nach Form und technischer Ausführung des Dekors engstens mit der Prachtlanze aus der Mosel bei der Römerbrücke zu Trier übereinstimmt.
Die Lanzenspitze, auf eine Länge von 40,5 cm erhalten, hat eine Tülle von 10,5 cm Länge und 4 cm Dm.

1. Tülle.
Auf der konisch verengten Tülle sind zwei Bandringe aufgelegt, die folgende Inschrift tragen:
NEMNIANIVS
VENATOR . VIVAS.

Zwischen den in Messing eingelegten Bändern sind jeweils eingetiefte, nach oben und unten abgerundete Lamellen paarweise neben eingetieften Säulchen mit spitz auslaufender Basis, Kapitellplatte und verdicktem Säulenschaft eingelegt, ebenfalls aus Messing bestehend.

2. Lanzenspitze.
Aus der Tülleneinziehung wächst das Lanzenblatt mit schräg nach außen gerichteter Kontur auf 6 cm Breite heraus, von einer dicken, kantig zugerichteten Rippe verstärkt. Das Blatt ist nach der Spitze zu gekehlt gerundet und wird hier von eingelegten offenen Bögen begrenzt.
Die Kanten wie auch die Verstärkungsrippe werden von Punzdekor begleitet.
Auf dem massiven – im Querschnitt rhombischen – Teil der Spitze sind beidseits je zwei zueinander gerichtete Figurenbüsten eingesetzt, die Körper, mit Gewandfalten in knapper Strichzeichnung, aus Kupfer, die Köpfe aus Messingblech. Augen, Nase, Mund ebenfalls mit schlichten Strichkerben angedeutet, das Haar gepunktet. Als Oberflächenfund vorzüglich erhalten, sind die Zierelemente insgesamt etwas gröber und einfacher ausgeführt als bei der Trierer Lanze.
Kreisaugen sind als Dekor einer Lanzenspitze aus einem Männergrab in Rhenen (Prov. Gelderland) bezeugt, die nach den Beifunden der 1. Hälfte des 5. Jh. zugewiesen wird (Gallien in d. Spätantike Nr. 224). Auch die Materialkombinationen Messing- und Kupfertauschierung sind für diesen Fund belegt.
Aus einem Männergrab von der Jakobstraße in Bonn stammt ein 16,5 cm langes Messer, dessen Eisenblatt und Rücken mit Kreisaugen, Sternmuster reich verziert und ebenfalls in Messing und Kupfer ausgeführt ist (Gallien in der Spätantike Nr. 216 f, vgl. hier Kat. 185 f). Die Beigaben, besonders eine Zwiebelknopffibel mit ornamentalem Niellodekor und Christogramm, datieren dieses Grab in die 2. Hälfte des 4. Jh. n. Chr.
Aus dem Stadtgebiet von Trier wäre ein Kontorniat hier anzuführen, der auf beiden Seiten Gespann und Figur eines Rennfahrers zeigt, der namentlich genannt, mit dem Gespann wohl im Circus zu Trier siegreich gewesen ist. Die Szenen sind in Silber, Messing und Kupfer eingelegt und zeigen enge technische Übereinstimmung zu unseren Paradelanzen (Kat. 81 p).
Nemnianus ist eine nicht belegte Namensform, die in Verbindung zu setzen ist mit Nemnici oder Nennici, einer keltischen Göttermehrheit unbekannten Geschlechts und Charakters, die auf einer Inschrift einer Bronzebasis in Klagenfurt (CIL. III 8505) und vom Heiligtum auf dem Herapel im Mediomatrikergebiet (CIL. XIII 4476) erwähnt werden (vgl. F. Heichelheim, RE XVI 2, 2386 s. v. Nemnici).
Mit der Berufsbezeichnung des venators, der gemeinhin in Verbindung der Wildjagd, der Tierhatz und dem Tierkampf im Amphitheater zu sehen ist, würde die mit Kaiserbildern verzierte Prachtlanze eher deplaziert erscheinen, da es nicht vorstellbar ist, daß die Waffe in diesem Zusammenhang zum praktischen Gebrauch kam.

Eisen mit Kupfer- und Messing-Einlagen.
Privatbesitz.
Unveröffentlicht.   Cü.

155 d   Schwertortbandbeschlag

FO. Trier, Aachener Straße, 1898.
2. Hälfte 4./Anfang 5. Jh. n. Chr.

Der Schwertscheidenendbeschlag besteht aus einer langovalen
Platte aus dünnem Bronzeblech, mit dem in gleichen Abständen
drei massive, profilierte Bronzeköpfe vernietet sind.
In spätrömischer Zeit bestanden die Schwertscheiden von Lang-
schwertern (Spathae) meist aus dünnem Holz, das mit Leder
überzogen war. Der Scheidenmund und der Scheidenabschluß

155 d

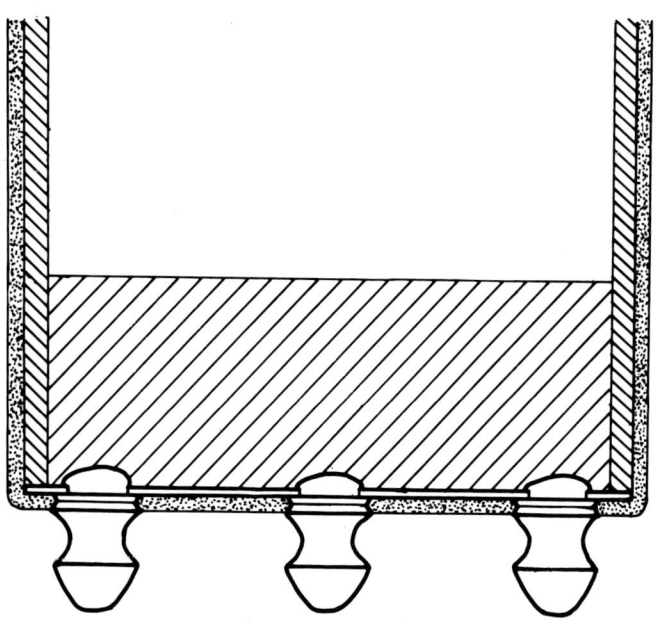

(Ortband) waren durch bronzene oder silberne Beschläge verstärkt. Eine kleine Gruppe war wie dieses – vielleicht in Anlehnung kaiserlicher Vorbilder (vgl. Kat. Nr. 18) – durch einen
rechteckigen Abschluß mit eingezapften Ziernieten gekennzeichnet. Vergleichbare Schwertortbänder sind aus germanischen Kriegergräbern von Liebenau und Vermand (vgl. Böhme,
Grabfunde Taf. 27,14 und 137,9) bekannt.
Bronze. – L. 6,4 cm, Br. 1,4 cm.
RLM. Trier, Inv. 21516.
Lit.: J. Werner, Bay. Vorgeschichtsbl. 31, 1966, 134 ff. – K. J.
Gilles, Trierer Zeitschr. 42, 1979, 129 ff.   Gi.

156   Spätrömische Fibeln

Verglichen mit früheren Jahrhunderten nimmt die Vielzahl der
Fibelformen bis zum 4. Jahrhundert deutlich ab und beschränkt
sich im Trierer Land auf zwei Typen, die Zwiebelknopf- und die
aus der Omegafibel abgeleitete Ringfibel, die beide in der Regel
zur Männertracht gehören. Typische Frauenfibeln sind für die
Spätantike nicht belegt, was vielleicht auf eine Änderung der
Tracht zurückzuführen ist. Zur Frauentracht zählen lediglich
einige Fibeln germanischer Provenienz (vgl. Nr. 178), die aber
nicht mit der ansässigen Bevölkerung, sondern mit seit dem
späten 3. Jahrhundert ins Treverergebiet umgesiedelten Germanen, die ihre alte Tracht beibehielten, in Verbindung zu bringen
sind. Zur Typologie und Chronologie der Zwiebelknopffibeln
vgl. Keller, Grabfunde 26 ff.   Gi.

a) Zwiebelknopffibel vom Typ Keller 1.
FO. Trier (Bahnbau), 1881.
1. Viertel 4. Jh. n. Chr.
Der unverzierte Querarm der gegossenen Fibel ist sechskantig,
die beiden Knöpfe facettiert. Zwischen Bügel und Fuß nahezu
dreieckiger Aufsatz.
Bronze. – L. 7,4 cm, Br. 5,3 cm.
RLM. Trier, Inv. 5366.

b) Zwiebelknopffibel vom Typ Keller 1.
FO. Trier-Pallien (Gräberfeld), 1889.
1. Viertel 4. Jh. n. Chr.
Der sechskantige Querarm ist wie der Bügel glatt und unver-
ziert. Lediglich der Fuß zeigt lineare Dekore. Die Knöpfe sind
eiförmig.
Die Fibel gehörte mit einem sog. Honigtopf vom Typ Gose 428
zum Inventar eines spätrömischen Brandgrabes.
Bronze. – L. 7,9 cm, Br. 5,6 cm.
RLM. Trier, 17405 b.

c) Zwiebelknopffibel vom Typ Keller 3.
FO. Trier, Brotstr., 1902.
Mitte 4. Jh. n. Chr.

156 a, b, c, e, f, d

Der Querarm der gegossenen Fibel ist langrechteckig und trägt Aufsätze. Die Knöpfe haben die namengebende Zwiebelform. Der Fuß ist paarweise am Bügelansatz und am Fußende mit Kreisaugen bedeckt.
Bronze. – L. 7,9 cm, Br. 4,5 cm.
RLM. Trier, Inv. ST. 3886 b.

d) Zwiebelknopffibel vom Typ Keller 4.
FO. Trier-West, 1898.
3. Viertel 4. Jh. n. Chr.
Der Querarm der gegossenen Fibel hat volutenartige Aufsätze. Die Knöpfe am Querarm haben Zwiebelform, der am Bügel befe-

stigte ist facettiert (nachträgliche Flickung?). Der langgezogene Fuß trägt drei Volutenpaare.
Bronze. – L. 9 cm, Br. 5,8 cm.
RLM. Trier, Inv. 21510.

e) Zwiebelknopffibel vom Typ Keller 4.
FO. Trier.
3. Viertel 4. Jh. n. Chr.
Der Querarm der gegossenen Fibel ist rechteckig und hat durchbrochene Aufsätze. Die Knöpfe haben Zwiebelform und zeigen Reste einer Vergoldung. Der langgezogene Fuß ist paarweise am Bügelansatz und am Fußende mit Kreisaugen bedeckt. Der Bügel

156 g

Zu 156 g

trägt eine mäanderartige Verzierung. Durch das Fußende steckt ein Bronzestift mit Resten einer Kette, durch die die Fibel mit einer zweiten, ähnlichen Zwiebelknopffibel verbunden war. Nach der qualitätvolleren Ausführung der Fibel gehörte sie einem höher gestellten Beamten oder Militär.
Bronze, vergoldet. – L. 9,3 cm, Br. 5,3 cm.
RLM. Trier, Inv. G 1364.

f) Zwiebelknopffibel vom Typ Keller 4.
FO. Trier, Euchariusstraße (südliches Gräberfeld), 1905.
3. Viertel 4. Jh. n. Chr.
Der Querarm der gegossenen Fibel ist rechteckig, die Knöpfe haben Zwiebelform. Der langgezogene Fuß ist am Bügelansatz und am Fußende paarweise mit Kreisaugen bedeckt, während der Bügel eine kerbenartige Verzierung zeigt.
Die Fibel gehörte zusammen mit einer Bronzeschnalle offensichtlich zum Inventar eines spätrömischen Grabes.
Bronze. – L. 7,8 cm, Br. 4,5 cm.
RLM. Trier, Inv. 05,295 a.

g) Zwiebelknopffibel vom Typ Keller 5 *(Farbabb. s. S. 258)*.
FO. Trier, Römerbrücke, 1978.
Letztes Drittel 4. Jh. n. Chr.
Der Fuß der aus Bronzeblech gearbeiteten, ursprünglich vergoldeten Fibel ist abgebrochen. Der sechskantige Querarm trägt profilierte Ansätze. Der steil gewölbte Bügel hat einen trapezoiden Querschnitt. Beide Bügelenden zeigen wie der Scheitel des Bügels je eine Büste im Medaillon, die durch Winkelbänder und Ornamentstreifen verbunden sind. Der Träger dieser Fibel ist ohne Zweifel unter den höher gestellten Militärs oder Verwaltungsbeamten des spätrömischen Reiches zu suchen (vgl. auch R. Laur-Belart, Urschweiz 23, 1959, 62 ff.). Eine vergleichbare Fibel kam 1908 bei Ausgrabungen im Amphitheater zusammen mit einem kerbschnittverzierten Beschläg (Nr. 157 g) zum Vorschein. Leider ist die bislang unpublizierte Fibel verschollen, so daß wir derzeit nur auf ein älteres Foto zurückgreifen können (Abb. S. 300).
Bronze, vergoldet. – Erhaltene L. 5,0 cm, Br. 5,9 cm.
Slg. K. S.

h) Zwiebelknopffibel vom Typ Keller 6.
FO. Pachten, »auf der Steinritsch« (Krs. Saarlouis), 1900, spätrömisches Gräberfeld.
Ende 4./Anfang 5. Jh. n. Chr.
Der durch freigestellte Voluten gebildete Fuß der vergoldeten, aus Bronzeblech gearbeiteten Fibel ist weitgehend abgebrochen und ergänzt. Der sechskantige Querarm trägt profilierte Aufsätze. Die Zwiebelknöpfe sind facettiert. Wie die Zwiebelknopffibeln vom Typ Keller 5 (vgl. g) war dieser Fibeltyp für einen sozial höher gestellten Personenkreis bestimmt.
Bronze, vergoldet. – Erhaltene L. 5,2 cm, Br. 5,4 cm.
RLM. Trier, Inv. 38,2139 (nachinventarisiert), wohl identisch mit 00,356.

156 j–n

Lit.: H. Maisant, Der Kreis Saarlouis in vor- und frühgeschichtlicher Zeit (Saarlouis 1971) 119; Taf. 80, 19.

i) Zwiebelknopf mit Schraubgewinde.
FO. Trier, Saarstraße, 1981.
Ende 4./Anfang 5. Jh. n. Chr.
Vergoldeter, facettierter Zwiebelknopf mit Schraubgewinde, dessen Spitze abgebrochen ist. Zwiebelknöpfe mit vergleichbaren Schraubgewinden sind für einige Fibeln vom Keller Typ 6 belegt (vgl. W. Gaitzsch, Bonner Jahrb. 183, 1983, 600 ff.).
Bronze, vergoldet. – Erhaltene L. 2,2 cm, Br. 1,1 cm.
RLM. Trier, EV. 83, 108.

j) Omegafibel.
FO. Wittlich (Krs. Bernkastel-Wittlich), Villa, 1904.
2.–1. Hälfte 3. Jh. n. Chr.
Der ringförmige Rahmen der gegossenen Fibel hat einen rhombischen Querschnitt und ist omegaförmig zurückgebogen. Die umgeschlagenen Enden sind als pilzförmige Knöpfe ausgebildet (vgl. A. Böhme, Saalburg Jahrb. 29, 1972, 46; Taf. 31, 1216–1219).
Omegafibeln dieser Art gelten als Vorformen der spätrömischen Ringfibel (vgl. l–m).
Bronze. – Dm. 4,8 cm, L. der Nadel: 5,6 cm.
RLM. Trier, Inv. 04, 235.

301

k) Omegafibel.
FO. Trier, 1900.
3./4. Jh. n. Chr.
Der ringförmige Rahmen der Fibel ist omegaförmig zurückgebo-
gen. Der Bügel hat einen flach-rhombischen Querschnitt.
Schwach profiliert und flach sind auch die umgeschlagenen
knopfartigen Enden.
Bronze. – Dm. 3,2 cm, L. der Nadel: 3,5 cm.
RLM. Trier, Inv. 1900, 14.

l) Ringfibel.
FO. Trier (?).
4. Jh. n. Chr.
Der ringförmige Rahmen der gegossenen Fibel hat einen recht-
eckigen Querschnitt und eingerollte Enden. Die Schauseite trägt
ein unregelmäßiges Strichmuster.
Bronze. – Dm. 4,5 cm, L. der Nadel: 5,2 cm.
RLM. Trier, Inv.-Nr. verloren.

m) Ringfibel.
FO. Butzweiler (Krs. Trier-Saarburg), »in der Grube«, 1881.
4. Jh. n. Chr.
Der ringförmige Rahmen zeigt vor den eingerollten Enden eben-
so wie die Nadel an der Öse ein kleines Kerbenmuster.
Bronze. – Dm. 3,2 cm, L. der Nadel: 3,8 cm.
RLM. Trier, Inv. 1570.

n) Ringfibel mit Ansatzplatte.
FO. Trier, Töpferstraße (Töpfereigelände), 1907.
Ende 3./4. Jh. n. Chr.
Der ringförmige Rahmen der gegossenen Fibel hat einen
dreieckigen Querschnitt und mündet in einer profilierten An-
satzplatte mit Randkerbe.

Typologisch steht die Fibel zwischen den spätkaiserzeitlichen
Ringfibeln mit dreieckiger Ansatzplatte, die in der Germania
Libera [vgl. R. Koch, in: Festschrift J. Werner. Münchner Bei-
träge zur Vor- und Frühgeschichte. Ergänzungsband 1/I (Mün-
chen 1974) 227 ff.] weit verbreitet sind, und den Ringfibeln vom
Typ Siscia, die sich vornehmlich auf die norisch-pannonischen
Provinzen konzentrieren (Koch a. a. O.). Die besten Vergleichs-
stücke zu unserer Fibel liegen vom Moosberg bei Murnau (J.
Garbsch, Der Moosberg bei Murnau. Münchner Beiträge zur
Vor- und Frühgeschichte 12, 1966; Taf. 31, 1233) und von der
Saalburg (A. Böhme, Saalburg Jahrb. 29, 1972, 46; Taf. 31, 1233)
vor. Beide Fibeln können aufgrund von Beifunden bzw. ihrer
Zeitstellung durchaus in Zusammenhang mit germanischen
Siedlern gebracht werden.
Bronze. – L. 5,8 cm, Br. 4,9 cm.
RLM. Trier, Inv. 07,716.   Gi.

157 Kerbschnitt- und punzverzierte Gürtelbeschläge

Kerbschnittverzierte Beschläge zählen neben den Schnallen zu
den wichtigsten Bestandteilen spätrömischer Männergürtel. Ihre charakteristischen Keil- oder Kerbschnittverzierungen wurden zusammen mit dem Beschlag vermutlich in einer verlorenen
Form im Wachsausschmelzverfahren gegossen und anschließend mit Stichel und Meißel überarbeitet. Von der Gruppe der
sog. Kerbschnittgürtelgarnituren sind jene Schnallen und Gürtelteile zu trennen, deren Verzierung erst nach dem Guß durch
Punzieren oder Gravieren angebracht wurde.
Wie bei den spätrömischen Fibeln hebt sich auch unter den
kerbschnitt- und punzverzierten Gürtelgarnituren eine kleinere
in Edelmetall ausgeführte Gruppe ab. Die Träger solcher Gürtel

157 c, b, a

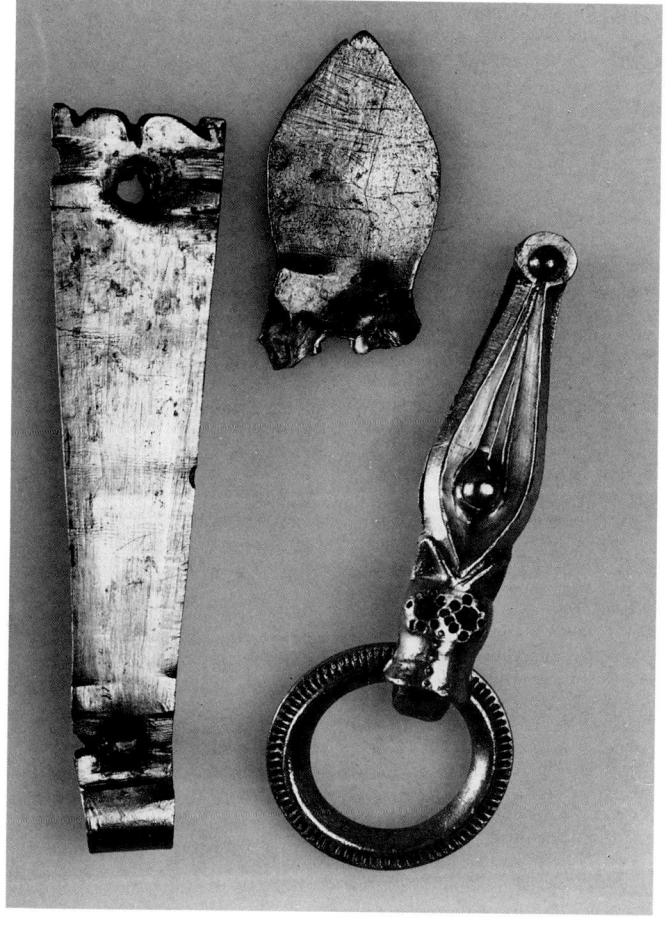

sind zweifellos unter den höheren Verwaltungsbeamten bzw. Militärs des spätrömischen Reiches zu suchen. Eine kleine Auswahl meist silbervergoldeter und nielloverzierter Beschläge ist der vielfältigen Gruppe von Gürtelbeschlägen vorangestellt, wobei in diesem Rahmen nur eine bescheidene Auswahl aus den umfangreichen Beständen des Rhein. Landesmuseums Trier berücksichtigt werden kann. Dabei folgen wir weitgehend der Typeneinteilung von H. W. Böhme (vgl. Lit.).
Lit.: Böhme, Grabfunde 53 ff. – H. Bullinger, Spätantike Gürtelbeschläge. Diss. Arch. Gandenses 12 (Brügge 1969).   Gi.

a) Kerbschnittverzierte, silbervergoldete Gürtelöse.
FO. Binningen, Kuhkeller (Krs. Cochem-Zell), 1978. Anfang 5. Jh. n. Chr.
Silberne Gürtelöse mit schmaler, lanzettförmiger und kerbschnittverzierter Beschlagplatte, die am Übergang zur Öse in einem stilisierten, punzverzierten Tierkopf endet. Die Vorderseite der zweiteiligen Beschlagplatte ist vergoldet, ein Auge des Tierkopfes enthält noch eine Almandinrundel (Einlage eines runden Halbedelsteins). Die gerippte Kehle des silbernen Ringes ist ebenfalls vergoldet.
Der silbervergoldete Gürtelbeschlag stammt von einer spätrömischen Bergbefestigung und gehörte zu einer der seltenen Edelmetallausführungen spätantiker Gürtelgarnituren, was für den hohen sozialen Rang des einstigen Gürtelträgers spricht. Die Tierkopfverzierung des Beschlags läßt sich am besten noch mit ähnlichen Metallgegenständen aus Samson und Rhenen (Böhme, Grabfunde Taf. 68, 5 u. 7; 98, 18–20) vergleichen. Für eine Zeitstellung im 5. Jh. spricht ebenfalls die sparsame Granateinlage der Tierkopfaugen.
Silber, vergoldet. – L. (mit Ring) 5,0 cm, Dm. Öse 1,8 cm.
RLM. Trier, EV. 78, 27.
Lit.: Gallien in d. Spätantike 204 f.

b) Silbervergoldete Riemenzunge.
FO. Hontheim, Entersburg (Krs. Bernkastel-Wittlich), 1980. 1. Hälfte/Mitte 4. Jh. n. Chr.
Die kleine, lanzettförmige Riemenzunge ist einseitig vergoldet und unverziert. Die zwingenartige Befestigung ist teilweise abgebrochen.
Die Riemenzunge ist ein Oberflächenfund von einer nach 353 zerstörten Bergbefestigung bei Hontheim (Kat. Nr. 170).
Silber, vergoldet. – L. 2,6 cm, Br. 1,3 cm.
RLM. Trier, EV. 80, 7.

c) Silberne Gürtelöse.
FO. Trier, Palastgarten (Tiefgarage), 1983. 2. Hälfte 4. Jh. n. Chr.
Die rechteckige bis trapezoide Gürtelöse zeigt am Rand Einschnitte, Facettierungen und Strichverzierungen.
Silber mit geringen Resten einer Vergoldung. – L. 5,6 cm, Br. 1,2 cm.
RLM. Trier, EV. 83, 20.

157 d

d) Silbervergoldete Tierkopfschnalle.
FO. Trier, Altbachtal.
Letztes Drittel 4. Jh. n. Chr.
Dreiteilige Gürtelschnalle, bestehend aus einem Bügel, einem Dorn mit Querarmen und einem Rechteckbeschläg mit reicher Punzverzierung, das derzeit allerdings nicht aufzufinden ist. Der mit einem Flechtband in Niello verzierte Bügel mündet mit stark profilierten, gegenständigen Löwenköpfen in der Bügelachse. Die Dornquerarme lassen eine Kombination von stilisierten Löwen und Raubvögeln erkennen (vgl. Böhme, Grabfunde 68 ff.).
Die Schnalle gehört zu den seltenen Edelmetallausführungen spätantiker Gürtelgarnituren, womit ihr Träger der sozial höher gestellten Schicht zuzurechnen ist.
Silber, Schauseite vergoldet. – L. (mit Beschlag) 7,1 cm, Br. 6,6 cm.
RLM. Trier, Inv. S. T. 10128.

e) Kerbschnittverzierte und niellierte Gürtelschnalle. *(Farbabb. s. S. 258).*
FO. Trier, Johann-Philipp-Straße, 1892.
Ende 4. Jh. n. Chr.
Der Tierkopfbügel und das schmale Rechteckbeschläg sind aus einem Stück gegossen. Das Beschläg zeigt wie der Bügel eine reiche Niello- und Kerbschnittverzierung sowie eine geperlte Randleiste. Die gegenständigen Tierköpfe sind naturalistisch ausgebildet.
Bronze, nielliert. – L. 4,6 cm, Br. 6,3 cm.
RLM. Trier, Inv. 19047.
Lit.: J. Werner, Kriegergräber aus der 1. Hälfte des 5. Jahrhunderts zwischen Schelde und Weser. Bonner Jahrb. 158, 1958, Taf. 81 Abb. 2,1.

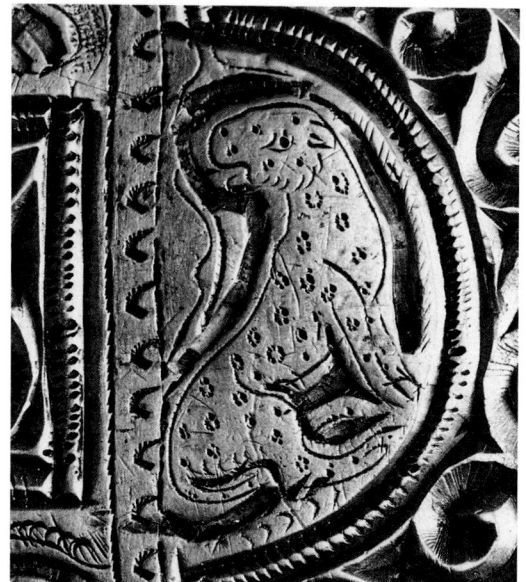

f) Kerbschnittverziertes und nielliertes Gürtelbeschläg. *(Farbabb. s. S. 258).*
FO. Minheim, Burgley (Krs. Bernkastel-Wittlich), 1978.
Ende 4./Anfang 5. Jh. n. Chr.
Trapezförmiges Beschläg einer Schnalle, deren kerbschnittverziertes Mittelfeld mit gegeneinandergestellter, lilienförmiger Verzierung von einem grätenartigen, niellierten Ornamentband eingefaßt ist. Schnallenbügel und Dorn sind verloren. Das Beschläg war offensichtlich Teil eines Schultergurtes (vgl. H. Bullinger, spätantike Gürtelbeschläge. Diss. Arch. Gandenses 12 [Brügge 1969] Taf. IX, 1 und XI, 1).
Bronze, nielliert. – Erhaltene L. 4,8 cm, Br. 5,4 cm.
RLM. Trier, Inv. 78, 13.

g) Gürtelbeschläg mit figürlichen Zierfeldern. *(Farbabb. s. S. 259).*
FO. Trier, Amphitheater, 1908.
Das viereckige Beschläg mit einem halbrunden Abschluß zeigt um ein kerbschnittverziertes quadratisches Feld sowie neben einer halbrunden, kerbschnittverzierten Leiste zwei rechteckige sowie ein halbrundes Feld mit figürlicher Verzierung. Im oberen rechteckigen Feld erkennen wir einen sich fortbewegenden Tiger, im unteren einen Löwen, im halbrunden einen sitzenden Leoparden (Panther). Der bei diesen Gürtelplatten vom Typ Muthmannsdorf (vgl. Böhme, Grabfunde 59) typische Fortsatz eines Adlerkopfpaares an der gerundeten Abschlußkante ist abgebrochen.
Das Beschläg wurde im Arenakeller des Amphitheaters zusammen mit einer heute verschollenen Zwiebelknopffibel vom Typ Keller 5 (vgl. Kat. Nr. 156g) gefunden.
Bronze. – Erhaltene L. 6,4 cm, Br. 6,8 cm.
RLM. Trier, Inv. 09, 862.

h) Gürtelbeschläg mit figürlichem Zierfeld.
FO. Trier (?).
Das Beschläg mit gerundetem Abschluß zeigt zwischen zwei trapezförmigen und einem halbrunden, kerbschnittverzierten Feld in einem unregelmäßigen Zierfeld einen Hirten zwischen seiner Herde. Der bei diesen Gürtelplatten typische Fortsatz eines Adlerkopfpaares an der gerundeten Abschlußkante (vgl. g) ist abgebrochen. Nach den paarweise angebrachten Nietlöchern erfuhr das Beschläg zumindest eine zweifache Verwendung.
Bronze, nielliert. – Erhaltene L. 5,9 cm, Br. 6,1 cm.
RLM. Trier, Inv. 20476.
Lit.: Westdt. Zeitschr. 16, 1897, 363.

i) Kerbschnittverzierte Gürtelschnalle.
FO. Wasserbillig (Luxemburg), 1883 (?).
2. Hälfte 4. Jh. n. Chr.
Das kerbschnittverzierte Beschläg zählt mit seiner in gegenständigen Tierköpfen endenden Schnalle zur Gruppe der fünfteiligen Gürtelgarnituren vom Typ Böhme A (vgl. Böhme, Grabfun-

157g

157 h

de 55 f.). Das aus drei Beschlägen gebildete Gegenbeschläg ist nicht erhalten wie das zweite Beschläg der Schnallenplatte, das einen Ausschnitt für die Schnalle besaß. Das erhaltene Beschläg der Gürtelschließe zeigt in einem kerbschnittverzierten Rechteckfeld eine große Rosette.

Bronze. – L. 7,9 cm, Br. 7,0 cm.

RLM. Trier, Inv. 8465.

k) Kerbschnittverziertes Beschläg.
FO. Trier, Altbachtal, 1927.
2. Hälfte 4. Jh. n. Chr.
Das sechseckige Beschläg mit leicht eingeschwungenen Schrägseiten zeigt drei senkrecht gestellte Felder mit unterschiedlichen Kerbschnittmustern. Das Beschläg war eines von zwei Gegenbeschlägen einer dreiteiligen Gürtelgarnitur vom Typ Böhme B (vgl. Böhme, Grabfunde 56 ff.).
Bronze. – L. 5,1 cm, Br. 5,8 cm.
RLM. Trier, Inv. S. T. 10629.

l) Kerbschnittverzierte Schnallenplatte.
FO. Butzweiler, in der Grube (Krs. Trier-Saarbrug) 1879.
2. Hälfte 4. Jh. n. Chr.
Die mit reicher Kerbschnittverzierung versehene Schnallenplatte hat eine fünfeckige Form und bildete wie eine Gürtelgarnitur aus Tournai (Böhme, Grabfunde Taf. 109, 1–4) eine Variante zu den dreiteiligen Gürtelgarnituren von Typ Böhme Typ B. Die Spitze der Platte ist abgebrochen, die Schnalle verloren.
Bronze. – Erhaltene L. 10,1 cm, Br. 7,5 cm.
RLM. Trier, Inv. 1572.

m) Kerbschnittverziertes Beschläg. *(Farbabb. s. S. 259).*
FO. Newel, römischer Gutshof »im Kesel« (Krs. Trier-Saarburg) 1962.
Letztes Drittel 4. Jh. n. Chr.
Die Platte mit dreieckiger Grundform bildete eines der beiden Gegenbeschläge einer dreiteiligen Gürtelgarnitur vom Typ Böhme B. An den Schrägseiten sind je zwei stilisierte, liegende Löwen mit zurückgewendeten Köpfen mitgegossen. Die reiche Kerbschnittverzierung ist der nahezu dreieckigen Form ange-

157 l

157 h

157 i, o, k, q, r

paßt. Das Beschläg ist denen der Gürtelgarnitur von Tournai (vgl. Böhme, Grabfunde Taf. 109, 1–4) vergleichbar.
Bronze. – L. 6,8 cm, Br. 6,8 cm.
RLM. Trier, EV. 62, 38 FN. 57.
Lit.: H. Cüppers, Trierer Zeitschr. 34, 1971, 169f.; Taf. 203, 3.

n) Kerbschnittverzierte Gürtelschnalle.
FO. Trier, Amphitheater, 1910.
Letztes Drittel 4. Jh. n. Chr.
Die vollständig erhaltene Schnalle gehörte mit ihrer schmalen, rechteckigen kerbschnittverzierten Beschlagplatte, deren Seiten durch Astragalröhren verstärkt sind, ursprünglich zu einer

dreiteiligen Gürtelgarnitur vom Typ Vieuxville (vgl. Böhme, Grabfunde 61 f.). Die beiden Gegenbeschläge liegen nicht vor.
Bronze. – L. 4,7 cm, Br. 4,3 cm.
RLM. Trier, Inv. 10, 825.

o) Kerbschnittverziertes Beschläg.
FO. Trier, Palais Kesselstatt, 1922.
Das Beschläg bildet mit seiner trapezförmigen Form, die ursprünglich wohl in drei kleinen Dreiecken ihren Abschluß fand, eine bisher unbekannte Variante zu den Tierkopfschnallen vom Typ Herbergen. Die Kerbschnittverzierung ist auf drei unterschiedlich große Dreieckfelder verteilt. Zwei breitere Ausspa-

306

rungen zur Schnallenseite lassen auf ein Dornlager eines Doppeldornes mit kerbschnittverzierten Dornplatten und seitlichen Erweiterungen in Form von Tierprotomen schließen.
Bronze. – Erhaltene L. 2,8 cm, Br. 6,4 cm.
RLM. Trier EV. 1922, 538 d.

p) Punzverzierte Tierkopfschnalle.
FO. Kastel, Ortslage (Krs. Trier-Saarburg), 1889.
Anfang 5. Jh. n. Chr.
Die Schnalle wird gekennzeichnet durch einen schmalen punzverzierten Bügel und ein trapezförmiges, ebenfalls punzverziertes Beschläg, das fest mit der Schnalle verbunden ist, so daß sie dem Typ Haillot (vgl. Böhme, Grabfunde 72) zuzurechnen ist. Die gegenständigen Tierköpfe sind leicht stilisiert.
Bronze. – L. 3,7 cm, Br. 5,7 cm.
RLM. Trier, Inv. 17 234.
Lit.: J. Werner, Kriegergräber aus der ersten Hälfte des 5. Jahrhunderts zwischen Schelde und Weser. Bonner Jahrb. 158, 1958, Taf. 81 Abb. 2,5.

q) Kerbschnittverzierte Gürtelöse.
FO. Trier, Herrenbrünnchen (Tempelbezirk), 1912.
1. Hälfte 5. Jh. n. Chr.
Gürtelöse mit dreieckiger, grob kerbschnittverzierter Beschlagplatte und stilisierten Randtieren. Am Ösenansatz degenerierter, plastischer Tierkopf.
Die Gürtelöse gehörte offensichtlich mit einer derzeit verschollenen Riemenzunge (Inv. 12, 378 b) und dem Gürtelbeschläg (r) zu einer aus verschiedenen Teilen zusammengesetzten Gürtelgarnitur.
Bronze. – L. 4,0 cm, Br. 4,2 cm.
RLM. Trier, Inv. 12, 378 a.
Lit.: R. Schindler in: Vor- und Frühformen der europäischen Stadt im Mittelalter I (Göttingen 1973) Taf. 7,2.

r) Kerbschnittverziertes Gürtelbeschläg.
FO. Trier, Herrenbrünnchen (Tempelbezirk), 1912.
2. Hälfte 4. Jh. n. Chr.
Trapezförmiges Beschläg einer Schnalle mit großem kerbschnittverziertem Mittelfeld. Schnallenbügel und Dorn sind verloren. Das Beschläg war – wie f – vermutlich Teil eines Schultergurtes und gehörte mit q offensichtlich zu einer aus verschiedenen Teilen zusammengesetzten Gürtelgarnitur.
Bronze. – Erhaltene L. 4,1 cm, Br. 4,8 cm.
RLM. Trier, Inv. 12, 377.

s) Gürtelverstärker.
FO. Trier, Oerenstraße (?), 1902.
2. Hälfte 4. Jh. n. Chr.
Leistenförmiger an den Enden und in der Mitte leicht erweiterter Gürtelverstärker mit Randkerben, Facetten und Strichverzierungen.
Bronze. – L. 12,5 cm, Br. 1,8 cm.
RLM. Trier, Inv. 2709.

157 n, p

t) Punzverzierter Gürtelverstärker.
FO. Trier, Aachenerstraße (1898).
2. Hälfte 4. Jh. n. Chr.
Leistenförmiger, an den Enden und in der Mitte leicht erweiterter Gürtelverstärker mit erhabener Mittelleiste, die von Kerbdreiecken flankiert wird. Die Beschlagenden zeigen die in der Spätantike weit verbreiteten Facettierungen.
Bronze. – L. 9,7 cm, Br. 1,9 cm.
RLM. Trier, Inv. 98, 55.

157 s–x

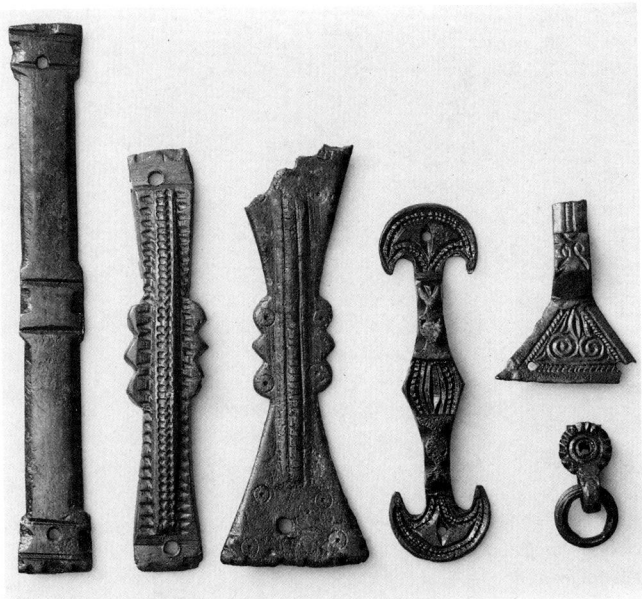

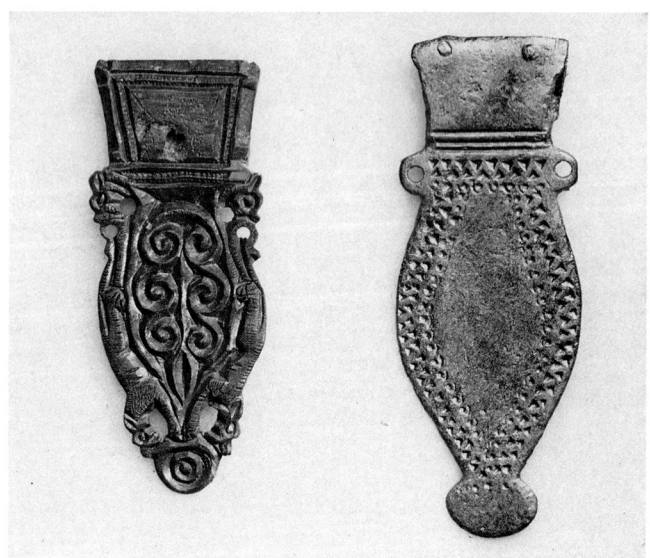

157 y, z

x) Gürtelöse.
FO. Trier oder Umgebung.
2. Hälfte 4. Jh. n. Chr.
Gürtelöse mit rundem, kerbenverziertem Beschlagstück und Ring mit Mittelleiste.
Bronze. – L. (mit Öse) 3,2 cm, Br. 1,5 cm.
RLM. Trier, Inv. Nr. verloren.

y) Kerbschnittverzierte Riemenzunge.
FO. Trier, Altbachtal (Tempelbezirk), 1927.
Letztes Drittel 4. Jh. n. Chr.
Lanzettförmige Riemenzunge mit kerbschnittverziertem, von einem Tierfries eingerahmtem Blatt und trapezförmigem Zwingenteil vom Böhme Typ 2 (vgl. Böhme, Grabfunde 74). Die Oberseite des Zwingenteils zeigt eine unklare Punzverzierung, möglicherweise einen Krieger mit Lanze.
Bronze. – L. 6,7 cm, Br. 2,6 cm.
RLM. Trier, Inv. S. T. 10 549.

z) Punzverzierte Riemenzunge.
FO. Trier, Kuhnenstraße, 1909.
1. Hälfte 5. Jh. n. Chr.
Punzverzierte, lanzett- bis amphoraförmige Riemenzunge vom Böhme Typ A (vgl. Böhme, Grabfunde, 75 f.). Das Blatt ist von eingepunzten Dreiecken, Punkten und Halbkreisen eingerahmt.
Bronze, versilbert (?). – L. 7,6 cm, Br. 2,9 cm.
RLM. Trier, Inv. S. T. 89 48.   Gi.

u) Punzverzierter Gürtelverstärker.
FO. Trier, 1910.
2. Hälfte 4. Jh. n. Chr.
Propellerförmiger Gürtelverstärker mit erhabener, strichverzierter Mittelleiste. Über die erweiterten Beschlagenden wie den Mittelteil verteilen sich je vier Punktkreise. Die Enden des Beschlags sind zudem gekerbt.
Bronze. – Erhaltene L. 9,7 cm, Br. 3,5 cm.
RLM. Trier, Inv. 10, 392.

v) Kerbschnittverzierter Riemendurchzug.
FO. Trier, Brückenstraße, 1901.
Letztes Drittel 4. Jh. n. Chr.
Der grob kerbschnittverzierte Riemendurchzug hat peltaförmige Beschlagplatten. Sein erhöhter Mittelteil ist zur Mitte erweitert und endet in zwei stilisierten Tierköpfen.
Bronze. – L. 8,2 cm, Br. 2,4 cm.
RLM. Trier, Inv. S. T. 2084.

w) Kerbschnittverzierter Riemendurchzug.
FO. Trier, Stockgasse, 1902.
2. Hälfte 4. Jh. n. Chr.
Das Fragment war Teil eines Riemendurchzugs mit dreieckigen, kerbschnittverzierten Beschlagplatten. Der erhaltene Mittelteil endet in einem stark stilisierten Tierkopf.
Bronze. – Erhaltene L. 4,1 cm, Br. 3,4 cm.
RLM. Trier, Inv. S. T. 4960 c.

158   Gürtelgarnitur

FO. Bernkastel, Burg Landshut (Krs. Bernkastel-Wittlich).
2. Hälfte 4. Jh. n. Chr.

Wohl unvollständige bronzene Gürtelgarnitur, bestehend aus einer dreiteiligen Schnalle mit gegossenem Bügel und Dorn sowie einer Platte aus dünnem Bronzeblech und sechs propellerförmigen Beschlägen mit Mittelleiste, die bei drei Beschlägen gekerbt ist. Riemenzunge und Riemendurchzug sind nicht überliefert.
Die Gürtelteile, die zweifellos einen nahezu vollständigen Militärgürtel bilden, kamen unterhalb der Burg, die bereits im 4. und in der 1. Hälfte des 5. Jahrhunderts eine Bergbefestigung trug, zum Vorschein. Inwieweit die Teile zu einem Grabinventar, einem Depot oder zu bei mittelalterlichen Planierungsarbeiten von der Gipfelfläche abgeschobenen Fundmaterial gehörten, läßt sich derzeit nicht entscheiden.
Bronze. – Br. der Beschläge 4,5 cm.
RLM. Trier, Inv. 40, 3544 a–g.   Gi.

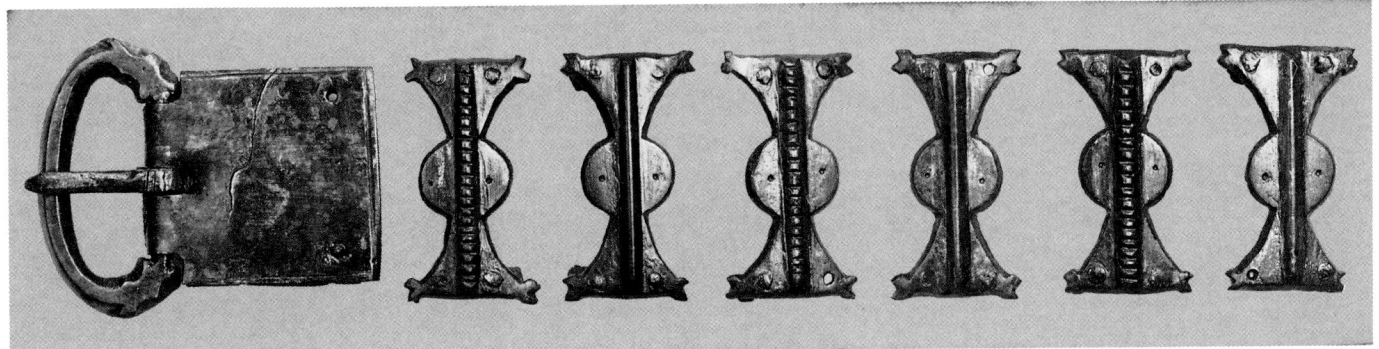

158

159 Gürtelgarnitur

FO. Trier-Pallien, spätrömisches Gräberfeld, 1889.
Um 400.

Bronzene Gürtelgarnitur, bestehend aus 14, vorwiegend punzverzierten Beschlagteilen: einer dreiteiligen Schnalle, zwei unterschiedlich breiten, U-förmigen Beschlägen mit spornartigen
Enden (einer mit Mittelleiste), acht leistenförmigen, in degene-
rierten Tierköpfen endenden Beschlägen (Gürtelverstärker), einem Riemendurchzug mit sich verbreiternden Nietplatten, einer Abschlußröhre mit Riefenverzierung sowie einer kerb-

schnitt- und punzverzierten scheibenförmigen Riemenzunge
mit zwei stilisierten Pferdeköpfen (mit Gußfehler).
Die Gürtelgarnitur diente, wenn auch die näheren Fundumstände nicht bekannt sind, zweifellos als Grabbeigabe für einen
höher gestellten Militär.
Bronze. – Br. der Beschläge 11,9–9,9 cm.
RLM. Trier, Inv. 17534a–h.
Lit.: J. Werner, Kriegergräber aus der ersten Hälfte des 5.
Jahrhunderts zwischen Schelde und Weser. Bonner Jahrb. 158,
1958, 381 und Taf. 80 Abb. 2. – H. Bullinger, Spätantike Gürtelbeschläge. Typen, Herstellung, Trageweise und Datierung.
Diss. Arch. Gandenses 12 (Brügge 1969) Taf. 56 (eine zweite,
nicht zugehörige Gürtelröhre ist dort fälschlich abgebil-
det). Gi.

159

160

160   Gürtelgarnitur

FO. Trier, Maximinstraße (nördliches Gräberfeld), 1884.
Um 400.

Bronzene Gürtelgarnitur, bestehend aus 11, vorwiegend punzverzierten Beschlagteilen: einer dreiteiligen Schnalle, sechs leistenförmigen, in stilisierten Tierköpfen endenden Beschlägen
(Gürtelverstärker), einem Riemendurchzug, zwei Abschlußröh-
ren mit Astragalverzierung (drei Prismazonen) sowie einer
scheibenförmigen Riemenzunge mit zwei stilisierten Pferdeköpfen.
Die drei kreisverzierten Gürtelverstärker (ohne Nietlöcher) sind
zweitverwendet. Während sich bei zweien noch die Reste abge-
schnittener oder abgefeilter Nieten erkennen lassen, diente ein
dritter ursprünglich als Meßbalken. Diese Tatsache wirft ein
bezeichnendes Licht auf die Herstellung solcher Gürtelgarnituren im späten 4. bzw. frühen 5. Jahrhundert n. Chr.
Auch in diesem Falle sind die näheren Fundumstände unbekannt. Dennoch sollte die Gürtelgarnitur zum Grabinventar
eines auf dem nördlichen Gräberfeld von Trier bestatteten Militär oder Verwaltungsbeamten gehört haben.
Bronze. – Br. der Beschläge 9,5–8,9 cm.
RLM. Trier, Inv. 9439–40 und 9446–53.
Lit.: H. Bullinger, Spätantike Gürtelbeschläge. Typen, Herstellung, Trageweise und Datierung. Diss. Arch. Gandenses 12
(Brügge 1969) Taf. 57.   Gi.

161   Die römische Kaiservilla von Konz

Decimus Magnus *Ausonius* (ca. 310–395), aus Bordeaux gebürti-
ger Professor der Grammatik und Rhetorik, Prinzenerzieher in
Trier, beschreibt in seiner »Mosella« die Saar und erwähnt Vers
367–369 deren Einmündung in die Mosel: sub augustis muris
(unterhalb der kaiserlichen Mauern). Es ist unbestritten: diese
dichterische Formulierung kann nur besagen, daß oberhalb der
Saarmündung eine kaiserliche Villa lag. Tatsächlich wurden an
dieser Stelle, 8 km moselaufwärts von Trier, im Kern der heutigen Stadt Konz, beim Bau einer neuen Pfarrkirche 1959 umfangreiche Reste einer römischen Villa freigelegt. Man machte keinen unerwarteten Fund, denn die Badeanlage des Gebäudes war
bereits 1867 im Zuge einer Friedhofserweiterung erforscht worden. Ferner sind einige der im 17. Jahrhundert noch hochragenden Mauern vom Luxemburger Jesuit A. Wiltheim gezeichnet
worden (Luciliburgensia sive Luxemburgum Romanum. Fig.
481, 482 Neyen-Ausgabe).
Das von Ausonius erwähnte Gebäude ist ferner sicher mit dem
Aufenthaltsort »Contionacum« des Valentinian I. zu identifizieren, an dem dieser am 29. Juni, 12. Juli, 29. Juli und am 16.
August des Jahres 371 vier Erlasse unterzeichnete. Dieser Ort
muß in unmittelbarer Nähe Triers liegen, weil zwei andere
Erlasse des Kaisers am 28. Juni dort gegeben wurden. Der Ortsname Konz läßt sich über die mittelalterliche Form Kuntzige,
Kontzige von Contionacum herleiten, so daß an der Gleichset-
zung kaum zu zweifeln ist, zumal in der Nachbarschaft der

Rekonstruktionszeichnung der römischen Kaiservilla von Konz.

Saarmündung keine weiteren römischen Baureste zutage gekommen sind.

Das Zentrum des Gebäudes, das eine Fläche von 84 m × 38 m bedeckt, bildet ein rechteckiger Saal mit halbrundem Abschluß (Apsidensaal); an diesen schließen sich rechts und links Räume an, die jeweils einen Hof umgeben. An den vier Ecken liegen Raumgruppen, die über die Fluchten vorspringen. Diese Eckrisalite sind durch Portiken (Säulenhallen), die dem Komplex beidseitig vorgelagert sind, miteinander verbunden. Das Bauwerk vertritt also den Typus der Portikus-Villa mit Eckrisaliten.

Dieser Grundtypus ist hier in der bereicherten, gleichsam verdoppelten Ausführung verwendet: vorn und hinten liegen Portiken und Flügelbauten. Die Portiken waren wahrscheinlich nicht wie üblich durch eine Säulenstellung geöffnet, sondern durch eine Pfeilerarchitektur.

Dem Gefälle des Geländes, auf dem die Villa liegt, trägt ihre Planung Rechnung. Im Gegensatz zur üblichen Bauweise befindet sich der Zugang zum Gebäude nicht dem Eingang des Hauptraumes gegenüber, sondern an der Rückseite des Apsidensaales, dessen Tür den Blick zur Saarmündung freigibt. Dort, wo sich

GRUNDRISS DER GESAMTANLAGE

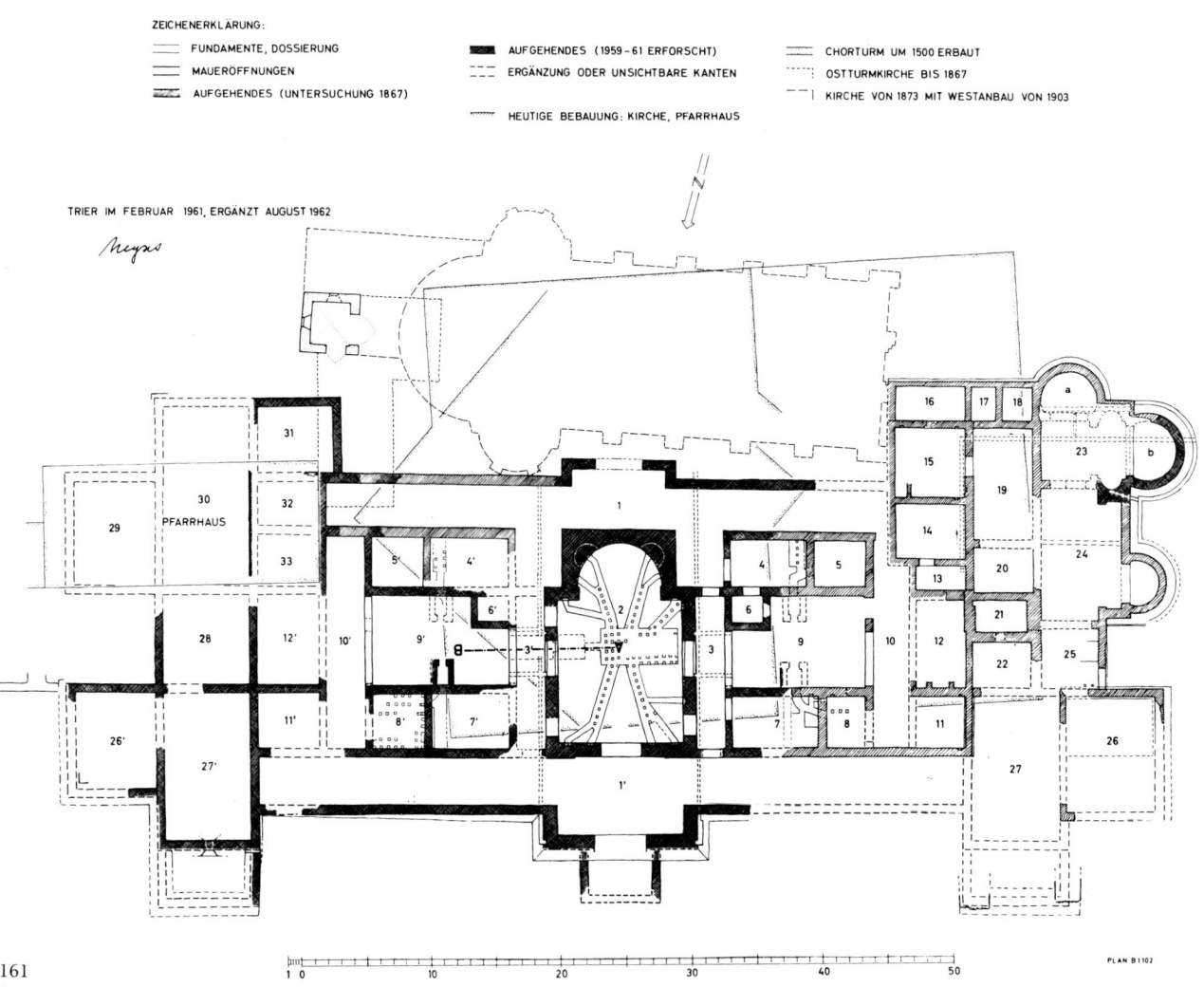

ZEICHENERKLÄRUNG:

FUNDAMENTE, DOSSIERUNG   AUFGEHENDES (1959-61 ERFORSCHT)   CHORTURM UM 1500 ERBAUT

MAUERÖFFNUNGEN   ERGÄNZUNG ODER UNSICHTBARE KANTEN   OSTTURMKIRCHE BIS 1867

AUFGEHENDES (UNTERSUCHUNG 1867)   KIRCHE VON 1873 MIT WESTANBAU VON 1903

HEUTIGE BEBAUUNG: KIRCHE, PFARRHAUS

TRIER IM FEBRUAR 1961, ERGÄNZT AUGUST 1962

PLAN B 1102

161

1 0   10   20   30   40   50

gewöhnlich bei anderen Villen die Eingangstreppe befindet, liegt hier am Steilhang eine Terrasse. Um den hangabwärts gelegenen Mauern der Südfront eine größere Festigkeit zu geben, hat man diese dossiert, d. h. sie nehmen zum Fundament hin wesentlich an Stärke zu.

Die Portiken 1 und 1' springen in der Mitte vor und münden im Osten und im Westen in den Eckrisaliten, die als Wohntrakte ausgebaut sind. Während die beiden nördlichen Risalite symmetrisch gebildet sind (27, 27', 26, 26', 11, 11'), enthalten die südlichen Risalite und die Verbindung zu den nördlichen keine sich entsprechenden Raumgruppen, denn im Südwestflügel ist die umfangreiche Badeanlage der Villa untergebracht. Raum 23 in der Südecke mit den Apsiden a und b war das Frigidarium, Raum 24 das Caldarium, zwischen den beiden (unbeziffert) ist das Tepidarium zu vermuten. Raum 19 ist als Ankleideraum anzusehen.

In der Nordsüdachse der Anlage liegt der große Apsidensaal 2, der durch die Flure 3 und 3' von den Höfen 9 und 9' getrennt ist.

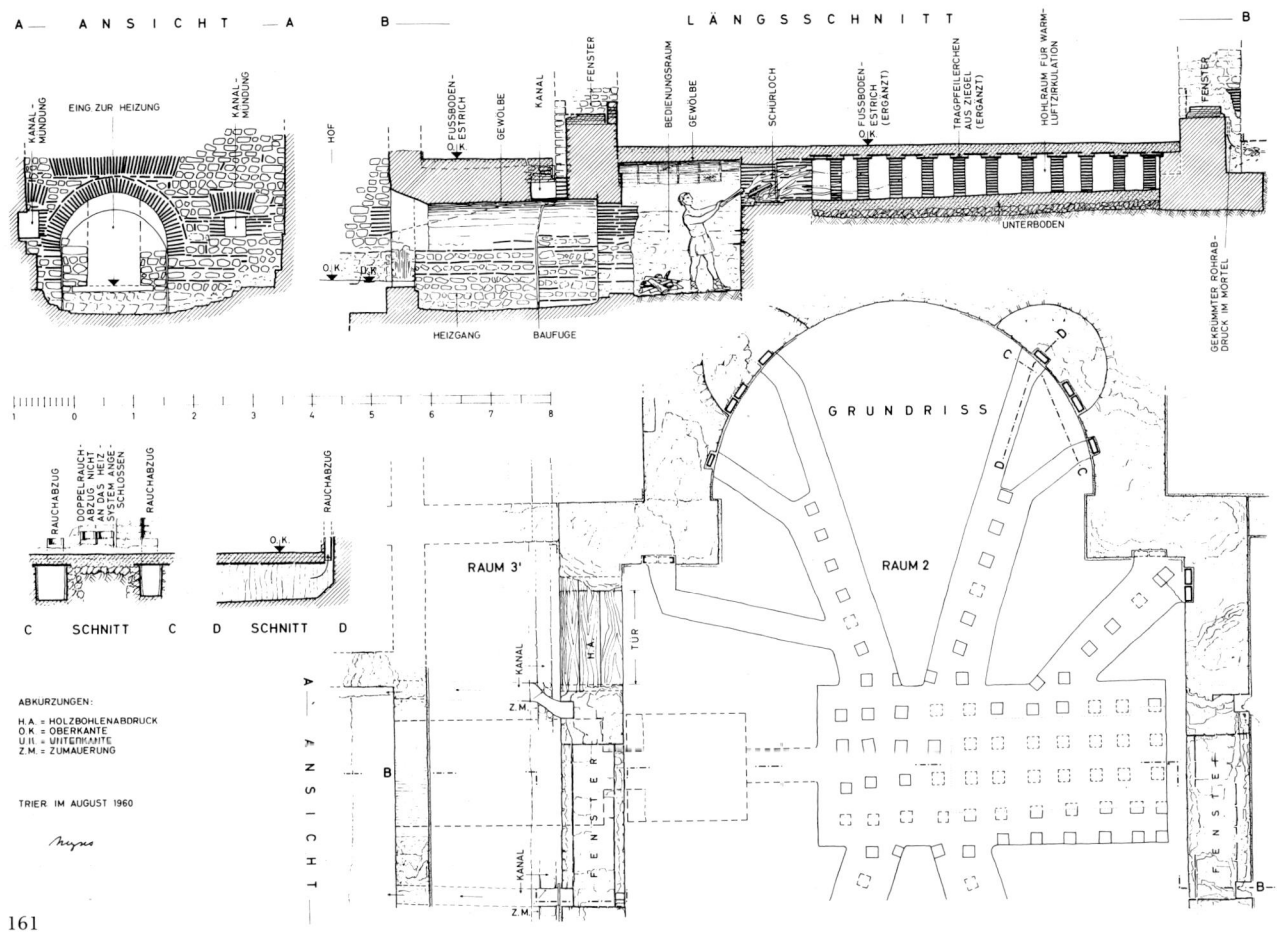

An die Höfe grenzen im Norden und im Süden die zum Teil heizbaren Räume 5, 5'; 4, 4'; 7, 7'; 8, 8'. Der Raum 6, 6' springt in den Hof vor. Der Mitteltrakt wird von den Seitentrakten durch den Flur 10, 10' getrennt.

Der Haupteingang zum Apsidensaal lag im Norden (Breite 3,16 m). Er wurde in nachrömischer Zeit vermauert. Hinzu kommen drei schmalere Eingänge an den Längsseiten. Ferner öffneten sich zu den Fluren 3 und 3' zwei große Fenster. Der Raum war beheizt durch eine Kanalheizung, d. h. nicht sein ganzer Boden ruhte auf Pfeilern, sondern die Warmluft strömte durch Kanäle unter dem Boden durch, wie der Plan zeigt. Offensichtlich sollte dieses System, das im 4. Jh. häufig verwendet wurde, Heizmaterial sparen. Das Präfurnium (Schürloch) lag unter dem Estrich desselben Raumes (links von A im Plan). Der Bedienungsraum, ein Keller, war durch einen Gang vom Hof 9' aus zu betreten. Die beiden tiefen Nischen in der Apsis wurden noch während der Erbauungszeit zugesetzt, denn die Hohlziegel, die als Abzüge der Warmluft dienen, sind vor ihnen hochgeführt.

Die Benutzungsschichten des Bedienungsraumes, des Heizungsganges und des Innenhofes 9' enthalten Keramik aus der Mitte des 4. Jh.s und der ersten Hälfte des 5. Jh.s. Der Schutt, mit der Heizgang verfüllt wurde, enthält ebenfalls noch Keramik des 4. und 5. Jh.s, aber auch des 6. und 7. Jh.s. Dies bedeutet, daß die Villa um 350 erbaut worden ist und noch im Laufe der ersten Hälfte des 5. Jh.s langsam verfiel.

Von 18 Münzen derselben Benutzungsschicht ist die älteste ein Follis Konstantins II. aus den Jahren 324–333; die jüngsten sind ein Halbcentenionalis des Theodosius I. (Prägestätte Arles, nicht Konstantinopel) 378–383 und ein Halbcentenionalis des Arcadius 388–392. Das erlaubt den Schluß, daß die Villa mindestens bis 388 in Benutzung blieb; diese Beobachtungen decken sich mit dem keramischen Befund und mit der oben dargestellten historischen Überlieferung.

Lit.: A. Neyses, Die spätrömische Kaiservilla zu Konz, in: St. Nikolaus, Festschr. anläßlich d. Einweihung d. neuen Pfarrkirche St. Nikolaus in Konz am 3. April 1961 (1971) 57–83. – J. B. Keune, Conz an der Saar. Trierer Zeitschr. 8, 1933, 15–22. –

161a

Von der Ausstattung der Villa sind nur geringe Reste vorhanden, die vom kaiserlichen Glanz kaum etwas ahnen lassen. Einige Fußböden waren mit verschiedenfarbigem Marmor, hauptsächlich schwarzen Sechseck- und weißen Dreieckplatten (gleiches Muster wie in der Basilika, s. Kat. 56 B a) belegt. Von den Einrichtungsgegenständen ist überhaupt nichts erhalten, da sie als Wertobjekte wahrscheinlich beim Abzug des Hofes von Trier (um 395) mitgenommen wurden. Dies gilt sicher auch für das metallene Geschirr (aus Gold und Silber); nur schadhafte Stücke werden zurückgeblieben sein. In den folgenden Jahrhunderten war die Villa zwar teilweise bewohnt, doch macht die späte Keramik nicht den Eindruck, als hätten reiche Bewohner Einzug gehalten. Nach einem Brand haben diese das Gebäude enttrümmert, den Schutt in den Hof 9' geworfen und einplaniert. Aus diesem stammt die Masse der Fundstücke.

Wenn sich vereinzelt darunter wertvollere Bruchstücke fanden (wie beispielsweise die Diatretscherbe, s. hier Kat. 43), so bedeutet dies, daß solche Gefäße während der Benutzungszeit der Villa beschädigt und folglich von den Hofleuten nicht mitgenommen wurden.

W. Reusch, Zwei Diatretglas-Fragmente aus Konz und Trier. Trierer Zeitschr. 32, 1969, 295–317. – W. Weyres u. A. Mann, Handbuch zur Rheinischen Baukunst des 19. Jh.s von 1800–1880 (1968) 168 s. v. Konz Karthaus. – Führer Hunsrück 260 ff.

Der vorstehende Text entstand in enger Anlehnung an letztzitierten Aufsatz.   K.-P. Goethert

161a

161a   Fragment eines korinthischen Kapitells

FO. Konz, Kaiservilla, aus der Schuttschicht vor dem Heizgang 9'
Mitte 4. Jh. v. Chr.

Erhalten ist das Stützblatt einer Eckvolute mit je einem seitlichen Blattlappen, den zwei Spitzen eines weiteren Blattlappens von unten her berühren. Rechts vom Blattlappen ist – bei einer Wendung des Fragmentes nach links – noch ein Rest eines Volutenstengels erkennbar. Auf dem Stützblatt sitzen ebenfalls noch die Ansätze der Voluten.

Das Kapitell gehört wegen des tiefen sichtbaren Volutenansatzes zum Typus Kähler D, dem Kapitell mit wiegenförmigem Kelch. Zum Platz des Fragmentes vergleiche man die Typenzeichnung.

Stilistisch steht das Kapitell den Inkrustationskapitellen aus der Basilika nahe (s. Kat. 56 C b–e). Man vergleiche Blattschnitt und Pfeifenauge. Das Kapitell ist demnach für die Villa gearbeitet und nicht wiederverwendet worden.

Kalkstein. – H. 0,21 m. – Aus zwei Stücken zusammengesetzt.

RLM. Trier, Inv. 59, 78 a, b.

Lit.: Unveröffentlicht. – Zum Typus vgl. H. Kähler, Die Römischen Kapitelle des Rheingebietes. Röm.-German. Forschungen 13 (Berlin 1939) 44 ff.

K.-P. Goethert

161b Wandmalerei-Fragmente
(Farbabb. s. S. 262)

FO. Konz, Kaiservilla, 1959; im Heizgang unter Raum 3' und vor dem Heizgang des Innenhofes 9'

Erhalten sind zahlreiche Fragmente einer Wandmalerei. Auf einen kräftig gelben Grund sind in wechselnder Folge Kreise und Paare von peltenartigen (oder ohrenförmigen) Gebilden gemalt.

Die Kreise sind mit dem Zirkel eingerissen (Dm. 9,4 cm). Der vertiefte Mittelpunkt und die Kreislinie sind deutlich sichtbar. Kurze rote Striche sind außerhalb dieser Linie aufgemalt. Innen lehnen sich acht bis neun flüchtig gemalte rote Herzen an, die durch kurze rote Striche voneinander getrennt sind. Auf die Herzenspitzen sind blaue Tupfen mit einem weißen Mittelpunkt gesetzt. Die Kreismitte ist ebenfalls durch einen blauen Tupfen mit weißem Punkt gekennzeichnet. Eine rote Kreislinie faßt sie ein, begleitet von kurzen roten Strichen.

Rechts neben dem großen Kreis ist ein blauer Tupfen mit weißem Punkt von einer roten Kreislinie eingefaßt, die außen ebenfalls von kurzen roten Strichen umgeben ist.

Nach oben und unten folgen peltenartige Gebilde, deren gerundete Rücken einander zugekehrt sind. Ihr mittlerer Teil ist rot gemalt, die Einrollungen oben blau und unten grün. Sie enden in einem weißen Tupfen. Die Einrollung wird von einer roten Linie begleitet, die außerhalb rankenartig ausschwingt. Die gerundete Seite der ohrenartigen Gebilde wird wie die Kreise jeweils von kurzen roten Strichen begleitet.

Rechts wird die Malerei von einem schmalen weißen und einem 5,5 cm breiten grauen Streifen begrenzt, an den sich ein rotbrauner anschließt. Sie sind auf den gelben Malgrund gestrichen.

Die auf den gelben Malgrund aufgetragenen Farben, insbesondere das Blau und Grün, haften sehr schlecht und sind teilweise abgeblättert. Die Farbe hat hier ihre ursprüngliche frische Leuchtkraft verloren.

Die Malerei ist flüchtig und sorglos ausgeführt. Die Striche und Punkte sind achtlos hingetupft. Außer dem Zirkel wurden keine weiteren Hilfsmittel wie etwa Schablonen verwendet. Die Ornamente sind frei Hand ausgeführt und variieren daher in Form und Größe.

Die Malerei, die sicherlich pilasterähnlich einen Wandteil schmückte, steht vollkommen in konstantinischer Tradition. Die einzelnen Motive, insbesondere die Herzchen, die peltenförmigen Gebilde und die von diesen ausgehenden kurzen spiralartigen Ranken sind der Malerei der 1. Hälfte des 4. Jahrhunderts wohl bekannt. Man vergleiche nur beispielsweise die Ornamente in der Katakombe S. Pietro e Marcellino in Rom[1]). Dort kommen die von Pünktchen gerahmten Pelten einzeln vor oder sie sind zu Viert mit den gerundeten Rücken gegeneinander zu einem neuen Motiv zusammengesetzt. Kurzranken springen von ihnen ab oder sind in die Zwischenräume gesetzt.

Das peltenförmige Motiv ist auch in der Villa des Maxentius an der Via Appia (Rom) nachweisbar. Dort schmückt ebenfalls ein Blumenmotiv die Wände, von dessen kreisförmigem Mittelpunkt strahlenartige Linien abgehen. Sie enden in bohnenförmigen Tupfen.[2]) Hier wird offenbar die ursprüngliche Form der Konzer Kreismotive greifbar. Die einzelnen Teile der Blüte sind noch organisch miteinander verbunden, während sie bei den späten Konzer Fragmenten losgelöst sind, so daß das Blütenmotiv nicht deutlich wird.

Enge Parallelen zu den Konzer Malereien findet man in Trier selbst in spätkonstantinischer Zeit. Die Decke des Baptisterium ist mit ganz ähnlichen herzchengefüllten Kreisen, die von Punkten umgeben sind, bemalt wie die Konzer Wandfragmente[3]). Gleichartige Kurzranken mit spiralartigen Einrollungen sind dort nur in anderer Anordnung nämlich um die Kreise herum verteilt.

RLM. Trier, Inv. 59,82 Nr. 1 und 59,85.
Unpubliziert.

Pelten- und Blütenmotive spielen auch bei anderen Malereien der Konzer Villa eine große Rolle, die einst die Decken geschmückt haben, wie die Abdrücke des Lattengeflechtes auf den Rückseiten der Fragmente lehren.

Reste von Deckenmalereien, die im unteren Schutt vor dem Heizgang im Innenhof 9' gefunden worden sind (und folglich aus einem der angrenzenden Räume stammen), zeigen auf rotem Malgrund Blütenmotive mit himmelblauen Mittelpunkt, von dem strahlenförmig ockerfarbene Streifen mit Tupfen ausgehen (Inv. 59,85).

Die Decke der Porticus 1' oder des Korridors 3 war durch rote Streifen auf weißem Grund in Felder aufgeteilt, in die Blütenmotive (rot mit grün) gesetzt waren (Inv. 59,72).

Hellgrundig war auch die Decke wohl des nördlichen Porticusrisalten. Gegenübergestellte Parallelogramme, die ein Achteck ergeben (rote und grüne und rote und ockerfarbene Linien) sind mit den peltenartigen Gebilden (rot mit grün) gefüllt. Sie sind wie bei der Wandmalerei mit den gerundeten Rücken gegeneinander gesetzt. Spiralartige Kurzranken gehen von ihnen ab (Inv. 59,98).

Goe.

1) L. De Bruyne, La peinture cémeteriale constantinienne. Akten des VII. internationalen Kongresses für christliche Archäologie, Trier 5.–11. September 1965 (Città del Vaticano/Berlin 1965) 168. 184 Taf. 79, 125; 93, 139–140.
2) G. Pisani Sartorio/R. Calza, La Villa di Massenzio sulla Via Appia. I monumenti Romani VI (Rom 1976) 95 Abb. 120A, H (Aula Basilicale M).
3) Frühchristl. Zeugnisse Abb. 57 (ap. p. 268).

161 c–i   Kleinfunde

Gläserne und tönerne Gefäße sind im Villenschutt recht zahlreich, jedoch nur in Fragmenten gefunden worden. In diesem

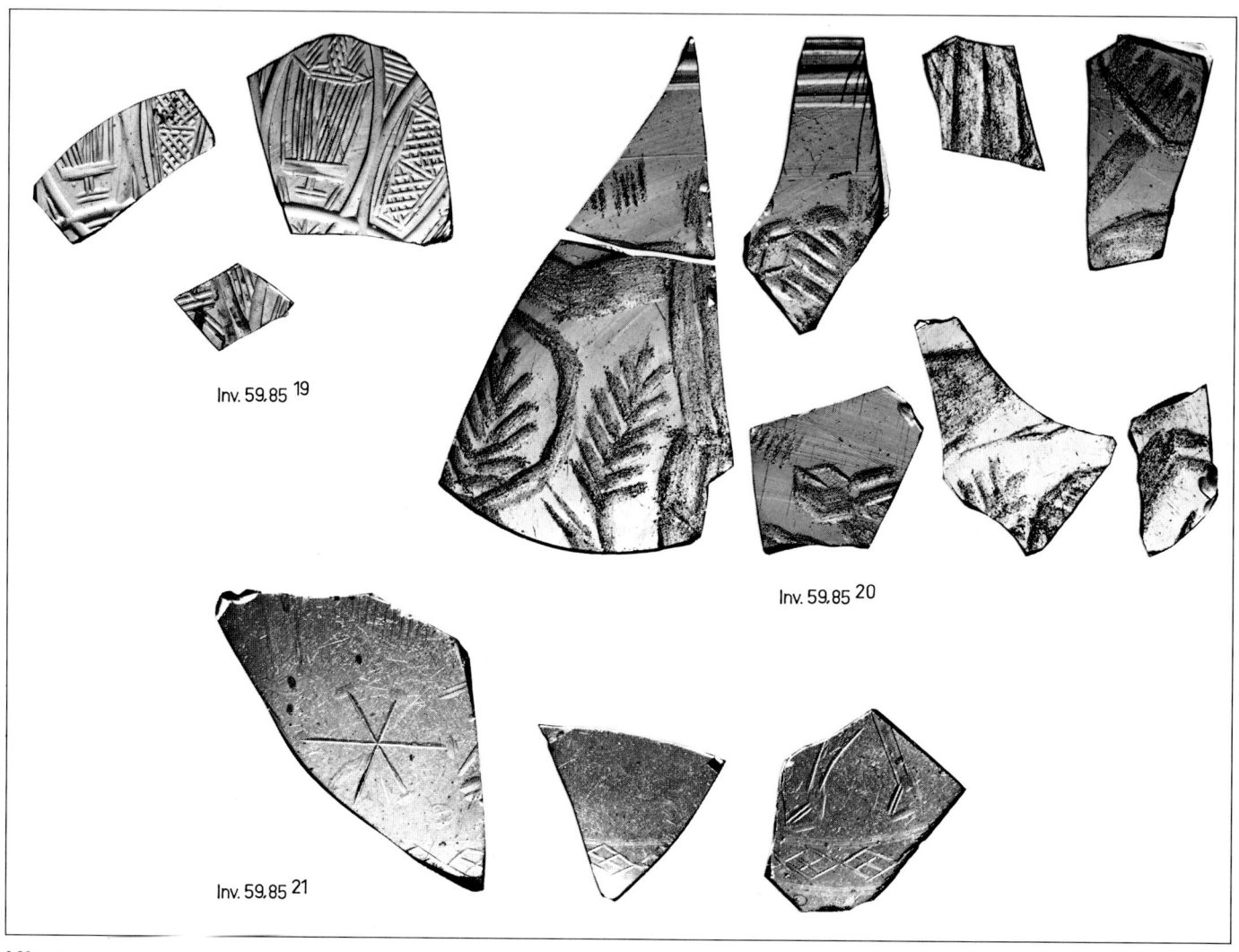

Inv. 59.85 **19**

Inv. 59.85 **20**

Inv. 59.85 **21**

161 c–g

Erhaltungszustand wurden etliche unverzierte Kugelabschnittschalen aus hellgrünlichem Glas (vgl. Abb. S. 271, 15 a), halbkuglige Becher (vgl. Abb. S. 271, 49 a, b) und konische Becher mit und ohne Falten (vgl. Abb. S. 271 f., 52 a, 58 a–c) geborgen. Von dem besseren Trinkgeschirr, dessen Wandung mit ornamentalem und figürlichem Schliff verziert ist, sind nur sehr kleine Bruchstücke erhalten geblieben (s. hier c–e). Sie vermögen einen nur sehr unvollständigen Eindruck von den gehobenen Ansprüchen des kaiserlichen Hofes zu geben. Diesen vermag lediglich der türkisfarbene Diatretbecher mit dem gel-

ben Netzwerk zu vermitteln, von dem leider nur ein Randstück auf uns gekommen ist (s. Kat. 43).

c–g) Glasfragmente
c) FO. Konz, Kaiservilla, im Heizgang unter Raum 3' (hier Abb. S. 268, 62).
Erhalten sind mehrere Wandscherben und ein kleines Stück des Randes einer flachen Schale mit gewölbter Wandung (Form vgl. hier Abb. S. 271, 14). Unterhalb des gerade abgesprengten Randes sind zwei dünne Linien zart eingeschliffen. Unmittelbar

darunter sind stehende frontal ausgerichtete Figuren in die Wandung geschliffen. Senkrechte Streifen, die mit kurzen schrägen Linien ausgefüllt sind, trennen die einzelnen Gestalten. Diese tragen lange Gewänder. Der durch senkrechte Schlifflinien angedeutete Faltenverlauf wird durch ein quer über den Körper verlaufendes mattiertes Band unterbrochen, das wohl einen von rechter Hüfte zur linken Schulter führenden Mantel darstellen soll. Das Auge ist durch eine Raute angegeben. Die Figuren tragen die Bürstenfrisur, die für die späten Figurenszenen charakteristisch ist. Die Darstellung wirkt sehr grob, obgleich die Schlifflinien sehr dünn und sorgfältig ausgeführt sind.

Schwach grünliches Glas. – Dm. ca. 15 cm.
RLM. Trier, Inv. 59, 82 v–x.
Lit.: Kat. Gläser Trier 27f. Nr. 62 (Form 14) Abb. 6.

d) FO. Konz, Kaiservilla; Fundlage wie c (hier Abb. S. 267, 74). Erhalten sind ca. 3 cm hohe Randscherben einer Kugelabschnittschale (Form vgl. Abb. S. 271, 15 a). Unterhalb des abgesprengten und nachgeschliffenen Randes verläuft ein 1 cm breites durch schmale Schlifflinien eingefaßtes Band, das mit einer Zickzacklinie ausgefüllt ist. Darunter ist die Wandung mit ornamentalen Mustern verziert: Erhalten sind noch zwei gerahmte, gegitterte Quadrate und eine gegitterte Raute. Schmale, sorgfältig ausgeführte Schlifflinien.

Entfärbtes Glas. – Dm. 15,5 cm.
RLM. Trier, Inv. 59, 82 u.
Lit.: Kat. Gläser Trier 30 Nr. 74 (Form 15 a) Abb. 7.

e) FO. Trier, Kaiservilla, 1959; gefunden in der unteren Bauschuttschicht vor dem Heizgang, Innenhof 9'. Erhalten sind drei kleine Wandscherben eines Bechers, in die mandelförmige Gebilde geschliffen sind. Diese sind offenbar abwechselnd mit kelchartigen Gefäßen und gegitterten korbähnlichen Gegenständen gefüllt. In die Zwickel der Ovale sind kurze waagerechte Linien eingetieft. Die Schliffarbeit ist von großer Sorgfalt und Feinheit.

Entfärbtes Glas. – Gr. L. 2,9 cm.
RLM. Trier, Inv. 59, 85[19].
Lit.: Kat. Gläser Trier 61 Nr. 231.

f) FO. Konz, Kaiservilla, 1959; Fundlage wie e. Drei Wandscherben wohl einer Kugelabschnittschale. Über einem schmalen Rautenband erkennt man die Vorderbeine eines Huftieres und einen sechsstrahligen Stern, der mit Querbalken an den Enden versehen ist. Alle Linien sind dünn eingeschliffen.

Gelblich-grünes, dickwandiges Glas. – Gr. L. 6,1 cm.
RLM. Trier, Inv. 59, 85[21].
Lit.: Kat. Gläser Trier 31 Nr. 80 (Form 15 a).

g) FO. Konz, Kaiservilla, 1959; Fundlage wie e. Rand- und Wandscherben eines halbkugligen Bechers mit gera-

de abgesprengtem und nachgeschliffenem Rand. Die Wandung ist mit einer Figurenszene geschmückt. Man erkennt eine stehende Gestalt, die den rechten leicht gewinkelten Arm ausstreckt. Einzelheiten der Körperformen oder Gewandung sind nicht angegeben, da die Figur aus ca. 0,5 cm breiten Schlifflinien erstellt ist. Links neben ihr stehen zwei Zweige; der linke ist von einer Kreislinie eingefaßt. Der Figurenstil ist äußerst primitiv, die Ausführung sehr grob. Stücke dieser Art sind bisher in Trier und Umgebung noch nicht gefunden worden.

Schwach grünliches, dickwandiges Glas. – Gr. L. 8 cm, Dm. ca. 11 cm.
RLM. Trier, Inv. 59, 85[20].
Lit.: Kat. Gläser Trier 60 Nr. 223 (Form 49 b).   Goe.

h) Terra-Sigillata-Schüssel
FO. Konz, Kaiservilla, 1959; in der Aschenschicht im Heizgang unter Raum 3'.
Letztes Viertel 4./Anfang 5. Jh. n. Chr.
Halbkugelige Schüssel mit Rundstablippe vom Typ Alzei 1 mit Rädchenverzierung. Die schachbrettartige Dekoration auf der unteren Hälfte der Außenwand wurde mittels eines spiralförmig um die Gefäßwand abgerollten Ornamentierrädchens hergestellt. Da die einzelnen Ornamentierrädchen – derzeit sind etwa 500 verschiedene bekannt – nie mehr als 10 Felder (abgerollt messen sie etwa 7–10 cm) umfaßten, mußte ein solches Rädchen zur Dekoration einer Schüssel ungefähr 30–35mal abgerollt werden. Diese Tatsache erklärt die auf den Scherben immer wiederkehrende Felderfolge.
Die Schüssel ist mit dem Rädchen Unverzagt-Chenet 119 verziert, das der Hübener-Gruppe 6 entspricht. Scherben von ähnlichen, mit demselben Rädchen verzierten Schüsseln liegen u. a. aus verschiedenen spätrömischen Befestigungsanlagen vor, so vom Petersberg bei Neef, dem Kastell Boppard oder der Heidenmauer bei Wiesbaden. Aufgrund von Vergleichsstücken aus

161 h, i

162

162

einem Töpferofen sollte die Schüssel in Châtel-Chéhéry in den Argonnen hergestellt worden sein.

Keramik. – Dm. 15,9 cm, H. 7,3 cm.

RLM. Trier, Inv. 59, 82 a.

Lit.: W. Unverzagt, Terra-Sigillata mit Rädchenverzierung (Frankfurt 1919). – G. Chenet, La céramique gallo-romaine d'Argonne du IVe siècle et la terre sigillée décorée à la molette (Macon 1941). – W. Hübener, Bonner Jahrb. 168, 1968, 241 ff. Gi.

i) Dreilagenkamm mit dreieckiger Griffplatte.

FO. Konz, Kaiservilla, 1959; Fundlage wie h.

4./1. Hälfte 5. Jh. n. Chr.

Über die dreieckige Griffplatte sind gleichmäßig fünf Gruppen konzentrischer Kreise verteilt. Parallel zu den Rändern läuft eine schmale Zierrille. Die Zähne sind bis auf geringe Reste abgebrochen. Vgl. Kat.-Nr. 179 e–g (= Thomas Typ 2, Var. 1).

Einen solchen Kamm könnte auch Bissula, jene junge Alamannin, die Ausonius 368 von einem Feldzug gegen die Alamannen mitbrachte und deren Schönheit er um 370 in einem Gedicht preist, benutzt haben. Da Ausonius als Erzieher des Prinzen und späteren Kaisers Gratian häufig in der Konzer Kaiservilla weilte, mag auch Bissula sich des öfteren dort aufgehalten haben.

Bein, Eisennieten. – Br. 11,2 cm, erhaltene H. 4,3 cm.

RLM. Trier, Inv. 59, 82 p. Gi.

162 Villa Euren und ihre Mosaike

FO. Trier-Euren.

4. Jh. n. Chr., wohl dessen 2. H.

Seit 1859 sind im Bereich der Eurener Kirche St. Helena immer wieder Mauern und Reste spätantiker Mosaiken festgestellt worden, die wohl zu einer aufwendigen Villa gehören. Bekannt ist südlich der Kirche die nord-südlich verlaufende Front einer Porticus (Säulengang) von wenigstens 30 m Länge und 2,60 m lichter Breite, die sich zur Mosel hin nach Osten öffnet und an ihrem Südende rechtwinklig nach Osten umbiegt. Sie ist mit Mosaik in den Farben Schwarz, Weiß, Rot und Gelb ausgelegt. In der Front-Porticus ist der Boden netzartig von einem Bandgeflecht bedeckt (untere Abb. oben, Inv. 16, 77). Wo die Porticus umwinkelt, wechselt auch das Muster; hier wird das Mosaik von schiefwinklig aneinanderstoßenden Quadraten und daraus entstehenden Rauten gebildet (untere Abb. unten, Inv. 16, 78). Die Front-Porticus setzt sich unter der Kirche fort, hier wurde ein ost-westlich orientierter Raum von 6,80 m Länge und 3,20 m Breite festgestellt, der ein reicheres Muster aufweist: von

Flechtbändern gerahmt ergeben sich hier Kombinationen von Achtecken, die von Rauten, aber auch Kreisen und Fünfecken umgeben sind (obere Abb.). Dieser Raum scheint westlich wie östlich über die Flucht der Porticus vorzuspringen, vielleicht markiert er ihre Mittelachse. Am westlichen Ende schließt sich ein Mosaik mit dem schon erwähnten Bandgeflecht an. Ein Stück weiter westlich davon, vor der heutigen Kirche, wurde 1859 ein quadratisches Mosaik aufgezeichnet, das einen Raum von 4,50 × 4,50 m, vielleicht im inneren Teil der Villa, geschmückt hat. Es zeigte innerhalb einer breiten Borte ein Flechtbandkreuz in einem Quadratfeld. Auch nördlich der Kirche wurden Mauern und Mosaikreste festgestellt.

Bedauerlicherweise ergeben die vereinzelten Zufallsbeobachtungen keinen Zusammenhang, das Gesamtbild der Anlage bleibt uns unklar. Jedenfalls war die Villa mit ungewöhnlichem Aufwand ausgestattet. Zu ihr gehört wohl ein prächtiger Brunnen, der nahebei am Hang ausgegraben wurde. Der Volksmund erzählt, hier habe die hl. Helena, die Mutter Constantins d. Gr., gewohnt. Nach den Funden ist der Bau ins 4. Jahrhundert zu datieren, die Mosaike werden frühestens in dessen Mitte gehören.

Mosaike teils unsichtbar an der Fundstelle, teils im RLM. Trier, Inv. 16, 77/78.
Lit.: J. N. v. Wilmowsky, Jahresber. Ges. f. nützl. Forsch. 1872/73, 35 ff. – K. Parlasca, Die römischen Mosaiken in Deutschland (Berlin 1959) 53 ff. und 68. – Trierer Zeitschr. 24–26, 1956–58, 416 f.
Bi.

163   Palatiolum-Pfalzel

Palastburg und Kaserne.
4. Jh. n. Chr.

Auf einer weiten, hochwasserfreien Geländewelle, von der Mosel in einem Bogen umflossen, wurde um die Mitte des 4. Jh. n. Chr. eine palastartige Burganlage errichtet.

Oberhalb von Ruwer- und Kylleinmündung, nahe am Fluß gelegen und in Sichtverbindung nicht nur zu den an beiden Ufern verlaufenden Fernstraßen, sondern auch zur Stadt, kommt der Anlage eine Sperrfunktion zu, die ihre besondere Bedeutung noch betont.

Bei einer Außenlänge der rechteckigen Anlage von 65 m zu 56 m ist der Grundriß um einen Innenhof symmetrisch in zwei längere und zwei kürzere Gebäudeflügel und einen inneren Umgang entwickelt. Allen Seiten sind jeweils drei Türme oder Risalite vorgelagert, wobei jeweils die in der Mitte der Fronten gelegenen Risalite etwas schmaler dimensioniert sind als jene der Gebäudeecken, die der Breite der auf sie treffenden Bauflügel entsprechen. Im Mittelturm der südwestlichen Langseite befindet sich die Zufahrt und der Durchgang in den Binnenhof,

während neben den Räumen 6 und 12 sich schmale Schlupfpforten befinden, die als Not- und Ausfallpforten wegen ihrer geringen Breite leicht verteidigt werden konnten. Für die Tor- und Zufahrtsöffnung ist der »Turmvorsprung« fest überwölbt und zu einer doppelten Sperre ausgebaut.

Die Anordnung der Türme ergibt, daß an den Ecken der rechtwinklig zueinander stehenden Flügel auch die Risalite und Türme einen Winkel bilden, der in der Festungsbaukunst sonst durch einen entsprechend größeren, den Mauerwinkel füllenden Turm geschützt wäre. Im Parterre- und Sockelbereich sind bis auf die Zufahrt Türme und Mauerflächen massiv gebildet und ohne Fensteröffnungen zu den Außenseiten. Von dem Hof mit Umgang her sind die Räume begehbar und auch belichtet. Von 28 Räumen, die aus dem Befund zu rekonstruieren sind, waren wenigstens fünf (Raum 1, 5, 6, 17 und 23) mit Mosaikböden, später mit Marmorplattenbelägen ausgestattet. Ein bislang anderwärts nicht beobachteter Raumzuschnitt ergibt sich an den Gebäudeecken für die Räume 1, 11, 17 und 23, die zusätzlich zu der quadratischen Fläche aus den Flügelbreiten nach außen hin um den Risalitvorsprung vergrößert sind. Da sie andererseits zum Innenhof keinen Türdurchgang haben, sondern aus den Nebenräumen her erschlossen werden, sind sie in der Höhe bis zum zweiten Obergeschoß geführt und werden durch die Fenster im ersten Obergeschoß der Eckrisalite beleuchtet. Dementsprechend sind die Wände zu den Risaliten, auch wegen der großen Raumspannung und der Deckenauflagen zu großen Korbbögen aufgelöst, so daß durch das seitlich und von der Höhe aus 10 Fenstern einfallende Licht diese großen Ecksäle als repräsentative Räume der Gesamtanlage zu deuten sind. Dies ist auch durch den Bodenbelag, durch marmorne Wandinkrustation, Mosaikzier der Bogenunterseiten und Wandflächen und durch Wandmalerei hinreichend bewiesen. In Raum 6 ist der Risalitvorsprung podestartig erhöht, während in der Ecke zum Hof hin ein Zierbrunnen, mit Marmor ausgekleidet, bestanden hat.

Das erste Obergeschoß wird ebenfalls über den Umgang des Innenhofes durch Treppenhäuser erschlossen. Von diesem Umgang sind die Balkenlöcher in Höhe eines Mauerabsatzes noch erhalten, wie auch die zum Innenhofumgang führenden Türen. Im Wechsel von Kalkstein und Ziegel, mit einer Deckziegellage sind die Türbogen zugleich Nachweis für die Raumhöhe dieser Geschoßebene.

In den zurückliegenden Außenseiten zwischen den Türmen sind die Fenster (je 3 an den Langseiten, 2 an den Kurzseiten) gelegen, die jeweils schmalere Raumgruppen erhellten.

Für das folgende zweite Obergeschoß sind ebenfalls die Mauern so hoch erhalten, daß die im Modell dargestellte Rekonstruktion der Anlage zuverlässig gestützt ist.

An den Mitteltürmen hofseitig hochgeführte Treppenstiegen erschlossen die zweite Geschoßebene und die Mitteltürme. Von diesen führten an der Außen- und Landseite Gänge zu den Gebäudeecken und Risaliten, die erst auf dieser Ebene wieder rundum begehbar waren. Die Risaliten waren durch kleinere

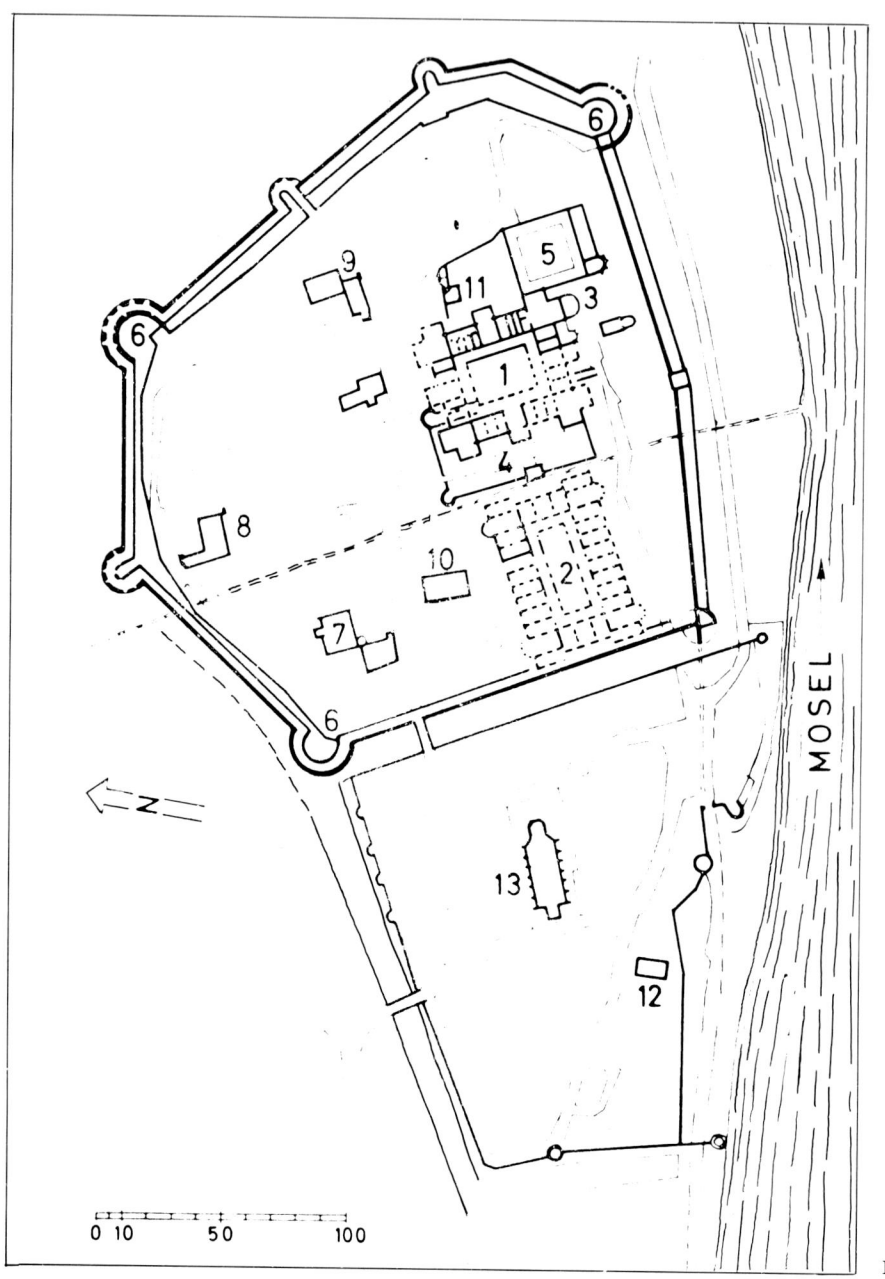

163

MOSEL

0 10   50   100

Fenster, die Flächen zwischen den Türmen loggienartig mit Pfeilern und Säulen gegliedert. Von dieser Anordnung ist ein Kapitell erhalten, das langrechteckig mit einfachen Blattlappen verziert ist. Für den Wechsel Pfeiler/Säulen spricht die Feststellung eines Wandpfeilers über Raum 3 im 2. Obergeschoß mit aufliegender profilierter Steinplatte, auf der die Archivolten aufsetzten. Hofseitig sind ebenfalls kleinere, wohl rechteckige Fenster festgestellt worden, die allerdings im oberen Drittel der Raumhöhe gelegen sind. Diese Anordnung ergibt sich aus dem Anschluß der Pultdächer des Umganges und der Notwendigkeit, diese Raumgruppen zu belichten.

Eine abweichende Türen- und Fensteranordnung wie auch Ge-

PFALZEL (PALATIOLUM), KREIS TRIER-LAND

ERGEBNISSE DER UNTERSUCHUNGEN BIS 1964
UNTER BENUTZUNG DER AUFNAHMEN KUTZBACH-NAGEL (1928-34)

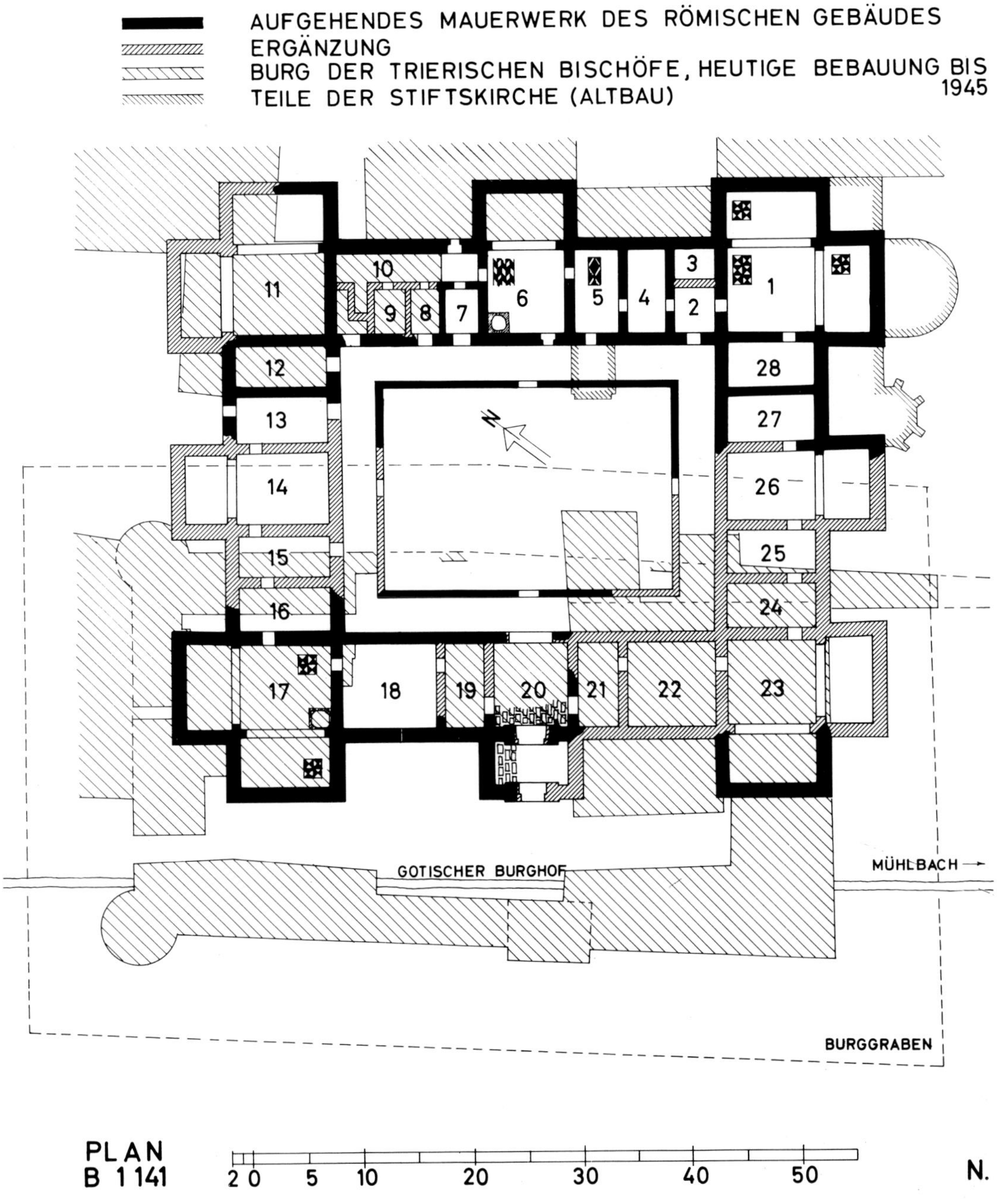

AUFGEHENDES MAUERWERK DES RÖMISCHEN GEBÄUDES
ERGÄNZUNG
BURG DER TRIERISCHEN BISCHÖFE, HEUTIGE BEBAUUNG BIS
TEILE DER STIFTSKIRCHE (ALTBAU)   1945

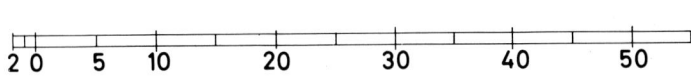

GOTISCHER BURGHOF

MÜHLBACH →

BURGGRABEN

PLAN
B 1 141

2 0   5   10   20   30   40   50

N.

163

schoßhöhe ergibt sich für die Raumfolge 7–10. Hier liegt, zum Teil in die Erde eingetieft, eine Badeanlage, von der sowohl die Wasserzu- und -ableitungen, wie auch Teile der Beckeninstallation festgestellt werden konnten. In der Fensterlaibung eines »Hochparterreraumes« über Raum 8 wurde die handmodellierte Dekoration mit Eichenzweigen, Blättern und Früchten aus Stuck noch in situ aufgefunden.

Glasmosaikreste bis in das zweite Obergeschoß, Bodenmosaiken, Marmorinkrustation und Wandmalerei bezeugen die luxuriöse und anspruchsvolle Ausstattung der Anlage, die zugleich auch mit ihrer Grundrißgliederung und der Gestaltung der aufgehenden Wandflächen den Eindruck einer palastartigen Risalitvilla vermittelte. Dem hohen Mauersockel folgte ein rundum durchlaufendes Fenstergeschoß mit relativ großen Bogenfenstern. Das zweite Obergeschoß zeigte kleinere Fensterteilung an den Risalittürmen, die zierlichere Gliederung der Loggien in den Flächen zwischen den Türmen. Für die Turmfronten sind flache Giebeldreiecke oder Dachabwalmungen vorstellbar.

Gleichzeitig mit einer umfassenden Veränderung der Innenausstattung, der Zerstörung der Mosaiken und der Einbringung von geometrischen, schwarz-weißen Marmorplattenbelägen, wurde an der Zufahrtseite ein langrechteckiger Bau (70 m lang und ca. 50 m breit) mit zellenartiger Innengliederung errichtet, der als Kaserne für eine Gardetruppe gedeutet werden muß (Ortsplan Nr. 2). Dieses Bauwerk, zwar aus festem Mauerwerk und tiefreichenden Fundamenten, wurde im Mittelalter, spätestens mit dem Ausbau der bischöflichen Burg seit dem 11. Jahrhundert einplaniert und das Steinmaterial zum Bau von Häusern und Befestigungsanlagen verwertet.

In der Völkerwanderungszeit wurden die Holzeinbauten, Decken, Böden und Dächer zerstört und nur die hochragenden Mauern blieben stehen. Aus dem fränkischen Königsbesitz erwarb Adula, eine Tochter der Irmina von Oeren (St. Irminen) zu Trier, das Besitztum durch Gütertausch und richtete hier ein Damenstift ein, das unter Erzbischof Poppo zum Kanonikerstift umgewandelt und in seinem ursprünglichen Bestand geteilt wurde. Der östliche Gebäudetrakt entwickelte sich zum Stiftskloster mit Kirche und Kanonikerhäusern, der westliche Trakt wurde zur bischöflichen Burg, ergänzt und umgebaut mit Bergfried, Palas und Gebäuden für die Hofmannen.

Die Gesamtanlage wurde in den Stifts- und Immunitätsbering einbezogen und mit fester Mauer und Wallanlage umgrenzt, während seit dem 7. Jh. außerhalb des Beringes eine Dorfsiedlung mit einer Kirche des Heiligen Martin entstanden war, die mit ihrer »Stadtmauer« an die Immunität anschloß. Dieses Ensemble ist in bedeutenden Teilen seines Baugefüges bis in unsere Zeit erhalten und macht den Ort Pfalzel zu einem anschaulichen Beispiel kontinuierlicher Entwicklung und Besiedlung von der Antike bis zur Neuzeit.

a) Pfalzel, Grundrißplan der römischen Palastanlage und der Burg- und Kirchenanlage.

b) Grundrißplan der Stiftsimmunität und des mittelalterlichen vicus.

c) Modell der Palast- und Festungsanlage mit dem vorgelagerten Kasernenbau.

d) Ausschnitte aus dem Mosaik in Raum 6.

e) Kapitell mit vereinfachtem Blattdekor von der Loggienfront im zweiten Obergeschoß.

f) Abguß der Stuckdekoration in der Fensterlaibung des sog. Küsterhauses, Raum 8, Zwischengeschoß über dem Bad.

g) Ansicht der Ortsbefestigung, Burg und Stiftsanlage im 17. Jahrhundert.

Lit.: Frühchristl. Zeugnisse 152. – Führer Trier 278. – Römer an Mosel u. Saar 297. – Kunstdenkmäler der Rheinprovinz, Landkreis Trier (Düsseldorf 1936), 282–304.   Cü.

164–170   Spätantike Befestigungsanlagen

164   Karte der Befestigungen

Nach der Aufgabe des obergermanischen Limes, des befestigten Grenzwalles zwischen dem Römischen Reich und dem Freien Germanien, und dem Rückzug der Römer auf die leichter zu verteidigende Rheinlinie im Jahre 260, ist das linksrheinische Hinterland für Jahrzehnte nahezu schutzlos germanischen Überfällen ausgeliefert. Zwar werden von den zeitweise in Trier residierenden Kaisern des Gallischen Sonderreiches Schutzmaßnahmen getroffen, doch erweisen sie sich wie die aus privater Initiative errichteten Refugien auf entlegeneren und leichter zu verteidigenden Bergen während des verheerenden Germaneneinfalls von 275/6 n. Chr., bei dem selbst die befestigte Augusta Treverorum in Mitleidenschaft gezogen wurde, als unwirksam. Obwohl Kaiser Probus bis 278 die eingedrungenen Alamannen und Franken aus Gallien und Raetien vertreiben kann und schließlich die Rheingrenze wieder herstellt, lassen sich erst mit der Verlegung der Residenz nach Trier im Jahre 293, spätestens unter Constantin I. zu Beginn des 4. Jahrhunderts n. Chr., umfangreichere Verteidigungsanstrengungen, insbesondere der Ausbau der Wehranlagen, beobachten. Damals entstehen im Rahmen einer tief gestaffelten Verteidigung an den Hauptzugangsstraßen zur Residenzstadt Trier befestigte Straßenposten (Bitburg, Jünkerath, Neumagen) und auf Höhen über der in der Spätantike als Wasserstraße stark frequentierten Mosel wie an Fernstraßen über die ganze Eifel und Hunsrück verstreut mehr als 40 Bergbefestigungen. Ihre Mehrzahl, insbesondere jene, denen wir nicht nur aufgrund ihrer exponierten Lage sondern auch wegen des vorliegenden Fundmaterials eine militärische Nutzung zuschreiben wollen, wird nach einer Zerstörung in den

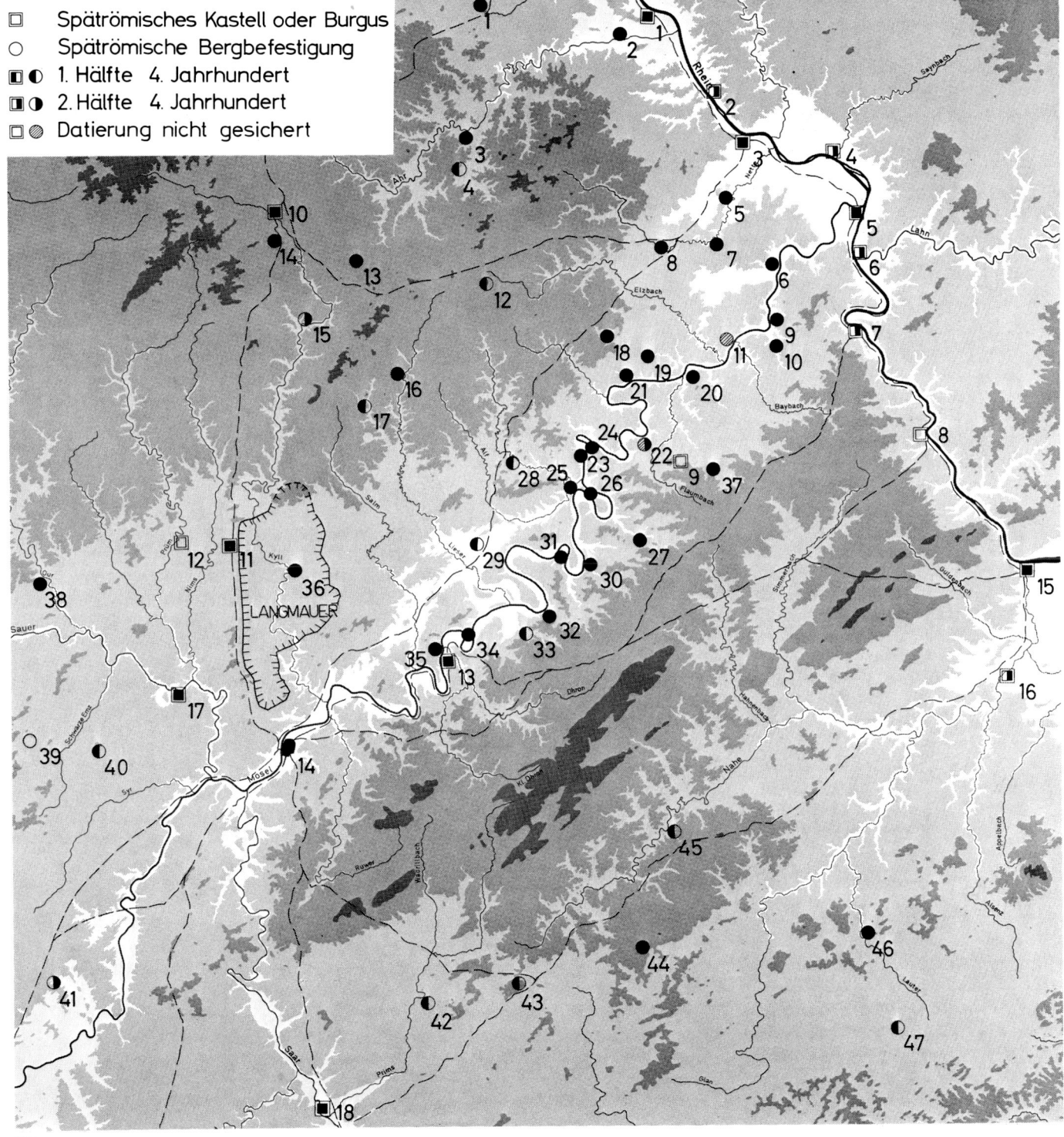

Spätrömisches Kastell oder Burgus
Spätrömische Bergbefestigung
1. Hälfte 4. Jahrhundert
2. Hälfte 4. Jahrhundert
Datierung nicht gesichert

LANGMAUER

164

50er Jahren des 4. Jahrhunderts in valentinianischer Zeit erneut aufgesucht. Sie bleiben meist bis ins frühe 5. Jahrhundert, die im Moseltal gelegenen Plätze gar bis in die Mitte des 5. Jahrhunderts besetzt. Stellvertretend für die Gruppe der spätrömischen Bergbefestigungen wird hier die neuerdings vom Rhein. Landesmuseum Trier untersuchte Entersburg bei Hontheim (Krs. Bernkastel-Wittlich) berücksichtigt. Gi.

Liste der erfaßten spätrömischen Bergbefestigungen:

1) Rheinbach, Stadtteil Wormersdorf, Kr. Rhein-Sieg, Tomburg
2) Bad Neuenahr-Ahrweiler, Stadtteil Lohrsdorf, Kr. Ahrweiler, Landskrone
3) Insul, Kr. Ahrweiler, Burgberg
4) Reifferscheid, Kr. Ahrweiler, Alte Burg
5) Ochtendung, Kr. Mayen-Koblenz, Wernerseck
6) *Kobern*-Gondorf, Kr. Mayen-Koblenz, Niederburg
7) Polch, Ortsteil Ruitsch, Kr. Mayen-Koblenz, Burgberg
8) Mayen, Kr. Mayen-Koblenz, Katzenberg
9) Alken, Kr. Mayen-Koblenz, Burgberg
10) Brodenbach, Kr. Mayen-Koblenz, Ehrenburg
11) Lasserg, Kr. Mayen-Koblenz, Bischofsstein
12) Kolverath, Kr. Daun, Hochkelberg
13) Walsdorf, Kr. Daun, Arensberg
14) Lissendorf, Kr. Daun, Burgberg
15) Gerolstein, Kr. Daun, Auberg
16) Daun, Kr. Daun, Burgberg
17) Schutz, Kr. Daun, Buerberg
18) Hambuch, Kr. Cochem-Zell, Burgberg
19) Binningen, Kr. Cochem-Zell, Kuhkeller
20) *Treis*-Karden, Kr. Cochem-Zell, Zillesberg
21) Klotten, Kr. Cochem-Zell, Coraidelstein
22) Beilstein, Kr. Cochem-Zell, Burgberg
23) St. Aldegund, Kr. Cochem-Zell, Hangelenberg
24) Neef, Kr. Cochem-Zell, Petersberg
25) Alf, Kr. Cochem-Zell, Burg Arras
26) Zell, Stadtteil Kaimt, Kr. Cochem-Zell, Marienburg
27) Zell, Kr. Cochem-Zell, Alteburg
28) Hontheim, Kr. Bernkastel-Wittlich, Entersburg
29) Wittlich, Stadtteil Bombogen, Lüxemkopf
30) Starkenburg, Kr. Bernkastel-Wittlich, Schloß
31) Traben-Trarbach, Stadtteil Wolf, Kr. Bernkastel-Wittlich, Göckelsberg
32) Bernkastel, Kr. Bernkastel-Wittlich, Landshut
33) Veldenz, Kr. Bernkastel-Wittlich, Schloß Veldenz
34) Minheim, Kr. Bernkastel-Wittlich, Burgley
35) Neumagen, Kr. Bernkastel-Wittlich, Tempelkopf
36) Speicher, Kr. Bitburg-Prüm, Leiköppchen
37) Masterhausen, Kr. Rhein-Hunsrück, Burgberg
38) Vianden, Luxemburg, Schlassbierg
39) Heffingen, Luxemburg, Albuurg
40) Hersberg/Altrier, Luxemburg, Ginstegestell
41) Altwies, Dép. Moselle, Kaaschelt
42) Limbach, Kr. Saarlouis, Birg
43) Tholey, Kr. St. Wendel, Schaumberg
44) Freisen-Oberkirchen, Kr. St. Wendel, Weisselberg
45) Frauenberg, Kr. Birkenfeld, Nahekopf
46) Kreimbach, Kr. Kusel, Heidenburg
47) Kindsbach, Kr. Kaiserslautern, Großer Berg

Liste der erfaßten spätrömischen Kastelle und Burgi

1) Remagen, Kr. Ahrweiler, Kastell
2) Rheinbrohl, Kr. Neuwied, Burgus
3) Andernach, Kr. Mayen-Koblenz, Kastell
4) Engers, Kr. Neuwied, Burgus
5) Koblenz, befestigter Vicus
6) Niederlahnstein, Kr. Rhein-Lahn, Burgus
7) Boppard, Kr. Rhein-Hunsrück, Kastell
8) Oberwesel, Kr. Rhein-Hunsrück, Kastell (?)
9) Mittelstrimmig, Kr. Cochem-Zell, Burgus
10) Jünkerath, Kr. Daun, Kastell
11) Bitburg, Kr. Bitburg-Prüm, Kastell
12) Brecht, Kr. Bitburg-Prüm, Burgus
13) Neumagen, Kr. Bernkastel-Wittlich, Kastell
14) Trier, befestigte Stadt
15) Bingen, Kr. Mainz-Bingen, befestigter Vicus
16) Bad Kreuznach, Kr. Bad Kreuznach, Kastell
17) Echternach, Luxemburg, (Klein)kastell
18) Pachten, Kr. Saarlouis, Kastell

165 Kastell Bitburg (Krs. Bitburg-Prüm)

Das an der Fernstraße Trier–Köln gelegene Kastell Bitburg wurde Anfang des 4. Jahrhunderts auf einer weithin sichtbaren Erhebung an der Stelle eines größeren, nach 275/6 n. Chr. zerstörten Vicus errichtet, der durch antike Straßenverzeichnisse und Inschriften als »Beda« überliefert ist. Die im Grundriß ovale Umwehrung, ein mit Kalkstein-Handquadern verblendetes, 3,80 m starkes Gußmauerwerk, hatte 13 Rundtürme mit einem Durchmesser zwischen 9 und 10 m. Die Form der beiden Toranlagen ist nicht gesichert, könnte jedoch nahezu quadratischen Tortürmen mit verstärkten Torwangen entsprochen haben. Die Innenfläche des Kastells (Nord-Süd-Achse 160 m, Ost-West-Achse 130 m) umfaßte rund 2 ha. Ein Kastellgraben wurde bisher nur vor der Westflanke im Abstand von 22–28 m festgestellt. Kastellzeitliche Bauspuren im Innern der Befestigung sind nicht nachgewiesen. Das aus dem Kastellareal inzwischen umfangreicher vorliegende Fundmaterial reicht bis in die Mitte des

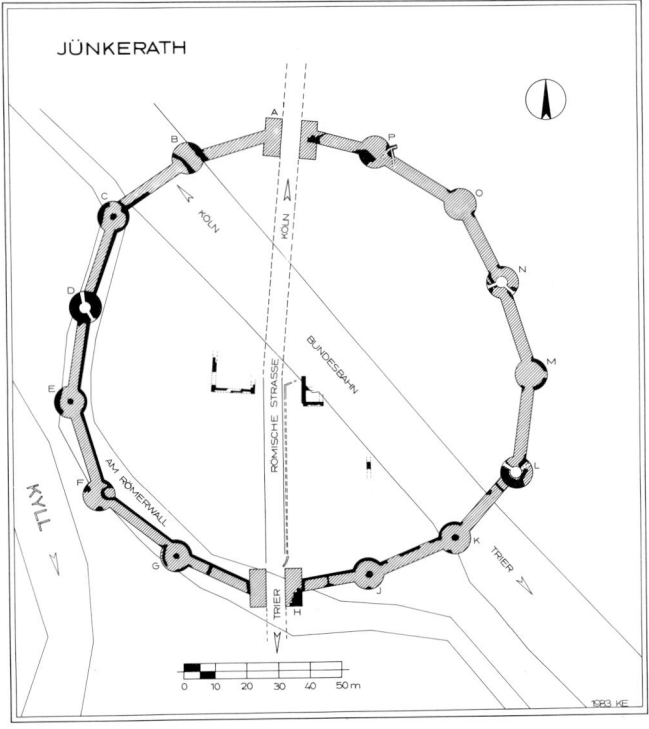

165

5. Jahrhunderts. Eine vermutlich schon in spätrömischer Zeit an der Westmauer errichtete Marienkirche sowie ein ausgedehntes Gräberfeld nordwestlich des Kastells, das offenbar vom 4. bis zum 7. Jahrhundert von Süden nach Nordosten belegt wurde, lassen eine kontinuierliche Besiedlung des Kastells bis ins frühe Mittelalter vermuten.

Lit.: W. Binsfeld, Führer Eifel 119–124. – K. J. Gilles, Trierer Zeitschr. 45, 1982, 293–300. – Ders., Neue Grabungen im Kastell Bitburg, Heimatkalender Landkreis Bitburg-Prüm 1984, 79–82. Gi.

166 Kastell Jünkerath (Krs. Daun)

Das Kastell Jünkerath wurde zu Beginn des 4. Jahrhunderts an der Fernstraße Trier–Köln im Bereich eines in antiken Straßenverzeichnissen als »Icorigium« überlieferten Vicus errichtet, der nach 275/6 n. Chr. Opfer brandschatzender Germanen geworden war. Die rundovale Umwehrung (Durchmesser 135–145 m) mit einer Innenfläche von fast 1,52 ha bestand aus 3,70 m breitem Gußmauerwerk, das mit Handquadern verblendet war und vor allem im Bereich der Türme zahlreiche Spolien, insbesondere Grabmalquader, aufwies. Das Kastell hatte 13 Rundtür-

167

me mit einem Durchmesser von rund 10 m, davon drei mit einer Schlupf- oder Ausfallpforte, sowie zwei Toranlagen, vermutlich in Form quadratischer Tortürme. Ein Graben wurde bisher nicht festgestellt. Dürftig sind auch die Beobachtungen zur kastellzeitlichen Innenbebauung. Nach dem bisher vorliegenden Fundmaterial ist von einer Zerstörung oder Aufgabe des Kastells im Zuge der Germaneneinfälle nach 406/7 auszugehen. Darin ist offenbar der Grund zu suchen, weshalb das spätere Jünkerath – anders als Bitburg oder Neumagen – seinen antiken Namen nicht bewahrt hat und auch nicht an der gleichen Stelle wie das römische Icorigium errichtet wurde.

Lit.: W. Binsfeld, Führer Eifel 300–304.   Gi.

167   Kastell Neumagen
(Krs. Bernkastel-Wittlich)

An der Fernstraße Trier–Bingen–Mainz ließ Constantin der Große Anfang des 4. Jahrhunderts im Bereich des nach 275/6 n. Chr. im Zuge einer Germaneninvasion zerstörten Vicus »Noviomagus«, ein Kastell mit nahezu ovalem Grundriß errichten, ähnlich dem von Bitburg oder Jünkerath. Das 3,65 m starke, verblendete Gußmauerwerk ruhte auf einem rund 4 m breiten Fundament, in dem zahlreiche Spolien, meist Bruchstücke größerer Steinpfeiler oder Grabaltäre (so auch der Cippus des C. Albinius Asper, s. Abb.) verbaut waren. Letztere waren auf den Gräberfeldern der ebenfalls von den Vorgängen nach 275/6 betroffenen Augusta Treverorum abgebrochen und mit dem Schiff moselabwärts nach Neumagen transportiert worden. Heute bilden sie einen wesentlichen Bestandteil der Sammlung des RLM. Trier. Die Umwehrung von Neumagen hatte 12 oder 13, im Durchmesser 9–10 m messende Rundtürme und zwei Toranlagen, vielleicht in Form rechteckiger Tortürme mit breiteren Torwangen. (Der hier vorgelegte, von älteren Publikationen abweichende Grundriß beruht auf einer kritischen Wertung der Ausgrabungen von 1877–1885.) Die Innenfläche des Kastells (Nord-Süd-Achse 112 m, Ost-West-Achse 131 m) umfaßte rund 1,28 ha. Kastellzeitliche Innenbauten sind, von einem älteren nahezu quadratischen Haus und wenigen zusammenhanglosen Mauerresten abgesehen, ebensowenig wie ein Graben nachgewiesen. Das Fundmaterial, darunter eine frühchristliche Grabinschrift, eine möglicherweise bis in spätrömische Zeit zurückreichende Marienkirche im Südwesten des Kastells und ein südlich des Kastells gelegenes Gräberfeld mit spätrömischen und merowingischen Grabfunden, legen eine kontinuierliche Besiedlung des Kastells bis ins frühe Mittelalter nahe.

Lit.: W. von Massow, Die Grabmäler von Neumagen (Berlin und Leipzig 1932). – H. Cüppers, Führer Hunsrück 246–259. – K. J. Gilles, Trierer Zeitschr. 45, 1982, 301–305. – Ders., Ein neuer Grundriß zum Kastell Neumagen. Trierer Zeitschr. 48, 1985. Gi.

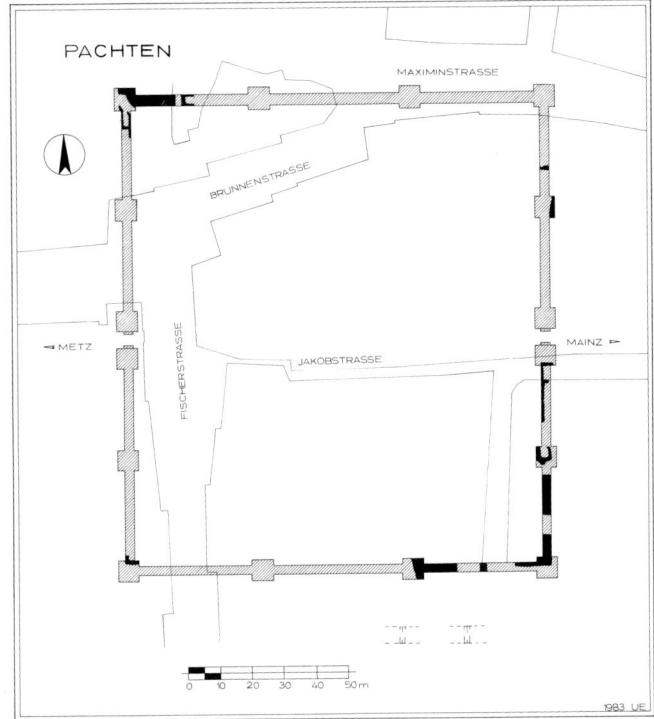

168

168　　Kastell Pachten (Krs. Saarlouis)

Das unweit eines Saarübergangs an der Fernstraße Metz–Mainz gelegene Kastell Pachten wurde im frühen 4. Jahrhundert im Westteil eines nach 275/6 n. Chr. zerstörten Vicus errichtet. Die rechteckige, 133 × 152 m große Befestigungsanlage mit einer Innenfläche von rund 1,9 ha war mit 12 (bzw. 16) nahezu quadratischen Türmen mit einer Breite von knapp 7 m bewehrt und hatte zwei, vielleicht von je zwei, ebenfalls quadratischen Türmen flankierte Toranlagen. Das mit Handquadern verblendete Gußmauerwerk erreichte eine Stärke von fast 2,50 m und ruhte auf einem wenig breiteren Fundament, in dem zahlreiche Spolien, meist Göttersteine und beschriftete Sitzsteine eines Kulttheaters, verbaut waren. Rund 16 m südlich des Kastells wurde ein 5,5 m breiter Graben mit U-förmigem Querschnitt festgestellt. Kastellzeitliche Innenbauten sind bislang nicht beobachtet. Nach dem aus dem Kastellareal, das erst in den letzten 50 Jahren wieder baulich erschlossen wurde, vorliegenden Fundmaterial sollte die Befestigung zu Beginn des 5. Jahrhunderts aufgegeben worden sein. Dennoch lassen ein westlich des Kastells gelegenes Gräberfeld mit spätrömischen und merowingischen Grabfunden, eine frühchristliche Grabinschrift sowie eine frühe Kirche mit Maximinuspatrozinium eine örtliche Kontinuität annehmen.

Lit.: R. Schindler, Führer Saarland 164–169. Gi.

169　　Echternach – St. Peter und Paul

Auf einem natürlichen Hügel, der offenbar seit dem späten 1. Jh. n. Chr. einen monumentalen Grabrundbau trug, wurde in den unruhigen Zeiten der zweiten Hälfte des 3. Jh., z. T. aus

169

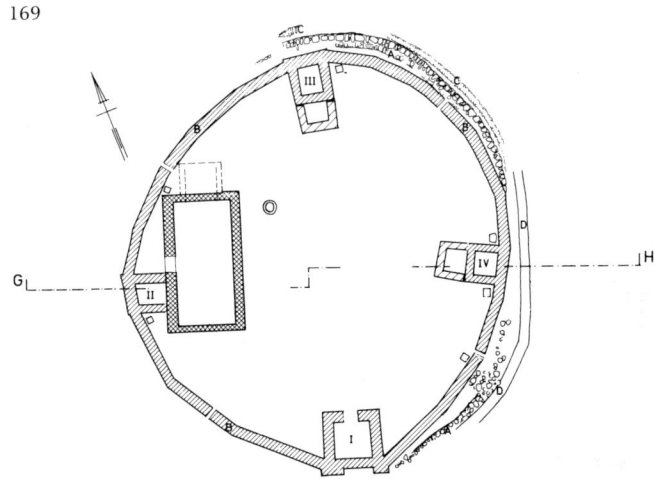

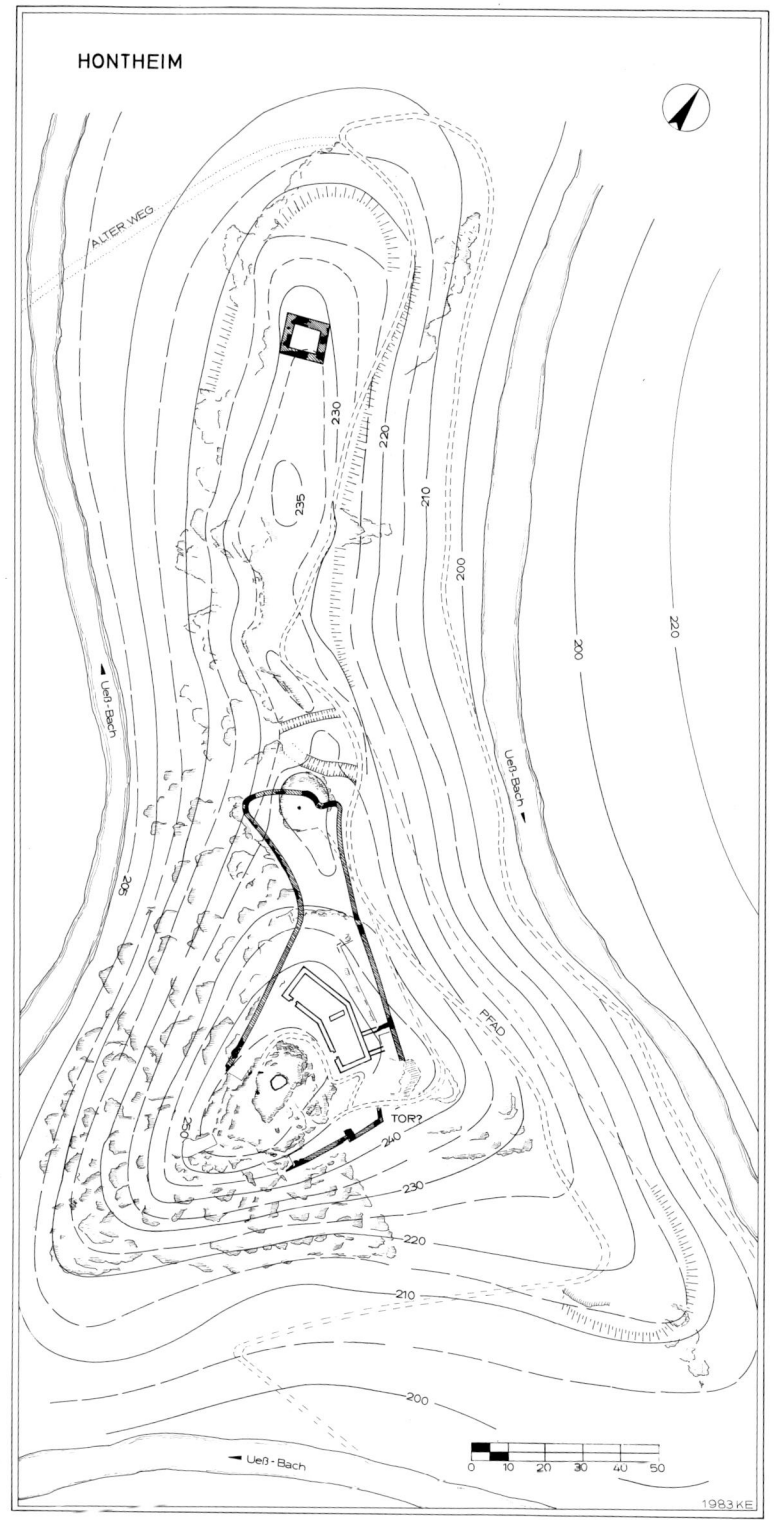

HONTHEIM

ALTER WEG

235
230
220
210
200

205

Ueß-Bach

Ueß-Bach

220
200

PFAD

TOR?

250
240
230
220
210

200

◄ Ueß-Bach

0 10 20 30 40 50

1983 KE

170

Spolien verschiedener römischer Denkmäler, eine ringförmige Befestigung von rund 53 m Durchmesser (A) errichtet, die ohne Zweifel den Bewohnern der Prunkvilla in der »Schwarzuecht« in Gefahrenzeiten als Refugium dienen sollte. In der zweiten Hälfte des 4. Jh. wurde diese Anlage durch eine neue Rundbefestigung von 49 m Durchmesser (B) mit vier quadratischen Innentürmen (I–IV), darunter der Torturm (I), sowie vier Schlupfpforten ersetzt. Dieses Kleinkastell, das über einen fast 15 m tiefen Brunnen verfügte, war allem Anschein nach bis in die Mitte des 5. Jh. n. Chr. militärisch belegt und diente der Überwachung der Sauerbrücke, über welche die Römerstraße zum Kastell Bitburg führte. Nach dem definitiven Zusammenbruch der Römerherrschaft wurde der befestigte Hügel zum Kern des frühmittelalterlichen Echternach.
Lit.: J. Metzler / J. Zimmer / L. Bakker, Ausgrabungen in Echternach (Luxemburg 1981). – Römer an Mosel u. Saar Nr. 294 (übernommener Text). Kr.

170 Entersburg bei Hontheim (Krs. Bernkastel-Wittlich)

Die Entersburg liegt rund 2 km nordöstlich von Hontheim auf einem nahezu unzugänglichen, weit ins Üßbachtal vorspringenden Bergsporn, von dem die römische Fernstraße Trier–Andernach auf einer längeren Strecke überblickt werden konnte. Nachdem die gesamte Bergzunge bereits im 2. und 1. Jahrhundert v. Chr. bis in nachcaesarische Zeit von einer Befestigungsmauer umgeben war, wurde ihr höher gelegener Südteil nach knapp 300 Jahren im 3. Viertel des 3. Jahrhunderts während der sich häufenden Germanenüberfälle von der verängstigten Landbevölkerung als Refugium aufgesucht und vermutlich infolge dieser Übergriffe um 275/6 n. Chr. zerstört. Gegen Ende des 3. Jahrhunderts wurde die Kuppe erneut durch eine meist einschalige, bis zu 1,20 m starke, trocken gesetzte Bruchsteinmauer (wenige Spolien) befestigt. Mit einer Länge von 100 m und einer größten Breite von 40 m umfaßte die Wehranlage eine Fläche von 0,2 ha. Vor der Befestigungsmauer an der Zugangsseite im Norden lagen zwei etwa 20 m lange aus dem Fels geschlagene U-förmige Abschnittsgräben. Der Zugang führte etwa parallel zur (für den Angreifer »schildoffenen«) Ostseite bis zu einem turmartigen Gebäude an der Ostspitze der Umwehrung. Trotz des steilen und felsigen Geländes war die Innenfläche der befestigten Höhensiedlung relativ dicht bebaut, wie künstlich angelegte Terrassen oder mehr als zehn teilweise stufenförmig aus dem Fels gebrochene, mitunter mehrgeschossige Kammern mit sorgfältig abgeschroteten Wänden erkennen lassen. Wohl zum zusätzlichen Schutz der Befestigung wurde im 2. Viertel des 4. Jahrhunderts an der Nordspitze oberhalb des Zugangs ein etwa

10 × 10 m großer Turm (Burgus) mit etwa 2 m starken Fundamentmauern errichtet, so daß nun auch die Nordseite des Üßbachtales einzusehen und drohenden Gefahren früher zu begegnen war. Die bei den Ausgrabungen in den Jahren 1978 und 1979 zahlreich geborgenen Kleinfunde belegen innerhalb der spätantiken Höhenbefestigung u. a. eine kleine Glasschmelze, eine Beinschnitzerei wie eine Buntmetall- und Eisenverarbeitung. Propellerförmige Gürtelbeschläge und eine silbervergoldete Riemenzunge (vgl. Kat. Nr. 157 b) zeigen, daß zumindest vorübergehend auch kleinere militärische Detachements innerhalb der befestigten Höhensiedlung Aufnahme fanden, die nach Aussage einer umfangreichen Münzreihe bereits während der verheerenden Germaneneinfälle nach 353/355 unterging. Danach wurde der Platz erst wieder im 11. und 12. Jahrhundert aufgesucht, als die Brüder von Nantirsburch auf einer dem kleinen Gipfelplateau vorgelagerten Terrasse einen 15 × 10 m großen Wohnturm errichten ließen, der allerdings schon 1138 vom Trierer Erzbischof Albero zerstört wurde. Teile eines um 1689 vergrabenen Münzschatzes belegen, daß die Burgruine noch einmal gegen Ende des 17. Jahrhunderts von der verängstigten Landbevölkerung im Zuge der Reunionskriege Ludwigs XIV. kurzfristig aufgesucht war.
Lit.: K. J. Gilles, in: Denkmalpflege in Rheinland-Pfalz 1979–1981 (Worms 1982) 190–192. Gi.

171–176 Erzeugnisse heimischen Handwerks

171 Lampenfabrikation in Trier

Bei Grabungen längs des Pacelli-Ufers (ehemals Horst-Wessel-Ufer) wurde 1933 außerhalb der römischen Stadtmauer eine größere zusammenhängende Fläche des antiken Töpfereiviertels untersucht.
Dabei kamen neben unzähligen Tongefäßen auch eine große Anzahl Hohlformen zutage, mit deren Hilfe Rundplastiken, Reliefbilder, Statuettengefäße, Kerzenständer, Appliken und Lampen hergestellt werden konnten.
Zusammen mit den tönernen Lampenhohlformen wurden auch Lampenmodelle aus Ton gefunden. Sie haben das Aussehen fertiger Lampen, lediglich Öl- und Dochtloch sind nicht eingetieft, sondern nur durch Ringe gekennzeichnet. Die Ober- und Unterseite dieser Stücke formte der Töpfer ab. Die Kanten der beiden Formhälften versah er mit kreuzweise oder senkrecht eingetieften Markierungen, die ihm beim Abformungsvorgang ein schnelles und richtiges Aufeinanderklappen gewährleiste-

171 b, d, a

ten. Die obere Formhälfte ist häufig mit einem zapfenartigen Griff versehen. Zwei Töpfer haben ihre Formen mit dem eingeritzten Namen gekennzeichnet: Seri(us) und Pentius.

Die Lampen zeigen die im 4. Jahrhundert übliche Form: Der runde Körper geht mit nur geringer seitlicher Einziehung in die gerundete Schnauze über. Der flache Spiegel ist von einem schmalen Ring eingefaßt, der zur Schnauze hin offen und bis zum Dochtloch fortgeführt ist, indem er auf der Schnauze einen Kanal bildet. Auf der Schulter sitzt ein zapfenartiger Griff. Die Verzierung der Trierer Stücke ist ziemlich eintönig, da nur drei verschiedene Ornamente in leichten Variationen vorkommen.

a) Ein gestrichelter Zweig, der ein Palmblatt darstellen soll, schmückt die Schulter. Sowohl Seri(us) als auch Pentius stellten solche Lampen her.

171 c, e

b) Das Palmblatt liegt auf der Schulter auf und füllt den Kanal aus.

c) Ein Blattkranz, der aus herzförmigen, hintereinander gereihten Blättern besteht, bedeckt die Schulter und füllt den Kanal aus.

d) Die Dekoration von c wird dadurch bereichert, daß der Blattkranz auch um das Ölloch herumgeführt ist.

e) Die Schulter ist mit einer flüchtig angelegten Ranke verziert, in die Vögel gesetzt sind. Die Formen hat SERI(us) signiert.

Die Tätigkeit der Lampentöpfer läßt sich annähernd zeitlich festlegen. Formen und Modelle wurden nämlich im antiken Schutt eines Kellers gefunden, der nach Ausweis der Münzen 353 n.Chr. verfüllt wurde (vgl. Binsfeld, Trierer Zeitschr. 36, 1973, 131). Die Töpfer stellten folglich ihre Ware in der ersten Hälfte des 4. Jahrhunderts her.

Lit.: Loeschcke, Trierer Zeitschr. 9, 1934, 169f. – Römer an Mosel u. Saar 311 ff. Nr. 270.   Goe.

a) FO. Trier, Töpfereiviertel, 1933.
1. Hälfte 4. Jh.
Modellampe mit hohem Zapfengriff. Schulter und Kanal sind mit herzförmigen Blättern ausgefüllt. Das Ölloch ist durch einen plastischen Ring gekennzeichnet, jedoch nicht ausgestochen; das Dochtloch ist nicht markiert. Hoher Standring, dem nach innen ein weiterer plastischer Ring folgt.
Von diesen Lampen wurden die Tonformen hergestellt. Geringfügige Ergänzungen an der rechten Schulter.
Rotbrauner Ton. – L. 10,5 cm, Br. 8 cm, H. 3,8 cm.
RLM. Trier, Inv. 33,563.
Lit.: Trierer Zeitschr. 9, 1934, 169f. Abb. 36a.

b) FO. Trier, Töpfereiviertel, 1933, im Schutt des Kellers neben dem Wohnhaus.
1. Hälfte 4. Jh.
Sehr dickwandige zweiteilige Form mit einem klobigen runden Griff auf der Oberseite und neun senkrechten Markierungen an den Seiten, die ein exaktes Aufeinandersetzen der Formhälften gewährleisten.
Die obere Formhälfte zeigt die Eintiefung für den Zapfengriff und eine herzförmige Blattverzierung auf der Schulter und im Kanal. Der untere Teil sieht einen hohen Standring und nach innen folgend einen weiteren Ring vor. Form und Dekoration entsprechen der Modellampe a, jedoch wurde von ihr diese Form nicht gemacht.
Rotbrauner Ton. – L. 19 cm, gr. Br. 13,5 cm, H. 8,6 cm (mit Griff: 11,7 cm).
RLM. Trier, Inv. ST. 14942.
Unveröffentlicht.

c) FO. Trier, Töpfereiviertel, 1933, im Schutt des Kellers neben dem Wohnhaus.
1. Hälfte 4. Jh.
Kleine zweiteilige Form, deren Unterseite eine »Nase«, d.h.

einen kleinen hochstehenden Zapfen, aufweist; dieser greift in die Oberseite. Kreuzförmige Markierungen an den Seiten. Der obere Teil ist von einer sehr scharf ausgeprägten Modellampe abgenommen, deren Schulter mit einem Palmblattmuster verziert und deren kleiner Spiegel leicht eingesenkt war. Der Standring und der nach innen folgende Ring der unteren Formhälfte sind ebenso deutlich sichtbar.
Rotbrauner Ton. – L. 13,6 cm, gr. Br. 10,3 cm, H. 6,4–8,5 cm.
RLM. Trier, Inv. ST. 14939.
Unveröffentlicht.

d) FO. Trier, Augustinerhof (Hindenburgstr.), 1927.
Lampe mit hohem Zapfengriff und hohem Standring, dem nach innen ein weiterer Ring folgt. Schulter, Spiegel und Kanal sind mit herzförmigen hintereinander gereihten Blättchen bedeckt (s. hier Dekoration a). Dekor und äußere Form entsprechen den Modellampen und Formen aus dem Trierer Töpfereiviertel.
Rotbrauner Ton. – Gr. L. 11,1 cm (Schnauzenspitze fehlt), Br. 9 cm, H. 4,5 cm.
RLM. Trier, Inv. 27,250.
Unveröffentlicht.

e) FO. nicht genau bekannt, wohl Trier.
1. Hälfte 4. Jh.
Lampe mit kleinem, schlecht geformten Zapfengriff und deutlich ausgeprägtem Standring, dem nach innen ein weiterer Ring folgt. Die Schulter ist mit einem mäßig deutlichen Palmblattmuster verziert. Obwohl die Maße denen der Form c weitgehend entsprechen und die Lampe gut in die obere Formhälfte paßt, kann sie doch nicht in dieser Form entstanden sein, denn der Boden der unteren Formhälfte zeigt einige Abweichungen.
Rotbrauner Ton mit Resten eines dünnen braunroten Überzuges. – L. 9,6 cm, Br. 7,4 cm, H. 3,5 cm.
RLM. Trier, Inv. G. 928.
Unveröffentlicht. Goe.

172   Ziegel mit Stempel

Die Stempelung römischer Ziegel erfolgte nach unterschiedlichen Grundsätzen. Die Stempel dienten primär als Zählmarkierung, wobei die Zählweise und somit das Verhältnis von gestempelten zu ungestempelten Ziegeln stark (1:1 bis 1:80) variieren konnte. Private Hersteller haben eher als militärische auf Stempel verzichtet. Der Buchstabenstempel war zugleich auch eine Art Firmenmarke, die den Hersteller und den Herstellungsort kennzeichnete und somit dem Archäologen häufig Anhaltspunkte für die Datierung eines Bauwerks liefert. Mit Ziegelstempel versehen wurden insbesondere Leistenziegel für die Dachdeckung (tegulae), Verblendziegel mit unregelmäßigem Putzrauhungsmuster und quadratische Platten (laterculi), die vor-

nehmlich beim Hypokaustbau Verwendung fanden, seltener die halbrunden Deckziegel (imbrices) oder die rechteckigen Heizkacheln oder Kastenziegel (tubuli). In der Regel tragen die Ziegel nur einen Stempel. Mehrfachstempelungen sind teils als verbesserte Wiederholung mißlungener Stempelungen, teils auch als zusätzliche Zählmarkierung zu sehen. Häufiger begegnen uns noch Abdrücke von Menschenfüßen oder Tierpfoten bzw. -hufen. Allgemein wird angenommen, daß diese auf natürliche Weise durch Unachtsamkeit oder herumlaufende Tiere während des sich über einen längeren Zeitraum erstreckenden Prozesses des Ziegeltrocknens zustande kamen. Bisweilen könnten diese Abdrücke auch auf einen abergläubischen Brauch oder ein kultisches Verfahren zurückgehen (vgl. Saalburg Jahrb. 25, 1968, 88).

172 c, b

Die Masse der in Trier und im Moselland auftretenden Ziegelstempel nennt »private« Hersteller. Aufgrund ihrer häufigen Verwendung in den öffentlichen Bauten Triers wie bei militärischen Anlagen ist anzunehmen, daß sie in einer staatlichen Ziegelei, vermutlich in Trier oder dessen näherer Umgebung – wie ihre Verbreitung erkennen läßt –, gebrannt wurden (vgl. Trierer Zeitschr. 10, 1935, 61). Nachstehend wird eine Auswahl solcher Ziegelstempel von der Trierer Basilika bzw. den Kaiserthermen berücksichtigt.

a) Bruchstück einer quadratischen Platte mit Stempel »ADIVTICE«. Vgl. CIL. XIII 12621, 2.
RLM. Trier, Inv. KTh. 60.

b) Bruchstück einer quadratischen Platte mit Stempel »CAPI«, daneben Trittspur eines Rehes. Vgl. CIL. XIII 12684, 3.
RLM. Trier, Inv. 14, 643.

c) Bruchstück einer quadratischen Platte mit breiterem Stempel »CAPI«, daneben Abdruck einer Schuhsohle. Der Stempel zählt wie Nr. b zu den in zahlreichen Varianten vorliegenden Stempeln der Capionaci-Gruppe, die mit den der Adiutex-Gruppe die größte Verbreitung fanden.
RLM. Trier, Inv. KTh. 185.

d) Bruchstück eines Dachziegels mit Stempel des Lupicinus »ΓVPICIИVS«. Die Buchstaben sind teilweise seitenverkehrt oder kopfstehend. Vgl. CIL. XIII 12871, 2.
RLM. Trier, Inv. 21477.

e) Bruchstück eines Dachziegels mit Stempel »MAGNENTI«. Vgl. CIL. XIII 12878.
RLM. Trier, Inv. KTh. o. Nr.

f) Kleine quadratische Platte für Hypokaustpfeiler mit Stempel »REIPVB«. Dieser Ziegel wurde, wie der Stempel »Rei publicae« nahelegt, in einer staatlichen Ziegelei gebrannt, die offenbar (vgl. Trierer Zeitschr. 10, 1935, 60) von der Stadt Trier unterhalten wurde. Vgl. CIL. XIII 12603, 2.
RLM. Trier, Inv. KTh. 212.   Gi.

173   Keramik um 300 bis 400 n. Chr.

FO. Trier.

Die Vielfalt keramischer Gefäßformen und Techniken nimmt schon im Laufe des 3. Jahrhunderts n. Chr. ab und wird durch die Germaneninvasionen der zweiten Jahrhunderthälfte negativ beeinflußt. Nicht nur die Zerstörung der verschiedenen Töpferateliers und damit verbunden auch das Ende zahlreicher

Werkstätten, mehr noch die Verarmung der Bevölkerung, die Unterbrechung des Fernhandels und die Rückführung der Lebensmöglichkeiten auf reine Bedarfsdeckung mit lebenswichtigen Gütern mindern auch die handwerklichen und künstlerischen Möglichkeiten der Töpfer und verändern das Form- und Qualitätsgefühl der Käufer.

Die ehemals kunstvollen Reliefsigillaten verrohen mehr und mehr nach Dekor, Form, und der leuchtend rote Überzug verkommt zu matt roter Farbe. Das mit Stempeln und Modeln komponierte Relief verflacht und wird unter einem breiten glatten Rand auf einen schmalen Fries reduziert, um schließlich durch aufgespritzte Blattornamente und Kerbmuster vollkommen verdrängt zu werden. Die Gefäße werden dickwandiger, Kannen, Flaschen und Schalen werden auf wenige Rohformen vermindert und entbehren der zierlicheren Profilierung von Fuß, Ausguß und Henkel. Die tongrundige Gebrauchsware mit z. T. rauher Oberfläche wird in den Randbildungen vereinfacht mit wulstigen, mehr oder weniger geneigten Randleisten, grob gekehlten Deckelkehlen und als Schalen verwendbaren Stülpdeckeln ausgeführt.

Soweit hier Dekoration noch gefragt ist, werden ocker bis rot brennende Tonschlicker mit Schwämmen und Lappen aufgetupft oder mit Pinseln aufgestrichen (sog. marmorierte und geflammte Ware aus den Töpfereien bei Speicher-Herforst).

Am Ende dieser Verfallsentwicklung sind, nur noch in der Größe variiert, einige wenige Grundformen auf dem Markt: Krug und Henkelkanne, dickbauchig mit glattem Fuß und eingedrücktem Ausguß oder Schnauze, der Topf mit sichelförmigem Rand, der Doppelhenkeltopf mit simplem Wursthenkel, der Trinknapf und die Schale, der Teller und flache Napf.

Eine Sonderstellung nehmen in dieser Entwicklung die sog. Barbotinegefäße ein, die aus den Trierer Töpfereien noch bis in das 4. Jahrh. hinein mit großer Sorgfalt und Ideenreichtum mit ornamentalem Schmuck von Rosetten und plastisch wirkenden Ranken verziert werden. Reliefappliken, auch aufgemalte Götterbilder und in Tonschlicker modellierte Tiere, mit verschieden brennenden Farben belebt, um auf den Wein und den Weingenuß bezogene Aufschriften ergänzt, bereichern diese Keramikgattung.

Doch auch sie erliegt schließlich dem allgemeinen Verfall. Die eingedrückten Falten und Dellen, die Kerbmuster, durch Ornamente und Aufschriften z. T. sinnlos übermalt, lassen sich schließlich bei den unförmig dickwandigen Gefäßen nicht mehr anbringen.

Soweit die spärlichen Metallfunde erkennen lassen, sind zwar metallene Gefäße vorhanden, doch diese sind nicht mehr ausschließlich aus edlem Silber oder der goldglänzenden Bronze, sondern werden zunehmend auch aus Eisen gefertigt, was für die Erschöpfung der Metallfundstätten, aber auch für den Verlust der Erzlagerstätten und die Unterbrechung des Fernhandels und des allgemeinen Güteraustausches bezeichnend ist. Diese Entwicklung wird durch die staatliche Zwangswirtschaft, die bevorzugte Versorgung des Militärs und die Abwanderung

173f

der wirtschaftlich noch führenden Bürgerschichten beschleunigt. Die gleichen Tendenzen sind auch in der Formgebung von Glasgefäßen ablesbar, einem Rohmaterial, das mit ausreichenden Quarzvorkommen und Holzreserven in Eifel und Hunsrück in genügendem Umfange zur Verfügung stand.

Der Rückfall in »vorzivilisatorische« Verhältnisse wird aus Brunnenfunden deutlich, in deren feuchten Füllungen hölzerne Teller und Schalen das Weiterleben oder die Wiederaufnahme urtümlicher Gefäßformen illustriert.

Die Verknappung der Rohstoffe wie auch der Geldmittel und der Zahl noch aktiver Werkstätten mochte auch die aus Fehlbränden gewonnene Erfahrung zur allgemeinen Anwendung gebracht haben, die Gefäße härter zu brennen, bis hin zu fast

steingutartigen Bränden, die in jedem Falle eine längere Lebensdauer versprachen, auch wenn die Farbe, zu tristen dunkelbraunen und schwarzen Oberflächen gewandelt, den Notzeiten zu entsprechen schienen.

a) Henkelkrüge und Kannen aus dem Töpfereibezirk Speicher.
b) Kopfgefäße aus den Töpfereien bei Speicher, 4. Jh. n. Chr.
c) Barbotinebecher und Kanne aus der Trierer Töpferei.
d) Spruchbecher, Flaschen und Prachtgefäße in Barbotinetechnik aus Trier.
   Grab 141, Trier, St. Matthias.
   RLM. Trier, Inv. 04, 921, a und b.
   Grab 139, Trier, St. Matthias.
   RLM. Trier, Inv. 04, 932 c, d, e.

173a

e) Götterbecher mit aufgemalten Büsten, Inschrift und Barbotinedekor. Grab, Trier, St. Matthias *(Farbabb. s. S. 263)*.
RLM. Trier, Inv. 05,318a.
Lit.: Römer an Mosel u. Saar, Nr. 189 a, b, c. – Hussong/Cüppers.
– Kat. Gläser Trier 304 Nr. 174/175.

f) Auswahl von Keramik aus dem Palais Kesselstatt, Trier.
Ende 4. Jh. n. Chr.
Halbkugelige Sigillata-Schüssel, Sigillata-Schüssel mit Steilrand und Kragen, Schüssel mit wulstigem Rand, Teller mit einwärts gezogenem Rand, schlanker Topf mit sichelförmigem Profil, Zweihenkeltopf mit spitz ausgezogenem Wulstrand, Kanne mit Kleeblattausguß.
RLM. Trier.
Lit.: Hussong/Cüppers 83. – Römer an Mosel u. Saar 269. Cü.

173d

174 Zweizeilige Kämme

FO. Trier, Barbarathermen und Kaiserthermen (a).
4. (und wohl 5.: d) Jh. n. Chr.

Der Kamm (Pecten), dessen sich die Römer üblicherweise bedienten, war zweizeilig; er hatte auf beiden langen Seiten eine unterschiedliche Zähnung, die eine grober, die andere feiner. Bei den spätantiken Beinkämmen wurde auf das feste Mittelstück beiderseits je eine ritzverzierte Leiste aufgenietet (Dreilagenkamm: a–d), die Schmalseiten sind meist reich profiliert.

Für den Kamm gab es eine Scheide, in die man eine gezähnte Seite hineinstecken konnte. Dieses Etui besteht aus zwei beinernen Streifen, die an den vernieteten Enden durch je ein Plättchen auf Abstand gehalten werden (e/f).

Die zahlreichen in Trier gefundenen Kämme stammen bezeichnenderweise fast alle aus den Barbarathermen. (Zu einer anderen Kammform s. Kat. 179).

a) Beinkamm mit eingeritzten Querkerben und profilierten Schmalseiten.
L. 12,2 cm.

b) Beinkamm mit eingeritzten Parallel-Linien und profilierten Schmalseiten.
L. 12,1 cm.

c) Beinkamm mit eingeritztem Zickzackmuster und profilierten Schmalseiten.
Ergänzt, L. 11,3 cm.

d) Beinkamm mit geritzten Längslinien und geraden Schmalseiten, wohl 5. Jh.
L. 14,7 cm.

e) Kammscheide mit eingeritzten Kreisen, Gegenplatte fehlt.
L. 14 cm.

f) Kammscheide mit eingeritzten konzentrischen Kreisen zwischen Parallel-Linien, ein Ende fehlt.
L. noch 15,4 cm.

Bein.
RLM. Trier, Inv. KTh. 114. 11,969. 6691. 6206. 6908. 11,919a.
Lit.: Hettner, Ill. Führer 72 f. (e). – W. Binsfeld, Archäolog. Korrbl. 9, 1979, Taf. 76, 13 (c). – Römer an Mosel u. Saar Nr. 240 a (a). – Allgemein zu dem Kammtyp: E. Keller, Die spätrömischen Grabfunde in Südbayern (München 1971) 112. – R. Swoboda, Fundber. aus Baden-Württemberg 4, 1979, 337. – M. Grünewald, Röm. Limes Österr. 31 (Wien 1981) 22.   Bi.

174c, e, b, f, d

175 Grünstein, Rohblock mit Sägefläche und Bruchkante

Trier, Basilika.

Als Ersatz für nicht mehr beziehbare auswärtige Marmor- und Inkrustationsmaterialien wurden offenbar die heimischen, leicht erreichbaren Steinvorkommen ausgebeutet. So wurde ein

grünlich kristalliner Basalt vom Grüneberg bei Trier nicht nur zum Bau der Ruwerwasserleitung als Bruchstein verwertet, sondern in größeren Blöcken abgebaut und in den Sägegattern der von Ausonius bezeugten Mühlen des Ruwertales weiter verarbeitet.

Ob mit den dünn gesägten Platten für Wandinkrustationen und Bodenbeläge der Rohling als Reservematerial mit zur Basilika geliefert worden ist oder nur als Füll- und Baustein verwendet werden sollte, ist nicht mehr zu ermitteln.

Grünsteinblock von dreieckigem Zuschnitt mit Sägefläche. – L. 0,37, Br. 0,27, D. 16,5 cm.

RLM. Trier, EV. 50, 51, FNr. 445 Basilika.

Unveröffentlicht. Cü.

176 Basaltlava

Die Lavavorkommen der Eifel und des Maifeldes wurden seit vorgeschichtlicher Zeit zur Herstellung von Mahlsteinen in Form der sog. »Napoleonshüte« bearbeitet und exportiert.

In römischer Zeit muß der Lavabau in verstärktem Umfange erfolgt sein, um eine erheblich gestiegene Nachfrage zu decken.

Nicht nur die großformatigen Quader für die Pfeiler der Römerbrücke zu Trier wurden wegen ihrer hohen Beanspruchung im Wasser und gegen Eisgang in diesem Material ausgeführt, sondern Mahlsteine für Getreidemühlen, Schwungräder für Töpferscheiben, Mörser und kleinere Handmühlen wurden bevorzugt in diesem Material ausgeführt.

a) Schwungrad einer Töpferscheibe, gefunden im Töpfereibezirk bei Speicher.
Basaltlava. – Dm. 79 cm.
RLM. Trier, EV. 77, 30. Cü.

177–186 Germanen im Trierer Land

177 Germanische Funde der Spätantike in Eifel, Hunsrück und Luxemburg

Kleinfunde germanischer Provenienz sind im Bereich von Eifel und Hunsrück sowie in Luxemburg weit häufiger nachzuweisen als allgemein angenommen. Sie streuen, wie die Verbreitungs-

karte zeigt, zwar nicht gleichmäßig über das hier berücksichtigte Gebiet, doch mögen dafür forschungsgeschichtliche Gründe anzuführen sein, nicht zuletzt weil diese Funde bis in jüngste Zeit negiert wurden. Gewisse Schwerpunkte zeichnen sich in und um Trier sowie auf dem Maifeld bzw. der Osteifel ab. Wohl nicht zufällig stehen viele dieser Kleinfunde in unmittelbaren Zusammenhang mit spätrömischen Kastellen oder Bergbefestigungen, was wiederum Rückschlüsse auf die Zusammensetzung

Liste der in der Karte verzeichneten Fundplätze

1.	Remagen	(vgl. Schulze, Armbrustfibeln 297 und O. Almgren, Studien über nordeuropäische Fibelformen [Leipzig 1923] 194 und 197)
2.	Andernach	(vgl. Böhme, Grabfunde 351)
3.	Mayen	(vgl. Bonner Jahrb. 147, 1942, 274 ff. – Grab 18, 25, 27)
4.	Mayen	(vgl. Archäologisches Korrbl. 11, 1981, 336 Anm. 20)
5.	Polch-Ruitsch	(vgl. Bonner Jahrb. 148, 1948, 442 ff.)
6.	Kobern-Gondorf	(vgl. M. Schulze, Jahrb. RGZM 30, 1983, 525)
7.	Niederlahnstein	(vgl. Nass. Ann. 62, 1951, 8 Abb. 1, 1–3)
8.	Klotten	(vgl. Archäologisches Korrbl. 9, 1979, 115 ff.)
9.	Neef	(vgl. Archäologisches Korrbl. 11, 1981, 336, Anm. 21)
10.	Üxheim	(vgl. ebd. Taf. 70, 9)
11.	Hohenfels	(vgl. Kat. Nr. 180 b)
12.	Seiwerath	(vgl. Kat. Nr. 178 v)
13.	Starkenburg	(Hammeraxt mit Schaftröhre, unpubl.)
14.	Neumagen	(vgl. Kat. Nr. 178 k)
15.	Trier-Ehrang	(vgl. Kat. Nr. 184)
16.	Möhn	(Doppelrahmenschnalle, unpubl.)
17.	Newel, Könscherwies	(vgl. Kat. Nr. 178 g)
18.	Newel, im Kesel	(vgl. Kat. Nr. 178 b, 179 f, 182, 183 f–i)
19.	Newel, Deilst	(vgl. Kat. Nr. 178 i)
20.	Olk	(vgl. Kat. Nr. 178 c)
21.	Trier, nördl. Gräberfeld	(vgl. S. 338)
22.	Trier	(vgl. Kat. Nr. 178 ff.)
23.	Trier, südl. Gräberfeld	(vgl. S. 338)
24.	Trier-Zewen	(vgl. Jahresber. Ges. nützl. Forsch. 1863/4, 76 Anm. 1)
25.	Konz	(vgl. Kat. Nr. 161 i)
25a	Morscheid	(vgl. K. Böhner, Die fränkischen Altertümer des Trierer Landes [Berlin 1958] 165)
25b	Gusenburg	(vgl. Böhner a. a. O. 165 f.)
26.	Wincheringen	(vgl. Kat. Nr. 178 p)
27.	Palzem	(vgl. Böhner a. a. O. II, 107)
28.	Echternach	(vgl. Kat. Nr. 179 d)
29.	Rosport	(vgl. Kat. Nr. 179 l)
30.	Steinfort	(vgl. Böhme, Grabfunde 378)
31.	Luxemburg	(vgl. Kat. Nr. 178 n)
32.	Dalheim	(vgl. Kat. Nr. 178 s, w und x)
33.	Wedern	(vgl. Kat. Nr. 183 e)
34.	Pachten	(vgl. Kat. Nr. 183 a–d)
35.	Bexbach	(vgl. Ber. Staatl. Denkmalpflege Saarland 7, 1959, 67 ff.)
36.	Kreuznach	(vgl. Saalburg Jahrb. 38, 1982, 99 f.)
37.	Kreuznach, Gräberfeld	(vgl. Westdt. Zeitschr. 14, 1895, 390; Taf. 18, 3 und Saalburg Jahrb. 38, 1982, 100 f.)
38.	Bosenheim	(vgl. Saalburg Jahrb. 38, 1982, 102)
39.	Kreimbach	(vgl. Saalburg Jahrb. 38, 1982, 101 f.)
40.	Münstermaifeld	(vgl. J. Werner, Beiträge zur Archäologie des Attilareiches [München 1956] 58 Anm. 1 u. Taf. 26, 2)

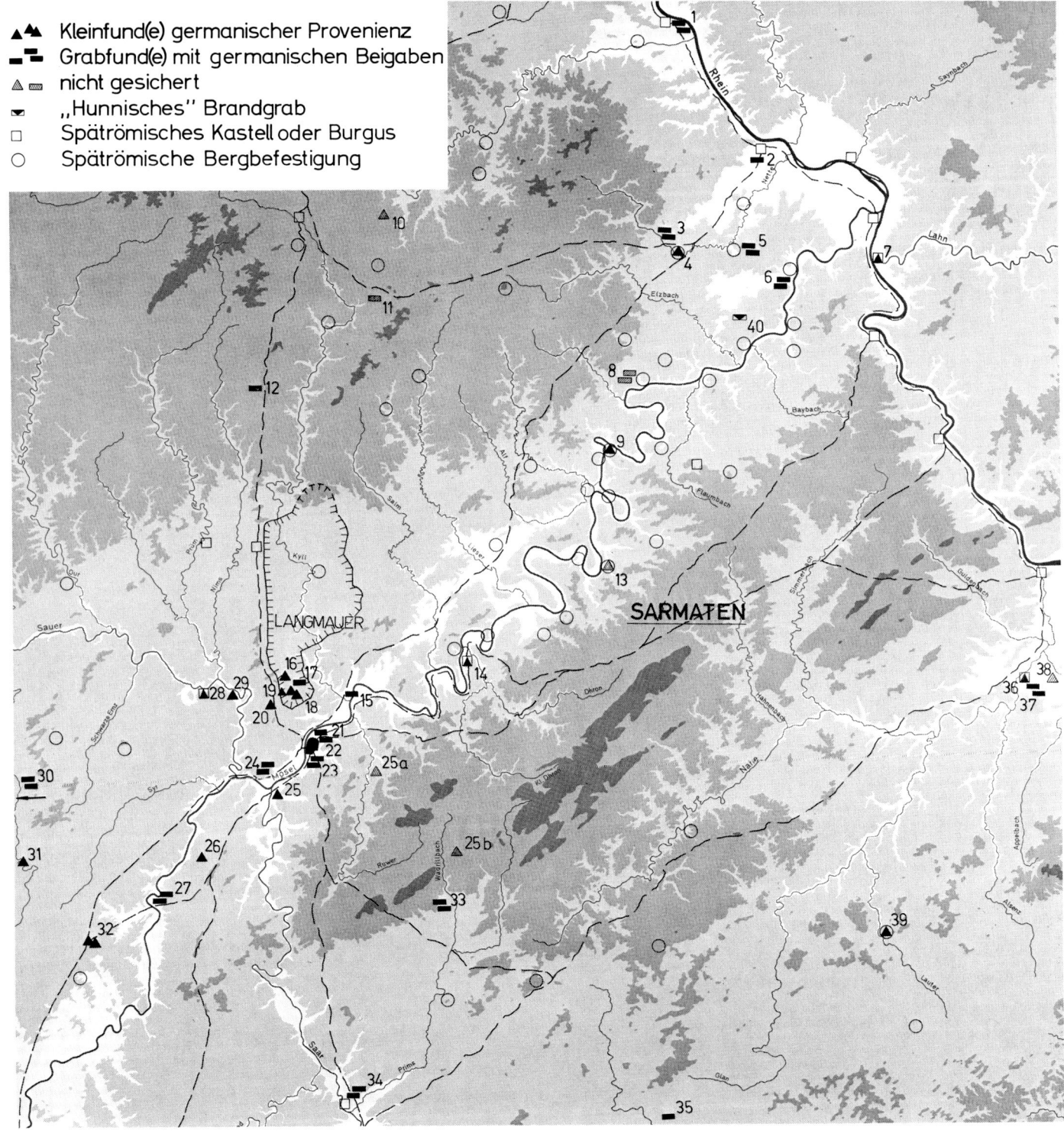

Kleinfund(e) germanischer Provenienz
Grabfund(e) mit germanischen Beigaben
nicht gesichert
,,Hunnisches'' Brandgrab
Spätrömisches Kastell oder Burgus
Spätrömische Bergbefestigung

SARMATEN

LANGMAUER

177

des spätrömischen Heeres, insbesondere der Grenztruppen, erlaubt.

Die Masse der bisher bekannten germanischen Fundgegenstände zählt zur Gruppe der Siedlungsfunde, die größtenteils im Bereich des spätantiken Trier zutage kamen. Auffallend viele Kleinfunde liegen – wie angedeutet – auch aus militärischen Anlagen vor, so aus den Kastellen von Neumagen und Bad Kreuznach, dem Burgus bei Niederlahnstein und den Bergbefestigungen bei Mayen, Neef, Starkenburg, Echternach und Kreimbach. Die übrigen Einzelfunde verteilen sich – von der Kaiservilla bei Konz abgesehen – über wenige ländliche Siedlungen, von denen sich einige im südlichen Langmauerbezirk konzentrieren.

Grabinventare mit germanischen Beigaben oder Gräber, die auf germanische Bestattungssitten (z.B. Waffenbeigaben) schließen lassen, sind selten vollständig überliefert. Meist können germanische Kleinfunde nur aufgrund ihrer Fundlage im Bereich von Gräberfeldern zerstörten Gräbern zugeordnet werden. Die Mehrzahl der bisher nachgewiesenen germanischen Gräber ist wie die der Siedlungsfunde Stadt- oder Militäranlagen zuzuweisen. Aus Trier liegen germanische Funde sowohl vom nördlichen (St. Maximin) als auch vom südlichen (St. Matthias) Gräberfeld vor. Sie werden ergänzt durch verschiedene Grabinschriften, wobei die überlieferten Namen, wie Merobaudis (Kat. Nr. 106) oder Gabso (Kat. Nr. 109), die Verstorbenen als Germanen ausweisen, im Falle des Hariulfus (Kat. Nr. 186) sogar auf die Abstammung des kaiserlichen Offiziers und Leibgardisten aus dem königlichen Geschlecht der Burgunder hinweisen. Weitere germanische Gräber lassen sich aufgrund germanischer Beigaben und Bestattungssitten bei den Kastellen von Remagen, Andernach, Pachten und Bad Kreuznach sowie den spätrömischen Bergbefestigungen bei Polch-Ruitsch, Kobern-Gondorf und Klotten lokalisieren. Die übrigen germanischen Grabfunde verteilen sich gleichmäßig über Eifel und Hunsrück.

Die ältesten germanischen Funde reichen bis in die 2. Hälfte des 3. Jahrhunderts zurück. Sie sind kaum Zeugnisse jener Germanenscharen, die 260 oder 275/6 die linksrheinischen Gebiete verwüsteten. Sie sollten vielmehr mit jenen Germanen in Verbindung zu bringen sein, die von Kaiser Maximianus (Panegyr. VII 21) seit den 80er Jahren des 3. Jahrhunderts als Laeten im Treverergebiet zur Bewirtschaftung der verwüsteten und brachliegenden Felder angesiedelt wurden. Die Masse des germanischen Fundmaterials datiert in die zweite Hälfte des 4. oder das frühe 5. Jahrhundert, als das Heer mehr und mehr von Germanen durchsetzt wurde, die, wie die Grabinschriften des Gabso (Kat. Nr. 109) und des Hariulfus (Kat. Nr. 186) zeigen, selbst zu höchsten militärischen Ämtern gelangten, und als nach einer neuerlichen Verwüstung von Eifel und Hunsrück durch germanische Raubscharen (um 355) abermals fremde Völker zur Bearbeitung der verlassenen Ländereien, wie etwa die Sarmaten im Hunsrück (vgl. Ausonius, Mosella 9), angesiedelt wurden. Dabei fällt vor allem der unter Kaiser Valentinian I. wohl um 365/370 errichtete und von Germanen zumindest teilweise bewirtschaftete Langmauerbezirk (vgl. Kat. Nr. 152) ins Auge, für den bezeichnenderweise ältere germanische Kleinfunde der 2. Hälfte des 3. wie der 1. Hälfte des 4. Jahrhunderts bislang nicht belegt sind. Inwieweit wir in den unter Valentinian I. angesiedelten Germanen Foederaten sehen müssen, die durch Verträge zum Militärdienst verpflichtet waren, ihrerseits aber Geld- und Landzuweisungen zu erwarten hatten, oder ob auch diese Germanen Laetenstatus besaßen, ist beim derzeitigen Forschungsstand nicht zu entscheiden.

Die Herkunft der meisten germanischen Funde läßt sich mehr oder weniger festlegen, wobei sich für das Rhein-Weser-Elbe-Gebiet, weniger für den alamannischen oder ostgermanischen Raum gewisse Schwerpunkte herausschälen. Bestimmte ethnische Gruppen zeichnen sich in den einzelnen Siedlungen oder Gräberfeldern nicht oder nur vage ab. Allenfalls für die Siedlungen im südlichen Langmauerbezirk mag man auf germanische Siedler aus dem Elbmündungsgebiet schließen.

Das germanische Fundmaterial umfaßt eine größere Zahl von Fibeln und Kämmen, wenige Haarnadeln und Ösenhalsringe, die einen charakteristischen Bestandteil der germanischen Tracht bildeten, einen Stollenarmring und mehrere Keramikgefäße. Während die zahlreichen Kämme germanischer Form wohl nicht nur von Germanen verwendet wurden – in der Qualität waren sie provinzialrömischen Produkten durchaus vergleichbar und ihr gefälliges Aussehen machte sie zweifellos zu einem begehrten Handelsobjekt – sollten die übrigen Gegenstände ausschließlich von Angehörigen unterschiedlicher germanischer Volksgruppen benutzt worden sein.

Lit.: H. Bernard, Germanische Funde der Spätantike zwischen Straßburg und Mainz. Saalburg Jahrb. 38, 1982, 72 ff. – Böhme, Grabfunde. – K.-J. Gilles, Germanische Fibeln und Kämme des Trierer Landes. Arch. Korrbl. 11, 1981, 333 ff. Gi.

178 Germanische Fibeln

Im Gegensatz zu den spätantiken Fibeln provinzialrömischer Form (vgl. Kat. Nr. 156), die sich auf zwei Typen beschränken, zeigen die germanischen Fibeln des späten 3. bis frühen 5. Jahrhunderts eine wesentlich größere Formenvielfalt. Insgesamt unterscheiden wir fünf Hauptgruppen, die sich in weitere Untergruppen gliedern lassen: die Stützarmfibel (a–d), die Bügelknopffibel, das germanische Pendant zur Zwiebelknopffibel, wobei der mitgegossene Querarm durch eine Spiralkonstruktion ersetzt wird (e–k), die Tutulusfibel (l), die Fibel mit umgeschlagenem Fuß (m, n, x) und die Armbrustfibel, die mit ihren zahlreichen Varianten die größte Gruppe (o–w) bildet. Lediglich die beiden letzten Typen lassen bedingt durch die charakteristische, armbrustförmige Spiralkonstruktion eine engere Verwandtschaft erkennen.

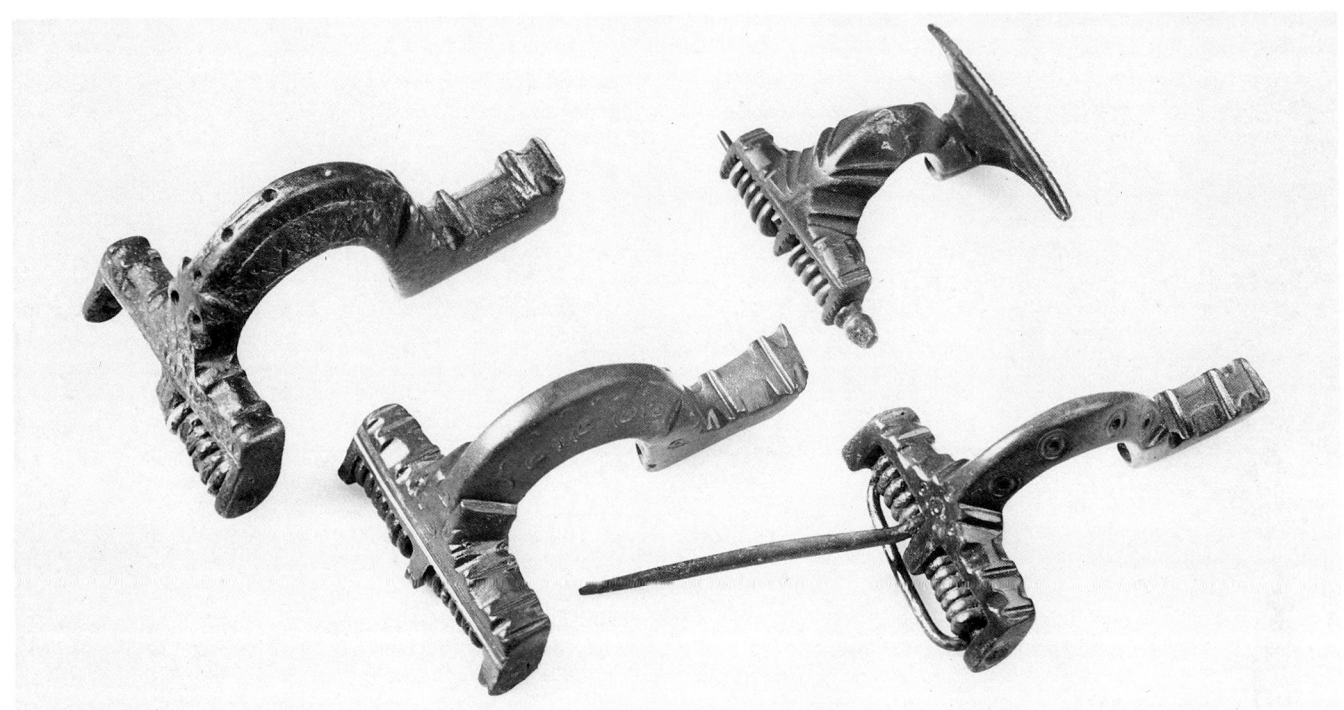

178 a, c, d, b

Lit.: Böhme, Grabfunde. – K.-J. Gilles, Germanische Fibeln und Kämme des Trierer Landes. Arch. Korrbl. 11, 1981, 333 ff. – E. Meyer, Die Bügelknopffibel. Arbeits- und Forschungsberichte Sachsen 8, 1960, 226 ff. (abgek. zitiert: Meyer). – H. Schach-Dörges, Das jungkaiserzeitliche Gräberfeld von Wilhelmsaue in Brandenburg. Berliner Beiträge zur Vor- und Frühgeschichte 13 (Berlin 1969) 26 ff. – M. Schulze, Die spätkaiserzeitlichen Armbrustfibeln mit festem Nadelhalter. Antiquitas, Reihe 3, 19 (Bonn 1977) (abgek. zitiert: Schulze).

a) Stützarmfibel mit Rechteckfuß.
FO. Trier, Römerbrücke, 1966.
Ende 4./1. Hälfte 5. Jh. n. Chr.
Der vierkantige Bügel der gegossenen Fibel ist am Übergang zum Fuß wie zum Querarm mit reicher Tierkopfverzierung bedeckt. An den Seiten zeigt er niellierte Spitzdreiecke und auf dem Kamm Vertiefungen verlorener Glas(?)einlagen. Fuß und Querarm tragen dagegen die typischen Facettierungen und Querrillen.
Bronze, nielliert; Spiralachse Eisen. – L. 6,0 cm, Br. 3,8 cm.
RLM. Trier EV. 66, 38.
Lit.: Archäolog. Korrbl. 11, 1981, 334 Abb. 1, 1.

b) Stützarmfibel mit Rechteckfuß.
FO. Newel, römischer Guthof »im Kesel« (Krs. Trier-Saarburg), 1962.
Ende 4./1. Hälfte 5. Jh. n. Chr.
Der dreikantige Bügel der gegossenen Fibel trägt zahlreiche Kreisaugen, Fuß und Querarm hingegen die charakteristischen Facetten.
Bronze; Spiralachse Eisen. – L. 5,4 cm (ohne Nadel), Br. 3,4 cm.
RLM. Trier EV. 62, 38 FN 56.
Lit.: Archäolog. Korrbl. 11, 1981, 334 Abb. 1, 2.

c) Stützarmfibel mit Rechteckfuß.
FO. Olk, »Müsing« (Krs. Trier-Saarburg), 1980.
Ende. 4./1. Hälfte 5. Jh. n. Chr.
Der vierkantige Bügel der gegossenen Fibel zeigt am Übergang zum Fuß wie zum Querarm stilisierte Tierköpfe. Seine Seiten tragen zahlreiche halbierte Kreisaugen und kleine Bögen. Fuß und Querarm haben die typischen Facettierungen und Querrillen.
Bronze, Spiralachse Eisen. – L. 5,7 cm, Br. 3,7 cm.
Slg. K. S.

d) Stützarmfibel mit Trapezfuß.
FO. Trier oder Umgebung.
2. H. 4. Jh. n. Chr.
Der Fuß der gegossenen Fibel endet in ungewöhnlich schmalen
und langen Zipfeln. Bügel, Fuß und Querarm sind durch Hohl-
kehlen und Querrillen gegliedert. Der zusätzlich mit Facetten
verzierte Querarm ist Lager für die Spiralachse. Die Achse selbst
endet in profilierten Zierknöpfen.
Bronze. – L. 3,8 cm, Br. 3,7 cm.
RLM. Trier, Inv. G 1392.
Lit.: Archäolog. Korrbl. 11, 1981, 334 Abb. 1, 3.

e) Bügelknopffibel vom Typ Meyer I.
FO. Trier, Altbachtal (Tempelbezirk), 1931.
4. Jh. n. Chr.
Der Fuß der gegossenen Fibel trägt lineare Verzierungen. Dem

178 k, e, g, h, i (von oben)

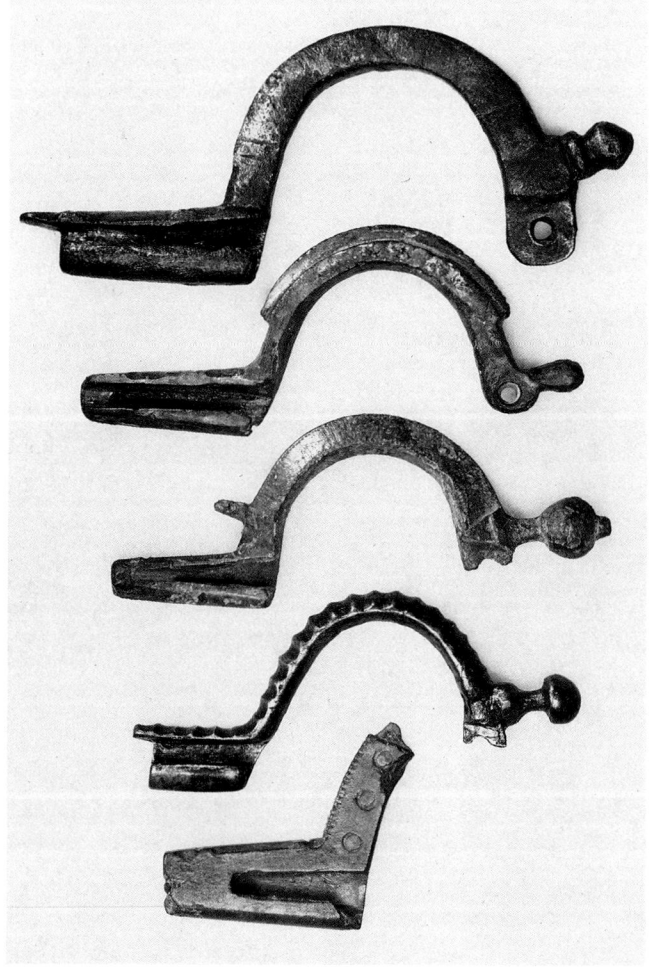

Bügel ist ein schwach gerippter Kamm aufgesetzt. Der Bügel-
knopf ist mehrkantig bzw. polyedrisch. Die Spiralkonstruktion
ist verloren.
Bronze. – L. 7,2 cm.
RLM. Trier, Inv. ST. 11 903.
Lit.: Archäolog. Korrbl. 11, 1981, 334 Abb. 1, 4.

f) Bügelknopffibel vom Typ Meyer II, Var. 1.
FO. Trier, Römerbrücke, 1981.
4. Jh. n. Chr.
Der dreikantige Bügel der gegossenen Fibel ist nahezu glatt. Der
Fuß trägt die charakteristischen Facettierungen. Der Bügel-
knopf ist spitzkugelig. An der Spiralkonstruktion ist ein größe-
rer Ring, wohl der Ansatz einer Kette, angebracht.
Bronze. – L. 7,5 cm, Br. 3,5 cm.
Slg. P. K.
Lit.: Archäolog. Korrbl. 11, 1981, 338 (Nachtrag).

g) Bügelknopffibel vom Typ Meyer II, Var. 1.
FO. Newel, »Köncherwies« (Krs. Trier-Saarburg), 1962, aus zer-
störtem Grab.
4. Jh. n. Chr.
Der vierkantige Bügel der gegossenen Fibel trägt auf der Ober-
seite kleine Randkerben. Über dem gekerbten und facettierten
Fuß ist am Bügel ein kurzer dornartiger Fortsatz angebracht.
Dem vollkugeligen Bügelknopf ist eine kleine Spitze aufgesetzt.
Die Spiralkonstruktion ist verloren.
Bronze. – L. 7,1 cm.
RLM. Trier, Inv. EV. 62, 30 FN 35.
Lit.: Archäolog. Korrbl. 11, 1981, 334 Abb. 1, 5.

h) Bügelknopffibel vom Typ Meyer III.
FO. Trier, Römerbrücke, 1976.
4. Jh. n. Chr.
Fuß und Bügel der gegossenen Fibel tragen in dichter Folge
kräftige Querwülste. Der Bügelknopf ist halbkugelig oder pilz-
förmig. Die Spiralkonstruktion ist verloren.
Bronze. – L. 6,4 cm.
Slg. K. S.

i) Bügelknopffibel vom Typ Meyer III oder IV, Var. 1.
FO. Newel, Deilst (Krs. Trier-Saarburg) 1983.
4. Jh. n. Chr.
Der vierkantige Bügel zeigt im erhaltenen Teil auf der Oberseite
kleine Randkerben, auf den Seitenflächen Doppelkreise. Der
schmale, langrechteckige Fuß trägt wiederum die typischen
Facettierungen.
Bronze. – Erhaltene L. 3,7 cm.
Slg. R. L.

k) Bügelknopffibel vom Typ Meyer IV, Var. 3.
FO. Neumagen, Kastell (Krs. Bernkastel-Wittlich), 1885.
4. Jh. n. Chr.

Fuß und Bügel der gegossenen Fibel tragen lineare Verzierungen. Der leicht facettierte Bronzeknopf ist doppelkonisch. Die Spiralkonstruktion ist verloren.
Bronze. – L. 8,9 cm.
RLM. Trier, Inv. 11 254.
Lit.: Archäolog. Korrbl. 11, 1981, 334 Abb. 1, 6.

l) »Tutulusfibel«.
FO. Trier, Metzelstraße, 1981.
Ende 3./1. Hälfte 4. Jh. n. Chr.
Der kegelförmige Aufsatz der Fibel läßt ihre Verwandtschaft mit der Tutulusfibel erkennen, wobei sie am Anfang ihrer typologischen Reihe stehen sollte. Der Kegelrand ist durch zwei Zierrillen gegliedert. Auffällig ist bei diesem Fibeltyp der charakteristische hohe Nadelhalter.
Bronze; Spiralachse Eisen; im Kegelinnern Tonkern (?). – L. 2,7 cm, H. 2,3 cm.
RLM. Trier EV. 84, 15.
Lit.: Archäolog. Korrbl. 11, 1981, 335 Abb. 2, 2.

m) Fibel mit schmal umgeschlagenem Fuß.
FO. Trier, Ostallee, 1983.
2. Hälfte 3. Jh. n. Chr.
Der gewinkelte Bügel hat einen flach-trapezoiden Querschnitt. Seine Oberseite trägt ein kleines Kerbenmuster. Der Fuß ist unverziert.
Bronze. – L. 5,6 cm, Br. 2,9 cm.
RLM. Trier EV. 83, 67.

n) Fibel mit schmal umgeschlagenem Fuß.
FO. Trier, Europahalle, 1978.
2. Hälfte 3. Jh. n. Chr.
Der gewinkelte, bandförmige Bügel trägt wie der Fuß Facettierungen und lineare Muster. Der Spiralachse sind an ihren Enden profilierte Knöpfe aufgesetzt. Die Nadel ist abgebrochen.
Eine vergleichbare Fibel liegt auch vom Rhamberg bei Luxemburg vor (vgl. W. Binsfeld, Kurtrierisches Jahrb. 21, 1981, 48* Abb. 9).
Bronze. – L. 5,1 cm, Br. 3,3 cm.
Slg. H. L.
Lit.: Archäolog. Korrbl. 11, 1981, 335 Abb. 2, 3.

o) Armbrustfibel.
FO. Trier, in der Olk, 1902.
1. Hälfte 4. Jh. n. Chr.
Der bandförmige Bügel trägt auf der Oberseite eine doppelte Randkerbe. Er zeigt zudem am Übergang zum strichverzierten Fuß und an der Spirale, wo er einen kleinen, s-förmigen Fortsatz findet, ein gepunztes Sternmuster. Der Spiralachse sind an ihren Enden profilierte Knöpfe aufgesetzt. Die Nadel ist abgebrochen (vgl. Schulze – Grp. 4).
Bronze. – L. 5,2 cm, Br. 2,3 cm.
RLM. Trier, Inv. S.T. 4345a.
Lit.: Archäolog. Korrbl. 11, 1981, 335 Abb. 2, 4.

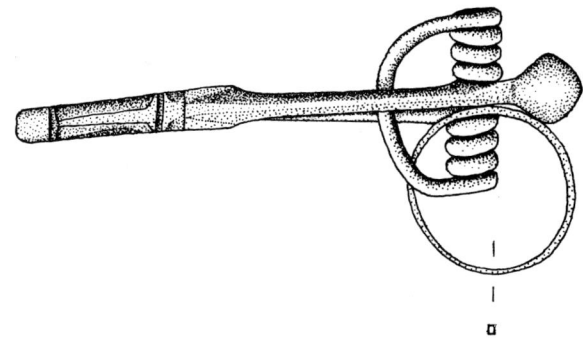

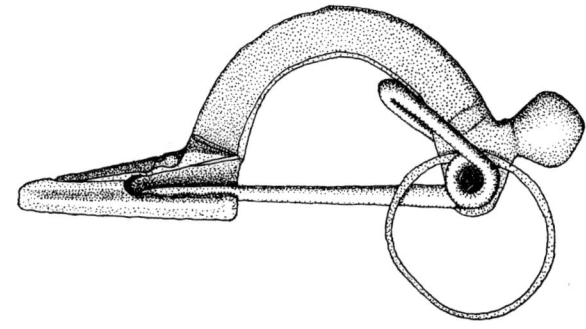

178f

p) Armbrustfibel.
FO. Wincheringen, »Häuserchen« (Krs. Trier-Saarburg) 1983.
Ende 3./Mitte 4. Jh. n. Chr.
Der bandförmige Bügel mit flach trapezoidem Querschnitt endet am Fuß und an der Spiralachse in einem stilisierten Tierkopf.

178l

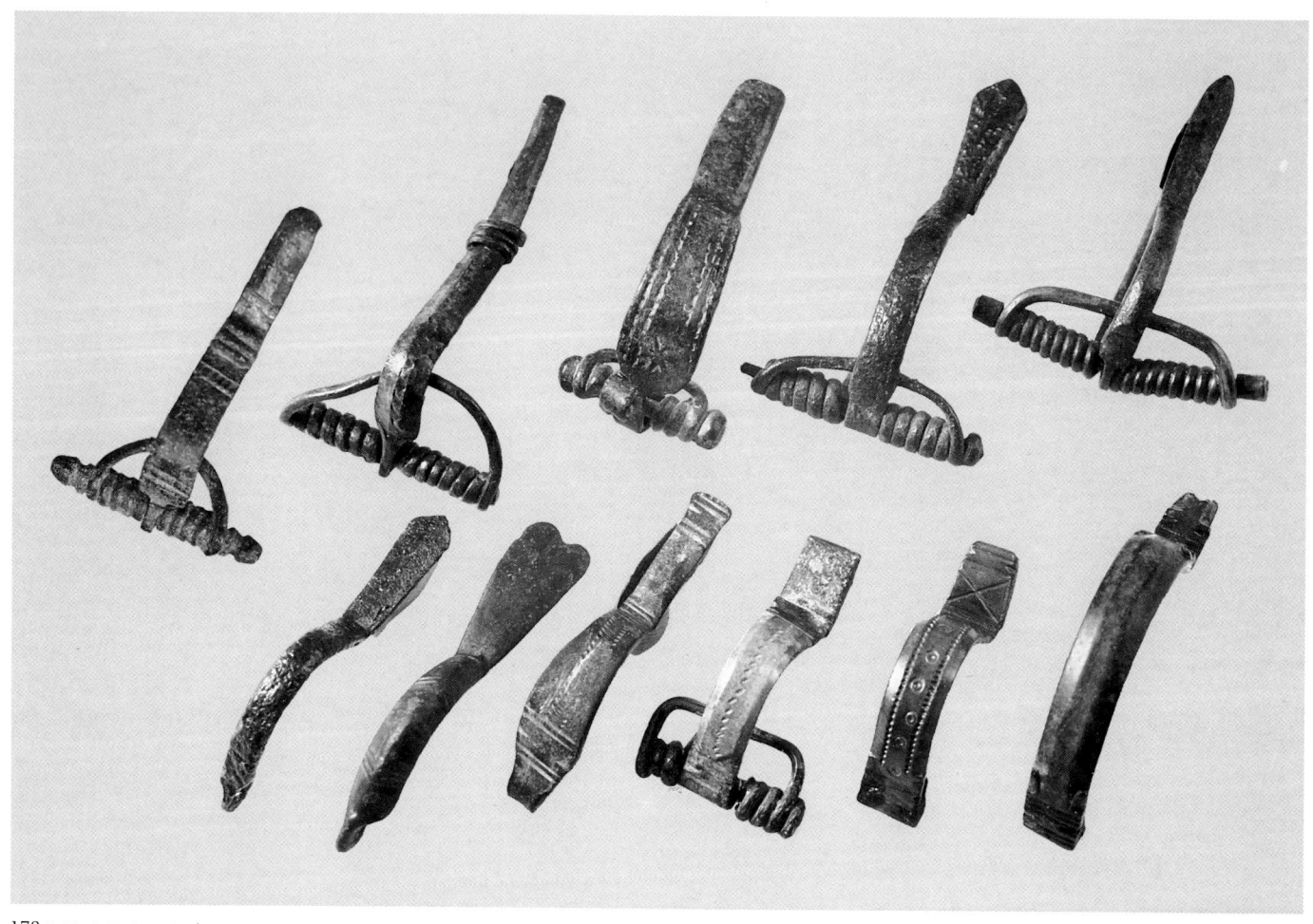

178 n, m, o, v, s, u, w, t, q, r, p

Der teilweise abgebrochene Fuß zeigt Facettierungen und Strichmuster. Spirale und Nadel fehlen (vgl. Schulze Grp. 35/36).
Bronze, Spiralachse Eisen. – Erhaltene L. 5,0 cm.
Slg. H.D.

q) Armbrustfibel.
FO. Trier, westlich der Römerbrücke, 1886.
1. Hälfte/Mitte 4. Jah. n. Chr.
Der bandförmige Bügel zeigt auf der Oberseite ein einfaches Kerbenmuster. An der Spirale und am Übergang zum Fuß, der von zwei Seiten umgeklappt ist, trägt er die charakteristischen Facettierungen und Strichmuster (vgl. Schulze – Grp. 36).
Bronze, Spiralachse Eisen. – L. 3,8 cm Br. 2,1 cm.
RLM. Trier, Inv. 12 545.
Lit.: Archäolog. Korrbl. 11, 1981, 335 Abb. 2, 5.

r) Armbrustfibel.
FO. Trier oder Umgebung.
1. Hälfte/Mitte 4. Jh. n. Chr.
Der bandförmige Bügel trägt auf der Oberseite zwischen zwei Punktreihen zahlreiche Kreisaugen. An der Spiralachse, am Übergang zum Fuß und auf dem von zwei Seiten umgeklappten Fuß zeigt er die charakteristischen Facettierungen und Strichmuster. Spirale und Nadel fehlen (vgl. Schulze – Grp. 36).
Bronze, Spiralachse Eisen. – L. 3,7 cm.
RLM. Trier, Inv. 40, 3 549.
Lit.: Archäolog. Korrbl. 11, 1981, 335 Abb. 2, 6.

s) Armbrustfibel.
FO. Dalheim, Petzel (Luxemburg), 1853.
2. Hälfte 3./Anfang 4. Jh. n. Chr.
Der gegossene Bügel trägt oberhalb der Öse für die Spiralachse

und am Übergang zum spitz auslaufenden Fuß Facettierungen und Strichmuster. Der Spiralachse sind an ihren Enden zylindrischen Knöpfe aufgesetzt (vgl. Schulze – Grp. 85).
Bronze. – L. 4,5 cm, Br. 3,9 cm.
M. E. Luxemburg, Inv. 3–580.
Lit.: Publ. Sect. Hist. 9, 1854, Taf. 8 obere Reihe 3. v. l.

t) Armbrustfibel.
FO. Trier, Altbachtal (Tempelbezirk), 1925.
4. Jh. n. Chr.
Der sich zum Fuß und zur Spiralachse verjüngende Bügel aus dünnem Bronzeblech zeigt auf der Oberseite eine Tremolierstrichverzierung und wie der von zwei Seiten umgeklappte Fuß Facettierungen und Strichmuster. Spirale und Nadel fehlen (vgl. Schulze – Grp. 106).
Bronze, Spiralachse Eisen. – L. 4,6 cm.
RLM. Trier, Inv. S. T. 10540.
Lit.: Archäolog. Korrbl. 11, 1981, 335 Abb. 2, 7.

u) Armbrustfibel.
FO. Trier, Nikolausstraße, 1904.
2. Hälfte 3./Anfang 4. Jh. n. Chr.
Der gegossene Bügel ist unverziert. Der sich leicht verbreiternde Fuß endet in einer flachen Spitze. Das Lager der verlorenen Spiralachse bildete eine flache Öse. Spirale und Nadel fehlen (vgl. Schulze – Grp. 169).
Bronze. – L. 4,7 cm.
RLM. Trier, Inv. S. T. 8428.
Lit.: Archäolog. Korrbl. 11, 1981, 335 Abb. 2, 8.

v) Armbrustfibel.
FO. Seiwerath (Krs. Bitburg-Prüm), Grabfund, 1891.
2. Hälfte 3./Anfang 4. Jh. n. Chr.
Der unverzierte, bandförmige Bügel ist an der Spiralachse wenig erweitert. Der sich leicht verbreiternde Fuß endet in einer flachen Spitze. Der Spiralachse waren an ihren Ende zwei Knöpfe aufgesetzt, von denen einer verloren ist (vgl. Schulze – Grp. 185).
Bronze. – L. 5,3 cm, Br. 3,3 cm.
RLM. Trier, Inv. 18276.
Lit.: Archäolog. Korrbl. 11, 1981, 335 Abb. 2, 9.

w) Armbrustfibel.
FO. Dalheim, Petzel (Luxemburg), 1983.
1. Hälfte/Mitte 5. Jh. n. Chr.
Der gegossene Bügel von dreieckigem Querschnitt trägt auf der Oberseite mehrere Gruppen von Querriefen. Der unverzierte Fuß ist schwalbenschwanzförmig ausgebildet. Das Lager der Spiralachse bilder eine flache Öse. Nadel, Spirale und Spiralachse sind verloren (vgl. Schulze – Grp. 231).
Die Fibel zählt zu den jüngsten germanischen Armbrustfibeln des Treverergebietes (vgl. auch Schulze – Grp. 180 und 236).

Bronze. – L. 4,9 cm.
Slg. G. P.

x) Fibel mit schmal umgeschlagenem Fuß.
FO. Dalheim, Petzel (Luxemburg).
2. Hälfte 3. Jh. n. Chr.
Der gegossene Bügel ist gewinkelt und hat einen rechteckigen bis trapezoiden Querschnitt. Der Fuß trägt die charakteristischen Facettierungen. Der Bügel ist verbogen, Spiralachse, Spirale und Nadel fehlen.
Bronze. – L. 4,5 cm.
M. E. Luxemburg, Inv. 1900-1/143 H.   Gi.

179   Germanische Kämme

Seit der ersten Vorlage germanischer Kämme des Trierers Landes (vgl. Archäolog. Korrbl. 11, 1981, 336 ff.) hat sich ihre Zahl um sieben auf 38 erhöht. Nachzutragen sind ein Kammfragment von Thomas Typ 1, Var. 1 (Trier, St. Irminen – Slg. P. K.), drei Fragmente vom Thomas Typ 2, Var. 1 (2 × Trier, Römerbrücke – RLM. Trier und Slg. K. S. sowie Konz, Kaiservilla, vgl. Kat. Nr. 161 i), zwei Kammfragmente vom Thomas Typ 2, Var. 3 (beide Trier, Römerbrücke – Slg. P. K. und K. S.) sowie ein Kammfragment unbestimmbarer Form (Trier, Altbachtal – RLM. Trier, Inv. 18 396). Auf ein weiteres germanisches Grab auf dem südlichen Gräberfeld der Stadt weist ein bislang nicht identifiziertes Kammfragment (Archäologisches Korrbl. 11, 1981, Taf. 69, 11 = Inv. 04, 920 c = St. Matthias, Grab 118) hin.
Aus der Vielzahl der Kämme, von denen einige, insbesondere Thomas Typ 2, Var. 3, zweifellos in den Rheinprovinzen hergestellt wurden bzw. wegen ihres gefälligen Aussehens als begehrtes Handelsobjekt über die Rheingrenze wechselten, kann in diesem Rahmen – im Gegensatz zu den germanischen Fibeln – nur ein kleinerer Teil exemplarisch berücksichtigt werden.
Lit.: Böhme, Grabfunde 122 ff. – S. Thomas, Studien zu den germanischen Kämmen der römischen Kaiserzeit. Arbeits- u. Forschungsber. Sachsen 8, 1960, 77 ff.

a) Dreilagenkamm mit halbrunder Griffplatte.
FO. Trier, 1912.
2. Hälfte 3./1. Hälfte 4. Jh. n. Chr.
Die Griffplatte zeigt mehrere Vierer-Gruppen konzentrischer Kreise (vgl. Thomas Typ 1, Var. 1).
Bein, Bronzenieten. – Br. 8,5 cm, H. 5,9 cm.
RLM. Trier, Inv. 12, 510.

b) Dreilagenkamm mit trapezförmiger Griffplatte.
FO. Trier, St. Matthias (südliches Gräberfeld), 1905.
Ende 3./1. Hälfte 4. Jh. n. Chr.

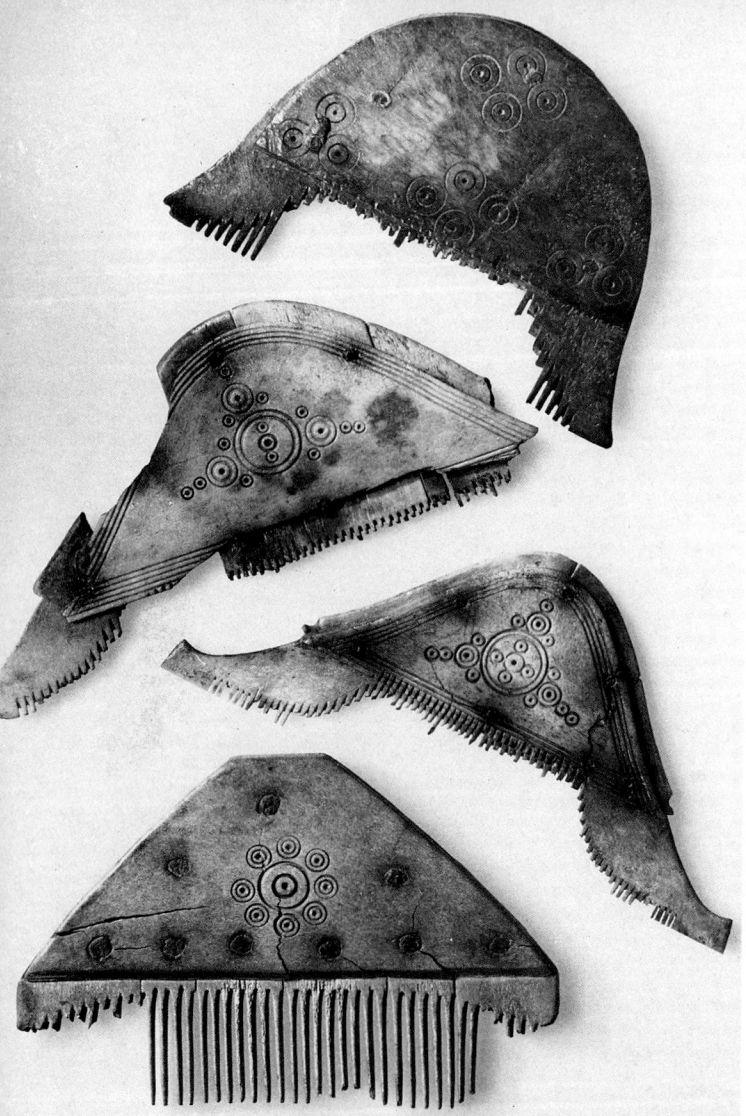

179 a, d, c, b

Kreise. Parallel zu den Rändern laufen mehrere Zierrillen (vgl. Thomas Typ 1, Var. 3).
Bein, Bronzenieten. – Br. 10,3 cm (ergänzt), H. 4,9 cm.
RLM. Trier, Inv. 2197.

d) Dreilagenkamm mit schwach gewölbter Griffplatte.
FO. Echternach, St. Peter und Paul (Luxemburg), 1959/66.
Ende 3./1. Hälfte 4. Jh. n. Chr.
Die Griffplatte ist an ihren Enden leicht geschweift. Die Verzierung mit Kreisen und Zierrillen ähnelt dem vorangegangenen Kamm (c). Vgl. Thomas Typ 1, Var. 3.
Bein, Bronzenieten. – Erhaltene Br. 10,3 cm, H. 5,8 cm.
M. E. Luxemburg.
Lit.: J. Metzler u. a., Ausgrabungen in Echternach (Luxemburg 1981) 318 f., Abb. 237, 8.

e) Dreilagenkamm mit dreieckiger Griffplatte.
FO. Umgebung Trier, 1877.
4./1. Hälfte 5. Jh. n. Chr.
Die Mitte der Griffplatte zeigt konzentrische Kreise (vgl. Thomas, Typ 2, Var. 1).
Bein, Eisennieten. – Br. 7,8 cm, H. 4,3 cm.
RLM. Trier, Inv. 135.

f) Dreilagenkamm mit dreieckiger Griffplatte.
FO. Newel, römischer Gutshof »im Kesel« (Krs. Trier-Saarburg) 1962.
4./1. Hälfte 5. Jh. n. Chr.
Parallel zu den Rändern der Griffplatte, die zusätzlich durch Randkerben betont wird, laufen kleine Punktkreise. Die beiden Kammenden sind leicht geschweift (vgl. Thomas Typ 2, Var. 1).
Bein, Bronzenieten. – Erhaltene Br. 8,5 cm, H. 4,9 cm.
RLM. Trier EV. 62, 38 FN 56.

Im Zentrum der Griffplatte gruppieren sich um mehrere konzentrische Kreise acht kleinere (vgl. Thomas Typ 1).
Bein, Bronzenieten. – Br. 8,9 cm, H. 5,9 cm.
RLM Trier, Inv. 05, 653.

c) Dreilagenkamm mit schwach gewölbter Griffplatte.
FO. Trier, Nikolausstraße, 1879.
Ende 3./1. Hälfte 4. Jh. n. Chr.
Die Griffplatte ist seitlich abgeflacht und an ihren Enden leicht geschweift. In und um einem Doppelkreis in der Mitte der Platte gruppieren sich kreuz- und T-förmig kleinere konzentrische

179 g, e, f

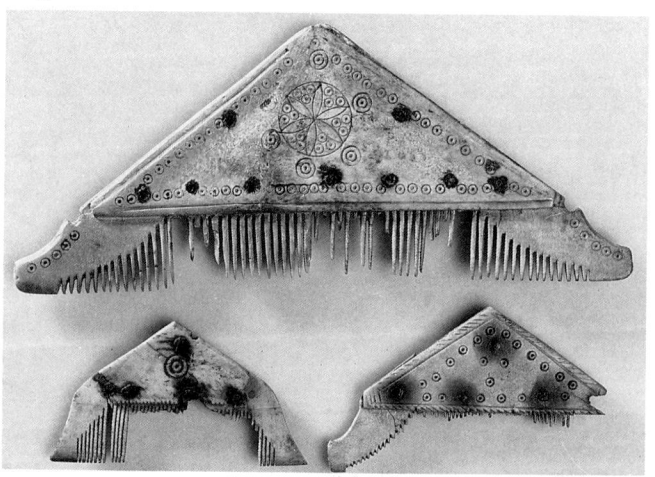

g) Dreilagenkamm mit dreieckiger Griffplatte.
FO. Trier, beim Bahnbau (südliches Gräberfeld?), 1879.
4./1. Hälfte 5. Jh. n. Chr.
Um einen mit einem Sternmuster und kleinen Punktkreisen ausgefüllten Kreis in der Mitte der Griffplatte gruppieren sich mehrere konzentrische Kreise. Parallel zum Rand laufen kleine Punktkreise und eine Zierrille. Die Kammenden sind leicht geschweift (vgl. Thomas Typ 2, Var. 1).
Bein, Eisennieten. – Br. 18,4 cm (ergänzt), H. 7,8 cm.
RLM. Trier, Inv. 2054.

h) Dreilagenkamm mit dreieckiger Griffplatte und Tierprotomen.
FO. Trier, Saarbrücker Straße, 1913.
Ende 4./1. Hälfte 5. Jh. n. Chr.
Die Ränder der Griffplatte werden durch eine Reihe von Punktkreisen betont. Die Mitte der Platte ziert dagegen lediglich ein Punktkreis. Aus der mittleren Lage des aus drei Beinplatten gebildeten Kammes ragen zwei stilisierte Pferdeköpfe hervor. Schematisch geschnitzte Pferdeköpfe und reiche Punktkreisverzierung zeigen auch das zugehörige Kammfutteral (vgl. Thomas Typ 2, Var. 3).
Bein, Eisennieten. – Br. 8,6 cm, H. 4,6 cm.
RLM. Trier, Inv. 13, 568.

i) Dreilagenkamm mit halbkreisförmig erweiterter Griffplatte.
FO. Trier, Neustraße, 1903.
Ende 4./1. Hälfte 5. Jh. n. Chr.
Zwischen zwei schwachen Zierrillen verteilen sich in einer Linie zahlreiche Punktkreise. Die Verzierung der weitgehend ergänzten Griffplatte ist nicht bekannt (vgl. Thomas Typ 3, Var. 1).
Bein, Bronzenieten. – Br. 10,0 cm, angenommene H. 7,2 cm.
RLM. Trier, Inv. S.T. 6 390.

179h

179 i–l

k) Dreilagenkamm mit halbkreisförmig erweiterter Griffplatte.
FO. Trier, Gilbertstraße, 1903.
Ende 4./1. Hälfte 5. Jh. n. Chr.
Der obere Teil der Griffplatte trägt ein aus Punktkreisen gebildetes Dreieck. Oberhalb der Zahnreihe zieht ein aus Punktkreisen gebildetes Band (vgl. Thomas Typ 3, Var. 1).
Bein, Bronzenieten. – Erhaltene Br. 6,3 cm, H. 6,2 cm.
RLM. Trier, Inv. S.T. 8020.

l) Dreilagenkamm mit viereckig erweiterter Griffplatte.
FO. Rosport (Luxemburg), 1982.
Ende 4./1. Hälfte 5. Jh. n. Chr.
Die von Zierrillen begrenzte Griffplatte zeigt in der Mitte ein aus Punktkreisen gebildetes Dreieck, das seitlich von je zwei Punktkreisen flankiert wird. Parallel zur Zahnreihe läuft zwischen Zierrillen ein aus Punktkreisen gebildetes Band (vgl. Thomas Typ 3, gotländische Sonderform).
Dieser Kammtyp war bislang nur durch vier Exemplare von Gotland bzw. Öland belegt. Vgl. Arbeits- und Forschungsber. Sachsen 8, 1960, 107.
Bein, Bronze- und Eisennieten. – Erhaltene Br. 4,3 cm, H. 5,5 cm.
M. E. Luxemburg, Inv. 1982-176.   Gi.

180 Germanische Haarnadeln

Verglichen mit der Vielzahl der germanischen Kämme, die zu einem gewissen Teil auch als Importgut oder einheimische Produkte angesehen werden müssen, geben sich die Haarnadeln germanischer Provenienz derzeit im Treverergebiet noch bescheiden. Während eine (a) der vier hier berücksichtigten Metallnadeln aus dem zeitlichen Rahmen fällt und als Alt- oder Importstück angesehen werden muß, gehörte eine zweite (b) möglicherweise zu einem merowingischen Grabinventar. Die Fundumstände und der Fundort einer dritten germanischen Nadel (d) bleiben ungeklärt, obgleich letzterer im Bereich des Trierer Landes gesucht werden sollte.

a) Nadel mit winklig abgebogenem Kopf.
FO. Trier, Palastgarten (Tiefgarage), 1983
2./3. Jh. n. Chr.
Der obere Teil des Schaftes und der winklig abgebogene Kopf sind reich, vornehmlich mit Scheiben unterschiedlichster Form profiliert. Der Kopf endet in einer Kugel. Vgl. B. Beckmann, Saalburg Jahrb. 23, 1966, 32 ff. und Taf. 3, 96 ff.
Eisen, vergoldet. – L. 8,0 cm.
Slg. P. K.

b) Haarnadel vom Typ Fécamp.
FO. Hohenfels (Krs. Daun), »Grab 4a«, 1915.
Ende 4./1. Hälfte 5. Jh. n. Chr.
Der obere Teil des Haarpfeiles zeigt kräftige Riefungen, die durch zwei prismatisch gekantete Zonen gegliedert sind. Der Kopf ist flach und scheibenförmig. Vgl. Böhme, Grabfunde 35.
Die Nadel gehörte zum Inventar eines merowingischen (?) Kindergrabes, das vor Beobachtung durch das RLM. Trier ausgeräumt wurde. Vermutlich gelangte sie als Altstück in das merowingerzeitliche Grab.
Bronze. – L. 13,3 cm.
RLM. Trier, Inv. 15, 14.

c) Haarnadel vom Typ Wijster.
FO. Trier, Gerberkanal (Tempelbezirk Altbachtal), 1883.
1. Hälfte 5. Jh. n. Chr.
Der obere Teil der Nadel ist reich verziert durch Kerben, Quer- und Schrägriefen sowie Prismafelder. Der profilierte Kopf ist scheiben- bis pilzförmig. Vgl. Böhme, Grabfunde 35 f.
Bronze. – L. 14,1 cm (Spitze abgebrochen).
RLM. Trier, Inv. 8 290.

d) Haarnadel vom Typ Vermand.
FO. Trier oder Umgebung.
Ende 4./Anfang 5. Jh. n. Chr.
Der obere Teil der Nadel zeigt zwischen Riefungen ein breites Rautenfeld sowie zwei prismatisch gekantete Zonen. Im ösen-

förmigen Nadelkopf ist ein kleiner Ring erhalten, in den ursprünglich wohl ein lunulaförmiger Blechanhänger mit kleineren Klapperblechen (hier ergänzt) eingehängt waren. Vgl. Böhme, Grabfunde 36 f.
Bronze. – L. 12,2 cm.
RLM. Trier, Inv. G 1 474.   Gi.

181 Germanischer Ösenhalsring

FO. Trier, Palais Kesselstatt, 1922.
4. Jahrhundert.
Der rundstabige Halsring mit vierkantiger Mitte zeigt eine tropfenförmige Scheibenöse und einen pilzförmigen Verschlußknopf. In der Mitte tragen drei der vier Kanten eingepunzte Kreise.
Ein weiterer Ösenhalsring mit eingepunzten Kreisen und birnenförmiger Öse aus Trier (RLM. Trier, Inv. G 128) ist derzeit verschollen (vgl. J. Werner in: Festschrift A. Oxé [Darmstadt 1938] 264 Anm. 19).
Bronze. – Dm. 11,8 cm.
RLM. Trier EV. 1922, 539 o.   Gi.

180–182

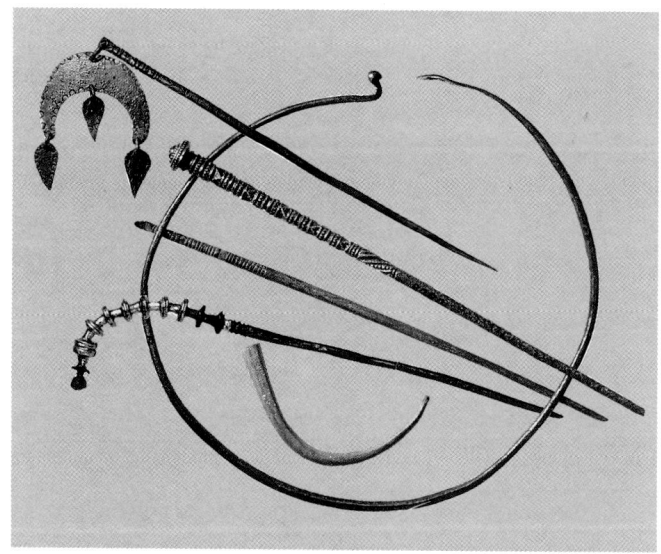

182 Germanischer Stollenarmring

FO. Newel, römischer Gutshof »im Kesel« (Krs. Trier-Saarburg), 1962.
4. Jahrhundert.
Hälfte eines unverzierten Armrings mit kräftig ausgeprägten Stollenenden. Vgl. E. Keller, Das spätrömische Gräberfeld von Neuburg an der Donau (Kallmünz 1979) 26 f. Ein vergleichbarer Stollenarmring liegt auch aus Grab 43 des spätrömischen Gräberfeldes bei Polch-Ruitsch vor. Unpubliziert, vgl. jedoch Bonner Jahrb. 148, 1948, 448.
Bronze. – Dm. ca. 5 cm.
RLM. Trier EV. 62, 38 FN 56.   Gi.

183 Germanische Keramik

An drei Fundstellen des Trierer Landes ist bislang auch germanische Keramik belegt, obgleich von einer wesentlich größeren Menge ausgegangen werden sollte. Schwierigkeiten bereitet es vor allem, atypische, handgemachte Scherben (so auch von spätrömischen Bergbefestigungen) eindeutig spätantiken Fundschichten zuzuschreiben. Daher wundert es nicht, wenn derzeit germanisches Keramikmaterial zweimal in Verbindung mit Grabfunden und lediglich in einem Falle an einem Siedlungsplatz nachgewiesen ist, von dem auch andere germanische Kleinfunde (Fibeln, Kamm, Stollenarmring, vgl. Nr. 178 b, 179 f und 182) vorliegen.

a) »Henkelkrug«.
FO. Pachten, »auf der Steinritsch« (Krs. Saarlouis), 1900, spätrömisches Gräberfeld.
4. Jh. n. Chr.
Handgemachter, tassenartiger Henkelkrug (Henkel ergänzt) mit schwarzem Überzug. Ton rotbraun, fein gemagert und schwach gebrannt.
Der Henkelkrug wurde zusammen mit b–d, zahlreichen Keramik- und Glasgefäßen des 4. und frühen 5. Jahrhunderts sowie der vergoldeten Zwiebelknopffibel (Kat.-Nr. 156 h) im Bereich eines spätrömischen Gräberfeldes gefunden, das offensichtlich dem Kastell Pachten (Nr. 168) zuzurechnen ist.
Größter Dm. 10,8 cm, Randdm. 7,3 cm, H. 8,8 cm.
RLM. Trier, Inv. 00, 345.
Lit.: H. Maisant, Der Kreis Saarlouis in vor- und frühgeschichtlicher Zeit (Saarlouis 1971) 118; Taf. 80, 4.

b) »Henkelkrug«.
FO. Pachten, »auf der Steinritsch« (Krs. Saarlouis), 1900, spätrömisches Gräberfeld.
4. Jh. n. Chr.

Kleiner handgemachter, tassenartiger Henkelkrug aus grobem, dunkelgrauem bis grauem Ton mit vertikalen Glättstreifen.
Größter Dm. 7,8 cm, Randdm. 5,1 cm, H. 7,8 cm.
RLM. Trier, Inv. 00, 347.
Lit.: Maisant (a. a. O.) 118; Taf. 79, 3.

c) »Henkelkrug«.
FO. Pachten, »auf der Steinritsch« (Krs. Saarlouis), 1900, spätrömisches Gräberfeld.
4. Jh. n. Chr.
Handgemachter, tassenartiger Henkelkrug aus fein gemagertem, hell- bis rotbraunem Ton mit schrägen, riefenartigen Glättstrichen.
Ein vierter handgemachter Henkelkrug dieser Art (RLM. Trier, Inv. 00, 346) ist derzeit nicht auffindbar.
Größter Dm. 10,2 cm, Randdm. 7,7 cm, H. 9,5 cm.
RLM. Trier, Inv. 00, 348.
Lit.: Maisant (a. a. O.) 118; Taf. 80, 13.

d) Napf.
FO. Pachten, »auf der Steinritsch« (Krs. Saarlouis), 1900, spätrömisches Gräberfeld.
4. Jh. n. Chr.
Handgemachter, bauchiger Napf mit ausladendem Rand aus fein gemagertem, schwach gebranntem rotbraunem Ton. Außen schwarzer Überzug. Schulter mit horizontalen Glättstrichen.
Größter Dm. 11,2 cm, Randdm. 9,9 cm, H. 9,5 cm.
RLM. Trier, Inv. 00, 344.
Lit.: Maisant (a. a. O.) 118; Taf. 80, 18.

e) »Henkelkrug«.
FO. Wedern, Reidelbacher Höfe (Krs. Merzig-Wadern), 1910, Grabfund.
Mitte/2. Hälfte 4. Jh. n. Chr.
Handgemachter, hart gebrannter bauchiger Einhenkelkrug mit steilem, trichterförmigem Hals aus rotbraunem Ton, ähnlich den tassenartigen Henkelkrügen von Pachten (a–c). Am Bauch horizontale und schräge Glättstriche.
Das Gefäß wurde zusammen mit einem spätrömischen Teller vom Typ Gose 474 gefunden und gehörte ursprünglich wohl zu einem Grabinventar. Unweit der Fundstelle sollen zu Beginn des Jahrhunderts auch (germanische) Waffengräber angeschnitten worden sein. Als merowingische Gräber müssen letztere wegen ihrer isolierten Lage im Hunsrücker Hochwald wohl ausscheiden.
Größter Dm. 8,7 cm, Randdm. 6,7 cm, H. 8,5 cm.
RLM. Trier, Inv. 10, 585.

f) Randscherbe eines Schalentopfes.
FO. Newel, römischer Gutshof »im Kesel« (Krs. Trier-Saarburg), 1962.
4. Jh. n. Chr.

Randscherbe mit graffitartig, glänzend schwarz polierter Oberfläche eines kleinen handgemachten Napfes (Schalentopfes) mit Schrägkanneluren, die durch Kerben betont sind, ein Typ, der vor allem in Mitteldeutschland verbreitet ist. Vgl. C. Pescheck, Die germanischen Bodenfunde der römischen Kaiserzeit in Mainfranken. Münchner Beiträge zur Vor- und Frühgeschichte 27 (München 1978) 64f.; insb. Anm. 365.
Dm. 11,8 cm.
RLM. Trier EV. 66, 38 FN 66.

g) Hoher Topf mit Ösenhenkeln.
FO. Newel, römischer Gutshof »im Kesel« (Krs. Trier-Saarburg), 1962.
4. Jh. n. Chr.
Rand- und Bodenscherbe eines handgemachten, hohen, bauchigen Topfes, vermutlich mit drei Ösenhenkeln entsprechend der Ergänzung. Graubrauner, weniger hart gebrannter Ton, dessen Feldspat- und Glimmerpartikel erkennen lassen, daß er mit Materialien aus dem nordischen Moränengebiet gemagert ist. Vgl. K. Zimmer-Linnfeld, Westerwanna I (Hamburg 1960) 7 ff.
Randdm. 10,8 cm, H. ca. 25 cm.
RLM. Trier EV. 66, 38 FN 66.

h) Bauchiger Topf.
FO. Newel, römischer Gutshof »im Kesel« (Krs. Trier-Saarburg), 1962.
4. Jh. n. Chr.
Handgemachter, unverzierter, bauchiger Topf mit leicht ausladendem Rand. Graubrauner Ton.
Randdm. 17,7 cm, H. 16,1 cm.
RLM. Trier EV. 66, 38 FN 66.

i) Wandscherbe eines weitmündigen Topfes.
FO. Newel, römischer Gutshof »im Kesel« (Krs. Trier-Saarburg), 1962.
4. Jh. n. Chr.
Grau- bis brauntonige Wandscherbe mit reicher Strich- und Dellenverzierung eines weitmündigen handgemachten Topfes.
RLM. Trier EV. 66, 38 FN 66.   Gi.

184   Beigaben eines spätrömischen Waffengrabes

FO. Trier-Ehrang, »Karcher«, 1890, Grab 43a.
4. Jh. n. Chr.
a) Axt mit einseitig ausgezogener Schneide. Eisen – L. 11,5 cm.
b) D-förmiger Schnallenbügel mit einem in Spitzkegeln endenden Dornhalter. Bronze. – Br. 2,3 cm, H. 2,9 cm.

183 a–d

183 e

183 g, h

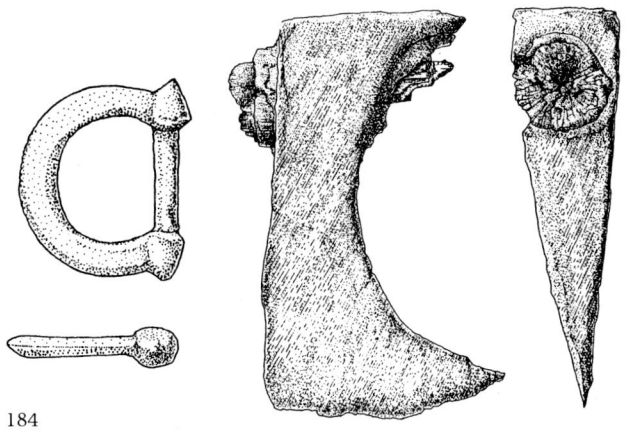

184

Ein vergleichbarer Schnallenbügel mit Resten eines Eisendorns liegt auch aus dem römerzeitlichen Gutshof bei Newel (Krs. Trier-Saarburg) vor. Zur Verbreitung dieses Schnallentyps in der Germania Libera vgl. Gilles, Archäolog. Korrbl. 11, 1981, 339 Anm. 23.
RLM. Trier, Inv. 18287a, b.
Lit.: Archäolog. Korrbl. 11, 1981, 336f.; Abb. 3.   Gi.

185   Beigaben eines Männergrabes

FO. Bonn, Jakobstraße.
2. Hälfte 4. Jh.

a) Bronzene Zwiebelknopffibel, vergoldet und mit Niello verziert, Rhomben/Rosetten/Kreismuster (Typ 5 nach Keller). Auf der Abschlußplatte ist ein Christogramm mit Alpha und Omega. – L. 8 cm.
b) Silberne Gürtelschnalle mit Rechteckbeschläg. – Br. 3,3 cm.
c) Silberne Gürtelschnalle mit ovalem Beschläg. – Br. 3,1 cm.
d) Silberne Riemenzunge in Form einer Amphore. – L. 5,3 cm.
e) Eiserne Spatha (Langschwert). – L. 87 cm.
f) Eisernes Messer mit Griff und reich tauschierter Klinge, auf der Kreisaugen und Sternmuster in Silber und Messing ausgelegt sind. – L. 16,5 cm.
g) Halbkugeliger Glasbecher mit grob eingeschliffenen vier stehenden menschlichen Figuren. – H. 6 cm.
h) Glaskännchen. – H. 13,2 cm.
Die Beigaben weisen auf einen Krieger germanischer Herkunft, der nach der Fibel und wohl auch der Darstellung auf dem Glasbecher sich als Christ bekannte, zugleich aber als Offizier

einer höheren Schicht der spätantiken Bevölkerung angehörte.
RLM. Bonn.
Lit.: D. Haupt, Spätrömisches Grab mit Waffenbeigaben aus Bonn. In: Archeologie en Historie (Brunsting Festschrift 1983) 315ff. – Gallien in d. Spätantike Nr. 216.   Cü.

186   Grabinschrift für Hariulf

FO. Trier, St. Matthias, 1877.
Letztes Drittel 4. Jh. n.Chr.

Hariulfus, protector
domesitigus, filius Han-
havaldi, regalis genti-
s Burgundionum, qui
vicxiṭ ạnnos XX et men-
sis nove(m) et dies nove(m).
Reuṭilo avunculu-
s ipsius fecit.

Hariulf, kaiserlicher
Leibgardist, Sohn des
Hanhavaldus, aus dem königlichen Geschlecht
der Burgunder, der
gelebt hat 20 Jahre und
9 Monat und 9 Tage.
Reutilo, sein Onkel,
hat (die Grabinschrift) gesetzt.

Der Grabstein für Hariulfus, der nach D. Hoffmanns Urteil »das schönste epigraphische Denkmal zur Verflechtung von Römischem und Germanischem im spätantiken Heere darstellt«, gehört zu den meistbeachteten Zeugnissen für den Dienst von Germanen im kaiserlichen Heer. Neben Barbaren einfacher Abkunft, die oftmals nach ihrer Kriegsgefangenschaft für das spätrömische Heer rekrutiert wurden, setzt sich eine andere Gruppe von Barbaren, die vor allem in der 2. Hälfte des 4. Jahrhunderts im Militärdienst eine steile Karriere z. T. bis zum General durchliefen, aus Persönlichkeiten adligen oder gar fürstlichen Geblüts zusammen. Solche Laufbahnen sind von germanischen Barbaren, zumeist im Westen, wie anderen im östlichen Teil des Reiches bekannt.
Die aussichtsreiche Offizierslaufbahn des Hariulfus wurde jäh durch einen frühen Tod beendet. Die Nennung des Inschriftsetzers zeigt, daß verschiedene Fürstengeschlechter durch mehrere Mitglieder am kaiserlichen Hof vertreten waren. Hariulf ist Abkömmling eines burgundischen Geschlechtes. Der Begriff

186 Grabinschrift für Hariulf.

regalis ist in doppelter Bedeutung als »Königssohn« wie als »Kleinfürst« bekannt. Nicht sicher zu entscheiden ist, ob demnach die Inschrift zu übersetzen ist: »Hariulf, Prinz aus dem Burgundergeschlecht« oder »Hariulf, Sohn des Hanhavaldus, des Kleinfürsten bei den Burgundern«.

Auf Grund der mit Rom gemeinsamen Feindschaft gegenüber den Alamannen scheinen die Burgunder seit dem Beginn des 4. Jahrhunderts in guten Beziehungen zum Reich gestanden zu haben. Wenn es für 356 und 359 als wahrscheinlich gilt, daß die Burgunder militärische Hilfe für die römische Grenzverteidigung stellten, so ist die allerdings von den Römern schlecht entlohnte Hilfe von 370 (Ammianus Marcellinus XXVIII 5,9 ff.) mit angeblich 80 000 Mann gut bezeugt. Demgemäß muß eine Datierung des Hariulfus-Steines nicht unbedingt mit der burgundischen Unterstützung der Usurpatoren zu Beginn des 5. Jahrhunderts für Jovinus (so Ewig) oder für Constantin III. in Zusammenhang gebracht werden. In Anbetracht der burgundischen Beziehungen zum Reich liegt ein Dienst Hariulfs am Hofe Valentinians oder Gratians sogar näher.

Die Lesung des Namens Reutilo oder ähnlich ist ein philologisches Problem. Der Inschriftstein ist wohl eine wiederverwendete Stirnwand eines Sandsteinsarkophages, deren Innenseite als Inschriftfeld genutzt wurde (s. Kat. 107; s. S. 220).

Sandstein. – H. 58 cm, Br. 108 cm, D. 16 cm.

RLM. Trier, Inv. 34.

Lit.: CIL. XIII 3682. – E. Ewig. In: Die Stadt in der europäischen Geschichte. Festschrift. E. Ennen (Bonn 1972) 60 f. – Gauthier Nr. 5*. – D. Hoffmann, Museum Helveticum 35, 1978, 307–318. – Gallien in d. Spätantike Nr. A 297. – B. Krüger (Hrsg.), Die Germanen (Berlin 1983) II 361 ff., 375.   Schw.

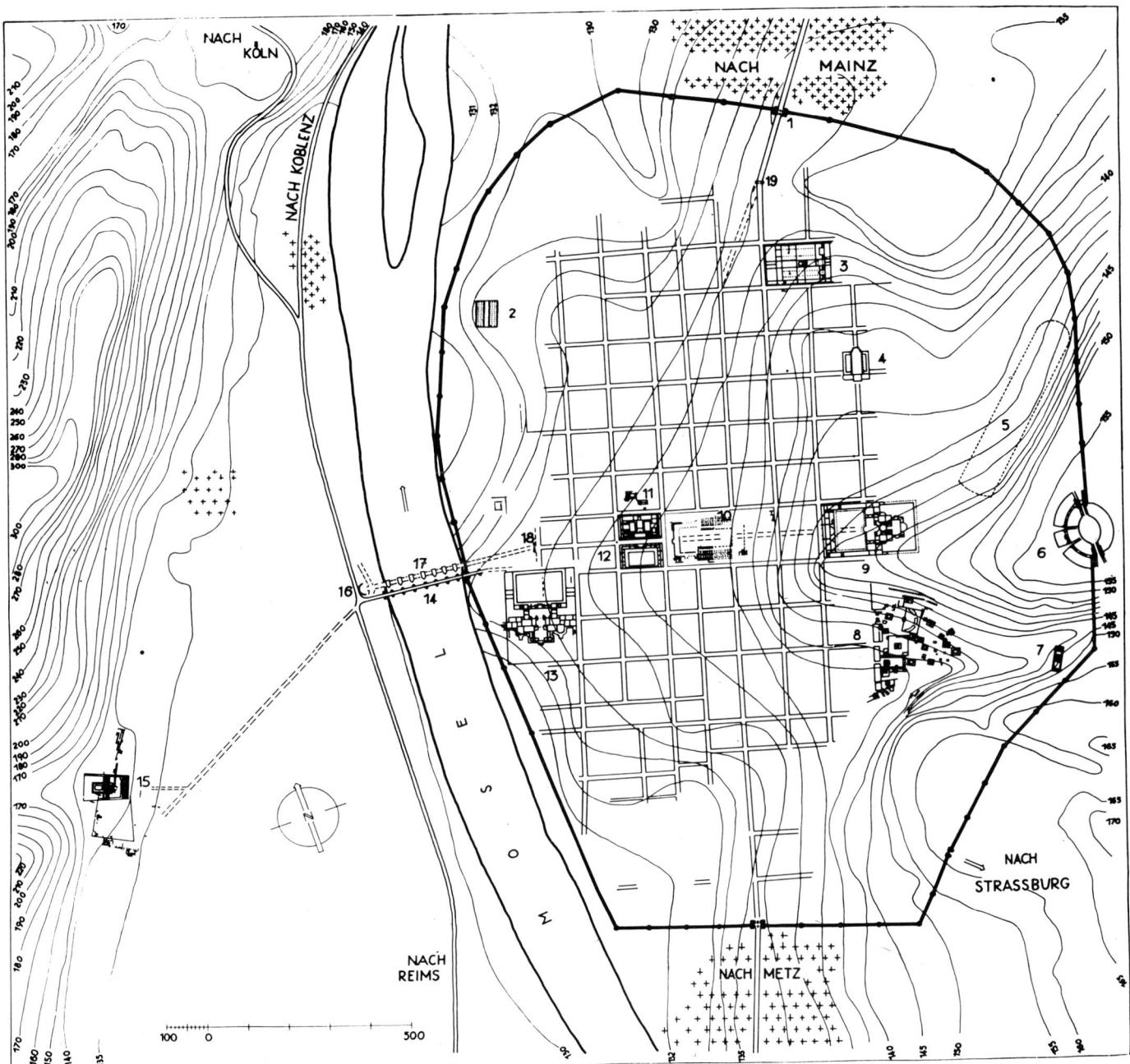

Stadtplan des römischen Trier mit Höhenschichtenverlauf. 1 Porta Nigra, 2 Horrea von St. Irminen, 3 Doppelbasilika, Dom und Liebfrauenkirche-St. Laurentius, 4 Aula palatina, 5 Circus, 6 Amphitheater, 7 Tempel am Herrenbrünnchen, 8 Tempelbezirk im Altbachtal, 9 Kaiserthermen, 10 Forum, 11 Palastanlage, 12 Doppelpalastanlage, 13 Barbarthermen, 14 Römerbrücke (jüngere Steinpfeilerbrücke), 15 Tempelbezirk des Lenus Mars am Irrbach, 16 großer Nischenbau (Exedra) am westlichen Brückenkopf der älteren Pfahlrostbrücke, 17 Pfahlrostbrücke, 18 Tor- und Bogenfundament am Bollwerk, 19 Tor- und Bogenfundament an der Simeonstraße.

351

Zeittafel

Okt. 367–375 Trier – Residenz des Augustus Valentinian

seit 367 Ausonius als Erzieher und Berater des jungen Augustus Gratian in Trier

bis 383 Trier – Residenz des Augustus Gratian

um 370 Hieronymus in Trier

371 »Mosella« des Ausonius

374 Bischof Britto von Trier auf einer Synode in Valence

378–379 Ausonius Praefectus praetorio Galliarum

1. Jan. 379 Ausonius tritt den Consulat in Trier an

379 Theodosius zum Mitaugustus ernannt

381/82 Bischof Britto von Trier auf einer Synode in Rom

383–387 Trier – Residenz des Usurpators Magnus Maximus

384 Prozeß gegen Bischof Priszillian in Trier unter persönlichem Protest der Bischöfe Martin von Tours und Ambrosius von Mailand

389–390 Valentinian II. in Trier

394 Theodosius versucht, Trier als politische Zentrale wiederherzustellen

nach 395 Verlegung der Präfektur von Trier nach Arles

406/7 Verheerende Germaneneinfälle

seit 407 Germanische Usurpatoren in Gallien

um 440 Salvian berichtet von vier Zerstörungen Triers

um 475 Comes Arbogast bewahrt das Römertum in Trier

nach 475 Trier wird von den Franken eingenommen

476 Ende des weströmischen Reiches

Ruinen des roemischen Badepalastes zu Trier

Trier, Kaiserthermen. Bleistiftzeichnung des Studenten und späteren Trierer Kreisphysicus Heinrich Rosbach vom Jahre 1833 (Kat. 85).

Trier, Barbarathermen. Außenansicht des Warmbades nach Ortelius und Vivianus, 1584 (Kat. 4b).

Konz, Kaiserpalast. Mittelhalle (oben) und Kaltbad (unten) in Ansichten von Alexander Wiltheim, gestorben 1684 (Kat. 161).

Abkürzungsverzeichnis

Böhme, Grabfunde — H. W. Böhme, Germanische Grabfunde des 4. bis 5. Jahrhunderts zwischen unterer Elbe und Loire. Münchner Beitr. z. Vor- und Frühgesch. 19 (München 1974)

CIL. — Corpus Inscriptionum Latinarum

Espérandieu — E. Espérandieu, Recueil général des bas-reliefs, statues et bustes de la Gaule Romaine I-XVI (Paris 1907–1981)

Frühchristl. Zeugnisse — Frühchristliche Zeugnisse im Einzugsgebiet von Rhein und Mosel. Hrsg. von Th. K. Kempf und W. Reusch (Trier 1965)

Führer Eifel — Führer zu vor- und frühgeschichtlichen Denkmälern 33: Südwestliche Eifel. Bitburg, Prüm, Daun, Wittlich (Mainz 1977)

Führer Hunsrück — Führer zu vor- und frühgeschichtlichen Denkmälern 34: Westlicher Hunsrück. Bernkastel-Kues, Idar-Oberstein, Birkenfeld, Saarburg (Mainz 1977)

Führer Trier — Führer zu vor- und frühgeschichtlichen Denkmälern 32, 1–2. Text und Beilagen (Mainz 1977)

Gallien in d. Spätantike — Gallien in der Spätantike. Von Kaiser Constantin zu Frankenkönig Childerich (Mainz 1980)

Gauthier — N. Gauthier, Recueil des inscriptions chrétiennes de la Gaule I (Paris 1975)

Gose — E. Gose, Gefäßtypen der römischen Keramik im Rheinland. Bonner Jahrbücher, Beiheft 1 (Kevelaer 1950)

Gose, Altbachtal — E. Gose, Der gallo-römische Tempelbezirk im Altbachtal zu Trier. Trierer Grabungen und Forschungen VII (Mainz 1972)

Gose, Inschriften — E. Gose, Katalog der frühchristlichen Inschriften in Trier. Trierer Grabungen und Forschungen III (Berlin 1958)

Hettner, III. Führer — F. Hettner, Illustrierter Führer durch das Provinzialmuseum in Trier (Trier 1903)

Hettner, Steindenkmäler — F. Hettner, Die römischen Steindenkmäler des Provinzialmuseums zu Trier (Trier 1893)

Hussong-Cüppers — L. Hussong/H. Cüppers, Die Trierer Kaiserthermen. Die spätrömische und frühmittelalterliche Keramik. Trierer Grabungen und Forschungen I, 2 (Mainz 1972)

Kat. Gläser Trier — K. Goethert-Polaschek, Katalog der römischen Gläser des Rheinischen Landesmuseums Trier. Trierer Grabungen und Forschungen IX (Mainz 1977)

Keller, Grabfunde — E. Keller, Die spätrömischen Grabfunde in Südbayern. Münchner Beitr. z. Vor- und Frühgesch. 14 (München 1971)

Parlasca, Römische Mosaiken — K. Parlasca, Die römischen Mosaiken in Deutschland. Römisch-Germanische Forschungen 23 (Berlin 1959)

Publ. Sect. Hist.	Publications de la Section Historique de l'Institut Grand-Ducal de Luxembourg
RE.	Paulys Realencyclopädie der classischen Altertumswissenschaft (Stuttgart 1893 ff.)
RIC.	H. Mattingly, E. A. Sydenham u. a., The Roman Imperial Coinage I–IX (London 1923–1981)
Römer an Mosel u. Saar	Die Römer an Mosel und Saar. Zeugnisse der Römerzeit in Lothringen, in Luxemburg, im Raum Trier und im Saarland (Mainz 1983)
Röm. Gläser. Führer	K. Goethert-Polaschek, Römische Gläser im Rheinischen Landesmuseum Trier. Führungsheft (Trier 1980)
Schindler, Führer	R. Schindler, Führer durch das Landesmuseum Trier (Trier 1977)
Spätantike u. frühes Christentum	Spätantike und frühes Christentum (Frankfurt/M. 1984)
Steinhausen, Siedlungskunde	J. Steinhausen, Archäologische Siedlungskunde des Trierer Landes (Trier 1936)
Wealth of the Roman World	Wealth of the Roman World. A. D. 300–700 (London 1977)
Wightman, Roman Trier	E. M. Wightman, Roman Trier and the Treveri (London 1970)

Außerdem finden Abkürzungen nach den Richtlinien der Römisch-Germanischen Kommission statt: Bericht der Römisch-Germanischen Kommission 55, 1974, 477–501.

Br.	Breite
D.	Dicke
Dm.	Durchmesser
FO.	Fundort
g.	Gramm
gr.	größte(r)
H.	Höhe
Jh.	Jahrhundert
Krs.	Kreis
L.	Länge
LM.	Landesmuseum
RLM. Trier bzw. Bonn	Rheinisches Landesmuseum Trier bzw. Bonn
Rs.	Rückseite
s.	siehe
sog.	sogenannte(r, s)
T.	Tiefe
urspr.	ursprünglich
M. E. Luxemburg	Musées de l'Etat, Luxemburg
RGZM. Mainz	Römisch-Germanisches Zentralmuseum Mainz
RGM. Köln	Römisch-Germanisches Museum Köln
Vs.	Vorderseite

Abgekürzte Signatur der Verfasser:

Bi.	Wolfgang Binsfeld, Trier
Cü.	Heinz Cüppers, Trier
Gi.	Karl-Josef Gilles, Trier
Goe.	Karin Goethert-Polaschek, Trier
Ho.	Ernst Hollstein, Trier
Kr.	Jean Krier, Luxemburg
Ney.	Mechthild Neyses, Trier
Schw.	Lothar Schwinden, Trier

Eigene Beiträge zum Katalog haben zur Verfügung gestellt:
Heinz-Josef Engels, Speyer
Klaus-Peter Goethert, Trier
Ernst Künzl, Mainz
Bernhard Overbeck, München

Index

Der Index erschließt den *Katalog* nach Orts- und Sachbezügen mit Angabe der Katalog-Nr. sowie ergänzend die wichtigsten Aspekte der einführenden *Aufsätze* durch Hinweis auf die betreffende Seite (S.).
Die Ortsangabe »Trier« wird als selbstverständlich weggelassen, ebenso der Hinweis »römisch«.   J. Merten

Inhaltsverzeichnis

Die valentinianische und theodosianische Dynastie

(Kat. 146)

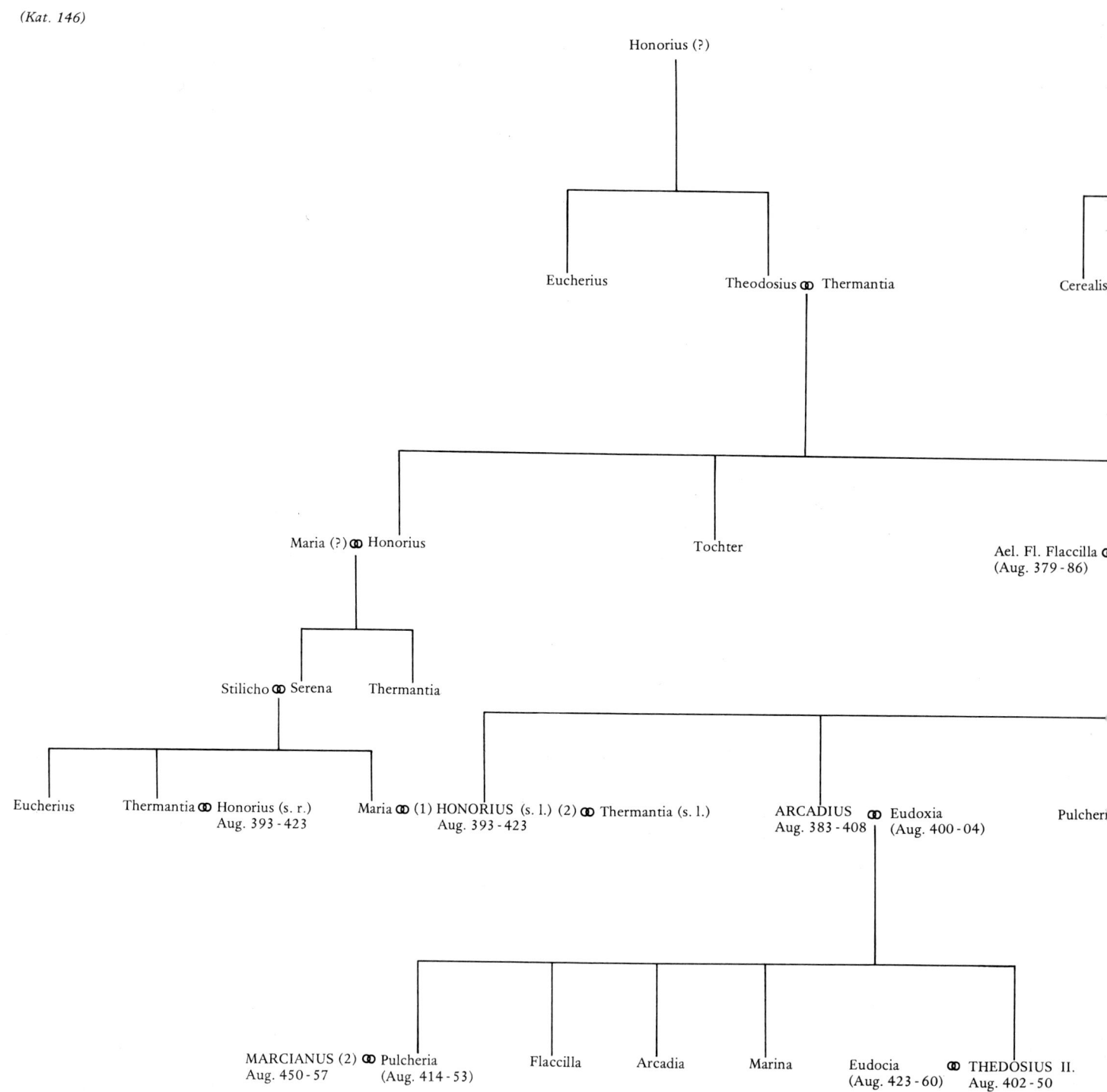

Honorius (?)

Eucherius   Theodosius ⚭ Thermantia   Cerealis

Maria (?) ⚭ Honorius   Tochter   Ael. Fl. Flaccilla ⚭
(Aug. 379 - 86)

Stilicho ⚭ Serena   Thermantia

Eucherius   Thermantia ⚭ Honorius (s. r.)   Maria ⚭ (1) HONORIUS (s. l.) (2) ⚭ Thermantia (s. l.)   ARCADIUS ⚭ Eudoxia   Pulcheri
Aug. 393 - 423   Aug. 393 - 423   Aug. 383 - 408 (Aug. 400 - 04)

MARCIANUS (2) ⚭ Pulcheria   Flaccilla   Arcadia   Marina   Eudocia   ⚭   THEDOSIUS II.
Aug. 450 - 57   (Aug. 414 - 53)   (Aug. 423 - 60) Aug. 402 - 50

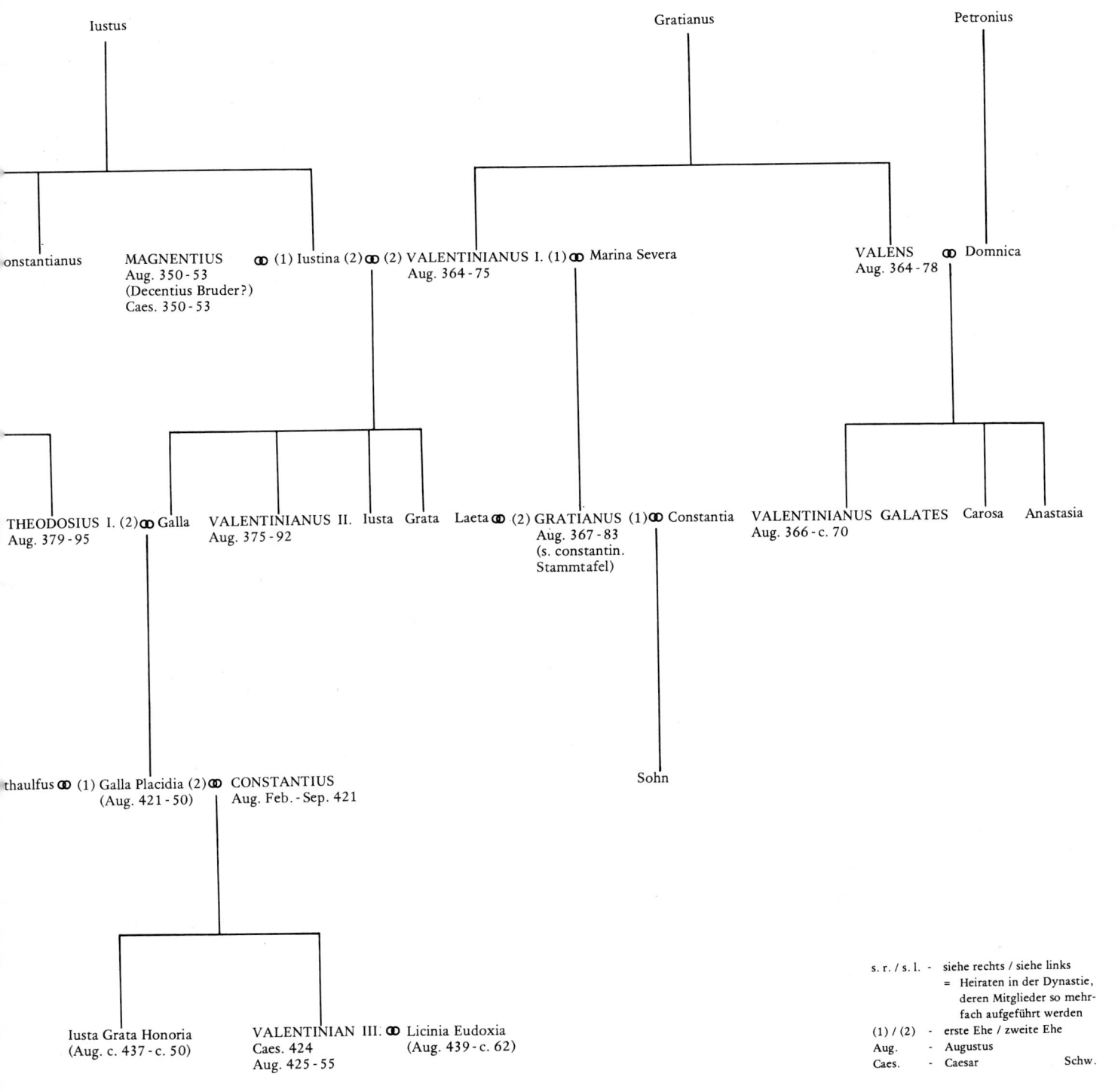

Iustus

Gratianus

Petronius

onstantianus

MAGNENTIUS
Aug. 350 - 53
(Decentius Bruder?)
Caes. 350 - 53

∞ (1) Iustina (2) ∞ (2) VALENTINIANUS I. (1) ∞ Marina Severa
                              Aug. 364 - 75

VALENS ∞ Domnica
Aug. 364 - 78

THEODOSIUS I. (2) ∞ Galla
Aug. 379 - 95

VALENTINIANUS II. Iusta Grata
Aug. 375 - 92

Laeta ∞ (2) GRATIANUS (1) ∞ Constantia
              Aug. 367 - 83
              (s. constantin.
              Stammtafel)

VALENTINIANUS GALATES Carosa Anastasia
Aug. 366 - c. 70

thaulfus ∞ (1) Galla Placidia (2) ∞ CONSTANTIUS
              (Aug. 421 - 50)   Aug. Feb. - Sep. 421

Sohn

Iusta Grata Honoria
(Aug. c. 437 - c. 50)

VALENTINIAN III. ∞ Licinia Eudoxia
Caes. 424   (Aug. 439 - c. 62)
Aug. 425 - 55

s. r. / s. l. - siehe rechts / siehe links
         = Heiraten in der Dynastie,
           deren Mitglieder so mehr-
           fach aufgeführt werden
(1) / (2) - erste Ehe / zweite Ehe
Aug. - Augustus
Caes. - Caesar   Schw.